U0901059

北京体育年鉴

（2009）

北京市体育局　编

人民体育出版社
2010 年 11 月

《北京体育年鉴》编辑委员会

主　任：李颖川
副主任：孙学才　刘兴忠
委　员：（以姓氏笔划为序）

丁溯韡　牛德成　王建华　王长富　王宝山
王艳霞　邓　旭　邓少辉　田常波　田华山
刘京书　孙国华　许广树　李晋康　李丽莉
李贵成　李炳熙　李　辰　李仕荣　安江红
杨俊生　闫永宽　张　军　张耀荣　邵丽英
吴金星　徐建中　徐小广　胡　蓉　孟强华
孟维明　海振文　苑振洲　黄永江　程春和
夏印发　谢　军　贾宝瑞　颜纳新　臧超美

主　编：刘兴忠
编　辑：刘宪宗　张　琛　胡欣慧
封面设计：李秋丽　张　蕊

主要撰稿人

（按栏目顺序排列）

张　扬	张　琛	翟　豫	石颖丽	朱　宏
唐　彬	李　锐	熊晨熙	夏印发	朱　娜
娄小晶	熊　伟	周　洁	徐　燕	孙晓娜
李　爽	孟维明	李华君	汪江涛	陈志群
刘　影	张　蒙	凌　瑶	严丽芬	张跃琦
刘　莲	张颖茜	夏　雨	李铁雷	余　果
梅跃跃	刘　勇	张永辉	王秀珍	吴丽霞
臧　波	李　昂	徐博畅	杨　阳	徐谦翮
李　辉	周建东	张红雁	何　健	姜昕昕
祁　波	王天雪	张　旭	张　兵	邓　潇
于海艳	郭　嘉	李泽清	王国良	王　逸
赵艳香	刘　巍	王　冰	杨　薇	刘　钧
田华山	张立敏	周　斌	金志伟	马　磊
李燕豫	闵鹿蓓	李晓鸣	唐　赫	王仲建
郭颖辉	李东兴	冯小明	付爱红	李　征
贾有雄	冯晶晶	堵　月	张　宇	姜晓东
张全利	李维林	张　亮	晁景云	王　程

摄　影： 孟维明　崇惠友　白　宇等

目录

大事记

总结·要点

领导讲话

群众体育

竞技体育

第十一届全运会

体育竞赛

体育经济

体育设施

体育宣传

体育法制

体育社团

体育科教

体育交流

机构·人事

党团建设

纪检监察

庆祝国庆 60 周年

运动成绩

最高纪录

区县体育

2009·北京

群众体育

2009·北京

群众体育

北京

群众体育

2009·北京

群众体育

郭金龙市长向全运会北京代表团授旗

游泳选手张琳

北京女乒在全运会领奖台上

2009·北京

竞技体育·全运会

射击选手陈颖

体操选手滕海滨

北京花泳选手在全运会领奖台上

2009 · 北京

竞技体育

北京国安足球队夺冠赛前

赛艇选手李青、李彤

跆拳道选手扈华

2009·北京

国际体育赛事

2009·北京

体育产业

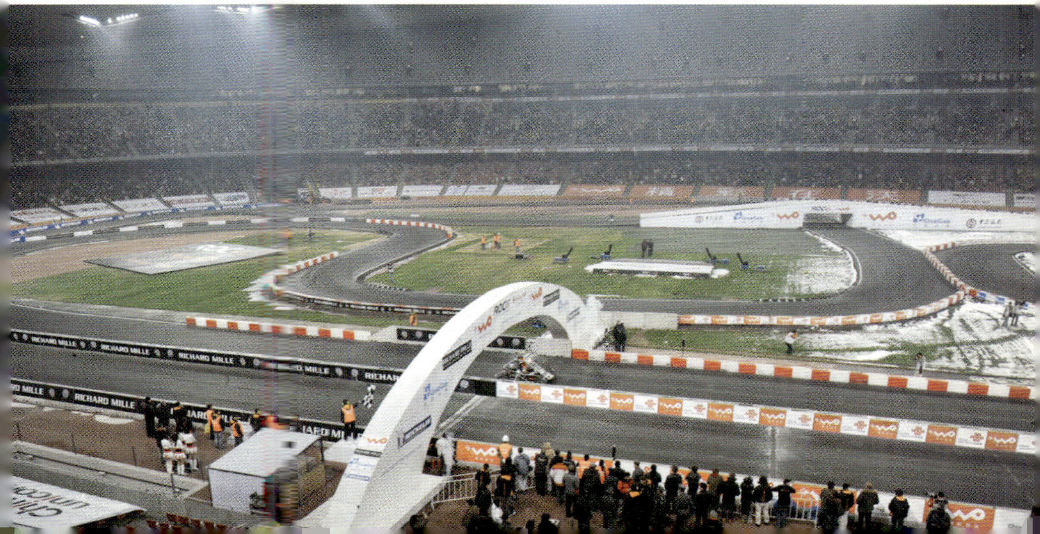

社团体育

北京

社团体育

体育宣传·法制

2009 · 北京

国际体育交流

体育科教

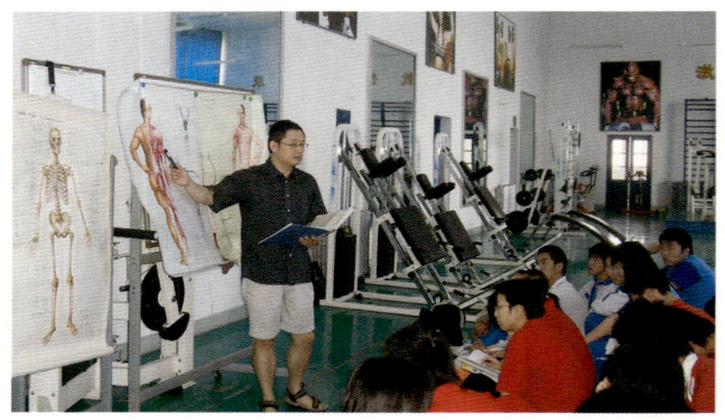

体育局学习实践活动领导班子分析检查报告评议会

禧

市体育
“庆七一 迎国庆 促全运”党建座谈会

2009 · 北京

体育设施

大事记

2009年北京体育大事记

一月

1月5日至6日 北京市体育局与市安全生产监督管理局、市公安局治安总队联合召开北京市体育产业工作会。会议确定，2009年北京市体育产业发展工作以科学发展观为指导，全面贯彻落实市委、市政府《关于促进体育产业发展的若干意见》文件精神，做好第二次全国经济普查和国家体育总局体育及相关产业专项调查工作，切实履行好政府对体育市场监管的职责，在全市范围内推广网上联合监管体系平台的建设工作，确保建国六十周年全市体育市场的安全稳定。

1月15日至16日 2009年北京市群众体育工作会议召开。会议以贯彻落实科学发展观和全市体育局长会议精神为主题，全面总结了2008年全市群体工作，表彰了在全国和北京市获得先进称号的集体和个人，部署了2009年工作。会议对群体工作提出新的要求：一是要充分继承和发扬奥运会遗产，放大“全民健身与奥运同行”效应，推动群众体育工作全面、协调、可持续发展；二是不断创新全民健身活动模式，打造首都特色活动；三是全民健身设施要体现以人为本，从重建设向重管理转变；四是要切实做好青少年体育工作；五是要大力推进体育生活化进程；六是进一步加大科学健身指导力度。

1月16日至18日 由国家体育总局和北京市政府主办，中国自行车协会和北京市体育局承办的2008-2009北京国际自盟场地自行车世界杯赛在老山自行车馆举行。共有来自30支国家和地区代表队、14支商业队的229名选手参赛。中国队获得5枚银牌和1枚铜牌，总积分排名第一。

1月19日 由北京市体育局、市安监局、市公安局治安总队组成的市假日办安全检查组到朝阳公园滑雪场、沙滩排球场和郡王府游泳馆进行检查。检查组一行对上述单位的场地设施、器材使用、卫生救护、防火防盗、人员疏散以及应急预案的准备和演练等情况进行了全面检查，实地测试了安全保障设施设备，提出了整改意见和建议，对冬季滑雪、滑冰等户外活动经营单位进一步明确了安全要求。

1 月 22 日 北京市体育系统在 2009 年全国体育局长会议上获多项表彰。根据 2008 年为国家队输送运动员人数、创造世界和亚洲纪录人次及在重大国际比赛中取得优异成绩的统计结果，北京市体育局被评为“体育事业突出贡献单位”，荣膺了“2008 年度全国体育彩票工作贡献奖”。林跃等 7 名运动员和任少芬等 8 名教练员被授予“体育运动荣誉奖章”。北京什刹海体校等 13 所体校被命名为“国家高水平体育后备人才基地”。东城区体育局等 7 家单位获“全民健身活动优秀组织奖”。西城区体育局等 13 家单位被评为“全民健身活动先进单位”。

二月

2 月 16 日 北京市体育局召开会议，对“十一运会”备战和参赛工作，特别是赛风赛纪和反兴奋剂工作进行了动员和部署。会议传达了国家体育总局关于第十一届全国运动会赛风赛纪和反兴奋剂工作有关要求，通报了国际、国内反兴奋剂工作情况，明确了强化反兴奋剂工作的具体措施；全面分析了备战“十一运会”所面临的形势和任务，要求各单位从训练、竞赛和管理等环节入手，全面、系统做好备战工作。会议宣布了成立全运会备战指挥部和成立北京代表团赛风赛纪和反兴奋剂工作领导小组的决定，参赛单位现场签订了《“十一运会”赛风赛纪和反兴奋剂工作责任书》。

2 月 17 日 北京市体育局召开奥运场馆安装健身一卡通工作研讨会。会议指出，为积极贯彻落实《北京市 2009 年在直接关系群众生活方面拟办重要实事》第 49 项工作任务，市体育局与北京健身卡有限公司将共同组建健身一卡通发行推广工作机构，建立健全工作机制，在 2009 年全面展开健身一卡通发行工作，并率先在奥运场馆中予以推广，使其充分发挥培育体育消费市场的重要功能，有力推动全市场馆健身服务业的发展。

2 月 24 日 北京市体育局召开 2009 年群众体育工作部署新闻通气会，通报 2009 年群体重点工作。人民日报、中国体育报、北京日报、北京晚报、新华社北京分社等十几家媒体与会。会议指出，群体工作要在构建和谐社区中发挥积极作用，为市民提供更多更好的体育公共服务和产品，让广大群众共享体育发展成果，通过大力宣传全民健身工作，努力推动首都全民健身服务体系的不断完善。

2月27日　北京市体育局召开2009年度部门预算批复会。局各直属单位和机关有关处室的主管领导及财务负责人与会。2008年市体育局荣获市级行政事业单位决算一等奖。会议要求,2009年加强调研，提高服务水平和质量，重点做好第十一届全国运动会资金和器材的保障工作，兼顾体育事业和体育产业资金分配和使用,强化财务监督,加强国有资产管理，大力开展增收节支,加强财务系统自身建设。

2月27日　北京市体育局召开局系统办公室主任会议，对2008年工作进行总结，并就2009年工作进行形势分析和部署。局各直属单位的主管领导、办公室主任及机关各处室负责人、内勤人员等40余人与会。

三月

3月1日　北京市第三届“和谐杯”乒乓球比赛动员大会暨启动仪式在奥运比赛场馆——北京大学乒乓球馆隆重举行，此项活动也标志着2009年北京市“全民健身走进奥运场馆”活动正式启动。市人大常委会主任杜德印宣布比赛开始，市委常委梁伟、航天英雄杨利伟、奥运会冠军邓亚萍以及市体育局、市社会建设办、市教工委、市总工会等部门领导及各区县主管副区、县长出席会议。比赛从3月1日至6月20日,经过街道(乡镇)社区(行政村)宣传发动、辖区预赛、团体复赛和区县、各行业系统决赛四个阶段。全市各区县直接参赛人数达69.14万人,社区、村镇、公园、机关、厂矿、企业、军营、中小学校等各单位参与活动人数达151.77万人。

3月6日　北京市体育局、市安监局联合召开2009年体育行业安全生产动员大会。会议要求市体育局各职能部门要明确安全监管职责，狠抓安全工作责任制的落实；两级体育行政部门要着重抓好领导责任制、主体责任制、管理责任制和监管责任制的落实；强化体育大型活动安全管理、体育场所行业安全管理和体育行业安全监管三方面制度建设。各单位要认真贯彻落实市委、市政府的工作安排，按照国务院“安全生产年”的总体要求，加大安全生产工作力度，积极推进安全监管工作常态化，构建齐抓共管的安全生产格局。

3月11日 北京市体育局、市残联、市体育总会联合召开"关爱残疾人健康、关注残疾人体育事业"交流会。会议围绕残疾人从事体育活动的具体方式和今年开展的具体工作进行了广泛交流。与会人员一致表示，做好残疾人体育健身、康复等工作是政府部门的工作责任，各部门将积极努力、全力以赴做好此项工作。

3月18日 北京市体育局召开2009年局系统党风廉政建设工作会议。会议总结和部署了市体育局党风廉政建设和反腐败工作，明确了2009年重点工作：一是贯彻落实科学发展观，为体育事业的健康发展提供保证；二是通过多种形式，深入开展党风廉政宣传教育工作；三是落实领导干部依法行政、廉洁自律规定；四是继续落实党风廉政建设责任制工作；五是积极开展廉政风险防范管理工作；六是加强赛风赛纪工作，坚决纠正行业不正之风；七是加强做好群众来信来访工作；八是加强纪检监察干部队伍建设。

3月20日 2009年北京市足球工作会议在北京会议中心召开。副市长刘敬民和市体育局、市教委、市司法局、市民政局等单位以及市公安局、人行营业管理部、市地税局、市工商局等北京市足球赛区赛风赛纪综合治理协调领导小组成员单位领导出席会议。会议由原副市长、市足协主席胡昭广主持。会议工作报告确定北京市足球整体发展思路是：联赛冲金牌，后备抓人才，百姓踢足球，文明展风采。刘敬民副市长在讲话中提出了"加强领导、完善改革、群众基础、规范管理"的十六字方针。

3月25日 北京市体育局副局长李丽莉主持召开庆祝建国60周年游园活动相关区县体育局工作会议。会议介绍了游园活动的背景情况、游园活动总体方案和体育活动组织方案，会议要求各区县体育局要按照属地负责、公园为活动主体的工作原则，与区文委、相关公园加强沟通、协调，制定活动表演方案、群众组织方案、突发事件应急预案，在组织实施过程中要将安全放在第一位。

3月30日至4月5日 国家体育总局和北京市政府主办，中国台球协会、北京市体育局、首都体育学院、北京时博国际体育赛事有限公司共同承办的2009年世界斯诺克中国公开赛在北京大学生体育馆举行。41名世界顶尖选手进行了激烈角逐，最终艾伯顿以10比8战胜希金斯，捧得中国赛冠军奖盘，并获得单杆最高分奖。

四月

4月2日　北京市民间组织国际交流协会会长、市第十届政协副主席黄承祥，带领市民交协有关同志调研市体育总会发展历程、机构人员、制度建设、活动开展和推进实体化工作等情况，与市体育局、市体育总会领导举行了座谈。

4月10日　全民健身科学大讲堂—走进新农村启动仪式在顺义区陶家坟村礼堂举行。此次活动由市体育局等部门牵头，在全市开展以宣讲科学健身与健康生活为主要内容的全民健身科学大讲堂活动，有计划地在全市18个区县和北京经济技术开发区、燕山各举办一场示范性讲座。

4月10日　北京市体育局召开廉政风险防范管理工作部署会议。会议重点分析了防范思想道德、制度机制、岗位职责三类风险，前期预防措施、中期监控机制和后期处置办法三道防线，以及计划、执行、考核、修正四个环节，对廉政风险防范管理工作提出了具体要求。

4月11日　北京东方国际网球发展中心揭牌仪式在北京市网球运动管理中心网球馆举行。国际网联终身荣誉副主席、亚网联终身荣誉主席川廷荣一，北京元老网球运动协会会长白介夫、执行会长俞晓松，北京市副市长刘敬民及国家体育总局、市体育局有关领导及社会各界代表出席了仪式。北京东方国际网球发展中心作为一个以“扩大网球人口、提高网球水平”为宗旨的网球推广机构，将肩负起整合北京市网球优质资源，提升网球服务水平，满足群众对网球多元化的消费需求，实现网球市场化、产业化、国际化发展的战略目标。

4月12日　由北京市体育局和中国田径协会主办的安利纽崔莱2009年北京国际长跑节起跑仪式在天安门广场举行，拉开了北京奥运会后首个大型群众长跑活动的序幕。北京市市长郭金龙，国家体育总局副局长、中国田径协会主席段世杰，安利(中国)总裁黄德荫出席起跑仪式并共同为比赛鸣枪发令，副市长刘敬民致辞。赛后在先农坛体育场内举办了健康运动嘉年华活动。

4月16日至19日　由国家体育总局游泳运动管理中心主办，北京市体育局、国家奥体中心承办的2009年全国花样游泳冠军赛暨第11届全国运动会花样游泳预赛在国家奥体中心英东游泳馆举行，比赛设自由组合、集体及双人项目。北京、天津、上海、江苏、广东、湖南、湖北、四川、八一9支代表队的106名队员参赛。北京队夺得自由组合项目冠军，集体和双人项目冠军分别被广东和四川队获得。

4月18日　北京市全民健身展示暨群众体育先进集体、先进个人表彰大会在丰台区体育馆举行。国家体育总局副司长冯建中、北京市副市长刘敬民、国家体育总局群体司司长盛志国、市政府副秘书长侯玉兰、市人大教科文卫体委员会主任梁平、市体育局局长孙康林、市政协教文卫体委员会副主任张国华、丰台区代区长游广斌及首都精神文明办、市民政局、市委社会工委、市残联有关领导出席活动，并为北京市群众体育先进集体和先进个人代表颁奖。此次表彰是北京市首次将群众体育先进集体、先进个人评比纳入政府表彰系列。

4月18日　走进平谷——北京市全民健身优秀项目交流展示活动在平谷区世纪广场隆重举行。此次活动作为平谷区国际桃花节和建设社会主义新农村系列活动之一，市社体中心组织北京体育大学、少林武校、市民族文化交流中心、东城、宣武、平谷、怀柔、延庆等区县社会体育团体等18个单位，选拔了舞龙舞狮、花伞秧歌、二魁摔跤、民族健身操舞等近30个精彩的大众健身项目展示，为京郊百姓搭建了公共体育服务和展示优秀全民健身项目交流的平台，引导群众积极参与全民健身活动。

4月中下旬　北京市体育局分别举办了三期全市群体干部培训班。18个区县体育局主管副局长、群体科科长、社体中心主任、体育总会负责同志和北京经济技术开发区、燕山体育中心的主管领导以及全市75个体育生活化社区的体育干部参加了培训。会议举办了“眼界与实力”主题讲座，群众体育法律、法规和群众体育赛事活动组织管理进行了专题培训。

五月

5月19日　北京市体育局系统召开“小金库”治理工作会议。会议传达了全国“小金库”治理工作电视电话会议精神，部署了全局系统开展“小金库”治理工作，要求各直属单位要成立相应工作小组，准确把握治理工作中的有关政策规定，对于现有的“小金库”，不得搞突击支出，不得以任何形式擅自处置帐外资金。以“小金库”治理工作为契机，进一步完善财务管理制度，强化财务预算管理，严格执行财务制度和财经纪律，规范资金使用和财务审批程序。

5 月 27 日　北京市体育局召开北京市游泳救生员职业技能鉴定工作会。市体育行业特有工种职业技能鉴定站对全市游泳救生员职业技能资质证置换工作进行了说明，市体育局群众体育处和法规宣传处部署了全市游泳安全执法检查工作。

5 月 28 日　由北京市体育局、延庆县政府主办的首届北京端午文化节暨北京市首届龙舟大赛在延庆妫水公园举行。首届龙舟大赛以“和谐奋进、同舟共济”为主题口号，以群众喜闻乐见的群体赛事活动为载体，兼顾体育活动建设与文化价值传播，深刻发掘体育运动的内在文化价值。共有来自西城、海淀、丰台、房山、昌平、延庆 6 个区县的 20 支队伍参加了 500 米直道竞速的比赛。昌平区龙舟代表队、丰台区铁骑福龙代表队、海淀区北京大学代表队分别荣获前三名。

六月

6 月 1 日至 3 日　北京市体育局灾区援建工作小组赴什邡进行体育设施援建项目考察调研。调研小组与什邡市主管体育工作领导及什邡市体育局进行了座谈，听取了关于拟建的公共体育设施项目规划情况汇报，现场查看了什邡市现有体育中心基本情况、新改建城市公共体育设施规划设计情况，并赠送了部分电脑以及体育用品。

6 月 20 日　北京市第七届全民健身体育节开幕式暨“和谐杯”千台万人乒乓球展示活动在奥林匹克公园景观大道举行。市人大常委会副主任吴世雄、副市长刘敬民，国家体育总局党组成员、局长助理晓敏和市各有关部委办局、各区县、体育节 10 家主办单位的主管领导出席了活动。来自第三届“和谐杯”乒乓球比赛各系统及各区县决赛的 1 万名社会各界群众参加了展示活动，为历时 3 个月的北京市第三届“和谐杯”乒乓球比赛画上了句号。北京市第七届全民健身体育节期间，举办了龙舟、全民健身路径、篮球、羽毛球、网球、手球等 22 项主题鲜明、形式多样的市级活动；举办了 112 项区县级活动以及丰富多彩的协会、俱乐部活动；开发推广健身项目，开展非奥体育项目；全市300多个公共体育场馆、746所中小学校、125个青少年体育俱乐部等公共体育设施向广大市民开放。

6月30日　北京市体育产业部门联席会议第二次全体会议在什刹海体育运动学校召开。市发展改革委、市财政局、市委宣传部、市体育局、市旅游局、市地税局、市审计局、市规划委、市文化局、国家统计局北京调查总队、市统计局等联席会议成员单位的相关领导和联络员出席了会议。会议听取了市发展改革委制定《北京市体育产业功能集聚区认定和管理办法(试行)》(征求意见稿)的情况说明；市财政局通报了《北京市体育产业发展引导资金管理办法实施细则》研究制定的进展情况；市体育产业部门联席会议办公室汇报了2009年上半年主要工作。会议决定《北京市体育产业发展引导资金管理办法(试行)》正式实施，审议通过了2009年度体育产业发展引导资金支持项目23项，体育产业项目库内后备项目4项。

七月

7月1日　北京市体育局系统组织召开“庆七一、迎国庆、促全运”党建座谈会。会议传达了北京市机关党的建设工作会议精神。先农坛体校、木樨园体校、什刹海体校、芦城体校代表从不同侧面交流了备战全运会中党建工作的做法、经验和体会。

7月1日　北京市体育局召开迎国庆防控甲型H1N1流感工作部署会。会议传达了市政府6月25日防控甲型H1N1流感工作部署会议精神，就全局防控甲型H1N1流感工作进行了详细部署，要求各直属单位认真履行防控职责，实现联防联控，同时做好各项工作，努力完成年初制订的工作目标。

7月5日至12日　由北京市体育局、北京市教委联合主办的北京市体育传统项目学校体育师资培训班在首都体育学院举行。培训采取专项理论与方法实践相结合的方式，从各运动项目的技能教学与训练、体育教学专题研讨与实践、中小学体育教学观摩考察、先进学校体育教学改革经验交流、国外学校体育发展等方面，对全市18个区县的281名传统校体育教师进行了全面培训。

7月7日　北京市体育局召开“迎国庆 保安全”体育运动项目经营单位执法检查专项行动动员会。

18 个区县体育局主管局领导及相关部门负责人参加了会议。会议传达了国务院、北京市政府和市有关部门领导对抓好安全工作的重要指示及相关文件精神，对全市落实体育运动项目经营单位执法检查专项行动进行了动员和部署。

7 月 11 日至 9 月 30 日　根据首都国庆 60 周年群众游行指挥部的指示，北京市体育局及所属市航空运动学校承接了群众游行演练复训密云机场保障工作。自 7 月 11 日接到任务书后，市体育局、密云县委、县政府及穆家峪镇党委、政府、市航校各级组织紧急动员，高度重视，成立了首都国庆 60 周年群众游行密云机场保障协调领导小组，具体负责密云机场改造和训练保障协调任务，安全、有序地承接了群众游行 29 个方阵（次）累计 7 万余人的复训任务，受到指挥部、有关分指和各方阵的高度赞扬。

7 月 18 日至 19 日　北京市体育局主办的 2009 北京业余羽毛球公开赛在北京工业大学奥林匹克体育馆举行。比赛设混合团体(包括混双、女单、男单、女双、男双)和男子双打两个项目。共有 32 支企事业单位和社会俱乐部队伍参加了混合团体比赛,有 64 对选手参加了男子双打比赛,总计参赛人员近 600 名。

7 月至 8 月　2009 中国·北京国际足球季由市体育局主办，由市足协和北京合力万盛国际体育发展有限公司共同承办，于 7 月下旬至 8 月中旬在京举行了 2009 意大利“超级杯”、2009 英超“亚洲杯”、2009 中国足球高峰国际论坛、中国足球技术发展论坛、大型体育主题慈善活动、快乐足球互动及基层教练员培训七项专题活动。

7 月 27 日至 31 日　由国家体育总局和北京市政府主办，北京市体育局承办的 2009 年中俄青少年运动会在京举行。比赛共设摔跤、射击、跳水、花样游泳、体操、艺术体操、手球、篮球、武术 9 个项目。分别在木樨园体校摔跤馆、朝阳区体育局射击中心、英东游泳馆、北京体育大学国家训练基地综合馆、先农坛体校体操馆、光彩体育馆、广安体育馆进行。中俄各派出 130 人的代表团参赛。7 月 27 日在水立方举行了开幕式，7 月 30 日在北京华都饭店举行了闭幕晚宴。

7 月 30 日　北京市运动员张琳在意大利罗马举行的 2009 年第十三届世界游泳锦标赛上，以 7 分 32 秒 12 的优异成绩获男子 800 米自由泳金牌，并打破了由澳大利亚游泳运动员哈克特保持了四年之久的世界纪录，将成绩提高了6秒53。这是中国男子游泳选手第一次在世界大赛中获得金牌，张琳成为新中国50年来第一位打破世界纪录的男子游泳选手，实现了中国男子游泳的历史性突破。

八月

8月8日 在北京奥运会、残奥会成功举办一周年之际，作为庆祝首个全国“全民健身日”启动仪式北京主会场活动——北京市万人太极拳破吉尼斯世界纪录活动举行。来自全市各区、县和社会各界的33996名太极拳爱好者,汇聚在北京奥运会的标志性体育建筑——鸟巢、水立方,共同表演简化24式太极拳,创造了新的吉尼斯世界纪录。

8月16日 第十一届全国运动会“中国石化杯”火炬传递活动北京市火炬传递在永定门城楼北广场和御道举行。仪式由市体育局局长孙康林主持，刘敬民副市长出席传递活动并致辞，同时点燃了第一支火炬。北京地区4名火炬手——奥运会射击冠军杨凌、著名相声演员冯巩、奥运会场地自行车亚军江永华和国家级社会体育指导员赵之心，分别代表奥运会冠军、演艺界明星、优秀运动员和群众体育先进个人进行了火炬传递。

8月18日 第十一届全国运动会北京市体育代表团成立暨誓师动员大会在北京会议中心隆重举行。市委副书记、市长郭金龙，市人大常委会副主任吴世雄，副市长刘敬民和市政协副主席王伟等有关领导出席大会。代表团有关领导宣读了“十一运会”北京体育代表团名单，做了动员报告，运动员、教练员代表分别发了言。

8月25日至26日 由亚洲乒乓球联盟、中国乒乓球协会和北京市体育局主办的2009欧洲—亚洲全明星乒乓球对抗赛在月坛体育馆举办。亚洲代表队由中国选手马琳、马龙，韩国选手朱世赫，中国台北选手庄志渊，中国香港选手张钰组成；欧洲代表队由德国选手奥恰洛夫、白俄罗斯选手萨姆索诺夫、希腊选手格林卡、瑞典选手佩尔森、丹麦选手梅兹组成。最终亚洲队以十战六胜的成绩获胜。

九月

9月3日 北京体育职业学院揭牌仪式暨开学典礼隆重举行。市体育局局长孙康林、市教委委员孙善学、首都体育学院院长李颖川共同为北京体育职业学院揭牌。国家体育总局、市体育局、市财政局、市人力资源和社会保障局相关领导出席了仪式。北京体育大学、首都体育学院、各区县体育局和业余体校及市体育局机关各处室、各直属单位的负责同志、学院教师和2009级全体新生共200多人参加了揭牌仪式。

9月8日 北京市体育总会在北京会议中心召开第六届会员代表大会。副市长刘敬民、市体育局局长孙康林、市社团办主任李明利及市体育局有关领导出席会议。大会审议通过了修改后的《北京市体育总会章程》，选举产生了市体育总会第六届理事会。原市体育局老领导魏明、万进庆被聘为市体育总会第六届理事会名誉主席，市体育局党组书记、局长孙康林再次当选为市体育总会主席，本届大会还选举产生了副主席、常务理事、理事共122人。

9月15日 北京市体育局检查组到东单体育中心检查安全生产工作。检查组听取了东城区体育局工作汇报，对东单体育中心场地设施、器材使用、卫生救护、防火防盗、人员疏散以及应急预案演练等情况进行了全面检查，实地测试了安全保障设施设备，提出了整改意见和建议，明确了安全要求。

9月22日 北京市体育局召开“国庆平安行动”工作会议，全面部署国庆节期间安全维稳和应急值守工作，要求各部门、单位切实抓好维稳责任落实、矛盾纠纷化解、重点部位防控、可燃物清理整治、督导检查、节日值班和应急处突准备七项工作。

9月23日 北京市体育局召开学习贯彻《全民健身条例》座谈会，邀请专家学者、世界冠军、残疾人和社区、农村、中小学校群众体育工作者、体育科研工作者、区县体育部门及新闻媒体等社会各界代表参加了座谈。

9月24日至25日 北京市体育局召开宣传贯彻《全民健身条例》工作会议。会议邀请了国家体育总局政法司和市政府法制办有关同志分别就“全民健身条例的几个主要问题”和“什么是依法行政和如何依法行政”作了专题报告。

9月26日 第十一届全运会北京籍裁判员动员大会召开。经国家体育总局批准，北京市共有183名裁判员参加本届全运会36个项目的裁判工作。北京籍裁判人数创历史新高，显示出北京市裁判员过硬的工作作风和较高的业务水平。

十月

10月1日至11日 由国家体育总局和北京市政府主办，国家体育总局网球运动管理中心、北京市体育局、朝阳区人民政府、北京中国网球公开赛体育推广有限公司承办的2009中国网球公开赛在国家网球中心举行。WTA、ATP赛事分别升级为皇冠明珠赛事、ATP500系列赛事。经过168场的激烈角逐，塞尔维亚选手德约科维奇最终夺得男单冠军，俄罗斯名将库兹涅佐娃获女单冠军，美国的双胞胎兄弟鲍勃·布莱恩和迈克·布莱恩夺得男双冠军，彭帅与谢淑薇(中华台北)夺得女双冠军。

10月1日 由北京市体育局、首都体育学院、北京吉利大学、芦城体校和燕山向阳小学1901名师生和118名工作人员组成的体育发展方阵，参加了首都国庆60周年群众游行活动。体育发展方阵以极具体育特色的阵容、矫健的步伐、嘹亮的口号、动感的表演、最佳的风采，在天安门城楼金水桥前，接受了祖国和人民的检阅，圆满、出色地完成了国庆游行任务。

10月3日 北京市体育局组织8个城区体育局选派街道社区、晨晚练点、单项协会、体育俱乐部、体育科研所等基层体育先进单位的3678人，在劳动人民文化宫、天坛公园、北海公园、地坛公园、大观园、朝阳公园、奥林匹克森林公园、海淀公园、莲花池公园、国际雕塑公园十大公园举行的国庆游园活动中，进行了太极拳、健身操舞、啦啦操、健美操、篮球宝贝、街舞、健身气功、踢毽、跳绳、抖空竹、打花棍、棋类等项目的表演，开展互动和体质测试，吸引了52674名游园群众参与，为欢庆建国60周年营造出欢乐祥和的节日气氛。

10月6日 由北京市体育局和延庆县人民政府主办的2009北京首届国际马球公开赛在延庆县阳光时代度假庄园举行。来自澳大利亚、巴西、新西兰和北京阳光时代马球俱乐部的4支队伍参赛，最终巴西Helvetia马球乡村俱乐部代表队获得冠军。

10月11日 由北京市体育局和NBA联合主办的NBA北京赛，在五棵松奥林匹克篮球馆举行。卡梅隆-安东尼率领的丹佛掘金队以128:112战胜了印地安那步行者队。

10月12日 首都国庆60周年群众游行体育发展方阵总队总结表彰大会在首都体育学院大学生体

育馆召开。体育发展方阵总队全体参演人员和工作人员参加了大会。全体人员观看了体育发展方阵总队录像片；会议对总队工作进行了全面、系统的总结，对先进集体和个人进行了表彰；4 个参演单位代表发言。群众游行第四分指挥部领导对总队工作给予了高度评价。

10 月 16 日至 28 日　第十一届全国运动会在山东省举行。北京市派出了以刘敬民副市长任团长的第十一届全运会北京市体育代表团参赛，共有 606 名运动员进入决赛，参加了 27 个大项、245 个小项的比赛，决赛入围人数和子项均超过历届全运会；共夺得 30 枚金牌、20 枚银牌、29 枚铜牌，奖牌共计 79 枚，总分 1754 分,有 1 人 1 队破两项游泳亚洲纪录并全国纪录，金牌总数、奖牌总数和总分均列全国第六名，并荣获体育道德风尚奖。

十一月

11 月　为加强北京市滑雪场、滑冰场等冬季体育运动项目经营单位安全生产工作的管理，切实消除各种安全隐患，确保体育运动项目经营单位安全运营，北京市体育局于 11 月启动了冬季体育运动项目经营单位安全生产专项执法检查，对渔阳滑雪场等冬季体育运动项目经营单位进行了执法检查。

11 月 1 日　由北京市体育局主办的 2009 第十五届攀登中央电视塔大赛举行，约 300 名国内外登塔爱好者报名参赛。比赛设青年男子组、青年女子组、中年男子组和中年女子组。

11 月 2 日至 4 日　由国家体育总局汽车摩托车运动管理中心、中国汽车工业协会、北京市体育局联合主办的 2009 精彩“在沃杯”世界车王争霸赛在国家体育场举行。荷兰籍华裔车手董荷斌和韩寒分获中国车王争霸赛冠、亚军；奥运冠军杨凌摘取文体明星争霸赛桂冠；德国队战胜英国队，赢得“国家杯”赛冠军；瑞典车手艾克斯特罗姆技压群雄，第三次获得“王中王奖杯”，F1 车王舒马赫获得“车手杯”赛亚军。

11 月 6 日　北京国安足球俱乐部荣获 2009 年中超联赛冠军表彰大会在北京会议中心召开。市政府、市体育局、市体育总会、市总工会和中信集团等有关领导出席会议。会议宣读了表彰决定,北京国安足球俱乐部被授予“先进集体”称号,洪元硕、陶伟等 35 名教练员、运动员被授予“先进个人”称号。

11月11日 第十一届全国运动会北京市体育代表团总结表彰大会在北京会议中心召开。北京市副市长、北京市体育代表团团长刘敬民出席会议并讲话。代表团领导总结了北京市体育代表团参加第十一届全国运动会工作，宣读了表彰决定。北京射击队陈颖、北京游泳队陈映红分别代表运动员和教练员发了言。

11月13日至23日 第一届全国智力运动会在四川成都举行。北京代表团派出110名运动员参加了6大项、43小项的全部比赛，共获得8金、13银、8铜，取得了总分榜第一名（奖牌总数第一）、金牌榜第二名的好成绩。此外，还获得第一届全国智力运动会体育道德风尚奖。

11月23日 由中国篮协、百胜集团主办，北京市体育竞赛管理中心承办的第六届肯德基三人篮球冠军挑战赛北京区决赛在国家体育总局训练局篮球馆举行。共有来自18个区县的2479支球队的12395名运动员参赛，选派了400余名注册裁判员执裁。历经2个月14700余场的激烈竞争，18支球队进入北京赛区总决赛，崇文区代表队最终夺得北京赛区冠军。

11月29日 为期4天的第三届北京体育产业展在北京中国国际展览中心圆满落幕。中共中央政治局委员、国务院委员刘延东，北京市市长郭金龙，第十一届全国人大常委会副委员长、民进中央主席严隽琪及国际奥委会委员、国际拳击联合会主席吴经国，国家奥林匹克集邮委员会及收藏家委员会协调员大卫·曼登等多位中央、北京市和国际奥委会官员到第三届北京体育产业展区参观、指导，并给予了高度评价。

十二月

12月2日 刘敬民副市长到市体育局调研，并与市体育局领导班子成员座谈。市体育局局长孙康林介绍了局领导班子成员和市体育局整体情况，重点汇报了明年全市体育工作的总体思路和重点工作。座谈中，刘敬民副市长对市体育局工作给予了充分肯定，并提出了新的希望，就竞技体育、群众体育、体育产业和发展北京“三大球”提出了明确要求。

12月12日 由北京市委组织部、北京市体育局联合主办的2009年“中国移动杯”北京市局级领导干部乒乓球赛在国家体育总局训练局健身中心举行开幕仪式。市人大常委会主任杜德印、市委副书记王安顺、副市长刘敬民、国家体育总局训练局局长闫世铎、团市委副书记邓亚萍等领导出席仪式。杜德印主任宣布开幕，刘敬民副市长致开幕词。在两天的比赛中，共有来自 78 个单位的 149 名在职局级领导干部参加了男子单打、女子单打和双打比赛。

12 月 14 日 中共中央政治局委员、北京市委书记刘淇亲切接见了获得 2009 年中超联赛冠军的北京国安俱乐部运动员和教练员代表。刘淇同志代表市委、市政府向大家表示热烈祝贺，勉励国安队继续发扬“永远争第一”的精神，戒骄戒躁，保持斗志，努力取得更好的成绩。市长郭金龙出席并讲话。蔡赴朝、吉林、刘敬民、黄卫等市领导陪同出席。

12 月 14 日 北京市体育局召开烟花爆竹安全管理工作会议。会议传达了刘敬民副市长、黄卫副市长、苟仲文副市长的有关讲话和市政府 2010 年元旦春节烟花爆竹安全管理工作动员部署会精神，并就做好市体育局元旦春节期间的烟花爆竹安全管理工作任务进行了具体部署。

12 月 14 日至 15 日 北京市体育局举办局系统老干部工作人员业务培训班，全面贯彻落实党和国家关于老干部工作的方针政策，进一步加强老干部工作队伍建设，提高老干部工作人员业务水平和能力素质。

12 月 15 日 北京市体育局组织召开 2009-2010 年滑雪场、滑冰场“两节”安全生产工作动员会。全市 16 家滑雪场、6 家滑冰场和相关区县体育局、公安分局等单位共计 90 余人参加了会议。会议传达了国家体育总局、国家安监总局联合举办的部分重点省市滑雪场监督抽查工作会议精神，对“两节”期间的安全生产工作进行了动员部署

12 月 18 日 北京市政协教文卫体委员会主任牛继升、市政协副秘书长朱尔澄、任学良率市政协委员一行 27 人，到北京射击馆、石景山体育馆视察奥运场馆利用情况，并听取了体育工作情况汇报。

总结·要点

2009年北京市体育工作总结

2009年是中华人民共和国成立60周年,也是北京奥运会、残奥会成功举办后首都发展进入新阶段的第一年。在市委、市政府的正确领导下,全市体育系统全面贯彻落实科学发展观,围绕各项重点工作,求真务实,锐意进取,开拓创新,科学发展,圆满完成了各项任务,为北京奥运会后我市体育事业的可持续发展进一步夯实了基础,做出了新贡献。

一、以贯彻实施《全民健身条例》为动力,加强全民健身体系建设。

1. **深入开展全民健身活动,推动群众体育普及开展。**一是突出重点,打造品牌。举办了第七届全民健身体育节、“和谐杯”乒乓球比赛、万人太极拳破吉尼斯世界纪录等大型群体活动,全市共组织开展了22项主题鲜明的市级活动、228项内容丰富的区县级活动和9551项小型多样的基层活动,参与人数突破360万。二是创新形式,贴近百姓。将群众健身活动延伸到区县、社区,举办了北京市首届龙舟大赛、社区网球万人大行动、百城千村健身气功展示等活动,10余万群众直接参与。

2. **大力加强城乡体育设施建设,加快推进学校体育设施开放。**一是检修、更新、调整2004年配建的全民健身居家工程、标准工程1225处,配建30处全民健身专项球类活动场地,使全市专项球类活动场地达120处,有效满足了不同人群尤其是青少年的健身需求。二是进一步加强农村全民健身场地建设,配建了300个农村篮球场。三是制定《北京市学校体育设施向社会开放工作评估办法及标准》,积极推进学校体育场地开放。目前全市符合开放条件的中小学(不含中专、职高、技工学校)共989所,其中646所中小学校体育设施已向社会开放,开放率为65.3%。

3. **不断创新发展社区体育形式,引导建立群众性体育组织。**一是积极推进体育生活化社区建设,2009年命名24个社区为体育生活化社区。利用体育产业发展引导资金扶持建设社区体育健身俱乐部18个。截至2009年底,我市已建有国家级健身俱乐部14个,市级健身俱乐部58个。二是整理、推广53项大众健身项目,并通过举办北京市优秀社区体育健身项目展示活动,在2500余个社区进行全面推广。

4. 努力加强青少年体育工作,增强青少年体质。一是积极配合教育部门,大力开展阳光体育运动,实施《学生体质健康标准》。二是加大青少年体育俱乐部创建力度,开展青少年体育俱乐部评估检查工作和评先活动。目前全市共建有青少年体育俱乐部14个,个人会员已达12.5万人。三是继续办好北京市体育传统项目学校比赛,完成北京市体育特长生测试工作,与市教委共同举办北京市中小学校体育师资培训班,加强体育传统校师资队伍建设。

5.深入开展群众健身指导,推进全民健身社会化、科学化。一是加强科学健身指导,培训社会体育骨干5000余人。在全市范围内开展示范性全民健身科学大讲堂活动,在东城、崇文、朝阳等10个区县共授课56节,直接受益群众2万余人。二是规范区县二级体质测试站管理,与市统计局共同开展本市公务员和科技工作者体质测试。做好全国第三次国民体质监测的前期筹备工作,完成北京市国民体质监测样本抽样修改工作。三是完成北京市第二次群众体育现状调查,全面了解《全民健身计划纲要》实施以来全市群众体育开展情况,为制定《北京市全民健身实施计划》和“十二五”群众体育发展规划提供了理论依据。

6. 非奥体育项目取得优异成绩。一是参加第一届全国智力运动会,取得总分第一、金牌第二的好成绩,并培养出孔杰、赵雪等新生代世界冠军。二是参加第二届全国航空运动会和全国跳伞锦标赛,北京跳伞队取得五金五铜的佳绩。三是举办北京市首届体育大会,开展了26项群众喜闻乐见的传统民俗健身项目比赛,提升群众体育社会化程度,推动了我市非奥体育项目的普及与发展,也为我市备战第四届全国体育大会打下了坚实的基础。

二、以备战和参加第十一届全运会为中心,全面提升竞技体育水平。

1.抓好第十一届全运会备战参赛工作,取得优异成绩。北京市体育代表团606名运动员,参加了

27个大项、245个小项的比赛，入围人数和子项均超过历届全运会，其中首次参加全运会的运动员343名，占总人数的56.6%。经过顽强拼搏和全团上下的共同努力，共获得金牌30枚、银牌20枚、铜牌29枚，奖牌共计79枚，总分1753分，1人1队破两项游泳亚洲纪录并全国纪录。张怡宁等奥运冠军选手展现风采、续写辉煌，张琳等年轻选手成长迅速、实力强劲，陈颖等老将弥坚、再创佳绩。北京市体育代表团名列金牌榜、奖牌榜和总分榜第六位。

2.狠抓赛风赛纪和反兴奋剂工作，取得显著成效。一是从维护首都荣誉和北京体育良好形象的高度，加强赛风赛纪的宣传教育，制定了《北京市体育代表团全体人员行为规范》，编印《运动员手册》。二是认真执行全运会反兴奋剂资格准入制度，签署了《赛风赛纪和反兴奋剂承诺书》，开展了形式多样的反兴奋剂知识宣传教育工作，北京市体育代表团在全运会上没有发生任何违反赛风赛纪事件，被组委会授予体育道德风尚奖。北京籍运动员全年未出现一起兴奋剂阳性事件。

3. 加强业余训练工作，抓好后备人才培养。一是完成了二级运动员的招生工作，规范招生、训练质量考核、输送与淘汰率核定和参赛经费投入等环节，共新招收二级运动员343名。北京体育职业学院首次面向运动队和社会招生129人。二是制定印发了《北京市第十三届运动会竞赛规程总则》，完善年度竞赛组织体系，提高竞赛组织管理水平，充分利用竞赛杠杆作用，为调整业训项目布局打下良好基础。三是认真组织开展“国家高水平体育后备人才基地”认定和创建工作，2009年我市有什刹海体育运动学校等12所体校被命名为“国家高水平体育后备人才基地”，得到了国家体育总局的充分肯定。

4.创立“三带入”管理模式，推动北京三大球职业化建设。在市委、市政府的支持下，市体育局采取“带人、带钱、带管理”的创新模式，向北京国安足球俱乐部和首钢篮球俱乐部投入引导资金用于俱乐部和梯队建设，并委派相关人员全面参与俱乐部管理和重大决策，在推动“三大球”发展上做出了有效探索。在多方的共同努力下，北京国安足球队首次夺得中国足球职业联赛冠军，极大地鼓舞和振奋了全市体育工作者和全市人民，也有力推动了北京三大球职业化发展。

三、以体育产业发展引导资金为杠杆，推动体育产业与相关产业互动发展。

1.加强体育产业发展基础性工作。一是制定出台《北京市体育产业功能区集聚区认定和管理办法》、《北京市体育产业发展引导资金管理办法（试行）》等一系列文件，为规范和促进我市体育产业发展奠定了基础。二是与市统计局联合开展并完成2006、2007年体育及相关产业专项调查工作，配合做好全社会固定资产投资预期完成目标任务数据动态监测工作，为研究制定我市体育产业发展规划和政策提供依据。三是组织承办第三届北京体育产业展，举办“2009北京体育产业项目推介会”，在全市范围内公开征集了31个项目，共需投资近170亿元。

2.提高体育产业发展引导资金使用效率。一是结合全市体育产业发展状况，建立体育产业项目专家库，成立体育产业部门联席会议建设改造项目评估管理小组，降低引导资金投入风险。二是召开北京市体育产业部门联席会议第二次全体会议，审定了23个扶持项目和4个后备项目。三是开展了扶持项目的监控、跟踪和后期管理，保证引导资金的安全、有效使用。

3.推进体育场馆服务业发展。一是研究制定《关于北京奥运场馆设施向公众开放的指导意见》，采取分类指导和运营管理，推进奥运场馆对公众开放。二是推广体育场馆健身一卡通配建工作，已与126家场馆签订加盟协议，安装设备。三是编制《北京市体育标准发展规划（2008–2012年）》和北京市地方标准《公益性体育设施设计、安装与维护技术要求》，成立北京市体育标准化技术委员会，开展体育服务标准认证工作，国家游泳中心等10家场馆已通过认证。四是落实重点地区体育场馆图像信息管理系统二期项目建设，加强体育场馆的远程管理。

4.体育彩票销量再创新高。一是研发具有差异性和适合北京市场的创新产品，形成以乐透型产品为基础、竞猜型和即开型产品为增长点的产品结构。2009年北京体彩共销售17.1亿元，筹集公益金4.45亿元，整体销量同比增长11%，呈逐年递增趋势。二是建立了以全热线交易系统为基础，安全可靠的技术支撑平台，同步推出北京体彩客服中心和官方网站，提升彩票销售安全运营和服务水平。三是培育和拓展郊区县市场，利用当地集市、文化风俗节等活动，积极开展即开型彩票销售工作。同时，通过建立体育彩票希望小学、冠名赞助区县全民健身运动等形式，树立北京体育彩票良好的公益形象。

四、以体育品牌赛事为平台，推进国际体育中心城市建设。

1.充分利用奥运场馆资源，举办国际品牌赛事。2009年成功举办了北京国际马拉松公开赛、中国网球公开赛、斯诺克中国公开赛、中俄青少年运动会、北京国际长跑节、北京国际自盟场地自行车世界杯赛、ROC世界车王争霸赛、NBA北京赛、意大利超级杯足球赛、第六届系东流空手道世界锦标赛、欧洲-亚洲全明星乒乓球对抗赛（亚洲站）、北京首届国际马球公开赛等国际大型赛事。中国网球公开赛顺利升级，成为亚洲最高规格的综合性国际网球赛事。

2.积极申办大型国际赛事。与国际体育组织、大型赛事公司联络沟通，拓展体育竞赛表演业市场。申办成功2010年北京首届世界武搏运动会并进行了有效的筹备工作，成立了筹委会，确定了会徽，启动了市场开发，开通了官方网站，与世界总会项目组进行了工作对接。精心组织了2014年世界男篮锦标赛申办工作和2015年世界田径锦标赛申办准备工作。

3.积极打造市级品牌赛事。举办了第十五届攀登中央电视塔大赛、北京业余羽毛球公开赛、3人篮球冠军挑战赛、北京市拔河比赛等传统赛事。全力配合国家体育总局相关项目管理中心，承办了2009年全国花样游泳冠军赛和全国足球、篮球、排球、乒乓球、棒球等联赛北京赛区的比赛。

五、以体育资源为依托，圆满完成首都国庆60周年庆祝活动相关工作。

1.圆满完成国庆群众游行体育发展方阵任务。市体育局牵头组建了首体院、吉利大学、芦城体校和燕山向阳小学近2100人的体育发展方阵总队，精心设计阵容，创新训练方法，制定训练方案，全力推进训练。经过三个月的刻苦训练和

11次演练，国庆当天，体育发展方阵簇拥着体育成就彩车，以极具体育特色的阵容、矫健的步伐、嘹亮的口号、动感的表演、最佳的风采，赢得了党和国家领导人、观礼台嘉宾和亿万观众的热烈掌声和广泛赞誉。

2.成功举办国庆游园群众体育展示活动。市体育局与八个城区体育局精心筹划，选派了街道社区、晨晚练点、单项协会、体育俱乐部、体育科研所等基层体育先进单位的3678人，在劳动人民文化宫等十大公园进行了太极拳、健身操舞、啦啦操、健美操、篮球宝贝、街舞、健身气功、踢毽、跳绳、抖空竹、打花棍、棋类等项目表演，开展互动和体质测试，吸引了5.27万名游园群众参与，为欢庆建国60周年营造出欢乐祥和的节日气氛。

3.出色完成建国60周年庆典和平鸽放飞任务。动员全市18个区县信鸽协会的2万多名会员，从全市比赛信鸽中征集、挑选8万羽信鸽，调集集装箱式专用放飞车18辆，选拔、培训放飞人员80名，在建国60周年庆典上顺利、安全放飞6万羽，创造了庆典放飞和平鸽的新纪录。

4.加强监管，有力保障国庆期间体育运动经营安全。在全市体育运动项目经营单位中开展了建国60周年体育经营单位安全风险评估、安全生产“三项行动”、“三项建设”、安全生产“护航”行动和“迎国庆、保安全执法检查专项行动”等各项安全执法工作，共出动执法人员3260余人次，执法车辆730余台次，累计查找经营单位安全隐患462项，完善安全制度205项，组织体育经营单位开展应急演练178次，确保了建国60周年庆祝活动期间体育运动项目经营单位安全运营。

六、以配套立法和调研为重点，加强体育法制建设工作。

1.立法调研取得重要成果。一是与市人大常委会教科文卫体办公室、市社会办、市规划委、市住房城乡建设委联合开展了“北京市居住区配套体育设施现状调查”，汇总北京市居住区配套体育设施基本状况，为进一步加强居住区配套体育设施建设管理、落实《北京市全民健身条例》提供了有效依据。二是联合市人大教科文卫体委员会开展《北京市体育市场管理条例》立法调研，为体育市场立法奠定基础。三是着手研究《北京市全民健身条例》修订及前期工作。

2.*加大体育执法力度*。一是在广泛征求意见的基础上制定《北京市体育运动项目经营单位安全生产规定》行政处罚裁量权标准和《北京市体育竞赛管理办法实施细则》行政处罚执行标准（草案），保证本市体育行政部门在实施行政处罚时公平、公正地行使裁量权，促进依法行政。二是加大体育执法行政处罚力度,通过处罚与教育相结合，取得了良好的执法效果，提高了体育执法部门的权威性。三是加强执法人员资格管理工作，规范体育执法人员证件的使用和管理。

此外，在体育宣传、科技教育、体育国际交流和外事管理、体育人事管理和老干部工作等方面也都取得了新的成绩。

2010年北京市体育工作要点

2010年是实施北京市“十一五”时期体育事业发展规划的收官之年，也是新周期的起始年。全市体育工作的总体思路是：深入贯彻落实科学发展观，按照首都经济社会发展的新要求，巩固发展奥运成果，实施《全民健身条例》，强化体育公共服务；改革竞技体育管理体制，调整新周期项目布局，夯实后备队伍建设；优化体育产业发展环境，扩大体育彩票市场，打造高水平体育赛事；提高体育执法水平，编制“十二五”规划；加强体育队伍建设和管理，加快建设国际体育中心城市，促进首都体育事业全面、协调、可持续发展，为建设“人文北京、科技北京、绿色北京”和世界城市做出新贡献。

一、推动新周期竞技体育改革，提升竞技实力和水平。

——加强竞技体育领导，调整充实各级领导力量。第十二届全运会周期竞技体育实行局党组集体领导下的局领导分工负责制。一是成立北京市体育局备战第十二届全运会工作领导小组；二是在先农坛体校、木樨园体校、什刹海体校、芦城体校和射击体校，分别设立局派驻工作组；三是在保持各训练单位班子基本稳定的前提下，充实专业领导干部，培养年轻干部。

——立足全市竞技体育发展实际，按照管办分离和体教结合的原则，推进竞技体育体制改革和机制创新，确定新周期运动项目布局，实现巩固加强优势项目、改造提升弱势项目、提高集体项目水平的目标。

——努力打造“训、科、医、教”为一体的综合性竞技体育训练管理平台。结合新周期竞技体育战略，制定北京体育职业学院建设发展规划，尽快落实新校园立项、规划、征地工作，做好2011年办学条件评估准备工作。加强软硬件建设，完善体制和机制。

——积极探索与首都经济社会发展格局相适应的足球、篮球、排球管理、训练和竞赛体制。充分发挥政府的主导作用，吸纳社会资金，引入竞争机制，充分调动职业俱乐部的积极性，提高“三大球”项目职业化、社会化水平，以位居全国前列为目标，下大功夫提高北京“三大球”竞技水平，不断完善“三大球”青少年人才培养机制。

——重点研究制定新周期二级运动队建设规划方案。继续实施分级管理和分类指导，吸引更多的青少年参与竞技体育，抓好各项目、各年龄段的后备人才培养，重点加强与奥运、全运周期人才年龄和水平相衔接的二线队伍建设，着重解决后备人才结构失衡和断档断线问题，确保我市竞技体育的长期持续发展。

——加强体育专业人才队伍建设。做好运动员聘用、退役安置工作，努力提高教练员科学训练和科学管理水平，优化体育人才成长环境。加大科研力度，开展科研攻关和科技服务工作。继承和发扬备战北京奥运会、十一届全运会科学训练、参赛保障、思想政治工作等方面的成功经验，充分运用到新一轮备战中，通过参加2010年广州亚运会等各类重大赛事，进一步锻炼和夯实2012年伦敦奥运会备战队伍，争取更多的北京籍运动员入选国家队。

——办好北京市第十三届运动会。严格做好运动员参赛资格审查和反兴奋剂工作，做到公平、公正、清白参赛，使比赛充分发挥出发现、选拔和培养竞技体育后备人才，推动青少年体育工作发展的积极作用。

二、发挥政府主导作用，动员社会力量，大力发展群体事业。

——深入贯彻实施《全民健身条例》。以胡锦涛总书记提出的“增强人民体质、提高全民族身体素质和生活质量”为目标，努力完成“十一五”规划提出的构建全民健身服务体系等目标任务，推动群众体育事业全面、协调发展。以各级政府和市、区县体育行政部门为主导，发挥全市各级机关、企业事业单位以及工会、共青团、妇联、残联等社会团体和体育协会、基层群众体育组织的积极作用，使发展全民健身事业真正成为全社会共同的责任。调整、充实、完善市和区县两级全民健身指导委员会，成立北京市社区体育协会和北京市社会体育指导员协会。

——加强全民健身设施的建设与管理。投入体育彩票公益金1460万元建设30处球类活动场地、更新2005年配建的280个全民健身工程，在公园、广场等地建设一定数量、方便市民使用的棋牌桌；利用北京市体育产业引导资金，重点建设一批社区经营性体育健身俱乐部，满足市民多元化需求。

——实施国家体育制度。在组织开展第三次全国国民体质监测(样本量为7200个)的基础上，扩大样本量，完成北京市民体质监测(样本量为2.72万个)，同时开展北京市民体质测定与健身服务体系课题研究；加强社会体育指导员队伍建设和管理，统筹发展组织管理型、技能传授型的职业资格社会体育指导员8000人，组织开展社会体育指导员技能大赛；开展第二次北京市群众体育工作现状调查调研，研究制定《北京市全民健身实施计划》和北京市群众体育工作评价体系。

——广泛开展全民健身活动。以落实《健康北京人——全民健康促进十年行动规划》为契机，以北京6月23日全民健身日为启动日，8月8日全国全民健身日为高潮日，在全市各区县、行业、系统中开展小型多样、因地制宜、丰富多彩的全民健身活动；继续举办“和谐杯”乒乓球赛、龙舟大赛等传统品牌活动；以人群体育为重点，组织第三届北京市机关运动会、第八届北京市少数民族运动会和第八届残疾人运动会，开展全市百万职工工间操活动；组队参加第四届全国体育大会。

——加强青少年体育工作。制定《北京市学校体育场地向社会开放奖励办法》和《北京市学校体育场地开放补贴办法》，进一步推动具备条件的学校体育设施向社会开放；开展体育传统项目学校竞赛、培训和评估活动。创建15个青少年体育俱乐部。

——统筹城乡体育协调发展。城市体育以社区为重点，开展体育生活化社区达标工作，制定《北京市体育生活化社区管理办法》，加大社区全民健身设施建设力度；农村体育以乡镇为重点，紧密围绕"城乡一体化"新格局，继续开展体育工作"六进乡镇"活动，不断提高农民体质健康水平。

三、整合体育产业资源，优化体育产业结构，推动体育产业成为首都经济新的增长点。

——进一步贯彻落实好市委、市政府《关于促进体育产业发展的若干意见》文件精神，重点研究体育产业资金扶持方向，合理规划产业布局，优化北京体育产业结构。整合市体育局系统经营性资源，结合所属事业单位改革，通过产权置换、内部资产重组、部分有条件的事业单位改制参股等资本运作形式，组建独立法人实体，采取政府扶持，吸收社会资金或资本，加快实现北京体育产业的规模效益和社会效应。

——审核、使用和管理好体育产业发展引导资金，加强产业项目评估与后期跟踪管理。重点扶持综合性体育健身中心建设，全面开展健身一卡通发行推广工作，在不同群体健身消费中扩大影响，有力推动我市健身服务业的发展。

——加快八大体育产业功能区、集聚区的规划和建设，分期启动，重点突破，力争在今年初见成效。与有关部门沟通协调，完善促进体育产业发展的各项配套政策。

——拓展体育彩票销售渠道。做好区县即开型体育彩票销售，研发中超、世界杯等新型竞猜彩票；开展网点及销售员队伍培训；统一彩票专卖店形象，加强平面、电视、网络媒体和手机平台的彩票营销宣传。

——以安全监管为重点，建立长效、常态的体育市场监管体系和机制。推动冬季体育运动项目经营单位标准化建设，实行分级分类管理；坚持依法行政，加大宣传和行政处罚的力度，促使各体育项目经营单位将抓安全生产变为主动行为。

四、积极申办举办高端体育赛事，努力打造世界城市名片。

——提高赛事市场化程度，调动社会力量办赛的积极性。重点办好 2010 年首届世界武搏运动会、北京国际自盟场地自行车世界杯赛、国际乒乓球精英赛、国际足球比赛、北京国际花样游泳公开赛、NBA 北京赛等国际赛事；全力打造中国网球公开赛、世界斯诺克中国公开赛、北京国际马球公开赛、北京国际长跑节、ROC 世界车王争霸赛等品牌赛事。

——做好世界田径锦标赛、北京国际汽车街道赛等赛事的策划、申办工作，做好 2011 年世界铁人三项锦标赛筹备工作，力争让更多高水平的国际精品赛事落户北京。

——配合有关部门办好 2010 年世界奥运城市联盟大会，通过多种渠道，联络国际体育组织，争取有更多的体育组织总部、分部、办事处在北京落户。

——继续办好北京赛区全国足球、篮球、排球、乒乓球、棒球、垒球等联赛。认真做好北京裁判员队伍发展规划，加强与区县体育部门、各裁委会和体育协会的联系，提升裁判管理水平，推荐北京籍优秀裁判员为广州亚运会等重大赛事服务。

五、统筹抓好各项工作，推动体育事业全面协调发展。

——以宣传贯彻落实国务院《全民健身条例》和加大体育行政执法力度为重点，推动全市体育法制工作。配合做好《北京市全民健身条例》修订工作，联合完成居住区体育配套设施调研后续工作。

——对全市体育执法人员进行专业培训，全面提高执法队伍的综合素质和业务水平。对体育市场和体育竞赛中的违法行为进行处罚，促进体育市场健康发展。做好“经营高危险性体育项目”相关行政许可的准备工作。

——在“十一五”规划收尾和评估工作的基础上，认真做好《北京市“十二五”时期体育发展规划》编制工作，推动北京体育的跨越式发展。

——加强体育标准化工作。充分调动和发挥各相关单位与部门的重要作用，建立联动机制，修订北京市体育地方标准，完成20个场馆的体育标准化服务认证工作。

——继续推进体育场馆双语标识、无障碍设施、应急图像信息系统建设工程，将全市大型公共体育场馆环境建设纳入统一规范管理的轨道。

——加强干部队伍建设，特别是各级领导班子建设，选拔、培养年轻后备干部，为首都体育事业可持续发展提供坚实的组织保障。

——推动党工团组织建设、思想建设和作风建设。加强党员干部的教育、培训和管理，扎实推进精神文明创建活动，创新优秀运动队思想政治工作，生动活泼地开展好群众团体工作和统战工作。

——加强党风廉政建设和反腐败工作。按照胡锦涛总书记在十七届中央纪委五次全会上提出的“建设科学、严密、完备、管用的反腐倡廉制度体系，不断取得党风廉政建设和反腐败斗争新成效”的要求，拓展反腐倡廉教育形式，加强重点工程、重大资金、重要干部任免和大额资金使用的管理和监督，推进廉政风险防范工作。认真做好群众来信、来访工作。

——加强离退休干部服务和管理工作。重视离退人员中的党组织建设，全面落实老干部工作责任制，积极为离退休人员安度晚年创造条件。

领导讲话

在第十一届全国运动会北京市体育代表团成立暨誓师动员大会上的讲话

(2009年8月18日)

北京市市长 郭金龙

各位运动员、教练员、代表团的工作人员，同志们：

今天，我们在这里隆重举行第十一届全国运动会北京体育代表团成立暨誓师动员大会。首先，我代表市委、市政府，向即将出征第十一届全运会的全体运动员、教练员和工作人员，致以亲切的问候！向所有为备战全运会付出心血的同志们，表示衷心的感谢！

本届全运会是在北京奥运会之后，我国举办的第一个高水平全国综合性体育盛会，也是对各地体育事业发展特别是竞技体育运动水平的集中检阅。市委、市政府高度重视，十分关心备战参赛工作。在历届全运会上，北京体育健儿奋力拼搏，取得了优异成绩，为首都赢得了荣誉，增添了光彩。奥运会后的北京，倍受关注。在科学发展观的指引下，我们继承奥运财富，提出了建设"人文北京、科技北京、绿色北京"的发展思路，在党中央的坚强领导下，经过全市人民的共同努力，首都经济社会保持较快增长，上半年我市的发展水平超过了全国平均水平，在城市环境建设上继续赶上、不断提高，蓝天白云更多，社会更和谐，志愿者理念在各行各业、各街道、各社区深入人心。而作为中国第一个举办奥运会的城市北京，在奥运会后我们的体育事业发展的如何，特别是竞技体育水平如何，就要靠这次全运会来检验。

我衷心地希望全体运动员、教练员和工作人员在本届全运会上，继续发扬团结奋斗、顽强拼搏的精神，努力完成好各项备战参赛任务，充分展现我市体育事业发展的综合实力，充分展示首都精神文明建设的丰硕成果，以优异成绩向全市人民汇报，向新中国60华诞献礼！

一是要赛出水平。希望全体参赛运动员发扬"更快、更高、更强"的奥林匹克精神，精心备战，刻苦训练，始终以饱满的热情、最佳的竞技状态投入比赛，努力发挥平时最高的训练水平，取得最好的竞赛成绩。

以我以前从事体育工作的经历回顾来看，在大赛之前要做好两件事：一个就是始终要有一种顽强的拼搏精神，第二就是要有一种心地坦荡而广阔的心理状态。有这两条才能赛出水平，缺一不可。在这方面，运动员要备好战，教练员也要安排好各项工作。

二是要展示风采。代表团全体成员都是北京体育战线的代表、北京市民的代表，都是首都形象大使。希望各位运动员、教练员遵守公平竞赛原则，严守赛场内外纪律，尊重对手、尊重观众、服从裁判，赛出风格，赛出友谊，彰显奥运城市、人文北京的时代风采。

三是要学习提高。抓住全运会的宝贵机会，加强与兄弟省区市的体育交流，认真学习各地在体育人才队伍建设、体育事业和体育产业发展、赛事组织、场馆开发利用等方面的成功做法，丰富积累竞技体育训练、科研等方面的先进经验，不断获得建设国际化体育中心城市的新启示。

而在北京国际化体育中心城市建设进程中，在座的各位都是骨干力量，要通过你们的努力，创造更好的成绩，培养更多的体育事业人才，为北京国际化体育中心城市建设，为我们的未来提供更多的生力军。

四是要协调配合。全运会决赛好比是一场战役，组织指挥和服务保障十分重要。希望代表团建立高效、有力的指挥系统，做到信息畅通、指挥统一、决策果断、落实有力，形成一个团结的、有战斗力的集体。各有关部门、各区县要积极主动做好服务保障，全力支持和配合代表团的工作，共同打好全运会这场硬仗。

同志们，全运会决战在即。我们相信，有全市人民的热情支持，有全体运动员、教练员和工作人员的努力，北京体育代表团一定会不负重托，圆满完成我市十一届全运会的各项目标任务，为首都北京赢得新的荣誉，向新中国 60 年华诞献上一份厚礼！

最后，预祝北京体育代表团取得优异成绩！

谢谢大家。

新春贺辞

北京市副市长　刘敬民

值此辞旧迎新的美好时刻，我很高兴通过北京晚报，向北京市民致以新春的祝福！

刚刚过去的2008年，是很不平凡而又辉煌的一年。在全国人民的大力支持下，在北京市民的共同努力下，我们成功举办了北京奥运会、残奥会，共同亲身经历了中国体育铸就辉煌、中华民族实现梦想的历史时刻。同时，围绕奥运会的筹备和举办，全市加大了群众健身设施的建设力度，开展了丰富多彩的全民健身活动，营造了浓郁的社会体育氛围，有力地推动了群众体育和竞技体育快速、健康发展。

北京奥运会、残奥会的成功举办和“绿色奥运、科技奥运、人文奥运”的理念，对我市全面协调可持续发展产生了深远影响。为推动科学发展，市委、市政府提出了建设“人文北京、科技北京、绿色北京”的新目标。我市将巩固奥运成果，进一步宣传奥林匹克精神，统筹规划体育资源，推动体育事业和体育产业协调发展。

今年，我们将迎来新中国建国60周年庆典等重大活动。按照胡锦涛总书记提出的从体育大国向体育强国迈进的奋斗目标，我市将继续加强公共体育设施建设，提高现有公共体育设施的利用率，推动全民健身活动广泛深入开展，参加第十一届全国运动会，促进体育产业发展，举办重大国际体育赛事，推动全市体育工作再上新台阶。

祝大家在新的一年里吉祥如意、幸福安康！

（刊自《北京晚报》1月）

刘敬民副市长在北京市第七届全民健身体育节开幕式暨和谐杯千台万人乒乓球展示活动上的讲话

（2009 年 6 月 20 日）

同志们、朋友们：

上午好！

在北京奥运会成功举办一周年和我国首个全民健身日即将到来之际，我们在奥林匹克公园启动北京市第七届全民健身体育节，具有十分特殊的意义。作为我市群众体育的传统品牌活动，本届体育节将进一步贯彻落实胡锦涛总书记在奥运会总结表彰大会上的讲话精神，以国务院颁布首个全国全民健身日为契机，坚持以基层为重点、以市民为主体，通过举办市级、区县级、街道乡镇级、协会俱乐部活动，研发推广健身项目、开展非奥体育项目，特别是群众喜闻乐见、丰富多彩、特色鲜明的体育活动，引导广大市民积极参与全民健身，培养市民文明礼仪、团结友善的精神风貌，建立健全“全民健身与奥运同行”的长效机制，大力巩固和发扬奥运成果。

今天进行的千台万人乒乓球展示活动也为历时 3 个月的北京市第三届和谐杯乒乓球比赛画上了圆满的句号。本届和谐杯乒乓球赛覆盖了全市所有的社区和行政村，截止到目前，直接参赛人数为 80 万,参与活动的市民总数达到 175 万。越来越多的市民通过这个平台体验了乒乓球运动的快乐，感受到和谐社区、和谐社会的温暖。千台万人竞技乒乓球，规模宏大、影响深远，创新了群众走进奥运场馆健身的模式，为迎接建国 60 周年营造出浓厚的群众健身氛围。

北京奥运会、残奥会的成功举办，使我市体育事业迈上了崭新的发展平台。希望各级主办、协办单位密切配合、精心组织，努力将本届体育节办成百姓满意、欢乐祥和的体育健身盛会。希望全体市民积极参与到这些健身活动中，尽情享受运动带来的健康和快乐。

最后，祝北京市第七届全民健身体育节和千台万人乒乓球展示活动圆满成功，为祖国六十周年华诞增添光彩！

刘敬民副市长在北京市体育总会第六届会员代表大会上的讲话

（2009年9月8日）

各位代表、同志们：

大家好！

今天市体育总会在这里召开了换届会，首先我先向新当选的体育总会的领导表示祝贺，希望同志们在新的一轮工作中继承奥运会的遗产，把群众体育的各项工作做好，做出新的成绩。借这个机会，我想谈三个想法：

一、体育总会要发挥优势、提高水平。

体育总会目前有78个协会，这些协会都紧紧扣住了部分体育爱好者的生活，成为团结群众，创造健康生活方式的重要渠道，所以我认为体育总会的工作最重要的就是靠近和深入群众，要真正成为群众当中强有力的、根深叶茂的组织。这几年搞奥运会，大量接触了体育方面的工作，我发现要搞好体育工作重要一点就是兴趣爱好。有了这个兴趣爱好，就会有精力去做事，尽管有可能经济条件一般，但也不会丧失热情，而且这个兴趣爱好还可以团结社会一大部分人，形成很大的社会影响，同时也能提高群众体育的社会基础。北京市体育局近几年搞了许多大型的体育活动，像千台万人乒乓球比赛，4万人太极拳破吉尼斯世界纪录的活动，都是一些社会影响巨大的赛事活动。特别是在北京的一些外国友人，形容太极拳既是一种技击，又像一种舞蹈，里面又包含着人生哲学，每个人都可以学，非常值得推广。8月份的时候，我参加了国家体育总局组织的纪念奥运会一周年的活动，都是一些健美操的教练组织的，有一大批的爱好者与其互动，场面很是好看。他们向我介绍目前国内的各种健美健身俱乐部雨后春笋般的成立，竞争很是激烈。过去他们由几个人共同经营到现在每个人几乎都有了自己的俱乐部，就是借奥运会的快车才得以发展。因此，我希望这种健身的俱乐部和体育项目的活动在北京市民中扩大影响、迅速发展。一个养信鸽的朋友向我介绍说，北京的信鸽水平一直很高，但是外地这几年提高的很快，像种鸽场、公棚等一些相关设施发展很快，国际上这几年对这方面要求也提高不少，否则我们就无法承担这个项目国际级的赛事要求，因此我们要多下功夫、多研究发展符合我们中国国情的信鸽项目。我们有很多优秀的体育项目，我们不要把它单纯看成只是一种业余爱好，有许多青年朋友甚至是老年人把体育活动当成是每天最为重要的一件事情，聊起体育来滔滔不绝、爱好非常深厚，我以为这是真实社会生活中的一个重要现象，更多的人热爱体育、投身体育，这是社会繁荣发展的标志。我们组织科学发展观的学习，创建和谐社会，就是要这种百花齐放的局面发扬光大。78 个协会看上去各有不同，但千万不要小看自己，在群众体育工作中，有许多事情要由协会来组织进行，来引导指导群众，说明体育协会在群众中是有市场的、有影响的。这就要求我们要打开思路、充分解放思想，把它搞起来，不要只局限于某个小圈圈里，群众体育天地更大，影响也更深远，要把群众的需求当成我们工作的重要目标，动员他们、围绕他们、激励他们，不是光为某个成绩而工作，要考虑到团结动员和服务更广大人民群众，使他们的生活更加快乐和美满，这是体育总会最应做的，以人为本，这是科学发展观在体育总会工作中最直接的体现。

二、群众体育工作要靠近市场。

过去搞体育工作，主要是靠政府，现在市场经济繁荣，人民群众在富裕之后有了娱乐健身的需求，已经形成了一个大市场。这要求我们能否根据目前市场的情况抓住机会，当前社会中这么多体育组织都是迎合这种环境下发展起来的，过去只是少部分才能参与的文体项目，现在普通的老百姓也可以组织进行，而且发展的越来越专业，从装备到技术都发展很快，说明群众对体育项目的爱好最终一定会汇聚成为一种市场，一定会反应成为一种经济指标、经济流量，搞群体工作离不开群众，没有资金也搞不好。一方面政府要大力支持群体工作，一方面也要求大家要主动研究市场。因为市场里有规律，有引导体育工作发展的力量，脱离开市场就有可能脱离群众、脱离潮流，身边的群众会越来越少，体育爱好者被别人夺走。所以，我认为研究市场即是研究整体形势，也是做群众工作，也是研究群众的心理爱好。

三、群众体育工作要规范运行。

我们在开展体育活动、开拓体育市场的时候，也一定要规范运行，要充分依靠政府的力量、依靠基层社区的力量、依靠体育协会的力量。不规范发展一定会出问题，就会脱离群众，毫无发展可言，这就需要我们建设一个很好的管理体制，体育总会要在这方面多发挥作用，制定规范，同时也要加强检查，使群众的力量、市场的力量、政府的力量合在一起，这样我们的工作才大有可图，越搞越好。

今天参会的代表还有很多是行业代表，我觉得重视行业的体育发展非常重要，过去公安系统有个前卫体协，工作开展的不错，社会影响力挺大的，好多优秀的运动员同时也是业务骨干。篮球、足球项目都应该研究研究、如何多种形式的开展群体工作，把体育活动推广到各个年龄层次的群体之中去。行业体协可以依靠自身的条件，发挥自身优势，利用有利的保障措施，动员和组织广大群众参与群体活动，推出几个拳头产品，搞些全市知名的活动。比如卫生局尝试在医务人员和病人中推广太极拳，既有利于病人康复，又有利于满足医务工作人员的健身需求。各个地区也要有自己的优势项目、重点项目，宣武区是北京的一个老城区，一些平民文化、世俗文化、乡土文化很发达，练武的、唱戏的多聚于此，像中幡、摔跤、踢毽子、抖空竹、京戏等都是大有群众基础的，而且都是自发组织的各种娱乐活动，宣武区有它特殊的文化和特殊的背景，其他的区也一定会有传统的重点项目，要先调研本区重点项目及爱好群有多大，人数众多的要组织好、管理好，因为它一定会成为该区凝聚力的一部分，成为该区地域文化的一部分。不管是地区还是行业，都要重视群众体育工作的开展，发挥体育总会的作用，成为群众参与体育活动的重要平台和渠道。我希望看到的局面是有各项体育爱好的群众飞速的扩大，通过参与一至两项体育活动改变人民群众不良的生活习惯或生活方式，使老年人在退休后每天都能从事一定量的体育健身活动。不管哪个阶层，爱好体育都成为一种时尚。各个协会的影响力要深入群众、深入社区，被更多的人了解、熟悉，这样一个生动活泼的局面是我们体育工作者应该努力做到的。

在这里，我祝愿同志们在成功举办奥运会后，努力采集奥运会播下的种子，抚育它、壮大它，使我们建设国际体育中心城市的工作落到实处，落到每一位体育工作者的心上，落到体育总会及各个协会的工作日程上去，为我市体育事业又好又快发展，为打造国际体育中心城市做出更大的贡献！

刘敬民副市长在北京国安足球俱乐部荣获2009年中超联赛冠军表彰大会上的讲话

（2009年11月6日）

同志们：

今天，市体育局、市足协在这里隆重召开北京国安足球俱乐部荣获2009年中超联赛冠军表彰大会，非常高兴参加这个大会，与大家共同分享夺冠的喜悦，共同展望北京足球事业发展的前景。首先，我代表市委、市政府向北京国安足球俱乐部及其全体运动员、教练员、工作人员表示热烈的祝贺，对大家付出的辛劳和努力致以亲切的问候，并借此机会，向所有为北京足球事业发展给予大力支持和帮助的社会各界表示衷心的感谢！

自1994年中国足球职业联赛开展以来，北京市委、市政府和全市人民对足球工作给予了充分的关注和高度重视。十六年来，以国安足球俱乐部为代表的北京职业足球得到了长足发展，取得了显著成绩。特别是在中信集团以及中信国安集团的领导下，北京国安足球俱乐部以“永远争第一”作为俱乐部建设发展的理念，按照产权明晰、组织健全、管理规范、运作良好、保障有力的职业化足球俱乐部建设要求，俱乐部上下团结一致、锲而不舍、扎实工作，无私奉献，经过不懈的努力，北京国安足球队取得了俱乐部历史上一个又一个的好成绩，并最终在今年 10 月 31 日结束的 2009 年中超联赛中首次夺得中国足球职业联赛冠军，多年的奋斗终成正果。北京国安足球俱乐部也成为中国足坛中最为稳定的、管理最为规范的职业俱乐部。尤其值得肯定的是，“国安永远争第一”这一口号，体现了一种无论成功与否，永远奋发向上的拼搏进取精神。正是这种精神，北京国安足球队成为北京球迷的骄傲，赢得了广大市民的热情支持，这也是体育精神的真实写照。

国运盛则体育兴。伴随着首都经济社会全面发展的崭新历程，首都体育事业也取得了巨大成就。特别是北京奥运会和残奥会成功举办，为我市体育事业和体育产业的发展创造了空前机遇，也提出了更高的要求。职业足球作为首都体育事业的重要组成部分，是首都社会文明的重要标志，是建设现代化国际大都市和国际化体育中心城市的重要内容和重要载体。夺取冠军可喜可贺，但这个冠军只是新起点，绝不是终点。我们要始终保持清醒的头脑，查找不足，取长补短，卧薪尝胆，根据年初北京市足球工作会的精神，把“联赛冲冠军，后备抓人才，百姓踢足球，文明展风采”的整体发展思路落到实处，继续积极探索与首都经济社会发展格局相适应的足球管理体制、训练体制和竞赛体制，继续为推动北京足球事业的大发展努力工作。

最后，希望北京国安足球俱乐部和全市足球工作者，以本次夺冠为起点，认真学习贯彻胡锦涛总书记“中国足球要发扬‘志行风格’”的指示精神，继续弘扬“永远争第一”的精神，与时俱进、开拓创新，保持良好作风，不断提高足球竞技水平，加大足球后备人才培养，带动北京三大球运动的蓬勃发展，为加快“人文北京、科技北京、绿色北京”建设，推动中国足球事业发展做出新的更大的贡献。

刘敬民副市长在2009北京体育产业高峰论坛上的讲话

(2009年11月10日)

尊敬的各位来宾，女士们、先生们：

上午好！

在“2009北京体育产业高峰论坛”开幕之际，国内相关领域的专家、学者及从事体育营销、资本运作的企业家共聚一堂，共同探讨北京市体育产业发展的重大课题，共同推动体育场馆、体育赛事和体育资本市场的繁荣与发展。在此，我代表北京市政府，对各位来宾表示衷心的感谢和热烈的欢迎！

去年北京奥运会、残奥会成功举办。北京市体育工作快速、持续发展，迈上了一个新的发展阶段。两个奥运圆满成功，赢得广泛赞誉；群众体育深入蓬勃开展，全民健身体系日臻完善；竞技体育整体实力增强，奥运会上创造历史最好成绩；奥运会的成功举办也开创了体育产业的新格局。众所周知，体育产业在当今已经成为极具发展前景的朝阳产业，北京市高度重视发展体育产业，北京市政府在2007年7月印发了《关于促进体育产业发展的若干意见》，指明了北京市促进体育产业发展的目标、主要任务和保障措施。

“十一五”时期要实现体育及相关产业年均以15%的速度增长，力争2010年体育及相关产业营业收入占全市GDP的3%左右，体育产业创新能力显著增强，发展质量和效益明显提高，初步建立与首都经济社会发展和国际体育中心城市功能相适应的，具有首都特色的体育产业体系。促进体育产业发展的主要任务是：积极申办、培育国际级的大型体育品牌赛事；规划建设体育产业功能区，优先发展与体育有关的新兴产业；开发全民健身服务业，普及青少年体育活动和竞赛；做强体育用品销售业，发展体育场馆服务业；扶持体育中介组织，引导体育消费，培育体育产业市场。近年来，北京市采取了一系列的措施：推进体制改革和机制创新，加大财政支持力度，拓宽投融资渠道，积极落实扶持体育产业发展的税收支持政策，加大体育产业人才培养力度，加强体育无形资产的开发和保护，加强对发展体育产业工作的指导。

今天我们在此举办高峰论坛，目的就是要博采众长、集思广益，巩固奥运成果、共谋体育产业发展，在各界的努力下加快构建社会主义和谐社会首善之区的步伐。在此，请允许我向热心北京体育产业发展的各届人士表示诚挚的感谢！

最后，预祝本次论坛圆满成功，并祝各位远道而来的嘉宾在京期间生活顺利、工作愉快！

孙康林局长在北京东方国际网球发展中心揭牌仪式上的讲话

（2009 年 4 月 11 日）

尊敬的各位领导、各位来宾，女士们、先生们：

大家上午好！

首先，我代表北京市体育局和北京市体育总会，对“北京东方国际网球发展中心”的正式成立表示热烈的祝贺！对前来出席揭牌仪式的国际网联代表、国家体育总局和北京市委、市政府领导及各界嘉宾、新闻界的朋友们表示热烈的欢迎和衷心的感谢！

北京奥运会、残奥会的成功举办，使我市体育事业迈上了崭新的发展平台。网球运动也同样进入了一个全新的发展时期。为满足广大市民对网球运动的需求，为将北京打造成为亚洲网球之都，为扩大中国网球公开赛的影响，北京东方国际网球发展中心就应运而生了。该中心的成立，是北京市体育局深入学习实践科学发展观，贯彻落实《北京市委、市政府关于促进体育产业发展的若干意见》和市领导关于“充分利用奥运成果，大力发展体育事业和体育产业，推动首都经济社会发展”指示精神的一项重要举措。该中心将以“扩大网球人口、提高网球水平”为宗旨，肩负起整合北京市网球优质资源，提升网球服务水平，满足群众多元化网球需求，推动网球运动市场化、产业化、国际化发展的重任，与中国网球公开赛一道，形成一个业余与职业、普及与提高、大众娱乐与明星赛事，互相依托、互为促进的共赢局面，并以此推动北京网球运动的蓬勃发展。

北京市体育局将为打造、培育首都一流的网球设施、一流的网球赛事、一流的网球人才、一流的网球产业创造条件，提供服务，加强监管。同时，也希望与社会及各有关方面一道，为加快建设国际化体育中心城市、建设“人文北京、科技北京、绿色北京”做出新的更大的贡献。

市体育局局长、市足协执行主席孙康林在2009年北京市青少年足球活动启动仪式上的讲话

（2009年4月25日）

尊敬的各位领导、各位来宾，

亲爱的同学们，广大的教练员、老师、家长朋友们，

大家上午好！

为进一步贯彻落实《党中央国务院关于加强青少年体育、增强青少年体质的意见》，抓好北京市足球工作会议和国家体育总局、教育部《关于开展全国青少年校园足球活动的通知》精神的落实工作，推动我市大、中、小学广泛开展校园足球活动，普及足球知识和技能，形成以学校为依托、体教结合的青少年足球人才培养体系，全面提高青少年身体素质，丰富青少年体育文化生活，遵照市领导的指示精神，市体育局和市足协共同组织发起了本次活动。

北京市青少年足球活动是中国青少年校园足球发展计划的重要组成部分。开展好这项活动，对于推动阳光体育运动深入开展，丰富校园体育活

动内容都将发挥积极的促进作用。今天，各方面的领导及全市77所小学、初中、高中学校的领导、教练员、学生运动员和家长约3000人参加了启动仪式。这不仅表明了各级领导对开展青少年足球活动的重视，也反映出广大青少年学生和家长朋友们对青少年足球活动的期待。今天的启动仪式，也标志着2009我市青少年足球赛事的全面展开。在接下来的半年时间里，我们将组织阿迪达斯绿茵足球联赛，第三届北京市优胜者杯青少年女足比赛，北京市小学生趣味足球比赛，北京市“萌芽杯”“幼苗杯”、“希望杯”、“百队杯”足球赛等各项赛事，为广大青少年学生参与足球活动提供一个广阔的舞台，为校园足球活动的开展提供一个坚实的平台。

“少年强则国强”。我希望全市各级体育部门，要以高度的政治责任感和历史使命感，站在为祖国培养优秀接班人和推动体育事业可持续发展的高度，与教育部门密切合作，通过开展校园足球活动，全面推进素质教育，促进青少年学生健康成长。

最后，再次感谢各位领导和嘉宾的莅临指导和大力支持！祝2009年北京市青少年足球活动圆满成功！

谢谢大家！

孙康林局长在北京市第七届全民健身体育节组委会成立大会上的讲话

（2009年6月2日）

组委会各位委员，同志们，新闻界的朋友们：

大家下午好！

经过紧张的筹备，北京市第七届全民健身体育节各项工作已基本就绪。今天在这里召开组委会成立大会暨新闻发布会，向大家通报组委会组成情况以及体育节的主要情况，就是要号召、动员广大市民，积极参与体育节各项活动，再掀全民健身高潮，进一步巩固发展奥运成果，增强市民体质，增进社会和谐，为喜迎建国60周年营造浓厚的、良好的社会氛围。

借此机会，我再讲四点意见：

一、要抓住有利时机，努力办成市民的节日。本届体育节是北京奥运会成功举办后的第一个全民健身体育节，同时也是国务院颁布实施《全民健身条例》后我市的第一个体育节，8 月 8 日，我们又将迎来首个“全国全民健身日”。我们要抓住这个有利时机，进一步健全“全民健身与奥运同行”的长效机制。各主办单位要密切配合，各司其职，各区县、各行业系统要加强领导，主管领导要亲自挂帅，体育行政部门要切实发挥牵头组织的作用，各街道、乡镇、学校、企事业单位以及各级全民健身组织、体育社团要积极行动起来，参与、配合体育节活动的开展。市级活动的承办单位要发挥所长，把活动与赛事办好、办精彩。我希望大家利用好体育节成功的一条重要经验，就是政府各相关部门合作联动，各级组织和单位高度重视、深入动员，使体育节活动家喻户晓、深入基层、贴近百姓，力争做到人人关注、广泛参与，真正使广大市民享受到参与健身的快乐。

二、要加强科学健身指导，满足群众健身需求。没有广大市民的积极参与，就不可能把体育节办得隆重热烈，就不可能是一届成功的体育节。为此，我们搞活动、搞比赛，一定要以人为本，切实为群众着想，一些竞赛活动要突破传统的赛事模式，创造参与条件，拓宽报名渠道，简化竞赛要求，争取让更多的市民参与其中。同时，要借助体育节这样一个大平台，加强科学健身项目、健身方法的宣传和推广，加强对市民健身的科学指导。要根据不同人群、不同行业的特点开展有针对性的、有特色的健身活动，覆盖最广泛的人群，满足群众多元化的健身需求。

三、要加强社会宣传，努力扩大体育节的影响。要调动平面、电视、广播、网络等多种宣传手段，围绕后奥运时期全民健身长效机制、群众健身走进奥运场馆、奥运场馆为百姓服务等亮点进行广泛社会宣传，这也是巩固发展奥运成果的具体体现。同时希望各新闻单位多开辟一些版面、多设一些栏目，对体育节的有关活动进行充分报道，挖掘活动的内在价值，挖掘体育节的社会价值，倡导科学、健康、文明的生活方式，倡导团结、和谐、奋进的生活风尚。各区县宣传部门也要配合体育节的工作，大力宣传本地区的标志性和有特色的健身活动，宣传健身先进人物和健身明星，发挥示范作用。总之，要利用宣传的手段，吸引广大市民参与到体育节的活动中来，并从中受益。

四、要高度重视并确保活动安全，体现奥运举办城市的组织水平。安全是成功举办大型活动的前提、基础。今年的形势对安全有着更高的要求。我们必须牢固树立“安全第一，预防为主”的思想，把安全工作放在第一位，周密组织，狠抓细节，做好应急预案，确保各项活动安全顺利进行。对于安全的问题，必须强调再强调，细致再细致，落实再落实，在安全保卫和应急预案方面，要体现出我们奥运会举办城市的高标准、高水平。当前，全市防控甲型 H1N1 流感的形势还是比较严峻的，请大家在组织活动的过程，务必考虑到目前的这一情况，加强防控措施，确保公共卫生安全。

同志们，本届体育节作为 2008 年奥运会后和国务院颁布《全民健身条例》后的第一个体育节，同时又是我市迎接建国六十周年的一项重要群众活动，我们要努力办成一届规模盛大、影响深远、百姓满意、欢乐祥和的健身的节日。

最后，我代表组委会向一直以来支持北京市群众体育工作的各主办、承办单位以及新闻媒体的朋友们表示衷心感谢！

群众体育

2009年北京市群众体育工作总结

2009年是成功举办北京奥运会、残奥会之后的第一年，北京市群众体育工作按照年初制定的《2009年北京市群众体育工作思路和要点》，紧紧围绕党和国家以及市委、市政府的中心工作，以深入学习实践科学发展观活动为契机，紧抓国务院颁布实施《全民健身条例》的大好时机，进一步强化政府提供基本公共服务的责任，充分继承和发扬奥运会留给我们的宝贵遗产，放大“全民健身与奥运同行”的效应，推动群众体育工作全面、协调、可持续发展，为建设“人文北京、科技北京、绿色北京”和国际体育中心城市做出了新贡献。

一、2009年工作回顾。

(一)全民健身活动广泛蓬勃开展。

1. 成功举办第七届全民健身体育节。6月20日至8月8日，在奥林匹克公园庆典广场举行了北京市第七届全民健身体育节开幕式暨“和谐杯”千台万人乒乓球展示活动和8月8日全国首个“全民健身日”启动仪式北京主会场活动，以及北京市万人太极拳破吉尼斯世界纪录活动。体育节期间，在全市范围组织开展了22项形式多

样、主题鲜明的市级活动。据初步统计，全市18个区县及燕山地区、经济技术开发区共开展了228项内容丰富的区县级活动；

全市各街道、社区、企事业单位、行业系统组织开展了9551项小型多样的基层活动，体质测定240次涉及30409人；培训体育骨干156期共15432人，共吸引全市

360万名市民参与其中。参与人群包括：国家机关、企事业单位干部、职工、社区居民、乡镇农民、部队官兵、青少年学生、外企员工、来京务工人员、残疾人士、外国友人、少数民族等。体育节活动得到了广大市民的广泛关注和热情参与，取得了良好的社会效益。

2.成功举办第三届“和谐杯”乒乓球比赛。2009年3至6月，在全市范围内组织开展了第三届北京市“和谐杯”乒乓球比赛。本届比赛聚集全市314个街道和乡镇、2523个社区和3957个行政村全部参与，报名参赛人数80余万，参与活动总人数到达176万。

该项活动激发了群众的健身热情，使更多的市民投身全民健身运动。本次活动特点是坚持以社区、行政村为基础，以市民为主体，广泛动员社区居民和社会单位积极参与，最大程度地扩大了社会影响，充分体现了政府主导、公众参与、群策群力共同创建和谐社会首善之区的精神和体制优势。

3.突出重点，打造品牌，在鸟巢分别举办千台万人乒乓球活动和太极拳破吉尼斯世界纪录活动。在广泛开展第三届“和谐杯”乒乓球比赛的基础上，举行了千台万人乒乓球展示活动。参与本次活动的万余名运动员，由来自全市18个区县以及燕山地区和经济技术开发区的社会各类人群组成。本次活动声势浩大、影响广泛，同时也为第七届全民健身体育节拉开了序幕。该活动为群众健身项目走进奥运场馆进行了有益的尝试，充分展示了奥运会后北京市开展全民健身活动的成果。万人太极拳表演是我市一项

规模大、影响广泛、具有中华民族传统特色的群众体育品牌活动。为迎接首个全国“全民健身日”，北京市举办了万人太极拳破吉尼斯世界纪录活动。由市武术院和市社体中心共同组织，创造了33996人共舞太极新的吉尼斯世界纪录。本次活动发动了中央国家机关、中国银行、市直机关、市总工会、市教委、市民委、市残联、城八区和近郊四区等28家组织单位，动员了40个中央和市属的局委办机关、事业单位、10所高校、30多家企业、60多家俱乐部、200多个社区、多家社会团体组织、研究会等参演单位。表演队伍中涵盖了工、农、商、学、兵等来自社会各界的代表，200名残疾人代表还进行了精彩的轮椅太极拳以及聋哑太极拳特殊表演。

4. 调动社会各方力量，广泛开展传统特色的群众健身活动。市社体中心紧紧抓住北京成功举办奥运会的大好契机，将群众健身活动延伸到区县、社区及奥运场馆，举办了形式多样、贴近百姓的群众健身活动。其中包括首届端午文化节暨北京市首届龙舟大赛、走进平谷——优秀全民健身项目展示、京城百姓健身才艺大比拼、全民健身路径交流大会、健身腰鼓大赛、社区网球万人大行动、千人羽毛球挑战赛、三对三篮球赛、民族健身操舞大赛、中老年优秀健身项目表演赛、市民划船大赛等全新形式的全民健身活动，直接参与活动群众达10万余人。

5. 参与组织庆祝建国60周年游行体育发展方阵和体育游园活动。为庆祝建国60周年，抽调人员参与组织国庆游行体育发展方阵和国庆体育游园活动。国庆体育游园活动分别在8个区县的10大公园进行了形式多样的体育表演。其中包括健身秧舞、空竹、太极拳等,除体育表演外,还设置了体质测试和群众互动项目。当日参与人数达5万余人,得到了群众的广泛好评,也为祖国60华诞增添了喜庆、欢乐、祥和的气氛。

6.举办首届北京市体育大会。为满足不同人群的多元化健身需求,推广我市非奥体育项目的普及与发展,提高体育协会组织开展群体活动的水平,弘扬奥林匹克体育精神,展现我市非奥体育项目水平,市体育局和市体育总会共同主办了北京市首届体育大会,时间贯穿6月至8月,汇聚了全市20个体育协会,涉及台球、门球、风筝、毽绳、无线电、登山等26个群众喜闻乐见、开展广泛、民俗传统的健身项目。体育大会既有适合学生参与的篮球赛,也有庆祝8月8日"全民健身日"丰富多彩的活动。从老人到儿童、从白领到农民、从普通群众到领导干部,参与人群覆盖面广,参赛方式多种多样,吸引了数以万计的体育爱好者,为社会各阶层、各年龄段人群参与体育健身搭建了广阔的平台。各项目竞赛规程的制定及报名审核和竞赛组织工作均由各协会独立完成,充分体现出群众体育社会化程度的不断提升。

7.健身气功管理规范,展示交流成绩突出。为加强对健身气功的规范管理,全市共审批了38个健身气功站点。分别在通州区和海淀区开展了全国百城千村健身气功展示宣传活动。积极参与全国首届老年体育大会健身气功比

赛和全国锦标赛,共获得两项第一名、六个金奖和两项二等奖。此外,崇文区代表北京市在全国进行了经验交流活动,受到好评。

(二)全民健身设施更趋多元化。

为推动社会主义新农村建设,促进城乡一体化发展进程,加强农村群众体育设施建设,进一步满足农民的体育健身需求,投

资900万元体育彩票公益金，在全市配建了300个农村篮球场。这项工作被市政府列为为群众办实事项目之一；同时，投资480万元体育彩票公益金配建了30处全民健身专项球类活动场地，使全市专项球类活动场地达到120处，在一定程度上满足了不同人群尤其是青少年的健身需求；根据《北京市全民健身工程管理办法》的规定，对2004年配建的1225套全民健身工程进行了更新，为广大市民参与日常的健身活动创造了安全的健身条件。

（三）社区体育工作不断创新发展。

1. 创建“体育生活化社区”工作不断深入。探索社区体育工作新途径，发挥体育在城市管理和建设和谐社区中的作用，积极推进“体育生活化”社区建设，倡导科学、文明、健康的生活方式，营造体育文化环境，培养群众体育骨干，引导建立群众性体育组织，使“体育生活化”社区创建工作不断深入。2009年24个社区被命名为“体育生活化社区”。至此，我市共有18个区县和包括燕山在内的99个社区被命名为“北京市体育生活化社区”。

2. 社区体育健身俱乐部发展态势良好。集组织、活动和场地设施于一体的社区体育健身俱乐部在满足中低消费人群需求，拉动健身服务业发展的同时，也对社区体育管理体制和运行机制进行了有益的探索，已成为北京市今后社区体育工作的主要方向。2009年，我市共有18个俱乐部被命名为北京市社区体育健身俱乐部。同时，积极引进体育产业资金，补充到俱乐部的建设中。截止到2009年底，我市已有国家级健身俱乐部14个，市级健身俱乐部58个。

3. 积极筹备成立北京市社区体育协会。随着我市社区体育的发展，大众健身意识明显增强，自我管理、自我完善、自我发展的社区体育健身组织不断增多，由原来的晨晚练辅导站、健身团队，到现在的社区体育协会，突显出体育组织社会化的势头。筹备成立中的北京市社区体育协会，吸纳体育生活化社区、社区全民健身协会、社区体育健身俱乐部等基层体育组织，加强活动建设，培训体育骨干，创新和推广健身项目，监督指导俱乐部发展。

4. 整理推广社区体育健身项目。为加强社区体育活动建设，在建立体育组织、培养骨干队伍的同时，整理推广了53项适合社区开展、大众喜爱的健身项目，采取先培训、后举办的推广方式，对社区的体育骨干在普及项目知识、传授健身方法、编写小型比赛规程及注意事项等方面进行培训，随后在2500余个社区进行推广。在此基础上，举办了北京市优秀社区体育健身项目展示暨北京市全民健身先进集体、先进个人表彰大会，用情景剧的方式反映社区一天的健身活动，既有中老年晨练，又有学校课余体育锻炼和白领健身、社区健身俱乐部的内容，受到了国家体育总局和市政府领导的一致好评。

（四）农村体育不断发展。

加快体育场地设施建设并加强管理，提高使用效率，为参加体育健身活动提供便利条件，是我市农村体育在场地设施建设方面的工作要求。多年来，市体育局和区县地方政府共同投资为全市3955个行政村配建了全民健身设施。这些工程不仅提升了体育行政部门及体育彩票的影响力，更为广大农民健身提供了方便。2009年我市共投入体育彩票公益金1325万元和相关区县资金进行健身器材更新和建设篮球场，为广大农民开展日常健身活动创造了必要条件。相关区县还开展了

形式多样、丰富多彩、特色鲜明的农村体育健身活动和全民健身服务。比如，密云县开展的在农村中培训村官社会体育指导员、房山区开展的体育"三下乡"活动、门头沟区利用山地资源优势举办系列山地户外运动、怀柔区结合汤河川满族体育文化节举办的满族体育运动会、平谷区借助桃花节开展的系列体育活动、顺义区借助啤酒节举办的系列全民健身活动等。

（五）青少年体育进一步加强。

2009年青少年体育工作紧紧围绕我市群体工作的要求和重点，全面贯彻落实中共中央、国务院《关于加强青少年体育增强青少年体质的意见》精神，积极配合教育部门，大力开展阳光体育运动，实施《学生体质健康标准》。坚持群众体育工作以青少年为重点，青少年体育以学校为重点的要求，全面贯彻党的教育方针，牢固树立健康第一的指导思想，对学生进行终身体育教育，培养学生体育锻炼的意识、技能和习惯，促进青少年体质不断增强。

1. 体育传统项目学校工作得到进一步加强。按照国家体育总局和教育部的要求，进一步加强体育传统校师资队伍建设，提高体育教师日常教学和业余训练水平，2009年市体育局、市教委共同举办了北京市体育传统项目学校体育师资培训班。全市18个区县共选派了291名体育教师在首都体育学院参加了为期8天的集中培训，培训内容涉及体育理论基本知识、体育教学实践、最新体育教学理论研究成果等。通过培训，281人达到合格标准。同时，市体育局和市教委还共同从海淀区、石景山区选派了25名优秀中小学体育教师参加了全国培训。2009年继续举办了北京市体育传统项目学校田径、足球、篮球、排球、游泳、乒乓球、棒球比赛；完成了北京市高中体育特长生办理体育竞赛成绩证明和初中升高中体育特长生测试工作；重新修订了《北京市体育传统项目学校管理办法》和《北京市体育传统项目学校评定办法、评定标准》。

2. 青少年俱乐部不断发展壮大。2009年，市体育局与市教委密切配合，加大在学校创建青少年体育俱乐部的力度。加强对青少年俱乐部运行情况的检查，举办形式多样的体育比赛、体育培训、体育冬(夏)令营等活动，丰富学生的课余文体生活，促进青少年的健康成长。按总局要求，2009年推荐上报了15个青少年体育俱乐部。目前，全市共有青少年体育俱乐部144个，教练员859人，团体会员1070个，个人会员达12.5万人。

3. 积极推进学校体育场地设施向社会开放工作。为推进学校体育设施向社会开放工作有序、有效、可持续发展，建立开放的长效机制，对影响开放的收费、安全、物耗等热点和难点问题，召开专题研讨会，进行正面积极引导。鼓励有条件开放的中小学校打开大门，积极探索，大胆创新，加强管理，提高实用效率，积极创造条件为青少年和社区居民参加体育健身活动提供便利条件。目前，研究拟定了《北京市学校体育设施向社会开放工作评估办法及标准》(目前正在会签当中)。据统计，目前全市符合开放条件的989所学校中已有646所中小学校向社会开放，占65.3%。

(六)群众体育骨干队伍建设不断加强。

积极推进社会体育指导员培训工作，建立一支高水平的全民健身科学指导骨干队伍，越来越成为提高市民科学健身意识、宣传普及全民健身知识、组织开展全民健身活动的重要工作内容之一。2009年,共培训公益性社会体育指导员4930人,4420人获得培训合格证书,其中国家级79人,一级291人,二、三级4050人。另外,发展国家职业资格社会体育指导员439人。此外为提高全市群体干部业务素质,举办了3期区县体育管理干部和基层体育骨干培训班。

为加强对社会体育指导员的规范管理,随时掌握社会体育指导员的情况,使注册工作更加便捷,为各区县配发了社会体育指导员个人信息读卡器。截止到2009年底,全市注册社会体育指导员16508人,其中国家级220人,一级954人,二级4759人,三级10575人,其中组织管理型5377人,技能传授型10969人,其它162人。同时,为加强社会体育指导员队伍的社会化管理程度,北京市社会体育指导员协会目前正在积极筹备当中。

(七)体质测试工作形成常态发展趋势。

2009年,市体育局在加强对各区县二级体质测试站规范管理的同时,与市统计局共同开展了对本市公务员和科技工作者进行体质测试的工作。目前此项测试工作已全部完成。本次测试工作与2010年将要开展的第三次国民体质监测相结合,一方面注重发挥市体科所作为一级测试站的技术优势,另一方面注重发挥区县二级测试站的属地资源优势,既完成了测试工作,又发现了问题,锻炼了队伍,积累了经验,达到了练兵目的,为完成2010年监测任务奠定了基础。

(八)加强行政执法,对游泳场馆进行安全检查。

为有效地履行体育行政部门安全监管职责,加大监管力度,根据《北京市全民健身条例》,制定了《北京市游泳场馆救生、救护工作未达到国家强制性标准处罚标准》。市体育局与市卫生局、市公安局、市安监局于2009年暑期游泳旺季和60年大庆期间,联合下发了专项游泳安全检查通知。在

各区县自查的基础上，由四家共同组织的联合检查小组对有关区县游泳场馆进行了抽查。安全检查活动提高了各游泳场馆的安全意识，保证了在游泳旺季和国庆期间没有发生重大安全事故。

（九）进一步加强科学健身指导。

北京奥运会成功举办之后，北京市民的健身意识进一步增强，健身热情空前高涨，健身需求也从一般性的参与健身活动向追求健身效果转变。市、区县体育部门把为广大市民提供科学健身指导服务，作为为群众提供基本公共服务的重要内容。2009年在全市范围内开展了示范性全民健身科学大讲堂活动。自去年4月开讲以来，以其鲜明的主题、新颖的形式、丰富的内容向广大市民广泛传播体育文化、普及健身知识、推广科学锻炼方法。经过近7个月的大课堂讲座活动，已在15个区县和经济技术开发区共授课69节，直接受益群众2万余人。同时，市体育局与首都之窗合作，利用网络优势广为传播，得到广大市民好评。朝阳区、丰台区、密云县“大讲堂”活动已经拓展到街道、乡镇。

二、存在的问题。

一是全民健身服务体系建设还应进一步完善，体育公共服务能力与人民群众日益增长的体育需求相比还有较大差距，不同程度地存在着重活动开展轻组织建设、重硬件建设轻规范管理、重行政推动轻社团作用的现象；二是基层群众体育组织发育不足。作为群众体育发展的基础和载体，基层群众体育组织的建设还需要

进一步完善。目前开展的群众体育活动多数依靠行政系统推动，缺乏基层体育组织的支撑，组织成本比较高，活动的内容和形式与群众需求难以真正实现有效对接；三是群众性体育活动的普及程度还不高，全民健身的规范化、制度化、科学化程度有待进一步提高；四是社会体育指导员队伍建设滞后，除了数量不足之外，其地位和价值没有得到社会的足够重视和承认，造成了队伍的不稳定性和服务的不可持续性；五是城乡体育和人群体育发展还不够平衡，农村体育和人群体育工作还需要进一步深入研究；六是中青年人体育健身意识有待增强。虽然我市经常参加体育锻炼的人数比例基本达到发达国家水平，但主要以学生和60岁以上的老年人为主，31—59岁中青年人群所占比例较低，呈现“两头大、中间小、偏老年型”的特征；七是青少年体质状况不容乐观，肥胖儿童增多，近视率居高不下；八是体育生活化程度不高，社区体育组织机制尚未真正形成，体育生活化理念还需进一步融入市民生活。

同志们，北京奥运会后，北京市群众体育工作进入了一个崭新的发展阶段。面对新形势、新阶段、新任务，让我们紧密团结在以胡锦涛同志为总书记的党中央周围，高举中国特色社会主义伟大旗帜，以邓小平理论和“三个代表”重要思想为指导，认真学习实践科学发展观，不断巩固发展奥运成果，充分发挥奥运效应，切实按照建设“人文北京、科技北京、绿色北京”的要求，坚定信心，紧抓机遇，加快发展，努力开创群众体育事业又好又快发展的新局面，按照胡锦涛总记“体育大国向体育强国迈进"的指示精神，深入贯彻落实《全民健身条例》，为加快建设首都国际体育中心城市和世界城市做出新的更大贡献！

【召开北京市群众体育工作会议】1月15日至16日，2009年北京市群众体育工作会议在龙泉宾馆召开。全市18个区县体育局、经济技术开发区社会发展局、燕山体育中心和市体育局群体处、法规宣传处、市社体中心、市体育总会、市体科所等单位、部门的有关负责人参加了会议。会议全面总结了2008年北京市群众体育工作，表彰了在全国和北京市获得群众体育工作先进的集体和个人，部署了2009年群体工作思路和要点。李丽莉副局长出席并对群体工作提出了要求。

【北京市全民健身科学大讲堂活动正式启动】4月10日，北京市全民健身科学大讲堂——走进新农村（顺义区）启动仪式在顺义区陶家坟村礼堂举行。市体育局、顺义区体育局有关领导出席仪式。活动启动后，体育、卫生界的专家有计划地在全市18个区县和北京经济技术开发区、燕山各举办一场示范性讲座，宣传科学健身理念，讲授科学健身知识和方法。

【召开北京市全民健身展示暨群众体育先进集体、先进个人表彰大会】4月18日，在丰台区体育中心体育馆召开北京市全民健身展示暨群众体育先进集体、先进个人表彰大会。国家体育总局副局长冯建中、北京市人民政府副市长刘敬民、国家体育总局群

体司司长盛志国、北京市人民政府副秘书长侯玉兰、市人大教科文卫体委员会主任梁平、北京市体育局局长孙康林、市政协教文卫体委员会副主任张国华、丰台区人民政府代区长游广斌，以及首都精神文明办、市财政局、市委社会工委、市残联的领导出席了大会，并为获得2007-2008年度北京市群众体育先进集体、先进个人荣誉称号的代表颁奖。来自全

市18个区县和开发区、燕山获得2007－2008年度北京市群众体育先进集体、先进个人称号的代表160人参加大会并上台领奖。北京电视台对此次表彰大会进行了专题录播。

【举办北京市群体干部培训班】4月9日、15日和22日，共组织举办了三期全市群体干部培训班，全市18个区县体育局主管副局长、群体(业务)科科长、社体中心主任、体育总会负责同志和燕山、北京经济技术开发区的主管领导以及全市75个体育生活化社区的体育干部参加了培训。

【召开北京市游泳救生员职业技能鉴定工作会】5月27日，市体育局召开北京市游泳救生员职业技能鉴定工作会，全市18个区县体育局、北京经济技术开发区、燕山体育中心的主管领导和群体科(业务科)科长参会。会议对全市游泳救生员职业技能资质证置换工作进行了说明，并部署了2009年游泳安全执法检查工作。李丽莉副局长对游泳安全工作提出了具体要求。

【举办北京市体育传统项目学校体育师资培训班】7月5日－12日，北京市体育传统项目学校体育师资培训班在首都体育学院举行。培训采用国家体育总局和教育部统一审定的《全国体育传统项目学校体育师资培训大纲》,对各区县选派的体育传统项目学校体育骨干师资进行集中短期培训。培训教师集中了来自首都体育学院、北京体育大学、人民教育出版社等全国一流的共20余名专家、学者。全市18个区县的281名传统校的体育教师参加了培训，271人获得结业证书。

【举行全运会火炬北京传递活动】8月16日，第十一届全国运动会“中国石化杯”火炬传递活动北京传递活动在永定门御道举行，奥运冠军杨凌、著名相声演员冯巩、奥运会自行车亚军江咏华和国家级社会体育指导员赵之心作为北京地区火炬手进行了传递。市体育局局长孙康林主持了火炬传递仪式。刘敬民副市长出席传递活动并致辞，同时点燃了第一支火炬。市政府副秘书长侯玉兰、中国石化北京石油公司党委书记赵振山及来自崇文区社区的2000余名代表见证了此次传递活动。北京市火炬传递是第十一届全运会火炬传递的第一站。

【召开学习贯彻《全民健身条例》座谈会】9月23日，市体育局召开学习贯彻《全民健身条例》座谈会，来自全市区县体育局的主管局长、科长及部分群体干部参会。会议邀请的专家学者、社区、农村、中小学校、世界冠军、残疾人、体育科研、新闻媒体和区县体育部门等社会各界代表，结合部门、行业及本人参与全民健身的工作实际踊跃发言，畅谈对即将颁布实施的《全民健身条例》重要意义的认识，并对今后开展全民健身工作提出了很好的建议。

【举办社会体育指导员培训班】为培训社会体育骨干，加强科学健身指导，举办了4期体育生活化、体质测试、健身腰鼓等项目的社会体育指导员培训班。全年共培训社会体育骨干5000余人，其中一级社会体育指导员近300人，二、三级社会体育指导员4000余人，以及国家职业资格标准游泳教练救生员400余人(包括组织推荐30人参加国家级社会体育指导员培训)。此外，为提高全市群体干部业务素质，还举办了3期体育干部培训班。

【完成初中升高中体育特长生测试工作】2009年重新修订已有项目的测试标准，制订了新项目的测试标准，北京市共有初中升高中体育特长生测试15个项目。

全市十八个区县87所学校的750名体育特长生进行了14个项目的测试，测试合格715人，不合格19人，弃权16人。

【举办北京市体育传统项目学校比赛】2009年，组织举办了北京市体育传统项目学校7项赛事(田径、足球、篮球、排球、游泳、乒乓球、棒垒球)，无论从参赛规模、参加人数及破记录数量都属历届之最，在时间紧、任务重、比赛时间跨度大的情况下，仍然有321所学校的共2万余人次的运动员参加了7个项目的800余场次的比赛(其中男运动员15000人次，女运动员5000人次)。

【选派体育教师参加全国中小学校体育师资培训】8月，从海淀区、石景山区选派了25名中小学体育教师，参加了在首都体育学院举办的全国中小学校体育师资培训。

【重新命名新的传统项目学校】根据工作实际，市体育局、市教委对《北京市体育传统项目学校试行办法》进行了修订，更名为《北京市体育传统项目学校管理办法》，同时制订了《北京市体育传统项目学校评定办法》和《北京市体育传统项目学校评定标准及评分》。各区县结合实际，组织研制本区县的评分细则，并按比例申报市、区县级体育传统项目学校。市体育局、市教委组织专家评审组，对各区县体育局、教委上报的“市级体育传统项目学校”、“区县级体育传统项目学校”备选学校进行了审核评定。命名北京市体育传统项目学校（市级)198所和(区县级)177所，公布国家级15所。从2010年开始，市体育局、市教委将每两年评选命名一次市级体育传统项目学校。

【为学校体育场馆对社会开放制定有关政策】市体育局、市教委、市财政局保持密切配合，展开调查研究工作，为学校体育场馆对社会开放制定评估奖励办法和补贴标准。2009年，全市符合开放条件的中小学校989所，其中646所通过不同方式已向社会开放，并在网上公示,为百姓提供查询服务并接受社会监督，占全市符合开放条件中小学校总数的65.3%。为此,市体育局、市教委、市财政局共同研究制定了《北京市学校体育设施向社会开放工作评估办法及标准》和《北京市学校体育设施向社会开放工作补贴办法》。

【完成申报创建第十批青少年体育俱乐部工作】根据国家体育总局《关于申报2010年国家级青少年体育俱乐部的通知》(体群字〔2009〕102号)要求,结合本地实际情况,成立了北京市青少年体育俱乐部评审组，并严格按照申报条件、申报材料、申报要求等程序进行了评审。经评审组认真评定，2009年推荐北京经济技术开发区实验学校等15个单位为2010年国家级青少年体育俱乐部。

北京市体育局关于授予2008年度北京市一级社会体育指导员称号的决定

京体群字〔2009〕6号

各区县体育局、北京经济技术开发区社会发展局、燕山体育中心,各相关位:

根据国家体育总局《社会体育指导员等级制度》的有关规定，2008年我市开展了武术、太极拳、健身气功3个项目的技能传授型社会体育指导员培训工作。经考核和审批,现决定授予王秀琴等173人一级社会体育指导员称号。

请各有关单位做好上述社会体育指导员的注册管理及使用工作。

附件:2008年获得北京市一级社会体育指导员称号人员名单

二〇〇九年二月十七日

附件：

2008年获北京市一级社会体育指导员名单

太极拳项目社会体育指导员名单(96人)

东城区：王秀琴　方　郁　毛秀珍　钱文香　梁　杨　欧柳章　赵凤云

西城区：范海英　谢桂英　杨翠红　金　澎　冯春香　梁翠平　王　凯　武翠云　甄光煦

崇文区：叶婉芝　韩素云　蒋淑兰　赵淑芳　王桂云　田安燕　阚　强

宣武区：马桂清　周昆昇　张花雪　赵春华　崔美英

朝阳区：李根银　张玉英　张　彤　刘福玲　赵燕玲　杨淑兰　苏　燕　刘青春　江锡夏　吉小英　王元胜　罗荣萍　尚玉芬

海淀区：董　莉　吴建设　郭景华　李一秋　赵雪华　张耀林　李金胜　张丽云　董晓梅　费忠玉　张蓉蓉　杨大卫　曹殿良　屠士远　徐贞华　董雅鲜　许一伟　田　玲

丰台区：张正光　贺志立　刘春艳　袁宝海　魏振秋　赵凤琴

石景山区：张广蓝　杨翠芳　展彩艳　安志云　李秀芝

门头沟区：夏金钟　隗凤琴　李　明

房山区：徐桂莲

通州区：谢玉华　张玉伶　张　兵　回淑雯　王文英　董成龙

昌平区：李淑满　李建华　李秀云　王丽娟　刘玉芝　张继先　郑　伟　张玉兰

大兴区：陈玉田　林韵秋　王月霞

密云县：何仙英

延庆县：曲淑珍

燕山体育中心：马淑珍　郑玉华

武术项目社会体育指导员名单(7人)

宣武区：肖慧子

朝阳区：赵文占

大兴区：郭义全

昌平区：陈泽鑫

顺义区：李文龙　周　超

怀柔区：王爱忠

健身气功项目社会体育指导员名单(70人)

东城区：支华芳　高建[illegible]　张家珉

西城区：孙慧筠　刘桂英　李爱平　平海婴　杨丽珍　王　霞

崇文区：董肃旭　王　青　吕　艳　王桂春　张守凤　金凤兰　解凤兰
郝建利　王秀华　张晓丹　高瑞芬　冯惠琍

宣武区：何立新　黄凤芹　孔宪菲

朝阳区：邢宪华　许育红　郭书玲　王玉芳　季红典　苏　燕

海淀区：刘　俐　文春荣　王景山　徐兰英　赵秋莲　王晓玲　侯宗萍

丰台区：胡维标　王建英　王建一　张凤鸾　魏振秋

石景山区：于德[illegible]　李秀芝　展彩燕　刘俐豪　张桂芬

房山区：崔建华　王振英　孙晓旻　王庆英　范秋菊

通州区：王洪全　[illegible]家增　刘学明

顺义区：齐国平　王玉玲

昌平区：李淑满　赵惠云　吴玉霞　张玉兰

大兴区：孙淑燕　王泽敏　乔丽娜

平谷区：李　泽　马长海

燕山体育中心：张焕起　刘玉珍　高玉清　朱义兰

北京市体育局关于印发《2009 年北京市全民健身设施管理、建设实施方案》的通知

京体群字〔2009〕7 号

各区县体育局、北京经济技术开发区社会发展局、燕山体育中心：

现将《2009 年北京市全民健身设施管理、建设实施方案》印发给你们，请遵照执行。

二〇〇九年二月十七日

2009 年北京市全民健身设施管理、建设实施方案

2009 年北京市全民健身设施工作重点由注重建设规模向注重监督管理转型。今年市体育局用体育彩票公益金作为引导资金，为农村建设 300 个篮球场，在全市建设 30 处全民健身专项球类活动场地，更新 2004 年配建的 1225 个全民健身工程，扶持建设 18 个社区体育健身俱乐部。同时对现有的全民健身工程进行调研，淘汰选址不合理、利用率不高且管理不善、不能充分发挥其作用的健身工程，整合分布零散的健身工程，并将器材更新与篮球场、专项球类活动场地、社区健身俱乐部建设紧密结合，尽量将原健身工程中以活动类器材为主调整为以固定类器材为主，建设成为具有一定规模，易于管理，涉及人群范围更广的综合健身设施。今年市政府已将配建 300 个篮球场，建设 18 个社区体育健身俱乐部列为为群众办实事项目。为圆满完成市政府为群众办实事项目和 2009 年北京市全民健身设施管理和建设任务，特制定实施方案如下：

一、加强全民健身工程管理。

(一)建立、健全工程管理档案。对全市现有全民健身工程进行调查,市、区县体育行政部门要对自1998年以来建设的全民健身工程建立、健全档案。内容包括:工程类型、初次建成时间、更新时间、具体位置、现有器材数量、受赠单位、联系电话、年平均使用人次等(见附件1)。

(二)加强监督管理力度。市、区县体育行政部门要依据《北京市全民健身工程管理办法》对辖区内全民健身工程进行执法检查,重点检查内容是器材安全的日常管理和维护,社会体育指导员配备等方面。

二、扶持建设农村篮球场。

2009年市体育局用体育彩票公益金900万元作为一次性扶持资金,为农村建设300个篮球场。每个篮球场扶持资金3万元,其中,篮球架由市体育局统一配备,剩余资金用于场地建设扶持资金,不足部分由地方承担。

(一)选址原则

1.村民居住区相对集中的区域,交通方便,不影响村民正常生活。

2.能够整合周边全民健身工程,形成相对集中的健身区域。

3.结合城乡一体化建设,在新建小城镇,居住人群集中地区建立。

(二)篮球场标准

1.建设占地面积不小于32m×19m,比赛区上空无障碍区至少高7米。

2.场地地面可为塑胶、丙烯酸和混凝土地面。整块场地建成后要高于周围地面,能够自然排水,不需另做排水工程。

3.标准篮球架。

4.若当地条件较好,可适当扩大场地面积,提高建设标准。

(三)数量分配(见附件2)

三、扶持建设社区体育健身俱乐部。

2009年市体育局用体育彩票公益金540万元作为一次性扶持资金,在全市创建18个社区体育健身俱乐部,每个社区体育健身俱乐部的扶持资金为30万元。创建通知已发。

四、扶持建设全民健身专项球类活动场地。

2009年市体育局用体育彩票公益金作为一次性扶持资金，继续在奥运场馆周边和有条件的公园、广场等地建设10个篮球广场、10个笼式多功能球场和10个乒乓球长廊。

(一)篮球广场

1.基本标准和配置

篮球广场的规模为4个标准篮球场地以上,建设标准为塑胶地面、场地四周建有围网、有灯光照明设施以及标准篮板篮架。

2.资金投入

市体育局对每个篮球广场投入体育彩票公益金16万元作为扶持资金，不足部分由地方自筹。

(二)笼式多功能球场

1.基本标准和配置

笼式多功能球场的建设标准为人造草皮地面、全封闭围网、灯光照明设施以及球场所需的小足球门、篮板篮框、网柱和球网等。

2.资金投入

市体育局对每个笼式多功能球场投入体育彩票公益金16万元作为扶持资金,不足部分由地方自筹。

(三)乒乓球长廊

1.基本标准和配置

乒乓球长廊的规模为20张室外乒乓球台，建设标准要求为塑胶地面、灯光照明设施。

2.资金投入

市体育局对每个乒乓球长廊投入体育彩票公益金8万元作为扶持资金,不足部分由地方自筹。

五、申报、建设时间及说明。

(一)农村篮球场、全民健身专项球类活动场地由各区县体育局于4月15日前向市体育局申报，已建立体育生活化社区和社区体育健身俱乐部的不再申报专项球类活动场地。市体育局到实地考察后确定。

(二)全民健身专项球类活动场地、农村篮球场地的建设时间为2009年6月至11月。

(三)篮球广场、乒乓球长廊建设,确因场地面积有限,周边居民健身需求迫切,地方建设积极性高,根据实地情况也可将规模减小,扶持资金也随实际建设规模按比例减少。

六、市体育局委托天地人公司对2004年配建的全民健身工程器材进行更新(方案另发)。

附件:1. 北京市全民健身工程档案登记表

2. 2009年北京市农村篮球场配建数额分配表

附件2:

2009年北京市农村篮球场配建数额分配表

区　县	数　额	区　县	数　额
朝阳区√	15	门头沟区√	24
海淀区√	15	大兴区	29
丰台区√	15	怀柔区√	24
房山区	28	平谷区√	24
通州区√	26	密云县	24
顺义区√	26	延庆县	24
昌平区√	26		
合　计	300		

北京市体育局关于对2004年配建的全民健身工程器材进行更新的通知

京体群字〔2009〕15号

各区县体育局：

根据《北京市全民健身工程管理办法》，今年应对2004年配建的全民健身工程器材进行更新。为圆满完成任务，现将有关事项通知如下：

一、2004年配建的全民健身工程更新器材供应商为体之杰公司、澳瑞特公司，继续由原厂家进行更新。

二、对2004年配建的全民健身工程器材更新与淘汰的原则，按照《北京市全民健身工程管理办法》第三章的规定执行。在更新"标准工程"时，若场地条件允许，应当建有专项球类活动场地。

三、本次全民健身工程器材更新经费由市体育局对每个"居家工程"投入3000元、对每个"标准工程"投入26000元，不足部分由各区县承担。

四、器材更新工作要以"安全、节约、以人为本"为宗旨，配合农村篮球场、专项球类场地建设，整合周边全民健身设施，在保证安全的前提下，对整体完好的活动类器材和易磨损部件进行更新。本次更新原则上不涉及固定类器材。

五、对需要更新与淘汰器材的拆除工作，由北京市天地人体育产业股份有限公司组织实施，请各区县体育局通知受赠单位协助做好器材拆除工作。各区县体育局要按照《更新2004年北京市全民健身工程器材时间安排表》安排更新工作。

六、受赠单位订购的器材、配件清单确定后，由受赠单位向生产厂家支付应付款项。厂家在收到更新器材款后，立即组织安装工作。

七、各区县器材更新工作程序。

（一）确定器材厂家；

（二）选择更新器材的种类、配件，请将《北京市全民健身工程器材更新报表》于 4 月 15 日前邮寄至北京市天地人体育产业股份有限公司。地址：宣武区太平街 12 号，邮编：100050，电话（传真）：63011333；

（三）确定更新器材地点；

（四）拆除旧器材、更换配件；

（五）向生产厂家付款；

（六）安装、验收、存档。

附件：1.2004 年北京市全民健身工程器材更新时间安排表

2.2004 年北京市全民健身工程器材更新报表

二〇〇九年四月二日

附件 1：

2004 年北京市全民健身工程器材更新时间安排表

序号	区　县	数量				时间安排
		居家	标准	市级	总计	
1	朝　阳	50	2		52	4 月 20 日—4 月 27 日
2	丰　台	60	2		62	4 月 28 日—5 月 12 日
3	海　淀	50	3		53	5 月 13 日—5 月 20 日
4	东　城		1		1	5 月 21 日—6 月 10 日
5	顺　义	120	2		122	
6	昌　平	115	2		117	6 月 11 日—6 月 30 日
7	西　城		1		1	
8	大兴	113	1		114	7 月 1 日—7 月 19 日
9	门头沟	65	1		66	7 月 20 日—7 月 31 日
10	房　山	130	2		132	8 月 1 日—8 月 22 日
11	怀　柔	105	2		107	8 月 23 日—9 月 11 日
12	延　庆	83	1		84	9 月 12 日—9 月 25 日
13	密　云	109	2		111	10 月 8 日—10 月 26 日
14	平　谷	93	1		94	10 月 27 日—11 月 11 日
15	通　州	107	2		109	11 月 12 日—11 月 29 日
	总　计	1200	25		1225	

注：1、为确保更新工程按时进行，周六、日照常安排施工

2、更新套数：市区 10 套/天，郊区 5－6 套/天

北京市体育局　首都精神文明建设委员会办公室转发国家体育总局中央文明办《关于命名第六批全国城市体育先进社区的通知》的通知

京体群字〔2009〕19 号

各区县体育局、文明办：

根据国家体育总局、中央文明办《关于开展第六批全国城市体育先进社区创建工作的通知》(体群字〔2008〕110 号)要求，我市积极开展了创建工作。日前，国家体育总局、中央文明办印发了《关于命名第六批全国城市体育先进社区的通知》(体群字〔2009〕52 号，以下简称《通知》)，我市东城区东四街道六条社区等 11 个社区荣获第六批全国城市体育先进社区称号。现将《通知》转发给你们，希望我市被命名的社区珍惜荣誉，发挥示范作用，为推动首都和谐社区建设做出新的贡献。

附件：第六批全国城市体育先进社区名单

二〇〇九年四月二十九日

附件：

第六批全国城市体育先进社区名单

北京市(11)

东城区东四街道六条社区

西城区德胜街道安德路北社区

崇文区东花市街道

宣武区陶然亭街道

朝阳区劲松街道

海淀区青龙桥街道

丰台区卢沟桥街道

石景山区五里坨街道

房山区西潞街道北潞园社区

通州区北苑街道

北京市体育局关于命名第四批北京市体育生活化社区的决定

京体群字〔2009〕28号

各区、县体育局：

为积极探索社区体育发展新途径，全面提升我市社区居民健康水平，真正做到体育活动与社区生活相结合，我市自2005年开展体育生活化社区创建工作以来，各区县高度重视，积极按照要求进行申报。根据《北京市体育局关于开展第四批北京市体育生活化社区创建工作的通知》(京体群字〔2009〕4号)的要求，经我局对申报社区进行实地考察和认真审核，决定命名西城区月坛街道社会路社区等24个社区为第四批北京市体育生活化社区。

希望各区县体育局充分发挥体育生活化社区的积极作用，切实推动社区体育生活化进程，使体育活动有机地融入社区大众生活之中。

附件：第四批北京市体育生活化社区名单

二〇〇九年十月十四日

附件：

第四批北京市体育生活化社区名单

西城区：月坛街道社会路社区
什刹海街道西什库居委会
新街口街道西里三区社区
西长安街街道府右街南社区
崇文区：崇文门外街道西花市南里社区
东花市街道南里社区
宣武区：长椿里社区
广内街道西便门东里社区
广外湾子街社区
朝阳区：来广营地区朝来绿色家园社区
六里屯秀水园
劲松街道劲松社区
丰台区：马家堡街道星河苑社区
丰台街道丰益花园社区
石景山：八角街道北路社区
门头沟：城子街道向阳社区
房山区：拱辰街道渔儿沟村
通州区：北苑街道复兴南里社区
平谷区：滨河街道北小关社区
顺义区：牛山镇北孙各庄村
石园街道东区居委会
赵全营镇北郎中村
昌平区：回龙观地区街道龙泽苑社区
怀柔区：龙山街道龙湖社区居委会

北京市体育局关于命名第四批北京市社区体育健身俱乐部的决定

京体群字〔2009〕29 号

各区县体育局：

为加强我市全民健身设施建设，满足社区居民多元化的健身需求，根据《北京市体育局关于开展第四批北京市社区体育健身俱乐部创建工作的通知》(京体群字〔2009〕5 号)的要求，经我局对 2009 年申报的社区体育健身俱乐部进行实地考察和认真审核，决定命名西城区展览路街道社区体育健身俱乐部等 13 个社区健身场所为第四批北京市社区体育健身俱乐部。

希望各区县体育局继续指导社区开展各项群众体育健身活动，提高社区居民的体育素养与健身意识，不断总结、积累经验，加快我市社区体育工作的发展。

附件：第四批北京市社区体育健身俱乐部名单

二〇〇九年十月十四日

附件：

第四批北京市社区体育健身俱乐部名单

西城区：展览路街道社区体育健身俱乐部
金融街街道社区体育健身俱乐部

朝阳区：酒仙桥街道社区体育健身俱乐部
崔各庄乡奶西星光社区体育健身俱乐部

海淀区：西三旗大众社区体育健身俱乐部
双新爱心苑社区体育健身俱乐部

妇女儿童活动中心

丰台区：王佐镇佃起社区体育健身俱乐部

大红门街道彩虹城社区体育健身俱乐部

长辛店街道阳光无限社区体育健身俱乐部

房山区：西潞街道南尚岗社区体育健身俱乐部

通州区：梨园镇魏家坟社区体育健身俱乐部

顺义区：北小营镇社区体育健身俱乐部

后沙峪镇回民营社区体育健身俱乐部

大兴区：采育镇育星苑社区体育健身俱乐部

昌平区：回龙观地区朱辛庄社区体育健身俱乐部

密云县：康居社区体育健身俱乐部

开发区：博大永康社区体育健身俱乐部

北京市体育局关于确定2009年北京市全民健身专项球类活动场地建设地点的通知

京体群字〔2009〕30号

各区县体育局：

为完善我市全民健身设施建设，满足不同人群特别是青少年的健身需求，根据《2009年北京市全民健身设施管理、建设实施方案》的要求，将建设30处全民健身专项球类活动场地。经我局对各有关区县申报的专项球类活动场地进行实地考察和认真审核，确定在朝阳区崔各庄乡马泉营村等地建设30处全民健身专项球类活动场地（名单附后）。按照市财政局2009年4月批复的建设扶持资金为：篮球广场16万元、乒乓球长廊8万元、笼式多功能球场16万元。

各有关区县体育局应认真监督专项球类活动场地的建设，保证按时完工；合理安排使用，加强科学管理，使其充分发挥服务群众健身的作用，满足群众的健身需求。

附件：2009年北京市全民健身专项球类活动场地建设地点名单

二〇〇九年十月十四日

附件：

2009年北京市全民健身专项球类活动场地建设地点名单

篮球广场

朝阳区：崔各庄乡马泉营村
太阳宫乡体育公园
八里庄街道红庙社区

房山区：石楼镇吉羊健身广场
窦店镇西安庄文体广场

平谷区：什刹海国际公寓郊外训练场

顺义区：后沙峪镇龙腾广场

昌平区：体育活动中心
回龙观旗胜家园社区

怀柔区：桥梓镇文化广场

乒乓球长廊

朝阳区：常营乡郊野公园

海淀区：苏家坨镇草场村

门头沟：永定镇侯庄子村

房山区：城关街道健身长廊

通州区：三桥南里二区

顺义区：后沙峪镇后沙峪村

昌平区：东小口镇太平新村
回龙观南店公园
回龙观旗胜家园社区

大兴区：清源街道碱河公园

笼式多功能球场

朝阳区：太阳宫乡体育公园
八里庄街道红庙社区

丰台区：右安门街道文化体育休闲广场
卢沟桥乡京西文化体育公园

房山区：长阳镇体育公园

顺义区：南彩镇河北村

大兴区：清源街道翡翠城社区翡翠公园

昌平区：东小口镇天通苑三区
云趣园二区西侧篮球场
回龙观旗胜家园社区

北京市体育局 北京市教育委员会关于印发《北京市体育传统项目学校管理办法》等有关文件的通知

京体群字〔2009〕33 号

各区县体育局、教委：

1994 年 5 月，原市体委、市教育局共同制定并下发了《北京市体育传统项目学校试行办法》。根据多年执行情况及工作实际，对《北京市体育传统项目学校试行办法》进行了修订，更名为《北京市体育传统项目学校管理办法》，同时制订了《北京市体育传统项目学校评定办法》和《北京市体育传统项目学校评定标准及评分》。现将以上三个文件印发给你们。请结合实际，组织研制本区县的评分细则，并按比例申报市、区县级体育传统项目学校（申报截止时间为 2009 年 11 月 25 日之前）。从 2010 年开始，市体育局、市教委将每两年评选命名一次市级体育传统项目学校，并进行表彰奖励。

附件：1.《北京市体育传统项目学校管理办法》

2.《北京市体育传统项目学校评定办法》

3.《北京市体育传统项目学校评定标准及评分》

4.《北京市体育传统项目学校申报汇总表、申报统计表(市级、区县级)》

二〇〇九年十一月十日

附件 1:

北京市体育传统项目学校管理办法

第一章　总　　则

第一条　为加强体育传统项目学校(以下简称传统校)的建设和管理,更好地为北京市培养德、智、体、美全面发展的高素质人才和体育后备人才,根据有关法律、法规,制定本办法。

第二条　传统校是指开展学生体育活动形成传统,并至少有一个体育运动项目具有特色的中小学校。

第三条　传统校应在广泛普及学生课外体育活动,增进学生身心健康,积极开展特色项目训练,提高学生运动技术水平,培养体育后备人才等方面发挥骨干示范作用。

第四条　市体育、教育行政部门负责对传统校进行管理。区县体育、教育行政部门负责对本行政区域内传统校进行管理。体育行政部门负责传统校的体育业务指导工作,教育行政部门负责传统校的日常管理工作。

第五条　我市的体育传统项目为田径、足球、篮球、排球、游泳、乒乓球、棒垒球、武术、健美操、艺术体操、跆拳道、射击、射箭、定向越野、手球、网球、羽毛球等,中、小学传统校的比例原则上应为1:4。

第二章　命名与审定

第六条　传统校分为国家、市、区县级,实行审定命名制度。

第七条　区县级传统校的命名条件是:

(一)学校重视学生体育工作,有健全的体育组织管理机构。

(二)学校必须具备开展特色项目课余训练的场地、器材及师资。

(三)学校必须保证学生每天有一小时体育活动时间;全体学生必须学会一至二项体育健身手段与方法,并初步掌握本校普及的特色项目运动技能。

(四)学校有特色项目运动代表队,全校运动会形成制度,并将特色项目列为运动会比赛项目。

(五)学校特色项目代表队课余训练经费有保证,代表队每周训练不少于三次,每次训练不少于一个半小时。

第八条 凡符合区县级传统校命名条件的学校,可以向所在区县体育、教育行政部门书面申报,经审核批准并报市体育、教育行政部门备案后,由所在区县体育、教育行政部门联合命名。

第九条 市传统校由区县体育、教育行政部门向市体育、教育行政部门提出申报,市体育、教育行政部门组织审核并命名。具体标准和评定办法,由市体育、教育行政部门联合制订。

第十条 国家级传统校由市体育、教育行政部门共同向国家体育、教育行政部门申报。

第三章 体育活动、训练、竞赛

第十一条 传统校应当从实际出发,因地制宜开展形式多样的体育活动,并坚持群众性、广泛性、趣味性。

第十二条 传统校特色项目课余训练,必须遵循青少年儿童生长发育规律和生理、心理特点,进行科学的系统训练,严禁超负荷。

第十三条 传统校竞赛应当坚持小型多样、就近比赛的原则,广泛组织班级、年级、校际之间的比赛,并形成制度。传统校代表队应当积极参加上一级体育、教育部门组织的体育竞赛活动。

第四章 物质保障

第十四条 各级教育行政部门和传统校应当根据学校体育工作和特色项目训练的实际需要,把所需的体育经费列入核定的年度教育经费预算中,保证学校体育活动和课余训练的正常开展。

第十五条 各级体育行政部门应当对传统校的特色项目课余训练和体育后备人才培养给予业务指导和经费支持。

第十六条 学校体育老师指导校代表队课余训练的时数应当计算为工作量,按学校计算体育课时方式计入教师结构工资序列。运动员训练补助可以参照原国家体委、财政部、原商业部发布的《关于优秀运动员、专职教练员和其他人员伙食标准的规定》([1985]体计字464号)四类灶标准执行。

第五章　奖励与处罚

第十七条　各级体育、教育行政部门对于在开展学生体育活动、培养后备人才做出显著成绩的传统校及个人,应当给予表彰奖励。

第十八条　传统校申报审核工作中有弄虚作假现象,经查实一律取消传统校命名。

第六章　附　　则

第十九条　本办法自颁布之日起施行。原市体委、教育局发布的《北京市体育传统项目学校试行办法》同时废止。

附件 2:

北京市体育传统项目学校评定办法

第一条　为加强体育传统项目学校的建设和管理, 促进体育传统项目学校的健康发展,根据《北京市体育传统项目学校管理办法》,制定本办法。

第二条　市体育、教育行政部门根据共同制订的《北京市体育传统项目学校评定标准》(以下简称"标准"),评定并命名"市级体育传统项目学校"。

各区县体育、教育行政部门负责组织实施本行政区域内市级体育传统项目学校的初步审定工作。

第三条　市级体育传统项目学校评定工作、复查工作, 每两年进行一次。

第四条　符合标准要求的各区县级体育传统项目学校, 可以书面形式向本区县体育、教育行政部门提交评定市级体育传统项目学校的申请。

第五条　各区县体育、教育行政部门根据标准,进行初步审定,并将符合标准的学校作为"市级体育传统项目学校"备选学校向市体育、教育行政部门申报。

第六条　市体育、教育行政部门组织专家评审组,对上报的"市级体育传统项目学校"备选学校进行审核评定。

第七条　通过审核评定的备选学校, 由市体育、教育行政部门命名为

"市级体育传统项目学校",并予以表彰奖励。

第八条 已被评定为"市级体育传统项目学校"的,经复查不再符合标准的,取消其称号。

第九条 本办法自发布之日起施行。

附件 3:

北京市体育传统项目学校评定标准及评分

一、基本条件(20 分)

(一)领导重视(4 分)

1.学校领导重视体育传统项目工作,列入学校议事日程。建立由校领导直接负责的管理机构,并有相应的管理办法和规章制度。(1 分)

2.学校把体育传统项目工作业绩纳入年终考核内容。(2 分)

3.学校制定的体育传统项目发展规划、工作计划应具有科学性、创新性、可行性,并列入学校教育发展规划。(1 分)

(二)师资配备(3 分)

1.按国家规定配齐体育教师。(1 分)

2.有专职的体育传统项目训练教师。(2 分)

(三)场地器材设施(5 分)

1.学校体育器材必须符合国家体育器材配备的标准。(2 分)

2.根据开展的体育传统项目配有能够满足教学、专项训练和正式比赛要求的场地器材设施。(3 分)

(四)经费保障(5 分)

1.学校体育经费必须按国家规定由学校教育事业费列支,其比例不低于已定的年度教育经费预算总量的 2%。(2 分)

2.学校必须保证体育传统项目训练、竞赛及带训教师的补贴经费,做到专款专用。(3 分)

(五)招生政策(3 分)

保证体育传统项目的招生生源,具有体育特长生特招政策。(3 分)

二、工作要素(30分)

(一)普及性体育活动(10分)

1.按照北京市课程计划规定,课外活动开齐课时,做到有计划、有组织,科学、合理、有序,并不断提高质量。保证学生每天1小时体育活动。(2分)

2.学校必须实施《学生体质健康标准》,适龄学生合格率占学校学生总数的95%以上。(2分)

3.坚持从实际出发,因地制宜开展形式多样的传统体育活动,并坚持群众性、广泛性、趣味性。有计划地把传统项目活动纳入体育教学和课外体育活动中。(2分)

4.学校学生参加体育传统项目活动的人数占学校学生总数的80%以上。(2分)

5.学校场馆设施必须有计划、有步骤地向社会开放。(2分)

(二)课余训练(8分)

1.遵循青少年儿童生长发育规律和生理、心理特点,进行科学的系统训练。(2分)

2.必须建立不同年龄体育传统项目代表队。(2分)

3.校代表队具有训练工作计划。保证每周训练3次以上,每次训练不少于90分钟。(2分)

4.充分利用双休日、寒暑假组织集中训练。(2分)

(三)竞赛(7分)

1.有计划地开展体育传统项目竞赛活动。班级、年级、校际之间比赛形成制度。(2分)

2.学校每年度举办1次以上以体育传统项目为主的运动会。(2分)

3.校级代表队积极参加上级体育、教育行政部门组织的体育竞赛活动。(3分)

(四)学生运动员的管理(5分)

1.认真抓好学生运动员思想品德和文化学习工作。(2分)

2.建立校级代表队档案库。对学生运动员的身体机能和运动技术水平等情况进行储存,并对其跟踪调查。(3分)

三、工作成效(50分)

(一)学校体育工作处于所在区县示范地位。(3分)

(二)全体学生必须掌握本校传统项目的知识和技能。(2分)

(三)培养与输送(20分)

学校必须注重体育人才的培养,保证每年向上一级体育项目传统学校、业余体校、运动学校、优秀运动队、大专院校等输送体育后备人才。(20分)

(四)运动成绩(20分)

1.校代表队在本区县体育项目比赛中成绩名列前茅,并在全市及全国比赛中成绩优秀。(12分)

2.不断提高学生运动员技术水平,每年要培养出等级运动员。(8分)

(五)表彰与奖励(2分)

学校和个人在开展学生体育活动、培养体育后备人才等方面受到过各级体育、教育行政部门表彰。(2分)

(六)科研成果(3分)

学校和个人体育科研成果或论文在市级以上刊物或论文报告会上发表。(3分)

各区县体育、教育行政部门自行制定本地区的评分细则。

关于表彰2007–2008年度北京市群众体育先进集体、先进个人的决定

京体办字〔2009〕75号

各区县体育局、北京经济技术开发区社会发展局、燕山体育中心,各相关单位:

近年来,北京市群众体育工作紧紧围绕办好2008年奥运会、残奥会,服务于党和国家的中心工作,以科学发展观为统领,以举办北京奥运会、残奥会火炬传递活动为核心,全力唱响“全民健身与奥运同行”主题,推动了群众体育工作全面、协调、可持续发展。2008年北京市群众体育事业

取得的可喜成绩，凝聚着全市群众体育工作者多年的心血和努力。为表彰先进，推动奥运后群众体育的广泛开展，市体育局、市人力资源和社会保障局决定授予东城区和平里街道兴化社区等200个单位“北京市群众体育先进集体”称号、授予袁燕生等300名同志“北京市群众体育先进个人”称号。

希望受表彰的单位和个人以成绩为起点，以荣誉为动力，再接再厉，再创佳绩，继续在全民健身工作中发挥更大的作用。希望各区县和有关单位、全市群体工作者以受表彰的先进单位和个人为榜样，积极推动我市群众体育工作的发展，为建设国际化体育中心城市，为构建社会主义和谐社会首善之区做出应有的贡献。

附件：1.2007—2008年度北京市群众体育先进集体名单

2.2007—2008年度北京市群众体育先进个人名单

二〇〇九年四月三日

附件：1

2007—2008年度北京市群众体育先进集体名单

东城区和平里街道兴化社区居民委员会

东城区东四街道南门仓社区居民委员会

东城区东华门街道甘雨社区居民委员会

东城区景山街道魏家社区居民委员会

东城区朝阳门街道史家社区居民委员会

东城区建国门街道外交部街社区居民委员会

东城区交道口街道帽儿社区居民委员会

东城区北新桥街道民安社区居民委员会

北京市第二十二中学

北京市景山学校
北京市东直门中学
北京市东城区和平青少年体育俱乐部
北京市灯市口小学火焰青少年体育俱乐部
北京市第一七一中学青少年体育俱乐部
西城区西长安街街道办事处
西城区德胜街道办事处
西城区展览路街道办事处
西城区新街口街道办事处
西城区月坛街道办事处
西城区什刹海街道办事处
西城区金融街街道办事处
西城区月坛街道木樨地社区居民委员会
北京市第四中学
北京市第八中学
北京市第二实验小学
北京市第八中学青少年体育俱乐部
北京市第七中学青少年体育俱乐部
崇文区龙潭街道办事处
崇文区东花市街道办事处
崇文区崇文门外街道办事处
北京第一师范学校附属小学
北京市崇文区汇文青少年体育俱乐部
宣武区广外街道办事处
宣武区白纸坊街道办事处
宣武区广内街道办事处
宣武区陶然亭街道办事处
北京市育才学校
北京小学
北京市首铭青少年体育俱乐部

朝阳区朝外街道办事处
朝阳区亚运村街道社区活动中心
朝阳区和平街街道办事处
朝阳区三里屯街道办事处
朝阳区大屯街道办事处
朝阳区团结湖街道办事处
朝阳区香河园街道办事处
朝阳区崔各庄乡人民政府
朝阳区东坝乡后街村民委员会
朝阳区豆各庄乡西马各庄村民委员会
朝阳区来广营乡来广营村民委员会
北京市朝阳区新源青少年体育俱乐部
北京市第八十中学青少年体育俱乐部
首都师范大学附属实验学校
北京市朝阳区管庄中心小学
海淀区西三旗街道永泰庄社区居民委员会
海淀区青龙桥街道军事科学院社区居民委员会
海淀区曙光街道办事处
海淀区上地街道办事处
海淀区香山街道北炮社区居民委员会
海淀区八里庄街道定慧东里社区居民委员会
海淀区马连洼街道办事处
海淀区温泉镇人民政府
海淀区苏家坨镇人民政府
海淀区温泉镇白家疃村民委员会
海淀区二庄镇西马房村民委员会
海淀区西北旺镇西北旺村民委员会
北京市清华大学附属中学
北京市第一零一中学
北京理工大学附属中学

北京育英学校
北京市六一青少年体育俱乐部
北航附小青少年体育俱乐部
丰台区丰台街道办事处
丰台区和义街道办事处
丰台区卢沟桥街道长安新城社区居民委员会
丰台区东铁匠营街道刘家窑第三社区居民委员会
丰台区方庄地区芳星园三区社区居民委员会
丰台区花乡人民政府
丰台区卢沟桥乡人民政府
丰台区南苑乡石榴庄村民委员会
丰台区长辛店镇辛庄村民委员会
丰台区王佐镇南宫中心村民委员会
北京市第十二中学
北京市丰台区实验学校
北京市丰台区卓远青少年体育俱乐部
北京市丰台区体校青少年体育俱乐部
石景山区八角街道办事处
石景山区广宁街道办事处
石景山区老山街道办事处
北京市苹果园中学
门头沟区大峪街道办事处
门头沟区斋堂镇人民政府
门头沟区龙泉镇西辛房村民委员会
门头沟区潭柘寺镇赵家台村民委员会
门头沟区清水镇下清水村民委员会
北京市门头沟区大峪第二小学
房山区长阳镇碧波园社区居民委员会
房山区城关街道办事处
房山区长阳镇人民政府

房山区城关街道洪寺村民委员会
房山区琉璃河镇庄头村民委员会
房山区长沟镇北正村民委员会
房山区霞云岭乡下石堡村民委员会
北京市房山区良乡第三中学
北京市房山区绿洲青少年体育俱乐部
通州区中仓街道办事处
通州区漷县镇
通州区潞城镇常屯村民委员会
通州区西集镇沙古堆村民委员会
通州区漷县镇觅子店村民委员会
北京市通州区潞河中学
北京市通州区时代青少年体育俱乐部
顺义区光明街道办事处
顺义区石园街道办事处
顺义区胜利街道怡馨一社区居民委员会
顺义区天竺镇人民政府
顺义区后沙峪镇董各庄村民委员会
顺义区李桥镇庄子营村民委员会
顺义区仁和镇临河村民委员会
顺义区牛栏山镇北孙各庄村民委员会
北京市顺义区杨镇第一中学
北京市顺义区第一中学
北京市顺义区田篮青少年体育俱乐部
昌平区城北街道办事处
昌平区回龙观地区北店嘉园社区居民委员会
昌平区东小口地区办事处天通西苑第二社区居民委员会
昌平区南邵镇人民政府
昌平区马池口镇乃干屯村民委员会
昌平区崔村镇香堂村民委员会

昌平区南口镇王庄村民委员会
昌平区流村镇溜石港村民委员会
北京市昌平区第二中学
北京市昌平区城北远航青少年体育俱乐部
大兴区兴丰街道办事处
大兴区采育镇人民政府
大兴区采育镇辛庄营村民委员会
大兴区黄村镇刘一村民委员会
大兴区长子营镇留民营村民委员会
北京市大兴区第一中学
平谷区滨河街道办事处
平谷区镇罗营镇人民政府
平谷区北四道岭村民委员会
平谷区马昌营镇西海子村民委员会
平谷区南独乐河镇张辛庄村民委员会
平谷区后北宫村民委员会
北京市平谷区第六小学
北京市平谷区青少年精华武术俱乐部
怀柔区泉河街道办事处
怀柔区庙城镇人民政府
怀柔区桥梓镇北宅村民委员会
怀柔区怀柔镇张各长村民委员会
怀柔区汤河口镇汤河口村民委员会
北京市怀柔区第一小学
北京市怀柔区育英青少年体育俱乐部
密云县溪翁庄镇政府
密云县十里堡镇程家庄村民委员会
密云县大城子镇王各庄村民委员会
密云县密云镇大唐庄村民委员会
密云县太师屯镇上庄子村民委员会

北京市密云县不老屯中心小学
北京市密云县第五中学
北京市密云县第二中学青少年体育俱乐部
延庆县刘斌堡乡人民政府
延庆县延庆镇东关村民委员会
延庆县康庄镇东红寺村民委员会
延庆县永宁镇西关村民委员会
延庆县井庄镇井家庄村民委员会
北京市延庆县第一中学
北京经济技术开发区天华园一里社区居民委员会
房山区燕山东风街道办事处
中国石化集团北京燕山石油化工有限公司
首钢特殊钢有限公司
北京六建集团公司
北京金都恒达园林绿化处
北京市东方友谊食品配送公司
北京公交集团公司保修分公司工会
北京市朝阳区总工会
北京市怀柔区总工会
北京市公安局工会
首都经济贸易大学经济学院
北京市门球运动协会
北京市职工体育协会
北京市汽车摩托车运动协会
北京市桥牌协会
北京市羽毛球运动协会
北京市职教体育协会
北京市登山运动协会
北京市体育总会
北京市回春保健操协会

北京市冰上轮滑运动协会
揖斐电电子(北京)有限公司
北京市天坛公园管理处
北京市公安局治安管理总队大型活动管理处
燕山石化公司合成橡胶厂
北京市学生活动管理中心
北京电视台体育节目中心
北京晚报体育部
北京日报体育新闻部
中国体育报社体新闻采编中心
首都体育学院场馆管理中心

附件:2

2007—2008 年度北京市群众体育先进个人名单

袁燕生　东城区东四街道工委书记
曹永军　东城区东四街道办事处副主任
赵明杰　东城区景山街道工委书记
刘文维　东城区东华门街道办事处副主任
屈　洋　东城区安定门街道办事处副主任科员
李　克　东城区交道口街道办事处文教科科员
徐雅娟　东城区东单体育中心副主任
徐清敏　东城区卫生局科长
陈智军　东城区委政法委办公室主任
满鹤源　东城区景山街道办事处副主任
赵恒兰　东城区和平里街道办事处社会体育指导员
江兆菊　东城区北新桥开心艺术团团长
韩新会　东城区第一六六中学教研组长

林　雪　东城区第二中学教师
石建新　东城区第五中学教研组长
李　杰　东城区和平青少年体育俱乐部教师
方正涛　东城区府学胡同小学教学主任
张欣欣　东城区史家小学青少年体育俱乐部主任
黑景峰　东城区安外三条小学教师
郭　华　北京师范大学第二附属中学教师
杨少卿　北京市第八中学教师
王　淇　北京市西城区黄城根小学教师
刘虹英　北京市第四中学青少年体育俱乐部主任
李　群　北京市什刹海体校青少年体育俱乐部主任
李景如　北京市西城区奋斗小学青少年体育俱乐部主任
翁中文　西城区体育总会健身操舞专业委员会秘书长
赫　磊　西城区体育局群体科科员
王　霞　西城区体育总会武术协会副秘书长
张建英　西城区什刹海街道办事处社团办主任
闫　苏　西城区德胜街道办事处副科长
李　想　西城区西长安街街道办事处社区办科员
李雪梅　西城区新街口街道办事处主任科员
刘　硕　西城区金融街街道办事处科员
白　杨　西城区展览路街道办事处副科长
杨　叶　崇文区前门街道办事处文教卫体科副科长
周兰惠　崇文区龙潭街道办事处文卫科主任科员
梁　静　崇文区永外街道办事处文教卫体科文化专干
谢亚娟　崇文区体育馆路街道办事处副主任
梁兆玲　崇文区天坛街道办事处文卫科科员
闫丽娜　崇文区体育馆路街道国家体育总局社区居委会主任
王　红　崇文区崇外街道西花市南里西区社区居委会文卫主任
杜兴青　崇文区体育局群体科科长
宋亚鹏　崇文区东花市街道办事处职员

孟　立　崇文区培新小学教师
王守镇　北京市第五十中学分校副校长
李治国　宣武区大栅栏街道办事处文教卫体科科长
马瑞勤　宣武区天桥街道办事处文教卫体科科长
来丽春　宣武区椿树街道办事处文教卫体科科长
张　杰　宣武区广外街道办事处文教卫体科副科长
孟　英　宣武区牛街街道办事处文教科主任科员
曹晓东　北京市回民学校副校长
孙　斌　北京市宣武区南菜园小学教师
周文忠　北京市新月青少年体育俱乐部主任
周晓凌　北京市宣武区乒乓青少年俱乐部副校长
穆相成　宣武区体育总会门球分会秘书长
张守信　宣武区体育总会台球分会副会长兼秘书长
洪宗孟　宣武区体育总会田径分会执行主席
邱春玲　朝阳区劲松街道办事处科长
贾冬云　朝阳区呼家楼街道办事处副主任
郑珍平　朝阳区六里屯街道办事处副主任
李咏梅　朝阳区安贞街道办事处工委宣教科科长
齐晓峰　朝阳区左家庄街道办事处民政事务管理部副科长
赵　萍　朝阳区望京街道办事处文教科科长
王秀萍　朝阳区十八里店乡人民政府文化服务中心科长
蔡　媛　朝阳区太阳宫乡(地区)文化服务中心主任
于树新　朝阳区南磨房地区文化服务中心科员
李凤玲　朝阳区平房乡人民政府副乡长
宋广东　北京市陈经纶中学副校长
谢玉娟　北京市朝阳区芳草地国际学校教师
何美龙　北京市朝阳区劲松文体协会会长
李元贞　朝阳区安贞街道安华西里社区社会体育指导员
要　莉　朝阳区亚运村街道安慧里社区居委会干部
吴树光　朝阳区常营民族家园社区空竹技术指导员

曹淑芬　朝阳区三间房地区文化服务中心
吕锡娟　朝阳区管庄地区瑞祥里社区居委会文体干部
孙建国　北京市朝阳区管庄中心小学教师
朴金泉　北京市第八十中学教师
尹国强　海淀区学院路街道办事处文教科科长
董世荣　海淀区青龙桥街道办事处科长
刘淑文　海淀区万寿路街道办事处副主任科员
邓中原　海淀区紫竹院街道办事处公共事业管理科主任科员
俞红玲　海淀区羊坊店街道办事处公共事业管理科科长
陈素霞　海淀区西三旗街道办事处文教科科员
欧广生　海淀区东升乡文服中心主任
赵小云　海淀区四季青镇人民政府副镇长
于红波　海淀区温泉镇人民政府科员
刘桂香　海淀区西北旺镇文服中心主任
王晓静　海淀区中关村街道办事处退休干部
武　敏　海淀区北下关街道钢研社区居委会副主任
王翼亮　海淀区东升乡马坊村民委员会副主任
张宝荣　海淀区四季青镇双新村民委员会主任
郭景华　海淀区体育总会太极拳分会
丁　尔　海淀区太极拳协会教师
丁　强　海淀区理工大学附属中学教师
边志东　北京市中关村中学教师
汪宏驹　北京市第十九中学副校长兼工会主席
周永忌　北航附小青少年体育俱乐部主任
李福惠　北京市育英学校主任
陈　辉　北京时代天立体育有限责任公司经理
陆亚文　北京市首都师范大学附属中学教师
王　军　北京市八一中学教师
李　森　丰台区卢沟桥街道办事处文教科科长
高立光　丰台区右安门街道办事处文教科科长

洪俊凤　丰台区东铁匠营街道办事处文教科科长
耿秀霞　丰台区马家堡街道办事处文教科主任科员
张兴林　丰台区云岗街道办事处副主任
谢秀琴　丰台区花乡文化教育培训中心主任
周兰英　丰台区卢沟桥乡文化中心站长
董玉珍　丰台区长辛店镇人民政府民政科科长
赵李宁　丰台区王佐镇政府文教卫生科科长
王春和　北京市第十二中学教师
石　磊　北京市丰台区实验学校校长
冯　璞　北京市丰台区悍博青少年体育俱乐部主任
扈翠萍　北京市丰台区英才青少年体育俱乐部主任
董伯龙　丰台区武术协会常务副秘书长
辛绍文　丰台区武术协会教练
袁宝海　丰台区武术协会教练
阚　成　石景山区老山街道办事处副主任
王承立　石景山区八角街道办事处文教科副科长
王　深　石景山区广宁街道办事处社区工作部副部长
姜　伟　石景山区鲁谷社区行政事务管理中心社区事务部副部长
张　磊　石景山区古城街道办事处文教科科长
王　英　北京市石景山区古城第二小学校长兼党支部书记
于德水　退休
刘俐豪　石景山区鲁谷社区松林太极拳队教练 退休
任淑兰　石景山区体育运动学校 退休
张国庆　石景山区铁人轮滑俱乐部经理
朱　琳　北京市门头沟区新桥路中学青少年体育俱乐部副主任
焦志山　北京市门头沟区大峪第一小学教师
舒伯文　门头沟区军庄镇人民政府镇长
马　骏　门头沟区永定镇政府文教办科员
何九忠　门头沟区雁翅镇政府副镇长
谭增雨　门头沟区王平镇政府计生文教办公室教育专干

贾洪卫　门头沟区东辛房办事处宣传部长
吕　杰　门头沟区体育局群体科局长助理
刘树君　门头沟区教师进修学校教研员
郭凤兰　房山区拱辰街道一街第二社区居委会党支部书记
孙福利　房山区西路街道办事处北路园社区居委会党支部书记
刘从学　房山区窦店镇窦店村民委员会主任
李志来　房山区张房镇张房村民委员会党支部书记
李克元　房山区阎村镇张庄村民委员会党支部书记
晋明华　房山区十渡镇十渡村民委员会党支部书记
王志强　房山区石楼镇夏村民委员会党支部书记
张　波　房山区阎村镇阎村中心校教师
张　强　北京市房山区龙腾青少年体育俱乐部教师
于　静　房山区拱辰街道办事处文体中心副主任
张民丽　房山区城关街道永安西里社区居委会社会体育指导员
贺淑香　房山区西路街道办事处社会体育指导员
殷文平　通州区潞城镇人民政府计生文卫办主任
王怀艳　通州区漷县镇人民政府文化站站长
朱长华　通州区于家务乡政府副科长
赵小冲　北京市通州区潞河中学教师
吴家增　通州区武术协会
李　东　北京市通州区时代青少年体育俱乐部主任
王洪全　通州区武术协会
陈玉起　通州区西集镇人民政府科员
邓长富　通州区中仓街道办事处科员
邢宝江　通州区新华街道办事处副主任
李海东　顺义区木林镇人民政府体协秘书长
王升旗　顺义区北务镇人民政府科长
刘桂荣　顺义区马坡镇人民政府副镇长
张连国　顺义区北小营镇人民政府科员
付　军　顺义区高丽营镇人民政府体育专干

杨明环　顺义区龙湾屯镇人民政府副镇长
王振军　顺义区石园街道办事处工委书记
殷再兰　顺义区体育总会操舞协会副秘书长
朱彦生　顺义区体育总会副秘书长
蔺　华　顺义区农民体协秘书长
吕建超　顺义区赵全营镇人民政府宣传委员
王立君　顺义区杨镇第一中学体育教师
刘海军　顺义区牛栏山第一中学体育教师
曾令欣　顺义区杨镇一中青少年体育俱乐部主任
蒋英超　北京乔波冰雪世界体育发展有限公司滑雪学校校长
刘雪杰　昌平区城南街道办事处体育专干
黄福来　昌平区北七家镇宏福苑社区居委会
吴　云　昌平区沙河镇人民政府副镇长
王学利　昌平区兴寿镇东新城村民委员会主任
谷桂明　昌平区阳坊镇文化服务中心主任
张　建　昌平区十三陵镇人民政府社会事务科副科长
李金行　昌平区马池口中心小学教师
郭少明　昌平区第一中学超越无限青少年体育俱乐部主任
闫虹霞　昌平区回龙观地区文化服务中心科员
喻继红　昌平区东小口地区办事处社会体育指导员
郭彦君　昌平区城北街道办事处社会体育指导员
鲁德祥　大兴区兴丰街道办事处工委书记
赵淑霞　大兴区黄村镇文体中心副主任
高　辉　大兴区采育镇宣传文体中心主任
张玉华　大兴区长子营镇留民营村民委员会党总支书记
郝金侠　大兴区魏善庄镇宣传文体中心科员
赵桂明　大兴区第一中学教师
黄　焱　北京时代荣辉体育发展有限公司经理
陈玉田　大兴区兴丰街道办事处副调研员
王月霞　大兴区清源街道办事处 退休

王艳平　平谷区兴谷街道办事处体育干部
王柏林　平谷区王辛庄镇人民政府副主任科员
石小亮　平谷区镇罗营镇人民政府
孔令军　平谷区夏各庄镇人民政府科长
李　祎　平谷区马昌营镇人民政府科长
吴立华　平谷区大华山镇人民政府科员
耿　丽　平谷区大兴庄镇人民政府科员
胡劲松　北京市平谷中学教师
邹德庆　平谷区青少年乒乓球俱乐部主任
沈增光　平谷区体育局社会体育活动管理中心科员
祁晓军　平谷区人民法院
田　军　怀柔区体育局社体中心副主任
张崇军　怀柔区龙山街道办事处文化中心职员
朱玉华　怀柔区庙城镇文化服务中心主任
李玉海　怀柔区北房镇文化服务中心主任
于海红　怀柔区渤海镇文化服务中心主任
秦福田　怀柔区雁栖镇文化服务中心主任
孙登明　北京怀柔阳光青少年体育俱乐部主任
刘秀文　北京市怀柔区第一中学教师
王文君　怀柔区九渡河镇人民政府体育科科长
赵敬兰　密云县穆家峪镇文化服务中心主任
冯玉茹　密云县西田各庄镇人民政府科长
任永凤　密云县巨各庄镇服务中心主任
张广民　密云县冯家峪镇人民政府科长
张贺梅　密云县石城镇人民政府
杨海燕　密云县河南寨镇文化中心主任
项立志　密云县果园街道办事处科长
解玉川　密云县第五中学高级体育教师
郝洪军　密云县不老屯镇中心小学教师
朱明杰　北京市密云县第二小学竞训部部长

张洪斌　北京市密云县第二中学副主任
何仙瑛　退休
付万祥　退休
裴迎蕊　延庆县刘斌堡乡人民政府宣传委员
郑海英　延庆县永宁镇政府宣传委员
郭雄强　延庆县延庆镇人民政府副镇长
闫富军　延庆县旧县镇人民政府副镇长
杨红霞　延庆县第一中学青少年体育俱乐部副校长
张文鹏　延庆县第五中学副校长
李建伟　延庆县体育局社会体育管理中心科员
池　深　延庆县教育委员会副科长
姬书玉　延庆县城镇办事处工委书记
马庆有　延庆县珍珠泉乡人民政府副乡长
张铁军　北京经济技术开发区天华园三里社区居委会文体委员
吴晓慧　北京经济技术开发区天宝园卡尔百里社区居委会副主任
卢　宁　北京市房山区燕山迎风街道办事处主任
徐玉苓　北京市房山区燕山健身操舞协会副秘书长
陆爱英　北京市房山区燕山石化 退休(太极拳协会会长)
吴玉琪　北京京城机电控股有限公司干部
王　皓　北京京东方光电科技有限公司干事
顾希功　北京市政路桥控股养护集团瑞通养护中心党群部部长
武钦科　北京住总建设安装工程有限责任公司执业医师
韦治辉　北京市王致和食品集团有限公司销售分公司部门经理
马占清　北京市地铁运营有限公司工会副主席
冯　刚　北京市铁路局工会指导员
李　颖　北京市西城区总工会副主席
邵雅芬　北京市房山区总工会副主席
孙晓华　北京市良乡监狱工会主席
王其玲　北京市天堂河劳教所副调研员
周　丽　国营北京曙光电机厂干事

佟秀苓　北京石油化工学院工会常务副主席
白雪罡　中国教育工会北京市海淀区委员会工会副主席
王　军　建设银行北京市分行行长
朱祖朴　北京市台球协会副主席
郭仲恭　北京市乒乓球运动协会常务副主席
王品熙　北京市体育记者协会副秘书长兼活动部部长
孔庆廉　北京市篮球运动协会副秘书长
陶　红　北京市网球运动协会副秘书长
杨建新　北京市民族文化交流中心主任
林鸿明　北京市信鸽协会
郭庆红　北京市建美协会秘书长
梁英杰　北京市无线电运动协会秘书长
李铁忠　北京市摔跤运动协会监事长
熊　伟　北京市体育场馆协会秘书长
李永革　北京市自行车运动协会
曹志仁　北京市跆拳道协会副会长
赵　莹　北京市马术运动协会
许胜卓　北京市农民体育协会办公室副主任
安成保　北京市平谷区体育局群体科科长
范云江　北京市总工会体协秘书长
李相如　首都体育学院休闲与社会体育系主任
赵　立　首都体育学院体育教育系主任
骆秉全　首都体育学院管理与新闻系主任
王克铭　北京市体育局财务处处长
万洪伟　北京市怀柔区体育局群体科科长
汪　涌　新华通讯社北京分社体育部主任
黄海宁　北京电视台新闻节目中心记者
贾　昱　北京文化艺术活动中心干部
蔺　昕　北京市西城区体育局工会主席
梁建亚　北京市丰台区体育局体育科科长

韩　红　北京市朝阳区体育局群体科科长
赵丽娜　北京市民族事务委员会处长
张旭光　中国体育报编辑部主任
徐静芸　北京市委宣传部新闻处干部
赵丽丽　北京市妇女联合会宣传部科员
郭　斐　北京电视台体育节目中心体育新闻科制片人
陈嘉堃　北京晚报社体育部记者
刘艾林　北京青年报编辑部体育记者
杨晓峰　北京市延庆县体育局群体科科长
董立新　首都精神文明建设委员会办公室主任科员
王书敏　北京市房山区体育局业务科科长
王卫民　东城区体育局副处级调研员
王新卯　北京市宣武区体育局学校科科长
张宝利　北京市昌平区体育局群体科科长
乔景春　北京市残疾人体育训练和职业技能培训中心主任
李　超　天安门地区管理委员会大型活动处副处长
刘宝丰　北京市公安局公安交通管理局特勤处副处长

北京市体育局　北京市卫生局 北京市公安局　北京市安全 生产监督管理局关于对全市游泳场馆 进行联合执法检查的通知

京体办字〔2009〕139号

各区（县）体育局、公安分（县）局、卫生局、安监局，经济技术开发区社会发展局、燕山体育运动中心：

2009年是建国六十周年，也是第十一届全国运动会之年。各区县要以开展“安全生产年”活动为主线，以全力压减溺水事故、坚决遏制重特大事故为目标，推动游泳减溺安全工作的全面落实。今年我市游泳活动场所安全工作要突出抓好游泳减溺安全宣传教育、执法检查、隐患治理，严格履行安全监管职责，加大安全执法检查力度，在确保安全的前提下协助做好游泳救生员职业资质证置换工作，为广大群众提供安全、卫生、规范的健身环境。为做好全年的游泳安全工作，市体育局会同市卫生局、公安局、安全生产监督管理局组成联合执法检查组，自7月22日起，对各区县游泳项目活动场所进行抽查，并将抽查情况进行全市通报。现将有关工作安排通知如下：

一、检查时间

重点做好三个阶段的检查：一是二季度全市游泳场馆开放前的检查验收工作;二是三季度游泳高峰期的执法检查工作;三是建国60周年期间的安全保障工作。各区县要采取相关部门联合执法检查与行业主管部门日常检查的方式,增加检查密度,加大检查力度,进一步规范游泳项目活动场所的管理,使我市游泳项目活动场所的管理更加科学化、规范化、制度化。

二、检查内容

(一) 安全生产管理情况。

重点检查游泳项目活动场所的各项安全生产规章制度的制定落实情况，处置突发事件的应急预案的制定及演练情况，各部门各岗位安全生产责任制落实情况，各项制度和应急预案要公示上墙，装订成册，责任到人。主要有：

1.游泳人员须知和注意事项要醒目、规范。

2.进一步完善溺水事故、突发性疾病、化学品泄露、火灾事故的应急预案，包括具体操作程序和步骤，应急预案要有演练记录。

3.游泳项目活动场所要健全安全生产例会制度；安全生产培训制度；生产安全事故隐患排查制度；卫生检查消毒制度；治安保卫制度；传染病疫情报告制度；设备维修制度；化学药品管理使用制度；水质化验检测制

度；溺水事故处理制度；安全救护等各种岗位责任制度。

4.认真填写游泳安全管理工作日记和安全生产例会记录、化学药品使用登记情况记录、当日客流量记录。每月26日各区县要将当月游泳人数汇总后报市体育局。

（二）落实安全生产措施情况。

1.游泳项目活动场所要配备完善的救护器材和水上救护设备，主要有：救生观察台、救生圈、救生杆、救护板、护颈套、氧气瓶（袋）、急救药箱等救护器材和设施。各种器材摆放在明显位置，急救药品齐全有效。

2.要求各场馆落实下列安全措施：疏散通道和安全出口要保持畅通，疏散指示标志和安全警示标识要明显有效，提示标志和水深标识要符合要求，深浅水要有明显的隔离设施或标志，水面光照度和应急照明要符合标准，人员容量有限制措施，双语应急广播全面覆盖，不出售含有酒精的饮料和裸露食品。

（三）安全管理。

1.游泳项目活动场所的救生员、教练员和其他专业技术人员，须持有效期内并按要求进行年检注册的执业资格证书上岗（按照职鉴中心置换证件的时间安排和可延缓置换的证件种类进行检查）。

2.确保当日每班在岗救生员，符合游泳项目活动场所专职救生员配备标准的要求。救生员着装要统一，佩戴标示，并适合随时处理溺水事故和救生工作的要求。救生员证件要随时携带备查。

3.设有深水区的人工游泳场所，要严格实行深水合格证制度。深浅水一体的泳池除有隔离设施和明显标识外，要设专人值守。

4.游泳培训班要严格执行教练员持证上岗，控制学员数量，不许超员办班。

5.更衣室、办公室储物柜安全性能良好 。

（四）卫生管理。

1.要持有效的卫生许可证，从业人员要持有效的健康证明上岗。

2.要设有禁泳标识及“红眼病”检查岗，有水质自测记录，每日不少于四次。

3.更衣室、卫生间环境整洁，游泳馆内通风良好。

4.设有专人负责水质循环过滤消毒设备，保证其正常运转。

5.泳池水清澈见底， 无沉淀物和漂浮物。

6.游泳池水质发生异常时，要及时采取措施。

（五）卫生监督。

1.重点对大型游泳场馆及室外游泳场所进行监督检查，特别是在暑期游泳高峰，加大监督检查频次，确保不发生红眼病等传染病的传播流行。

2.严格按照市卫生局下发的京卫监字〔2009〕78号文件要求，做好游泳池水质的监督抽检工作，并按时上报结果。

三、工作要求

各区县要充分重视这次联合检查工作，确保检查人员、车辆等到位，各相关部门要密切配合，加强联动，认真履行安全监管职责，公正严明执法。通过检查，督促各游泳场馆认真落实安全主体责任，提高安全管理水平。

市体育局　市卫生局　市公安局

市安全生产监督管理局

二〇〇九年七月一日

竞技体育

【综述】2009年是第十一届全运会的决战之年，全力以赴做好备战和参赛各项工作，是全年竞技体育工作的中心任务。同时，进一步推动区、县体校的建设和发展，为全市竞技体育可持续发展夯实基础。

第一、“十一运会”取得运动成绩和精神文明双丰收。第十一届全国运动会于10月16日至28日在山东省举行，以刘敬民副市长任团长的北京市代表团共由805人组成，其中运动员606名，参加其中27个大项、245个小项的比赛，参赛人数和参赛子项均超过历届全运会。在全运征战中，体育健儿承载着全市人民的期望，承受着全运会比赛的特殊压力和异常激烈的竞争，按照做文明之师、威武之师的要求，顽强拼搏，胜不骄、败不馁，尊重对手、尊重观众、尊重裁判，表现出良好的精神风貌和体育道德风尚。经过激烈竞争和艰苦鏖战，共获得金牌30枚、银牌20枚、铜牌29枚，奖牌共计79枚，总分1754分，有1人1队打破两项游泳亚洲纪录并全国纪录，名列金牌榜、奖牌榜和总分榜第六位，北京代表团还荣获了大会授予的体育道德风尚奖，实现了赛前制定的目标。

在全运备战和参赛过程中，按照体育局总体工作部署和要求，训练工作坚持以提高运动员的全面竞争能力和实力为核心，采取有效措施，注重各项备战要求和部署的落实。一是狠抓方案落实。针对各参赛单位目标任务的制定与实现，抓好目标的分解和落实，促使奋斗目标变成工作落实的具体行动。备战领导小组通过深入一线，加强对重点项目的检查质询，对方案的执行情况进行检查、分析、不断完善，把不利因素条件化解到最低限度，把有利条件变成制胜因素，使备战和参赛工作更科学有效，更有针对性和可操作性。二是狠抓责任落实。强化各级领导和管理干部的责任意识，狠抓工作作风建设，增强各层级管理人员的紧迫感和责任感。领导干部重心前移，分头把口，及时了解和解决好备战队伍存在的困难和问题，一级抓一级，层层抓落实。三是狠抓重点落实。及时对“重点”、“难点”问题进行专题研究，集中精力，下大力气逐一落实解决好。这些方法和措施的有效实施，为确保高水平训练，确保决赛入围规模，确保参赛报名工作准确无误，确保各项保障措施及时到位，确保作战指挥系统运转畅通，全面系统的搞好备战和参赛工作奠定了良好基础。

第二、国际比赛取得良好成绩。北京市运动员在今年参加的世界三大赛中，共获得金牌11枚、银牌6枚、铜牌6枚；在参加的亚洲三大赛中，共获得金牌29枚、银牌8枚、铜牌6枚。张怡宁、张琳、何可欣、马龙、丁宁、林跃、刘京、赵雪、孔云等一批优秀选手，在世界大赛中发挥稳定，表现优异。特别是张琳在第十三届世界游泳锦标赛男子800米自由泳比赛中，表现突出，以7分32秒12的优异成绩，将澳大利亚名将哈克特保持了4年之久的世界纪录缩短了6秒53。这枚金牌，是近半个世纪以来中国男子游泳运动员在世界大赛上获得的首枚金牌，开创了中国男子游泳运动的新纪元。

第三、进一步加强青少年体育队伍建设。为适应竞技体育后备人才培养的需要，梳理和解决竞技体育原有“四级”训练体系各层级间出现的新情况、新矛盾和新问题，抓住2010年市运会举办的契机，深入区县，调查研究，征求意见，为积极探索新时期加强青少年体育队伍建设的新途径，开创业训工作新局面，做了大量调研工作。

第四、做好北京市第十三届运动会筹备工作。2010年8月，将举办北京市第十三届运动会，这也是全市体育工作的一件大事。积极探索和创新市运动会竞赛导向，充分发挥竞赛杠杆的调控作用，全面推

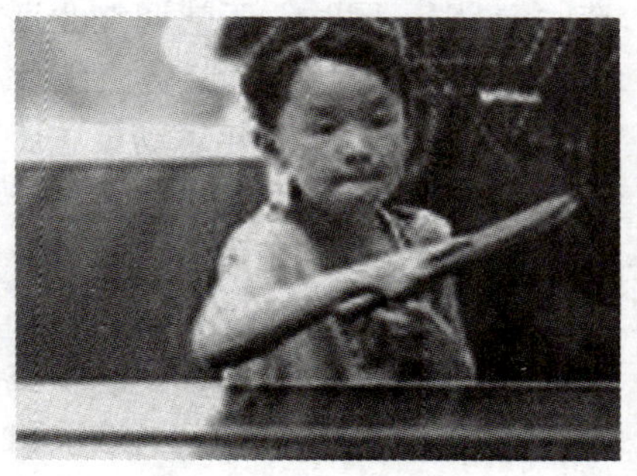

动和促进全市业余训练和竞技体育后备人才培养工作，是今年工作的一项重要内容。

为科学修订“市运会”竞赛规程，解决原有竞赛制度暴露出的矛盾和问题，组织各层级训练单位对往届“市运会”进行全面总结、调研和分析论证，在广泛征求意见和反复修改论证的基础上，先后制定出台了《北京市第十三届运动会竞赛规程总则》和《北京市第十三届运动会各项目单项规程》。一是对“市运会”的竞赛导向进行了调整，重点解决困扰全市竞技体育发展中的基础性问题，创新和建立区县业训竞赛评价体系，改革“市运会”竞赛奖励和计分办法，扭转和淡化青少年运动会过渡锦标主义倾向，综合评价“市运会”竞赛成绩。二是扩大了“市运会”竞赛项目设置，充分利用竞赛杠杆引导区县合理规划业训项目布局，鼓励区县打造“精品”。同时，还就调整业训项目布局，完善年度竞赛组织体系，规范北京市青少年运动员注册管理工作，严格运动员资格审查等，做了大量先期工作。市竞赛管理中心也在进行有关“市运会”竞赛的承办单位落实、竞赛日程安排、场地器材准备、裁判员选拔和

学习等前期筹备工作，“市运会”各项筹备工作按计划稳步推进，为成功举办“市运会”奠定了良好基础。

【部署“十一运会”备战和参赛工作，强调抓好赛风赛纪和反兴奋剂工作】 2月16日和7月8日，市体育局分别召开会议，围绕实现参赛目标，对进一步做好“十一运会”备战和参赛工作，特别是抓好“十一运会”赛风赛纪和反兴奋剂工作，进行再动员、再部署。孙康林局长做重要讲话，并从加强组织建设、训练竞赛管理、思想政治工作、科技服务、后勤保障、舆论宣传等方面提出具体要求，为圆满完成“十一运会”任务做好充分的思想和组织准备。在2月16日的会议上，还举行了“十一运会”北京市各参加单位向孙康林局长递交《‘十一运会’赛风赛纪和反兴奋剂工作责任书》仪式，共13个参赛单位签订了责任书。

【市体育局组成联合检查组指导冬训工作】 由孙康林局长担任组长，牛德成副局长担任副组长，竞体处、科教处、科研所、竞训顾问组成员组成的联合检查组，自1月6日起深入各训练单位，对冬训第二阶段暨备战全运会工作进行检查指导，及时解决备战人员存在的困难和问题。

【开展向张琳学习的活动】 张琳在7月13日至8月2日第十三届世界游泳锦标赛上的出色表现，给全市正在积极备战第十一届全运会的全体参战人员以极大的鼓舞。为此，市体育局决定在优秀运动队中开展向张琳学习的活动，号召广大运动员、教练员要以张琳为榜样，勇攀高峰，为国争光。

【完成调研课题报告的撰写工作】 竞技体育处参与了由市政府研究室、市体育局共同承担的总课题“巩固发展奥运成果，加快建设国际体育中心城市”调研工作，完成了子课题 “北京与国际化体育中心城市比较之三：竞技体育水平与体制” 调研报告的撰写工作。

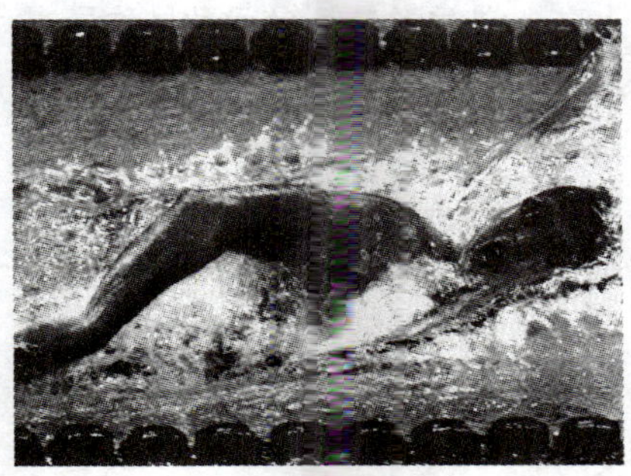

【完成二级招生工作】 2009年全市报考市属二级运动班学生总数达874人，按照“早部署、细安排、高标准、严要求”的工作要求，严把二级招生质量关。经严格选材、测试和体检，共录取二级运动班学生340余人。同时，各训练单位运动员培养输送核定工作顺利完成。

【组织全国青少年比赛的选拔、组队和参赛工作】 北京市各项目青少年运动员在全国青少年比赛中得到很好的检验和提升，田径、游泳等项目上涌现出一些优秀后备人才。同时，全力配合市教委完成了参加第十届全国中学生运动会的组队和参赛工作，北京代表团取得金牌和总分两项第一名的优异成绩。

【加强北京市青少年运动员的注册管理工作】 全市2009—2010年共完成青少年运动员注册12890人。通过青少年注册系统，采集运动员二代身份证、户口、照片、指纹等信息，实现了运动员注册信息化管理，为运动员训练的系统跟踪、合理流动、竞赛资格审查等工作，提供了全面保障。

【贯彻落实国家体育总局《关于开展“国家高水平体育后备人才基地”认定工作的通知》要求】全市12所体校被命名为“国家高水平体育后备人才基地”后，按照“基地”建设的各项标准和内容，继续加强对全市各级各类体校的基础性建设和管理，完善相关规定和要求，细化管理标准和内容，以此提升工作质量和水平，推动体校的建设和发展，为竞技体育可持续发展打下坚实基础。

【完成年度高考体育特长生审核工作】根据《关于办理2009年北京市高中体育特长生体育竞赛成绩证明工作的通知》要求，对全市高三年级等级运动员高考体育特长生资格进行了审核。全市共有1046人通过审核获得高考体育特长生加分资格，保证了高考录取工作的顺利进行和广大考生的合法权益。

【进一步规范和加强全市青少年运动员等级审批及监管工作】根据国家体育总局新修订的《运动员技术等级管理办法》（体竞字[2009] 63号）、《运动员等级标准》（体竞字[2005] 172号）、《北京市运动员技术等级管理实施细则》（京体办字[2008] 202号）等规定和要求，对各级别等级运动员审核共计523人。加强对区县等级运动员称号审批管理工作的监管，完成18个区县审批运动员存档备案工作。

北京市体育局关于在优秀运动队中开展向张琳同志学习的决定

京体办字〔2009〕184号

各有关训练单位：

在2009年7月17日至8月2日于意大利罗马举行的第十三届世界游泳锦标赛中，我市游泳运动员、国际级运动健将张琳一人参加三个单项的比赛，勇夺男子800米自由泳金牌、男子400米自由泳铜牌和1500米自由泳第五名。特别是在男子800米自由泳比赛中表现突出，以7分32秒12的优异成绩，将澳大利亚名将哈克特保持了4年之久的世界纪录缩短了6秒53。张琳夺得的这枚金牌，是近半个世纪以来中国男子游泳运动员在世界大赛上获得的首枚金牌，开创了中国男子游泳运动的新纪元，为祖国赢得了荣誉，为首都增添了光彩。

张琳取得的历史性突破，充分证明了"国运盛、体育兴"的真理，也彰显了我国优秀运动员为国争光的雄心壮志和勇攀世界体育高峰的坚定信心。张琳同志的优秀表现，不仅集中体现了我市在打造游泳拳头项目上取得的重大突破，而且也给正在积极备战第十一届全运会的全体参战人员以极大的鼓舞。为此，市体育局决定在我市优秀运动队中开展向张琳同志学习的活动。

市体育局号召广大运动员、教练员要以张琳同志为榜样，学习他为国争光、勇攀世界体育高峰的坚定信念，学习他自强自信、不畏强手、奋勇争先的顽强精神，学习他谦虚谨慎，戒骄戒躁，不断超越自我的优秀品质，并把学习活动同当前我市备战第十一届全运会紧密结合起来，同优秀运动队的思想作风建设结合起来，团结一致，努力工作，切实加强优秀运动队伍建设，圆满实现十一届全运会目标任务，为推动我市竞技体育可持续发展、建设国际化体育中心城市打下坚实的基础。

二〇〇九年八月十四日

光 荣 榜

乒 乓 球

姓 名：马 龙

性 别：男

出 生：1988 年

运动经历：

1997 年辽宁省鞍山市沙河乒乓球训练基地；

1999 年辽宁省体校乒乓球队；

2002 年北京先农坛体校乒乓球队；

2003 年国家乒乓球队。

主要成绩：

2006 年第 48 届世届乒乓球锦标赛团体赛男子团体冠军；

2006 年第 15 届亚运会男子团体冠军、男子双打季军；

2008 年第 49 届世届乒乓球锦标赛团体赛男子团体冠军；

2009 年乒乓球世界杯团体赛男子团体冠军；

2009 年第 50 届世界乒乓球锦标赛男子双打亚军、男子单打季军；

2009 年亚洲杯乒乓球赛男子单打冠军；

2009 年第 19 届亚洲乒乓球锦标赛男子团体、男子单打、男子双打、混合双打冠军；

2009 年第十一届全运会乒乓球决赛男子单打亚军、男子团体季军。

获等级运动员称号：

国际级运动健将。

获荣誉称号：

2009 年获人力资源和社会保障部、国家体育总局授予的全国体育系统先进工作者”荣誉称号。

姓　名：张怡宁
性　别：女
出　生：1981 年

运动经历：

1986 年北京东城体校乒乓球队；
1988 年北京什刹海体校乒乓球队；
1995 年北京先农坛体校乒乓球队；
1998 年国家乒乓球队。

主要成绩：

2000 年第 45 届世界乒乓球锦标赛女子团体冠军；
2001 年第 46 届世界乒乓球锦标赛女子团体冠军；
2001 年第 5 届女子乒乓球世界杯赛女子单打冠军；
2002 年第 6 届女子乒乓球世界杯赛女子单打冠军；
2003 年第 47 届世界乒乓球锦标赛女子双打冠军；
2004 年第 8 届女子乒乓球世界杯赛女子单打冠军；
2004 年第 28 届奥运会女子单打、女子双打冠军；
2004 年第 47 届世界乒乓球锦标赛团体赛女子团体冠军；
2005 年第 9 届女子乒乓球世界杯赛女子单打冠军；
2005 年第 48 届世界乒乓球锦标赛女子单打、女子双打冠军；
2005 年第十届全运会乒乓球决赛女子团体、女子单打冠军；
2006 年第 48 届世界乒乓球锦标赛团体赛女子团体冠军；
2007 年第 49 届世界乒乓球锦标赛女子双打冠军；
2007 年乒乓球世界杯团体赛女子团体冠军；
2008 年第 49 届世界乒乓球锦标赛团体赛女子团体冠军；
2008 年第 29 届奥运会女子团体、女子单打冠军；
2009 年第 50 届世界乒乓球锦标赛女子单打冠军；
2009 年第十一届全运会乒乓球决赛女子团体、女子单打冠军。

获等级运动员称号：

国际级运动健将。

获荣誉称号：

2004年被评为北京市劳动模范；

2004年被评为第六届北京十大杰出青年；

2005年6月获北京市人民政府授予的“首都杰出人才奖”荣誉称号；

2005年12月获“全国十佳杰出青年”称号；

2008年荣获北京市三八红旗奖章；

2008年获北京市总工会授予的“奥运立功”首都劳动奖章。

姓　名：丁　宁

性　别：女

出　生：1990年

运动经历：

1998年黑龙江省大庆体校乒乓球队；

2001年北京先农坛体校乒乓球队；

2003年国家乒乓球队。

主要成绩：

2005年第十届全运会乒乓球决赛女子团体冠军；

2009年乒乓球世界杯团体赛女子团体冠军；

2009年第50届世界乒乓球锦标赛女子双打亚军；

2009年第19届亚洲乒乓球锦标赛女子团体、女子单打、女子双打冠军；混合双打亚军；

2009年亚洲杯乒乓球赛女子单打季军；

2009年第十一届全运会乒乓球决赛女子团体冠军、混合双打季军。

获等级运动员称号：

国际级运动健将。

姓　名：郭　焱

性　别：女

出　生：1982年

运动经历：

1989年北京西城邮电体校乒乓球队；

1994年北京什刹海体校乒乓球队；

1996年北京先农坛体校乒乓球队；

1998年国家乒乓球队。

主要成绩：

2005年第十届全运会乒乓球决赛女子团体冠军；

2006年第48届世界乒乓球锦标赛团体赛女子团体冠军；

2006年世界杯女子乒乓球单打比赛女子单打冠军；

2006年第15届亚运会女子团体冠军；

2008年第49届世界乒乓球锦标赛团体赛女子团体冠军；

2009年第50届世界乒乓球锦标赛女子双打亚军；

2009年第十一届全运会乒乓球决赛女子团体冠军、女子单打季军。

获等级运动员称号：

国际级运动健将。

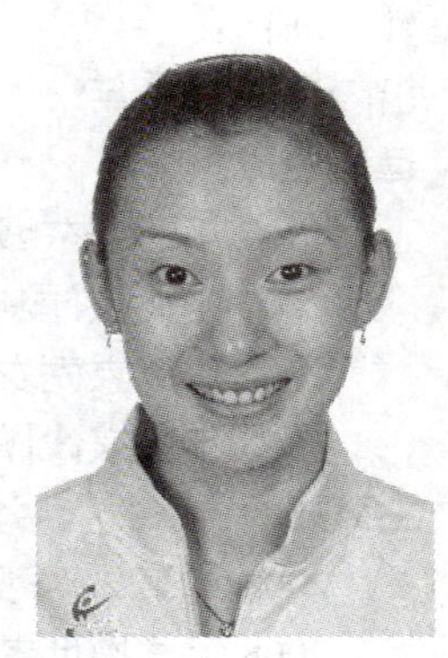

姓　名：朱　虹

姓　别：女

出　生：1983年

运动经历：

1989年北京东城分司厅小学校队；

1993年北京什刹海体校乒乓球队；

1997年北京先农坛体校乒乓球队；

2006年国家乒乓球队。

主要成绩：

2005年第十届全运会乒乓球决赛女子团体冠军；

2006年全国乒乓球锦标赛女子双打亚军；

2008 年全国乒乓球锦标赛女子团体冠军；

2009 年第十一届全运会乒乓球决赛女子团体冠军。、

获等级运动员称号：

国家级运动健将。

姓　名：芦　璐

姓　别：女

出　生：1989 年

运动经历：

1994 年河北保定体校乒乓球队；

2000 年北京先农坛体校乒乓球队。

主要成绩：

2008 年全国乒乓球锦标赛女子团体冠军；

2009 年第十一届全运会乒乓球决赛女子团体冠军。

体　操：

姓　名：何可欣

姓　别：女

出　生：1992 年

运动经历：

1997 年北京东城体校体操队；

2000 年北京什刹海体校体操队；

2002 年北京先农坛体校体操队；

2005 年国家体操队。

主要成绩：

2008 年第 29 届奥运会女子团体、女子高低杠冠军；

2008 年体操世界杯总决赛女子高低杠冠军；

2009 年第 41 届世界体操锦标赛女子高低杠冠军；

2009 年第十一届全运会体操决赛女子高低杠冠军、女子团体季军。

获等级运动员称号：

国际级运动健将。

获荣誉称号：

2008 年荣获北京市三八红旗奖章；

2008 年获北京市总工会授予的“奥运立功”首都劳动奖章。

姓　名：滕海滨

姓　别：男

出　生：1985 年

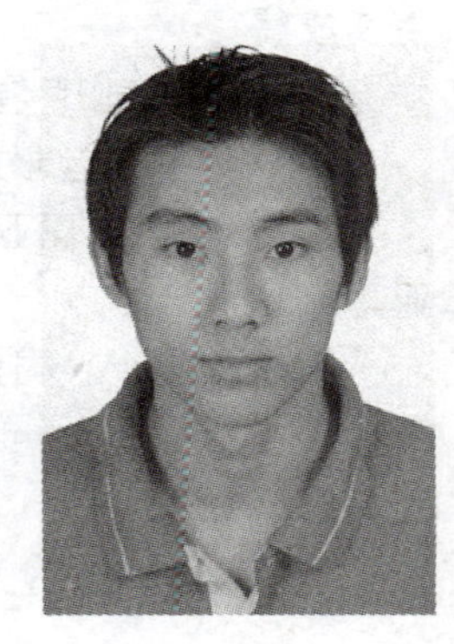

运动经历：

1989 年北京东城体校体操队；

1992 年北京什刹海体校体操队；

1996 年北京先农坛体校体操队；

1998 年国家体操队。

主要成绩：

2003 年第 37 届世界体操锦标赛男子团体、男子鞍马冠军；

2004 年第 28 届奥运会男子鞍马冠军；

2005 年第十届全运会体操决赛男子鞍马亚军；

2006 年体操世界杯总决赛男子鞍马季军；

2009 年第十一届全运会体操决赛男子个人全能冠军、男子双杠季军。

获等级运动员称号：

国际级运动健将。

获荣誉称号：

2004 年被评为北京市劳动模范。

田　　径：

姓　名：张培萌

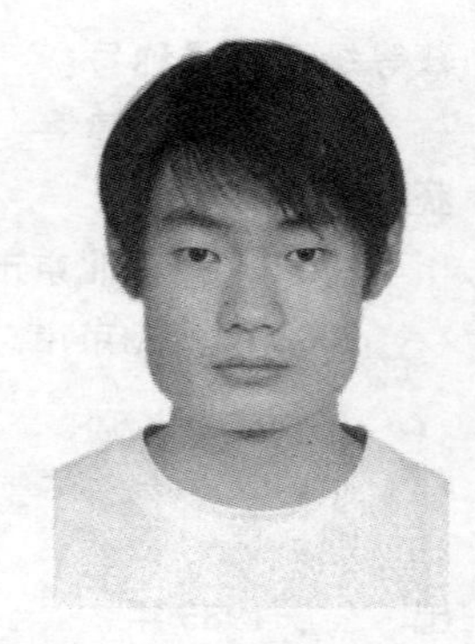

姓　别：男

出　生：1987 年

运动经历：

1998 年北京海淀体校田径队；

2002 年北京先农坛体校田径队。

主要成绩：

2007 年全国田径锦标赛男子 100 米冠军；

2008 年“好运北京”中国田径公开赛男子 100 米冠军；

2009 年第 18 届亚洲田径锦标赛男子 100 米冠军、男子 4×100 米接力亚军；

2009 年第十一届全运会田径决赛男子 100 米亚军、男子 4×100 米接力季军。

获等级运动员称号：

国际级运动健将。

姓　名：李金哲

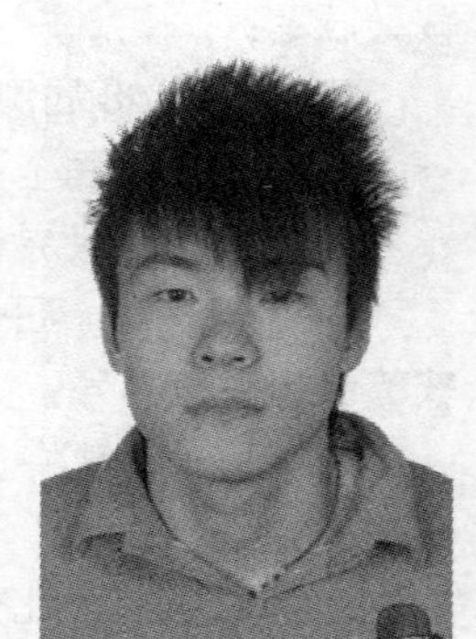

姓　别：男

出　生：1989 年

运动经历：

2002 年北京大兴一中校队；

2006 年北京先农坛体校田径队。

主要成绩：

2009 年第 18 届亚洲田径锦标赛男子跳远冠军；

2009 年第十一届全运会田径决赛男子跳远亚军。

获等级运动员称号：

国际级运动健将。

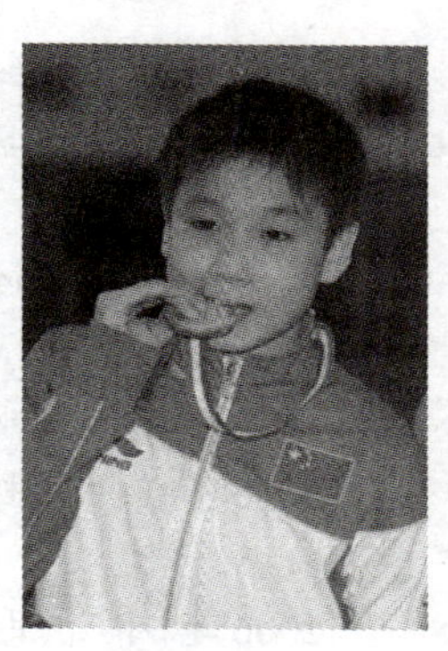

跳　　水：

姓　名：曹　缘

姓　别：男

出　生：1995 年

运动经历：

2000 年 12 月至 2003 年 6 月体育总局青少年俱乐部跳水班；

2003 年 7 月至 2007 年 6 月 北京跳水队；

2007 年 7 月国家跳水队。

主要成绩：

2009 年第 11 届全国运动会男子双人 10 米台冠军（与林跃）；

2009 年第 11 届全国运动会男子十米台铜牌；

2009 年全国跳水冠军赛男子双人 10 米台冠军（与林跃）

2009 年国际泳联跳水系列赛（马德里站）男子双人 10 米台亚军（与张雁全）；

2009 年国际泳联跳水大奖赛（墨西哥站）男子双人 10 米台冠军（与张雁全）；

2009 年国际泳联跳水大奖赛（英国站）男子双人 10 米台冠军（与张雁全）。

获等级运动员称号：

国际级运动健将。

姓　名：林　跃

性　别：男

出　生：1991 年

运动经历：

1996 年 3 月潮州市少年儿童业余体校；

2001 年清华跳水队；

2005 年北京跳水队；

2005 年国家跳水队。

主要成绩：

2005 年国际泳联跳水大奖赛西班牙站男子 10 米台单人、双人冠军(与火亮)；

2006 年多哈亚运会男子 10 米台冠军；

2006 年世界杯双人 10 米台冠军(与火亮)；

2006 年全国跳水冠军赛男子 10 米台冠军；

2006 年国际泳联跳水大奖赛加拿大站男子 10 米台单人、双人冠军(与火亮)；

2006 年国际泳联跳水大奖赛珠海站男子 10 米台单人、双人冠军(与火亮)；

2007 年奥运会跳水选拔赛佛山站男子双人 10 米台冠军(与火亮)；

2007 年国际泳联跳水巡回赛总决赛男子单人 10 米台冠军；

2007 年世界游泳锦标赛男子单人 10 米台季军、双人 10 米台冠军；

2007 年跳水大奖赛珠海站男子 10 米台双人冠军(与火亮)；

2007 年跳水大奖赛加拿大站男子 10 米台双人冠军(与火亮)；

2007 年跳水大奖赛德国站男子 10 米台双人冠军(与火亮)；

2007 年国际泳联系列赛谢菲尔德站男子 10 米台单人、双人冠军；

2007 年国际泳联系列赛南京站男子 10 米台双人冠军 (与火亮)；

2008 年奥运会男子双人 10 米台冠军(与火亮)；

2008 年奥运会跳水选拔赛济南站男子单人 10 米台冠军；

2009 年第十一届全运会男子双人 10 米台冠军(与曹缘)；

2009 年罗马世锦赛男子 10 米台冠军(与火亮)；

2009 年国际泳联跳水系列大奖赛深圳站 10 米台单人亚军、双人冠军(与火亮)；

获等级运动员称号：

国际级运动健将。

游　　泳：

姓　名：张　琳

性　别：男

出　生：1987年

运动经历：

1994年至1999年 海淀体校；

2000年至2002年北京游泳队；

2002年至2010年国家游泳队。

主要成绩：

2005年第十届全运会 200自、400自 、1500自由泳冠军；

2008年北京奥运 400自由泳亚军；

2009年罗马世锦赛 800自由泳冠军（破世界纪录）、400自由泳季军；

2009年第十一届全运会200自由泳冠军、400自由泳冠军；1500自由泳季军。

获等级运动员称号：

国际级运动健将。

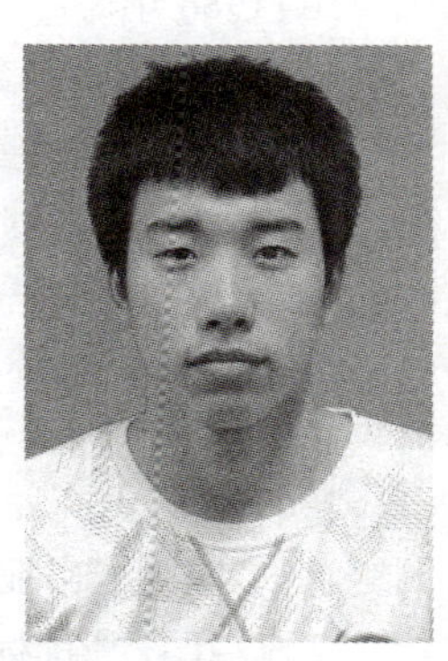

姓　名：张　宇

性　别：男

出　生：1987年

运动经历：

1992年至2000年 崇文区体校；

2000年至2005年 北京游泳队；

2005年至2010年 国家游泳队。

主要成绩：

2005年全国中学生运动会100、200米仰泳冠军；

2007年全国大学生运动会100、200米仰泳冠军；

2009年第十一届全国运动会100米仰泳冠军、4×100混合泳接力 第二名。

获等级运动员称号：

国际级运动健将。

姓　名:陈　祚

性　别:男

出　生:1982 年

运动经历:

1987 年北京市东城体校;

1995 年北京游泳队;

1996 年国家游泳队。

主要成绩:

2006 年多哈亚运会 100 米自由泳冠军,破亚洲纪录;

2008 年全国游泳冠军赛 100 米自由泳冠军、破亚洲纪录;

2009 年第十一届全运会男 4×100 米自由泳冠军、破亚洲纪录。

获等级运动员称号:

国际级运动健将。

姓　名:史腾飞

性　别:男

出　生:1988 年

主要成绩:

2007 年全国冠军赛 4×200 米自由泳接力季军;

2009 年全运会预赛男子 4×100 米自由泳冠军、4×200 米自由泳冠军;

2009 年全国游泳锦标赛男子 4×100 米自由泳接力冠军;

2009 年第十一届全运会男 4×100 米自冠军,破亚洲纪录、4×200 米自亚军、4×100 米混一回事军;

2009 年亚洲锦标赛男 4×200 米自接力冠军、200 米自由泳亚军、4×100 米自由泳接力冠军。

获等级运动员称号:

国家级运动健将。

姓　名:辛　桐

性　别:男

出　生:1987

主要成绩:

2003 全国游泳冠军赛 4X200 自由泳接力冠军、1500 米自由游泳冠军;

2005 年第十届全国运动会 4×200 自游泳亚军;

2005 年东亚运动会 800 米自由泳第 2 名、4×200 米自由泳冠军;

2005 年亚锦赛 800 自由泳冠、4×200 米自由泳冠军;

2009 年全国游泳冠军赛 4×200 米自由泳冠军;

2009 年亚锦赛 4×100 米自由泳接力冠军。

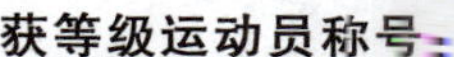

获等级运动员称号:

国家级运动健将。

姓　名:王　超

性　别:男

出　生:1984 年

运动经历:

崇文区体校;

木樨园体育技术学校游泳队。

主要成绩:

2009 年第十一届全运会男 4×100 米自由泳接力冠军、破亚洲纪录。

获等级运动员称号:

国家级运动健将。

姓　名:王　帅
性　别:男
出　生:1991 年
主要成绩:

2009 年全国冠军赛暨全运会预赛男子 100 米蛙泳季军;

2009 年第十一届全运会男子 4×100 米混合泳亚军;

2009 年亚洲锦标赛男子 100 米蛙泳冠军;

2009 年第五届东亚运动会男子 100 米蛙泳季军。

获等级运动员称号:

国家级运动健将。

姓　名:刘　京
性　别:女
出　生: 1990 年
运动经历:

1994 年至 1997 年宣武游泳馆;

1997 年至 1998 年陶然亭游泳馆;

1998 年至 2000 年崇文游泳馆;

2000 年至 2002 年北京游泳 2 队;

2002 年国家游泳队。

主要成绩:

2009 年第十三届罗马游泳世界锦标赛 4×200 米自由泳接力冠军;

2009 年第十一届全运会 200 米混合泳、400 米自由泳亚军、400 米混合泳季军;

世界中学生运动会 100 米仰泳、200 米仰泳冠军。

获等级运动员称号:

国际级运动健将。

获荣誉称号：

北京市中小学生银帆奖、北京市三八红旗手。

姓　名：张佳琦

性　别：女

出　生：1995 年

运动经历：

2003 年 8 月至 2006 年 9 月北京市延庆县体校；

2006 年 9 月至 2007 年 3 月北京游泳二队；

2007 年北京游泳队。

主要成绩：

2008 年冬季游泳锦标赛 100 米自由泳冠军；

2009 年全国游泳冠军赛 4×200 自由泳接力季军；

2009 年全国游泳锦标赛 4×100 自由泳接力、4×100 混合泳接力、4×200 自由泳接力季军；

2009 年第 8 届亚洲游泳锦标赛 4×100 自由泳冠军；

2009 年东亚运动会 4×100 自由泳冠军。

获等级运动员称号：

国家级运动健将。

花样游泳：

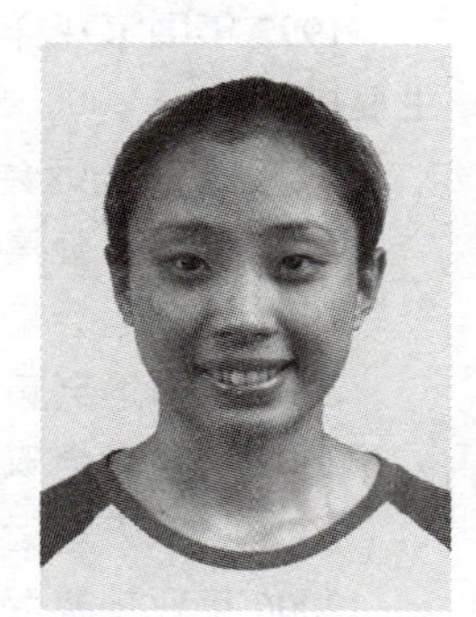

姓　名：常　思

性　别：女

出　生：

主要成绩：

2004 年世界青年锦标赛集体组合季军；

2005 年第十届全国运动会集体组合季军；

2007 年全国锦标赛双人项目冠军；

2007 年至 2009 年全国锦标赛集体组合冠军；

2009 年世界锦标赛集体组合冠军；

2009 年第十一届全国运动会集体组合冠军。

姓　名:范佳晨
性　别:女
出　生:1988 年

主要成绩:

2005 年第十届全国运动会花样游泳比赛集体季军;

2006 年至 2009 年全国花样游泳比赛集体自由自选组合冠军;

2009 年第十一届全国运动会花样游泳比赛集体自由自选组合冠军。

姓　名:顾贝贝
性　别:女
出　生:1981 年

运动经历:

1989 年北京花样游泳队;

1993 年国家青年花样游泳队;

1995 年国家花样游泳队。

主要成绩:

连续五届全运会冠军;

1993 年全运会集体冠军;

1997 年全运会集体冠军;

2001 年全运会集体冠军;

2002 年亚运会双人亚军;

2005 年双人全运会冠军;

2006 年亚锦赛双人冠军、集体冠军;

2006 年亚运会集体冠军;

2008 年奥运会集体季军;

2009 十一届运动会花样游泳自由自选组合项目 第一名。

获等级运动员称号：

国际级运动健将。

获荣誉称号：

1997 年获北京市三八红旗集体；

北京市三级奖章；

2005 年全国五一劳动。

姓　名：李　昂

性　别：女

出　生：1989 年

主要成绩：

2006 年全国花样游泳锦标赛　A 组自由自选组合冠军；

2007 年“中诚建材杯”中国花样游泳公开赛暨全国花样游泳锦标赛 A 组自由自选组合冠军；

2008 年“润华国际杯”全国花样游泳冠军赛 A 组自由自选组合冠军；

2008 年全国花样游泳锦标赛 A 组自由自选组合冠军；

2009 年全国花样游泳冠军赛暨第十一届全国运动会花样游泳预赛自由自选组合冠军；

2009 年第十一届全国运动会集体组合冠军；自由自选组合第一名。

姓　名：马　爽

性　别：女

出　生：1989 年

主要成绩：

2006 年全国花样游泳锦标赛　A 组自由自选组合冠军；

2007 年"中诚建材杯"中国花样游泳公开赛暨全国花样游泳锦标赛 A 组自由自选组合冠军；

2008 年“润华国际杯”全国花样游泳冠军赛 A

组自由自选组合冠军；

2008 年全国花样游泳锦标赛 A 组自由自选组合冠军；

2009 年全国花样游泳冠军赛暨第 11 届全国运动会花样游泳预赛自由自选组合冠军；

2009 年第十一届全国运动会花样游泳自由自选组合冠军。

姓　名:田婷婷

性　别:女

出　生:1989 年

主要成绩:

2006 年全国花样游泳锦标赛 A 组自由自选组合冠军；

2007 年"中诚建材杯"中国花样游泳公开赛暨全国花样游泳锦标赛 A 组自由自选组合冠军；

2008 年"润华国际杯"全国花样游泳冠军赛 A 组自由自选组合冠军；

2008 年全国花样游泳锦标赛 A 组自由自选组合冠军；

2009 年全国花样游泳冠军赛暨第十一届全国运动会花样游泳预赛自由自选组合冠军；

2009 年第十一届运动会花样游泳自由自选组合冠军。

姓　名:于乐乐

性　别:女

出　生::1989 年

主要成绩:

2005 年第十届全运会花样游泳比赛集体季军；

2006 年至 2009 年全国花样游泳比赛集体自由自选组合冠军；

2009 年第十一届全运会花样游泳比赛集体自由自选组合冠军。

姓　名：袁文静
性　别：女
出　生：1988 年
主要成绩：

2003 年“相城杯”全国花样游泳锦标赛 A 组自由自选组合冠军；

2004 年全国花样游泳锦标赛 A 组自由自选组合冠军；

2006 年全国花样游泳锦标赛 A 组自由自选组合冠军；

2007 年“中诚建材杯”中国花样游泳公开赛暨全国花样游泳锦标赛 A 组单人自由自选冠军；

2007 年“中诚建材杯”中国花样游泳公开赛暨全国花样游泳锦标赛 A 组自由自选组合冠军；

2008 年“润华国际杯”全国花样游泳冠军赛 A 组自由自选组合冠军；

2008 年全国花样游泳锦标赛 A 组自由自选组合冠军；

2009 年全国花样游泳冠军赛暨第十一届全运会花样游泳预赛 A 组自由自选组合冠军；

第十一届运动会花样游泳自由自选组合项目冠军。

姓　名：张晓欢
性　别：女
出　生：1980 年

运动经历

1989 年北京花样游泳队；

1993 年国家青年花样游泳队；

1995 年国家花样游泳队。

主要成绩：

连续五届全运会冠军；

1993 年全运会集体冠军；

1997 年全运会集体冠军；

2001 年全运会集体冠军；

2005 年双人全运会冠军；

2009 年自由自选组合项目 全运会第一名；

2002 年亚运会双人亚军；

2006 年亚锦赛双人冠军、集体冠军；

2006 年亚运会集体冠军；

2008 年奥运会花样游泳集体季军。

获等级运动员称号：

国际级运动健将。

获荣誉称号：

1997 年 北京市三八红旗集体；

1998 年 青年文明号；

北京市三级奖章；

2005 年 全国五一劳动。

姓　名：钟　靓

性　别：女

出　生：1997 年

主要成绩：

2003 年全美公开赛集体冠军；

2004 年世界青年锦标赛集体亚军和集体组合亚军；

2004 年、2006 年至 2008 年全国花样游泳冠军赛锦标赛双人冠军和集体组合冠军；

2005 年第十届全运会集体季军；

2009 年第十一届全运会花样游泳集体自由组合冠军；

获等级运动员称号：

国家级运动健将。

获荣誉称号：

2004 年获全国五一劳动奖章和北京市五一劳动奖章。

摔　　跤:

姓　名:高　峰
性　别:男
出　生;1986
运动经历:

1996 年至 1999 年丰台体校;

2000 年至 2009 年在木樨园体育运动技术学校。

主要成绩:

北京市运动会自由式摔跤冠军;

2009 年第十一届全国运动会自由式摔跤 60kg 冠军;

获等级运动员称号:

国家级运动健将。

姓　名:谢　振
性　别:男
出　生:1984 年
运动经历:

1995 年东城体校

2001 年北京男子古典式摔跤队;

2006 年国家队。

主要成绩:

2002 年获全国青年赛季军;

2005 年获第十届全国运动会 60 公斤级冠军;

2007 年获全国锦标赛冠军;

2009 年获第十一届全国运动会 60 公斤级冠军。

获等级运动员称号:

国际级运动健将。

柔　道：

姓　名：刘仁旺

性　别：男

出　生：1986 年

运动经历：

2004 年北京体育大学；

2006 年北京柔道队。

主要成绩：

2007 年全国男子柔道冠军赛 60 公斤级冠军；

2007 年世界大学生运动会 60 公斤级亚军；

2009 年十一届全运会 60 公斤级冠军。

获等级运动员称号：

国家级运动健将。

获荣誉称号：

金牌贡献奖。

姓　名：马端斌

性　别：男

出　生：1990 年

运动经历：

2004 年至 2006 年辽宁体育运动学校；

2006 年在木樨园体校；

2008 年国家队。

主要成绩：

2008 年全国青年锦标赛 66 公斤级冠军；

2009 年全国男子柔道锦标赛 66 公斤级季军；

2009 年第十一届全运会 66 公斤级冠军。

获等级运动员称号：

国家级运动健将。

获荣誉称号：

第十一届全运会金牌贡献奖、新人奖。

拳　击：

姓　名：李　洋

性　别：男

出　生：1982

运动经历：

1999年北京拳击队；

2001年至2008年国家队。

主要成绩：

2005年第十届全国运动会拳击比赛57KG冠军；

2007年全国拳击锦标赛57KG冠军；

2007年泰王杯拳击赛57KG冠军；

2007年美国芝加哥世界拳击锦标赛暨北京奥运会选拔赛57KG季军；

2009年全国拳击锦标赛暨第十一届全运会拳击比赛57KG冠军。

获等级运动员称号：

国际级运动健将。

获荣誉称号：

2005年获北京市体育局十运会特殊贡献奖；

2007年获北京市十大杰出青年称号；

2008年获国务院授予的先进个人称号；

2009年获北京市体育局“十一运会”金牌贡献奖。

姓　名:张建艇

性　别:男

出　生:1985

运动经历:

2000 年温州体校;

2000 年北京拳击队;

2006 年国家拳击队。

主要成绩:

2001 年全国青年拳击锦标赛 69KG 冠军;

2003 年全国拳击冠军赛 69KG 季军;

2004 年全国拳击冠军赛 69KG 季军;

2005 年全国拳击锦标赛暨第十届全运会预赛 69KG 季军;

2006 年全国拳击锦标赛、冠军赛 75KG 冠军;

2007 年全国拳击冠军赛 75KG 冠军;

2008 年全国拳击锦标赛 75KG 季军;

2009 年亚洲拳击锦标赛 75KG 冠军;

2009 年全国拳击锦标赛暨第十一届全运会 75KG 冠军。

获等级运动员称号:

国家级运动健将。

获荣誉称号:

2009 年获北京市体育局"十一运会"金牌贡献奖。

跆 拳 道:

姓　名:罗　微

性　别:女

出　生:1983.

运动经历:

1992 年至 1995 年西城区体校;

1999 年北京跆拳道队;

2002 年国家跆拳道队。

主要成绩：

2002 年釜山亚运会 67KG 季军；

2003 年德国世界锦标赛 72KG 冠军；

2004 年雅典奥运会 67KG 冠军；

2006 年多哈亚运会 72KG 冠军；

2007 年北京世界锦标赛 72KG 季军；

2009 年第十一届跆拳道赛冠军。

获等级运动员称号：

国际级运动健将。

获荣誉称号：

2009 年获北京市体育局“十一运会”金牌贡献奖。

姓　名：唐　华

性　别：男

出　生：1986

运动经历：

1998 年沈阳东陵武校；

2002 年北京跆拳道队；

2003 年国家跆拳道队。

主要成绩：

2002 年全国冠军赛亚军；

2003 年全国锦标赛季军；

2006 年全国冠军赛冠军；

2007 年全国锦标赛亚军；

2009 年全国锦标赛冠军；

2009 年第十一届跆拳道赛冠军。

获等级运动员称号：

国家级运动健将。

获荣誉称号：

2009 年获北京市体育局“十一运会”金牌贡献奖。

武　　术：

姓　名：赵庆建

性　别：男

出　生：1978.

运动经历：

1987 山东省东平县体校；

1992 广东省汕尾市体校；

1995–1998 年河南嵩山少林寺武僧团；

2002—2009 年 北京武术队；

2001 年国家队。

主要成绩：

2000 年获得全国武术套路锦标赛（男子赛）全能冠军、长拳、刀术冠军；

2001 年第九届全运会预赛男子长拳冠军；

2003 年第七界世界武术锦标赛男子长拳、对练两项冠军；

2004 年获全国武术套路锦标赛刀术冠军、棍术第三；获全国武术套路冠军、刀术冠军、长拳亚军。

2005 年获第十届全国武术套路锦标赛长拳冠军、刀棍亚军；

2005 年获第四届东亚运动会武术套路比赛获得刀术.棍术全能冠军；

2007 年"好运北京"第九届世界武术套路锦标赛获得刀术冠军；

2008 年获奥运北京武术比赛刀术、棍术全能冠军；

2008 年第七届亚洲武术锦标赛获得刀术、棍术全能冠军。

2009 年获第十届全运会武术套路锦标赛获长拳冠军。

获等级运动员称号：

国际级运动健将

获荣誉称号：

2003 年获国家体育总局 颁发的"优秀运动员奖章"；

2008 年国家体育总局、中国奥委会授的北京奥运会"突出贡献个人"；2009 年获北京市体育局十一运会金牌贡献奖。

姓　名:吴　迪
性　别:男
出　生:1988
籍贯:辽宁

运动经历:

1997 年辽宁省朝阳市体校;
2002 年北京武术队;
2009 年国家武术队。

主要成绩:

2008 年全国冠军赛枪术冠军;
2009 年世锦赛武术套路枪术冠军;

获等级运动员称号:

国际级运动健将。

击　剑:

姓　名:倪　红
性　别:女
出　生:1986 年

运动经历:

1998 年北京击剑二队;
2004 年北京击剑队。

主要成绩:

2007 年全国冠军赛总决赛团体季军;
2008 年北京奥运会女子佩剑团体亚军;
2009 年亚洲击剑锦标赛女子佩剑个人、团体冠军;
2009 年世界击剑锦标赛女子佩剑团体季军;
2009 年第十一届全运会女子佩剑个人季军。

获等级运动员称号:

国际级运动健将。

获荣誉称号：

2008 年度获北京市青年岗位能手；

2008 年国家体育总局、中国奥委会授予的北京奥运会“突出贡献个人”。

曲 棍 球：

姓 名：付宝荣

性 别：女

出 生：1978 年

运动经历：

1990 年吉林市体校；

1993 吉林省体校；

1996 年吉林省女子曲棍球队；

1998 年国家队；

2007 年北京女子曲棍球队。

主要成绩：

2002 年世界冠军杯冠军；

2008 年第 29 届奥运会亚军；

2009 年第七届亚洲杯冠军。

获等级运动员称号：

国际级运动健将。

获荣誉称号：

2008 年获全国“三八”红旗奖章。

射 箭：

姓 名：邢 宇

性 别：男

出 生：1991 年

运动经历：

2005 年石景山体校；

2006年北京市第三本校射箭班；

2006年北京市射箭队试训；

2009年北京队射箭队。

主要成绩：

2009年世界杯总决赛混合团体冠军；

获等级运动员称号：

国际级运动健将。

获荣誉称号：

2009年获国家体育总局颁发的“体育荣誉奖章”。

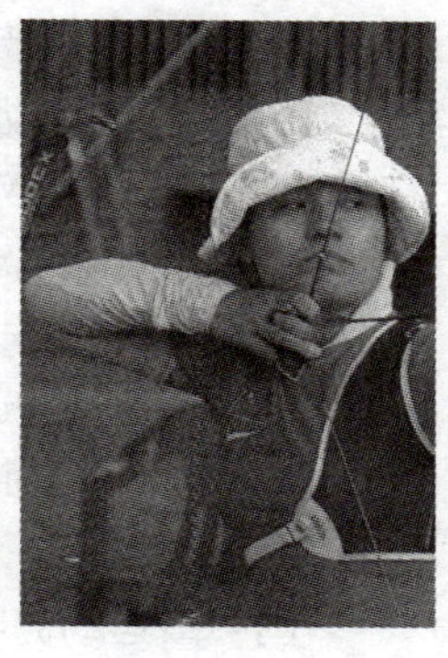

姓　名：赵　玲

性　别：女

出　生：1981

运动经历：

2001年解放军射箭队；

2003年北京射箭队。

主要成绩：

2009年世界杯第二站个人淘汰赛和团体淘汰赛两项冠军；

2009年世界杯总决赛混合团体冠军；

第45界世锦赛混合团体亚军。

获等级运动员称号：

国际级运动健将。

获荣誉称号：

2009年荣获国家体育总局颁发的“体育荣誉奖章”。

赛　艇：

姓　名：李　彤

性　别：女

出　生：1988 年

运动经历：

1994 年崇文区体校；

2001 年八一铁人三项队；

2003 年北京女子赛艇队；

2005 年国家赛艇队。

主要成绩：

2005 年全国赛艇锦标赛双人单桨冠军；

第十届全国运动会双人单桨季军；

2006 年世界赛艇锦标赛四人单桨无舵手亚军；

2008 年全国赛艇锦标赛双人单桨冠军；

2009 年第十一届全运会女子双人单桨冠军、四人单桨亚军；

2009 年亚洲赛艇锦标赛双人单桨及四人单桨两项冠军；

2009 年世界杯赛艇比赛女子双人单桨亚军。

获等级运动员称号：

国际级运动健将。

姓　名：李　萌

性　别：女

出　生：1988 年

运动经历：

1994 年崇文区体校；

2001 年八一铁人三项队；

2003 年北京女子赛艇队；

2005 年国家赛艇队。

主要成绩：

2005 年获得全国赛艇锦标赛双人单桨冠军；

第十届全国运动会双人单桨季军；

2006 年世界赛艇锦标赛四人单桨无舵手亚军；

2008 年全国赛艇锦标赛双人单桨冠军；

2009 年第十一届全运会女子双人单桨冠军、四人单桨亚军；

2009 年亚洲赛艇锦标赛双人单桨及四人单桨两项冠军；

2009 年世界杯赛艇比赛女子双人单桨亚军。

获等级运动员称号：

国际级运动健将。

姓　名：禹　飞

性　别：女

出　生：1984 年

运动经历：

1996 年朝阳体校练；

1998 年二体校

1999 年北京赛艇队。

主要成绩：

第九、十、十一届全运会女子赛人单桨无舵手亚军；

2003 年全国赛艇锦标赛女子双人双桨冠军；

2003 年亚洲锦标赛女子双人双桨冠军；

2005 年世界杯女子四人单桨无舵手冠军；

2006 年世界杯女子四人单桨无舵手亚；

2008 年全国赛艇锦标赛女子四人单桨无舵手亚军；

2009 年亚洲赛艇锦标赛女子四单、四双两项冠军。

获等级运动员称号：

国际级运动健将。

姓　名:叶秀梅

性　别:女

出　生:1980 年

运动经历:

1996 年武汉市水校;

1999 年北京赛艇队。

主要成绩:

第九、十、十一届全运会女子赛人单桨无舵手亚军;

2003 年全国赛艇锦标赛女子双人双桨冠军;

2003 年亚洲锦标赛女子双人双桨冠军;

2005 年世界杯赛艇女子四人单桨无舵手冠军;

2006 年全国赛艇锦标赛女子双人单桨第三名、八人单桨第二名、秋季锦标赛女子双单冠军;

2008 年全国赛艇锦标赛女子四人单桨无舵手亚军;

2009 年亚洲赛艇锦标赛女子四单、四双两项冠军。

获等级运动员称号:

国家级运动健将。

射　击:

姓　名:陈 颖

性　别:女

出　生:1977 年

运动经历:

1990 年北京市崇文区业余体校;

1994 年到北京市射击运动技术学校;

2001 年国家射击队。

主要成绩:

2001 年全国第九届运动会女子手枪、气手枪冠军;

2008 年第二十九届奥运会女子手枪冠军;

2009 年全国第十一届运动会女子手枪冠军。

获等级运动员称号：

国际级运动健将。

获荣誉称号：

2001–2010 连续 10 年获“中华人民共和国体育运动荣誉”奖章；

2007 年获国际射击联合会“最佳女射手”称号；

2008 年全国“三八红旗手”荣誉称号、“中国青年五四”奖章 、“全国五一劳动”奖章

飞机跳伞：

姓　名：王建明

性　别：男

出　生：1975 年

运动经历：

1982 年北京市西城体委；

1990 年北京市航空运动学校；

1994 年国家跳伞集训队。

主要成绩：

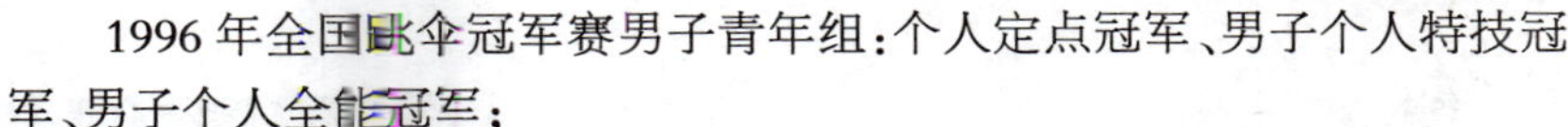

1996 年全国跳伞冠军赛男子青年组：个人定点冠军、男子个人特技冠军、男子个人全能冠军；

男子成年组：个人定点冠军、男子个人特技季军、男子全能冠军；

1998 年亚洲锦标赛集体顶点冠军、男子青年组个人定点冠军；

2001 年第二届世界运动会男子个人定点亚军；

2001 年第三界亚洲跳伞锦标赛男子集体定点第三；

2002 年第六界亚洲跳伞锦标赛男子个人定点冠军、男子集体定点亚军；

2005 年第一界全国航空运动会男子定点个人冠军、男子全能冠军、男子集体定点冠军、男子四人造型冠军；

2008 年全国跳伞锦标赛男子个人特技冠军；

2008 年第十二界亚洲跳伞锦标赛男子个人定点冠军(破亚洲个人定点记录)、男子季军(破亚洲集体定点记录)；

2009 年全国航空运动会男子个人定点冠军。

获等级运动员称号:

国际级运动健将。

姓　名:张韵菲

性　别:女

出　生:1982 年

运动经历:

1986 年什刹海体校;

1991 年武术队;

1997 年北京跳伞队;

2000 年国家跳伞队。

主要成绩:

2006 年第三届体育大会集体定点冠军;

2009 年获得亚洲跳伞锦标赛集体定点冠军和个人定点冠军,并打破集体定点和个人定点亚洲纪录;

获等级运动员称号:

国家级运动健将。

象　　棋:

姓　名:孔　杰

性　别:男

出　生:1982 年

运动经历:

1992 年北京队;

1994 年进入国少队。

主要成绩:

1993 年第七届全运会男子团体冠军;

2000 年全国体育大会冠军;

2000 年第二届春兰杯季军;

2001 年全国个人赛冠军、第二届理光杯邀请赛亚军;

2002 年第 8 届中国棋王赛亚军、第三届理光杯冠军；

2005 年第一届倡棋杯冠军；

2006 年第二届倡棋杯亚军；

2007 年第三届倡棋杯冠军、阿含桐山杯亚军、首届龙星战亚军；

2008 年 NEC 杯亚军；

2009 年第 13 届三星杯亚军、第 8 届招商银行杯电视快棋赛冠军、第 21 届亚洲杯电视快棋赛冠军；第 7 届春兰杯季军、第 14 届三星杯冠军；第 5 届威孚房开杯中国围棋棋王争霸赛冠军；

2009 年第 14 届三星保险杯世界围棋大赛冠军。

获等级运动员称号

国际级运动健将。

姓　名：刘　欢

性　别：女

出　生：1992 年

主要成绩：

2004 年全国象棋个人锦标赛季军；

2008 年全国象棋个人锦标赛亚军，；

2009 年第十六届亚洲象棋个人锦标赛冠军。

获等级运动员称号：

国家级运动健将。

姓　名：赵　雪

性　别：女

出　生：1985 年

运动经历：

1995 年国家少年队；

1999 年国家队；

2004 年北京队；

主要成绩:

1996 年至 1999 年李成智杯全国少年冠军赛(第四届至第七届)冠军;

1997 年、1999 年(第十二届第十四届)世界国际象棋少年儿童分龄冠军赛冠军;

2002 年 35 届奥林匹克女子团体冠军、最佳女棋手、第四台台次金牌;

2002 年世界青年赛女子组冠军;

2003 年法国嘎纳女子邀请赛冠军;

2003 年荷兰格罗宁根公开赛冠军;

2004 年 36 届奥林匹克女子团体冠军成员、第三台台次金牌;

2005 年首届全国国际象棋联赛冠军;

2006 年 37 届奥林匹克女子团体季军成员、最佳女棋手;

2006 年多哈亚运会国际象棋女子组亚军、团体亚军;

2006 年第二届全国国际象棋联赛冠军;

2007 年首届世界女子国际象棋团体冠军、第一台台次金牌;

2007 年德国女子邀请赛冠军;

2007 年第二届亚洲室内运动会团体冠军 团体快棋冠军;

2008 年亚洲子女团体赛冠军 第一台台次金牌;

2008 年世界智力运动会个人快棋亚军;

2008 年第四届全国国际象棋联赛亚军;

2009 年第二届世界女子国际象棋团体冠军。

篮　球:

姓　名:张　帆

性　别:女

出　生:1984 年

运动经历:

1993 年西城区体校篮球队;

1995 年北京市青年队;

2000 年北京队;

2000 年国家青年队;

2001 年国家队。

主要成绩：

2000 年亚洲青年锦标赛冠军；

2003 年 22 届世界大学运动会冠军；

2009 年亚洲锦标赛冠军。

2009 年北京市获等级称号运动员

国际级运动健将

跳　　水：林　跃

射　　箭：赵　玲（女）

武术散打：白近斌

自 行 车：孙飞燕（女）

击　　剑：倪　红（女）

赛　　艇：余　华（女）

排　　球：薛　明（女）

轮　　滑：孟　冉（女）、

足　　球：李　洁（女）

围　　棋：黄奕中

羽 毛 球：杜鹏宇

柔　　道：许　岩（女）

摔　　跤：谢　振

国家级运动健将

游　　泳：张生琦（女）、王雨菲（女）、乔新雨（女）、乔　红（女）、孙　韦（女）、韩婷如（女）、玄　琳（女）、韩　炜（女）、张　晨、杨　凯、董徐磊、侯明达、刘兆尘、段　琼、张树槐、蒋天盛、黄林骋

跳　水：周　雨（女）
水　球：刘　畅（女）、白　雪（女）、宋冬伦（女）、王诗淼（女）、
　　　　陈梦雅（女）、翟　瑞（女）、赵丽媛（女）、卢　峻、张旻珏
体　操：许吉多（女）
摔　跤：侯　静（女）、张国强、孟凡振
围　棋：孙腾宇
武术套路：王丹凤（女）、高　京（女）、徐　燕（女）
棒　球：崔　晓、安　旭、李　晨、李龙达、翟源凯、毛　磊、安　旭
自行车：陈　跃
中国式摔跤：王莹莹（女）、李　根
轮　滑：胡致伟、马　航、王　帅、沈贺拾、潘志强、谢　明、张冬冬、
　　　　李震豪
篮　球：冯　帆（女）、冯　卉（女）
拳　击：唐　斌、谭　隽、阿地力
国际象棋：余泱漪
羽毛球：索　敌（女）
足　球：庞　博（女）、刘冰云（女）、高立琨（女）、吴　彤（女）、
　　　　李　玉（女）、邢　玮（女）、吴霖子（女）、潘　菲（女）、
　　　　胡崎岭、张思鹏、王　栋、郝　强、越恺豪、程月磊
曲棍球：刘　颖（女）、关明静（女）、刘天天（女）、王　璠（女）、
　　　　孟雪杨（女）、刘　扬（女）
健美操：涂子通、王子卓、马　翔、邹　岩、白　雪（女）
田　径：郭玉华、马文军
柔　道：王运涛、孙乐乐

一级运动员

车辆模型：诸葛思彤
登　山：李前伟、左　静（女）
国际象棋：李臻宇、顾子琛

航海模型：姚　江（女）、王晓颇、王梓宇（女）
航空模型：张子龙、于泓瀚、陈子昱、刘司锐
花样滑冰：李久凌（女）
滑　　水：孟宇驰、徐　瑶（女）、林晓宇（女）、
击　　剑：王　震、戎婉金（女）、刘　珊（女）、
健美操：廉　政（女）、王　晶（女）、刘雅雯（女）、琦　彬（女）、
朱天宜（女）、王柳丝（女）、王柳丝（女）、于　楠（女）、
陈　忆（女）、李　旸（女）、王恩泽
举　　重：龙　志
篮　　球：方　硕、王家越、夏宇彤、许焱堃、朱彦西、李朝阳（女）、
王凤伟（女）、沈清晖（女）、吕琦佳雪（女）
垒　　球：何　潇（女）、朱玥晗（女）
轮滑球：陈宝言、杜　刚、邢　锐、吕　维、张　旭、蓝先源、齐书良、
曲　正、刘　瑛、于海澜
排　　球：窦江涛、屈　展
皮划艇：曾盼（珍）（女）
乒乓球：李天一（女）、查文婷（女）、孙　晨（女）、王天琪（女）、
艾倩美（女）、路　洋（女）、刘　聪（女）、贺　群、孙墨寒
曲棍球：关明静（女）、刘　瑶（女）
柔　　道：修昊雁、刘永生
射　　击：冯燮天、王　冲、张　悦、孙振家、常　磊、汪逸潇、
张　希（女）、葛景珊（女）、陈雪飞（女）、王冀莹（女）、
高梓琢（女）
手　　球：张美玉（女）、刘　莎（女）、侯一博（女）、郝佳楠（女）、
李元元（女）、单晓芳（女）、于秋思（女）、王　叶（女）
摔　　跤：马三水、王　玮、任天祺（女）
水　　球：张　六、张璇超、唐　超、王大为、刘　硕、张小凡（女）、
张梦雯（女）、程　蕊（女）、田牧晨（女）、张若诗（女）、
苏巨元（女）、卢雅函（女）、王梦怡（女）
速度轮滑：郝宇宇、谢云博、殷实、高竹梦迪（女）、王莫菲（女）、

殷楷雯（女）
跆拳道：牟君毅、胡 特、郭靖宇、宋晓光、蔡雪君、乔 森、潘 腾、牛 萌、江其昌、林大可、肖伟奇、高硕阳、才 壮、黄乔伟、王 轩、陈梦泽、夏寰成、张红波、于 倩（女）、郭 婷（女）、李颖晨（女）、郭 婷（女）、王 卉（女）、隗思宇（女）、苗斯敏（女）、袁潇逸（女）、许宁宁（女）、刘 晓（女）、彭兆宇（女）、李童童（女）、甄心怡（女）、孙明泽（女）、徐晓莹（女）、任芳芳（女）、刘明华（女）
体 操：王燕茹（女）、荆 洋（女）、张洺胧（女）、邹沁怡（女）、付夏秋然（女）、杨 杨、张亚军、张亚军、周超越、吴建飞、张 煜、冯 锦、郑宇同
田 径：秦星涛、刘 瑞、米 爽、万福军、罗 亮、禹 涛、倪 琪、林鑫宇、芦 安、石建军、宋智峰、李维鹏、赵梦龙、孙宝峻、黄 震、李晨东、孙嘉文、王 宇、武陈燚、李奕坤、张雨晴、计 亮、于鑫淼、柳文凯、张 洋、杜文超、刘宝龙、梁 瑛、刘明钊、王冠澎、田苗壮、邓 跃、张婵（女）、何君珺（女）、姜庆楠（女）、吴海燕（女）、高 尚（女）、陈 皎（女）、徐婷珍（女）、刘宇航（女）、臧 韦（女）、高懿美（女）、张 牧（女）、关亚欣（女）、
跳 水：李振巍、连 婕（女）、王晓琛（女）、蒋可雯（女）
网 球：王壹伦、王 可、宋天义、孟 冉（女）
围 棋：徐 进、伍北轩、韩一洲、张 策、郑宇航、曹雪吟、袁一田（女）
武术套路：赵 佳、陈如龙、郑 晨、于 阳、杨瑞博、罗 弘、罗 弘、何 柳（女）、郭会媛（女）、张 然（女）、肖 茜（女）、曹 珊（女）、陈 煦（女）、王裔文（女）、张 川（女）
武术散打：王勇锟
艺术体操：郑雯雨（女）、刘 颖（女）
象 棋：董子仲、王 昊
游 泳：张 奕、侯明达、祖 国、李 博、张 溯、邹逸龙、郑 博、

张佳齐、彭永胜、吕梦龙、李崇瑞、赵　瀚、邓瀚杰、王季春、
申松杨、肖　磊、和　森、王凯峰、李　岩、高京圣、张浩男、
方天宇、韦月彬（女）、孙　祎（女）、侯安安（女）、
周　辰（女）、杨依仙（女）、修雪婧（女）、胡　爽（女）、
俞蔚然（女）、方禹晴（女）、张高琦（女）、赫芳格（女）、
罗宛绯（女）、李依霖（女）、刘　昭（女）、刘隽瑶（女）、
任菡玮（女）、赵珊珊（女）

自 行 车：叶振超

足　　球：黄小龙、刘　钰、杨　运、徐怀冀、刘　博、刘　腾、王文安、
郑博伟、张子晏、王前程、李迅冲、王昊智、金　马、荆　朋、
董少鹏、杨　洋、赵　阳、苏渤洋、刘　超、张　辰、姜　涛、
丁海峰、张晓龙、张　旭、张俊哲、芦　嘉（女）、丁　新（女）、
皇甫秉飞（女）

羽 毛 球：索　菡（女）、秦雪霏（女）、马溪溪（女）、乔　斌

第十一届全运会

北京市体育局关于成立第十一届全国运动会北京代表团赛风赛纪和反兴奋剂工作领导小组的通知

京体办字〔2009〕24号

各有关直属单位：

为了加强对第十一届全国运动会北京代表团反兴奋剂工作的领导，进一步加大反兴奋剂工作的管理力度，市体育局决定成立第十一届全国运动会北京代表团赛风赛纪和反兴奋剂工作领导小组。现将小组成员组成情况通知如下：

组　长：孙康林　市体育局党组书记、局长

副组长：牛德成　市体育局党组成员、副局长

胡　蓉　市体育局党组成员、纪检组长

成　员：孙国华　市体育局局长助理、竞技体育处处长

臧超美　市体育局科技教育处处长

闫永宽　市体育局监察处处长

于溯韡　市木樨园体育运动技术学校党委书记、校长

李贵成　市什刹海体育运动学校党委书记、校长

郭英洲　市芦城体育运动技术学校党委书记、校长

徐小广　市射击运动技术学校校长

孟强华　市先农坛体育运动技术学校副校长(主持工作)

安江红　市体育科学研究所副所长(主持工作)

曲　力　东城区体育局局长

吕志旺　顺义区体育局局长

田巨清　朝阳区体育局局长

李惟淼　足球运动管理中心党支部书记(主持工作)

领导小组下设两个办公室。赛风赛纪办公室设在监察处，闫永宽兼任主任；反兴奋剂办公室设在科教处，臧超美兼任主任。

二〇〇九年二月十一日

北京市体育局关于加强第十一届全运会反兴奋剂工作的通知

京体办字〔2009〕25号

各有关单位：

第十一届全运会各项预赛近日即将陆续展开。为保护运动员的身心健康，维护公平竞争的体育道德，捍卫祖国首都的荣誉和形象，现就加强第十一届全运会反兴奋剂工作通知如下：

一、加强组织领导，加大管理力度。

各单位要成立第十一届全运会反兴奋剂工作小组，参赛单位主要负责人为第一责任人，全权负责本单位的反兴奋剂工作。要进一步加大管理工作力度，在完善反兴奋剂工作“四项制度”（日常管理、宣传教育、违规处罚和信息交流制度）的基础上，制订内容详细、目标明确、责任清晰的第十一届全运会反兴奋剂工作计划和方案，做到层层把关、责任到人，确保北京代表团在第十一届全运会期间不出现任何兴奋剂违规行为。

二、深入开展宣传教育活动，提高运动员及其辅助人员反兴奋剂的能力和自觉性。

各单位要结合全运会赛事安排开展内容丰富、形式多样、针对性强、效果良好的反兴奋剂宣传教育，要通过学习《反兴奋剂条例》、《关于在严格禁止在体育运动中使用兴奋剂行为的规定》（国家体育总局1号令）、《第十一届全国运动会兴奋剂违规处罚办法》、《2009年禁用清单》及市体育局的相关规定和要求，强化广大运动员和运动员辅助人员反兴奋剂的法律意识和责任意识，提高他们抵制兴奋剂的能力和自觉性。

三、签订《赛风赛纪和反兴奋剂责任书》，逐级落实工作责任和任务。

为明确北京代表团反兴奋剂的目标、责任和任务，市体育局本着“荣誉共享，责任共担，分级管理”的原则，与各参赛单位签订《赛风赛纪和反兴奋剂责任书》，强化分级管理、分层落实，齐抓共管，共同做好反兴奋剂工作。各单位要层层签订责任书，务必做到任务分解、责任到人，要做到干部管理到位、制度落实到位、目标任务完成到位，确保第十一届全运会北京代表团不发生任何兴奋剂违规事件。

四、加强对运动员治疗用药和营养品的管理。

运动员用药要单独、专柜存放，避免含有违禁成份的药品用于运动员伤病的治疗，运动员出现伤病确需使用含违禁成份的药物和方法时，必须按照有关规定申请治疗用药豁免。坚决执行营养品单一来源制度，市体科所要对营养品的采购、发放、使用等环节严格把关，建立健全登记制度，并将每一名运动员的营养品使用情况定期书面反馈训练单位反兴奋剂工作主管部门，由该部门负责将其装入运动员健康档案。

五、做好行踪信息报送和兴奋剂检查配合工作。

各单位要严格按照国家体育总局反兴奋剂中心的要求，指定专人负责运动员行踪信息填报工作，务求及时、准确，各直属训练单位要承担起对所托管训练项目运动员行踪信息申报的管理、监督责任。各参赛单位要积极配合反兴奋剂中心进行赛内、赛外兴奋剂检查，提供必要的工作条件，保证检查采样顺利进行。

六、加强对以各种形式代表北京参赛的单位和人员的反兴奋剂管理工作。

各参赛单位和人员要严格按照有关规定做好本单位“十一运会”反兴奋剂工作，要加强与训练项目托管单位的联系和沟通，加强宣传、教育和管理，坚决杜绝兴奋剂。市体育局直属训练单位除做好本单位的反兴奋剂工作外，还要承担已所托管项目的反兴奋剂管理、监督责任，要与相关单位签订反兴奋剂责任书，从制度建设、组织管理、宣传教育、违规处罚等各个方面担负起管理、指导和监督的责任。各参赛单位严禁以任何名义聘用因兴奋剂违规正处于禁赛期间的人员参与体育管理和从事运动员辅助工作。竞技体育处要牵头做好代表北京参赛的社会单位、团体的反兴奋剂管理、监督工作。

七、违规重罚，绝不姑息。

坚决贯彻执行国务院《反兴奋剂条例》、国家体育总局1号令和《第十一届全国运动会兴奋剂违规处罚办法》，出现任何违规行为都将严惩不贷。“十一运会”期间因兴奋剂违规给北京代表团造成严重影响的，除接受国家体育总局和相关项目协会的处罚外，市体育局将参照国家体育总局《第十一届全国运动会兴奋剂违规处罚办法》另行惩处。

二〇〇九年二月十一日

第十一届全运会北京代表团宣传工作方案

中华人民共和国第十一届运动会将于2009年10月在山东济南举行。做好第十一届全运会北京代表团新闻宣传和精神文明创建工作，对于北京代表团夺取优异成绩、向社会展现北京体育健儿风采有十分重要的意义。按照国家体育总局、市委市政府的部署要求，为高标准、高质量地搞好北京代表团“十一运会”宣传工作，营造良好的社会舆论氛围，做好“十一运会”精神文明创建工作，特制定以下工作方案。

一、指导思想

坚持以邓小平理论和“三个代表”重要思想为指导，全面贯彻落实科学发展观和构建社会主义和谐社会的重大战略思想，坚持正确的舆论导向，积极引导和协调新闻媒体，主动做好北京代表团的新闻宣传工作，大力宣传报道北京体育健儿努力拼搏、争金夺银的感人事迹，弘扬奥林匹克精神，宣传竞技体育对促进社会和谐发展的重要作用。不断加强代表团思想作风建设，努力提高教练员、运动员的道德修养和文明素质，争取运动成绩和精神文明双丰收。

二、工作机制

“十一运会”是北京奥运会后国内举办的首届大型综合性体育赛事，必然会成为新闻媒体关注的焦点。北京代表团要高度重视宣传工作，认识到新闻宣传在体育赛会组织工作中的重要性，建立健全新闻发言人制度和各项工作机制。

根据国家体育总局要求，在“十一运会”北京代表团建立新闻发言人制度。新闻发言人由我局党组副书记、副局长孙学才同志担任，媒体联络员由夏印发、孟维明同志担任，统一负责“十一运会”北京代表团对外信息发布和媒体接待工作。另外，在我局各参赛训练基地也要设立新闻发言人和媒体联络员。

三、宣传工作重点

（一）赛前宣传重点

1、重点宣传报道我市体育健儿刻苦训练备战全运的精神风貌和感人事迹。组织首都体育记者采访小分队深入我局训练基地进行实地采访，了解各运动队赛前备战情况，并建立信息沟通渠道。

2、要求各参赛训练单位党政一把手高度重视“十一运会”新闻宣传工作，建立新闻宣传报道工作机制，一般由校领导担任新闻发言人。

3、适当时机召开第十一届全运会北京代表团成立大会暨新闻发布会，向媒体通报北京代表团有关情况。

4、收集整理五几届全运会北京代表团的相关资料和本届全运会北京代表团简介，以及重点运动队和运动员的基本情况，做好宣传报道前期准备。

5、做好媒体对备战全运报道的舆情收集整理工作，定期为代表团领导和竞训部门提供信息。

6、按照“十一运会”组委会新闻宣传部的有关规定及记者分配名额，做好“十一运会”北京市新闻媒体记者的报名组织工作。

（二）赛时宣传重点

1、做好北京媒体采访报道的组织和服务工作。主动向北京媒体提供赛会和北京代表团的有关信息，协调好赛会期间的采访报道，配合组委会保持顺畅的采访秩序。

2、本着于我有利、适时、有序的原则主动进行对外新闻发布；组织、协调好北京运动员、教练员和代表团领导参加组委会安排的新闻发布会及受邀接受采访、生客演播室等。

3、每日收集各媒体对北京运动队、运动员的相关报道，提供给代表团领导参阅。

4、组织、协调北京新闻媒体，在赛会期间开辟“十一运会”专题、专栏等，在第一时间把北京健儿团结拼搏、摘金夺银的精神面貌展现给首都市民。

5、与市属媒体保持密切联系，对比赛期间出现的重大事件、新闻热点与媒体及时沟通交流。

6、妥善处理突发、敏感问题的对外报道。对涉及赛风赛纪、兴奋剂等重大、敏感问题，要从讲政治、顾大局的高度上予以重视，主动引导媒体不做偏激的、不负责任的报道。

7、在2009年北京体育好新闻评选活动中，对积极报道“十一运会”北京代表团的优秀新闻作品和新闻单位予以表彰奖励。

四、精神文明创建工作

夺取运动成绩和精神文明双丰收，争创精神文明代表团和体育道德风尚奖是北京代表团及各运动队的一项重要任务。根据我局机关党委制定下发的《关于加强备战第十一届全运会运动队思想政治工作实施方案》，我代表团精神文明创建工作要做好以下工作。

1、制定并下发《关于争创“十一运会”精神文明代表团和体育道德风尚奖的意见》。要求各训练队通过认真学习，充分认识争创体育道德风尚奖的重要性，培养“首都意识”，模范遵守体育职业道德，尊重裁判、尊重观众、尊重对手，杜绝各种不文明行为。

2、编印并下发“十一运会”北京代表团《运动员精神文明手册》。要求各训练单位全体干部、职工和运动员、教练员认真学习，提高自身素质。同时，各训练单位要加强运动员的遵纪守法教育、体育道德教育和文明礼仪教育。

3、制定并下发《“十一运会”北京代表团全体人员行为规范》。对我代表团成员高标准、严要求，在十一运会上展现首都体育工作者和我团“威武之师”和“文明之师”的风采。

五、宣传工作要求

1、把握客观、准确、实事求是的原则。对北京代表团和各运动队的报道要力求客观、全面，既要报道北京的优势和有利的一面，也要报道困难和不利的一面。开幕之前，重点宣传报道运动员刻苦训练的精神风貌和感人事迹，但不宜过多分析北京团成绩的各项排列，不宜过多渲染哪个队员能拿金牌，以减少对运动队和运动员的思想压力。

2、坚持团结鼓劲、以正面宣传为主的方针。运动队和运动员在比赛中有发挥正常和失常的时候，宣传报道既要报道发挥正常、取得成绩的一面，又要从团结鼓劲的角度出发，报道发挥失常背后值得宣扬的东西，避免以成败论英雄。尤其对那些虽未夺金但敢打敢拼、不畏强手，展现出良好精神风貌的运动队、运动员也要给予热情宣传报道。

3.抓住重点、宣传典型，宏扬先进，鼓舞士气。“十一运会”开幕后，北京选手中会涌现出一批典型人物，我们将建议新闻媒体对北京代表团优势项目及典型人物给以特别关注和宣传报道，报道他们团结拼搏、奋勇夺金、为首都争光的精神和事迹，以表彰先进、鼓舞士气。

4、在赛会期间遇有突发事件后，要在第一时间上报团部，由团部领导了解情况后，统一新闻口径，指定相应的新闻发言人及时召开新闻发布会或新闻通气会，向媒体说明情况。

法规宣传处

二〇〇九年四月二十日

第十一届全国运动会“中国石化杯”火炬传递活动北京市火炬传递宣传工作方案

根据国家体育总局《关于印发〈第十一届全国运动会“中国石化杯”火炬传递活动实施方案〉的通知》有关安排，全国火炬传递活动的点火起跑仪式及北京市火炬传递活动均在2009年8月16日（星期日）举行。经市政府批准，北京市火炬传递活动于8月16日上午10:30在永定门城楼北广场及御路进行传递，整个活动约需30分钟。为进一步做好该活动的宣传报道工作，特制定宣传工作方案如下：

一、指导思想

本次火炬传递以“祝福祖国 共享全运”为主题，旨在充分表达庆祝新中国60华诞和祝愿祖国繁荣昌盛的美好心愿，体现共享全运盛会和体育带来的健康与快乐的喜庆氛围，激励广大群众在以胡锦涛为总书记的党中央领导下，深入贯彻落实科学发展观，同心同德，继往开来，不断加快建设小康社会和构建和谐社会进程，为实现国家富强、民族振兴、社会和谐、人民幸福而努力奋斗。

二、活动时间、地点及流程

（一）时间：2009年8月16日（星期日）上午10:30

（二）地点：永定门城楼北广场，传递距离为500米。

（三）活动流程：

1. 垫场表演

10:10–10:25 仪式前举行全民健身活动表演（约15分钟）

2. 传递仪式

主持人由北京市体育局局长孙康林同志担任

10:30 主持人宣布：第十一届全国运动会“中国石化杯”火炬传递活动北京市火炬传递起跑仪式开始

10:31 介绍出席活动的领导和嘉宾

10:33 奏中华人民共和国国歌

10:34 中国石化公司代表致辞

10:37 北京市人民政府副市长刘敬民致辞

10:40 点燃火炬，圣火护卫人员从火种灯引出火种，点燃刘敬民副市长手中的火炬，展示后传递给第一棒火炬手

10:42 刘敬民副市长宣布：中华人民共和国第十一届运动会“中国石

化杯”火炬传递活动北京市火炬传递现在开始

(现场播放火炬传递伴奏歌曲)

10:54 传递活动结束

3. 火炬传递

自永定门城楼北侧广场至御路北端结束,传递距离500米,火炬手4名。

三、宣传工作安排

(一) 由北京电视台对北京市火炬传递活动进行拍摄，将不少于10分钟的影像资料于当日传输到中央电视台及山东电视台播放，并转交“十一运会”组委会存档。录制成专题节目(DVD)上交全运会北京市火炬传递组委会。

(二) 现场媒体组织邀请

拟请18家首都及中央驻京新闻单位进行现场采访报道(媒体名单附后)。并按照国家体育总局文件精神，要求上述媒体对火炬传递盛况进行积极宣传报道，对活动的名称须报道冠名全称。

现场设立媒体签到处及文字记者区(拟设在主席台西侧)。

(三) 摄影服务

1. 主席台前摄影区

采用软隔离的方式在主席台前隔离出摄影区

2. 火炬传递沿线

3. 接棒点摄影区

采用软隔离的方式在接棒点北侧隔离出摄影区

(四) 新闻材料准备

1.火炬手简介

2.出席领导名单

3.活动新闻素材

4. 活动流程

北京市体育局法规宣传处

二〇〇九年八月十日

第十一届全国运动会"中国石化杯"火炬传递活动北京市火炬传递媒体名单

1. 中央电视台(体育节目中心)
2. 中央人民广播电台
3. 人民日报
4. 中国体育报
5. 北京日报
6. 北京晚报
7. 北京电视台(新闻节目中心)
8. 北京电视台(体育节目中心)
9. 北京电台(体育广播)
10. 北京青年报
11. 北京晨报
12. 法制晚报
13. 竞报
14. 新华社北京分社
15. 京华时报
16. 劳动午报
17. 北京娱乐信报
18. 新京报

在第十一届全国运动会北京市体育代表团成立暨誓师动员大会上的动员报告

（2009 年 8 月 18 日）

北京市体育局局长 孙康林

尊敬的郭金龙市长、各位领导，

代表团全体运动员、教练员、工作人员，同志们：

以“和谐中国、全民全运”为主题的第十一届全国运动会，将于今年10 月 16 日至 28 日在山东省举行。本届全运会恰逢新中国成立 60 周年和全运会举办 50 周年，具有特殊的历史意义，为全国人民所关注。今天的大会，不仅标志着第十一届全运会北京市体育代表团的正式成立，而且同时也是北京体育代表团决战“十一运会”的动员会、誓师会。

本届全运会共设 33 个大项、362 个小项，有 46 个省区市和行业代表团 12000 名运动员参赛。这是继北京奥运会后我国举办的第一个规模最大、水平最高、竞争最为激烈的综合性体育盛会，是对全国各地竞技体育运动水平和综合实力的一次大检阅。对于巩固发展竞技体育举国体制模式，发现和培养优秀竞技体育人才，全面提高竞技运动水平，推动竞技体育与群众体育的协调发展，都具有非常重要的意义和作用。

北京市体育代表团作为历届全运会和国内体坛的一支重要力量，多年来，为中国体育事业的发展做出了积极的贡献。在第十一届全运会上，我市的参赛目标是：展示奥运城市体育健儿风采，取得运动成绩和精神文明双丰收，为北京市竞技体育可持续发展，为建设国际化体育中心城市做出新贡献。

在历时五个多月的“十一运会”预赛中，我市近 800 名运动员参加了 27 个大项、300 个小项的比赛，经过顽强拼搏，我市体育健儿表现出良好的精神风貌和竞技水平。共有 606 人在 27 个大项、245 个小项上获得决赛资格，入围人数和子项均超过历届全运会。在所有进入决赛的队员中，男运动员 326 名，女运动员 280 名；运动员最大年龄 41 岁，来自射击队，最小年龄 13 岁，来自体操队；首次参加全运会的运动员 343 名，占到总人数的 56.6%。

在北京“十一运会”军团中，既有张怡宁、冯坤、陈颖等为代表的一批成绩卓著的老将；又有张琳、何可欣、林跃等为代表的一大批成长迅速的年轻新秀。预赛中，老运动员表现出坚定的意志、丰富的大赛经验、从容镇定的心态，继续保持着高昂的斗志和较高的竞技水平；年轻运动员则不畏强敌，敢打敢拼，表现出初生牛犊不怕虎的精神，一显身手，取得佳绩。我们正是因为有这样一批优秀运动员所组成的竞技体育队伍，影响并带动着全市竞技体育迈向新的发展阶段，也为即将打响的十一运决战奠定了良好的基础。

从“十一运会”周期主要省区市备战情况和整体实力分析，特别是通过北京奥运会的促进和检验，有众多省区市实现了历史性突破。“十运会”前三强江苏、广东、山东，继续保持着强劲势头，竭力争先；辽宁、上海是传统体育强省、强市，本届全运会也雄心勃勃，蓄势待发；浙江等省，作为全运会新生力量，快速崛起，全力追赶。因此，对北京市体育代表团来说，形势严峻，不容乐观，前有强敌，后有追兵。“十一运会”必将是一场极其艰苦的战斗，将是对我市竞技体育实力和指挥能力的一次严峻考验。全团上下必须更加清醒地认清形势，全面、认真、细致、深刻地总结预赛中的经验和教训，把困难估计的更充分些，把自己的位置放的更适当一些，“拼”字当头，全力打好每一场比赛。

今天距10月16日全运会开幕仅有59天的时间。根据赛程安排，将有23.8%的项目在开幕式前展开决赛，并将产生91枚金牌。截至目前，我市已有网球团体、男子足球(U20)、花样滑冰三个项目参加完决赛。接下来，还将有乒乓球、体操、跳水等八个项目在开幕式前进行决赛。所以，在这最后的备战阶段，无论是运动员竞技状态的提升、训练节奏的掌握、思想心理的调整，还是参赛组织工作的准备，都是本周期备战工作中最为关键的时期，其工作成效，直接决定着我们四年工作的积累能否转化为比赛的实力，直接决定着我们能否圆满地完成好全运会的任务。为此，全团将士要在市委、市政府和代表团的统一领导下，继续按照“把握形势，准确定位；实力第一，立足自己；科学运筹，驾驭全局；齐心协力，夺取胜利”的指导思想，全力以赴做好最后冲刺阶段的各项工作。具体有以下几点要求：

一、振奋精神，坚定信心，力争金牌总数位居全国前列。

目前，我们面临着历届全运会以来最严峻的形势。必须振奋精神，坚定信心，以高度的责任感、使命感和紧迫感，精心做好最后的备战和决赛工作。要把打好全运会作为当前我局工作的重中之重，把在全运会上取得运动成绩和精神文明双丰收作为核心目标，深刻认识实现“金牌总数位居全国前列”目标任务的艰巨性、复杂性，增强全体参战人员的忧患意识，把扎实有效的工作作风、拼搏进取的精神状态，贯穿于备战和决赛工作的全过程，尽最大努力实现既定目标。

二、聚焦夺金点，细化各项工作。

夺取金牌是一项系统工程，是多种资源整合的结果。在大赛前，我们要细致做好各方面的工作，如：组织领导、工作管理、队伍组建、物质保证、训练手段、比赛作风、科研医务、信息宣传等等，都要有计划、有部署、有检查、有落实。针对本届全运会竞赛项目多、赛区战线广、决赛时间跨度长的特点，必须进一步突出重点，分类指导，集中力量抓好重点项目和重点队员。要细化组织工作，精心谋划作战指挥方案，做到信息要准，措施要实，预案要全，工作要细。

三、从严治军，打造威武文明之师。

要坚持“三从一大”的科学训练原则，突出“以练为战”，将全运会赛场的残酷性、对抗强度体现在最后阶段的训练中，将压力转化为强大动力，打造一支具有出色作战实力和顽强拼搏精神的北京军团。在思想建设和训练作风、比赛作风、工作作风上要始终坚持“严格要求、严格管理”的两严方针；要强化树雄心、立大志、讲奉献的教育，强化首都和祖国培养的荣誉意识；并将严格管理和教育切实体现和贯穿到训练与生活中，把北京代表团打造成为一支思想过硬、作风顽强、技术精湛的威武之师，一支举止得体、遵纪守法、公平竞争的文明之师。

四、严守赛风赛纪，坚决杜绝兴奋剂。

北京是首都，是全国的政治文化中心，是世界看中国的窗口，是举办过奥运会的光荣城市。我们要从讲政治、讲大局的高度，从维护首都荣誉和北京体育良好形象的高度，认清抓好赛风赛纪和反兴奋剂工作的重要性。“宁可不要金牌，也不能出兴奋剂”、“宁可无能，不能无耻”，要把赛风赛纪和反兴奋剂作为全运会队伍建设极其重要的内容抓紧、抓实、抓好，在参赛的各运动队中，加强赛风赛纪的宣传教育，普及反兴奋剂知识，提高反兴奋剂意识，以确保北京体育代表团光明磊落、干干净净地参加全运会。

五、加强保障，全面做好服务工作。

要继续做好“五个到位”，即：组织到位，管理到位，政策到位，保障到位，检查到位。在政策、科研、医疗、经费、场地器材、信息宣传等各个方面积极做好保障工作。科研和医疗方面，要围绕重点项目、重点运动员制定有针对性的保障实施方案，科研和医务人员要紧跟训练一线，随时保障，最大限度地防止非正常减员。后勤方面，在加强监督和管理的基础上，对重点项目，特别是金牌项目，给予特殊政策，重点保障，尤其要在细节上服务到位。

四年磨一剑。我们即将迎来亮剑出征的关键时刻。对我们来说，这既是严峻的挑战，也是难得的机遇。“十一运会”为我市竞技体育提供了展示实力的平台，也为体育健儿提供了实现人生价值的舞台。我们要倍加珍惜。回首四年的艰苦备战，无不凝聚着广大运动员、教练员的心血和汗水，无不凝聚着全市广大体育工作者的辛勤劳动和无私奉献，无不凝聚着社会各方面的大力支持与帮助，更是凝聚着市委、市人大、市政府、市政协各级领导对体育工作的一贯高度重视和关心爱护。在此，我代表北京市体育局向大家以及所有关心、支持北京市竞技体育事业发展的领导和社会各界表示衷心的感谢！借此机会，向乔丹体育用品有限公司对我市体育代表团所给予的支持和赞助表示衷心的感谢！

同志们，让我们在市委、市政府的正确领导下，在代表团的统一指挥下，团结一致，顽强拼搏，以最大的努力，争取优异的运动成绩，展示最佳的精神风貌，实现我市“十一运会”目标任务，为新中国成立60周年献礼，为首都人民争光，谱写北京体育事业发展征程中新的光辉篇章。

谢谢大家。

关于印发“十一运会”北京市体育代表团组成人员名单的通知

代表团各部室、各分指挥部：

经北京市人民政府批准，“十一运会”北京市体育代表团领导成员名单如下：

团　　长：刘敬民　副市长

常务副团长：孙康林　市体育局党组书记、局长

副　团　长：侯玉兰　市政府副秘书长

孙学才　市体育局党组副书记、副局长
牛尧戎　市体育局党组成员、副局长
胡　蓉　市体育局党组成员、纪检组长

秘书长：牛尧戎(兼)　市体育局党组成员、副局长

副秘书长：许广树　市体育局局长助理、办公室主任
孙国华　市体育局局长助理、竞技体育处处长
王建华　市体育局局长助理、规划建设处处长
徐建中　市体育局局长助理、北京体育职业学院院长

新闻发言人：孙学才(兼)　市体育局党组副书记、副局长

代表团下设办公室、训练竞赛部、科研医疗部、新闻宣传部、后勤保障部、赛风赛纪办公室、顾问组。部室负责人名单如下：

办公室主任：许广树(兼)

副主任：田华山　市体育局机关党委专职副书记
张　扬　市体育局办公室副主任

训练竞赛部部长：孙国华(兼)

副部长：王　毅　市体育局竞技体育处副处长
李朝晖　市体育竞赛管理中心副主任
王强华　先农坛体校校长
于瀕韡　木樨园体校校长
李贵成　什刹海体校校长
郭英洲　芦城体校校长
徐小广　射击学校校长

科研医疗部部长：臧超美　市体育局科技教育处处长

副部长：李立军　市体育局科技教育处副处长

新闻宣传部部长：夏印发　市体育局法规宣传处处长

副部长：金　鹏　市委宣传部新闻处副处长

后勤保障部部长：王克铭　市体育局财务处处长

副部长：邓　旭　市体育局体育产业发展处处长

赛风赛纪办公室主任：闫永宽　市体育局监察处处长

副主任：邵立英　市体育局人事处处长

顾　问　组：万进庆、江继杰、曹岳钟、王肇兴、李宗权
团部联络员：孙国华(兼)、何毅(兼)

二〇〇九年八月二十五日

“十一运会”北京市体育代表团领导分工及部室工作职责

一、代表团领导分工：

刘敬民——主持代表团全面工作
孙康林——协助团长主持代表团全面工作
侯玉兰——负责与市政府及相关部门的协调工作
孙学才——负责代表团办公室、新闻宣传和后勤保障工作(兼新闻发言人)
牛德成——负责代表团训练竞赛、科研医疗和顾问组工作
胡　蓉——负责代表团赛风赛纪和反兴奋剂工作

二、部室工作职责：

(一) 办公室

1.负责代表团领导与“十一运会”组委会的联络和协调各部室工作；

2.负责代表团会议的组织准备工作。负责会议纪要、简报及相关文件的起草和印发，会议决定事项的催办等工作；

3.审定报市政府及相关部门的每日成绩公告、“十一运”快报等文字材料；

4.负责市委、市政府贺电的起草及联络、发布工作；

5.负责保管代表团印鉴，审定用印手续；

6.负责代表团领导出席组委会活动、观摩赛事活动的安排；

7.负责代表团安全保卫工作；

8.完成代表团领导交办的其他工作。

（二）训练竞赛部

1.负责代表团参赛运动队的组建和训练管理工作，并按工作部署、任务对各运动队比赛目标计划进行监督、检查，随时掌握队伍的训练、比赛情况；

2.负责组织训练比赛检查和相关工作汇报会议；

3.负责赛会期间的代表团团部竞赛值班、成绩统计、成绩公告和相关竞赛信息收集整理工作。及时向代表团领导及有关单位提供各类训练、竞赛等综合信息，适时提出调整性工作意见；

4.负责运动队参赛报名工作，并根据“十一运会”竞赛规程总则规定，对运动员资格进行审查、审批和报送；

5.负责与国家体育总局竞技体育司和有关运动项目管理中心比赛期间的业务联系；

6.负责参加“十一运会”组委会召开的各种竞赛工作会议，并按照“十一运会”决赛日程安排，组织、选派我市参加“十一运会”决赛裁判员工作；

7.负责与各分指挥部（各训练单位）的联络和安排代表团领导观看比赛的各项准备工作，协助代表团组织召开有关“战地”竞训工作会议和处置各运动队在赛会期间发生的突发事件；

8.负责代表团参加开、闭幕式入场队伍的组训工作；

9.完成代表团领导交办的其他工作。

（三）科研医疗部

1.负责代表团各运动队重点课题的研究和实施；

2.负责组织聘请有关专家，有针对性地对重点项目队（员）进行安全、有效的运动营养补充和监管；

3.负责组织对技术性强的金牌项目和重点人进行高科技手段技术解析、跟追和研究；

4.负责监督各项目医务人员的选派、对各运动队特别是重点运动员的医务监督和加强比赛时临场处置措施等工作；

5.负责代表团各项目运动队的反兴奋剂工作，协助国家体育总局有关反兴奋剂管理部门，不定期地对各项目运动队进行兴奋剂的抽检工作；

6.完成代表团领导交办的其他工作。

（四）新闻宣传部

1.负责代表团与新闻媒体的联络、新闻发布、对外宣传和对运动队的宣传、教育工作；

2.负责代表团各运动队精神文明的争创工作；

3.完成代表团领导交办的其他工作。

（五）后勤保障部

1.负责代表团竞赛期间的经费预、决算等财务工作；

2.负责各运动队比赛装备、器材的购置和调配工作；

3.负责代表团的交通车辆、食宿安排、通信联络设施等各项保障管理工作；

4.负责代表团礼品购置、使用和与各省市之间的礼品交换、保管等工作；

5.负责代表团与“十一运会”组委会后勤保障部门的联络；

6.做好赞助资金使用和相关管理；

7.完成代表团领导交办的其他工作。

（六）赛风赛纪办公室

1.根据国家体育总局关于加强对“十一运会”赛风赛纪的相关要求，负责对代表团参加“十一运会”决赛的各运动队提出相关具体工作规定和督导；

2.负责各运动队有关赛风赛纪突发事件发生的处理；

3.完成代表团领导交办的其他工作。

第十一届全国运动会北京市体育代表团全体人员行为规范

第十一届全国运动会将于2009年10月在山东省举行。为进一步激励我市运动员、教练员弘扬中华体育精神，团结拼搏，再创辉煌，为首都争光添彩，在本届运动会上展现首都体育工作者和我团“威武之师”和“文明之师”的风采，保证我团取得运动成绩和精神文明双丰收，特对全体人员提出如下行为规范要求：

一、坚决服从“十一运会”北京市体育代表团的领导，做到顾全大局，遵守纪律，听从指挥。

二、坚决执行国家体育总局关于赛风赛纪和反兴奋剂等各项规定，模范遵守“十一运会”组委会和各单项竞委会有关竞赛、训练、生活、安保等方面的规章制度。

三、全体运动员要奋力拼搏，勇猛顽强，攻坚克难，胜不骄、败不馁，赛出风格、赛出水平。

四、全体运动员、教练员要谦虚谨慎，严守纪律，尊重裁判、尊重对手、尊重观众，不打架、不骂人，打不还手、骂不还口，杜绝各种不文明行为。尤其是在错判、误判、漏判的情况下，不允许对裁判员有任何不礼貌行为。如对判罚有异议，应按规定提出申诉。

五、全体人员一律不得在驻地、赛场等场合对组委会、东道主、兄弟省市及裁判员发表不当言论，不讲任何有碍于团结的话，不做任何有碍于团结的事。

六、全体人员出入各种公众场合要衣着整洁，举止端庄，文明礼貌，遵守公德。严禁赤背、穿拖鞋进入各种公众场所。

七、全体工作人员要全身心投入工作，赛会期间一律不得出入酒吧、歌厅、洗浴等娱乐场所。不许下棋、打“麻将”、打扑克。运动员要禁止饮酒、吸烟。

八、尊重比赛场馆和驻地宾馆的工作人员，爱护比赛场馆和驻地宾馆的公共设施，自觉维护环境卫生。

九、全体运动员一律不得私自外出，不得私自在驻地房间会客，不得私自在驻地房间违规使用电器。

十、按组委会的要求就餐，爱惜粮食，反对浪费。

十一、全体教练员、运动员要树立强烈的祖国培养意识，特别是在取得较好成绩接受记者采访时，要谦虚谨慎、不骄不躁，把祖国和首都人民的培养、运动队与团结协作放在首位。

十二、代表团各级领导干部要以身作则、率先垂范，并严格要求所属人员。

第十一届全国运动会北京市体育代表团安全保卫工作方案

第十一届全国运动会参赛人员多、比赛项目多，是国家最高级别的体育赛事，为确保我市体育代表团参加全运会各项活动的安全，特制定工作方案如下：

一、组织领导

组　长：孙学才（兼）
副组长：田华山
成　员：张　扬、何　毅、臧超美、夏印发、王克铭、刘　建、闫永宽、孟强华、于溯韡、李贵成、郭英洲、徐小广、杨俊生、袁　超、姚　革、班国良、肖志民、市公安局工作人员等

二、工作原则及目标

积极构建预防为主、防治结合的安全保卫、应对突发事件工作机制，坚持“高度重视、积极应对、联防联控、科学处置”的工作原则，切实维护我市代表团成员的身体健康和生命安全，最大程度地将不安全因素降到最低限度，为我市参赛选手和工作人员营造安全的比赛环境。

三、工作任务与分工

市体育代表团安全保卫部门负责与第十一届全运会组委会安保部门的联系，协调、处理全团日常安全保卫事务。

各参赛单位即为代表团安全保卫工作的主责单位，各单位的主要领导即为第一责任人，要全面负责本单位在赛区全过程的安全保卫工作，确保万无一失。

各赛区（队）负责人为我市体育代表团比赛现场安全保卫工作第一责任人，负责与比赛现场安保部门联系，适时协调、处理现场安全工作，具体组织落实市体育代表团安全保卫工作分方案。

各赛区（队）要结合赛区（队）工作实际制定本赛区（队）安全保卫工作分方案；赛区（队）安全保卫工作小组在市体育代表团安全工作领导小组的领导下开展工作，及时消除不安全隐患，切实落实安全保卫工作措施，协助属地安保部门开展工作，防止意外事故的发生，积极宣传并采取有效防控措施，严防甲型 H1N1 流感疫情发生。

四、工作要求

（一）高度重视，加强领导。

各主责单位、各赛区（队）要对全运会安全保卫工作给予高度重视，确定主管领导和有一定经验的干部负责相关工作，确保比赛工作顺利开展。对工作中遇到的突出问题，及时请示报告。

（二）加强协调，做好衔接。

要树立大局意识，加强与全运会组委会的协调和联系，加强沟通协作，主动工作，避免出现脱节和遗漏，共同做好安全保卫工作。

（三）精心组织，周密部署。

各主责单位要精心组织各项安保工作，多方设想，充分考虑，研究制定工作预案和方案。在统筹规划的前提下，各预案、方案要细化工作目标、工作重点、工作原则，明确岗位职责和任务分工。

（四）明确责任，加强检查。

各主责单位、各赛区（队）要建立责任制和责任倒查机制，层层细化各项工作，逐级部署落实到具体人员，严肃工作纪律；加强层级监督、指导和检查，确保各项措施落到实处。

（五）讲究方法，营造和谐。

各赛区（队）要以确保安全为前提，将“人文”理念贯穿到每个岗位、每个细节，合理配置人员；讲究工作方式、方法，体现便捷高效，创造人文和谐氛围。

“十一运会”快报

【跆拳道运动员唐华为我市夺得“十一运会”首金】在9月10日进行的男子68公斤级比赛中,我市跆拳道运动员唐华凭借精湛的技艺和出色的表现,勇胜对手,获得冠军,为北京市体育代表团夺得“十一运会”首枚金牌。

“十一运会”男子68公斤级比赛的争夺相当激烈。赛会前三名种子选手纷纷落马，我市选手唐华与广东队选手李来在此前的三轮比赛中也都赢得不轻松。决赛开始后前三局双方以5:5打平，比赛进入加时赛。唐华率先出击并击中对手得到1分,根据“突然死亡法”比赛规则,唐华夺得金牌。

9月11日、12日,“十一运会”跆拳道比赛将继续进行，其中我市重点冲击奖牌的项目还有:11日,我市与解放军联合培养选手朱国将参加男子80公斤以下级比赛;12日,我市选手罗微、上届全运会冠军刘哮波将分别参加女子67公斤以上级、男子80公斤以上级比赛。

【我市在跆拳道比赛中共夺得两金一银】在9月12日继续进行的女子67公斤以上级跆拳道决赛中,我市选手、2004年奥运会冠军罗微对阵新疆小将费璐璐，三局比赛及加时赛,双方战成0:0,罗微凭借体重较轻，最终如愿摘得其首枚全运会桂冠。在男子80公斤以上级决赛中,我市选手、上届全运会冠军刘哮波以4:5惜败山西队郑义，获得银牌。我市另外两名选手朱国、朱荣荣分获男子80公斤级、女子67公斤级第五名。

第十一届全运会跆拳道比赛于9月9日至12日在山东省滕州市举行。来自全国39个代表团的300多名运动员参加了四个级别的比赛,8块金牌各归其主。我市获得两金一银、两项第五名,江苏队和河北队获得1金1银,东道主山东队、山西队、河南队分别夺得1金1铜,江西队摘得1金。

今天,“十一运会”体操决赛在济南奥体中心体育馆打响。在为期8天的比赛中,全国183位体操高手将争夺14枚金牌。由于采用2012年伦敦奥运会的新规则,使得本届全运会体操男、女团体比赛充满变数。我市优秀选手、奥运冠军何可欣、滕海滨将参赛并在女子全能、女子高低杠和男子全能、男子鞍马项目上争夺奖牌。

【“十一运会”体操比赛落幕 我市摘得两金两铜】第十一届全运会体操比赛于9月14日至21日在山东省济南市举行。来自22个省、区、市、解放军代表队和香港特别行政区的183名运动员参加了比赛,共产生14块金牌。我市共获得两金两铜、两项第四名和一项第六名的好成绩。

在9月18日晚进行的男子个人全能决赛中,我市选手、雅典奥运会冠军滕海滨发挥稳定,经过六轮的激烈角逐,最终以89.350分获得

冠军;在21日晚进行的男子双杠决赛中,滕海滨以15.225分获得铜牌。在女子项目上,我市选手、北京奥运会冠军何可欣在20日晚进行的女子高低杠决赛中发挥出色,最终以15.950分的全场最高分赢得金牌;在17日进行的女子团体决赛中,北京队以165.250分获得铜牌。

9月24日至10月2日,第十一届全运会乒乓球比赛将在山东省青岛市举行。我市选手、奥运会冠军张怡宁将参加比赛并在女子团体、女子单打项目上力争金牌。此外,我市在女双、男单、混双项目上也将力争奖牌。

【我市夺得全运会乒乓球女团三连冠】9月28日,第十一届全运会乒乓球团体比赛结束。在当日下午举行的女子团体决赛中,由张怡宁领衔的北京队直落三盘,以3:0完胜东道主山东队,获得金牌,实现全运会乒乓球女团三连冠。在当日上午进行的男子团体三四名决赛中,北京队以3:1战胜山东队,获得铜牌。

北京女子乒乓球队在决赛中的对手是上届全运会亚军山东队,拥有世界杯冠军、国乒主力李晓霞和实力派选手彭陆洋、曹臻。面对老对手,北京女队发挥出色,最终获得大胜。在女团小组赛阶段,北京女队一路过关斩将,分别以三场3:0横扫

山西、四川、河北。在1/4决赛、半决赛和决赛中，连胜黑龙江、广东、山东，再次以三场3:0不失一盘的绝对优势，夺得了“十一运会”乒乓球女团冠军，展示出首都体育健儿的实力和风采。

在接下来将要进行的男女单打、男女双打和混合双打共5个单项比赛中，我市乒乓球队将继续顽强拼搏，再接再厉，力争再夺奖牌。

此外，本届全运会击剑项目比赛已全部结束，我市选手、北京奥运会佩剑团体银牌主力队员倪红获得女子佩剑个人第三名。

【乒乓球收获两金 跳水取得开门红】继9月28日我市夺得乒乓球女团冠军和男团铜牌后，乒乓球选手继续保持高昂的斗志。在10月1日晚进行的全运会乒乓球女单决赛中，我市选手、奥运会冠军张怡宁在先失一局的情况下，调整状态，连扳四局，最终以4:1战胜辽宁选手郭跃，获得金牌。10月2日晚，在全运会乒乓球男单决赛中，我市选手马龙以2:4惜败解放军选手王皓，为我代表团夺得一枚银牌。此外，我市选手郭焱战胜山东选手李晓霞获得女单铜牌；闫安、丁宁战胜解放军选手获得混合双打铜牌。在本届全运会乒乓球比赛中，我市共取得两金一银三铜，一项第五名、三项第六名的好成绩。

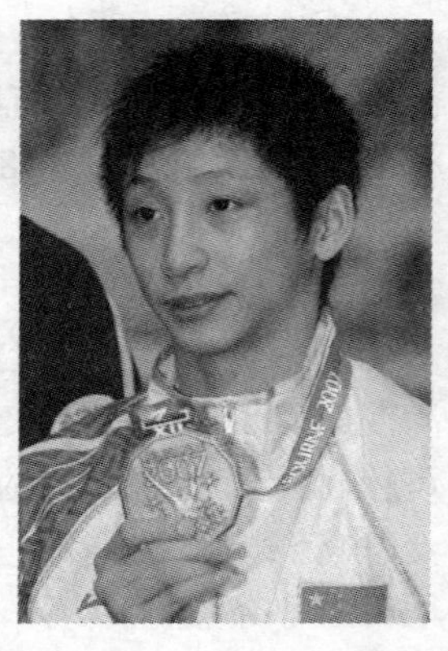

10月3日，第十一届全运会跳水比赛在济南奥体中心游泳馆开赛。在10月8日晚进行的男子双人10米台决赛中，我市选手、北京奥运会冠军林跃与新搭档曹缘合作，经过六轮较量，最终以总分497.61分获得冠军，为我代表团再添一枚宝贵的金牌。在接下来的男子单人10米台比赛中，林跃还将力争再夺奖牌。

【跳水收获一金一铜 武术套路摘得一金两银】10月12日，第十一届全运会跳水比赛在济南奥体中心游泳馆落幕，12枚金牌各归其主。继10月8日我市选手林跃、曹缘获男子双人10米跳台金牌后，在10月12日进行的男子单人10米跳台比赛中，我市小将曹缘以534.50分获得铜牌。此外，在本届全运会跳水比赛中，我市还获得了女子双人10米跳台第四名、男子单人3米跳板第六名、女子单人10米跳台第八名、男子团体第七名和女子团体第八名的成绩。

10月12日至14日，第十一届全运会武术套路比赛在山东省滨州市奥林匹克体育馆进行。来自全国31个代表队的208名运动员参加比赛，共产生12枚金牌。在10月12日进行的男子长拳比赛中，我市老将赵庆建以刚劲有力、优美稳健的表现，蝉联冠军，为北京代表团夺得第八枚金牌。我市选手刘晓蕾在女子长拳、自选刀棍全能项目上获得两枚银牌。此外，在本届全运会武术套路比赛中，我市还取得了两项第四名、一项第七名和两项第八名的成绩。

在本届全运会开幕前，我市还将参加女子曲棍球、女子篮球、武术散打和羽毛球的比赛。

【北京代表团召开第二次工作会议】10月17日上午，第十一届全运会北京市代表团在济南召开了第二次工作会议，总结前一阶段参赛情况，对开幕后的参赛工作进行了部署，提出了具体要求。刘敬民团长及代表团其他领导、各部室、各分指挥部负责人、局顾问组成员及首都主要新闻单位记者参加了会议。

会议由孙学才副团长主持。牛德成副团长总结了前一阶段参赛情况，分析了开幕式后我市面临的参赛形势。他提出：一是要打出气势、一拼到底；二是要扩大优势项目争金面，挖掘潜优势项目夺金点；三是定位要准、措施要实。

孙康林常务副团长做了讲话。他说，在前一阶段比赛中，北京代表团总体情况不错，比较圆满出色地完成了既定目标，为下一阶段各项工作奠定了坚实的基础。这与大家的辛苦劳动、有力指挥，运动员的拼搏、教练员的奉献，以及各部门、各单位的通力合作、密切配合是分不开的，向大家表示感谢和敬意。他指出，本届全运会我市面临的形势极为严峻。但北京是首都，是奥运城市，我们的标准不能降低。全团上下要按照市委、市政府的指示精神，高度重视，全力以赴，奋力拼搏，争创佳绩。他对下一阶段工作提出五点具体要求：一、遇强不弱，遇弱要强。在心理上不能惧怕任何一支队伍，

要有坚定的信心、勇气、决心和求胜欲望。面对实力比我们稍弱的队伍，不能掉以轻心。二、知己知彼，精心运作。对自己的优势、劣势要做到心中有数，对对手的情况要摸清底数，把握好局面，出奇制胜。三、指挥不乱，人心不散，稳扎稳打，积极应战。一是对运动员的心理素质和临场发挥要采取个性化指导，要根据比赛节奏，将运动员的状态调整到位；二是教练员要审时度势，指挥若定，把握好局面，在关键时刻对运动员进行点拨和指导。四、各项保障工作及时到位。要加强运动员体能恢复、饮食调整、防伤防病工作，决不能出现非战斗减员。市体科所要积极跟进，重点保障。五、严守赛风赛纪，坚决反对使用兴奋剂。各代表队要严守全运会各项规则和规程，保持和发扬我市优良传统，展示奥运城市体育健儿的风采，取得运动成绩和精神文明双丰收。

代表团团长、副市长刘敬民做了重要讲话。他首先充分肯定了我市代表团在前一阶段取得的成绩和卓有成效的工作。他说，市委、市政府领导高度重视我市参赛工作，提出了“有所提高，争创一流”的要求，全市人民也非常关注。他提出五点工作要求：一、要充分认识首都责任。要从首都地位出发，充分认识首都责任，做到“四个一流”，即一流的精神状态、一流的竞赛水平、一流的赛风赛纪、一流的指挥组织。二、要发扬奥运精神，努力拼搏。各训练单位要仔细分析形势，切实落实措施，努力争取实现奋斗目标。各训练单位守在一线，是最前沿指挥部门，要排除干扰，及时发现问题，逐一研究解决。团部领导和各部室要努力为各训练单位创造条件，尽职尽责，做好后勤保障、新闻宣传等各项工作。

三、赛风赛纪不能出现任何问题，更不能出现兴奋剂丑闻。要坚决制止兴奋剂，这是死命令、硬纪律。四、加强竞赛指挥，做好细致工作。代表团要将主要精力放在竞赛上，有针对性地开展工作。五、做好新闻宣传工作。首都新闻单位一要带头炒作，要正确对待胜负，要发扬奥运精神，积极正面地对比赛进行宣传报道。最后，刘敬民副市长要求全团上下凝聚智慧和力量，努力拼搏，实现运动成绩和精神文明双丰收，不辜负市委、市政府和全市人民的期望。

【全运会开幕后首日　我市勇夺两金三铜】10月17日是第十一届全运会开幕后的首个比赛日。我市在游泳、摔跤、射击、武术散打项目上取得了两金三铜的好成绩。

在今天下午进行的“十一运会”男子古典式摔跤60公斤级决赛中，我市选手、“十运会”冠军谢振发挥出色，成功卫冕，为我市代表团夺得开幕后的首枚金牌。我市选手、“十运会”三枚金牌得主、世锦赛冠军张琳在今天晚上进行的男子400米自由泳决赛中，技压群雄，以3分44秒29的成绩轻松夺冠，为我市夺得第十枚金牌。

此外，我市射击选手赵丹、游泳选手刘京、武术散打选手黄磊分别在女子飞碟多向、女子400米混合泳、男子87.5公斤级比赛中获得铜牌。在今天进行的全运会自行车、古典跤、游泳、武术散打比赛中，我市还获得了一项第五名、一项第六名、两项第七名、两项第八名的成绩。

截至今天，我市在本届全运会上共计获得19金、8银、18铜(奥运会带入9金、4银、8铜)，总分897分(奥运会带入380分)。

明天是“十一运会”开幕后的第二个比赛日，将共决出27枚金牌。其中我市关注的重点项目有：男子4×100自由泳、男子100蛙泳、女子气手枪、男子飞碟多项。

【我市游泳项目再添一金并破两项亚洲纪录】在10月18日晚进行的第十一届全运会游泳男子4X100米自由泳接力决赛中，我市游泳选手史腾飞、王超、张琳、陈祚团结协作、奋力拼搏，以3分15秒50的优异成绩夺得金牌，并破该项目亚洲纪录。在女子 400 米自由泳决赛中,我市选手刘京以 4 分 04 秒 12 的成绩获得银牌,并破该项目亚洲纪录。在今天进行的男子射击飞碟多向决赛中,我市选手盛永鹏为我市代表团增添一枚铜牌。此外,今天我市还在游泳、射击、羽毛球、女子曲棍球比赛中获得了两项第四名、五项第五名的成绩。

截至今天,我市在本届全运会上共计获得 20 金、9 银、19 铜(奥运会带入 9 金、4 银、8 铜),总分 989.5 分(奥运会带入 380 分)。

明天是"十一运会"开幕后的第三个比赛日,将共决出 24 枚金牌。其中我市重点关注的项目有:女子赛艇轻量级双人双桨、女子赛艇双人单桨、女子赛艇四人单桨、男子 200 米自由泳和女子自行车 3 公里个人追逐赛。

【我市体育健儿今日力揽四金】 今天是第十一届全运会开幕后的第三个比赛日,我市运动员继续保持昂扬的精神状态,经过奋力拼搏,在赛艇、游泳和摔跤比赛中为我代表团勇夺四枚金牌。

在今天上午进行的第十一届全运会赛艇女子 2000 米双人单桨无舵手项目决赛中,我市选手李萌、李彤凭借出色的发挥、绝对的优势,以 7 分 57 秒 29 的成绩勇夺冠军,为我代表团增添一枚宝贵的金牌,这同时也是一枚具有特殊意义的金牌,改写了我市船艇项目自"八运会"以来连续三届全运会未获金牌的历史。在今天下午进行的国际式摔跤男子自由式 60 公斤级决赛中,我市选手高峰以 6:0 击败广西选手覃和,赢得冠军。在今天晚上进行的游泳男子 200 米自由泳决赛中,我市名将张琳不负众望,以 1 分 46 秒 12 的优异成绩夺得金牌,这也是张琳在本届全运会上获得的第三枚金牌。在接下来举行的男子 100 米仰泳决赛中，我市选手张宇以55秒14的成绩获得金牌。在今天进行的赛艇女子2000米四人单桨无舵手决赛中，我市选手金萌、李彤、叶秀梅、禹飞以7分20秒73获得亚军，为我市代表团增添一枚银牌；自行车运动员孙飞燕在女子场地3公里个人追逐赛决赛中，以3分49秒403的成绩获得银牌。此外，今天我市还在赛艇、自行车、女子篮球比赛中获得了一项第四名、一项第五名和一项第七名的成绩。

截至今天，我市在本届全运会上共计获得24金、11银、19铜（奥运会带入9金、4银、8铜），总分1092.5分(奥运会带入380分)。

明天是“十一运会”开幕后的第四个比赛日，将決出37枚金牌。其中我市重点关注的项目有：游泳男子4×200米自由泳接力、女子200米混合泳、花样游泳10人集体组合、射击女子25米运动手枪、柔道男子60公斤级、男子自由跤66公斤级和自行车女子记分赛。

【今日我市一举摘得四金三银一铜】今天是第十一届全运会开幕后的第四个比赛日，我市体育健儿以顽强的作风、努力拼搏，在射击、柔道、游泳、摔跤和花样游泳项目上为我代表团勇夺四金、三银、一铜。

在射击项目上，我市名将陈颖沉着冷静、稳扎稳打，最终以790.6环的总成绩获得女子25米手枪冠军，为我市夺得在本届全运会上的第一枚射击项目金牌。在柔道项目上，我市选手刘仁旺、李辉在男子-60公斤级决赛中胜利会师，最终刘仁旺技高一筹以7:0击败队友，赢得冠军，李辉获得银牌；在接下来的男子66公斤级决赛中，我市选手马端斌以10:0击败内蒙古选手乌日图毕力格，再获一枚金牌。在花样游泳项目上，北京队在自由组合决赛中，技压群芳，以96.5分获得冠军。

同时，在今天晚上进行的游泳女子200米混合泳决赛中，我市运动员刘京以2分10秒67的成绩获得银牌；在接下来举行的男子4×200米自由泳接力决赛中，我市游泳名将张琳与队友陈祚、史腾飞、王超合作，以7分15秒38的成绩获得亚军，再为我市代表团增添一枚

银牌。我市运动员周胜银在国际式摔跤男子自由式66公斤级项目上获得一枚铜牌。此外,今天我市还在赛艇、自行车、女子水球、柔道和花样游泳比赛中获得了五项第四名、一项第五名、两项第七名和一项第八名的好成绩。

截至今天，我市在本届全运会上共计获得28金、14银、20铜（奥运会带入9金、4银、8铜），总分1273分(奥运会带入380分)。

明天是“十一运会”开幕后的第五个比赛日，将共决出23枚金牌。其中我市重点关注的项目有：男子100米自由泳、柔道女子57公斤级。

【今日我市在游泳和柔道项目上获得一银一铜】今天是第十一届全运会开幕后的第五个比赛日,我市运动员在游泳、柔道项目上为我代表团夺得一银、一铜。在今天晚上进行的游泳男子100米自由泳决赛中,我市选手、该项目亚洲纪录保持者陈祚，以48秒97的成绩获得亚军。在柔道女子63公斤级比赛中，我市运动员王淑艳获得铜牌。此外，今天我市还在游泳、射击和柔道项目上获得了两项第四名、两项第七名和三项第八名的成绩。

截至今天，我市在本届全运会上共计获得28金、15银、21铜（奥运会带入9金、4银、8铜），总分1339分(奥运会带入380分)。

明天是“十一运会”开幕后的第六个比赛日，将共决出25枚金牌。其中我市重点关注的项目有：田径男子100米和男子跳远。其他主要赛事有:游泳男子50米自由泳半决赛、射击男子飞碟双向预决赛、射箭女子团体赛等。

【今日我市获取三枚银牌】今天是第十一届全运会开幕后的第六个比赛日,我市运动员在射击、田径项目上获取三银。今天下午,全运会射击比赛全部结束，在最后进行的射击男子飞碟双向决赛中，我市选手陈东以142中的成绩获得亚军。今天是全运会田径项目的第二个比赛日，在今晚进行的男子100米决赛中，我市运动员张培萌以10秒31的成绩位居亚军；我市选手李金哲在男子跳远比赛中以8.18米的成绩获得银牌。此外，今天我市还在游泳、射击和田径项目上获得了一项第六名、一项第三名和一项第八名的成绩。

截至今天，我市在本届全运会上共计获得28金、18银、21铜（奥运会带入9金、4银、8铜），总分1395分(奥运会带入380分)。

明天是“十一运会”开幕后的第七个比赛日，将共决出17枚金牌。其中我市重点关注的项目有：拳击57公斤级1/4决赛和游泳男子1500米自由泳预赛。其他主要赛事有：游泳男子50米自由泳决赛、田径男子跳高决赛、棒球半决赛北京对河北、网球男子双打1/4决赛等。

【今日我市在游泳田径等多个项目上顺利晋级】 今天是第十一届全运会开幕后的第七个比赛日，我市虽然没有奖牌入账，但在游泳、田径、棒球、拳击、网球和男子手球等多个项目上均顺利晋级。在游泳项目上，张琳在1500米自由泳预赛中以小组第一的成绩晋级决赛，男子4×100米混合泳接力也以预赛小组第一的成绩晋级决赛，两项赛事均在明天晚上进行决赛。同时，田径男子4×100米接力顺利晋级决赛，棒球以13:1战胜河北队进入半决赛，拳击男子57公斤级、男子手球和网球男、女双打均进入四强。此外，今天我市还在游泳、柔道和田径项目上获得了三项第八名的成绩。

截至今天，我市在本届全运会上共计获得28金、18银、21铜（奥运会带入9金、4银、8铜），总分1408.5分(奥运会带入380分)。

明天是“十一运会”开幕后的第八个比赛日，将共决出11枚金牌。其中我市重点关注的项目有：游泳男子1500米自由泳决赛、男子4×100米混合泳接力决赛。其他主要赛事有：自行车女子20公里个人计时赛、男子四人皮艇1000米预赛、拳击75公斤级1/4决赛、网球混合双打半决赛、男子单打1/4决赛、棒球半决赛北京对广东。

【今日我市在游泳项目上获得一银一铜】 今天是第十一届全运会开幕后的第八个比赛日，游泳比赛在今晚收官。在今晚最后进行的游泳男子4×100米混合泳接力决赛中，我市选手张宇、王帅、史腾飞、陈祚团结协作、奋力拼搏，以03:37.03的成绩获得银牌；我市选手张琳在1500米自由泳决赛中，以15:03.12的成绩获得铜牌。在本届全运会游泳比赛中，我市共获四金、五银、两铜、16个前八名、共163分的好成绩，实现了四个突破，即：集体项目(接力)首次夺取金牌，仰泳项目首次夺取金牌，女子项目首次夺得奖牌，奖牌总数和前八名子项及总分均超上届。

此外，今日我市皮艇男子四人1000米、双人1000米、划艇男子单人500米和网球混合双打顺利进入决赛，拳击男子75公斤级进入1/4决赛，网球男子单打进入四强。

截至今天，我市在本届全运会上共计获得28金、19银、22铜（奥运会带入9金、4银、8铜），总分1438.5分(奥运会带入380分)。

明天是“十一运会”开幕后的第九个比赛日，将共决出24枚金牌。其中我市重点关注的项目有：自行车女子公路团体计时赛、马术场地障碍团体赛和网球混合双打决赛。其他主要赛事有：拳击男子57公斤级和75公斤级半决赛、男子手球北京对山东半决赛、网球男女双打半决赛。

【我团部署全运会最后阶段参赛工作】10月24日晚，刘敬民团长主持召开团部会议，分析了我团第三阶段的参赛情况，对最后阶段的参赛工作进行了部署。他提出了四点要求：一、振奋精神，目标不变。全团上下必须坚定信心，振奋精神，夺金目标不变，各参赛单位要全力以赴争取最好结果。二、立足于自己，立足于拼。放下包袱，发挥水平，拼字当头，绝不放弃。三、排除干扰，加强指挥。全团上下要排除各种不利因素的干扰，全面加强指挥，做到减压、鼓劲。四、严守赛纪，展示风采。北京代表团要始终如一地严守赛风赛纪，公平参赛，干净参赛，展示首都和奥运城市体育健儿良好的精神风貌和体育道德风范。

【今日我市获得一银两铜】今天是第十一届全运会开幕后的第九个比赛日，我市在网球、举重和田径项目上获得一枚银牌、两枚铜牌。在今

天下午进行的网球混合双打决赛中，我市组合于欣源、刘婉婷苦战三盘，最终以1:2的总比分惜败天津队李喆、彭帅，获得银牌；我市举重选手孔旭在男子85公斤级决赛中，以356公斤的总成绩获得铜牌；在田径十项全能决赛中，我市和解放军协议双计分运动员祝衡军获得了一枚铜牌。在今天的比赛中，我市选手还在举重、垒球、自行车、马术项目上获得了两项第四名、一项第五名、一项第六名的成绩。此外，今日我市拳击男子57公斤级和75公斤级均顺利进入决赛。

截至今天，我市在本届全运会上共计获得28金、20银、24铜（奥运会带入9金、4银、8铜），总分1511.5分(奥运会带入380分)。

明天是“十一运会”开幕后的第十个比赛日，将共决出39.5枚金牌。其中我市重点关注的项目有：拳击男子57公斤级和75公斤级决赛，皮艇男子四人1000米决赛和速度赛马12000米个人赛。其他主要赛事有：划艇男子单人1000米决赛、田径男子4×100米接力决赛和网球男子单打半决赛。

【今日我市夺取两金三铜】今天是第十一届全运会开幕后的第十个比赛日，我市运动员沉着应战、顽强拼搏，在拳击、田径和网球项目上夺取了两枚金牌、三枚铜牌。在今天下午进行的拳击男子57公斤级、75公斤级决赛中，我市选手李洋、张建艇分别战胜对手，获得胜利，为我代表团夺得了两枚宝贵的金牌。在网球男、女双打三、四名决赛中，我市组合于欣源、高万和刘婉婷、赵依静分别力克对手，获得铜牌。在今天晚上进行的田径男子4×100米接力决赛中，我市运动员张培萌、黄敏华、王晓旭、邢衍安团结协作、奋起直追，以39秒42的成绩获得铜牌。在今天的比赛中，我市选手还在拳击、田径、速度赛马、皮划艇和网球项目上获得了一项第四名、三项第五名、一项第六名、两项第七名和一项第八名的成绩。

截至今天，我市在本届全运会上共计获得30金、20银、27铜（奥运会带入9金、4银、8铜），总分1629分(奥运会带入380分)。

明天是“十一运会”开幕后的第十一个比赛日，将共决出 21 枚金牌。我市主要赛事有：划艇男子单人 500 米决赛、划艇男子双人 500 米决赛、自行车女子公路个人赛、马术场地障碍个人赛和网球男子单打、男子手球和棒球三、四名决赛。

【今日我市收获两枚铜牌】今天是第十一届全运会开幕后的第十一个比赛日。今天上午，十一运会棒球

三、四名争夺战在我队与天津队之间进行，第 9 局结束时双方比分 8 比 8，我市运动员团结合作、奋力出击，在延长局拿下 1 分险胜天津，获得第三名，为我代表团夺得了两枚铜牌(集体项目奖牌计入两枚)。此外，在今天的比赛中，我市选手还在举重、网球、皮划艇、女子足球、男子

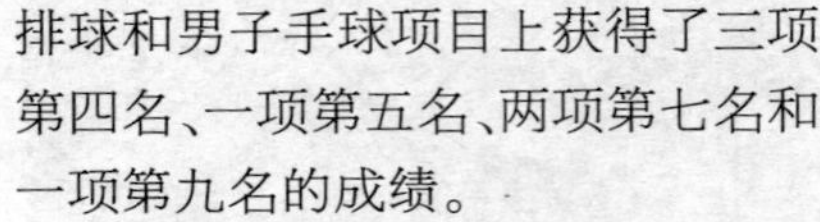
排球和男子手球项目上获得了三项第四名、一项第五名、两项第七名和一项第九名的成绩。

截至今天，我市在本届全运会上共计获得 30 金、20 银、29 铜 (奥运会带入 9 金、4 银、8 铜)，总分 1719 分(奥运会带入 380 分)。

【我市完成第十一届全运会参赛任务】

10 月 28 日晚，第十一届全国运动会在济南奥体中心体育馆落下帷幕。本届全运会共设置 33 个大项、362 个小项比赛，共产生金牌 551 枚，银牌 475 枚，铜牌 529 枚，总分 34830 分。在 46 个参赛代表团中有 32 个获得金牌，36 个获得奖牌。

北京市体育代表团 606 名运动员参加了 27 个大项、245 个小项的比赛，入围人数和子项均超过历届全运会。经过顽强拼搏和全团上下的共同努力，共获得金牌 30 枚、银牌 20 枚、铜牌 29 枚，奖牌共计 79 枚，总分 1753 分，有 1 人 1 队破两项游泳亚洲纪录并全国纪录，名列金牌榜、奖牌榜和总

分榜第六位，并获得体育道德风尚奖,完成了赛前制定的目标任务。此外，我团还参加了由国家体育总局和“十一运”组委会举办的“中国体育辉煌60年成就展”，并荣获优秀组织奖。

在本届全运会上，我市参赛呈现以下几个亮点。一是张怡宁等奥运冠军选手展现风采,续写辉煌。二是张琳等年轻选手成长迅速，实力强劲。三是陈颖等老将弥坚，再创佳绩。

在本届全运会比赛中，我市虽然多数项目表现稳定，但也有少数项目未能发挥出应有水平，有些项目还存在明显差距。下一步将进行认真的总结，制定必要的政策,从项目布局、人才培养、体育科研等方面,采取有效的措施，使优势项目继续保持优势;潜优势项目要有所突破;改造薄弱项目，提升北京竞技体育整体实力;努力振兴足、篮、排三大球和田径、自行车、举重等基础体能类项目，进一步加强后备优秀人才队伍建设，努力打造出一支与首都地位相适应的竞技体育队伍。

关于表彰在第十一届全国运动会中获得优异成绩的单位和人员的决定

京体办字〔2009〕234号

各区县体育局，市体育局各直属单位、机关各处室：

在北京市委、市政府的高度重视和正确领导下，在全市各有关部门和社会各界的大力支持下，北京市体育代表团全体运动员、教练员和工作人员团结协作，顽强拼搏，在第十一届全国运动会上，共夺得30枚金牌、20枚银牌、29枚铜牌，位居金牌榜、奖牌榜和总分第六位，完成了赛前制定的目标任务，为首都争得了荣誉。

为表彰先进，北京市体育局决定：授予北京市木樨园体育运动技术学校和北京市什刹海体育运动学校“超额完成金牌任务奖”，授予北京游泳队等12支运动队“优秀集体奖”，授予张怡宁、张琳同志“最佳运动员奖”，授予丁宁等37名同志“金牌贡献奖”，授予李隼等20名同志“优秀教练员奖”，授予杨岳山等15名同志“优秀领队奖”，授予张宇等11名同志“新人奖”，授予滕海滨等12名同志“拼搏奉献奖”，授予北京市体育科学研究所“特殊贡献奖”，授予东城区体育局等8个单位输送优秀竞技体育后备人才“突出贡献奖”，授予石景山区体育局等两个单位输送优秀竞技体育后备人才“贡献奖”。

希望受到表彰的单位和个人珍惜荣誉，再接再厉，努力提高竞技体育水平。希望全市体育工作者向受到表彰的先进单位和个人学习，深入贯彻落实科学发展观，大力发扬团结协作、顽强拼搏的精神，全力备战2012年伦敦奥运会和2013年全运会，为促进我市体育事业又好又快发展作出新的贡献。

附件：参加第十一届全国运动会受表彰单位和人员名单

二〇〇九年十一月九日

参加第十一届全国运动会受表彰单位和人员名单

一、超额完成金牌任务奖(2个)

北京市木樨园体育运动技术学校

北京市什刹海体育运动学校

二、优秀集体奖(12个)

北京游泳队、北京乒乓球队、北京体操队、北京摔跤队、北京男子柔道队、北京拳击队、北京跆拳道队、北京跳水队、北京花样游泳队、北京武术队、北京赛艇队、北京射击队。

三、最佳运动员奖(2人)

张怡宁、张　琳

四、金牌贡献奖(37人)

张怡宁、丁　宁、郭　焱、芦　璐、朱　虹、何可欣、滕海滨、林　跃、曹　缘、张晓欢、顾贝贝、常　思、钟　靘、范佳晨、李　昂、马　爽、田婷婷、于乐乐、袁文静、张　瑶、张　琳、陈　祚、张　宇、史腾飞、王　超、高　峰、谢　振、刘仁旺、马端斌、李　洋、张建艇、罗　微、唐　华、赵庆建、李　萌、李　彤、陈　颖。

五、优秀教练员奖(20人)

李　隼、白远昌、刘群琳、何　花、任少芬、汪　洁、陈映红、宗金妹、许振宇、常谊春、王晓[illegible]、刘　勇、王晓琨、汤尔民、高　明、严　平、姚　强、刘华胜、张　蓓、王金富。

六、优秀领队奖(15 人)

杨岳山、徐　诚、刘洵岚、李　苑、黎晓虹、张丽敏、靳　松、李彦彬、蒙海波、王耀维、邹　军、崔亚辉、曹志仁、高新华、王猛进。

七、新人奖(11 人)

张　宇、史腾飞、曹　缘、马端斌、高　峰、张建艇、李金哲、刘　京、王　帅、李　辉、孙飞燕。

八、拼搏奉献奖(12 人)

张怡宁、滕海滨、陈　颖、张晓欢、顾贝贝、陈　祚、罗　微、唐　华、赵庆建、刘晓蕾、叶秀梅、孙　炜。

九、特殊贡献奖(1 个)

北京市体育科学研究所

十、输送优秀竞技体育后备人才"突出贡献奖"(8 个)

东城区体育局、海淀区体育局、崇文区体育局、西城区体育局、朝阳区体育局、丰台区体育局、顺义区体育局、宣武区体育局。

十一、输送优秀竞技体育后备人才"贡献奖"(2 个)

石景山区体育局、房山区体育局

刘敬民副市长在第十一届全国运动会北京市体育代表团总结表彰会上的讲话

（2009 年 11 月 11 日）

同志们：

今天，我们在这里隆重召开大会，总结“十一运会”参赛工作，表彰在第十一届全国运动会上为首都争得荣誉的先进集体和运动员、教练员，我非常高兴参加这个总结表彰会。在刚刚闭幕的第十一届全运会上，北京市体育代表团共获得 30 金、20 银、29 铜，总分 1753 分，有 1 人 1 队破两项游泳亚洲纪录并全国纪录，名列金牌榜、奖牌榜和总分榜第六位，同时代表团还荣获了体育道德风尚奖，实现运动成绩和精神文明的双丰收。在第十一届全运会上，北京体育健儿肩负全市人民的重托，顽强拼搏、奋勇争先，为首都赢得了荣誉，为北京增添了光彩。在此，我代表市委、市政府，向受到表彰的运动员、教练员和有关人员以及先进集体表示热烈的祝贺，向多年来辛勤耕耘、无私奉献的广大体育工作者致以崇高的敬意，向所有关心、支持体育工作的社会各界表示衷心的感谢！

刚才牛德成同志对参加“十一运会”工作做了全面总结，并指出了新周期重点努力方向，这些意见我都同意。全运会期间，胡锦涛总书记亲切接见了新中国体育发展 60 年来涌现的优秀运动员、教练员和体育先进集体、先进个人代表，并发表了重要讲话，对体育工作提出了更高的要求。下面，结合学习贯彻胡总书记的讲话精神，我就全市体育工作谈几点意见：

一、立足全面提高运动技术水平，抓好奥运和全运新周期备战。

去年我们成功举办了 2008 年北京奥运会，今年又全力以赴投入了第十一届全国运动会。“以奥运带全运，以全运促奥运”是我们近些年来竞技体育发展的战略指导思想。全市体育部门要认真总结过去几年竞技体育发展成功的经验，清醒地认识我们所处的位置和紧迫的形势，特别是奥运会、全运会相继过去之后，我们已经进入到一个新的周期。要立足全市竞技体育发展实际 调整运动项目布局，继续巩固加强优势项目加快发展弱势项目特别是要着力加强三大球等集体项目，努力提高运动技术水平增强全市体育综合竞争实力。

市委、市政府高度重视体育工作，特别是在借助奥运会和全运会进一步提高我市体育水平、建设国际化体育中心城市方面下了很大力量。今年，市委、市政府专门设立课题，研究如何巩固发展奥运成果，加快建设国际体育中心城市。中央和市委市政府以及全市人民都寄予极大希望。郭金龙同志让我带话，感谢同志们取得的成绩，希望大家着眼未来，在下一周期中结合实际，认真分析，抓住优势，补上不足，做出新的贡献。

新周期首先要充分发挥运动员和教练员的积极性。竞技体育中，运动员、教练员是主体。各运动队要在总结的基础上尽快调整到位，特别是后备力量；深入分析国内国外新特点、新潮流，认真研究工作中的不足，尽快建立完整的队伍，开展系统训练，通过参加 2010 年广州亚运会等各类重大赛事，进一步锻炼和夯实 2012 年伦敦奥运会备战队伍；进一步加强科研攻坚，完善训练体制和机制，争取更多的北京籍运动员入选国家队，力争在 2012 年伦敦奥运会和 2013 年第十二届全运会上再创辉煌，为祖国和首都赢得更大的荣誉。

二、办好北京市第十三届运动会，选拔培养优秀后备人才。

明年 8 月要举行北京市第十三届运动会，举办这个运动会的目的，除了活跃全市体育工作之外，特别是要注重选拔和培养后备人才。市体育局和各区县体育局要围绕市运会竞赛要求，严格做好参赛运动员的骨龄测试等竞赛资格审查和反兴奋剂工作，特别要注意发现、培养尖子项目，培育尖子人才。同时要继续实施分级管理和分类指导，突出重点，寻求新的突破点。重点研究制定新周期二级运动队建设规划方案，规范队伍管理，培养全面发展的运动人才，确保我市竞技体育的发展后劲。

我们在研究把北京建设成为国际化体育中心城市的过程中，觉得有一点非常重要：好的体育城市有一大批后备力量，这样才能真正动员全民投入到体育工作中，才可能在众多的国际、国内大型比赛中取得好成绩。所以培养后备人才是今后几年重中之重的工作，要加以落实。在“十一运会”上我们也发现了一些很好的苗子，有些运动员克服困难，拼搏出好成绩；有些运动员虽然没有取得金牌，但很有发展潜力。各运动队首先要在内部挖潜，研究现有队员，特别是小队员今后的发展潜力和发展方向。出一个尖子人才不容易，我们要在现有工作基础上充分发挥潜力，各个教练员也要提高工作水平，发挥教练员水平，按照竞技体育规律从事工作。

三、正确处理普及与提高的关系，促进群众体育和竞技体育协调发展。

全市体育部门要认真贯彻胡锦涛总书记接见体育先进集体、先进个人代表和在北京奥运会、残奥会总结表彰大会上的重要讲话精神坚持体育事业服务人民、惠及全民的发展方向以增强人民体质、提高人民生活质量为目标，充分发挥体育在促进人的全面发展、促进经济社会发展中的重要作用，切实加大体育设施投入，广泛开展丰富多彩的群众体育活动和全民健身运动，为人民群众提供更多更好的体育公共服务，满足广大群众的强身健体需求，让人民群众分享体育事业发展的成果，努力提升全民体质和健康水平。从更深层次的要求看，只有蓬勃发展的群众体育，才会有更多的人参与体育、喜爱体育，才能有竞技体育的更大发展。所以我们要正确处理好这一普及与提高的关系，真正促进体育事业的全面发展。

四、统筹协调体育资源，以体育产业发展推进竞技体育发展。

大力发展体育事业，同时加快体育产业建设，这也是深入贯彻落实科学发展观、推动经济社会又好又快发展的重要内容。我们当前需要认真思考、努力解决的问题是，如何打造北京体育产业的品牌，以体育产业的发展促进体育事业及竞技体育的发展。我们拥有首都的资源优势，有丰厚的奥运财富，通过大力发展全民健身服务业，培育竞赛表演市场，打造国际体育赛事品牌，提升体育场馆的运营效益，坚持面向市场，促进体育消费，形成体育事业与体育产业相互促进的良好局面。

下一周期做好体育工作，我们要在一个新的高度、新的水平上拼搏。申奥成功后，我们曾召开会议，当时提出今后几年是首都体育事业的黄金周期。经过几年的努力，通过大家的奉献，也实现了这样一个黄金周期：从体育场馆设施看，鸟巢、水立方、五棵松体育馆比世界上任何一个大城市都不差；有较好的市场开发前景，奥运会市场开发取得了很好的成绩；拥有诸如中网等品牌赛事，初步取得了世界影响，这都是上一周期大家奋斗努力的结果。下一周期，我们应以奥运城市的身份去研究在新的起点上如何去突破，对自己提出更高的要求，为创建国际化体育中心城市做出新的贡献。在竞技体育上，也要有新的突破、新的创造，取得新的成绩。

我市体育健儿在赛场上表现出来的不畏强手、顽强拼搏的信心，奋勇争先、超越自我的昂扬斗志和精诚团结、齐心协力的团队精神，都是我们宝贵的精神财富。全市广大体育工作者都要弘扬这种精神，使之成为今后战胜各种困难和挑战、建设和谐社会首善之区的强大动力。各级体育部门要再接再厉，奋发有为认真贯彻落实科学发展观，更加注重体育对人的发展的促进作用，推动我市体育事业又好又快发展，为建设国际化体育中心城市，为建设“人文北京、科技北京、绿色北京”，为推动体育强国建设做出新的、更大的贡献。

谢谢大家。

（根据录音整理，未经领导本人审阅）

关于举办“2009 年北京体育暨‘十一运会’北京好新闻评选”的通知

各市属媒体会员单位、中央媒体特邀会员单位：

2009 年，首都各新闻媒体紧紧围绕北京市开展全民健身、北京市主办的重大赛事和第十一届全运会北京运动员取得的优异成绩及拼搏精神，进行了多视角、全方位的宣传报道。为表彰在宣传北京体育和北京运动员在各项重大赛事中所涌现出来的优秀新闻作品，北京市体育记者协会决定举办“2009 年北京体育暨‘十一运会’北京好新闻评选”。具体如下：

一、评选范围

凡 2009 年 1 月 1 日至 12 月 20 日在北京市属报刊、电台、电视台、网络和中央报刊、电台、电视台、网络刊发的有关北京体育、北京运动员和教练员的消息、通讯、评论、特写、专访、报告文学等体裁的文字、图片及音像作品，均可参加评选。

二、报送数量

1、市属会员单位：每名专职体育记者可由单位推荐 1 篇作品（包括专职摄影记者）；

2、中央特邀会员单位：每单位一般可推荐 4—5 篇作品（包括专职摄影记者）；

3、专业体育报刊：可推荐 5—8 篇作品（包括专职摄影记者）；

4、系列报道：只作为 1 篇作品报送参评。

三、要求

1、各单位统一报送参评作品；

2、所有参评作品：

(1) 文字作品每篇复印 10 份；

(2) 电台作品每篇文字复印 10 份；

(3) 电视作品每篇文字复印 10 份；

(4) 图片作品每张放大 8 寸样片 1 张。

3、所有参评作品均须注明真实姓名、单位、发表媒体及时间。

四、报送时间

所有报送参评作品请各单位务必于 2009 年 12 月 25 日前寄（送）至北京市体育记者协会办公室（北京工人体育馆南楼 414 室），邮编：100027，收件人：刘宪宗。

联系电话：13001270045 或 65042221 转 8001。

五、奖项设置

设特等奖、一等奖、二等奖。凡获奖作品均颁发证书和奖金。

六、揭晓颁奖日期

拟于 2010 年 1 月。

北京市体育记者协会

二〇〇九年十一月二十日

“2009年北京体育暨‘十一运会’北京好新闻评选”获奖目录

奖项	题　目	作　者	单　位
特	市体育局“数千万”牵手国安	陈　赢	北京晚报
特	金牌送给女儿——幸福妈妈陈颖再夺全运金牌	陈　妹	北京电台体育台
特	体彩公益金给体育老师充电	刘艾林	北京青年报
特	真爷们儿——献给与国安风雨同舟16载的北京球迷	喻　晓	北京晨报
特	车赛　窗口　追星　健身	吴　东	北京日报
特	大学生“村官”当好社体指导员	张旭光	中国体育报
特	朝阳公园“海三沙滩狂欢节”特别报道	朱　江、张　庆、杨　志	北京电视台体育节目中心
1	中国女足主帅商瑞华拜年	刘大伟	北京晚报
1	妈妈:你别骑了!	袁虹衡	北京晚报
1	第11届全运会报道	焦少波　郭　斐、王少华	北京电视台体育节目中心
1	国安是冠军	宋健生　周　欣、李长平	北京电视台体育节目中心
1	北京体育代表团收获第十一届全运会第一金	杨晓轩	北京电台体育台
1	“海峡姐妹”我爱你,中国	杜　锐	北京青年报
1	解读洪元硕	张　巍	北京青年报
1	5枚金牌献老师	刘　莹	北京晨报
1	16年圆梦	季　飞、袁　野、贾小飞	法制晚报
1	亚洲纪录　北京制造	王笑笑	北京日报
1	我为比拼狂	张　月	体育博览
1	孙康林:北京正在成为亚洲网球之都	汪　涌	新华社北京分社

续表

奖项	题　　目	作　者	单　位
1	车王争霸开进“鸟巢”	李长云	人民日报(国内版)
1	更快更高更强更美好	刘颖余	工人日报
1	后奥运时代:精彩赛事接连上演 体育经济链条良性运转	黄海宁	北京电视台 新闻节目中心
1	大学校园里的运动队期待万马奔腾	杨　萌	竞报
2	张琳泉城夺金记	陈嘉堃	北京晚报
2	北京排球如何重生	孔　宁	北京晚报
2	北京国安首任总经理刘文雄忆往昔 选国安,选对了!	李　立	北京晚报
2	星光灿烂嘉年华	刘晓星	北京晚报
2	论国安之矛	田　伟	北京晚报
2	金隅姑娘动力十足	孙保生	北京晚报
2	北京花游请俄罗斯大腕助阵	李远飞	北京晚报
2	夺冠日	郑晓博、孙璐、 周海川等 9 人	北京电视台 体育节目中心
2	陈颖:金牌献给所有关心我的人	张丽、吴峰	北京电视台 体育节目中心
2	李彤、李萌:我俩是北京队的“老大” “老二”	杜尔、高文峰	北京电视台 体育节目中心
2	快乐百队杯　场外也精彩	王一男 陶薇、夏晖	北京电视台体育 节目中心
2	王皓实现生日诺言 民工子弟令国手含泪	孙璐、史晓松	北京电视台 体育节目中心
2	中网:“硬道理”携手“软文化”	王一男 杜尔、穆鑫	北京电视台 体育节目中心
2	北京姐妹花勇夺全运赛艇比赛金牌 时隔 15 年全运会北京水上项目取 得突破	王　铖	北京电台体育台
2	北京女乒教练周树森功成身退	张晓亮	北京电台体育台
2	张晓欢、顾贝贝圆满完成最后一赛	焦钰晖	北京电台体育台
2	彭帅、谢淑薇中网女双夺冠	林　苑	北京电台体育台

续表

奖项	题　目	作　者	单　位
2	国安重回工体　要用好这块福地	姚　钢	北京电台体育台
2	条条大路通罗马——评张琳世锦赛夺冠	李　嵬	北京电台体育台
2	博客“枪手”造内容不虚构	郭婷婷	北京青年报
2	复出两个月　陈颖铸传奇	肖　赧	北京青年报
2	张怡宁：退役？我还没想清楚	张桂涵	北京青年报
2	谢振如愿卫冕　当晚吃大餐	徐　钊	北京青年报
2	陈颖寻枪瞄准全运会	宋　翔	北京青年报
2	北京男排夹缝中求生存	李　晖	北京青年报
2	全运北京团　奖金超上届	亢雪松	北京晨报
2	走向冠军的最后7天	宋　翃	北京晨报
2	李章洙：我绝不会说国安不好！	周　萧	北京晨报
2	铁帅醉酒归　流泪谢球迷	季　飞、占　北	法制晚报
2	行囊沉甸甸　北京出发了！孙　毅	法制晚报	
2	世界纪录　张琳制造	贾小飞、宫云捷（实习记者）	法制晚报
2	做游戏看大局——国庆长假玩转中网	谷　欣	法制晚报
2	北京欲打造亚洲网球之都	吴睿娜	北京日报
2	北京男篮新赛季能否一飞冲天	郭　梁	北京日报
2	国安争冠16载　终圆联赛冠军梦	高　炜	北京日报
2	政府企业联手为民健身办实事	崇惠友、屠德荣	体育局记者站
2	人文后海　涌[illegible]飞舟	李　爽、王　乐	体育局记者站
2	国安是冠军　亚冠怎么踢	张九江	北京娱乐信报
2	北京小伙张琳　1500米还有戏	张　健	北京娱乐信报
2	3、4万人鸟巢打太极破纪录	黄　葵	劳动午报
2	中网　越来越精彩	王海南	为您服务报
2	北京男篮急需练内功	大熊（李雄峰）	北京电视周刊
2	0秒58的激励　从奥运银牌到世界冠军——记北京男子游泳选手张琳	周　欣	新华社

续表

奖项	题　目	作　者	单　位
2	北京奥运助推全民健身 ——写在首个"全民健身日"之际	公　兵、 顾　涓、吴俊宽	新华社
2	国际奥林匹克大家庭至今仍对北京奥运会赞不绝口	汪　涌、马向菲	新华社
2	北京农民工子女爱踢中华毽	马艺华	中国体育报
2	京城外来务工人员日常健身更加便利	王　静	中国体育报
2	打开学校门　乐了周边人	部国华	中国体育报
2	晨练显现新内涵	窦雨佳	中国体育报
2	真正的大奖风度 不做多金王　张琳只做自己	陈思彤	中国体育报
2	北京女团全运会三连冠 周树森缔造梦之队传奇	葛会忠	中国体育报
2	中网越来越精彩	许立群	人民日报(国内版)
2	中运会北京代表团取得佳绩的"秘诀""常态"训练夯实后备培养基础	薛　原	人民日报(国内版)
2	探路"后奥运":北京——奥运之城拓开国际视野	陈晨曦	人民日报(国内版)
2	鸟巢——北京人的健身乐园	红深(郑)	人民日报(海外版)
2	北京夺冠为何反应如此剧烈	罗　俊	人民日报(海外版)
2	奥运场馆再利用:助力北京打造国际体育中心	李元浩	工人日报
2	后奥运时期的北京体育全面出击	孙喜保	工人日报
2	张琳创造中国游泳新的历史	王　琦	中国国际广播电台
2	北京回龙观超级联赛——快乐的足球乌托邦	饶彬彬	中国国际广播电台
2	拉齐奥"鸟巢"击败国米捧得意大利超级杯	张　奥、张　帆	中国国际广播电台
2	他们是英雄	金　文	京华时报
2	姐妹同心　日照金银	孙永军	京华时报

续表

奖项	题　目	作　者	单　位
2	京城乒坛教父年近七旬不言退	毛烜磊	京华时报
2	张琳：奥运金牌的终极梦想	雷　蕾	中国日报
2	王海鸣期待自己的背水一战	郭　剑	中国青年报
2	六朝元老张晓雯见证中国花游崛起	慈　鑫	中国青年报
2	张怡宁："乒坛女王"超越荣辱自我"宣战"	王　欢、朱沿华	中国新闻社
2	中国首都足球人顶级职业联赛十六载首度夺冠	沈　晨	中国新闻社
2	奥运会悄然改变国人健康观念	王　东	光明日报
2	端别人的枪，夺自己的冠	田　颖、孙海光	新京报
2	撒欢儿！	杨　杰	新京报
2	张琳不给自己戴高帽	张　宾、范　遥	新京报
2	七步成王	赵　宇、张　磊、田　颖	新京报
2	北京世界武博运动会进入倒计时	张　弓	中华工商时报
2	北京：管好用好场馆　资源开展民全民健身活动	李　丹	经济日报
2	功夫足球	张　鑫	竞　报
2	张琳在"十一运会"勇夺第 3 块金牌(图片)	杨世忠	中国日报
2	外援出彩(图片)	孙亚利	体育博览
2	北京国安中超夺冠之路(图片)	王宪民	中国体育报
2	北京选手杨威全运体操赛夺魁(图片)	白　宇	中国体育报

体育竞赛

【综述】 2009年是新中国成立60周年及改革开放30周年，也是北京奥运会、残奥会成功举办后首都发展进入新阶段的第一年。为贯彻落实北京市委、市政府关于后奥运时期积极打造体育品牌赛事、努力扩大国际影响、加快国际化体育中心城市建设的指示要求，在市体育局领导下，各项工作坚持以科学发展观为指导，大力弘扬奥运精神，在推动全市体育竞赛管理工作更好、更快发展的过程中，取得了显著成效。

按照《北京市体育竞赛管理办法》及《<北京市体育竞赛管理办法>实施细则》，全年共审核北京地区各类计划内比赛394项次，并编制了《2009年北京市举办体育竞赛活动计划表》；修订了《2008年度北京市体育运动最高纪录》；制定了《2009年北京市各单项青少年锦标赛竞赛规程》；推荐报送了

2008年全国体育竞赛最佳赛区和优秀赛区名单；按计划培训和派出全市各运动项目一级以上裁判员，对达到一定标准的裁判员授予相关等级，目前全市一级以上注册裁判员共计2013人；完成全年北京市裁判员管理系统信息录入工作；为第十一届全运会选派出183名北京籍裁判；顺利完成在京举办的重大国内外赛事、传统品牌赛事及各类联赛的筹办、组织、管理等工作。

【承办2008-2009北京国际自盟场地自行车世界杯赛】 由国家体育总局和北京市政府主办，中国自行车协会和北京市体育局承办的2008-2009北京国际自盟场地自行车世界杯赛于1月16-18日在老山自行车馆举行。设男子项目9个:争先赛、团体竞速赛、个人追逐赛、团体追逐赛、凯林赛、记分赛、麦迪逊赛、捕获赛、1公里个人计时赛;女子项目8个:争先赛、个人追逐赛、记分赛、500米个人计时赛、凯林赛、团体竞速赛、团体追逐赛、捕捉赛。共有来自30支国家和地区代表队、14支商业队的229名选手参赛。中国队在本次比赛中获5枚银牌和1枚铜牌，总积分排名第一。奖牌获得者分别为女子记分赛亚军王翠、500米计时赛亚军宫金杰、凯

林赛亚军郭爽、团体追逐赛亚军，男子争先赛亚军张磊以及女子团体竞速赛季军。

共有39家境内外媒体的123名记者采访报道赛事，北京电视台对比赛进行了分时段转播。

【承办世界斯诺克中国公开赛】 由国家体育总局和北京市政府主办，中国台球协会、北京市体育局、首都体育学院、北京时博国际体育赛事有限公司共同承办的2009年世界斯诺克中国公开赛，于3月30日–4月5日在北京大学生体育馆举行，41名世界顶尖选手进行了激烈角逐，现场观众近3万人。艾伯顿最终以10比8战胜希金斯，捧得中国赛冠军奖盘，并获得单杆最高分奖。

中央电视台体育频道对本届赛事进行了近100个小时的转播和录播，BBC、欧洲体育等40多家国际电视媒体对赛事进行了转播和录播，现场80余家国内外新闻媒体对赛事进行了全面报道。

【主办安利纽崔莱2009北京国际长跑节】 由北京市体育局和中国田径协会主办、北京市体育竞赛管理中心承办的2009北京国际长跑节于4月12日在天安门广场举行，终点为先农坛体育场。比赛设十公里长跑、迷你马拉松跑两项，设男女青少年、成年共计8个组别，共有9620名选手参赛。北京市市长郭金龙，国家体育总局副局长、中国田径协会主席段世杰为比赛鸣枪发令。北京市副市长刘敬民致辞。国家体育总局田管中心主任杜兆才，北京市政府副秘书长侯玉兰，北京市体育局局长孙康林、副局长孙学才、李晋康和中国田径协会、北京市各相关委办局负责人以及著名田径运动员刘翔出席了活动。

【承办2009年全国花样游泳冠军赛】 2009年全国花样游泳冠军赛暨第11届全国运动会花样游泳预赛，由国家体育总局游泳运动管理中心主办，北京市体育局、国家奥体中心承办，于4月16日–19日在国家奥体中心英东游泳馆举行。比赛设自由组合、集体及双人项目。北京、天津、上海、江苏、广东、湖南、湖北、四川、八一代表队的106名队员参赛。北京队夺得自由组合项目冠军，集体和双人项目冠军分别被广东和四川队获得。

【主办2009北京业余羽毛球公开赛】 作为北京市体育局主办，北京市体育竞赛管理中心承办的具有较大规模和影响力的群众体育品牌赛事——北京业余羽毛球公开赛，于7月18日–19日在北京工业大学奥林匹克体育馆举行。比赛

设混合团体（包括混双、女单、男单、女双、男双）和男子双打两个项目。共有32支企事业单位和社会俱乐部队参加混合团体比赛，64对选手参加男子双打比赛，总计参赛人员近600名。最终，北京电力公司获得企事业单位组冠军，交大知行羽毛球俱乐部获社会俱乐部组

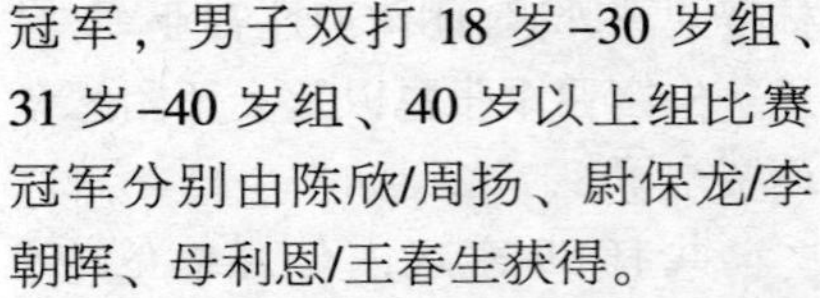

冠军，男子双打18岁–30岁组、31岁–40岁组、40岁以上组比赛冠军分别由陈欣/周扬、尉保龙/李朝晖、母利恩/王春生获得。

【承办2009年中俄青少年运动会】 7月27日–31日，由国家体育总局和北京市政府主办，北京市体育局承办的2009年中俄青少年运动会在京举行。比赛共设摔跤、射击、跳水、花样游泳、体操、艺术体操、手球、篮球、武术9个项目。分别在木樨园体校摔跤馆、朝阳区体育局射击中心、英东游泳馆、北京体育大学国家训练基地综合馆、先农坛体校体操馆、光彩体育馆、广安体育馆进行。中俄各派出130人的代表团参赛。7月27日在水立方举行了开幕式，7月30日在北京华都饭店举行了闭幕晚宴。

【主办2009欧洲–亚洲全明星乒乓球对抗赛】 由亚洲乒乓球联盟、中国乒乓球协会和北京市体育局主办，北京市体育竞赛管理中心、北京时博国际体育赛事有限公

司承办的2009欧洲—亚洲全明星乒乓球对抗赛，于8月25日–26日在月坛体育馆举行。亚洲代表队由中国选手马琳、马龙，韩国选手朱世赫，中国台北选手庄志渊，中国香港选手张钰组成；欧洲代表队由德国选手奥恰洛夫、白俄罗斯选手萨姆索诺夫、希腊选手格林卡、瑞典选手佩尔森、丹麦选手梅兹组成。最终由马琳、马龙领衔的亚洲队以十战六胜的战绩获胜。

【承办中国网球公开赛】由国家体育总局和北京市政府主办，国家体育总局网球运动管理中心、北京市体育局、朝阳区人民政府、北京中国网球公开赛体育推广有限公司承办的2009中国网球公开赛，于10月1日–11日在国家网球中心举行。比赛设WTA女子单打、双打，ATP男子单打、双打，ITF国际青少组比赛。WTA、ATP赛事分别升级为皇冠明珠赛事、ATP500系列赛事，总奖金分别提高至450万美金和210万美金，积分分别增加到1000分和500分。萨芬娜、威廉姆斯、德门蒂耶娃、扬科维奇、库兹涅佐娃等WTA世界排名前47位选手全部参赛；纳达尔、德约科维奇、罗迪克、达维登科等14名ATP世界排名前30位选手参赛。

经过168场的激烈角逐后，塞尔维亚选手德约科维奇最终夺得男单冠军，俄罗斯名将库兹涅佐娃获女单冠军，美国的双胞胎兄弟鲍勃·布莱恩和迈克·布莱恩夺得男双冠军，彭帅与谢淑薇（中华台北）夺得女双冠军。

【主办首届国际马球公开赛】由北京市体育局和延庆县人民政府主办，北京市体育竞赛管理中心、延庆县体育局和北京阳光时代马球运动公司承办的2009北京首届国际马球公开赛，于10月6日在延庆县阳光时代度假庄园举行。来自澳大利亚、巴西、新西兰和北京阳光时代马球俱乐部的4支队伍参赛。北京市政府副秘书长侯玉兰宣布开幕并开球，市体育局局长孙康林、延庆县县长孙文锴分别致辞。巴西Helvetia马球乡村俱乐部代表队获得冠军。

【主办2009NBA北京赛】由北京市体育局和NBA联合主办，北京市体育竞赛管理中心、NBA体育文化（北京）公司共同承办的NBA北京赛，于10月11日在五棵松奥林匹克篮球馆举行。卡梅隆-安东尼率领的丹佛掘金队以128：112战胜印地安那步行者队。

【举办北京国际马拉松赛】经国家体育总局、北京市政府、国际田径协会联合会批准，由中国田径协会主办的2009北京国际马拉松赛暨第十一届全国运动会马拉松赛，于10月18日在天安门广场鸣枪开赛。比赛设全程马拉松（42.195公里）、半程马拉松（21.0975公里）、9公里、小马拉松（4.2公里）4个项目。途经西城区、东城区、海淀区、朝阳区，终点设在国家奥林匹克体育中心。最终火车头体协选手白雪、辽宁选手张新、朱晓琳分获北京国际马拉松女子组前三名，同时也是第十一届全国运动会女子马拉松赛前三名；肯尼亚选手包揽了北京国际马拉松男子组前三名。

【主办安利纽崔莱2009第十五届攀登中央电视塔大赛】2009第十五届攀登中央电视塔大赛，由北京市体育局主办，北京市体育竞赛管理中心、中塔有限责任公司共同承办，于11月1日举行。约300名国内外登塔爱好者报名参赛。增设“登塔速度极限精英挑战赛”，挑战迄今为止本项赛事的最高纪录——9分51秒06。挑战组的选

手有原最高纪录创造者邵玉印、获得冠军次数最多者刘宝江以及来自上海东方明珠广播电视塔、天津广播电视塔、四川广播电视塔、石家庄电视塔选送的登塔成绩佼佼者。

因受下雪天气影响，精英挑战组选手未能打破最高纪录，冠军被来自天津广播电视塔的刘建海以10分23秒10获得，牛超、李亚男、王建东、邢如玲分别获得青年

男子组、青年女子组、中年男子组和中年女子组冠军

【主办ROC世界车王争霸赛】 11月2日–4日，由国家体育总局汽车摩托车运动管理中心、中国汽车工业协会和北京市体育局主办，北京高德体育文化有限责任公司承办的ROC世界车王争霸赛在国家体育场——“鸟巢”举行。比赛设“国家杯”和“车手杯”两个传统奖项，并独创中国车王争霸赛、文体明星赛以及中外车手对抗赛。9支外国代表队的18名车手和中国队的16名车手参赛，不乏有迈克尔·舒马赫、彼德汉赛尔等著名选手。

首日比赛中，荷兰籍华裔董荷斌和韩寒赢得中国车王争霸赛冠、亚军；奥运冠军杨凌获文体明星争霸赛冠军。最终，德国队赢得“国家杯”比赛冠军，瑞典车手艾克斯特罗姆获“车手杯”冠军，舒马赫获亚军。

【主办2009“申同健身杯”北京市拔河比赛】 由北京市体育竞赛管理中心主办，宣武区体育局、北京申同健身中心共同承办的北京市拔河比赛，于11月11日在宣武区体育场举行，共有来自企事业单位的13支队伍参赛。经过激烈角逐，中国水产科学研究院在男子硬地组比赛中夺冠，中国地图出版社、北京翔达晋阳饭庄分获第二、三名；北京翔达吐鲁番餐厅、中国地图出版社分别获得女子硬地组冠、亚军。

【承办肯德基全国青少年三人篮球冠军挑战赛】 11月28日，由中国篮协、百胜集团主办，北京市体育竞赛管理中心承办的第六届肯德基三人篮球冠军挑战赛北京区决赛在国家体育总局训练局篮球馆举行。共有来自18个区县2479支球队的12395名运动员参加，共选派400余名注册裁判员执裁。历经两个月14700余场的激烈争夺，18支球队最终进入北京赛区总决赛，崇文区代表队最终夺得北京区冠军。

【主办北京市局级领导干部乒乓球赛】 12月12日–13日，由中共北京市委组织部、北京市体育局联合主办的2009年“中国移动杯”北京市局级领导干部乒乓球赛在国家体育总局训练局健身中心举行。市人大常委

会主任杜德印、市委副书记王安顺、副市长刘敬民、国家体育总局训练局局长闫世铎、团市委副书记邓亚萍以及中国移动北京公司综合部副总经理陆筱训出席了开幕仪式，杜德印主任宣布开幕，刘敬民副市长致开幕词。共有来自78个单位的149名在职局级领导干部分别参加了男子单打、女子单打和男子双打比赛。中铁六局集团公司副总经理周恒武获男子单打冠军，天安门地区管理委员会主任王菡荣获女子单打冠军，北京政法职业学院副院长徐明江、李卫国获男子双打冠军。

【承办中国男篮职业联赛北京主场比赛】2008–2009CBA联赛，北京首钢男子篮球队主场比赛于2008年11月–2009年3月20日在北京首钢篮球中心馆进行了25场常规赛。金隅队虽以122比84战胜常规赛最后一个对手上海队，却因小分的劣势而止步于季后赛，名列联赛第九。北京赛区拉拉队因表现出色，被选为CBA全明星赛啦啦队。

【承办全国排球联赛北京主场比赛】2008–2009赛季全国男子、女子排球联赛北京主场比赛于2008年11月30日–2009年2月14日在北京首都机场体育馆举行，北京赛区的各项竞赛组织工作取得了圆满成功。

【承办北京猛虎队中国棒球联赛主场比赛】2009年中国棒球联赛北京赛区的比赛于5月22日—27日在芦城体育运动技术学校进行，北京猛虎队以四战全胜成绩进入半决赛。半决赛中北京猛虎队以5:0完胜上海金鹰队。决赛中北京猛虎队与广东猎豹队打满9局，最终以7:1获胜，夺得2009中国棒球联赛冠军。上海金鹰队和天津雄狮队分列3、4名。北京队主教练宋平山被评选为优秀教练员，王楠获最佳投手奖，孙岭峰获最有价值球员奖。

【举办北京市青少年锦标赛】北京市青少年锦标赛是列入《2009年北京市举办体育竞赛活动计划》的竞技系列比赛，也是北京市发现、培养各项目优秀后备人才的比赛。青少年锦标赛以区县为单位组队参加，比赛地点设在各区县基层体育场馆。本届锦标赛设25个项目，涌现出一些优秀人才。

体育经济

【综述】2009年体育市场管理工作以创建“平安北京”为工作目标，以确保建国60周年庆祝活动期间体育运动项目经营单位安全运营为重点，切实履行政府各项监管职责，狠抓体育经营单位安全生产隐患的治理，开展卓有成效的执法检查工作，为建国60周年庆祝活动的顺利举行提供了有力保障。

一、体育市场监管工作逐步常态化、规范化。

2009年体育市场监管紧紧围绕市委、市政府提出的“平安北京”这一目标开展工作，为确保建国60周年庆祝活动期间体育运动项目经营单位的安全运营，市体育局加大了对体育运动项目经营单位的监管力度，先后在全市体育运动项目经营单位中开展了建国60周年体育经营单位安全风险评估、安全生产“三项行动”、“三项建设”、安全生产“护航”行动和“迎国庆、保安全执法检查专项行动”等各项安全执法工作。针对任务重、标准高、责任大的特点，市和区县体育局领导高度重视，制定了详细的工作方案，组建了执法机构，从人员、车辆、资金等方面予以充分的保障。市和区县体育局在执法检查工作中加强与各部门协调和配合，保障执法检查工作的有效实施。为促使体育执法工作的常态化、规范化管理，建立了体育市场执法信息管理平台，实时掌握和指导区县体育局执法工作的开展与全市体育经营单位的安全运营状况。为加强体育执法工作规范化管理，编写了执法工作手册，从法规的定义、执法的程序、处罚的标准等方面规范执法人员的行为，同时市体育局组织开展各类执法人员培训与辅导5次，有150余人次执法人员参加，使执法人员的水平和能力得到提高。

为做好《全民健身条例》中高危性体育项目的行政许可准备工作，专门编写了行政许可相关教材，组织全市执法人员认真学习了《行政许可法》、《行政许可法》释义、行政许可的程序与要求等相关法律、法规，为下一步在全市开展高危险性体育项目的行政许可工作打下基础。

一年来，市和区县体育局通过联合执法、专项执法等形式，共组织执法人员执法检查3260余人次，出动执法车辆730余台次，累计查找经营单位各项安全隐患462项，完善各项安全制度205项，组织体育经营单位开展应急演练178次，对300余家经营单位下发了整改通知书，对60余起涉及到相关部门的安全隐患进行了移交，对6家经营单位进行了行政处罚，罚款金额7万元，通过以上各项工作的实施，市和区县体育局较好地完成了各阶段的执法检查工作任务，保证了经营单位的安全生产，为建国60周年庆祝活动期间全市体育经营单位的安全运营，实现“平安北京”的工作目标做出了贡献。

二、促进体育产业发展的各项政策得到进一步落实。

2009年以《市委、市政府关于促进体育产业发展的若干意见》为指导，在市体育局党组和北京市体育产业联席会议办公室的领导和指导下，结合全市体育产业发展状况，加强和完善了促进体育产业发展的基础性工作，出台了一系列加快体育产业发展的相关配套性文件，加强了对项目的跟踪管理，为规范和促进全市体育产业发展创造了条件。

积极配合市财政局、市发改委等相关部门，结合全市体育产业发展状况，制定出台了《北京市体育产业功能区集聚区认定和管理办法》，为体育产业功能区或集聚区的规划和建设提供了保障。为保证引导资金的安全，降低引导资金投入的风险，提高引导资金的使用效率，实施了《北京市体育产业发展引导资金管理办法(试行)》。体育产业联席会议办公室广泛召集体育产业、资产投资、项目开发等方面的专家，建立体育产业项目专家库，为科学、合理使用体育产业发展引导资金确立了技术支撑。为加强对已扶植项目的管理，联席会议办公室成立了体育产业部门联席会议建设改造项目评估管理小组，为项目的监控、跟踪和后期管理奠定了基础。6月，召开了北京市体育产业部门联席会议第二次全体会议，根据体育产业专家评审会意见，会议审议通过了2009年度体育产业发展引导资金扶持项目23项及体育产业项目库内后备项目4项。

为打造国际级的大型体育品牌赛事，培育文化娱乐市场，市体育局积极与国际组织、大型赛事公司联络沟通，拓展体育竞赛表演业市场。2009年在北京成功举办了斯诺克中国公开赛、中国网球公开赛、NBA中国赛、意大利超级杯足球赛、北京国际马拉松、国际自行车联盟杯场地世界杯赛（北京站）、ROC世界车王争霸赛等国际大型赛事，实现了“中国网球公开赛”升级。积极筹办2010年北京首届国际武搏运动会。

三、促进体育产业发展的基础性工作不断加强。

为促进全市体育产业发展，广泛走访专家学者、企事业单位和文化部门进行调研，重点学习文化创意产业好的经验和做法。

按照国家体育总局的统一部署，与市统计局联合开展并完成了2006、2007年体育及相关产业专项调查工作。为做好第二次全国经济普查体育产业调查工作，与市统计局积极协调，制定周密的工作方案，调查范围共涉及国民经济行业分类的25个大类、42个中类、57个小类。“2008年北京市体育及相关产业发展统计报告”，将为研究制定全市体育产业发展规划（2010年—2015年）和政策提供依据。

【召开北京市体育产业工作会】1月，北京市体育产业工作会召开，对全市2008年体育产业工作进行了总结，部署了2009年体育产业的主要工作。会上，大兴区、昌平区分别做了经验介绍。

【参与“假日办”联合检查】作为市“假日办”成员单位，市体育局与市公安、旅游、文化、质监等部门联合在节日期间对全市部分体育运动项目经营单位进行了安全检查。对发现的问题，及时提出了整改意见，为保证黄金周假日的安全创造了条件。

【国家体育总局、国家安全生产监督管理总局联合对北京进行安全生产督查】以国家体育总局经济司陈恩堂副司长为组长的国家体育总局、国家安全生产监督管理总局联合检查组对北京市体育安全生产情况进行督查。督察组听取了北京市体育局开展安全生产工作情况汇报，并对部分滑雪场进行了实地检查。督察组认为，北京市体育局动作迅速，工作积极，安全生产工作多家联动的机制已经形成，职责分工明确，工作措施到位。

【开展“迎国庆、保安全”执法检查专项行动】为确保建国60

周年庆祝活动期间全市体育运动项目经营单位的安全生产工作，为建国60周年庆祝活动创造安全的环境，7月至10月，北京市体育局在全市范围内开展了为期100天的“迎国庆、保安全”执法检查专项行动，对体育经营单位普遍进行执法检查，对地下、人员容易密集、庆祝活动有关重要驻地、阅兵及游行路线、重点公园等周边200米范围内的体育经营单位进行重点检查，确保了全市体育运动项目经营单位的安全生产。

【制定“国庆60周年庆祝活动期间体育经营单位风险控制与应急准备工作方案”】根据市委、市政府关于做好国庆60周年庆祝活动期间安全生产工作的总体要求和市安全生产委员会办公室《关于落实国庆60周年庆祝活动期间人员密集场所风险控制对策的实施意见》，为认真落实市应急办针对全市人员密集场所面临的主要风险所提出的防范措施和工作意见，防范安全事故的发生，市体育局邀请有关专家研究编写了“北京市体育运动项目经营单位安全运行风险评估与对策报告”，并在此基础上制定了体育运动项目经营单位“国庆60周年庆祝活动期间体育经营单位风险控制与应急准备工作方案”。

【完成国家体育总局体育及相关产业专项调查与2008年经济普查工作】北京市体育局与市统计局积极配合，历时一年时间，完成了国家体育总局部署的2006、2007年体育及相关产业专项调查和2008年全国经济普查工作。北京调查方案将体育及相关产业专项调查与2008年全国经济普查相结合，遵循全国方案的调查范围

与方法，通过全面调查、抽样调查、典型调查结合实现测算需要、结合北京实际。全面调查包括：社会事务管理机构、体育组织、体育场馆、体育健身休闲、体育彩票服务、体育用品制造、体育服装及鞋帽制造、体育用品销售、其他体育（体育中介、体育培训）、个体体育彩票销售。抽样调查包括：从事服务业、制造业、批发零售业单位内部兼营体育活动和体育产品生产销售情况。典型调查包括：从事百货零售、超级市场零售、体育传媒、其他体育单位内部兼营体育活动和体育产品生产销售情况。

北京市2008年体育及相关产业发展报告

内容提要:2009年6月至11月,北京市统计局、国家统计局北京调查总队、北京市体育局联合实施了北京市体育及相关产业（以下简称体育产业)专项调查工作,这是全国体育产业分类标准出台后的首次大规模调查。调查数据显示:2008年,我市体育产业实现增加值154.0亿元，比2007年增长75.8%,占GDP比重达到1.39%，显示出体育产业发展跃上新台阶；初步形成四大支柱为主体的产业格局；奥运会对产业发展产生重要影响；体育中枢的特征突出；部分领域产业化步伐加快等特点。同时,数据反映出目前我市体育产业潜力和优势未充分发挥,经营管理体制问题突出,市场开发不足，缺少大型体育企业等问题。报告建议我市未来要大力发展体育服务业，积极探索首都特色的体育发展模式。加快体制改革步伐，改善产业发展外部环境，促进我市体育产业快速健康发展。

根据市委市政府《关于促进体育产业发展的若干意见》京发[2007] 15号）文件精神和市委市政府批复的《关于北京市体育产业调查和建立统计监测制度的方案》的要求，为全面掌握我市体育及相关产业（以下简称体育产业）的总体规模、产业结构和发展趋势，2009年5月至11月，市统计局、国家统计局北京调查总队、市体育局联合实施了北京市体育产业专项调查工作，并结合第二次全国经济普查结果，对2008年全市体育产业数据进行了测算。通过此次调查，基本摸清了我市体育产业的底数和产业发展特点。同时反映出举世瞩目的第29届奥运会和残奥会对我市体育产业的直接影响，反映出奥运推动下北京体育产业发生的重要变化，明确了体育产业在我市国民经济中的地位和作用。现将主要结果报告如下：

一、体育产业总体情况

2008年，我市体育产业实现增加值154.0亿元，按现价计算（下同），比2007年增长75.8%，占地区生产总值的比重达到1.39%，比2007年提高0.50个百分点。体育产业对GDP增长的贡献率为5.24%（按现价计算）。2008年，北京市体育产业从业人员达到10.2万人，实现总收入579.8亿元，分别比2007年增长7.4%和67.4%。

表1　2007、2008年北京体育产业主要数据

单位：亿元，万人，%

年份	增加值	占GDP比重	总收入	从业人员
2007	87.6	0.89	346.3	9.5
2008	154.0	1.39	579.8	10.2

2008年，第29届奥运会的举办有力地带动了北京体育产业的发展。根据《北京奥运会财务收支和奥运场馆建设项目跟踪审计结果》，截至2009年3月15日，北京奥组委计算的奥运会（含残奥会，下同）直接收入为213.63亿元，支出202.06亿元，收支节余超过10亿元。经按奥组委各年度实际支出项目分析计算，2008年度北京奥动会直接支出162.14亿元，核算增加值64.21亿元，直接拉动体育产业占GDP比重提高了0.58个百分点。若扣除北京奥运会收支数据因素，2008年我市体育产业实现增加值89.8亿元，比2007年增长24.2%；占GDP的0.81%。

表 2　2007、2008 年北京体育产业主要数据
(不含奥组委数据)

单位：亿元，万人，%

年份	增加值	占 GDP 比重	总收入	从业人员
2007	72.3	0.73	328.2	9.5
2008	89.8	0.81	427.1	10.2

二、主要领域发展情况

根据国家统计局和国家体育总局颁布的《体育及相关产业分类标准》，体育产业共涉及国民经济行业分类的 25 个大类、42 个中类、57 个小类。按活动性质分为“体育组织管理活动[1]”、“体育场馆管理活动[2]”、“体育健身休闲活动[3]”、“体育中介活动[4]”、“其他体育服务活动[5]”、“体育用品、服装、鞋帽及相关体育产品的制造[6]”、“体育用品、服装、鞋帽及相关体育产品的销售[7]”和“体育场馆建筑活动[8]”八个大类。2008

1 体育组织管理活动：专门为社会公众提供比赛、训练、辅导和管理的组织的活动，如群众性体育组织、专项性体育管理组织的活动。

2 体育场馆管理活动：为社会公众提供观赏比赛和专业训练的体育场馆管理活动，如综合性体育场馆，训练用场地的管理活动。

3 体育健身休闲活动：为社会公众提供的可供参与和选择的各种健身休闲活动场所的管理活动。

4 体育中介活动：为社会公众提供的体育中介活动，如各种体育商务代理、经纪、咨询活动。

5 其他体育活动：为社会公众提供的其他体育服务活动。包括体育培训服务、体育科研服务、体育彩票服务、体育传媒服务、体育展览服务、体育市场管理服务、体育场馆设计服务、体育场所保洁服务和体育文物及文化保护服务。

6 体育用品、服装、鞋帽及相关体育产品的制造：提供体育服务所必须的体育用品、服装、鞋帽及相关体育产品的制造活动。

7 体育用品、服装、鞋帽及相关体育产品的销售：提供体育服务所必须的体育用品、服装、鞋帽及相关体育产品的销售活动。

8 体育场馆建筑活动：提供体育服务所必须的体育场馆建筑活动。

年，我市“体育用品、服装、鞋帽及相关体育产品的销售”、“体育组织管理活动”、“体育健身休闲活动”和“其他体育活动”等四大领域实现增加值占到全市体育产业增加值的77.2%。其中，“体育用品、服装、鞋帽及相关体育产品销售”领域在八大领域中增加值比重最高，增长最快。具体发展情况如下：

表3　　2008年北京市体育产业主要大类发展情况

单位：亿元、万人、%

大类名称	增加值	比上年增长	比重	总收入	比上年增长	从业人员
合计	89.8	24.2	100.0	427.1	30.1	10.2
一、体育组织管理活动	15.6	34.8	17.4	53.4	37.4	1.0
二、体育场馆管理活动	4.0	56.8	4.5	7.6	73.1	0.4
三、体育健身休闲活动	12.0	−3.6	13.4	29.7	19.9	2.9
四、体育中介活动	2.8	44.7	3.1	10.9	34.5	0.4
五、其他体育活动	10.5	40.9	11.7	42.8	37.7	1.0
六、体育用品、服装、鞋帽及相关体育产品的制造	7.4	−13.3	8.2	28.2	14.6	1.1
七、体育用品、服装、鞋帽及相关体育产品的销售	31.2	113.9	34.8	223.7	64.9	2.9
八、体育场馆建筑活动	6.3	−52.6	7.0	30.8	−49.3	0.4

注：为客观反映北京体育产业自身的发展情况，按扣除北京奥组委收支情况后的数据计算。

（一）体育用品、服装鞋帽及其他体育产品的销售

2008年，在奥运带动下，我市体育用品、服装、鞋帽及相关体育产品的销售领域实现增加值31.2亿元，比2007年增长113.9%；实现总收入223.7亿元，比上年增长64.9%。从业人员2.9万人，比上年增长33.8%。

2008年，我市体育用品、服装鞋帽、奥运特许商品销售市场活跃，已成为国内最重要的体育销售市场之一。涌现出一批专营和兼营体育用品、服装鞋帽及相关体育产品的销售单位，百货商场和大型超市中普遍设有体育用品、服装鞋帽经营专区和专柜。以经营奥运特许商品的北京繁荣文化发展有限公司、北京骁天时代文化发展公司等销售业绩突出。作为为奥运代表团指定体育装备合作伙伴，李宁（北京）体育用品商业有限公司、李宁（中国）体育用品有限公司成为我市体育销售业中举足轻重的大型企业。

（二）体育组织管理活动

2008年，我市体育组织管理活动大类实现增加值15.6亿元，比上年增长34.8%。总收入53.4亿元，比上年增长37.4%。从业人员达1万人，比上年增长8.1%。

竞技体育长足发展。2008年，我市共有运动员2404人，教练员696人，裁判员989人。国内外比赛获金牌83块，银牌60块，铜牌57块。2008年北京奥运会是我市运动员参加奥运会以来，入围人数最多、参赛项目最多、获金牌最多、成绩最好的一届。

体育竞赛表演市场繁荣，精彩赛事不断。2008年，在京举办的有较大影响的大型体育赛事14项，其中国际赛事6项，国内赛事8项。成功举办了世界司诺克中国公开赛、中国网球公开赛、首届世界智力运动会、NBA中国赛、北京国

际马拉松赛等具有影响力和市场价值的体育赛事。足球、篮球、排球、棒球、乒乓球等联赛也如火如荼地开展。

（三）体育健身休闲活动

健身休闲娱乐是北京体育产业发展的重要领域。2008年我市专门从事健身休闲行业的法人单位已达800家。其中：经营收入超过500万元的有93家，实现收入19.0亿元，占健身休闲活动大类总收入的64.0%。涌现出中体倍力、浩沙、青鸟等一批深受欢迎的健身企业。健身娱乐项目日益丰富，有满足高端需求的高尔夫运动，也有适合大众消费的器材健身、瑜伽、网球、羽毛球、保龄球、滑雪等。新兴的体育舞蹈、潜水、蹦极、攀岩等运动受到时尚一族的追捧。2008年，全市451家三星级及以上宾馆、饭店开放体育健身场所和设施，实现收入5.6亿元。高等院校

的部分体育场馆对外提供健身服务。全民健身服务体系逐步建立。2008年，我市拥有晨晚练辅导站4905个，社区健身俱乐部59个，体育生活化社区75个。

奥运提升了市民参与体育健身的热情，体育健身消费支出有较大增长。2008年城镇居民人均健身活动支出55.74元，比2007年增加7.24元，增长14.9%。广大市民多层次、多形式的健身需求为体育健身市场多元化发展开拓了空间。

（四）其他体育活动

其他体育活动领域包括体育培训业、体育科研业、体育彩票业、体育传媒业、体育展览业等。这些行业成为北京体育产业发展新的亮点。2008年，其他体育活动大类实现增加值10.5亿元，比上年增长40.9%，收入42.8亿元，比上年增长37.7%。

体育传媒业和体育彩票业增加值占其他体育活动大类增加值的80.0%。2008年，奥运会为北京体育电视传媒发展提供了机遇，奥运举办期间，电视广告投放大幅增多，电视行业实现体育相关收入20.8亿元，比2007年增长45.9%。体育彩票销售再创新高，全市体育彩票销售网点1876个，体彩发行额15.4亿元，体育彩票公益金提取额4.2亿元，为我市群众体育、竞技体育的发展提供了支持。

三、体育产业的发展特点

（一）北京体育产业发展跃上新台阶

2008年，我市体育产业在奥运的巨大影响下，实现增加值154.0亿元，按现价计算，比2007年增长75.8%，实现增加值占GDP的比重达到1.39%，达到历史最高水平。体育产业的规模跃升到百亿元以上，即便扣除奥运会直接影响，2008年全市体育产业增速仍超过其他许多产业，是全市经济中增长最快的领域之一，呈现良好发展势头。

经济发展水平从根本上决定体育产业发展水平。统计资料显示，2008 年，全市经济总量突破 1 万亿元，达到 11115 亿元；按常住人口计算的人均 GDP 达到 66797 元，按年平均汇率折合 9618 美元。2009 年人均 GDP 已达到 1 万美元。从国际体育产业发展规律与经济增长关系来看， 20 世纪 80 年代美国的人均 GDP 超过 1 万美元，其体育相关产值略超 GDP 的 1%；当人均 GDP 超过 2 万美元时，其体育相关产值超过 GDP 的 2%。2008 年，北京城镇居民人均可支配收入达到 24725.0 元，较 2007 年增长 7.0%。GDP 的持续增长和人们收入水平的不断提高,带来了居民需求结构和消费结构的升级，为新世纪体育产业的发展奠定了经济基础。

（二）初步形成四大支柱领域为主体的产业格局

在我市体育产业八大领域中，经济量比重位居前四位的分别是“体育用品、服装、鞋帽及相关体育产品的销售”、“体育组织管理活动”、“体育健身休闲活动”和“其他体育活动”，四大领域共实现增加值 69.3 亿元，占体育产业增加值的 77.2%。拥有从业人员 7.9 万人，占体育产业从业人员的 77.3%，初步构成我市体育产业的四大主体行业，在我市体育产业的主导作用明显，在带动产业发展和吸纳就业方面发挥着重要作用。其中,“体育用品、服装、鞋帽及相关体育产品的销售”领域增长最快,增速和占比均居于体育产业八大类别之首。另外,丰富的赛事资源和体育场馆、设施资源,使体育中介活动、体育场馆管理领域集聚巨大潜力,未来具有较大的增长空间。我市体育产业已初步形成体育销售业和体育服务业 为主导，四大支柱为主体，多业并举的产业格局。

（三）奥运会对我市体育产业产生重要影响

作为奥运会举办城市，奥运会的筹备和举办有力地带动了我市体育产业的发展。对我市体育产业的发展产生了重要影响。2008 年，举办奥运会直接带动体育产业实现增加值64.2亿元，体育产业增加值占地区生产总值的比重因此提高了0.58个百分点。北京奥运会共接待204个国家和地区奥委会的11342名运动员，9110名随队官员，国际、国内技术官员和技术代表2987人，北京的国际影响力大大提升。奥运影响下北京体育产业八大领域收入全面增长，增速加快。同时，北京市在体育场馆建设上投入了大量的资金，新建、改扩建了大批高质量的体育场馆设施，奥运新建永久性场馆12个，改扩建场馆11个，临时性场馆8个，建设总投资约130亿元。奥运配置的体育器材和体育设备价值大约2亿元以上，奥运会造就了一大批具有筹办组织体育赛事经验的管理人才，这为北京体育产业今后的发展打下良好的基础，使我市体育产业站在了一个新的起点上。

（四）体育中枢的特征较为突出

北京是我国的体育中枢，集中了众多的中央在京体育组织管理单位。国家体育总局在京直属事业单位39家；总局系统机构在京投资企业76家，国家体育总局所属单位收入合计占我市体育产业收入的11.8%。总局所属从事体育服务业单位收入占到全市体育服务业收入的34.5%。总局所属从事体育组织管理单位收入占体育组织管理大类收入的51.7%。这些单位主要包括体育运动项目的管理中心和从事体育场馆管理、体育中介、健身休闲、体育科研、体育传媒的企事业单位。云集了北京中体倍力健身俱乐部有限公司、中超联赛有限责任公司、华兴体育用品发展中心、中国体育报业总社等众多体育知名单位。

（五）部分领域产业化步伐加快

2008年，我市主办的大型国际体育赛事引进先进的赛事组织和运营经验，通过电视转播权的出售、广告赞助、门票销售、赛事品牌包装等方式运营，产生了较好经济效益。一些国际职业体育经理人开始关注开发中国市场，把具有重大影响的国际体育赛事放在北京举行。职业体育的发展是体育走向产业化的重要标志。北京职业体育俱乐部发展与国际接轨，按照专业化、商业化的规则进行运作。北京国安足球俱乐部、北京首钢篮球俱乐部等的运营收入在全国俱乐部中堪称翘楚。

体育中介经纪代理活跃。2008

年我市有392家中介代理机构，收入超过1500万元的有13家，营业收入占全行业比重的47.0%。北京高德体育文化有限责任公司、盈方体育传媒（中国）有限公司、北京时博国际体育赛事有限公司、中国福特宝足球产业发展公司等规模较大的体育经纪公司经营着世界级大型商业比赛的经纪业务。

四、体育产业发展中存在的问题

（一）体育产业的潜力和优势未充分发挥

建设国际化体育中心城市，是市委、市政府依据首都城市功能定位和奥运举办城市的发展要求提出的发展目标。目前，北京市体育产业尚处于发展初期，产业开发及市场运作等诸方面都还处于起步阶段，2008年，我市体育产业在不含奥运会直接收入情况下，实现增加值占GDP的比重不足1%，产业对整体经济的促进作用还不够充分，与对产业发展目标的期望和要求还有距离，体育所具有的价值潜力和优势尚未得到充分发挥。

（二）经营管理体制问题突出

目前，体育管理体制改革相对滞后，事权不明、管办不分的现象依然存在，长期沿袭的以办社会事业方式办体育没有明显改变。目前，体育发展主要依靠政府投资，体育资源难以通过市场合理配置，非公经济进入不足，社会化和产业化经营的能力不强。如：我市公共体育场馆产权分属各异，场馆运营维护成本高，资源的有效利用率不高，大部分场馆依靠政府财政投入维持运转。我市85家公共体育场馆法人单位中，61家企业实现收入3.4亿元，累计亏损0.6亿元，亏损面达57.3%；24家事业单位的收入合计3.2亿元，其中财政拨款2.4亿元，占事业单位收入合计的75.0%。

（三）体育健身休闲市场开发不足

国外体育产业发展的历史证明，在成熟的体育产业结构体系中，全民健身服务业应当占据相当大的比重。北京的健身休闲行业有着巨大的市场需求。资料显示，“十一五”期间，全市体育人口达到60%，市民需要充分享有科学、普及、生活化的体育健身服务。但是，我市目前健身休闲行业发展整体水平不高，所提供的服务与人民群众日益增长的体育健身需求不相适应，市民参加健身活动的热情没有被完全激发出来。建身休闲行业总体上没有形成科学的经营模式，体育设施不足，分布不均衡。企业的运营成本高，经营管理不善。2008年，北京市体育健身休闲活动大类实现营业收入29.7亿元，仅占体育产业收入的19.9%；健身休闲行业亏损共计4.8亿元，亏损面达52.1%。

（四）缺少具有竞争力的大型体育企业（集团）

目前，我市从事体育产业的企业普遍规模较小，实力不强，缺少大型体育企业（集团）和著名商业品牌，对产业发展的带动力不强。体育服务业中目前尚无1家大型企业（销售额大于等于1.5亿元，从业人员大于等于600人），只有18家中型企业，实现收入占体育服务业的15.8%。体育制造业和体育销售业中有4家大型企业，22家中型企业，拥有国际体育知名品牌的企业凤毛麟角。

五、对本市体育产业今后发展的建议

（一）大力发展体育服务业，探索首都特色的体育发展模式

首都经济社会已经进入了全面建设现代化国际大都市的新阶段。今后几年将是北京城市化、信息化、市场化、国际化的大发展时期。2008北京奥运会、残奥会的举办为体育产业发展的奠定了新的格局，首都体育产业发展目标的确定，一是要符合新时期首都经济社会的发展要求，兼顾体育公益性服务与经营性服务的需要；二是要充分利用奥运遗产和所带来的城市影响力；三是要符合北京实际情况和资源禀赋。本次调查数据显示出我市体育服务业已崭露头角，有着较好的发展基础。作为我市现代服务体系的主导产业之一的体育产业，应当把发展体育服务业作为重点，大力扶持和加快发展体育健身休闲业、体育竞赛表演业、体育信息传播业、体育场地服务业、体育培训业、体育广告业、体育彩票业、体育中介经纪业等具有优势和发展潜力的行业，促进体育与文化、旅游、会展等相关产业的相互结合、协调发展。积极探索新时期体育产业科学发展的模式，使我市体育产业尽快驶入加速发展的通道。

（二）加快体制改革步伐，改善产业发展环境

我国的市场经济已进入新的发展阶段，而体育产业的市场机制还不完善，管理体制问题制约着产业

的发展。我市要把体育产业作为重点产业来推动，必须以体制改革为突破口，对原有的管理体制和运行机制进行大的改革，才能实现大的发展。因此，必须运用市场经济的基本规律、方法、手段，充分调动社会各方面的积极性，通过体育企业的改制和资产重组，整合体育资源，加快体育由国家的社会福利事业向社会化、职业化、产业化的发展阶段转变。

体育产业大发展还需要营造一个有利的发展环境。建议有关部门研究和开展以下工作：一是在财政税收等政策上予以大力支持。根据体育产业发展特点，在信贷税收，以及水、电、煤等能源使用方面给予优惠政策，在土地使用、劳动用工等方面提供便利。加大对中小企业的扶持力度，鼓励私营、个体、港澳台及国外投资者以资本、技术、信息、经营管理等多种形式进入体育产业领域。二是完善经营管理规范标准，加强产业发展引导。如制定健身设施的安全与服务标准、体育产业的税收标准、体育产业从业人员资格认定标准等。三是建立和完善产业投融资体系。充分发挥体育产业引导资金作用，吸引和扩大社会资金或资本进入。组建体育投资担保公司、体育产业基金会等，鼓励走市场化的投融资渠道。加强体育产业与资本市场的互动，鼓励优势企业通过股票上市、发行企业债券、项目融资、股权置换等方式进入资本市场，为产业发展注入充足的资金。

（三）巩固发展奥运成果，提升场馆运营水平

奥运为北京留下一笔独特的、其他城市不可比拟的宝贵资源。如何发挥奥运遗产的价值，是北京体育产业今后发展要关注的问题。建议：一要巩固和延续奥运品牌效应，实施品牌市场开发，提高我市体育产业国际竞争力。二要科学地运营和维护奥运场馆，借此提升我市体育场馆管理、技术和服务水平。采取多元化的经营模式，完善奥运会遗产区域的商务、旅游、休闲功能，实现社会效益与经济效益的双赢。

体育设施

【综述】2009年，以政府实事工作为重点，突出在规划管理、促进体育场馆服务业发展等内容，坚持全面、协调、可持续的科学发展观，求真务实，完成各项工作任务。

一、体育场馆设施开放、管理工作。

（一）认真推进落实《北京市2009年在直接关系群众生活方面拟办的重要实事》第49项工作任务。

一是研究制定《关于北京奥运场馆设施向公众开放的指导意见》。从部门管理的职责角度出发，结合场馆的管理基本情况，组织开展《关于北京市奥运场馆设施向公众开放的指导意见》的调研编制工作。《指导意见》已经2009年10月13日局长办公会审定通过，于11月正式印发。该《指导意见》以做好奥运场馆赛后开放利用为核心，同时充分体现宏观调控、促进行业发展、协调社会管理和提供公共服务的职责，将优化完善政府服务职能放在重要位置。编制《指导意见》旨在提高北京市体育场馆尤其是奥运场馆向社会公众开放的服务质量和管理水平，促进场馆设施运营的健康、安全、有序发展，使其更好地承担长期性的经济、社会发展功能。《指导意见》围绕以做好奥运场馆开放服务为契机，推进体育场馆服务行业发展、加强体育场馆服务管理体系建设、落实体育场馆依法行政工作等核心内容确定主要工作任务。主要任务：一是积极探索体育场馆管理创新道路，推行体育场馆分级分类的标准化管理。二是强调体育行政部门监管责任，有效发挥体育社团、中介服务机构组织在体育场馆中的作用。三是采取分类指导和运营管理，推进奥运场馆对公众开放，满足社会体育健身消费需求。四是研究制定体育场馆设施向公众开放扶持政策，设置体育场馆开放管理专项资金，鼓励场馆对公众开放。五是优化公共体育场馆尤其是奥运场馆开放环境，严格实行体育设施注册登记制度、推行体育服务标准化与体育服务认证工作。六是加大推广奥运场馆对公众开放宣传力度，推广奥运场馆品牌形象，提升场馆知名度。

二是推进场馆健身一卡通配

建工作。本着场馆自愿申报、区县择优推荐的原则，组织开展参与落实本项实事工作、体育场馆的申报、推荐、确认工作，制定并下发《北京市体育局关于推进落实市政府重要实事第四十九项工作任务通知》，由区县体育局结合实际情况，择优推选本行政区内的体育场馆，推荐数量 8–12 家。推荐场馆为公众开放场馆，包括奥运会赛前训练场馆、训练场馆、比赛场馆及体育系统公共场馆。所推荐场馆可单独选择配建一卡通设备或体育服务认证需求，也可同时选择两项需求内容。经确认有 47 家场馆单位申报参与落实本项实事工作，其中配建体育健身一卡通设备场馆、体育场馆服务认证场馆各 40 家。

作为体育健身卡技术支持单位北京健身卡有限公司，已基本完成全民健身网站的建设工作，现网站已正式开通，积极收集和市民健身数据库建设等基础信息。根据配建健身一卡通场馆名单，我处联合北京健身卡有限公司逐一对场馆现场环境进行测评，全面掌握场馆软硬件基础条件信息，并为纳入实事工作的场馆转发了安装通知及相关材料，签订了安装协议，安装一卡通硬件设备。

三是以水立方国家游泳中心为代表的首批试点场馆完成体育服务认证工作。经确认参与体育场馆服务认证工作的场馆有 40 家，经综合考虑研究，从以上 40 家场馆中确定了国家游泳中心（水立方）、奥体中心英东游泳馆、东单体育中心、地坛体育馆、朝阳体育馆、光彩体育馆、首钢篮球中心、月坛综合训练馆、什刹海体校综合馆以及首都体育学院游泳综合馆 10 家涉奥场馆作为首批服务认证的试点场馆。2009 年完成了上述 10 家场馆的服务认证工作，并开展第二批 20 家场馆的现场咨询工作。

4 月–8 月组织体育服务认证各项培训工作。一是编制了体育服务认证工作的培训教材，包括体育标准化知识、服务认证的基本知识以及认证审查流程等。二是做好体育服务认证普及工作。多次组织参与体育服务认证的场馆召开培训会和座谈会，传达关于体育服务认证工作有关精神，结合体育服务认证工作的培训教材讲解了有关知识。三是开展体育服务标准认证审查培训，组建体育服务认证审查员队伍。北京市相关区县体育局和场馆单位体育服务认证工作的负责人参加了培训，最终有18人通过了考试，15人经确认成为体育服务认证审查员。

8月—10月会同北京市体育标准化技术委员会和华安联合认证中心组成3个咨询组分赴首批10家场馆进行文件咨询。协助场馆单位建立服务管理体系，并进行了文件试运行。国家游泳中心（水立方）已于10月10日率先通过现场审查。

11月–12月首批10家试点场馆进入体育服务认证现场审查工作。截止到12月25日，首批10家场馆全部完成体育服务认证工作，并颁发了证书和标牌。此外，其余20家场馆已进入服务认证的文件咨询阶段，2010年完成场馆现场审查。

（二）贯彻落实重点地区体育场馆图象信息管理系统建设管理工作。

依据《北京市人民政府关于加强图像信息管理系统建设工作的意见》（京政发〔2006〕17号）和《北京市公共安全图像信息系统管理办法》（北京市人民政府令第185号）文件要求，按照市政府安排，在2008年完成了北京市体育场馆图像监控系统（一期）项目后，2009年又启动并实施了二期项目。二期项目将在一期项目的基础上，接入城八区体育中心(重点场馆)及2个郊区重点体育场馆的视频图像，在局视频控制中心实现视频调阅、视频存储、视频回放、集中远程管理等功能，同时为局应急指挥系统等提供视频应用接口。项目完成后，不仅扩容了原有的体育场馆图像监控系统，而且能够统一集中管理整个市体育系统的重要图像资源，进一步促进了资源的有效合理利用，加强了体育场馆的远程管理和监督，提高了防范和处置突发公共事件的能力。预计2010年年底前竣工验收。

（三）持续推进公共体育场馆无障碍设施、双语标识管理工作。

继续加大对各区县体育局、各场馆单位无障碍设施建设与改造的指导力度。依据《北京市无障碍设施建设和改造体育场馆专项细则》，2009年体育场馆无障碍设施建设和改造项目内容涵盖面广，涉及到了无障碍出入口、无障碍车位与座位、无障碍水平通道、无障碍服务设施、无障碍电梯、无障碍售票窗口、无障碍标志、无障碍卫生间、无障碍引导标志等各方面内容。

2010年本市公共体育场所建设无障碍设施工作计划将以建设无障碍城市为目标，以大型观演类公共体育场所为重点，做好建设无障碍设施工作。

（四）依法组织开展体育设施监督检查，做好信息公开管理。

按照《全民健身条例》、《北京市体育设施管理条例》等法律法规组织开展体育设施的注册登记检查监督，并开设“北京体育场馆信息查询网”对场馆开放信息进行公开公告。

二、体育规划督导工作。

2009年，《北京市“十一五”时期体育发展规划》进入实施的第四个年头，为加强规划落实，及时掌握进展成效及存在的问题，对三年来《规划》实施进展情况进行了调研，召开区县座谈会对“十一五”规划实施情况进行了全面分析。组织开展十一五规划指导与检查工作，全面检查规划目标实现的基本状况，收集整理重点规划工作成果资料。此外，在《规划》实施过程中积极推进重大规划项目实施工作，指导区县体育设施规划建设工作，协调市规划等部门完善用地规划控制指标。为加快《规划》中建设奥林匹克中心区、龙潭湖体育产业园、潮白河水上休闲运动集聚区、五棵松球类健身运动集聚区、十三陵户外休闲运动集聚区、八大处网络体育集聚区等体育产业功能区或集聚区的任务，会同市发展改革委研究制定体育产业功能区或集聚区管理办法等配套文件，科学地指导产业功能区建设工作。

三、推进体育标准化管理工作。

（一）正式成立北京市体育标准化技术委员会。

经过一年多的筹备，成立北京市体育标准化技术委员会（以下简称技术委员会）的条件已经基本成熟，根据《关于同意筹建北京市体育标准化技术委员会的函》（京质监函〔2009〕100号）的有关要求，经市体育局办公会批准，于6月29日正式成立北京市体育标准化技术委员会，明确了技术委员会的组织机构、工作任务和工作程序，并从体育界的各个领域征集了26名专家作为技术委员会的委员，遵照章程，开展标准化工作。

（二）开展北京市体育服务认证工作。

作为北京市体育服务认证工作的工作机构，技术委员会负责体育服务认证的具体工作，同时制定并下发了《关于开展北京市体育场馆服务认证工作的通知》（京体规建字〔2009〕11号）。《通知》包含了开展体育场馆服务认证工作的指导意见和工作方案，对相关单位的责任分工和工作要求提出了指导意见，同时明确了工作目标、组织领导机构及工作职责，划定了工作时间节点，提出了各项工作保障措施。并且根据涉奥场馆优先，公共场馆并重的原则，由区县体育局推荐，场馆自愿，选定10家作为首批试点场馆，率先开展体育服务认证工作，并在12月完成全部工作。

（三）北京市体育标准发展规划（2008–2012年）发布实施。

为落实科学发展观，进一步发挥标准化在促进全市体育建设中的技术支撑作用，推动全市体育事业又好又快发展，根据北京市质量技术监督局关于印发根据《关于开展北京市重点行业、重点领域标准发展规划（2008–2012年）编制工作的通知》（京质监标发〔2007〕139号）要求，以国家标准行业标准为基础，北京体育发展需求为向导，群众性体育为重点，突出安全、服务特性，努力为建设国际化体育中心城市服务，通过标准查新、调研、分析等大量的工作，总结出标准现状及评价、存在问题及原因、北京市体育发展对标准的需求、规划实施的保障措施等，经过反复论证和修改，完成了《北京市体育标准发展规划（2008–2012年）》正式稿，并下发给各相关单位贯彻执行。

四、稳步推进局系统基本建设工作。

2009年，完工项目2个：航校综合楼和北京棋院复建；在建项目1个：四块玉体育设施更新改造；前期工作项目2个：北京体育职业学院综合楼和陶然亭游泳场改扩建。此外，积极与市发改委等部门沟通，根据竞技体育发展布局及需求争取项目。

航校综合训练馆。航校综合训练馆项目总建筑面积4597平方米，总投资1696万元，建设资金全部由市政府固定资产投资解决。航校综合训练馆已竣工，决算工作进入收尾阶段。

北京棋院复建工程。北京棋院复建工程位于西城区和平门西松树胡同35号东侧，总建筑面积4270.36平方米，其中地上建筑2920平方米，地上建筑面积1350.36平方米，批复投资额为3508万元，该工程已经完成。

四块玉体育设施更新改造。四块玉地区体育用地总面积约7.5公顷，约合113亩。四块玉体育设施更新改造分别为A、B、C、D四个地块，将建设综合科研楼、教学楼、综合训练馆、运动员宿舍与交流中心等。根据四块玉体育设施更新改造整体工作要求，2008年主要进行项目前期申报工作，2009年率先实施四块玉体育设施更新改造D–地块项目，完成场地建筑物拆除工作，进入基础施工。

北京体育职业学院综合楼。为推进北京体育职业学院建设，根据现状条件及竞技体育集约化发展要求，按照功能完整合理、设施布局紧凑、利于竞技体育可持续发展的原则，制定了木樨园体育训练基地总体规划方案，并向市规划委提交了总规方案的申请。其中北京体育职业学院综合楼规划地上建筑面积为44960平方米。项目实施将确保北京体育职业学院符合高等职业学校的运行标准，满足北京体育职业学院招收要求。

北京陶然亭游泳场改扩建。北京陶然亭游泳场改扩建工程位于北京市宣武区太平街12号陶然亭游泳场内，总建设用地面积46000平方米，总建筑面积48000平方米。全部资金由局自筹解决，项目已通过市发改委核准。陶然亭游泳场改扩建项目的实施以满足大众健身需要为出发点，同时满足体育训练、康复等功能需求。

五、筹备第四届中国（北京）国际文化创意产业博览会第三届北京体育产业展。

第四届中国（北京）国际文化创意产业博览会由国家文化部、广播电影电视总局、新闻出版总署和北京市人民政府于11月25–29日在北京中国国际展览中心共同主办。市体育局组织承办了“第三届北京体育产业展”。本届展会策划了展览展示活动、高层论坛、体育产业项目推介会等活动。主要包括体育产业展会（8000平方米）、体育产业高峰论坛、体育收藏论坛、2009北京体育产业项目推介会、

2009 北京顶级体育赛事推介会五大板块，分别由北奥会展公司、天地人公司、投资北京 3 个单位共同协办。根据文博会组委会工作要求以及第三届北京体育产业展活动计划安排，编制完成了北京体育产业展工作组织方案，并积极筹备体育产业展各项有关工作。

数十家国内外知名体育品牌在展会上亮相，“无与伦比·中国体育收藏拍卖会奥运专场”取得空前成功，体育彩票成为最受观众瞩目的展区之一，时尚健身区的舞蹈和健身操展示也吸引了众多观众驻足观看。

六、其他工作。

（一）开展既有建筑节能改造工作。

为落实市政府实事项目督导要求，按照市建委《关于印发〈北京市既有建筑节能改造项目管理办法〉的通知》，2009 年组织木樨园体校、什刹海体校、体育职业学院、体育科研所作为节能改造工作第一批试点单位开展了既有建筑节能改造工作。改造内容包括屋面保温、外墙保温、节能门窗更换等，节能改造建筑面积约 2 万平方米。至年底，全部节能改造工作已完成。经节能改造后的建筑能耗消耗减少，节能效果显著。

（二）配合推动 2009 年绿色照明工程。

根据《北京市人民政府办公厅关于转发市发改委加快发展循环经济建设资源节约型环境友好型城市 2009 年行动计划》要求，继续在有关区县体育设施及有关事业单位公共服务领域推广使用高效照明产品。2009 年绿色照明工程实施范围为市级体育设施（含社会投资，不包括首都功能核心区）及有关事业单位。根据市发改委的统一要求，组织除首都核心区外的 10 个直属单位进行了绿色照明工程前期调研，调研后并经市发改委确认，更换高效照明产品数量为 15492 支，至年底高效绿色照明产品均已送达各个单位。“绿色照明工程”的实施，不仅为我们提供了一个安全、舒适、高效的照明环境，更节约了能源，保护了环境，在一定程度上缓解了北京市供电紧张状况。

（三）配合做好全社会固定资产投资工作。

根据市政府统一部署，2009 年全面启动了全市体育领域的全社会固定资产投资完成目标任务动态监测工作。

一是制定工作方案、明确工作任务。根据《北京市人民政府办公厅关于印发2009年北京市全社会固定资产投资预期完成目标任务分解方案的通知》（京政办函［2009］34号），为落实2009年北京市全社会固定资产投资预期完成目标任务，根据本工作范围广，涉及单位（部门）包括政府投资和社会投资固定资产项目，中央、市级及区县及以下固定资产投资项目，须多部门协同完成工作的特点，编制了《2009年北京市体育领域全社会固定资产投资完成目标任务动态监测工作方案》，成立了市体育局固定资产投资监测工作领导小组。领导小组下设办公室（设在规划建设处），由局办公室、财务处、群体处、市场处、规划建设处工作人员组成。主要负责体育领域投资目标任务的细化落实，协调联系固定资产投资完成监测工作。同时，《方案》进一步明确了工作任务、工作分工与市局、区县局的职责。一是按属地管理原则，各区县政府将本行政区域内体育领域全社会固定资产投资统计数据单独列出并提交市体育局；二是市体育局相关处室按职责分工审核区县上报统计数据，审核后报市体育局固定资产投资监测工作领导小组。

二是印发工作通知，部署工作。为做好本项工作，按照全社会固定资产投资完成目标任务动态监测工作要求，印发了《北京市体育局关于请协助开展2009年北京市体育领域全社会固定资产投资目标任务动态监测工作的函》（京体规建字〔2009〕16号），请各区县按照《2009年北京市体育领域全社会固定资产投资完成目标任务动态监测工作方案》，协助做好体育领域固定资产监测工作，同时规定按时汇总本行政区域内体育领域全社会固定资产投资完成情况，每月填报《2009年北京市完成投资动态监测统计表》，并自6月起在每月前两个工作日内（遇节假日顺延）将《统计表》（纸制版及电子版）报市体育局固定资产投资监测工作领导小组办公室。

三是配合做好数据统计工作。及时收集、汇总体育领域固定资产投资情况，及时与市统计部门沟通情况，建立联系机制，将统计数据上报市统计部门，推进项目落实。通过本次监测工作，实现对体育领域全社会固定资产投资实施行业监督管理，为体育事业和体育产业发展及时提供信息服务，并为营造体育领域良好的融资环境创造条件。

此外，为推动北京体育产业发展，推进全社会固定资产投资任务落实，于11月26日组织召开了“2009北京体育产业项目推介会”，在全市范围内以公开征集的方式向社会征集了31个项目，其中场馆及园区建设、运营类19个，赛事类11个，医疗器械类1个，总投资近170亿元人民币。通过本次推介会，明确了全市体育领域固定资产投资项目，掌握了基础数据。

【召开健身一卡通在奥运场馆安装研讨会】为贯彻落实《北京市2009年在直接关系群众生活方面拟办重要实事》（以下简称《实事》）第49项工作任务，2月17日，召开了健身一卡通在奥运场馆安装研讨会。副巡视员牟达维同志主持会议，局长助理王建华、市场处处长邓旭以及北京健身卡公司的相关负责同志出席了会议。会议指出，结合《实事》第49项工作任务，市体育局与北京健身卡公司要共同组建健身一卡通发行推广工作机构，建立健全工作机制，在2009年全部铺开健身一卡通发行工作，率先在奥运场馆中推广，成为培育体育消费市场的重要手段，推动场馆健身服务业发展。

【推进体育服务认证工作】为贯彻落实《北京市2009年在直接关系群众生活方面拟办重要实事》第49项工作任务，2月18日，市体育局副巡视员牟达维组织召开体育服务认证工作布置会，会议研究确立了体育服务认证工作的组织机构：由规建处牵头，联系技术委员会（筹备中）负责体育场馆服务认证的组织协调工作，北京华安联合认证中心作为技术支持单位，并确定了体育服务认证工作的初步方案。

【召开健身一卡通工作联席会】3月26日，会同北京健身卡有限公司召开健身一卡通工作联席会，对健身一卡通发行方案进行了研讨。会议指出，场馆开放情况和市民健身数据是落实健身一卡通发行工作的基础，将场馆让利作为健身一卡通发行措施的重要手段，利用折扣在健身消费市场中扩大影响，推动场馆健身服务业发展。

【启动建筑节能改造工作】4月1日，组织木樨园体校、学院、体科所、什刹海体校召开了“北京市体育局2009年既有建筑节能改造工作启动会议”。会上,进一步重申了开展2009年既有建筑节能改造工作的积极意义及重要性，要求各单位严格依据《北京市既有建筑节能改造项目管理办法》，按照北京市有关政策、法规，确定项目施工单位并实施既有建筑节能改造工作。在施工过程中，要按照“安全、质量、成本”三统一的原则，加强项目管理，按计划有步骤地开展施工；不得擅自改变施工内容；要加强资金管理，坚决杜绝滥用项目资金的问题发生。

【编制并印发《关于开展北京市体育场馆服务认证工作的通知》】4月9日，向各区县体育局、各有关直属单位和有关体育场馆下发《关于开展北京市体育场馆服务认证工作的通知》（京体规建字〔2009〕11号），《通知》对开展体育服务认证工作提出了指导意见，并列出了详细的工作方案，明确了工作目标。《通知》要求各场馆单位及其所属区县体育局确定体育服务认证工作的负责人。北京市体育服务认证工作正式启动。

【推进绿色照明工程】按照《北京市人民政府办公厅关于转发市发展改革委加快发展循环经济建设资源节约型环境友好型城市2009年行动计划》（京政办发〔2009〕20号）要求，2009年北京市将继续大力推广1000万支以上高效照明光源。根据2008年末各单位填报的绿色照明工程前期调研表，市发改委确定了2009年北京市体育系统绿色照明工程工作任务。6月18日组织除首都核心四区之外的10家直属单位召开了绿色照明工程工作部署会，推进2009年绿色照明工程的顺利实施。

【召开北京市体育服务认证培训会】7月28–29日，技术委员会联合华安认证中心组织召开北京市体育场馆服务认证技术培训会，相关区县体育局和场馆单位体育服务认证工作的负责人100余人次参加了培训。培训内容主要涉及体育服务认证制度产生的背景、体育服务认证相关法律法规、顾客满意度测评的方法、《体育场所服务保证能力要求》以及体育服务认证审查的要求。各与会单位认真听取了培训内容，并积极与专家交换意见，均表示此次培训形式新颖、注重实效、意义重大，对进一步加深对体育服务认证工作的认识和理解起到了重要的推动作用。

【召开北京市体育服务标准认证审查培训会，组建审查员队伍】 8月24-27日，在什刹海体校召开了北京市体育服务标准认证审查培训会。培训会主要向北京市相关区县体育局和相关体育场馆单位体育服务认证工作的负责人讲解了体育服务认证制度产生的背景、体育服务认证相关法律法规、顾客满意度测评的方法、《体育场所服务保证能力要求》以及体育服务认证审查的要求。培训学习后，学员们参加了由中国认证认可协会（CCAA）组织的审查员培训考试。最终18人通过了考试，经确认有15人成为“国家体育服务认证审查员”，组建了北京市首批体育服务认证审查员队伍并将参与2010年北京市体育服务认证工作。

【印发《北京市体育标准发展规划（2008-2012年）》】 为落实科学发展观，进一步发挥标准化在全市体育建设中的技术支撑作用，推动体育事业又好又快发展，根据《关于开展北京市重点行业、重点领域标准发展规划（2008-2012年）编制工作的通知》（京质监标发〔2007〕139号）要求，经过反复征求意见、修改和完善，完善了北京市体育标准体系，《北京市体育标准发展规划（2008-2012年）》形成最终稿，9月9日，由市体育局和市质监局共同批准发布，并下发给各有关单位执行。

【国家游泳中心（水立方）率先通过体育服务认证现场审查】 10月10日，技术委员会组织召开了国家游泳中心（水立方）的现场审查会。在审查会上，审查员分别陈述了审查结论，指出水立方在服务管理工作中存在的问题，提出改进建议，并一致同意水立方通过现场审查，进入认证注册阶段。会议还邀请了国家体育总局、北京市体育局、中国体育场馆协会等有关领导，各与会同志还就体育服务认证的有关问题进行了研讨。

【北京市体育标准化技术委员会正式成立】 11月3日，经市体育局办公会通过，经市质监局批准，北京市体育标准化技术委员会正式成立，承担本行业地方标准的归口以及组织协调本行业地方标准的制定、修订工作。

【编制并印发《北京奥运场馆设施向公众开放的指导意见】 为了

使北京奥运场馆设施更好地为公众服务，最大限度地发挥奥运场馆设施在体育竞赛表演、全民健身活动和体育服务领域中的作用，满足广大人民群众日益增长的精神文化需求，搞好奥运场馆设施的赛后利用和可持续地健康发展，起草编制了《关于北京奥运场馆设施向公众开放的指导意见》。该《指导意见》以做好奥运场馆赛后开放利用为核心，同时充分体现宏观调控、促进行业发展、协调社会管理和提供公共服务的职责，将优化完善政府服务职能放在重要位置。该《指导意见》于10月13日局长办公会审定并原则通过，11月4日正式印发。

【举办2009北京体育产业高峰论坛】 11月10日举办了“2009第二届北京体育产业高峰论坛”。本次《论坛》由北京市体育局、北京市发展改革委和中国北京国际文化创意产业博览会组委会共同主办。市政府副市长刘敬民，市体育局局长孙康林，第四届文博会组委会办公室副主任、北京市贸促会副会长储祥银出席并致辞。市有关委办局、区县发改委和体育局的领导和专家学者、众多参展商参加。与会的专家学者认为，北京市发展体育产业有需求、有机遇、有基础、有条件，尤其是拥有奥运会举办城市所形成的独特的、其他城市不可比拟的奥运资源。在建设“人文北京、科技北京、绿色北京”战略中，体育产业应该而且能够扮演重要角色，在“扩内需、保增长、促发展”中做出切实贡献。本次《论坛》吸引了参展商代表、首都体育产业界人士约200人到会，对巩固奥运成果、探讨北京体育产业在后奥运经济时期的发展方向与定位起到了积极的推动作用。

【召开2009第三届北京体育产业展媒体见面会】 作为“2009第四届中国北京国际文化创意产业博览会”重要组成部分的“第三届北京体育产业展”于11月26至29日在北京中国国际展览中心举行。11月16日，北京体育产业展媒体见面会在北京北奥大厦召开。会议由北京文博会组委会副主任、北京市贸促会副会长余运高主持，北京市体育局局长助理、体展会组委会副主任王建华，体展会组委会执行副秘书长熊伟，体展会组委会副秘书长周明明等出席了会议。

【举办2009北京顶级体育品牌赛事推介会】 11月19日，举办了“2009北京顶级体育品牌赛事推介会”。本次推介会由北京市体育局主办，中国·北京（国际）体育产业展组委会承办，北京市竞赛管理中心、北京市天地人体育产业股份有限公司协办。市政府副秘书长侯玉兰，市体育局副局长李晋康，第四届文博会组委会办公室副主任、北京市贸促会副会长倪跃刚出席并致辞。推介会对12大赛事活动的项目进行了介绍，吸引了体育各届代表、传媒机构代表等300名行业精英出席。本次推介会旨在推动体育赛事经济、提升赛事品牌魅力、深挖赛事整体形象，为北京体育产业的发展出谋划策，起到了良好的推介和宣传作用。中央电视台、北京电视台、北京日报等40余家中央和北京媒体对本次推介会进行了宣传报道。

【举办2009永恒的记忆—北京国际体育收藏论坛】 11月26日，永恒的记忆—北京国际体育收藏论坛在国家会议中心成功举办。本次《论坛》由北京市体育局主办，国家体育总局文化发展中心作为特别支持单位。中国奥委会名誉主席、国际奥委会委员、国际奥委会文化和奥林匹克教育委员会名誉主席何振梁，北京市体育局局长孙康林，文博会组委会办公室副主任、北京市贸促会副会长储祥银出席并致辞。本次《论坛》以弘扬奥运精神，发展体育文化为主题，得到了国内外权威人士和收藏家的大力支持。本次《论坛》是在中国首次举办的体育收藏论坛，旨在传承北京奥运文化遗产、引导民间体育收藏健康发展、促进体育收藏相关产业的发展、提供体育收藏品交易平台，吸引了国内外及社会各界的嘉宾和收藏家、收藏爱好者约270人到会，CCTV4、CCTV5、中国日报、经济日报、新京报、中国科学报等媒体对本次《论坛》进行了宣传报道。

【举办2009北京体育产业项目推介会】 11月26日，以“融通财智，共享体育产业繁荣”为主题的2009北京体育产业项目推介会举办。本次推介会由北京市体育局联合北京市发展和改革委员会主办。国家体育总局副局长王钧、北京市副市长刘敬民、第四届文博会组委会办公室副主任王露霞出席并致辞，市体育局副巡视员邓少辉到会并作主旨发言。本次推介会围绕北京市的体育产业资源，集中推介了一批发展前景好、产业关联度高、示范作用强的体育产业项目，涉及项目达31个。本次推介会旨在打造首都体育健身休闲、体育竞赛娱乐、体育彩票、体育会展、体育传媒、体育动漫网络、体育产品研发与制造等产业集群，有效推动奥林匹克中心区、龙潭湖体育产业园等

体育产业功能区和集聚区建设，吸引了国内外大型体育类投资公司、金融机构、体育赛事推广、运营类机构代表200人到会。

【举办第三届北京体育产业展】 11月29日，为期4天的第三届北京体育产业展在北京中国国际展览中心圆满落幕。中共中央政治局委员、国务院委员刘延东，北京市市长郭金龙，第十一届全国人大常委会副委员长、民进中央主席严隽琪，北京市人民对外友好协会会长赵家骐及国际奥委会委员、国际拳击联合会主席吴经国，国家奥林匹克集邮委员会及收藏委员会协调员大卫·曼登等多位领导到第三届北京体育产业展区参观和指导，并给予了高度评价。本届体育产业展对前两届展览的内容和形式进行了创新，以“激情体育·活力北京”为主题，着眼于在后奥运时期和金融危机的社会背景下，以理性的消费观念引导人们选择适合自身发展的体育消费方式，重点培育体育产品和体育服务消费，实现体育、经济、文化有机融合。通过体育收藏品展区、场馆开放情况展区、体育文化展示区、时尚健身展区、户外用品展示区等展区，全面展示了后奥运时期北京体育产业的发展蓝

图。

【完成首批10家试点场馆的体育服务认证工作】 11月12日，英东游泳馆通过现场审查，进入认证注册阶段。12月11日–25日，月坛综合训练馆、朝阳体育馆、东单体育中心、首都体育学院游泳综合馆、地坛体育馆、光彩体育馆、北京首钢篮球中心分别通过现场审查，进入认证阶段。12月30日，首批10家试点场馆的认证注册工作全部顺利完成，服务认证工作取得阶段性成果。此次工作进一步推进了体育场馆的标准化管理，促进了场馆设施的开放服务。

【启动北京体育职业学院建设项目】 为推进北京体育职业学院建设，根据现状条件及竞技体育集约化发展要求，按照功能完整合理、设施布局紧凑、利于竞技体育可持续发展的原则，根据局党组关于建设北京体育职业学院项目的要求，组织编制了北京体育职业学院规划方案，启动北京体育职业学院建设项目。

体育宣传

【综述】2009 年是新中国成立 60 周年，是新奥运周期的起始年，是全运会年，也是体育宣传工作大有作为的一年。体育宣传工作围绕构建和谐社会和建设体育强国的目标任务，以全运会和重大赛事的宣传工作为重点，圆满完成首都各项重大体育赛事媒体运行工作、全运会北京代表团宣传报道工作，继续建立全民健身宣传的长效机制，积极展示新中国成立 60 周年体育事业的伟大成就，做好境内外媒体采访接待工作。

一、做好第十一届全运会北京代表团的宣传报道工作。

做好第十一届全运会的宣传工作是今年体育宣传工作的重点。赛前制定了“代表团全体人员行为规范”，编写了《运动员精神文明手册》,在参赛的各运动队中加强赛风赛纪的宣传教育，普及反兴奋剂知识,提高反兴奋剂意识,确保了北京体育代表团光明磊落、干干净净地参加全运会。在全运会期间未发生一起违反赛风赛纪的事件，展现了奥运城市体育健儿的精神风貌,完成了赛前制定的目标任务，并荣获大会授予的体育道德风尚奖。

在宣传工作中我们始终坚持正确的舆论导向，高度重视新闻宣传工作的重要作用，充分发挥中宣部、组委会、市委、市政府领导下的体制优势，确立北京代表团新闻发言人、新闻官、联络员，分工明确、职责到位，奠定了做好新闻宣传的工作基础。前期各项准备工作周密细致、各种信息全面准确，根据赛程赛况稳步推进，奠定了做好新闻宣传工作的物质基础。积极调动各训练单位的宣传骨干力量，建立了基层的新闻发言人和联络员，为做好全运会宣传工作奠定了人力基础。以满足媒体需求为目标，以周到、细致的工作，将“善待媒体”的原则，落实为具体的服务媒体的措施。

对今年的全运会，新闻媒体给予了高度关注和大力的宣传报道。北京各大媒体对本届全运会及北京运动员的宣传报道投入了大量的人力物力，报名记者达 225 人，在全国各省市中占据首位。在报道过程中认真贯彻中宣部和组委会的有关要求，不仅信息量大、范围广，而且有深度、效果好。如北京晚报、北京日报、法制晚报、北京青年报、北京晨报、北京电台、北京电视台等，都开设了全运专版（或专题节目），投入了大量的人力、物力。为帮助各媒体全面深入地了解北京参加全运会选手的情况，市体育局宣传处从信息入手，做了大量细致的准备工作，并在赛会期间组织召开了两次北京代表团新闻通气会，安排代表团领导坐客中央电台、新华网演播室，接受组委会会刊《济南日报》和《中国体育报》的专访，均收到很好的宣传效果。

二、完成2008–2009国际场地自行车冠军赛、中俄青少年运动会、“英超意甲”媒体运行及新闻宣传工作。

2008–2009国际场地自行车冠军赛于1月16日至18日在老山自行车馆举行。宣传处参与组建了新闻宣传部，本届赛事共有境内外40多家媒体的120多名媒体记者参与报道。同时，为加强赛事的宣传报道力度，新闻宣传部成立了自己的新闻撰写小组，先后采访多位教练员、运动员和组委会官员，为记者提供新闻素材并发表于本届赛事的官方网站，得到赛事组委会和国际自盟的广泛好评。

今年是中俄建交60年，作为中俄国家年中一项重要的交流活动，中俄青少年运动会于7月27日–31日在北京举行。宣传处参与组建了新闻宣传部，共有30余家媒体的60多名媒体记者参与报道。新闻宣传部统筹兼顾，联系北京电视台直播赛事开幕式晚会、制作赛事专题纪录片，组织摄影记者拍摄比赛交流照片并收集制作成专题相册，在闭幕式时赠与俄罗斯代表团留念。

巴克莱英超“亚洲杯”和意大利“超级杯”是2009年北京国际足球季的两项重要比赛活动，分别于7月29日、31日和8月8日在北京工人体育场及国家体育场举行。共吸引全球超过40个国家和地区的电视台进行直播或转播，境内外70多家媒体的240多名媒体记者参与报道。比赛过程中，媒体运行平稳有序，媒体服务人性化、热情贴心。三个竞赛日共召开5次

赛后新闻发布会，媒体反馈良好，很好地完成了本项赛事的媒体运行和新闻宣传工作。

三、做好第七届全民健身体育节宣传报道工作。

第七届全民健身体育节于6月20日至8月8日举办。宣传处组织媒体对各项群众体育活动进行了充分的宣传报道，营造了浓郁的全民健身氛围。前期即制订了全民健身体育节的宣传报道方案，提出重点报道内容，对6月20日全民健身体育节开幕式千台万人乒乓球活动及8月8日闭幕式鸟巢万人太极拳破吉尼斯世界纪录活动，组织中央和市属各主流媒体给予了重点宣传报道。在6月20日开展的千台万人乒乓球活动中，共邀请中外32家主流媒体的60余名记者前来采访报道，为记者提供了记者席、摄影区等方便记者工作的便利条件，多家主流媒体在头版头条刊发了活动照片。8月8日举行的鸟巢万人太极拳破吉尼斯世界纪录活动，受到中外记者的关注，报名采访记者非常踊跃，共有45家中央、市属及外地主流媒体的89名记者及20家包括路透社、美联社、法新社等境外驻京主流媒体的51名境外记者前来采访报道。宣传处前期积极筹备，挖掘深层材料，为记者提供了生动的新闻素材，多数媒体都在头版头条刊发活动照片，并对该活动进行了详细报道，收到了极大的社会效应。

另外，组织媒体对其他各项群众体育活动进行了充分的宣传报道，营造了浓郁的倡导全民健身的社会氛围。尤其是对于我市的群众传统体育品牌赛事，如北京市春季长跑、卢沟桥醒狮越野跑、攀登中央电视塔大赛等活动，集中力量专门组织中央和市属媒体进行充分宣传，收到了良好的社会效果。

四、加大体育对外宣传力度，做好境外媒体采访接待工作。

2009年，各体校在吸取2008年奥运会媒体接待经验的基础上，本着“善待媒体”的原则，一方面执行严格的审批程序，要求提供书面的采访申请、采访提纲、记者证或记者签证；另一方面，告知媒体记者需遵守的相关规章制度，尽量满足境内外媒体记者的采访要求。什刹海体校作为北京市国际新闻中心下设的新闻采访点和北京体育对外宣传的窗口，2009年共接待了法新社、瑞典新闻社、牙买加电视台、中央电视台、北京电视台、北京晚报等20余家境内外媒体近百人来校采访、拍摄。媒体除继续关注学校基本情况、运动员来源及选拔方式、运动员的培养模式、如何解决运动员的学训矛盾、运动员的去向、学校的经费来源等常见问题外，境内外媒体将焦点更多的转向了北京奥运会对学校及学生产生的影响，建国60周年来学校的发展变化以及第十一届全国运动会学校的备战及参赛情况。

五、完成国庆60周年群众游行彩车工作和中国体育发展成就的宣传工作。

今年是国庆60周年，首都各界群众在10月1日组织了盛大的游行活动。宣传处参与了群众游行彩车工作，负责组织实施总体方案和各项训练任务。在体育发展方阵总队的领导和四分指彩车处的指导下，负责统筹“体育发展”方阵彩车运行和管理，协调解决方阵彩车的各项后勤保障工作。完成了彩车处团队组建与人员管理，制定详细的彩车运行与筹备工作计划，协调各类工作人员的日常联络、组织训练、思想动员、现场指挥调度工作。有效开展彩车训练及各类工作人员的分练、合练工作，并在训练中进一步细化、量化岗位工作要求。按照彩车指挥部的统一部署，参与天安门广场彩车展演工作。

群众游行彩车工作是整个方阵的亮点，工作人员顾大局、识大体、守纪律、讲团结，以高度的历史使命感和政治责任感，全面、深入、细致、扎实地做好各项工作。不断根据新情况，开展任务梳理，明确工作任务，狠抓贯彻落实，确保无缝对接。切实做到了彩车工作机构组织落实、计划方案落实、活动人员落实、后勤保障落实。精心组织，周密安排，采取有效措施确保彩车在整个游行队伍中发挥营造气氛、承上启下、突出亮点的重要作用。确保彩车各方面工作环环相扣、紧密衔接。高质量、有创新地完成了国庆彩车工作任务。

由国家体育总局主办的“中国体育60年辉煌成就展”于10月16日–22日在济南国际会议中心举办。宣传处深入挖掘各类素材，以大量详实的文字和实物、精美的图片和视频资料，全面展示建国以来北京市体育事业发展的光辉历程，展览吸引了国内外各界人士数以万人前来参观。有来自国家体育总局各系统观摩团代表和北京、上海、四川、香港等各省市观摩团代表，也有外国友人、归国华侨、普通市民、少年儿童等。著名运动员中国第一个女子乒乓球世界冠军邱钟惠、体操运动员马燕红、跳高运动员郑凤荣等老一辈体育工作者也来到本展区参观。北京市体育局被组委会授予“优秀组织奖”。

关于表彰体育宣传先进单位的决定

各会员单位：

2009年是北京奥运会、残奥会成功举办后首都发展进入新阶段的第一年，也是我市体育工作的丰收年。全民健身蓬勃开展，体育设施遍布城乡，竞技体育水平稳步提高，体育产业体系逐渐完善，体育赛事持续不断，体育法规建立健全。2009年北京体育事业取得的可喜成绩，是全市体育工作者共同努力的结果，同时也凝聚着体育新闻工作者付出的艰辛努力。

为表彰各会员单位所做出的贡献，激励各会员单位继续做好体育新闻宣传工作，市体育局、市体育记协决定授予《北京日报》体育部等11家新闻单位“北京市体育宣传突出贡献奖”，授予新华社体育部等18家新闻单位“北京市体育宣传贡献奖”。望在新的一年里，各会员单位戒骄戒躁，继续努力，为推动首都体育事业的发展做出新的贡献。

附件：获奖名单

北京市体育局
北京市体育记者协会
二〇一〇年一月二十日

2009 年获体育宣传突出贡献奖和体育宣传贡献奖单位名单

（一）体育宣传突出贡献奖

(1) 《北京日报》体育部

(2) 《北京晚报》体育部

(3) 《北京青年报》体育部

(4) 《北京晨报》体育部

(5) 北京电视台体育节目中心

(6) 北京电视台新闻节目中心

(7) 北京人民广播电台体育台

(8)《法制晚报》体育部

(9)《北京娱乐信报》体育部

(10) 新华社北京分社体育组

(11) 《中国体育报》社体新闻部

（二）体育宣传贡献奖

(1) 新华社体育部

(2) 中央电视台体育节目中心

(3) 中国国际广播电台体育部

(4)《中国新闻社》体育部

(5) 《人民日报》科教文部体育组

(6) 《人民日报海外版》国际与体育部

(7) 《中国日报》体育部

(8) 《中国青年报》体育部

(9) 《工人日报》体育新闻部

(10) 《光明日报》体育部

(11) 《京华时报》体育部

(12)《新京报》体育部

(13)《竞报》体育部

(14)《劳动午报》体育新闻组

(15)《为您服务报》体育组

(16)《武魂》编辑部

(17)《体育博览》编辑部

(18) 北京电视台体育局记者站

关于表彰长期从事体育新闻宣传工作者的决定

各北京市新闻单位：

新中国成立 60 年来，中国体育事业取得了举世瞩目的成就，北京体育事业也取得了巨大成就和历史性突破，这是广大体育工作者和广大体育新闻工作者共同努力的结果。为表彰长期在新闻战线为我市体育新闻事业发展做出贡献的体育新闻工作者，弘扬爱岗敬业、无私奉献的精神，促进我市体育新闻宣传队伍不断发展壮大，北京市体育记者协会决定授予从事体育新闻宣传工作 20 年以上的北京体育新闻工作者王继田等 28 人“北京体育新闻宣传特别贡献奖”称号。

希望受到表彰的体育新闻工作者珍惜荣誉，再接再励，为北京体育新闻宣传事业再立新功。同时也希望全市体育新闻宣传工作者向受到表彰的同志学习，为推动我市体育事业的发展作出新的贡献。

附件：人员名单

北京市体育记者协会

二〇〇九年十一月十八日

附件：

北京市体育新闻宣传工作
特别贡献奖受表彰人员名单
（按姓氏笔画为序）

王继田　王少华　田苏东　左达文　孙保生　吕会民
刘兴忠　刘宪宗　刘顺发　李永广　李　戈　李鲁英
李长平　李　晖　李　轩　杨跃华　汪永年　宋建生
张友信　吴　东　胡晓飞　郭培忠　姚　刚　袁虹衡
徐桂兰　梁　言　程　玲　焦少波

2009年中国网球公开赛好新闻获奖作品

序号	类别	获奖作者	单位	作品名称
1	特等奖	黄海宁	BTV新闻部	关注中网：比赛精彩 观众水平水涨船高
2		褚　鹏	北京青年报	“让网球大腕以参加中网为荣”
3		左天驰	北京人民广播电台新闻台	中网盛大开幕 市民享受嘉年华
4		吴睿娜	北京日报	北京欲打造网球之都
5	一等奖	杜　锐	北京青年报	中网六年级　破茧化蝶
6		张亚军、石晶晶、杜　尔	BTV6	中网“硬道理”携手软文化
7		刘人杰	新浪网	小威做客新浪：有个绝望主妇像自己最想演动作片
8		谷　欣	法制晚报	做游戏看大腕国庆长假玩转中网
9		刘晓星	北京晚报	“芬”离满是幸福
10		张　杨、陈　阳	BTV5	中网升级引发观赛热潮 商业推广趋于成熟

续表

序号	类别	获奖作者	单位	作品名称
11	优秀奖	李　莹	北京晨报	老公支招难救郑洁
12		周　勍	北京青年报	巨星扎堆门票抢手
13		张　巍	北京青年报	走上果岭小德依然搞笑
14		许立群	人民日报	中网越来越精彩
15		刘颖余	工人日报	中网之天时地利人和
16		杨世忠	中国日报	中网：德约科维奇夺冠
17		刘海波	国际台	中网成为备受关注的世界顶级赛事
18		戴　莉	体坛周报	骄傲中网　瞄准百年—专访中网赛事总监张军慧
19		张奔斗	体坛周报	扬科维奇：2009 我学会宽容自己
20		陈书佳	搜狐网	彭帅夺中网首冠声音哽咽深情告白：我爱你中国
21		何烃经	搜狐网	纳达尔宣布腹部伤势痊愈 中网成其复出首站比赛
22		刘　君	搜狐网	萨芬福地挥手即将说再见 曾获首届中网男单冠军
23		马克杰	搜狐网	郑洁/晏紫：配合默契没生疏感主场作战有压力
24		陈　童	新浪网	彭帅时隔 17 个月再胜 TOP10 北京福地演 09 年最大亮点
25		程　文	新浪网	李娜基本锁定年终前 20 健康仍是下赛季最重要课题
26		吴雅幸	新浪网	萨芬中网退役仪式感动全场 深情一吻永留中网赛场
27		贾小飞	法制晚报	大腕中网难立足本土球员救火
28		毛煊磊	京华时报	“沙皇”挥别中网
29		孙海光	新京报	告别萨芬专题《北京一夜》
30		汪　涌	新华社	彭帅横扫莎拉波娃金花让莲花球场沸腾
31		南　辰	新华社	图–中网：萨芬告别中网

体育法制

【综述】2009年，体育法制工作在市政府和国家体育总局的领导下，在各区县体育局的全力支持和努力下，以做好体育法规的配套立法和立法调研、制定法规自由裁量权规范为重点，并做好《全民健身条例》的宣传、贯彻工作，取得较大成绩。

一、制定体育法规、规章自由裁量权规范。

为了保证本市体育行政部门在实施行政处罚时公平、公正地行使裁量权，促进依法行政，依据《中华人民共和国行政处罚法》等法律、法规、规章的有关规定，制定行政处罚裁量标准。市体育局多个处室密切配合，制定了《北京市体育运动项目经营单位安全生产规定》行政处罚裁量权标准（草案）；为了有效实施《北京市体育竞赛管理办法实施条例》，加强体育竞赛的安全管理和行政处罚力度，法规宣传处与竞赛管理中心密切配合，在广泛征求意见的基础上制定了《北京市体育竞赛管理办法实施细则》行政处罚执行标准（草案）。

二、积极开展体育法规、规章的宣传、贯彻工作。

为做好全市体育系统学习、宣传、贯彻《全民健身条例》的有关工作，市体育局组织召开了宣传、贯彻《全民健身条例》工作会议，并邀请国家体育总局和市政府法制办有关负责人作专题讲座；根据北京市人事局、北京市突发公共事件应急委员会办公室《关于在北京市公务员中开展突发事件应对法培训的通知》要求，举办了《中华人民共和国突发事件应对法》及应急管理工作的专题讲座。

三、深入开展立法调研工作。

为了认真贯彻、落实《北京市全民健身条例》，为广大市民提供良好的基础健身场所和设施，保障人民群众享有基本的体育公共产品和服务，市体育局与市人大教科文卫体办公室、市社会建设办、市规委、市建委联合开展的“北京市居住区配套体育设施现状调查”顺利完成，并取得重要成果。通过调查，摸清了北京市居住区配套体育设施基本状况，为进一步加强居住区配套体育设施的建设和管理提供了有效依据；市体育局借助中国政法大学的理论优势，联合市人大开展了《北京市体育市场管理条例》立法调研。力求通过《条例》的规范和引导，使北京体育市场沿着健康、快速的轨道发展，真正成为国际化体育中心城市，并为体育市场立法奠定基础。

四、大力加强体育执法工作。

市体育局加大体育执法行政处罚力度,使全社会对体育行政管理、体育行政执法的认知逐步增强。通过对崇文区金航线娱乐有限公司的行政处罚，进一步规范了处罚程序，通过处罚与教育相结合，达到了良好的社会效果。通过加大处罚力度，体育市场经营者对安全隐患的整改力度明显加强，体育场馆安全基础工作有了较大的提高，同时也提高了体育执法部门的权威。

加强市体育局执法人员资格管理工作。按照市政府法制办要求，为局系统体育执法人员办理新的执法证件，并进一步规范了证件的使用、管理工作。

【开展宣传、贯彻全民健身条例工作】为做好全市体育系统学习、宣传、贯彻《全民健身条例》的有关工作。市体育局组织召开了宣传贯彻《全民健身条例》工作会议。邀请国家体育总局政法司法规处卫虹霞处长就“全民健身条例的几个主要问题”作报告；还邀请市政府法制办综合处程行仑处长就“什么是依法行政和如何依法行政”举办了专题讲座。

【举办突发事件应对法培训】根据北京市人事局、北京市突发公共事件应急委员会办公室《关于在北京市公务员中开展突发事件应对法培训的通知》要求，5月13日，市体育局举办了《中华人民共和国突发事件应对法》及应急管理工作的专题讲座。本次讲座采取现场讲课与视频授课相结合的方式，邀请市政府法制办法制二处副处长王子强对《中华人民共和国突发事件应对法》进行了认真解读，并就市体育局应急管理工作提出了相关意见和建议。

【举办领导干部法制培训】5月份，举办北京市体育局机关及直属单位领导干部法制培训，邀请中国政法大学体育法学教授马洪俊结合国内外体育领域发生的典型案例进行讲解，普及有关法律知识，增强广大领导干部的法制观念。

【完成居住区配套体育设施现状调查】为保障全市人民群众享有基本的体育公共产品和服务，市体育局顺利完成与市人大教科文卫体办公室、市社会建设办、市规委、市建委联合开展的“北京市居住区配套体育设施现状调查”，取得重要成果。进一步摸清了北京市居住区配套体育设施基本状况，为进一步加强居住区配套体育设施的建设和管理提供了有效依据。

【申请制发全市行政执法证件】根据北京市政府法制办统一安排，市体育局依照《北京市行政处罚执法资格管理办法》的规定，为全局和直属单位33名执法人员申请制发全市统一的行政执法证件，有力地推动了执法检查工作的规范化建设。

【开展规范性文件清理工作】根据北京市人民政府办公厅《关于开展行政规范性文件清理工作的通知》要求，市体育局对全局各部门制定需要保留、失效、废止的规范性文件进行集中清理，共清理出符合要求的行政规范性文件31件，其中决定保留的行政规范性文件23件，决定废止的行政规范性文件8件。

2009年体育局全程办事代理工作情况一览表

序	行政许可项目	数量	是否许可或批准	办结率
01	举办健身气功活动及设立站点审批	38个		100%
02	开办武术学校审批	0		
03	开办少年儿童体育学校审批	0		
04	体育类民办非企业登记审查	1		100%
05	临时占用公共体育设施开展非体育活动许可	0		
06	从事射击竞技体育运动单位审批	0		
	非行政许可项目			
	举办体育竞赛活动审批	5个		100%
	社会服务类项目			
01	一级运动员技术等级	310		100%
02	一级裁判员技术等级	188		100%
03	一级社会体育指导员技术等级	173		100%

体育社团

【综述】2009年北京市体育总会按照市体育局的统一部署，以科学发展观为统领，以“全民健身日”为契机，充分认识和发挥体育社团在社会公共事务管理中的作用。切实推进体育社团实体化工作，加强体育社团自身组织建设，增强服务功能，规范体育社团的管理，求真务实，圆满地完成了各项工作任务。

一、加强体育社团自身建设，推进体育社团实体化进程。

一是体育社团实体化工作进入实施。实体化工作从规划、调研、专家讨论、协会试点等诸多工作，历经10余载，积累了大量实体化工作的基础材料和工作经验。2009年5月《北京市体育协会实体化工作实施方案》经多方专家论证修改，数易其稿，已由北京市体育局颁布出台，并下发到我市18个区县体育总会及亦庄经济开发区体育发展局、燕山体育运动中心和77个市级体育协会。为今后继续推进该项工作奠定了理论基础，实体化工作由务虚阶段过渡到具体实施阶段，标志着我市体育社团实体化工作迈上新台阶。

二是北京市体育社团办公中心稳步发展。自2007年8月北京市体育社团办公中心正式成立2年多来，18家体育社团入住办公中心，各协会之间资源共享、信息互通、创新了工作思路。

三是加大宣传工作力度。我市每年由体育社团参与主承办的赛事活动多达400余次，市体总与市体育局信息中心加强合作，为体育社团举办的赛事活动大力宣传、扩大影响，协会比赛的过程和结果都及时的在互联网上刊登，有效的促进了协会宣传工作。

四是顺利完成体育社团年检工作。2008年北京共有74个体育社团参检，其中因2年优秀而免检的协会有22家，占总数的30%；年检合格的协会41家，占总数41%、基本合格的9家，占12%。年检合格率较上一年又有提高，得到了市社团办及参检体育社团的一致认可。通过年检工作，有效地促进了体育社团建设与管理。

五是协会完成换届工作和成立新协会工作。市体总对于本年度应换届协会针对不同的情况给予相应的指导，使他们在换届工作中的各个环节上尽量少走弯路。本年度有

13家体育社团顺利地完成了换届工作。市体总根据社会发展的需求，协助成立了女子网球和飞镖两个新协会，进一步拓展本育社团的覆盖面，为体育社团组织建设工作提供了有力的资源支持。

六是争取人事组织部门的支持，解决的领导干部兼职问题。近年来，党和国家对领导干部的兼职制定了一系列原则和规定，但由于体育的职业化和社会化的发展还在起步阶段，体育社团和其他行业协会还不具备可比性。为保持体育社团发展的连续性，市体总向市委组织部、市体育局人事处提出了领导干部兼职的意见，分析了体育局领导兼职对当前体育社团发展的必要性和重要意义，得到相关部门的认可，解决了多年遗留的体育社团领导干部兼职问题，促进了我市体育社团的工作开展。

七是面向协会、和谐发展。今年市体育总会工作人员下基层调研、座谈了解情况200余次，参加体育社团举办的活动100余次，接待社团及社会咨询400余次，协调社团重大问题达50多项,解决了诸多方面的问题和矛盾，消除了许多潜在的不安定因素，为社会和谐发展起到了促进作用。

二、推动体育社团活动建设，促进全民健身运动发展。

2009年是群众体育健身长足发展的一年，体育社团发挥其在项目管理方面的资源优势，举办了一系列丰富多彩的群众体育赛事活动，由协会参与主承办的体育赛事活动达400余项，吸引了大量的社会人群关注，起到了很好的宣传作用，受到了各界群众的好评，市体育总会及多个协会被国家体育总局评为2009年全民健身活动先进单位和北京市第七届全民健身体育节先进单位的称号，扩大了体育社团在社会的影响。

三、完成北京市体育总会换届工作。

9月8日，北京市体育总会在北京会议中心召开第六届会员代表大会。大会审议通过了修改后的《北京市体育总会章程》；选举产生了市体育总会第六届理事会，市体育局党组书记、局长孙康林再次当选为市体总主席，还选举产生副主席、常务理事、理事共122人。孙康林局长回顾了第五届委员会自2002年8月以来，在体育社团基础建设、推进实体化工作、组织群众体育活动、参与北京奥运会工作等各项工作中取得的成果，充分肯定了体育社团组织在服务社会、服务政府方面发挥的积极作用。刘敬民副市长对市体育总会工作提出了新的要求，一是要发挥体育总会的优势，广泛开展各类体育项目，提高体育社团社会影响，扩大体育项目的社会作用；二是体育工作者要抓住机遇，开拓思路，研究和把握体育市场的变化规律，引导体育健身活动健康发展；三是体育工作的开展要规范化运行，挖掘现有项目资源，挑选出适合不同行业、不同人群参加的体育项目，引导群众选择健康的生活方式，为打造国际体育中心城市、建设更加繁荣、文明、和谐、宜居的首善之区，做出更大的贡献。

四、存在的问题

在各项工作不断取得进展的同时，我们也发现了许多问题，这些问题有些是历史原因造成的，有些是新时期、新形势下产生的，表现在几方面：一是我市体育社团发展水平参差不齐，发展速度快慢不一。二是体育社团的工作水平和骨干队伍的综合素质参差不齐。三是宣传工作亟待加强。四是协会间的欠缺交流沟通，影响共同发展。五是加大解决历史遗留问题的力度。六是完善各种长效机制。

【市民间组织国际交流协会领导到市体育总会考察调研】4月2日，北京市民间组织国际交流协会（简称市民交协）在市体育局考察调研市体育总会工作。市民交协会长、市第十届政协副主席黄承祥，市民交协潘友生副会长，市外办非政府处处长，市民交协张玲玲秘书长，市民交协赵小鲁监事长；市体育局局长、党组书记、市体育总会主席孙康林，市体育局副书记、副局长、市体育总会副主席孙学才，市体育局副局长、党组成员、市体育总会副主席李丽莉，市体育总会郭英泽常务副秘书长出席会议。

【召开“作风建设年”动员会】为深入贯彻落实北京市委“关于深入学习实践科学发展观，开展弘扬北京奥运精神，加强领导干部作风建设年活动的通知”精神，进一步推动市级体育社团实体化工作进程，4

月8日下午，市体总召开了"作风建设年"动员大会，对市体总作风建设年活动的开展进行了部署。

【举办第四届2009北京亚洲花样滑冰邀请赛】 2009年4月10日--12日由北京市体育总会、北京市冰上轮滑运动协会、中国国际贸易中心有限公司、国贸商城、国贸溜冰场共同主办的第四届亚洲花样滑冰邀请赛在国贸溜冰场开幕。本次邀请赛是在北京国贸

冰场举行的第四届亚洲地区比赛，只要是作为"ISIA"会员冰场的学员，无论多大年龄，都可以报名参加这样的比赛。本届比赛的参赛单位来自不同国家和地区的8家滑冰场，参赛选手338人，个人比赛项目814个，团体比赛项目69个。本次大赛最大年龄是63岁，最小年龄为3岁。比赛项目多达数百个。

【召开"体育活动下农村"动员会】 为进一步推进群众体育活动工作，加强农村地区的全民健身体育活动，5月11日，市体育总会在市农业局与市农民体协等7个体育协会召开群众体育活动深入农村动员会。郭英泽副秘书长向各协会介绍了该项工作的主要背景，即通过划分人群的指导思想推广体育协会的项目，并从提高农村人口全民健身意识，建设新农村，构建和谐社会的角度提出要求。通过进行"百镇千村"的比赛活动，以新颖的比赛形式、灵活的竞赛规则把篮球、乒乓球、台球这3个根植于农村的项目抓好，并针对农村生产劳动和生活方式特点，培训、推广回春保健操、太极拳、风筝等项目，提高广大农民对群众体育活动、科学健身的认识。

【召开第一届全国老年人体育健身大会筹备工作会议】 5月20日，第一届全国老年人体育健身大会筹备第一次工作会议在北京市体育局召开，市体育总会、市老龄办、市老年体协、市气功管理办公室、北京棋院及参赛的市级单项体育协会近20人参加了会议。会议由市体育总会常务副秘书长郭英泽主持，市老年体协副主席兼秘书长李仕荣介绍了第一届全国老年人体

育健身大会总规程及举办和参加此项赛事的意义。会议还就参赛准备工作征求了各参赛单位意见和建议。

【首届北京市体育大会隆重开幕】由北京市体育局、北京市体育总会主办，北京市市级体育协会承办的首届北京市体育大会开幕式于7月15日在北京光彩体育馆隆重举行，市体育局孙康林局长、市政协教文卫体委员会牛继升主任、原北京市政协万嗣铨副主席、市体总名誉主席万进庆、市社团办高卓副处长等领导出席开幕式，市体育局李丽莉副局长主持开幕式，孙康林局长为开幕式致辞，牛继升主任宣布首届北京市体育大会开幕。

北京市体育大会是群众体育活动的盛会，比赛日程贯穿6月至8月。它汇聚了北京市20个体育协会，包括台球、门球、风筝、毽绳、无线电、登山等26个群众喜闻乐见、开展广泛、深入民心的民俗传统健身项目，各项目竞赛规程的制定及报名审核和竞赛组织工作均由各协会独立完成。既有适合暑期学生的篮球赛，也有迎接8月8日全民健身日安排的各项丰富多彩的活动。从老人到儿童、从白领到农民工、从普通群众到领导干部，参与人群覆盖面广，参赛方式多种多样，集体、个人均可报名，并且随报随赛，形式广泛，贴近大众，吸引了数以万计的体育爱好者参加，为社会各阶层、各年龄段人群参与体育健身搭建了广阔的平台。

【召开第六届会员代表大会】9月8日，北京市体育总会在北京会议中心隆重召开第六届会员代表大会。副市长刘敬民，市体育局局长市体总主席

孙康林、市社团办主任李明利及市体育局有关领导出席会议，会议由市体育局副局长李丽莉主持，孙康林主席做了第五届委员会工作报告。大会审议通过了修改后的《北京市体育总会章程》，选举产生了市体育总会第六届理事会。原市体育局老领导魏明、王进庆被聘为市体育总会第六届理事会名誉主席，市体育局党组书记、局长孙康林再次当选为市体育总会主席，还选举产生副主席、常务理事、理事共122人。

刘敬民副市长对市体育总会工作提出了新的要求，勉励与会同志要借助北京奥运会成功举办的契机，结合科学发展观，把各项工作落在心上，落在实处，为打造国际体育中心城市、建设更加繁荣、文明、和谐、宜居的首善之区，做出更大的贡献。

【完成国庆60周年庆典和平鸽放飞】北京市信鸽协会于5月11日正式接到由市体育局转发的“首都国庆60周年北京市筹备委员会群众游行指挥部”文件，执行在国庆庆典上放飞6万羽和平鸽的任务。为完成此项任务，北京市信鸽协会成立了由李丽莉副局长为总队长的信鸽放飞总队，动员全协会会员2万多名；从全市比赛信鸽资源中征集、挑选8万羽信鸽；调集集装箱式专用放飞车18辆；整修、加固、油漆放鸽笼300个；选拔、培训放飞人员80名。分别在8月29日上午国庆庆典预演上试放飞1万羽信鸽，在国庆庆典上放飞6万羽信鸽(每次放飞足羽数放飞，并有5000羽伴飞)。创造了我国国庆典放飞和平鸽的新纪录。本次放飞任务，仅在整修旧放鸽笼和制作放鸽笼遮挡装饰网一项上就为国家节省资金60多万元。市委、市政府领导在多场合多次口头表扬和高度肯定了信鸽放飞工作，国庆群众游行指挥部授予北京市信鸽协会国庆庆典优秀组织单位奖。

【主办北京第二十三届卢沟桥醒狮越野跑】由政协北京市委员会、北京市体育总会、北京市丰台区人民政府共同主办的第23届卢沟桥醒狮越野跑比赛，于10月11日上午在丰台区宛平城中国人民抗日战争纪念雕塑园和卢沟桥畔举行。原全国人大常委会副委员长何鲁丽宣布比赛开始，北京市政协主席阳安江，原北京市政协主席白介夫、王大明，全国政协教科文卫体委员会副主任蒋效愚、北京市副市长刘敬民、北京市体育总会名誉主席万进庆为比赛鸣枪发令。北京市政协副主席陈平、赵文芝、王永庆、蔡国雄、秘书长阎仲秋出席开幕式。丰台区区长游广斌致开幕词。开幕式由丰台区副区长吕仕杰主持。

本届比赛出于安全考虑对年龄界限和赛程进行了相应调整，设男女老年、少年1.5公里组，男女成年8公里组，起点分别设在抗日战争纪念雕塑园和卢沟桥头。包括100余名市政协机关干部及兄弟省市长跑队在内的3000余名长跑爱好者参加了本届比赛。

北京市体育协会实体化工作实施方案

为全面贯彻落实党的“十七大”精神，加快北京市体育协会实体化工作进程，进一步发挥体育协会在体育工作中的中介作用和服务功能，全面加强体育协会的组织建设、制度建设和队伍建设，结合我市体育协会工作实际，制定此实施方案。

一、体育协会实体化建设的必要性。

（一）推进体育协会实体化建设是北京市体育“十一五”发展目标任务之一，是体育体制改革和机制创新的需要。同时这也是党中央、国务院及市委、市政府关于加强和改进新时期体育工作的要求，是北京市体育协会发展的需要，它将提高我市体育协会的社会竞争力，促进协会法制化、规范化、社会化、市场化、实体化进程。

（二）推进体育协会实体化建设是政府职能转变的需要。体育协会应逐步承担起部分原由行政机关行使的职能，给予体育行政管理部门在宏观调控、市场监管、社会活动管理和公共服务等方面必要的补充。

(三)推进体育协会实体化是体育改革的需要。体育协会工作要认真研究新时期北京体育协会的发展规律和特点，在市体育局的统一部署下，做好各项群众体育工作，发挥体育协会的社会中介和服务功能，促进竞技体育与群众体育协调发展，满足广大人民群众日益增长的健康需求，努力构建社会主义和谐社会。

二、体育协会实体化标准。

(一)体育协会实体化发展方向。

各协会在业务主管单位和登记管理机关的领导下，成为开展和管理本项目的主体，具有代表性、权威性；协会法人条件完备，独立承担民事责任，有能力依托社会，自我管理、自我约束、自我发展，形成以项目资源为基础，以品牌赛事、群众活动为载体，以公正、诚信、优质、高效的服务为宗旨，不断提高协会及其项目在体育市场上的覆盖率和占有率，形成广开市场、依法经营、自给自足、可持续发展的具有自我生存能力的独立运行机制。

经过实体化建设，体育协会实现：合法登记、具有规范的协会章程，有全面实践章程、能够独立组织活动，具有市场运作的基础设施(固定场所)，能够依托社会、自我生存、自我发展，真正成为服务政府、服务社会的社会团体。

(二)体育协会实体化标准。

1.具备独立社团法人资格。

(1)协会根据社团管理条例，进行社团法人登记，依据章程推选社团法人。

(2)协会理事会对协会实体化工作有充分的认识和决心，熟悉本协会各项工作，社会责任感强。

(3)协会理事会有较高的政治觉悟和政策水平，有丰富的社团管理经验和坚实的理论基础。

(4)协会理事会了解协会情况，能把握协会发展方向，并对协会的建设有明确的指导意见，对协会工作定期进行检查和总结。

(5)有专门的法律顾问和法律保护措施。

2.有规范的协会章程和以章程为核心的各项工作制度。

(1)协会章程规范，体现协会的工作核心和目标，有中远期的发展规划及实施方案。

(2) 协会按照章程规定年限按时换届，严格执行常务理事会、理事会、会员代表大会、年会、监事会等会议制度，重要会议要有会议纪要、议事决议等正式文字材料或文件。

(3) 各项规章制度、本项目技术规范及项目标准完整规范。

(4)协会工作人员职责明确,分工合理,各岗位有具体职责和要求。

3.有稳定的基础设施。

(1) 有固定的办公场所（具有营业执照的非家庭地址），有相对固定和集中的活动场所。

(2) 有一定的办公和通讯设备(电脑、电话、传真机、复印机等)。

(3) 有一定的经费，可以维持日常办公需要。

4. 组织机构科学合理，理事会、监事会等领导机构、办事机构设置明确。

(1)领导班子团结协作,业务素质高,信誉好,在会员中具有较强的凝聚力和号召力,定期召开会议,对协会发展工作提出规划，能及时解决协会发展遇到的各种问题。

(2) 协会领导班子中社会人士达 50%以上。

(3) 有专职秘书长。

(4) 除秘书长之外还要有不少于 2 人的专职工作人员（工作人员具有社团编制)。

(5)人事管理规范,办事机构、分支机构设置合理,管理规范。

(6)配备具有专业资格的会计，负责协会财务和资产管理工作。

5.实体项目具有较为广阔的市场经营的发展前景，具有相当规模的品牌赛事或传统活动。

(1) 有专门负责活动和竞赛工作的机构。

(2) 具备独立组织本协会项目活动及竞赛的能力。

(3) 具有专业水平高、策划组织能力强的开发人才，组织协会的群体活动和竞赛活动。

(4) 有专职（或聘请）熟悉和掌握市场经济的专门人才。

(5) 具备一定规模的裁判员队伍，协会设有裁委会，有对裁判员管理和培训的能力。

(6) 每年开展的活动或赛事不少于 8 项，其中至少具备一个全市性、全国性或国际性的品牌赛事或传统活动。

6.本届理事会任期内，协会年检合格率为 100%。

7.具备自立、自养、自强的能力。

(1) 协会具有本项目的权威

性，社会影响力大，会员制建设完备。团体会员、个人会员的数量能够覆盖全市各区县、各行各业。

(2) 开发并形成具有本协会特点的产品、项目、活动或赛事等，服务会员、服务社会、服务政府。

(3) 进一步开拓协会的市场资源，通过各种渠道积累活动资金，能够兴建本协会的实体，自给自足、自负盈亏。

8.已具备周密详实的本协会实体化的可行性论证报告和实施方案。

(1) 可行性论证报告和实施方案具体完善，可操作性强。

(2) 内容详实，措施有力，掌握该项目参与人群的类别、数量、附加产品等具体数据。

(3) 有明确的目标和实施计划，并能具体落实到部门和人员。

三、体育协会实体化申报程序。

(一) 协会申请。

各协会理事会要在认真调查研究的基础上，根据本协会的实际情况，对照体育协会实体化标准，做出申请实体化试点的决议并向市体育总会提出申请。

(二) 填写《北京市体育协会实体化申请书》(见附件)。

四、体育协会实体化审核。

(一) 由体育协会实体化审核小组对提出申请的体育协会按照实体化标准进行审核。

(二) 审核依据与原则。

以体育协会实体化标准为依据，遵循公开、公正、透明、平等、择优的原则进行审核。

(三) 审核步骤。

1.公布实施方案。

2.申请协会实体化的协会对照标准上报申请书材料。

3.审核小组进行审核。

4.审核小组提出经审核基本符合标准的候选体育协会名单。

5.由市体育总会广泛征求意见。

6.根据审核步骤，审核小组向市体育总会提出符合实体化标准的协会名单，由市体育总会审定。

五、引导资金。

市体育总会对符合实体化标准的协会给予引导资金支持。

（一）引导资金标准。

对审核后符合标准的协会，根据审核结果结合协会承担的工作职能、工作性质、发展潜力，给予不同标准的支持资金。

（二）引导资金用途。

实体化引导资金的使用主要用于三个方面：一是协会基础建设资金；二是协会活动建设资金；三是协会开展国内外交流及业务培训资金。

（三）引导资金管理。

按照北京市财政资金使用的有关规定，由市体育总会对引导资金的使用进行监管。

北京市体育总会章程

第一章　总则

第一条　本团体定名为北京市体育总会（简称市体总）。英文 BEIJING SPORTS FEDERATION，缩写 BSF。

第二条　本团体是北京市人民政府领导下的群众性体育组织，是中华全国体育总会的团体会员单位，是经北京市社会团体登记管理机关核准登记的非营利性社会团体法人。

第三条　本团体的宗旨是：依据中国共产党“十七大”会议精神，以科学发展观为指导，联系、团结体育工作者、体育爱好者及一切支持体育事业的团体和人士，按照中华人民共和国《体育法》及党和国家发展社会主义体育事业的各项方针政策，发展体育事业，增强我市人民的体质，提高我市体育运动水平，为社会主义精神文明和物质文明建设服务，增进我市的国际体育交往服务，努力构建社会主义和谐社会。

第四条　本团体遵守宪法、法律、法规和国家政策，遵守社会道德风尚，在各项活动中，维护国家的根本利益，促进经济、文化发展和社会进步。

第五条　本团体接受北京市体育局的行政管理和业务指导。接受北京市社会团体管理办公室的监督、检查和业务管理。

第二章　业务范围

第六条　本团体的业务范围：

（一）宣传党和国家发展社会主义体育事业的方针、政策，贯彻实施《北京市全民健身条例》和《社会团体登记管理条例》，配合体育行政部门构建面向大众的全民健身服务体系，推动群众体育和竞技体育的发展。

（二）依据市体育局和市社会团体管理办公室授权，对全市性的体育社团实施管理。

（三）对各区县体育总会和北京经济技术开发区社会发展局、燕山体育运动中心进行业务指导。

（四）组织社会调查和专业业务调查，组织社会体育理论、体育社团建设等方面的专题研究，组织体育社团的培训和工作交流。对我市体育发展战略和体育改革措施提出建议。

（五）加强本团体的组织建设，提高社团业务骨干的思想理论修养和业务水平。

（六）举办或与有关单位共同举办群众体育活动；支持和组织会员单位开展实施《北京市全民健身条例》的各类活动；承办国家体育总局、中华全国体育总会、市体育局委托的工作任务和活动；联系各省、区、市体育总会，互通情况，交流经验；积极开展国际体育交流活动，促进国际奥林匹克运动和文化的传播。

（七）推进体育社团实体化工作，提高体育社团在体育行政部门领导下，依托社会、自我管理、自我发展的工作水平，发挥体育社团的中介作用和服务功能，更好的服务政府、服务大众。

第三章　会员

第七条　本团体实行团体会员制。经市体育局批准成立的市级单项运动协会、俱乐部、市级行业和系统的体育协会及区县体育总会、北京经济技术开发区社会发展局、燕山体育运动中心可自动成为团体会员。

第八条　本团体的会员，必须具备下列条件：

（一）拥护并遵守本团体的章程；

（二）接受本团体的管理和业务指导。

第九条 会员享有下列权利：

（一）本团体的选举权、被选举权和表决权；

（二）参加本团体的活动；

（三）可依据各自的章程开展相关活动的组织工作、裁判员培训选派工作、科研及其他业务工作；

（四）获得本团体服务的优先权；

（五）对本团体工作的批评权、建议权和监督权。

第十条 会员履行下列义务：

（一）执行本团体的决议；

（二）维护本团体的合法权益和声誉；

（三）完成本团体交办的工作；

（四）按规定交纳会费；

（五）向本团体反映情况提出意见和建议。

第十一条 会员如有严重违反本团体章程的行为，造成恶劣影响的，经市体育总会常务理事会讨论，视其性质和情节轻重，给予处分，直至撤销其会员资格并提出撤销社团法人资格的建议。

第四章 组织机构

第十二条 本团体的最高权力机构是会员代表大会。会员代表经以下各方面推荐和民主协商产生：

（一）市体育系统；

（二）市政府有关委、办、局；

（三）工、青、妇等群众团体；

（四）与体育有关的教育界、新闻界、企业界、科研单位；

（五）团体会员单位。

第十三条 会员代表实行单位代表制和业务代表制。凡以单位代表任职的代表在任职期间因工作变动，由单位及时变更人选。

第十四条 会员代表大会主要职责是：

（一）制定和修改章程

（二）通过常务理事会理事和主席、副主席、秘书长人选，通过聘请名誉主席；

（三）选举和罢免理事、监事；

（四）审议常务理事会、监事会的工作报告；

（五）决定重大变更和终止事宜；

（六）决定其他重大事宜。

第十五条 会员代表大会须有2/3以上的代表出席方能召开；其决议须经到会代表半数以上表决通过方能生效。

第十六条 本团体会员代表大会每届五年。因特殊情况需提前或延期换届的，须由常务理事会讨论通过，并经市体育局和市社团办同意。延期换届最长不超过1年。

第十七条 本团体常务理事会是会员代表大会的执行机构，由各市级有关单位代表组成，下设秘书处、协会工作部、人事财务部3个专职机构及群体部、宣传部、外联部、科研部、法律事务部5个兼职机构。常务理事经有关方面协商、推荐后，由会员代表大会选举产生。主席、副主席从常务理事中产生。常务理事会在会员代表大会闭会期间领导本团体开展日常工作，对会员代表大会负责。

第十八条 常务理事会的职责是：

（一）执行会员代表大会的决议；

（二）向会员代表大会提出主席、副主席、秘书长的任免名单，在会员代表大会闭会期间可以决定个别领导成员的变更，并在下次会员代表大会加以追认；

（三）筹备召开会员代表大会；

（四）向会员代表大会报告工作；

（五）决定分支机构、代表机构和实体机构的设立；

（六）决定副秘书长、各机构主要负责人的聘任；

（七）领导本团体各机构开展工作；

（八）制定本团体各项管理制度；

（九）接受监事会提出的对本团体违纪问题的处理意见，提出解决办法并接受其监督。

(十) 决定其他重大事项。

第十九条 常务理事会须有 2/3 以上常务理事出席方能召开；其决议须经到会常务理事半数以上表决通过方能生效。

第二十条 常务理事会每半年至少召开一次；情况特殊的，也可采取通讯形式决定事项。

第二十一条 上一届理事会常务理事不再担任新一届理事会常务理事的同志，由常务理事会授予北京市体育总会荣誉牌。

第二十二条 本团体的常务理事必须具备下列条件：

(一) 坚持党的路线、方针、政策，政治素质高；

(二) 在本团体业务领域内有较大影响；

(三) 主席、副主席最高任职年龄不超过 70 周岁，秘书长为专职；

(四) 具有完全民事行为能力。

第二十三条 本团体的法定代表人为主席；本团体法定代表人不得兼任其他团体的法定代表人；主席连任不超过两届。

第二十四条 本团体主席行使下列职权：

(一) 召集和主持会员代表大会；

(二) 检查会员代表大会、常务理事会决议的落实情况；

(三) 代表本团体签署有关重要文件。

第二十五条 本团体秘书长行使下列职权：

(一) 主持办事机构开展日常工作，组织实施年度工作计划；

(二) 协调各分支机构、代表机构、实体机构开展工作；

(三) 提名副秘书长以及各分支机构、实体机构主要负责人，交常务理事会决定；

(四) 处理其他日常事务。

第二十六条 监事会：

本团体设监事会，监事会由三人组成，由常务理事会推荐，会员代表大会通过，向会员代表大会负责，其主要职责：

(一) 选举产生监事长；

(二) 出席或列席会员代表大会、常务理事会；

(三) 监督本团体及领导成员依照《社会团体登记管理条例》和有关

法律、法规开展活动；

(四) 督促本团体及领导成员依照核定的章程、业务范围及管理制度开展活动；

(五) 对本团体会员、工作人员违反纪律、损害本团体声誉的行为进行检查和监督；

(六) 对本团体的财务状况进行检查和监督；

(七) 对本团体的违法违纪行为提出处理意见，提交常务理事会并监督其执行。

第五章　资产管理

第二十七条　本团体经费来源：

(一) 会费；

(二) 捐赠；

(三) 政府资助；

(四) 在核准的业务范围内开展活动或服务的收入；

(五) 利息；

(六) 其他合法收入。

第二十八条　本团体按照国家有关规定收取会员会费。

第二十九条　本团体经费必须用于本章程规定的业务范围和事业的发展，不得在会员中分配。

第三十条　本团体建立严格的财务管理制度，保证会计资料合法、真实、准确、完整。

第三十一条　本团体具备具有专业资格的会计人员。会计不得兼任出纳。会计人员必须进行会计核准，实行会计监督。会计人员调动工作或离职时，必须与接管人员办清交接手续。

第三十二条　本团体的资产管理必须执行国家规定的财务管理，接受会员代表大会和财务部门的监督。资产来源属于国家拨款或者社会捐赠、赞助的，必须接受审计机关的监督。并将有关情况以适当方式向社会公布。

第三十三条　本团体换届或更换法定代表人之前必须接受北京市社团

办和北京市体育局组织的财务审计。

第三十四条 本团体的资产，任何单位、个人不得侵占、私分和挪用。

第三十五条 本团体专职工作人员的工资和保险、福利待遇，按照国家对事业单位的有关规定执行。

第六章 终止程序

第三十六条 本团体完成宗旨或自行解散或由于分立、合并等原因需要注销的，由会员代表大会或常务理事会提出终止动议。

第三十七条 本团体终止动议须经会员代表大会表决通过，并报北京市体育局审查同意。

第三十八条 本团体终止前，须在市体育局及有关机关指导下成立清算组织，清理债权债务，处理善后事宜。清算期间，不得开展清算以外的活动。

第三十九条 本团体经北京市社团办办理注销登记手续后即为终止。

第四十条 本团体终止后的剩余财产，在北京市体育局和北京市社团办的监督下，按照国家有关规定，用于发展与本团体宗旨相关的事业。

第七章 附则

第四十一条 本章程经 2009 年 9 月 8 日会员代表大会表决通过。

第四十二条 本章程的解释权属本团体常务理事会。

第四十三条 本章程自北京市社团办核准之日起生效。

二〇〇九年九月八日

北京市体育总会第五届委员会工作报告

(2009年9月8日)

北京市体育总会主席　孙康林

各位代表：

我受常务理事会委托，代表北京市体育总会第五届委员会向大会做报告，请予审议。

过去的六年，北京市体育总会第五届委员会在市委、市政府的正确领导下，以科学发展观为统领，紧抓北京筹办2008年奥运会的历史机遇，密切联系和团结全市体育工作者，加强体育社团的组织管理与建设，积极推进社团实体化、社会化改革进程；推进全民健身活动的广泛深入开展，充分发挥体育社团的桥梁纽带作用，使北京市体育社团工作跨上一个新台阶，圆满完成了本届体育总会的各项工作，为北京市体育事业的发展做出了积极贡献。

一、加强体育社团管理与建设。

北京市体育总会是我市最大的群众性体育组织，现有78个体育社团，涉及43个单项体育协会,涵盖奥运项目和非奥运项目，以及人群类、社会类协会、体育基金会、体育俱乐部等社团及社会各类人群。为此，第五届委员会十分重视体育社团的管理与建设工作。

(一) 以规划促整体发展。

为更好地发挥体育协会服务奥运的作用，发动和组织群众性全民健身活动的广泛深入开展，2005年初，市体总制定了《北京市体育协会2005-2008年奥运行动规划》，提出了社团基础建设、组织建设、制度建设、队伍建设、内部管理6项主要任务和32项具体工作，通过检查，《规划》内容落实情况良好，达到预期效果。

规范社团专职工作人员设置。加大了对社团专职工作人员落实情况的监督检查力度，目前已有一半以上的协会通过社会招聘专职人员。市桥牌、职教、登山协会等申请了社团编制，保证了工作人员的基本待遇。

加强社团清理整顿。对长期无活动、无人员、无群众基础、自身无生存条件的协会限期整改。对严重违规、违纪的协会，按照《社会团体登记管理条例》的有关规章，予以了相应的处理。整顿了一个协会，建议登记管理机关撤销了两个协会。

提高协会社会化程度，吸纳社会各界人士参与协会工作是协会改革与建设的重要内容，目前汽摩、高尔夫、马术、台球、健美等协会的主要领导来自企事业单位、民营单位及外资企业，他们观念新、思路广、创新意识强，运用现代市场经济的手段发展项目管理协会，在体育市场中逐渐站稳脚跟，既扩大了项目的社会影响力，又赢得市场回报，为我市体育协会改革建设和发展提供了宝贵的经验。

（二）坚持体育社团年检制度。

体育社团年检是体育社团管理的一项重要工作。通过年检全面检查协会在协会章程、组织机构、制度建设、活动开展、财务管理等方面的工作。从 2002 年开始，根据市社团办电子化办公的要求，78 个体育社团均已实现网上年检，经过多年的不懈努力，协会对规范化管理的意识逐渐增强，年检合格率、优秀率不断提升，连续 2 年年检合格可获得免检的协会逐年递增，2009 年合格率已达到 87%，免检率达到 36%，有效地促进了体育社团工作的开展。

（三）建立体育协会骨干培训制度。

体育社团秘书长是协会工作的组织者。其工作能力、理论水平、业务素质直接影响着协会的建设和发展。为此，市体总每年组织秘书长参加学习培训，通过专家讲座、研讨、经验交流等多种形式，对规范竞赛组织、协会业务管理、相关法律法规进行培训，提高了业务素质和管理水平。

随着社会主义市场经济的发展，体育协会在举办竞赛活动中，涉及到的合同法、知识产权法、体育赞助、捐赠、体育经纪活动等相关涉法问题越来越多，成为协会发展建设的当务之急。市体总每年组织协会系统培训，举办竞赛活动、相关法律、法制讲座，强化体育协会的法制观念，运用法律武器规范协会行为，保护协会合法权益。

为学习国内省市体育协会的先进管理经验，市体总组织部分市级体育协会的负责人到福建、浙江、上海、湖南、江苏等地调研、考察和学习。2006年市体总扩大了国际体育交往工作内容，组织了近20个体育协会分赴日本、韩国、香港、澳门考察调研。学习国际国内先进国家和地区的体育协会，交流组织管理经验，探讨体育社团在自身建设、自我管理、机构设置、市场运作等方面的管理运行模式，增长了见识，开拓了思路。

（四）加强体育协会制度建设。

制度建设是体育社团管理的重要工作。目前已经建立了八项工作制度，即：北京市体育社团成立登记工作程序、北京市体育社团申办分支机构工作程序、北京市体育社团注销登记工作程序、北京市体育社团换届工作程序和领导成员变更办法、北京市体育社团举办活动申报办法、北京市先进体育社团和体育社团先进工作者评选办法、北京市体育总会关于对所属体育协会、俱乐部外事工作管理的若干规定、北京市体育社团经费管理办法。根据体育社团管理发展的需要，又相继建立了考核奖惩制度、重大活动报告制度、资产管理制度、财务工作制度，这些制度的制定和实施，加强了社团自身建设、自我约束，促进了其自我完善，增强了发展活力。

二、积极推进体育社团实体化、社会化改革进程。

为加快推进实体化工作，市体总先后召开了由68个协会及各有关方面专家、学者参加的8期体育协会实体化工作研讨会，提高了对实体化建设重要性、必要性的认识，理清了社团实体化的概念，明确了社团实体化的条件和标准。在此基础上，对78个体育协会现状进行了全面的分析与研究，根据项目特点进行分类，确定了奥运会项目、非奥运会项目、人群类、社会类等分类标准，确定了市汽摩协会等实体化重点协会。

2009年6月，制发了《北京市体育协会实体化工作实施方案》（以下简称《实施方案》）。《实施方案》理论依据明确，可操作性强，已正式印发各协会并在全市公布，为推动协会实体化工作的顺利进行，市体育局投入300万元作为引导扶持基金，这也标志着经过近10年摸索的协会实体化工作进入到了具体的实施阶段，这也必将为体育社团可持续发展奠定坚实的基础。

创新工作思路，建立北京市体育社团办公中心。在市体育局的支持下，每年拨付 200 万元体育社团基础性建设专项资金，社团办公中心目前可以容纳 19 个体育协会集中办公，为协会搭建了一个相互交流、互助互学的平台，这在全国体育协会中尚属首家，为体育协会实体化建设提供了基础保证。

三、广泛参与和组织开展群众体育活动。

六年间，市体总围绕“全民健身与奥运同行”的主题，广泛组织参与各类群众体育活动，积极开展形式多样的宣传活动，动员组织各体育协会、单位会员和个人会员以及社会各界支持奥运、参与奥运、服务奥运。据统计，每年体育协会举办的群体活动和竞赛活动达到 500 多项次，为北京奥运会的成功举办营造了良好氛围。

在过去的六年中，市体总参与主办了北京市第五届、第六届、第七届全民健身体育节、主办了北京市首届体育大会。参与了全国体育大会、全国首届老年体育大会、北京市科技周健身展示活动。

组织开展群众体育活动，卢沟桥醒狮越野跑比赛已成功举办 22 届，每届比赛都吸引了来自社会各界的 3000 多名长跑爱好者参加。世界华人篮球赛已成功举办五届，由最初的只有 7 支参赛队伍到 13 个参赛国家和地区的 60 支参赛队伍，成为一项颇具影响力的大众体育品牌赛事。

体育社团、各单项体育协会、行业协会积极组织开展了贴近百姓、有影响、有规模、丰富多彩的群众体育活动。市乒乓球协会参与承办了三届“和谐社区杯”乒乓球比赛，此项活动每届都吸引参与群众达 280 万人，成为我市群众性单项比赛规模最大的赛事，市乒协还参与了在今年 6 月 20 日在国家体育场景观大道举行的北京市第七届全民健身体育节开幕式暨北京市“和谐杯”千台万人乒乓球展示活动。市篮球协会承办的“和谐社区杯”篮球赛，为我市全民健身持续升温迎奥运起到了重要作用。市羽毛球协会举办的“千人羽毛球挑战赛”已成为我市群众体育品牌活动。市武术协会参与了今年庆祝8月8日全国“全民健身日”北京市太极拳表演破吉尼斯世界纪录活动。市农民体协以提高农民身体素质为出发点，深入开展“亿万农民健身活动”，成功举办了北京市第五届农民运动会，组队参加全国农民运动会取得好成绩，开创了京郊农村体育工作的新局面。市高尔夫球协会举办的北京晚报“中远房地产杯北京高尔夫巡回赛”模式新，规则、标准规范，使“贵族运动”向高雅时尚健身转变迈出了可喜的一步。市高协、梦舟俱乐部还利用赛事活动无偿捐助慈善事业。市桥牌协会依靠社会力量自筹经费发展北京桥牌队，广泛开展群众性桥牌活动，走出了一条管理项目、建队养队、开展竞技活动的发展模式。市老年人体协为满足老年人对锻炼身体、健康长寿的需求，开展适合老年人群特点体育活动，为提高老年人生活、生命质量、促进家庭和睦、社会和谐做出了积极的贡献。市中小学体协举办的“金帆杯”、“振兴中华杯”足球、篮球比赛总场次达1100场，参赛运动员近9000人，已成为我市的品牌赛事。各协会发挥自身优势，在组织开展群众体育活动中，大力开展适合本人群特点的健身项目活动，积极地激发了广大群众参与健身的热情，提高了体育意识，不仅推动了“人文奥运”理念的深入实施，也为奥运会营造了浓郁的社会氛围。

四、积极参与北京奥运会、残奥会筹办工作。

北京奥运会、残奥会筹办期间,市体总为奥运会筹备工作组推荐了60多名竞赛专业技术干部，他们积极热情为奥运场馆建设、场馆人员配备、专业技术方面建言献策。市田径、篮球等22个协会467人参与了奥运会的各单项竞赛工作，其中有130多人担任了赛会的裁判工作。

宣传奥运、服务奥运筹备工作，设计研发了28个奥运项目的动漫游戏，在网上即可进行比赛体验。与北京人民广播电台体育台联合录制了《大家一起来——北京体育协会采风》节目，为宣传普及奥运会竞赛知识、观赛礼仪、竞赛规则，发挥了积极的作用。

奥运会、残奥会期间，市体总承担了奥运会、残奥会北京地区火炬传递物资分发、保障、管理工作，准确无误的组装900根火炬，无一损坏、无一丢失。对近1000套服装进行分发，顺利完成了服装配发，火炬组装及配送，圣火盆、燃料罐的运输及看护等工作，确保了火炬传递工作顺利进行；之后又承担了残奥会在中华世纪坛起跑仪式、颐和园火炬传递及庆典活动的相关任务，出色的完成了各项工作；奥运会期间，市体总组织市武术运动协会、民族体协、职工体协等8个体育协会在天安门广场进行群众健身项目展示活动，每日安排近2000人的群众体育表演队伍，从4岁的娃娃到70岁的老人参加了多种多样的健身项目展示和表演，体现出首都人民积极向上、充满活力、热情奔放的精神面貌，表达首都人民期盼奥运、迎接奥运、参与奥运的爱国情怀。通过参与服务奥运会的各项工作，市级体育协会锻炼了队伍，团队协作意识不断增强，工作水平、业务能力有了很大的提高。

五、为汶川大地震受灾群众奉献爱心。

5·12四川汶川大地震第二天，市体总向市级体育协会发出为灾区人民捐款倡议，各协会积极响应。市信鸽协会在向北京市红十字会捐款10万元后，再次通过爱心信鸽义赛、拍卖等活动，将所得款项90余万元全部捐献灾区。市篮球协会将价值3万元的服装捐给灾区；市健美协会向灾区捐款50多万元。经统计，市体总等37个协会共向汶川地震灾区捐款240余万元。

市登山运动协会的山岳救援队，作为民政部紧急救援促进中心救援队，在第一时间赶赴灾区参与灾区山地救援，组织了地质、搜救、通讯、医疗等专业人员，并准备了20余万元专业器材及药品，在实施救援的84小时内，对31人成功实施了救援；无线电协会派出6人随中国无线电协会赶赴灾区，在信息网络全部终断的情况下，运用精湛的无线电专业技术，及时把灾区的情况以最快的速度报告有关方面，谱写了体育协会服务社会的新篇章。

六、服务群众、服务社会的功能显著提高。

随着协会工作的逐步完善和规范，协会的作用日益显现，成为促进体育事业发展的有力助手。

市信鸽协会承担了市委、市政府每年的元旦和国庆升旗仪式放飞的重大政治任务，受到市公安局的嘉奖和市委、市政府、市天安门地区管委会的表扬，表现了高度的政治责任感和承担重大活动的组织工作能力。

市场馆协会启动体育场馆标准化管理工作，期间完成了奥运体育场馆标准工作体系的编写，并起草通过了19个与场馆相关的地方标准。目前，正着手进行体育场馆的服务标准认证工作，并发布《场馆等级评定与划分》的系列标准，对保障北京市体育发展规划的实现和推进北京市体育的发展提供重要的技术支撑，为今后规范化地开展重大赛事的组织、服务、保障等各项工作，提供科学的指导，填补了重大赛事组织服务标准的空白。

市登山协会发挥专业特点，开展各种救援及培训，协助市应急办编写了《北京市山地户外运动公共安全紧急预案》，得到了市有关领导和社会的认可与重视，为北京市山地户外运动救援提供了专业依据。

市体总第五届委员会做了大量卓有成效的工作，受到了有关部门的表彰，2008年获得市人事局、民政局授予的“北京市先进社团”称号；首都精神文明建设委员会授予的“精神文明单位”称号。这与各位委员、各社团和各区县体育总会以及社会各界的关心、支持是分不开的，是大家共同努力的结果。在此，我代表北京市体育总会第五届委员会向大家致以诚挚的谢意！

各位代表，总结这六年的工作，成绩显著，展望未来发展，满怀信心。让我们在新的历史形势下，继续深入贯彻落实科学发展观，继承和弘扬优良传统，坚定信心、开拓创新、扎实工作、全面提高体育社团工作水平，不断开创体育社团工作的新局面，汇聚一切有利于体育事业发展的积极力量，为实现我市体育事业的新发展、新跨越提供强大的支持，为建设“人文北京、科技北京、绿色北京”，全力打造国际化体育中心城市贡献力量。

二〇〇九年九月八日

北京市体育总会第六届理事会主席孙康林讲话

（2009 年 9 月 8 日）

各位代表：

首先感谢大家的信任和支持，选举我担任第六届理事会主席。经过大家的共同努力，北京市体育总会第六届会员代表大会圆满地完成了各项预定议程，达到了预期成果。

会议审议通过了《北京市体育总会第五届委员会工作报告》，审议通过了《<北京市体育总会章程>修正案》；审议通过了北京市体育总会关于换届人事的安排，依据章程选举产生了北京市体育总会第六届理事会和领导机构、工作机构。我代表北京市体育总会向大家表示衷心的感谢！作为新一届的主席深感使命光荣，责任重大。我将同全体理事一起认真履行北京市体育总会赋予的职能，尽职尽责。为首都体育事业的发展做出积极的努力和贡献。

由于年龄及工作调整等原因，部分第五届委员会常委和委员，没有继续提名为新一届理事，在此向他们长期以来为体育事业付出的辛勤工作和做出的突出贡献致以崇高的敬意！希望卸任的同志继续关心体育总会的工作，关心北京体育事业的发展。

北京奥运会、残奥会的成功举办，使北京体育事业迈上了一个新的发展平台。胡锦涛总书记在北京奥运会、残奥会总结表彰大会上发表的重要讲话，全面深刻论述了我国的体育工作，并提出了推动我国由体育大国向体育强国迈进的奋斗目标，提出了今后体育工作的发展方向和要求，这一重要讲话是指导体育工作的纲领性文件。今后五年北京市体育总会（以下简称“市体总”）的总体工作思路是：以科学发展观为统领，深入学习贯彻胡锦涛总书记讲话精神，在认真总结市体总工作的基础上，深入研究新形势下市体总的工作规律，进一步发挥市体总作为党和政府联系广大人民群众的桥梁和纽带作用，继往开来、创新进取，实现体育事业的新发展、新跨越。

一、找准定位，积极发挥市体总的作用。

市体总工作是北京市体育工作的重要组成部分。我们要自觉地把市体总工作融入到我市体育工作整体当中，当好党和政府发展体育事业的助手，联系体育组织及体育工作者，在推动北京体育事业发展的进程中实现市体总自身的发展。今后一个时期，市体总的重要任务就是要更加关注体育发展过程中的矛盾和问题，组织广大理事成员调查研究，广开言路，凝聚智慧，在发展群众体育、满足人民群众健身需求，在促进竞技体育发展、在推动我市体育产业发展等问题上建言献策。更加自觉地服从服务于北京体育工作的奋斗目标和总体要求，发挥市体总广泛联系群众的优势，调动各种积极因素，汇聚各种智慧和力量，促进我市群众体育、竞技体育、体育产业及其它各项事业又好又快发展，推动我国从体育大国向体育强国的目标迈进，打造国际体育中心城市。

二、加强建设，促进市体总更好地发展。

市体总是一个有着光荣历史的社会组织。在新的历史时期，加强自身的建设和发展显得尤为重要。要加强组织建设，改善人员组成结构，吸纳更多有影响的社会人士，增强市体总的社会影响力。要加强制度建设，坚持和完善会员代表大会、理事会和常务理事会制度，坚持按章程办事，维护章程的权威性。要不断创新工作机制、创新活动组织方式，密切与体育工作者、体育爱好者的联系，加强同各体育社团、行业体协及各会员单位的交流，广交朋友，宣传体育，使全社会了解体育、关心体育、热爱体育，努力为我市体育事业的发展营造良好的氛围。

（一）加快推进社团实体化建设。

随着政府机构改革和体制的创新，体育社团必将被赋予更大责任。小政府、大社会必将为体育社团发挥其自身独特的作用而大显身手。《北京市体育协会实体化工作实施方案》推出以后，以部分作为试点的协会为龙头，不断总结完善实体化工作思路和具体做法，探索发展目标，把体育社团建设成为能依托社会自我生存、自我发展、自立、自强、自律、诚信、能创新、有活力的社会组织。

（二）继续推进社团的社会化。

加大对体育社团的支持力度，减少对体育社团的行政干预，打破体育社团只能依靠政府管的旧有观念,树立社会办、社团管的新观念，只有紧紧地依靠社会并深深地扎根于社会,才能可持续发展,才有生命力；要优化体育社团人才结构，拓展体育社团领导组成范围，以提高整体素质，广泛吸纳热心体育事业的社会人士、支持企业界代表担任体育社团的领导，逐步将体育社团专职人员纳入社团编制，进入社会整体的保障体系,这样，体育社团将更能吸引和留住优秀的人才，从而提高体育社团工作水平，推进社团工作的开展。积极培养中青年同志参与体育社团工作，做好年龄上的衔接和梯队建设，以适应新时期发展需要。

（三）大力加强社团规范化建设。

建立和完善体育社团规范建设制度体系、评估体系、评估标准，为体育社团健康有序的发展提供理论依据，研究对体育社团的监管方式,组织目标、管理构架，完善对体育社团的社会监督体制，规范体育社团内部制度建设。

充分发挥体育社团成员中的专家智慧，探讨社团为政府服务、为会员服务、为市民健康服务的科学体系，认真研究新的历史条件下体育在人民生活和社会生活中的新特点、新定位。根据社会环境新变化，着眼于人民群众对生活质量的新追求，进一步培育体育健身意识，制定不同人群适合的健身方式，让体育真正成为促进人的身体健康、提高生活质量、建立科学生活方式的手段。

三、广泛组织开展群众体育活动。

继续大力发展群众体育事业。“发展体育运动、增强人民体质”的号召就是毛泽东同志 57 年前为新成立的中华全国体育总会的题词，是我国体育事业发展的基本指导方针。长期以来，体育界始终将不断满足人民群众日益增长的体育健身需求作为体育工作的根本出发点，将增强人民体质、提高全民族整体素质作为工作的根本目标。在当前全面建设小康社会和推动我国向体育强国迈进的形势下，我们应当进一步坚持体育为人民服务、为社会主义现代化建设服务的基本方针，认真研究新的历史条件下体育在人民生活和社会生活中的作用。因地制宜地组织丰富多彩的群众性体育健身活动，引导广大人民群众踊跃参加其中，让体育成为百姓丰富多彩文化生活的重要内容；加快群众身边体育设施的建设，满足多层次、多元化的健身需求。

“雄关漫道真如铁　而今迈步从头越”。体育社团的发展是一个长期的目标，我们还有很长的路要走，我们一定要团结广大体育工作者，同心同德，共同奋斗。保持和发扬团结奋进、开拓创新、求真务实的精神，力争在今后的五年中，通过推进体育协会实体化建设这一抓手，把体育社团打造成首都体育事业的中坚力量。推动我市体育事业的发展，建设“人文北京、科技北京、绿色北京”、打造国际体育中心城市、建设更加繁荣、文明、和谐、宜居的首善之区，做出更大的贡献！

二〇〇九年九月八日

北京市体育总会
第六届理事会领导机构名单

主　　席：孙康林

副 主 席：孙学才　牛德成　李晋康　李丽莉(女)
胡　蓉(女)　李鸿江　苑振洲　邓少辉

秘 书 长：李丽莉(女)

常务理事：(按姓氏笔画排序)

于弘源　王丽竹(女)　王玉忠　李洪海
李炜民　刘继忠　阮兰玉(女)　吴素芳(女)
沈　洁　沈千帆　郑　萼(女)　赵春惠(女)
舒小峰　顾晓园(女)　常　卫　霍连明

北京市体育总会
第六届理事会理事名单

理　事:(按姓氏笔画排序)

马玉泉　马士起　马立军　于溯韡　车林平　牛　莉(女)
王克铭　王玉禄　王建华　王　炎　王慧波　王建国　邓　旭
田华山　田巨清　田渝陵　史江平　冯　坤(女)　冯远征
冯美云(女)　包　川　孙国华　牟达维　吕志旺　宋晓波(女)
汪　洁(女)　汪　涌　年晓波　刘德江　刘兴忠　刘群琳(女)
刘虹英(女)　李炳熙　李和章　李振军　李靖生　李贵成
李永广　李亚青(女)　李忠健　安江红(女)　曲　力(女)
许广树　张朝晖　张永岐　张旭光(女)　张　路　张君渝
张焕芝(女)　张文尧　张怡宁(女)　张　琳　张立华　杜　巍
孟强华　孟庆生　陈伟强　陈　辉　陈　颖(女)　陈梅玲(女)
闵鹿蓓　邵立英(女)　杨越华　杨鹏声　杨俊生　杨　凌
吴浮山(女)　金志扬　范根源　范汝梅(女)　周　为　周国英
岳素兰(女)　罗　薇(女)　武晓南　郑章石　钟秉枢　骆　京
赵建忠　郭英洲　郭英泽(女)　郭庆红　姚　革　徐子进
徐小广　徐建中　徐春生　柴士军　陶　红(女)　程春和
蒋　璐(女)　焦少波　董　炯　路建华　窦长明　臧超美(女)
颜纳新

北京市单项运动协会、体育协会、俱乐部

1、北京市足球运动协会

主　　席　胡昭广

执行主席　孙康林

常务副主席　李晋康

副 主 席　于弘源　于溯韡　邓少辉　田华山　张家骐　张希岗　张国林　张建东　李惟淼　李博伦　杨占礼　刘　军　罗　宁　杨俊生

秘 书 长　杨俊生(兼)

监 事 长　李　利

2、北京市篮球运动协会

主　　席　年达维

常务副主席　尹光环

副 主 席　霍光来　李颖川　田苏东　韩茂富　罗景荣　张卫平　宋晓波(女)　袁　超　刘绍奎　骆　京　孙保生　孙立平　马立军　吕志旺

秘 书 长　尹光环(兼)

监 事 长　董福成

3、北京市排球运动协会

主　　席　年达维

常务副主席　闻文昌

副 主 席　史　平　许广树　李贵成　袁爱俊(女)　孙剑辉　葛春林　冯国庆　陆卫平　孙国清　王　勤(女)　付忠悦

秘 书 长　王　洪

监 事 长　首德生

4、北京市棒球运动协会

主　　席　李鸿江

副 主 席　黄雨江　孙国华　宋平山　赵世生　田巨清　李靖生

颜纳新　张耀荣(女)　刘　贵　郑淑媛(女)　张红卫

秘 书 长　宋平山(兼)

监 事 长　张跃琦

5、北京市垒球运动协会

主　　席　苏雪怀(女)

副 主 席　李靖生　包　川　李新民　李　风　白荣正　年晓波

张耀荣　白宝荣(女)　杨克芬(女)　李劲挺

秘 书 长　张海潮

监 事 长　贾阿丽(女)

6、北京市手球运动协会

主　　席　于溯韡

副 主 席　田巨清　包　川　刘　贵　王琳炜(女)　李新民　孙衍慧

洪　伟

秘 书 长　郭英泽(女)

监 事 长　陶放宇

7、北京市乒乓球运动协会

主　　席　马永伟

常务副主席　郭仲恭

副 主 席　刘燕彬　周树森　张　雷　蔡　猛　郁志桐

秘 书 长　周树森(兼)

监 事 长　韩之湘

8、北京市羽毛球运动协会

主　　席　冯美云(女)

副 主 席　李端生　骆　京　李　丰　李贵成　颜吾佴　杜建立

范云江　马　力　田巨清　张秀云

秘 书 长　孟宪章

监事长　王德章

9、北京市曲棍球运动协会

主　　席　郭英[illegible]

副主席　骆　[illegible]　张耀荣(女)　殷秋霞(女)　迟进东　张少军
李　凤　王长富　孟小龙

秘书长　郝吉[illegible]

监事长　白　丽(女)

10、北京市网球运动协会

主　　席　陈[illegible]文

执行主席　[illegible]嗣铨

常务副主席　[illegible]进庆

副主席　刘海燕　孙作仁　渠时永　杜　巍　张文尧　罗玉芝(女)

秘书长　张文尧(兼)

监事长　孟[illegible]华

11、北京市田径运动协会

主　　席　[illegible]建中

副主席　赵明林　董慧荣　邵立英(女)　唐　彬　甘北霖
汪玉玲(女)　颜纳新　白二宇　陈伟强　孟庆生　黄雨江
[illegible]光安　田巨清　骆　京　迟进东　李　风　张邵辉
[illegible]春生　杨　明　刘国庆

秘书长　[illegible]新平

监事长　[illegible]晓兵(女)

12、北京市游泳运动协会

主　　席　[illegible]晋康

副主席　沈立人　黎晓红(女)　李炳熙　王　虎　王书华　张义亮
[illegible]文静(女)　陈建生　刘京书　袁爱俊(女)

秘书长　沈立人(兼)

监事长　刘洵岚(女)

13、北京市体操、技巧运动协会

主　　席　孙学才

副 主 席　孟强华　张仲霖　石凤华(女)　迟进东　梁一平　班国良　李挺进　肖光来　回　寅　齐力新　孟春玲(女)　张焕芝(女)

秘 书 长　杨月山

监 事 长　谢春生

14、北京市举重运动协会

主　　席　徐建中

副 主 席　郭庆红　蔡福全　徐晓茹(女)　马守疆　时爱武　孟乃东　邹志刚

秘 书 长　郭庆红(兼)

监 事 长　徐宝贵

15、北京市摔跤运动协会

主　　席　许广树

副 主 席　张玉生　梁德金　靳　松

秘 书 长　梁德金(兼)

监 事 长　李铁忠

16、北京市柔道协会

主　　席　牛德成

副 主 席　于瀰韡　迟进东　梁德金　王铁良　张玉生

秘 书 长　王耀维

监 事 长　李彦彬(女)

17、北京市跆拳道协会

主　　席　牛德成

副 主 席　李　风　毛仕宇　骆　京　李贵成　杨延庆　吴　健(女)

秘 书 长　李贵成(兼)

监 事 长　陈永伶(女)

18、北京市拳击协会

主　　席　李贵[illegible]

副 主 席　刘燕彬

秘 书 长　邹　军

监 事 长　张　静

19、北京市武术运动协会

主　　席　孙康林

副 主 席　王忠海　程春和　王世泉　王　汉　刘蓉(女)　杨玉峰　刘兆武　林北生　邢登江　李铁昌　周之华　傅　彪　彭　江(女)　刘燕彬

秘 书 长　程春和(兼)

监 事 长　张玉峰

20、北京市射击运动协会

主　　席　孙国华

副 主 席　田巨清　周　为　赵建忠　张志强　刘兆武　徐小广　田华山　杨　凌

秘 书 长　徐小广(兼)

监 事 长　李　锐

21、北京市射箭运动协会

主　　席　黄雨江

副 主 席　田渝凌　张跃琦　徐春生　刘晓旭　梁一平　杜新朝

秘 书 长　宋淑贤(女)

监 事 长　白　莉(女)

22、北京市击剑运动协会

主　　席　李贵成

副 主 席　王建华　田巨清　吴晓东　骆　京　洪　伟　王宇辉

秘 书 长　王天兴

监 事 长　王国良

23、北京市自行车运动协会

主　　席　张立华

副 主 席　李　伟　宋玉忠　杨桂林　张少军　夏印发　郭英洲　谢启泰

秘 书 长　谢启泰(兼)

监 事 长　孙景琴(女)

24、北京市保龄球运动协会

主　　席　王德泉

副 主 席　郭琴生(女)　赵明芳(女)　黄朝睦　朱春栋　王海龙　仁世宁　曲志刚　谭小京

秘 书 长　王　宏

监 事 长　李军奕(女)

25、北京市门球运动协会

主　　席　洪士珩

副 主 席　王建国　毛光成　邹慧心(女)　刘书良　廉　京　祁春田　任永庆　郝长水　张世雄　姚　见　马向凤　杨志英(女)　闫俊起　李文斗　范　村　周仕民　张　纪　赵自瑞　郑德祥

秘 书 长　张世雄(兼)

监 事 长　王泉生

26、北京市台球运动协会

主　　席　胡　蓉(女)

常务副主席　朱祖朴

副 主 席　庞月明　傅永康　黄本治　甘连童

秘 书 长　张钢铁

监 事 长　刘凤荣(女)

27、北京高尔夫球运动协会

主　　席　张百发

副 主 席　王　军　贺　平　李士林　韩伯平　孙维林　严　彬

甘连坊　孙梦兰　刘淀生
秘书长　李士林(兼)
监事长　侯守去

28、北京市木球运动协会
主　　席　李新川
副主席　王少华
秘书长　徐巨彦
监事长　赵　立

29、北京元老网球运动协会
主　　席　白介夫
执行主席　俞晓松
副主席　黄承祥　张发强　苏雪怀(女)
秘书长　张文尧
监事长　梁友能

30、北京市女子网球协会
主　　席　任玉兰(女)
副主席　章　蕊(女)　王蒀荣(女)　郑　洁(女)　蒋力歌(女)
王耀荣(女)
秘书长　章　蕊(兼)
监事长　马逸铮(女)

31、北京市棋类运动协会
主　　席　谢　军(女)
副主席　窦长明　周　影　陈晓智　刘　忠　谭炎午　杜　彬
梁玉树　董殿毅　冯　军　马洪伟　梁晓华
秘书长　窦长明(兼)
监事长　姚文义

32、北京市桥牌协会
主　　席　万嗣铨
副主席　贝卓华　刘兴忠　吕会民　任志强　闻义昌　倪益麟

蒋　璐(女)　陈　耕
秘 书 长　蒋　璐(兼)
监 事 长　袁振宇

33、北京市健美操、体育舞蹈协会

主　　席　冯张昌
常务副主席　陈世钊
副 主 席　马鸿韬(女)　袁　振　张　远
秘 书 长　邵晓军
监 事 长　孔宪菲

34、北京市健美协会

主　　席　景志峰
副 主 席　裔程洪　郭庆红　田振华　徐　铁　白厚增　杨宏建
徐晓茹　李　祈
秘 书 长　郭庆红(兼)
监 事 长　李德彦

35、北京市回春保健操协会

主　　席　李仕荣
常务副主席　王仲生　李沛云(女)
副 主 席　于凤娥(女)　李德文　张淑萍(女)　张美昭(女)　樊振都
申淑凤(女)　佟秀文(女)　古宗胜(女)
秘 书 长　李沛云(兼)
监 事 长　申远达

36、北京市飞镖协会

主　　席　胡　蓉(女)
常务副主席　张　衡
副 主 席　徐红旗　万骊骅　王继田　吕会民
秘 书 长　赖丛兵
监 事 长　何　森

37、北京市马术运动协会

主　　席　牛惠成

副 主 席　姚　革　蔡　猛　程春博　朗　云　王爱军　韩小京　任宁宁　王军宁

秘 书 长　姚　革(兼)

监 事 长　李雪坎

38、北京市铁人三项运动协会

主　　席　金　晖(女)

副 主 席　张　健　丁明山　杜新潮

秘 书 长　张　健(兼)

监 事 长　李　心

39、北京市汽车、摩托车运动协会

主　　席　邓[illegible]辉

副 主 席　张君渝　张朝晖　姚　革　刘继忠　李春三　陶亦钦(女)　王儒江　叶明钦　田巨清　刘洪伟　崔　鹏　曲　龙

秘 书 长　张君渝(兼)

监 事 长　许　进

40、北京市水上运动协会

主　　席　龚智军(女)

常务副主席　焦国明　孙继俊

副 主 席　仝国勤　康　健　骆　京　田巨清　吕志旺　范根源　聂　彬　张红卫

秘 书 长　孙继俊(兼)

监 事 长　王利吉

41、北京市龙舟运动协会

主　　席　王振洲

副 主 席　由　力　颜纳新　孟维明　曹金亮　徐春生　路建华　周　为　范根源　马玉泉　骆　京　吕志旺　赵继达　李靖生　王　皓　郑波涛

秘书长　郑波涛(兼)

监事长　汪江涛

42、北京市水上救生协会

主　席　张立华

副主席　李炳熙　王宝合　杨玉强　韩　陆(女)　龙翠英(女)　李文静(女)

秘书长　李炳熙(兼)

监事长　梁建亚(女)

43、北京市冰上、轮滑运动协会

主　席　闵鹿蓓

常务副主席　刘长江

副主席　李瑶章　付进学　张振祥　周　力　李庆彬

秘书长　张振祥(兼)

监事长　吴　艳(女)

44、北京市钓鱼协会

主　席　刘兴忠

副主席　贝卓华　林鸿明　吕会民　杨卓元　张金清　孙长泰　王克敏　夏印发　王保合　刘国亮　初福兴　刘京书

秘书长　刘京书(兼)

监事长　张晓明(女)

45、北京市登山运动协会

主　席　李丽莉(女)

副主席　孙军民　任占智　李燕生　杜新潮　陈　晖　陈世钊　杨绛梅(女)　杨永忠　范根源　颜纳新　路建华

秘书长　颜纳新(兼)

监事长　郭英泽(女)

46、北京市模型运动协会

主　席　刘兴忠

副主席　田长波　王　桦(女)　刘顺发　朱　军　田华山

安　祥　查宝传

秘书长　查宝传(兼)

监事长　马长海

47、北京市无线电运动协会

主　席　周孟奇

副主席　黄春广　闵鹿蓓　韩寅生　张　萍(女)　徐荣珍(女)

秘书长　梁玉杰

监事长　张　军

48、北京市航空运动协会

主　席　苑振洲

副主席　叶重辉　张建国　杨东风　齐贤德　王克铭　夏印发

刘京书　柴士军　王彦席　周　为　李振军　王玉禄

赵燕达　马玉泉　邓　旭　年晓波

秘书长　柴士军(兼)

监事长　何玉怀

49、北京市信鸽协会

主　席　邓少辉

副主席　谢　炳　田长波　闵鹿蓓　李炳熙　田巨清　林鸿明

刘京书　李靖生　王振一　王克敏

秘书长　闵鹿蓓(兼)

监事长　王　奔

50、北京市风筝协会

主　席　王雪怀(女)

副主席　王毓卿　徐荣珍(女)　浦万林　哈亦琦　甄福秋　耿志辉

袁国中

秘书长　徐荣珍(兼)

监事长　张功卯

51、北京市毽绳运动协会

主　席　田长波

副 主 席　李建民　童建成　刘平祥

秘 书 长　师砚芳

监 事 长　王慧君(女)

52、北京市职工体育协会

主　　席　时纯利

常务副主席　霍连明

副 主 席　王　冰　颜纳新

秘 书 长　吴孟群

监 事 长　李风臣

53、北京市农民体育协会

主　　席　夏占义

副 主 席　安　钢　王孝东　杨德宏(女)　赵根武　刘春广　王振邦　李玉国　王　珠(女)

秘 书 长　王书华

监 事 长　柯良标

54、北京市大学生体育协会

主　　席　杨　宾

副 主 席　岳素兰(女)　郑燕康　王新清　吴志功　颜吾尔　张连成　钟秉枢　谢　晖　马寅生　蒋毅坚　李朝鲜

秘 书 长　刘启孝

监 事 长　白进效

55、北京市中小学体育运动协会

主　　席　白荣正

副 主 席　王政敏　燕纯义　魏　苹　傅　彪　颜纳新

秘 书 长　李松龄

监 事 长　马　进

56、北京市职教体育协会

主　　席　章家祥

副 主 席　时雅卿　牛德孝　段福生　赵金亭　张长谦　侯继生

杨　帆　郭　军　季连海　童强华　王雅岚　徐恒亮

席德尧

秘书长　周国英

监事长　潘四发

57、北京市老年人体育协会

主　　席　陈广文

副主席　张庆明　张立华　樊智军(女)　李仕荣　苏全贵

秘书长　李仕荣(兼)

监事长　韦远达

58、北京市残疾人体育协会

主　　席　吕争鸣

副主席　王长谦　平亚丽(女)　赵新明

秘书长　胡俊福

监事长　汪凯燕

59、北京市民族传统体育协会

主　　席　于　颂

副主席　赵丽娜(女)　李炳熙　杨建新　李小月　王　蕾(女)

刘兆武

秘书长　赵丽娜(兼)

监事长　李艺晶(女)

60、北京市体育记者协会

主　　席　孙康林

副主席　刘兴忠　夏印发　杨跃华　吕会民　张松华　陈晓海

张雅宾　田长波　刘顺发

秘书长　刘兴忠(兼)

监事长　王继田

61、北京外企体育协会

主　　席　刘振兴

副主席　肖林光(女)　陈维尚　李　忠　杜　成　何燕川

秘 书 长　卢　勇

监 事 长　倪　瀛

62、北京体育休闲产业协会

主　　席　田长波

副 主 席　范　正　叶明钦　田巨清　李　镔　陆远大　张俊胡

秘 书 长　范　正(兼)

监 事 长　张耀荣(女)

63、北京国际体育交流促进会

会　　长　张耀荣(女)

副 会 长　李国彬　李道鹤

秘 书 长　姜　骞

监 事 长　王效义

64、北京海内外体育界人士联谊会

主　　席　万进庆

副 主 席　刘兴忠　张立华　杨玉民　庄则栋　张金清　闻义昌
　　　　　刘顺发　宋晓波(女)

秘 书 长　刘兴忠(兼)

监 事 长　梁承玉

65、北京体育场馆协会

主　　席　王建华

副 主 席　霍建新　韩连喜　刘燕彬

秘 书 长　熊　伟

监 事 长　胡　华(女)

66、首钢足球俱乐部

理 事 长　张久祥

副理事长　李景州

秘 书 长　吴宇清

监 事 长　马桂琴(女)

67、北京亿城BTV三高足球俱乐部

理事长　刘玉芝(女)

副理事长　郭浚宇　朱　江　刘小惠(女)　庞井泉　李连江

秘书长　李连江(兼)

监事长　王继田

68、北京首钢篮球俱乐部

理事长　霍光来

副理事长　关章石

秘书长　李景州

监事长　王　伟

69、北京铜牛男子乒乓球俱乐部

主席　楼蕴新

副主席　李中根　刘东才　徐建中

秘书长　张　雷

监事长　丁小亮

70、北京首开网球俱乐部

主席　马希模

副主席　王　明　王绍武

秘书长　王强华

监事长　肖　云(女)

71、北京市长跑俱乐部

主席　毛永海

副主席　曹国岑　林桂芝(女)　郭景斌　刘振和　范学良　金长存　邵森华　罗玉琴(女)　刘安良

秘书长　赵之心

监事长　韩载尧

72、北京市冬泳俱乐部

主席　孟招澄

常务副主席　陈　浩

副主席　金　刚　刘克俭　谢银虎　黄　保　程建勇　王铁军
胡贵文　张小婉(女)　李志新

秘书长　李志新(兼)

监事长　董福庆

73、北京梦舟演艺明星体育俱乐部

主　席　刘宏胤

副主席　李惟淼　于荣光　张丰毅

秘书长　姚国治

监事长　寇占文

74、北京市体育基金会

主　席　吴金星

秘书长　张焕芝(女)

监事长　杨克芬(女)

75、北京围棋基金会

理事长　陈祖德

副理事长　王汝南　华以刚　刘思明

秘书长　王汝南(兼)

监事长　裴家荣(女)

体育科教

【综述】2009年体育科研、教育紧密围绕“十一运会”中心，开展系列科研攻关和服务工作，坚持以训练比赛的一线需求为导向，通过针对性设立科研课题，研究、解决运动训练和比赛中的实际问题，为运动队完成第十一届全运会提供多方面的科研支持和保障。

一是紧密围绕第十一届全运会，做好科研攻关、科技保障工作。根据对第十一届全运会备战情况的全面分析，经过广泛征集和反复论证，第一季度设立了《提高北京部分优势、潜优势项目参加第十一届全运会竞技水平综合科技保障与科研攻关研究》课题。该课题包括7个子课题，覆盖了北京市全部优势、潜优势项目的重点运动员，为备战全运会及全运会预决赛提供了有力的科技支持；为运动员在备战与决赛阶段取得好成绩提供了帮助，受到了各训练基地、运动队的好评，很多运动队给科研所写了感谢信，科研所也首次获得了全运会特殊贡献奖。

二是加强宣传教育，坚决有效杜绝兴奋剂。反兴奋剂宣传教育是常抓不懈的一项工作，“十一运会”来临之际，反兴奋剂工作更是重中之重。通过召开全运会备战和参赛工作部署会，重点强调了赛风赛纪和反兴奋剂工作，建立组织，明确管理责任，下发了有关文件，并与13个参赛单位层层签署了《第十一届全运会赛风赛纪和反兴奋剂责任书》，做到任务分担，责任分解，层层把关，共同抵制兴奋剂。根据国家体育总局的要求，市体育局和各训练基地高度重视“全运会反兴奋剂资格准入制度”，组织参加全运会的全体运动员、教练员和管理人员学习，还组织全体参赛人员进行了反兴奋剂宣誓活动。有的基地除了组织参赛人员对总局下发的测试题做答外，还出了自测题以强化培训效果。各参赛单位对学习、考试、反兴奋剂宣誓活动等各环节都保存了影像资料，进一步扩大了影响。经过体育局上上下下的共同努力，北京代表团在全运会上没有发生任何兴奋剂违规行为，被大会授予体育道德风尚奖。

三是开展德育评估，做好学院首招工作。为进一步加强和改进局属院校德育工作，在充分调研的基础上，制订下发了《局属院校德育评估指标体系》和《关于开展院校德育工作评估检查的通知》，通过听取汇报等深入各校评估检查，全面了解和掌握各院校德育工作情况，极大促进了局属院校德育工作，同时也为各校交流工作经验提供了平台。

2009年是体育职业学院首次招生，经过多次与市教委、市高招办等有关部门协调，争取到了针对优秀运动队的自主招生优惠政策，为本市优秀运动员进入职业学院打开了方便通道。为充分利用招生优惠政策，几经论证制订出了北京体育职业学院一整套招生指标及政策，成立了有各体育专项专业人员参加的招生委员会，为学院首次招生奠定了良好基础。

四是贴近实际，有针对性地做好继续教育工作。根据市体育局《2009年继续教育培训工作计划》和备战大战的实际情况，积极组织市、区两级教练员专业技术培训，并做好总局各项目中心教练员岗位培训的推荐和管理工作。通过近年来对教练员培训工作的经验和对实际需求的调研，2009年在以往培训方式的基础上开展了实操性培训和重点性培训，针对各训练单位业务骨干开展学习内容更细、更新、更深的培训，为教练员提供了更有针对性的学习选择。同时，通过开展继续教育执法检查自查活动和优秀运动队教练员科研论文考核，对各单位继续教育组织机构、培训制度、培训档案建设和教练员全年的培训效果进行了考察。根据市委组织部、市人力资源和社会保障局的要求，还组织了科级干部在线学习《建设"人文北京、科技北京、绿色北京"》、《北京市科学素质大讲堂》等培训，提高了广大基层干部的科学素质。

五是做好甲流防控工作。甲型H1N1流感病例在北京出现后，根据市政府的整体工作部署和局领导的工作要求，局系统迅速成立了各级甲型H1N1流感防控工作领导小组，确立了工作部门和责任分工，建立了行之有效的甲流防控措施，发放了甲流防控宣传海报、光盘、宣传册等资料，落实了体温监控、封闭管理等措施，并储备了必要的防控物资。还为机关全体人员配备了体温计、防护消毒用品及预防中药剂，并印发了甲流防控小常识。针对暑期国际体育交流频繁的情况，专门向训练基地下发了《关于加强国外归来人员健康隔离观察工作的通知》，进一步要求运动队把防控工作抓紧、抓实、抓好。各运动队严密防守，采取了全封闭训练方式，对国外来访的运动员及从国外或疫区归来的人员，实施隔离观察，实行体温日测和登记报告制度，大搞爱国卫生，加强卫生知识宣传教育，做好预防和控制工作。全运会决赛期间实行了甲流防控日报制度，保证了北京代表团顺利参赛。

【开展第十一届全运会科研课题研究工作】《提高北京部分优势、潜优势项目参加第十一届全运会竞技水平综合科技保障与科研攻关研究》科研项目共包括7个子课题，即：第十一届全运会备战与比赛科研保障系统的建立与实施；备战第十一届全运会运动康复实验室的建立和应用研究；北京部分重点项目备战第十一届全运会专项体能训练方法的研究与应用；北京部分重点项目备战第十一届全运会技术与战术分析的研究与应用；北京市游泳、跳水、花样游泳重点运动员备战第十一届全运会的综合科技保障与攻关；北京市部分项目利用低氧控体重和膳食营养针对性补充的研究；备战第十一届全运会部分功能营养补剂使用方法和使用效果跟踪的研究。

【召开全运会反兴奋剂工作部署会】2月16日，市体育局召开全运会备战和参赛工作部署会，重点强调了赛风赛纪和反兴奋剂工作，会上下发了《关于成立第十一届全运会北京代表团赛风赛纪和反兴奋剂工作领导小组的通知》、《关于加强第十一届全运会反兴奋剂工作的通知》，并转发了国家体育总局《第十一届全国运动会兴奋剂违规处罚办法》，13个参赛单位均向康林局长递交了《第十一届全运会赛风赛纪和反兴奋剂责任书》，保证在全运会上遵守赛风赛纪，坚决杜绝兴奋剂。2009年北京籍运动员全年共接受兴奋剂检查264例，创历年来检查例数新高，未出现兴奋剂阳性事件。

【开展全运会反兴奋剂资格准入工作】在国家体育总局的部署下，认真执行了“全运会反兴奋剂资格准入制度”，参加全运会的611名运动员及全体教练员、管理人员学习了《反兴奋剂知识教育手册》，笔答了《反兴奋剂知识测验试题》并取得合格成绩。签署填报了《赛风赛纪和反兴奋剂承诺书》和《反兴奋剂参赛资格审批表》，组织全体参赛人员进行了反兴奋剂宣誓活动。

【推广体能训练方法，提高业余训练科学化水平】从今年开始，由市体育局科教处牵头，市体科所主抓，在各区县业余训练中推广体能训练的理念和方法。市体育局为各区县配备了近40万元的体能训练测试器材，对体能训练、测试方法进行了专题培训。制订了青少年运动员体能素质选材测试标准，各区县积极配合，完成了训练测试、数据分析、工作总结。

【完成局属院校招生工作】2009年北京体育职业学院首次招生，面向优秀运动队采取自主招生方式，为本市优秀运动员进入职业学院创造条件。四个专业共录取98人，圆满完成了招生任务，其中竞技体育专业面向运动队招生

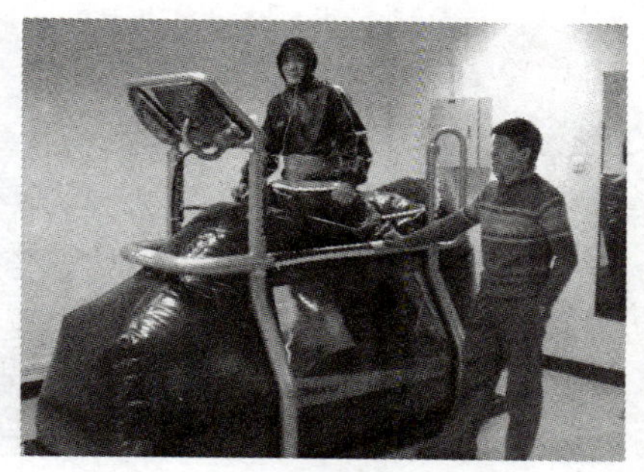

31人；其它3个专业面向社会招生67人。局属院校中专今年共招新生232人，其中学院中专部116人（北京生源82人，外地生源34人），什刹海体校75人（北京26人，外地49人），第三体校41人。

【开展德育工作专项督导检查】为进一步加强和改进局属院校德育工作，局教育督导组在充分调研的基础上，制订了《局属院校德育评估指标体系》，督导组深入各校开展评估检查。通过听取汇报、实地考察、进班听课、对照《评估检查表》的内容及标准核查相关材料等环节，全面了解和掌握了各院校德育工作情况，督导组根据评估检查情况向各校反馈了督导评估意见，各校认为此次督导是对德育工作的极大促进，同时也为各校交流工作经验提供了平台。

【开展局属院校教育科研论文评选工作】为鼓励广大教师钻研业

务，提高教学水平和质量，为体育教育工作做出贡献，体育局今年举办了局属院校第五届教育科研论文评选活动，通过面向局属各院校全体教师、教育工作者广泛征集论文，共收集了2007-2009学年中撰写的科研论文36篇，经过专家的认真评审，共评选出一等奖2篇、二等奖4篇、三等奖6篇，17人次受到表彰。

【推荐60名优秀运动员免试进入高校学习】 2009年共推荐60名优秀运动员免试进入高等学校学习，其中在役运动员有40人进入首都体育学院、北京体育大学、北京师范大学和西安体育学院等全日制高校学习，7人进入成人高校学习；退役运动员有8人进入中央财经大学、第二外国语学院和北京航空航天大学进行全日制本科学习，有3人攻读研究生，2人进入成人高校学习。

【开展运动员教育资助金申报工作】 根据中华全国体育基金会《关于填报运动员重大伤残医疗特殊困难补助金材料的通知》，继续开展运动员保障专项资金（含教育资助金）的申报工作。结合今年全运会比赛安排，于年初召开了运动员保障专项资金工作部署会，对2008年的首次申报工作进行了全面总结，并就工作中反应出来的问题进行了认真研究和充分讨论，明确了工作程序，制定了详细的工作计划，提出了具体要求。会后，各单位在广泛、深入宣传政策的基础上对申报材料严格把关，确保了全部材料顺利通过中华全国体育基金会审核。2009年全局共报送运动员保障专项资金申请三批次，其中第一批19人5.15万元、第二批2人6万元、第三批303人91.18万元，已全部发放到运动员手中。

【完成第三批优秀运动员奖、助学金顺利发放工作】 第三批优秀运动员奖学金、助学金225人，共计109.6万元，于11月底全部发放到运动员手中。市体育局自2002年开始向中华全国体育基金会申报第一批（试行）优秀运动员奖学金、助学金，到目前为止共申请了四批，申请人数、金额逐年上升，由第一批（试行）的9人、4.1万元增加至目前第三批的225人、109.6万元，第三批优秀运动员奖、助学金的申请人数和金额甚至超过了前三批的总和，为优秀运动员参加高等文化教育解决了后顾之忧，为北京体育事业的发展提供了有力保障。

【组织开展市、区两级教练员继续教育培训工作】 根据教练员的培训工作计划，共举办4期教练员培训班。针对青少年业余训练的特点，组织了区、县业余教练员参加的《科学体能评估》、《体能选材测试》为主要内容的培训活动。同时对全市各级教练员进行了《教练员与运动员沟通和指导的技巧》、《体能训练方法》的专题培训，总计32学时，培训717人次。全年共组织推荐市体科所、训练单位和区县体校教练员、科研医务人员54名，参加了国家体育总局各单位举办的21次初、中、高级岗位培训和知识更新培训。

【开展优秀运动队教练员论文考核工作】 根据市体育局《2009年继续教育培训工作计划》，将优秀运动队教练员科研论文撰写纳入年度考核。教练员科研论文成绩列入继续教育培训内容，并聘请专家对论文进行评判。通过论文考核强化了教练员学习意识，提高了科研能力和科学执教水平。

【开展直属单位专业技术人员继续教育督导检查】 根据市人事局文件精神要求，局继续教育领导小组决定，对体育局系统各单位落实《北京市专业技术人员继续教育规定》情况进行检查，并进行了明确、具体的部署。从检查情况看，各单位组织机构基本健全，培训制

度和培训档案建设逐步完善，专兼职工作人员明确，《北京市体育局继续教育工作管理规定》、《北京市体育系统专业技术人员继续教育与专业技术职务晋升挂钩管理办法》基本落实到位，各单位分层次、多渠道开展继续教育工作，保障了专业技术人员接受继续教育的权益，对各项工作提供了有力的智力支持。

【组织公务员培训】全年共组织全局 34 名科级干部参加了中共北京市委组织部组织的科级干部在线学习，采取通过光盘网上学习和教材自学的方式，每名学员全年共学习 40 学时。上半年市体育局还组织公务员参加了为期 6 讲的“北京市科学素质大讲堂培训”培训。

【组织开展人文北京、科技北京、绿色北京公共课培训】根据北京市人力资源和社会保障局的总体安排和部署,在全系统范围开展了《建设“人文北京、科技北京、绿色北京”》知识讲座的培训，各单位采取网上学习、通过教材自学、集中讨论等方式保证了全体人员参与。

【召开甲型 H1N1 流感防控工作部署会】根据市政府的整体工作部署，7 月 1 日，市体育局及时召开了“市体育局迎国庆防控甲型 H1N1 流感工作部署会”，会上下发了《关于加强甲型 H1N1 流感预防控制工作的通知》，成立了市体育局甲型 H1N1 流感防控工作领导小组，发放了“甲流”防控宣传海报、光盘、宣传册等资料，落实了防控工作部门和责任人。

北京市体育局第五届
教育科研论文评选结果

一等奖（2篇）：

1、竞技运动教练员职业压力影响因素的研究（李铂等 北京体育职业学院）

2、体校学生心理健康的问题调查与对策（侯庆利 什刹海体校）

二等奖（4篇）：

1、体育高职院校"核心竞争力"的探究--体育高职院校助推优秀运动员"二次就业"问题的探析（刘阳 北京体育职业学院）

2、体育职业院校师资队伍建设与发展对策研究（沈丽娟 北京体育职业学院）

3、北京市高等体育职业教育设置招生专业与调研分析（牛映雪 王桦 沈丽娟 李铮 刘阳 北京体育职业学院）

4、对构建适合体校发展的教师评价机制的探讨（马春芳 何璐 什刹海体校）

三等奖（6篇）：

1、论英语教学中的跨文化教育（郭胜楠 什刹海体校）

2、专业运动员数学学习现状与教学策略的调查研究（毕木锦 北京体育职业学院）

3、太极拳运动对老年高脂血症患者血脂指标改变的研究（牛映雪 北京体育职业学院）

4、在体育高职校运用"实例"教学的可行性研究（易南 北京体育职业学院）

5、发扬奥运的教育功能 培养竞技运动员（刘阳 北京体育职业学院）

6、试论后现代观对职业学校理科教学的影响及意义（马春芳 什刹海体校）

二〇〇九年九月九日

北京市体育局关于加强甲型H1N1流感预防控制工作的通知

京体办字〔2009〕136号

市体育局各直属单位、机关各处室：

做好甲型H1N1流感防控工作关系到体育局系统广大职工的身体健康和生命安全，关系到为新中国成立60周年创造和谐稳定的社会环境，关系到第十一届全运会北京代表团参赛任务的圆满完成，是当前全局工作的一件大事。为进一步落实市政府关于甲型H1N1流感预防控制工作的部署，阻止二代病例产生和防止甲型H1N1流感的暴发、流行，根据相关法律、法规，全面落实防控责任，做好防控工作，现将有关事项通知如下：

一、明确防控工作方针和要求，切实做好防控工作。

甲型H1N1流感的防控工作要坚决贯彻中央确定的“高度重视、积极应对、联防联控、依法科学处置”的方针，按照市委、市政府的要求，立足于“想到最困难，做到最圆满”，全面预防，有效控制，在局党组的坚强领导下，切实落实“四方责任”，即属地责任、单位责任、部门责任、个人责任。各单位主要负责人对本单位防控工作负有全面责任，要高度关注疫情发展趋势和秋冬可能出现的第二波冲击，切实认识到防控甲型H1N1流感的重要性和长期性，认真部署，扎实防控，做到早发现、早诊断、早报告、早隔离、早治疗。各单位、各部门要切实履行好各自的防控职责，避免一切工作漏洞。全系统每一名职工都要依法严格遵守各项防控措施，担当起每一个公民应有的社会责任。确保全系统和谐稳定，维护正常的工作、生活秩序。

二、建立防控组织，落实防控责任，健全防控制度，确保防控工作扎实有效。

市体育局防控工作实行行政领导负责制，党政一把手为本单位防控工作第一责任人。各单位要在市体育局的统一部署下，认真履行单位防控职责，切实做好本单位的防控工作，严防甲型 H1N1 流感在本单位的暴发或流行。

（一）强化防控意识，明确责任、机构、人员和工作目标。

1.明确责任。按照“行业系统谁主管谁负责”、“行政管理谁审批谁负责”、“社会单位谁的人谁负责”、“大型活动谁主办谁负责”的原则，各单位、各部门要承担起相应的管理责任。

2.明确机构。市体育局成立了甲型 H1N1 流感防控工作领导小组，康林同志任组长。各单位要尽快成立由党政一把手牵头的防控工作组织机构，设立防控甲型 H1N1 流感的工作部门，承担本单位防控管理工作职责。

3.明确人员。各单位要指定专职或兼职人员负责防控工作。单位经营的宾馆、招待所、体育场馆、饭店、商业经营单位等公共场所或其它人员密集场所，应配备公共卫生管理专员，做好本单位的甲型 H1N1 流感防控以及食品安全、饮水安全、空气质量安全等公共卫生管理工作。组织大型会议和承办大型活动的单位或部门，要按照大型活动有关管理规定，指定专人负责防控工作。

4.明确目标。层层签订责任书，严防甲型 H1N1 流感在本单位的暴发或流行。并按有关规定，主动接受所在地社区卫生服务中心或区县疾病预防控制中心的指导，按照卫生行政部门的标准规范，加强本单位内部的联防联控。

（二）落实防控措施，做好监测报告、日常防控、宣传教育和物资保障。

1.抓好监测环节，发现病例及时报告。

（1）加强健康监测。对本单位教练员、运动员和职工健康状况进行监测登记，督促从国内外有甲型 H1N1 流感病例的地区归来的人员执行居家隔离观察 7 日的规定，从其它国家和地区归来的人员自行健康观察 7 日，同时要求职工自觉做好有上述外出经历的家庭成员的健康观察。日常居家过程中注意开窗通风、进行个人物品和环境的清洗消毒。对因病缺勤人员要仔细询问病情，监测健康状况并进行登记和追访。

（2）发现病例及时报告。发现本单位出现流感样症状人员，要及时向市体育局科教处和所在地疾病预防控制机构报告。

(3) 配合做好消毒隔离工作。发生甲型 H1N1 流感病例的单位，应当配合所在地疾病预防控制机构采取必要的消毒、隔离等措施，并督促密切接触者主动接受集中医学观察。隔离期间，单位不得停止支付被隔离人员的工作报酬。

2.抓好日常防控环节，做好公共卫生管理工作。

(1) 强化公共卫生管理。各单位要认真落实消毒、通风等日常防控措施，上班期间坚持每日开窗通风 2 次以上，每次要保持 15–30 分钟，保证室内空气流通。要经常开展群众性卫生运动，搞好环境卫生，对门把手、楼梯扶手、电话、电脑键盘等部位要做好预防性消毒。加强对餐饮、服务、保洁等从业人员的卫生知识培训，要检查其健康证、培训合格证及个人卫生状况，杜绝工作人员带病上岗。

(2) 加强人员管理。各单位要建立职工健康监测登记制度，对外来人员建立健康问询和联系登记制度。尤其是局属院校和各训练基地，要加强对出入校园外来人员的登记管理，建立和落实学生、运动员晨午检制度，晨检要有体温测量记录。大型活动主办单位要做好场所消毒和人员健康监测等工作，发现发热和流感样症状者，应拒绝其进入活动场所，并提供就医指导，活动期间实行零报告制度。

(3) 加强对教练员、运动员群体的卫生教育和医学监督。强化对运动员训练场馆、食堂、宿舍、浴池、公共洗衣房等场所的消毒和卫生管理，确保教练员、运动员群体的安全。

3.抓好宣传环节，普及防控知识。

各单位要定期开展防控工作动员和健康教育活动，充分利用网络、广播、公共橱窗、内部报刊等各种宣传媒介做好公共卫生知识的普及和宣传教育工作。尤其要加强对运动员和学生群体防控知识的宣传教育。

4.抓好物资保障环节，做好防控物资储备。按照市政府的统一部署，结合本单位防控工作实际需要，保障防控工作经费落实到位。各单位应储备必要的防护用品、消毒用品等，按有关部门的要求，配备体温计、测温仪等必要的监测工具并保证其正常使用。

(三) 加强内部管理，强化制度建设和自查整改。

1.制定工作方案。各单位要按照市政府有关部门的要求，结合单位实际，制定防控甲型 H1N1 流感的工作方案，规范工作流程，确保责任到人、措施到位。要与所在地疾病预防控制中心建立沟通渠道，固定联系人员、联系电话，保持联络畅通，并接受专业机构的指导和检查。

2.加强应急值守。各单位要按照市政府有关部门的要求和应急预案相关规定，完善应急值守工作制度，明确报告人、报告流程、报告内容和报告时限。发现 3 名以上员工出现不明原因流感样症状时，应立即报告单位主管领导，并速报上级主管部门、所在地疾病预防控制中心。

3.加强内部培训。定期安排单位主要负责人、防控工作具体责任人参加卫生行政部门统一组织的培训。并充分利用各种媒介和手段，开展形式多样、丰富多彩、效果良好的疫病防控知识宣传。

4.加强自查整改。各单位要严格按照本通知要求，切实做好防控措施落实情况的自查工作，并做好检查记录，发现问题要及时整改。

三、严格防控管理，落实责任追究制度。

《北京市人民政府关于进一步明确责任突出重点加强甲型 H1N1 流感预防控制工作的通知》明确规定，“未按规定履行传染病防治和保障职责的，按照传染病防治的规定由本级人民政府或者上级人民政府有关部门责令改正，通报批评；因为未依法依规落实好各项防控措施而造成传染病传播、流行或者其他严重后果的，对负有责任的主管人员和其他直接责任人员，依法给予行政处分；构成犯罪的，依法追究刑事责任。”市体育局将于 7–9 月份开展甲型 H1N1 流感防控监督检查工作，对未按规定落实各项防控措施的单位严肃批评并限期整改，因措施不利造成不良后果的将追究有关人员的责任。各单位要建立健全单位内部的突发公共卫生事件责任追究制度，明确责任，定期检查，有效开展防控工作，坚决杜绝甲型 H1N1 流感在本单位暴发、流行。

附件：北京市疾病预防控制机构联系方式

二〇〇九年六月三十日

体育交流

2009年市体育局系统出访统计表

团组序号	单位	项目	任务性质	出访时间	人数	国家（地区）	任务来源	团长	副处级以上人员名单	费用	备注
1	先农坛、木樨园、什刹海	田径、游泳、排球	援外	1.15－12.31	3	墨西哥	体育总局	钱万辉		邀请方	
2	棋院	围棋	比赛	1.17－1.23	1	韩国	体育总局	窦长明	窦长明	邀请方	未成行
3	什刹海	拳击	比赛	2.3－2.18	2	德国 意大利	体育总局	汤尔民		体育总局	
4	体育局	篮球	会议	2.10－2.13	4	香港	自组	刘敬民	孙康林、牟达维 何　毅	自理	
5	什刹海	跆拳道	比赛	2.10－2.17	3	美国	体育总局	刘燕彬	刘燕彬	体育总局	未成行
6	先农坛	乒乓球	比赛	2.10－2.22	1	科威特 卡塔尔	体育总局	丁　宁		邀请方 体育总局	
7	什刹海	羽毛球	友好交流	2.15－2.22	2	日本	体育总局	乔　斌		邀请方	
8	木樨园	游泳	比赛	2.18－2.23	7	日本	体育总局	常谊春		体育总局	
9	木樨园	摔跤	比赛	2.18－2.24	1	法国	体育总局	谢　振		体育总局	
10	木樨园	柔道	比赛	2.18－3.1	3	德国、波兰	体育总局	牛德成	牛德成	体育总局	
11	先农坛	田径	比赛	2.19－2.24	1	日本	体育总局	金玲玲		体育总局	
12	什刹海	跆拳道	训练	2.23－4.20	1	韩国	自组	张　岳		邀请方	
13	先农坛	网球	比赛	2.27－3.31	1	印尼 马来西亚 菲律宾	体育总局	杨钊煊		自理	
14	体育局		体育论坛	3.1－3.6	3	西班牙	自组	侯玉兰	胡　蓉	自理	
15	先农坛	女足	比赛	3.10－3.25	2	俄罗斯	体育总局	都斐斐		邀请方 体育总局	
16	交流中心	网球	洽谈	3.15－3.24	3	美国 巴西	自组	孙学才	孙学才、张耀荣	自理	
17	木樨园	游泳	比赛	3.18－3.23	3	德国	体育总局	吕　彬		邀请方 体育总局	
18	什刹海	拳击	比赛	3.18－3.25	1	爱尔兰	体育总局	张京京		体育总局	
19	木樨园	男手	比赛	3.19－3.23	20	法国	自组	邹昌明	邹昌明	双方	
20	棋院	中国象棋	比赛	3.20－3.29	2	越南	自组	张　强		邀请方	
21	体育局	体育大会	会议	3.23－3.28	6	美国	自组	刘敬民	李晋康 何　毅	自理	

续表

团组序号	单位	项目	任务性质	出访时间	人数	国家（地区）	任务来源	团长	副处级以上人员名单	费用	备注
22	先农坛	女足	比赛	3.31—4.5	22	香港	自组	黄雨江	黄雨江	双方	
23	航校		洽谈	4.6—4.15	4	美国 加拿大	自组	王克铭	王克铭 柴士军	自理	
24	什刹海	拳击	比赛	4.13—4.21	1	土耳其	体育总局	刘京京		体育总局	
25	木樨园	跳水	比赛	4.14—4.27	1	英国 墨西哥	体育总局	曹　缘		体育总局	
26	木樨园	游泳	训练	4.18—7.12	8	澳大利亚	自组	陈映红		自理	
27	先农坛	乒乓球	比赛	4.23—5.6	2	日本	体育总局	闫　安		体育总局	
28	木樨园	游泳	比赛	4.24—5.1	1	波多黎各	教育部	李四欣		育英学校	
29	竞赛中心		考察	4.25—4.30	4	泰国	自组	牟　奔	牟　奔	自理	
30	先农坛	乒乓球	比赛	4.27—5.6	1	日本	体育总局	张　雷		体育总局	
31	先农坛	田径	比赛	4.27—5.10	1	日本	体育总局	张培萌		体育总局	
32	木樨园	游泳	训练	5.2—6.5	5	澳大利亚	自组	常谊春		自理	
33	先农坛	网球	比赛	5.3—5.17	1	马来西亚	体育总局	杨钊煊		体育总局	
34	先农坛	乒乓球	比赛	5.8—5.13	19	泰国	自组	吴金生	吴金生	双方	
35	体育局	网球 篮球	推广比赛 申办赛事	5.13—5.25	2	西班牙 法国 瑞士	自组	刘敬民	孙康林	自理	
36	先农坛	举重	比赛	5.18—5.25	1	泰国	体育总局	纪书强		体育总局	
37	体育局	篮球	申办赛事	5.19—5.25	3	瑞士	自组	牟达维	牟达维 何毅	自理	
38	竞赛中心	篮球	申办赛事	5.21—5.26	1	瑞士	体育总局	海振文		体育总局	
39	木樨园	跳水	比赛	5.25—6.2	3	西班牙	体育总局	曹　科		体育总局	
40	什刹海	武术	比赛	6.4—6.10	1	澳门	体育总局	张艳俊		体育总局	
41	芦城	赛艇	比赛	6.7—7.14	4	德国 瑞士	体育总局	叶秀梅		自理	
42	什刹海	跆拳道	比赛	6.8—6.15	4	阿塞拜疆	体育总局	姚　强		体育总局	
43	先农坛	篮球	比赛	6.8—6.15	1	日本	体育总局	马家骥		体育总局	
44	先农坛	网球	比赛	6.13—7.20	1	印尼 澳大利亚	体育总局	杨钊煊		体育总局	
45	芦城	女曲	训练	6.15—6.28	26	澳大利亚	自组	殷秋霞	殷秋霞	自理	
46	先农坛	网球	比赛	6.15—7.4	6	马来西亚	自组	黄红军		自理	
47	体育总会		交流	6.24—6.29	6	澳大利亚	自组	闫永宽		自理	未成行
48	木樨园	游泳	比赛	6.25—7.14	1	塞尔维亚	教育部	宓梦娇		教育部	
49	木樨园	排球	比赛	6.25—7.14	3	塞尔维亚	教育部	康　慷		教育部	
50	先农坛	女足	比赛	6.25—7.14	2	塞尔维亚	教育部	王海鸣		教育部	
51	先农坛	女足	比赛	6.25—7.14	10	塞尔维亚	教育部	郭　琳		教育部	

续表

团组序号	单位	项目	任务性质	出访时间	人数	国家（地区）	任务来源	团长	副处级以上人员名单	费用	备注
52	木樨园	男手	比赛	6.29—7.6	20	香港	自组	李新民		自理	未成行
53	木樨园	游泳	比赛	6.29—7.7	6	新加坡	体育总局	么　非		体育总局	
54	木樨园	柔道	交流	7.4—8.1	13	韩国	自组	王耀维		自理	
55	体育局	女足、摔跤、射箭	交流	7.10—7.17	45	韩国	自组	李晋康	李晋康、梁德金、孙继峻、李锐	自理	
56	木樨园	花泳	比赛	7.13—7.27	3	意大利	体育总局	汪　洁		体育总局	
57	木樨园	排球	比赛	7.14—7.27	1	墨西哥	体育总局	刘晓彤		体育总局	
58	先农坛	乒乓球	比赛	7.20—7.27	3	印度	体育总局	闫　安		体育总局	
59	木樨园	游泳	比赛	7.20—8.4	12	意大利	体育总局	宗金妹		体育总局	
60	木樨园	男手	比赛	7.31—8.16	22	韩国	自组	李新民	李新民	自理	
61	什刹海	跆拳道	裁判	8.6—8.11	1	韩国	体育总局	王丽莉		体育总局	
62	木樨园	垒球	比赛	8.7—8.18	5	捷克	体育总局	魏　嫱		体育总局	
63	芦城	自行车	比赛	8.10—8.19	1	印尼	体育总局	李　波		体育总局	
64	先农坛	田径	比赛	8.11—8.25	1	德国	体育总局	李金哲		体育总局	
65	芦城	女曲	交流	8.12—9.10	24	韩国	自组	郭英洲	郭英洲	自理	
66	先农坛	女足	比赛	8.14—8.25	26	英国	自组	黄雨江	黄雨江	自理	
67	什刹海		友好访问	8.11—8.17	1	朝鲜	体育总局	阎丽菊		体育总局	
68	先农坛	乒乓球	比赛	8.18—8.24	1	韩国	体育总局	盛丹丹		体育总局	
69	体育局		会谈	8.19—8.23	2	瑞士	自组	孙康林	孙康林 海振文	自理	
70	芦城	射箭	交流	8.20—9.28	10	韩国	自组	宋淑贤		自理	
71	先农坛	网球	比赛	8.23—8.29	3	韩国	体育总局	田　天		体育总局	
72	先农坛	举重	比赛	8.23—8.29	1	韩国	体育总局	唐　熊		体育总局	
73	先农坛	田径	比赛	8.23—8.29	3	韩国	体育总局	张榴红		体育总局	
74	先农坛	乒乓球	比赛	8.23—8.29	1	韩国	体育总局	陈振江		体育总局	
75	什刹海	拳击	比赛	8.27—9.14	4	意大利	体育总局	高　明		体育总局	
76	体科所	康复	培训	9.6—9.26	1	德国	体育总局	孙　科		体育总局 市体育局	
77	体育局		培训	9.6—9.26	1	英国	体育总局	于立超	于立超	体育总局 市体育局	
78	竞赛中心	铁人三项	观摩	9.8—9.13	5	澳大利亚	自组	张红卫		自理	未成行
79	芦城	棒球	交流	9.8—9.25	32	韩国	自组	宋平山	宋平山	自理	
80	什刹海	武术	表演	9.14—9.19	4	朝鲜	体育总局	杨永立		体育总局	
81	什刹海	武术	表演	9.17—9.21	1	新加坡	体育总局	罗　弘		邀请方	
82	什刹海	跆拳道	比赛	9.20—9.27	1	伊朗	体育总局	朴成哲		体育总局	

续表

团组序号	单位	项目	任务性质	出访时间	人数	国家（地区）	任务来源	团长	副处级以上人员名单	费用	备注
83	什刹海	拳击	比赛	10.9—10.23	1	日本	体育总局	陈 丹		体育总局	
84	什刹海	跆拳道	比赛	10.10—10.20	4	丹麦	体育总局	姚 强		体育总局	
85	先农坛	网球	比赛	10.15—11.9	3	马来西亚 日本 泰国 韩国	体育总局	田 天		体育总局 先农坛	
86	什刹海	武术	比赛	10.16—11.10	6	加拿大 美国 日本	体育总局	殷玉柱		体育总局	
87	社体中心		访问	10.18—10.27	1	日本	体育总局	石颖丽		双方	
88	木樨园	摔跤	学习班	10.27—11.2	1	亚美尼亚	体育总局	王晓歧		体育总局	
89	什刹海	拳击	比赛	10.27—11.5	1	越南	体育总局	张京京		体育总局	
90	体育局	热气球	比赛	10.27—11.6	1	日本	体育总局	苑振洲		体育总局	未成行
91	先农坛	田径	比赛	10.28—11.3	1	越南	体育总局	赵宽松		体育总局	
92	芦城	射箭	比赛	10.29—11.7	1	越南	体育总局	李晓牧		体育总局	
93	棋院	中国象棋	比赛	10.31—11.8	1	越南	体育总局	唐 丹		体育总局	
94	木樨园	游泳	比赛	11.1—11.8	6	越南	体育总局	侯明达		体育总局	
95	木樨园	游泳	比赛	11.3—11.17	9	俄罗斯 瑞典 德国	体育总局	宗金妹		体育总局	未成行
96	木樨园	柔道	比赛	11.10—11.18	2	萨摩亚	体育总局	何云龙		体育总局	
97	赛事办	武搏会	汇报	11.14—11.19	1	瑞士	自组	海振文	海振	文自理	
98	芦城	自行车	比赛	11.15—11.22	1	澳大利亚	体育总局	李 波		体育总局	未成行
99	先农坛	乒乓球	比赛	11.23—12.1	1	波兰	体育总局	闫 安		体育总局	
100	木樨园	花泳	比赛	11.24—12.5	5	加拿大	体育总局	汪 洁		体育总局	
101	先农坛	网球	比赛	11.26—12.22	2	美国	体育总局	田 天		体育总局	
102	什刹海	跆拳道	比赛	12.3—12.9	2	香港	体育总局	姚 强		体育总局	
103	什刹海	东亚运动会	裁判	12.3—12.9	1	香港	体育总局	王丽莉		体育总局	
104	棋院	东亚运动会	观摩	12.4—12.7	1	香港	全国政协	谢 军	谢 军	全国政协 邀请方	
105	体育局	东亚运动会	观摩	12.4—12.7	1	香港	自组	孙康林	孙康林	双方	
106	木樨园	跳水	比赛	12.4—12.10	2	香港	体育总局	王霄松		体育总局	
107	木樨园	游泳	比赛	12.4—12.11	13	香港	体育总局	常谊春		体育总局	
108	什刹海	拳击	比赛	12.4—12.14	2	阿塞拜疆	体育总局	李 洋		体育总局	
109	木樨园	游泳	比赛	12.5—12.18	2	卡塔尔	教育部	沈立人	沈立人	育英学校	

续表

团组序号	单位	项目	任务性质	出访时间	人数	国家（地区）	任务来源	团长	副处级以上人员名单	费用	备注
110	先农坛	乒乓球	比赛	12.6—12.19	3	哥伦比亚	体育总局	陈振江		体育总局	
111	先农坛	田径	比赛	12.7—12.14	2	香港	体育总局	赵宽松		体育总局	
112	什刹海	武术	裁判	12.8—12.21	1	老挝	体育总局	张兴正		邀请方	
113	木樨园	柔道	比赛	12.9—12.18	6	日本	体育总局	吴智辛		体育总局	
114	木樨园	柔道	比赛	12.10—12.14	2	香港	体育总局	王晓琨		体育总局	
115	木樨园	垒球	比赛	12.12—12.18	1	马来西亚	体育总局	李　琪		体育总局	

2009 年市体育局系统随外单位出访统计表

团组序号	单位	项目	任务性质	出访时间	人数	国家（地区）	任务来源	团长	副处级以上人员名单	费用	备注
1	体育局	东亚运动会	观摩	12.4—12.7	2	香港	市外办	张　扬	张　扬 唐　彬	自理	
2	先农坛	体操	友好活动	10.15—10.18	1	日本	市友协	陆金良		先农坛邀请方	
3	体育局	城市治理	考察	11.10—11.20	1	瑞士 捷克	市民政局	邓少辉	邓少辉	自理	

2009 年市体育局系统出访台湾统计表

团组序号	单位	项目	任务性质	出访时间	人数	任务来源	团长	副处级以上人员名单	费用	备注
1	体育局	文化教育与传统文化传承	考察	7.10—7.19	1	市委研究室	夏印发	夏印发	自理	
2	离退中心		考察	6.10—6.19	1	市直工委	李仕荣	李仕荣	自理	

机构·人事

中共北京市体育局党组

书　　记：　孙康林

副 书 记：　孙学才

成　　员：　牛德成　李晋康　胡　蓉（女）　李丽莉（女）　苑振洲　邓少辉

纪检组长：　胡　蓉（女）

北京市体育局

局　　长：孙康林

副 局 长：孙学才　牛德成　李晋康　李丽莉（女）　苑振洲　李鸿江（兼）

副巡视员：　牟达维（2009 年 4 月退休）　邓少辉

北京市体育局机关处室

办公室

主　任：许广树

副主任：张　扬

规划建设处

处　　长：王建华

财务处

处　　长：王克铭

竞技体育处

处　　长：孙国华

副 处 长：唐　彬（2009 年 12 月免）　何　毅

群众体育处

处　　长：颜军新（2009年6月任）

副处长：朱　宏（女，2009年6月任）

科技教育处

处　　长：臧超美（女）

副处长：李兰军（女）

法规宣传处

处　　长：夏日发

副处长：李兰君（女）

体育产业发展处（北京市体育市场管理办公室）

处　　长：邓　旭

人事处

处　　长：邵立英（女）

副处长：于立超

离退休干部处

处　　长：李士贵

机关党委

书　　记：孙学才（兼）

专职副书记：田华山（正处级）

监察处

处　　长：闫永宽

【积极引进体育人才】为了保障教练员队伍建设，完成市体育局的中心任务和竞技体育发展目标，3月12日召开了第八次体育专业人才引进认定会议，共引进优秀体育人才29人，其中运动员22人、教练员5人。除全力配合竞技体育引进优秀体育人才外，还以优化人才结构为目标，积极引进高等院校优秀毕业生，全年已办理接收手续的共有大学本科毕业生29人、硕士研究生7人，使全局各类专业技术人员结构得到调整和优化。与此同时，积极配合市政府完成政治任务，全年在各单位的全力配合下共接收安置军队转业干部9人。

【开展职称评审工作】教练员职称社会化评审已是第六年，年内网上报名参加高级体育教练员专业技术资格评审共21人，其中11人确认了具备高级教练专业技术资格，1人被推荐参评国家级教练；参加体育科研专业任职资格评审共2人，其中1人取得副研究员任职资格；参加中、初级评审的专业技术人员共计50人，评审通过35人，其中中级14人，初级21人。

【开展体育行业特有工种职业技能鉴定工作】2009年对全市社会体育指导员、游泳救生员两大类工种进行了1491人次的职业技能鉴定。其中社会体育指导员工种进行了五个项目779人的鉴定，游泳项目391人，健身教练项目279人，健美操项目49人，跆拳道项目29人，滑雪项目31人。游泳救生员工种进行了八批次鉴定，共鉴定712人。经考核，两大工种共有889人取得国家职业资格证书，占参加鉴定总人数的59.6%。

【继续推行伤残互助保险工作】2009年继续大力推行运动员伤残互助保险工作，全年全局运动员向全国体育基金会共缴纳保费12.99万元，全年共获赔付20.3万元。此外，积极配合国家体育总局的老运动员、老教练员关怀基金政策，今年又为李淑花、贾连昌两名为北京体育事业做出过突出贡献的老运动员申报了关怀基金，其中李淑花获得补助2万元。

【制定优秀元动员职业转换过度规定】为贯彻国家体育总局《关于印发〈运动员聘用暂行办法〉的通知》（体人字〔2007〕412号）精神，同时也为北京市贯彻该文件打好基础，市体育局拟加强运动员职业转换过渡期间的管理，进一步稳定运动员队伍，在大量调研的基础上研究制定了《关于我市优秀运动队运动员职业转岗过渡期间有关问题的通知》，并于5月印发贯彻执行。

【积极进行干部培训】为贯彻落实中央《干部教育培训工作条例(试行)》精神，北京市体育局共有6名局级干部报名参加了市委组织部的各类脱产培训。组织8名处级干部参加了市人事局举办的正副处职公务员任职培训。134名处级干部、人事干部参加了市委组织部的网上在线学习；6名人事科长参加了国家体育总局全国体育系统人事干部培训班。此外，对于运动员聘用制、岗位设置等人事工作的热点难点问题，人事处安排了两次主管领导、人事科长、相关人员参加的培训会，积极为基层单位搭建交流学习平台，获得了一致好评。

【8个事业单位领导职位竞争上岗】为扩大干部工作中的民主，2008年12月局党组决定对局系统8个事业单位的领导职位实行竞争上岗。经过发布公告、报名、资格审查、民主测评、笔试、面试、确定考察人选、公示、组织考察、党组研究聘任、公布选拔结果等程序，历经3个月，最终有四位同志从24名参与竞争的领导干部中脱颖而出，走上了领导岗位。

【训练单位领导班子全面调整】年底，从“十二运”着眼，局党组对各训练单位领导班子进行了全面调整。通过推荐、考察、公示等环节，完成了23名领导干部的轮岗、晋升工作。

【完成机构改革后的“三定方案”】经与市编办协调，完成了市政府机构改革后市体育局主要职责、内设机构和人员编制的方案(即：“三定方案”)，并获得了批准。“三定方案”中，体育市场管理处更名为体育产业发展处，加挂“北京市体育市场管理办公室”牌子，老干部处更名为离退休干部处。根据新“三定方案”规定，重新修改了北京市体育局职位说明书，并正式印刷成册发至机关各处室及各直属单位。

【成立北京市体育局新闻中心】为推动首都体育事业的宣传工作，经市编办批准，北京市体育局新成立直属事业单位——北京市体育局新闻中心。该中心由北京市第二体育运动学校更名，主要承担本局系统新闻宣传工作，联系有关新闻媒体，组织策划体育新闻宣传报道工作，承担有关体育宣传资料的组织、策划和编写等工作。

北京市体育局直属单位

北京市先农坛体育运动技术学校

校 长：孟强华（2009年6月任）
书 记：肖 云（女）
副校长：黄雨江 董慧荣 吴金生 唐 彬（2009年12月任）
副书记：黄雨江（兼，2009年6月任）
校长助理：景雪竹（2009年12月任）
胡晓兵（2009年12月任）

北京市先农坛体育运动技术学校位于宣武区先农坛内。前身是建于1956年的北京市体育工作大队，是中华人民共和国成立后创建最早的竞技体育训练基地。学校占地面积1.5万余平方米。有体操、田径、网球、女子足球、乒乓球、举重6个优秀运动队。至2007年，学校共为国家培养运动员1万余人，其中46人次获得世界冠军和奥运冠军。1980~2007年，学校共有12人次获得亚洲冠军，1187人次获得全国冠军。曾培养出庄则栋、邱钟惠、李莉、郎平、滕毅、张雷、胡秉臣、徐宏、王晨、张津京、奎媛媛、张怡宁、滕海滨、马龙、郭焱、张楠、周卓茹等著名运动员。学校还有马元安、李 、刘群林、周树森、谢昭等著名教练员。2004年，张怡宁、滕海滨获得第二十八届奥运会冠军，实现了学校奥运金牌零的突破。

【承办第35届北京乒乓球邀请赛】由国家体育总局乒羽管理中心和北京市体育局主办，先农坛体育运动学校承办的第35届北京乒乓球邀请赛，于1月5日至9日在先农坛体育场乒乓球馆举行。共有28个代表队参赛，参赛运动员达到500余人。国家乒羽中心主任助理陆元盛、乒羽中心一部副部长郭仲熙、市体育局竞体处副处长唐彬及校领导，分别为获奖运动员颁了奖。

【牛德成副局长率检查组来校检查工作】 1月6日，牛德成副局长率体育局训练工作检查组成员徐建中、臧超美、何毅、江继杰、李宗权、桑涛、李锐到学校听取了冬训第二阶段工作汇报。各运动队领队、主教练对本队冬训工作指导思想，需要解决的重点、难点问题及解决办法，“十一运会”预赛阵容，重点夺牌争分队员，出线情况预测以及保障需求进行了详细说明和汇报。

【召开领导班子总结述职大会】 1月12日，学校召开领导班子总结述职大会。原学校校长、现体育职业学院徐建中院长及校领导班子全体成员，中层干部、支部书记、工会小组长、职工代表、运动队领队、主教练60余人参加了大会。全体与会人员坚持客观公正和注重实绩的原则，从工作作风、管理能力、政策水平等九方面内容对述职人员进行了民主测评，并将投票结果上报了市体育局。

【定期请国家总局、高校、大学教授为教练员讲课】 为切实贯彻落实体育局冬训工作要求，促进备战全运会的冬训质量，学校利用每周四上午运动员上文化课的时间，邀请国家乒乓球队教练员李隼、国家体育总局水上运动管理中心副主任刘爱杰、国家田径队教练员、清华大学教授李庆、清华大学体育部教授陈小平来校为教练员讲课。教练员结合本项目特点修正训练计划与训练方法，有针对性地解决制约训练水平突破的技术难点，更新了训练理念，促进了冬训质量的提高。

【召开“十一运会”预赛动员大会】 3月30日，学校召开“先农坛体校第十一届全运会预赛动员大会”。校领导班子全体成员，准备参加预赛的全体运动员、教练员、领队及科级干部170余人参加了会议。大会由黄雨江副校长主持，孟强华副校长代表校领导班子做动员报告。

【召开“作风建设年”动员大会”，】 4月3日，学校召开体校领导干部“作风建设年”活动动员大会，全校党员、干部、入党积极分子105人参加了会议。会议由吴金生副校长主持，校党委书记肖云传达了“北京市体育局系统领导干部作风建设年活动动员大会”精神和孙康林局长的讲话，就学校开展领导干部“作风建设年”活动作了详细部署。

【召开“十一运会”预赛总结

暨备战决赛动员会】6月1日，学校召开第十一届全运会预赛总结暨备战决赛动员会。校领导班子全体成员，运动队领队、教练员，全体中层干部及支部书记参加了会议。黄雨江副校长对全运会预赛完成情况进行了总结。六个运动项目入围决赛运动员105人、54个子项、77个项次，完成了体育局下达的预赛目标任务。

【承办全国少年乒乓球比赛(北方赛区)】由国家体育总局乒羽管理中心主办，北京市体育局和先农坛体育运动技术学校承办的全国少年乒乓球比赛（北方赛区），于7月1日至6日在先农坛体校乒乓球馆举行。国家体育总局乒羽中心领导刘凤岩、林诗铨、卿尚霖；市体育局竞体处副处长何毅、顾问江继杰；先农坛体校校长孟强华、书记肖云，副校长吴金生及本次比赛的赞助商“东鹏陶瓷”总经理马强出席了颁奖仪式。

【北京市教委组织观摩团到先农坛体校观摩】7月9日下午，北京市教委组织基层体育教练员和重点学校教师50余人来到学校观摩学习，黄雨江副校长及相关科室负责人热情接待了来访客人。观摩团观看了六个项目运动员的训练，各项目领队详尽地介绍了运动员们的训练情况，并针对专项技术等问题进行了相互交流和切磋。

【女足出访韩国】7月10日至17日，北京女足青年队一行20人，作为北京体育代表团成员赴韩国首尔参加第17届首尔——北京友好交流大会，在首尔进行了两场教学比赛，一胜一负，达到了相互切磋、提高技艺的目的。

【协办中俄青少年体育交流年体操比赛】7月28日至30日，由先农坛体育运动技术学校协办的中俄青少年体育交流年体操比赛在先农坛体校体操馆举行。为完成好此项赛事，校领导多次召开相关部门协调会，明确各项工作责任和完成期限。同时，学校购置更新了体操器械，对场馆进行粉刷，更换了照明设备，搭建了活动板房供运动员和裁判员使用，并多次组织职工对比赛场地及周边环境进行卫生保洁。

【选派运动员参加全运火炬传递活动】8月16日上午，第十一届全运会火炬传递点火起跑仪式在人民大会堂东门举行，随着主火炬的点燃正式启动了以“祝福祖国，共享全运”为主题的“十一运会”火炬传递活动。先农坛体育运动技术学校女子足球队、田径队各派出6名运动员，作为火炬接力护跑队员，参加了在永定门举行的北京市全运火炬传递活动。

【召开“十一运会”工作总结会】 11月20日至12月4日，学校召开“十一运会”工作总结会。各队分别从“十一运”周期总体训练工作指导思想、运行情况与完成情况、指标完成情况等，同“十运会”、“九运会”成绩对比，查找问题、总结经验。校领导班子全体成员听取了汇报。

【召开“国庆60周年安检表彰会”】 11月26日，学校召开“国庆60周年先农坛运端安检表彰会”，宣武公安分局巡警支队领导及校各科室50余人出席会议。会上，为该校和获表彰人员颁发了“国庆安保工作先进集体”和“首都国庆60周年群众游行支持贡献单位”奖牌及证书。吴金生等同志获“首都国庆60周年群众游行优秀工作者”；韩朝勤等42人获参加庆祝国庆60周年群众游行活动荣誉证书和志愿服务证书。

【北京网球队喜获赞助】 12月17日，在学校网球中心会议室举行了“北京首都开发控股集团有限公司赞助北京网球队签约仪式”。市体育局孙康林局长，首开公司董事长刘希模、总经理王少武及孟强华校长、肖云书记出席签约仪式。孙康林局长代表市体育局衷心感谢多年来关心、支持北京网球队的首开公司，指出北京网球队要进一步更新观念，刻苦训练，以优异的成绩回报企业的支持。

北京市木樨园体育运动技术学校

校　长：于溯韡

书　记：葛　军（2009年12月任）　于溯韡（兼，2009年12月免）

副校长：屈少军　李新民（2009年12月免，保留待遇）　邹昌明　梁德金

副书记：李希田

校长助理：陶彦宇

北京市木樨园体育运动技术学校位于丰台区玉彩北路。1983年成立，前身是四块玉体育训练基地，1993年迁入现址，并更名为北京市木樨园体育运动技术学校，是北京市体育局直属的最大训练基地。学

校有光彩体育馆、游泳馆、综合训练馆(含健身房、室内垒球训练馆)、手球训练馆、排球训练馆、田径场(含垒球场)等体育场地,共计5万平方米。其中,垒球训练馆是中国惟一的室内垒球训练馆,面积达800平方米。学校有垒球、手球、排球、男子柔道、摔跤、游泳、跳水、花样游泳8个奥运会项目的12支运动队,有教职员工700余人。曾先后培养出郎平、杨晓君、冯坤、李娜、王旭等奥运会冠军以及多名世界冠军。此外,学校其他选手参加国际比赛也获得好成绩,王丽红、王颖、阎芳、张春芳、魏嫱、陈红、欧敬柏、徐健曾获得1996年奥运会垒球比赛亚军,张颖曾获得1995年世界柔道锦标赛女子无差别亚军。

【参加第十一届全运会成绩突出】在10月16日至28日举行的第十一届全国运动会上,学校共有175人参加了8个大项、71个小项的决赛。在比赛中,全体运动员、教练员不畏强手、顽强拼搏、奋发进取,共获得金牌10枚、银牌6枚、铜牌4枚,超额完成了体育局下达的全运金牌指标任务,为北京市代表团完成既定目标做出了突出贡献,并以良好的体育道德风尚展示了首都运动员的精神风貌,取得了竞技成绩、道德风尚双丰收。

【参加世界游泳锦标赛获佳绩】在2009年意大利罗马举行的世界游泳锦标赛比赛中,中国水军以获得11枚金牌、7枚银牌、11枚铜牌的成绩圆满收关,其中木樨园体校参赛游泳运动员张琳夺得两金一铜,并两次打破世界纪录;花泳运动员张晓欢、常思获得一银两铜;刘京在女子4×200米自由泳接力比赛在获金牌并打破世界纪录。

【承办全国男子手球锦标赛暨第十一届全运会预赛】6月3日至11日,在木樨园体校光彩体育馆承办了全国男子手球锦标赛暨第十一届全运会预赛,共有12支队伍参加,受到手曲棒垒中心的肯定以及各参赛队伍的好评。

【对参赛运动员进行赛风赛纪及反兴奋剂教育】根据体育局科教处7月21日召开的会议指示精神,

参加全运会决赛运动员执行准入制度，学校按照要求对所有运动员进行了学习、考试、宣誓等各个环节的赛风赛纪及防反兴奋剂教育工作，确保了在全运会决赛中没有出现一例违规事件，实现了成绩和精神文明双丰收。

【承办全国女子摔跤冠军赛】 12月2日至4日，承办了全国女子摔跤冠军赛，共35支队伍参加。

【木樨园体校获市总工会表彰】 5月，木樨园体校获北京市总工会颁发的"首都劳动奖状"，北京跳水队获"首都劳动奖章"，跳水运动员林跃获"北京市工人先锋号"。

【召开第十一届全运会先进集体、先进个人表彰会】 第十一届全运会落幕后，木樨园体校超额完成北京市体育局下达的金牌指标任务，为北京体育代表团作出了突出贡献。11月11日，学校召开表彰会，对获得优异成绩的集体和个人及全力保障全运会工作的教职员工给予表彰：授予训练系列先进集体6个，保障系列先进集体13个；授予训练系列先进个人67人，保障系列先进集体37个。

【召开校领导班子党员领导干部民主生活会】 根据市体育局党组《关于开好2009年度直属单位领导班子党员领导干部民主生活会的通知》要求，学校于12月制定了《木樨园体育运动技术学校党员领导干部民主生活会实施方案》，召开了以"加强领导干部党性休养、树立和弘扬良好作风"为主题的领导干部民主生活会。

北京市什刹海体育运动学校

校　长：李贵戊

书　记：李贵戊（兼）

副校长：刘燕林　石风华（女）　刘　军（2009年12月免，保留待遇）
　　　　孙继峰（2009年12月任）　姚　强（2009年12月任）

校长助理：曹志仁　张　静　邹　军（2009年12月任）

北京市什刹海体育运动学校位于西城区地安门西大街。1958年成立。学校占地面积3.4万平方米，建筑面积4.7万平方米。学校有12个训练场馆、3个健身房、1个塑胶田径场，文化教学设施、运动员公寓和对外开放的什刹海国际体育公寓等场所，是国家级重点体育中等专业学校。设有跆拳道、拳击、羽毛球、武术和散打5支专业队，以及乒乓球、体操、排球、举重等运动队。自建校以来共向北京队、国家队输送运动员3500名，有体操名将滕海滨、马燕红，乒乓球世界名将王涛、张怡宁，跆拳道奥运会冠军罗微、女子排球奥运会冠军冯坤，武术全能冠军李连杰，第十三届亚运会武术冠军刘清华，国际象棋棋后谢军，"苏迪曼杯"羽毛球赛团体冠军董炯等。至2007年，已培养世界冠军33人。学校曾被评为高水平体育后备人才基地、北京2008奥林匹克教育示范校、全国排球高水平后备人才培训基地和中国羽毛球协会羽毛球学校。

【举办"北京拳协杯"比赛】2月21日，学校举办"北京拳协杯"五省市拳击比赛，北京市拳击队与来自山东、天津、黑龙江、武警体工队、北京体育大学的5支队伍进行了交流比赛。

【举办税法讲座】2月23日，学校邀请什刹海税务所所长陈宁举办了"个人所得税税法讲座"，旨在普及税法基本知识，规范学校税收缴纳工作。全体教练员及机关、后勤部分员工共150余人参加。

【国家体育总局武术运动管理中心主任高小军到学校调研】3月4日，国家体育总局武术运动管理中心主任高小军到学校对校竞技武术及体育产业项目大型风情功夫剧《什刹海》发展情况进行调研，在充分听取项目发展情况后，提出几点建议：一是武术项目本身门类繁多，可表演内容丰富，不宜加入过多其他艺术元素，应充分展现武术的精髓；二是可借助屏幕、实物将无形文化通过有形介质展现出来；三是力争将其打造成北京体育产业代表作。

【承办亚洲体适能交流大会】5月1日–3日，学校承办"2009亚洲体适能交流大会"，旨在交流健身俱乐部的经营和管理经验。此次会议由北京高尼国际体育发展有限公司主办，来自全国各地多家健身俱乐部的近500名私人健身教练、俱乐部经理及投资人参加。

【香港体育界国情研习班来校参观】5月27日，香港体育界国情研习班一行21人来学校参观。此参观团由中央人民政府驻香港特别行政区联络办公室宣传文体部陈亚琼副部长带领，旨在了解并借鉴北京市在培养优秀运动员方面的成功经验，并借此加强与北京市体育界的联系与沟通。参观团一行参观了学校的场馆设施、观看了运动员训练，并与北京市体育局和该校领导就运动员来源、如何平衡运动员训练与学习矛盾、运动员出路等问题进行了座谈。

【举行第十一届全运会反兴奋剂动员活动】8月14日，学校举行“第十一届全国运动会赛风赛纪和反兴奋剂宣誓及承诺书签字仪式”。国家体育总局和市体育局有关领导、校领导、各专业队领队及24名参加全运会决赛的运动员代表参加。会上，学校对做好第十一届全运会运动员赛风赛纪及反兴奋剂工作进行了部署，运动员代表宣誓并与学校签订反兴奋剂承诺书。

【协办第六届糸东流空手道世界锦标赛】8月21日-23日，由国家体育总局拳跆中心主办，北京市体育局和北京市什刹海体育运动学校共同协办的第六届糸东流空手道世界锦标赛在月坛体育馆举行，学校主要负责安排空手道国家队教练员、运动员和国内裁判员及部分工作人员约90人在校住宿、就餐及训练；协助做好所有参赛及工作人员注册工作；为各参赛队提供适应性训练场地；协助做好外事接待等工作。

【承办全国跆拳道道馆经营与管理培训班】8月7-9日，学校承办了由中国跆拳道协会主办的“全国跆拳道道馆经营与管理培训班”，来自22个省市的110多位跆拳道道馆馆长参加。

【被评为什刹海地区精神文明建设“十佳”先进集体】11月，北京市什刹海体育运动学校在2008-2009年度什刹海地区精神文明建设“双十佳”评选活动中被评为“十佳”先进集体。

【承办北京市武术散打及拳击锦标赛】11月21日，学校承办了北京市第三届武术散打及第四届拳击锦标赛，来自朝阳、海淀、顺义等近10个区县业余体校的近200名运动员参加。此次比赛由北京市体育局竞赛管理中心主办，旨在选拔武术散打及拳击后备人才。

【首次颁发文化课奖学金】12月18日和21日，学校分别举行初中部和中专部“2008-2009学年度奖学金颁布会”，这是学校首次以文化成绩为评定依据颁发的奖学金，其发放标准主要根据2008-2009学年度学生的文化课总评成绩，并参考出勤、操行评定等，旨在鼓励学生在注重专项技能发展的同时，注重提高自己的学习成绩。奖学金分3个等级，共有42人获得，其中一等奖9人，二等奖16人，三等奖17人。

北京市第二体育运动学校

校　长：徐建中（兼，2009年8月免）
副校长：焦国明（2009年8月免，保留待遇）
副书记：孟繁林（正处级，2009年8月免）

北京市第二体育运动学校位于崇文区龙潭西里。前身是1955年成立的国防体协下属国防俱乐部，包括伞塔跳伞、射击、摩托等俱乐部。七十年代更名为北京市军事体育运动学校。1986年9月经北京市政府批准改为具有普通中专性质的北京市第二体育运动学校，同时加挂北京市第二零零中学名称。学校占地面积2.465万平方米，地上建筑面积2.8万平方米。学校的宗旨是教书育人、授技育人、管理育人、服务育人，校训是团结、拼搏、求实、创新。郎平、杨晓君、杨凌等运动员都是从这里输送进入专业队。至2006年底，共培养出世界冠军15人、亚洲冠军27人。1999年被认定为北京市中专骨干校，同年，被命名为国家高水平体育后备人才基地。2001年被认定为北京市中等职业学校新编文化课教材质量监测学校。2005年再次被命名为国家高水平体育后备人才基地。学校多次被评为首都文明单位，2009年底该校撤销。

北京市芦城体育运动技术学校

校　长：郭英洲
书　记：郭英洲（兼）
副校长：宋平山　殷秋霞（女，2009年10月退休）　王长富　王永庆
　　孙继峻（兼，2009年12月免）
副书记：孙继峻（2009年12月免）
校长助理：张跃琦（2009年12月任）

北京市芦城体育运动技术学校位于大兴区黄村镇。北京市芦城体育运动技术学校暨北京市第三体育运动学校成立于1986年8月，学校占地面积36.7万平方米，拥有曲棍球训练馆、自行车训练馆，以

及办公楼、教学楼、综合楼、棒球场、射箭场、身体训练馆、棒球训练馆、射箭训练馆等，还有可容纳1000余人同时入住的公寓楼、可容纳700人同时就餐的运动员餐厅，同时，还配有标准正规的物理、化学、运动解剖实验室，以及现代化语音室、多媒体电教室、计算机室、电子阅览室等。有教职员工近700人，有棒球、划船、射箭、自行车、曲棍球五个竞技体育项目。学校运动员共获世界冠军4次，亚洲冠军10余次，全国冠军近百次。有近百名运动员获国家级运动健将称号，近40人获国际级运动健将称号。射箭队员王燕在1995年全国室外射箭锦标赛女子个人淘汰赛中以172环的成绩打破171环的世界纪录。自行车队员江永华在2002年世界杯女子场地自行车500米个人计时赛中以34′000的成绩获得世界冠军并打破34′010的世界纪录。女子曲棍球队员刘艳丽与队友在2002年第十届世界女子曲棍球冠军杯赛中获得冠军。2004年江永华在雅典奥运会场地自行车女子500米个人计时赛中获得亚军，并打破奥运会纪录，实现了中国自行车在奥运会上的历史性突破。北京棒球队在2003年、2004年、2005年3次获得中国棒球联赛总冠军。赛艇运动员余华多次获得世界冠军。学校承办过中国棒球联赛北京主场的比赛，2006年北京市第十二届运动会棒球、射箭比赛，2007年全国场地自行车冠军赛、锦标赛等。曾被评为首都文明单位、女子曲棍球后备人才培养先进单位、北京市职业教育先进单位。学校被国家体育总局评为国家高水平竞技体育后备人才基地。曾获棒球后备人才培养优秀奖、奥运突出贡献奖。

【孙康林局长调研芦城体校冬训工作】1月8日，市体育局党组书记、局长孙康林到学校调研冬训工作，听取了各项目冬训汇报。局长助理、检查组组长徐建中，局长助理、竞体处处长孙国华，科教处处长臧超美，市体育局顾问江继杰、李宗权等陪同调研。孙康林局长希望芦城体校上下增强使命感、责任感，团结一致，背水一战，完成全运会金牌任务，打一个翻身仗。

【召开校领导班子2008年度工作述职大会】1月14日，学校召开校领导班子2008年度工作述职大会，班子成员从德、能、勤、绩、廉等方面全面细致地进行总结，实事求是地进行评价，认真诚恳地查找问题，务求实效地提出整改措施，达到了总结经验、推动工作的目的。述职结束后，与会人员以无记名方式当场对领导班子进行了民主测评。

【参加场地自行车世界杯赛北京站取得优异成绩】2008–2009 北京国际自盟场地自行车世界杯赛于 1 月 16–18 日在老山自行车馆举行。中国队派出了奥运会季军郭爽领衔的 15 人阵容，取得 5 银 1 铜的战果。北京自行车队员王翠夺得女子 20KM 记分赛银牌；孙飞燕、王翠和解放军选手江帆三人组队参加了女子 3KM 团体追逐赛，以 3 分 29 秒 750 的成绩屈居亚军，这是中国女队第一次进入世界杯女子团体追逐赛决赛。

【召开 2008 年度总结暨表彰大会】1 月 20 日，学校召开 2008 年工作总结暨表彰大会，校党委书记、校长郭英洲总结 2008 年工作，对全运会备战形势进行了分析，并就 2009 年工作要点作了部署。会议表彰了付宝荣等 63 名优秀运动员和周淑敏等 34 名优秀工作者。

【召开紧急安全会议】2 月 11 日，学校召开紧急安全会议，传达市体育局安全工作会议精神。会上，副校长王长富传达了 2 月 10 日市体育局召开的紧急安全会议精神，详细部署了落实安全工作的各项具体要求。会议要求各部门要以 2 月 9 日晚央视新址园区工地火灾事件为诫，高度重视安全工作，加强管理，营造安全、稳定、和谐的校园环境，为 3 月份“两会”召开及 10 月份 60 周年庆典北京的安全稳定做贡献。

【签订反兴奋剂责任书】为深入贯彻落实国家体育总局、市体育局关于加强“十一运会”反兴奋剂工作的会议精神，把反兴奋剂工作落到实处，学校举行运动员宣誓仪式，并于 7 月 23 日与各运动队签订了反兴奋剂责任书。

【付宝荣、李爽获中国曲棍球协会贡献奖】4 月 23 日，中国曲棍球协会第五届全国代表大会在辽宁大连举行，北京女子曲棍球队员付宝荣、李爽获中国曲棍球协会贡献奖。

【北京棒球队获“工人先锋号”称号】4 月 30 日，北京棒球队被中华全国总工会授予“工人先锋号”称号,给全体教职员工树立了榜样。

【射箭队员赵玲勇夺射箭世界杯赛冠军】5 月 9 日，国际箭联世界杯射箭赛第二站在克罗地亚落幕，北京射箭队运动员赵玲顽强拼搏、表现出色，战胜众多强手，勇夺反曲弓女子个人淘汰赛冠军，并与国家队队友配合取得反曲弓女子团体淘汰赛冠军。

【芦城体校获北京市厂务公开民主管理工作先进单位】5月25日，芦城体校被北京市总工会、北京市厂务公开协调小组授予北京市厂务公开民主管理工作先进单位。

【北京猛虎队获2009年中国棒球联赛总冠军】6月12日–13日，中国棒球联赛半决赛与总决赛在天津体育学院道奇棒球场举行，北京猛虎队经过顽强拼搏，夺得总冠军，并获得参加在日本举行的亚洲四强赛资格。北京队员王楠获“最佳投手”、孙岭峰荣获“最有价值球员”、主教练宋平山获“优秀教练员”称号。

【开展“共产党员献爱心”活动】在纪念建党88周年之际，学校党委开展“共产党员献爱心”活动，共有党员123人、群众91人参加了此次活动，捐得善款13202元。“共产党员献爱心”活动弘扬了团结互助的精神，传承了扶贫济困的传统美德，是党的先进性和党员先锋模范作用的重要体现。

【召开“纪念建党88周年表彰先进大会”】7月1日，学校召开纪念中国共产党成立88周年庆祝表彰大会，表彰了棒球队等5个先进党支部，高新华、许振祥等7名优秀党务工作者，以及王楠、付宝荣等25名优秀共产党员。

【教师刘伟获“北京市优秀教师”称号】9月10日，在北京会议中心报告厅召开的2009年庆祝教师节暨优秀教师表彰大会上，学校教师刘伟被北京市教委、北京市财政局、北京市人力资源和社会保障局、中国教育工会北京市委员会五单位授予“北京市优秀教师”称号。

【自行车方阵圆满完成国庆60周年庆典活动】 学校自行车方阵在国庆60周年庆典活动中表演成功、出色，体现出了北京体育健儿良好的精神风貌和专业素质，成为体育发展方阵乃至整个群众游行队伍中一道亮丽的风景线。在10月12日首都国庆60周年群众游行体育发展方阵总队总结表彰大会上，学校获“优秀组织单位”称号，有1人获“突出贡献奖”，5人获“优秀共产党员”，2人获“先进工作者”，9人获“优秀共青团员”，8人获“训练表演标兵”，6人获“先进个人”称号。

【李彤、李萌夺得第十一届全运会赛艇比赛金牌】10月19日，在山东日照举行的中华人民共和国第十一届全国运动会赛艇比赛中，北京队员李彤、李萌顽强拼搏，夺得女子赛艇双人单桨金牌，为北京代表团争得了荣誉。芦城体校在“十一运会”决赛中共获得1枚金牌、2枚银牌、2枚铜牌、7个第四名、6个第五名、3个第七名、3个第八名，总积分199分；有13名运动员获得“体育道德风尚奖”，男子曲棍球队被评为“精神文明队伍”称号。

【赛艇运动员在亚锦赛取得三金】2009年亚洲赛艇锦标赛于11月4日–8日在台湾宜兰举行，北京赛艇队派出了四名运动员，由张蓓教练带队代表国家队参赛，取得了3项第一的优异成绩。李彤、李萌获得女子双人单桨第一名，李彤、李萌、禹飞、叶秀梅获得女子四人单桨第一名，禹飞、叶秀梅与辽宁队两名队员配合获得女子四人双桨第一名。

北京市射击运动技术学校（北京市射击运动管理中心）

校　长：徐小广

书　记：葛　军（2009年12月免）

副校长：葛　军（兼，2009年12月免）　张英洲　王猛进
　　　　唐洪喜(2009年12月免,保留待遇)　杨　凌(2009年12月任)

副书记：徐小广（兼）

校长助理：陈　颖（2009年12月任）

北京市射击运动技术学校位于怀柔区。1958年9月成立。前身是1955年成立的北京射击运动俱乐部。学校拥有符合国际射联标准的25米手枪综合训练馆、50米步枪综合训练馆、10米移动靶训练馆、飞碟双向和多向训练场等。有专业运动员71人，学生运动员47人，专职教练员9人。共开设18个训练项目，射击队自1958年成立以来，在全国比赛中先后有200多人次获得冠军，100余次破全国纪录，向国家队输送优秀选手近50人。12名优秀运动员入选《共和国体育明星辞典》，分别是张宏、徐小广、冷树彬、刘京生、闫翠青、李丹、郑文君、杨凌、牛志远、陈东、高喜元、李清念。学校曾被授予全国体育先进集体称号。

【召开安全工作会】2月11日，学校召开安全工作会议传达市委市政府和市体育局安全工作会议精神，部署学校安全工作，全体副科以上干部参加了会议。会议传达了市委、市政府领导的讲话精神，重点学习了孙学才副局长在全局安全工作会议上的讲话精神，部署了学校下一阶段的安全工作，确保为备战“十一运会”创造安全良好的训练、工作环境。

【孙学才副局长到学校检查安全工作】2月19日，北京市体育局党组副书记、副局长孙学才专程到学校检查枪弹、消防等安全工作，机关党委专职副书记田华山等陪同检查。孙学才副局长听取了学校对局安全工作会议各项要求的落实情况后，对学校安全工作表示肯定，认为学校认识到位、行动迅速、措施有力，他还建议学校要层层签订消防安全责任书，做到责任到部门、责任到班队、责任到个人，形成人人重视、人人参与的良好局面，确保一方平安。

【射击协会召开换届大会】3月24日，北京市射击协会在市体育局二楼第四会议室召开换届大会，大会由协会副主席田华山主持，协会领导及常务理事会成员参加。会上，协会副主席兼秘书长徐小广、协会监事长李锐分别作了第五届理事会工作报告及监事会工作报告，副主席李宗权宣布新一届理事会推荐名单、常务理事会推荐名单、主席、副主席、秘书长推荐名单，全体鼓掌通过产生了新一届理事会成员，同时，大会还审议并通过了新的《北京市射击运动协会章程》及新一届监事会名单、新一届机构设置委员会及副秘书长名单。

【召开加强领导干部作风建设研讨会】4月13日，学校党总支按照局领导的指示要求，召开了加强领导干部作风建设研讨会，在全校各级党员领导干部中开展“作风建设年”活动。学校结合工作实际，制定了《关于加强我校党员干部经常性学习教育工作的意见》，同时建立了“校领导接待日”制度。

【孙学才副局长到学校检查安全工作】7月15日，局党组副书记、副局长孙学才专程来学校检查枪弹、消防等安全工作，机关党委专职副书记田华山、科教处处长臧超美等陪同检查。孙学才副局长一行简单听取了学校对安全工作的自查和落实情况，重点抽查了运动员宿舍，检查了保安的客人出入登记，询问了预防甲型H1N1流感的措施、应急设备和体温测试情况等。

【学校领导干部调整】12月21日中共北京市体育局党组会议决定，北京市射击运动技术学校党总支书记葛军调北京市木樨园体育运动技术学校任党委书记，同时免去北京市射击运动技术学校党总支书记职务；副校长唐洪喜退居二线，保留原待遇。12月31日杨凌被中共北京市体育局党组任命为北京市射击运动技术学校副校长（试用期一年）。

【学校参加市直机关工委“最佳党日”活动评选获奖】学校经市体育局推荐上报参加了市直机关工委举办的2009年“最佳党日”活动评比，其“保平安，促稳定”党日活动获得了“最佳党日”评比活动三等奖。

【参加在第十一届全运会获佳绩】在10月17日至10月22日举行的第十一届全国运动会上，陈颖以790.6环的总成绩夺得女子手枪项目冠军；陈东以142中的总成绩夺得飞碟男子双向125靶项目亚军；赵丹以87中的总成绩获飞碟女子多向75靶项目第三名。盛永鹏以130中的总成绩获飞碟男子多向25靶项目第三名。

北京市航空运动学校（北京市航空运动管理中心）

校　长：柴士军
书　记：王彦席
副校长：景洪志　王彦席（兼）

北京市航空运动学校位于昌平区百善镇。1958年6月成立。前身是北京市航空俱乐部和北京市第一零零中学，1978年更名北京市航空运动学校，简称北京航校。学校有在编职工63人，其中飞行员5人，机务人员9人，运动员13人，教练员3人。建校以来，学校跳伞队员先后5次打破世界纪录，在国际、国内比赛中获金牌和破全国纪录150余次，培养国际级运动健将13人、国家级运动健将20余人，获国家体育运动荣誉奖章近30枚，一、二、三级体育奖章近百枚，有30余人次获得世界冠军，200余人次获得亚洲和全国冠军。1983年李荣荣在第五届世界杯跳伞比赛中首次获得女子全能冠军。1984年于梅在第十七届世界跳伞锦标赛中获女子个人定点冠军。跳伞队的张荷生、陈力、王永利、张林、韩亦强在1984年、1986年、1988年连续三届获得世界跳伞四循环项目的世界冠军，同时学校涌现出宋广熙、柳三泰、张荷生、李加东、龚文石、和致义等一批教练员。此后张红雁、盛军、魏宁、曹彦、何继怀等运动员在1994年、1998年、2001年、2003年的世界跳伞锦标赛上多次获得个人定点、集体定点、国家团体3个项目的世界冠军。曹彦、王建明在2006年亚洲跳伞锦标赛上获得个人定点、集体定点冠军。潘蕊、张韵霏、张媛媛、刘小杭、葛斌、刘新雷等运动员在2005年、2006年的亚洲跳伞锦标赛中共获金牌10枚。学校曾先后获得全国体育系统文明运动队、文明单位标兵、新长征突出队等称号。

【加快推进北京市航空运动产业园建设】为贯彻落实市政府、市体育局关于将北京市航空运动产业园建设成为北京市八大体育产业功能区之一的指示要求，学校与密云县穆家峪镇政府多次召开协调会，加快推进园区建设工作。按照市体育局党组通过的总体规划要求，截止 2009 年底，顺利完成了一期建设任务目标，即完成了 5000 沿米左右围挡建设、2380 平米指挥办公塔楼改造装修、园区与社会道路之间联络道的整修、基地大门建设和拓宽跑道等任务。

【做好全国“两会”期间和国庆 60 周年期间北京及周边地区“禁飞”工作】在全国“两会”期间和国庆 60 周年期间，学校多次参加北京市公安局召开的“禁飞”工作会议，并按照会议要求向北京市航空运动协会各会员单位转发了《公安部关于在全国“两会”期间北京及周边地区禁止一切飞行活动的通知》。中国人民解放军空军和北京市公安局领导对协会俱乐部进行了抽查，北京市航空运动协会苑振洲主席亲自带队对协会会员单位进行了实地检查。

【沙河机场机务工作区迁建】因空军建军 60 周年，沙河机场跑道延长扩建，需占用市航校机务工作区平房和机库，其中涉及到土地置换、资金补偿等问题。市航校本着“合情、合理、合规、尊重历史”的原则与沙河场站进行沟通，经多方协商，7 月 2 日与中国人民解放军二九二六工程建设指挥部签订了协议，协议明确由部队负责沙河机场机务工作区的复建。

【学校成立保障协调国庆 60 周年群众游行工作领导小组并圆满完成任务】7 月 11 日，学校收到首都国庆 60 周年群众游行指挥部发来的《首都国庆 60 周年群众游行队伍方阵复训保障工作任务书》后，即召开校长办公会，决定成立北京航校保障协调国庆 60 周年群众游行工作领导小组。在历时两个多月的保障工作中，全校累计参加服务人员 800 余人次，累计接待演练队伍达 38 个方阵 10 万余人次，指挥

疏导大型车辆1500余辆，保障各类会议20余次。

【印发《北京市航空运动突发公共事件应急预案》】 为加强对北京市航空运动的管理，保障首都航空飞行安全，促进北京市航空体育事业的发展，提高应对突发公共事件和抵御风险的能力，11月4日，北京市航空运动管理中心印发了《北京市航空运动突发公共事件应急预案》。

【参加第二届全国航空运动会暨2009年全国跳伞冠军赛勇夺佳绩】 10月24日至27日，在山东莱芜举行的第二届全国航空运动会暨2009年全国跳伞冠军赛上，北京跳伞队王建明勇夺个人定点金牌、集体定点铜牌，在男子青年组个人定点比赛中葛斌夺得金牌、刘新雷荣获铜牌，张韵霏、潘蕊、葛斌和刘新雷取得集体定点铜牌。

【参加全国跳伞锦标赛再创佳绩】 11月15日至23日，在湖北荆州举行的2009年全国跳伞锦标赛上，北京跳伞队小将葛斌发挥出色，一举夺得青年组男子个人定点、个人特技、个人全能三枚金牌，王建明获得成年组男子个人特技和伞翼飞行两枚铜牌，女队获得集体定点铜牌。

北京棋院（北京市棋牌运动管理中心）

书　记：窦长明
院　长：谢　军（女）
副院长：窦长明（兼）　谭炎午　李　毅
中心主任：窦长明（兼）
中心副主任：谢　军（女，兼）　谭炎午（兼）　李　毅（兼）

北京棋院（北京市棋牌运动管理中心）位于宣武区太平街。1980年成立。其前身是1952年成立的北京棋艺研究社，1984年划为北京市体委直属单位。2004年北京棋院正式加挂“北京市棋牌运动管理中心”牌子并履行职能。棋院下设围棋、国际象棋、象棋3支运动队，曾培养出一批优秀棋手——围棋有过惕生、聂卫平、张文东，象棋有臧如意、谢思明、蒋川；国际象棋有刘文哲、谢军等，并向国家输送了多名运动员和教练员。棋院有围棋九段选手陈耀烨，年仅17岁就成为全国女子冠军的唐丹，2006年多哈亚运会国际象棋比赛亚军选手赵雪等棋手。

【举办北京多项围棋、国际象棋、象棋赛】2009年，北京棋院举办了北京市春季、夏季、冬季围棋段级位赛，北京市“太阳城杯”友好城市少儿棋类邀请赛等多项赛事。东城区、西城区、崇文区、宣武区、海淀区、丰台区、通州区、密云县、房山区也相应举办了围棋段级位赛、国际象棋等级赛、象棋等级赛等赛事。

【围棋队参加联赛取得历史性突破】棋院狠抓棋队训练、加强棋队管理，在各项联赛中取得好成绩：围棋队获联赛第二名，取得了历史性突破，国际象棋队夺得第三名，象棋队获第六名。

【参加国内、国际三棋赛战绩突出】4月，在第23届“同里杯”中国围棋天元赛三番棋挑战赛中，陈耀烨再度击败古力，夺得首个国内冠军头衔。6月，北京棋手孔杰七段在韩国首尔举行的第21届亚洲电视围棋快棋赛中，战胜韩国棋手李世石九段夺得冠军。按照中国棋院规定，孔杰直接从七段晋升为九段。9月，在宁波鄞州举行的第二届女子国际象棋世界团体锦标赛中，赵雪作为主力队员，助中国女队卫冕成功。9月，在马来西亚槟城举行的第十四届亚洲象棋个人锦标赛中，年仅17岁的北京选手刘欢表现突出，获得女子组的金牌，成为中国第十四位亚洲“棋后”，同时也刷新了她的北京队友唐丹于去年创造的18岁夺得亚洲女冠军的纪录。12月，在“浩坤杯”全国象棋个人锦标赛中，北京选手唐丹不畏强手，沉着应战，获得女子个人赛第二名的好成绩。

【组队参加全国智力运动会获佳绩】11月13日至23日，第一届全国智力运动会在四川成都举行，北京代表团共110人参加了全部6个大项43个小项的奖牌争夺，获得8金、13银、8铜（含第一届世界智力运动会奖牌4金6银3铜），取得了总分榜第一名，奖牌榜第二名的好成绩。代表团各队均获第一届全国智力运动会运动队体育道德风尚奖，部分队员获优秀运动员奖。

【中信集团与北京棋院举行共建“中信北京围棋队”签约仪式】 2009年，赞助北京围棋队18年的大宝化妆品有限公司被强生公司收购后，围棋队陷入困境，经多方努力，中信集团赞助支持北京围棋队，与北京棋院共建“中信北京围棋队”。在签约仪式上，北京市市长郭金龙，市委常委、组织部部长吕锡文，中信集团总经理常振明、市政府秘书长黎晓宏、国家棋牌运动管理中心主任刘思明，市体育局党组成员、副局长苑振洲及北京棋院等领导、围棋队全体成员、部分新闻媒体出席了签约仪式。

北京市体育科学研究所

书　记：安江红（女，2009年12月任)
副所长：任未多　闫　琪

北京市体育科学研究所位于丰台区光彩北路。1978年成立。主要职能是为提高北京市优秀运动员运动技术水平进行科学研究与技术开发；通过国民体质检测和科学健身知识普及宣传促进北京市市民全民健身活动的开展；运动员身体机能状况评价的研究与应用；训练课运动负荷监控；训练效果评价；机能及营养状态评价等；提高运动员竞技能力方法与手段的研究，包括运动疲劳监测与体能恢复、减控体重；人工低氧训练；心理训练与调控；合理膳食，运动营养品补充及研发；专项力量测试、评价和训练方法的研究与应用；改进完善技术动作结构；损伤或手术后的康复训练，训练辅助器材研制；科技性开发工作；完成行业标准化制定工作等。研究所成立以来共完成各类课题200余个，共获部、市级科研进步奖、科研攻关与科研服务奖40余项；出版多种科研学术著作和评著；一批科研人员活跃在各个学科的前沿领域。现任副主任安江红(主持工作)。

【贯彻落实市体育局抓好赛风赛纪和反兴奋剂工作会议精神】 2月26日，体科所召开全体科技人员大会，安江红副所长传达了市体育局关于“十一运会”抓好赛风赛纪和反兴奋剂工作的会议精神，对如何进一步做好第十一届全运会科技支撑与保障工作进行了动员和部署。宣读了《北京市体育科学研究所加强第十一届全运会反兴奋剂工作方案》，明确了体科所反兴奋剂领导小组名单和加强运动营养品补剂使用与管理的具体措施，并与所中心实验室、各竞技体育研究室主任签订了《第十一届全国运动会北京市体育科学研究所反兴奋剂责任书》。

【加强对北京女足科技支持】 为贯彻市体育局孙康林局长提出的“发展三大球，取得符合北京首都地位成绩”的指示精神，根据运动队对科研的实际需要，体科所在坚决执行“有所为、有所不为，全面保障重点”的原则基础上，将在2008年奥运科技攻关与服务工作中获得国家体育总局科技奥运先进个人表彰的青年科技骨干赵之光，调配到女足青年队承担科研工作，加强对北京女足科技攻关与服务。

【减控重训练实验室投入使用】 由北京市体育科学研究所与北京市木樨园运动技术学校共同建立的运动员减控重训练实验室于1月投入使用，为木樨园运动技术学校运动员备战第十一届全运会预赛提供了新的减控重训练手段。运动员减控重训练实验室的建设，属于北京市科委项目“提升2008年奥运会北京竞技体育水平技术研究”的研究内容。建立专门的运动员减控重训练实验室，在国内尚属首次，国外也鲜见报道。

【新兴力量训练方法与应用专家论坛在体科所举行】 5月21–22日，体科所与北京体育科学学会、北京运动生物力学分会共同举办的“新兴力量训练方法与应用专家论坛暨第二届体能专家论坛”，在北京市体科所举行。来自全国省、市体科所及各高校的专家、北京市各专业队教练员及相关领域的科研人员130余人参加了会议。此次论坛特邀清华大学陈小平教授、中国体育科学学会张跃研究员、北京体育大学矫伟教授、北京市体育科学研

究所闫琪副研究员等国内体育科研一线的专家学者，就目前国内外体能训练研究的热点——全重力训练、振动力量训练、绳索力量训练等问题进行了探讨。在为期两天的会议中共有6位专家做了主题发言，从竞技体育的实际需求出发，运用各种实例详细地探讨了科学体能训练与运动实践之间的关系，受到在座教练员与学者的好评。

【运动康复实验室为北京运动员备战第十一届全运会助力】在市体育局科教处下达的备战2009年第十一届全运会科技项目的支持下，“运动康复实验室”加强使用力度。由体科所安江红副所长牵头，通过聘请专家团队和培养内部人员相结合的形式为优秀运动员提供涉及心肺功能、力量训练、平衡能力等多方面个性化的康复方案，为北京市运动员备战第十一届全运会，损伤后运动能力康复提供了新的途径和手段。

【“拳击视动反应训练测试墙靶系统”获专利权】为解决长期以来拳击项目专项训练手段单一，缺少量化评价的问题，在2006年“北京市科委重大科技项目”的经费支持下，体科所科研人员徐建武根据北京拳击队教练的要求，与中国科学院合肥智能机械研究所合作开发出“拳击视动反应训练测试墙靶系统”。该墙靶系统已于2009年5月15日获得中华人民共和国国家知识产权局授予的专利权。

【《提升2008年奥运会北京竞技体育水平技术研究》通过市科委结题验收】 7月下旬，北京市科委社会发展处聘请有关专家组成结题验收组，对北京市科技计划项目——《提升2008年奥运会北京竞技体育水平技术研究》进行结题验收。国家体育总局兴奋剂监测中心杨则宜研究员、清华大学体育部陈小平教授、国家体育总局科研所郝卫亚研究员、洪平副研究员、国家体育总局体育医院胡英琪副主任医师等专家出席了会议。会上，项目执行负责人北京市体科所副所长任未多研究员作了项目整体情况汇报，体科所四个课题负责人作了工作报告和技术研究报告。通过审阅结题材料，提问与答疑，专家组一致认为四个课题完成了任务书提出的考核指标，同意通过验收。

【体科所首次接收高学历体育科研人才】在市体育局人事处、科教处的大力支持下，体科所先后接收了4名高学历体育科研专业人才，其中田中为副研究员、博士学历，应届毕业生中赵国明、陈秀娟为博士学历，李清正为硕士学历，这是体科所自建所以来首次接收博士学历的研究人员和毕业生，解决了科研所学术团队在学历层次上一直存在的欠缺，填补了科研所学历高端人才的空白。

【北京市体科所获国家体育总局科技部科技奥运先进集体称号】在1月召开的2008年"科技奥运总结大会上"，国家体育总局科技部对全国122个科技奥运先进集体给与表彰并颁发了证书，北京市体科所《提升2008北京竞技体育水平研究项目组》获科技奥运先进集体称号。

【任未多研究员、赵之光助理研究员获国家体育总局科技部先进个人荣誉】在1月召开的2008年"科技奥运总结大会上"，国家体育总局科技部对全国549名先进个人给与表彰并颁发了证书，北京市体

科所任未多研究员、赵之光助理研究员获先进个人荣誉。

【北京市体科所获"第29届奥运会科研攻关与科技服务协作奖"】5月，国家体育总局在北京体育大学召开了第29届奥运会科研攻关与科技服务总结表彰大会，北京市体科所获"第29届奥运会科研攻关与科技服务协作奖"，闫琪副研究员主持的奥运科技攻关课题"国家女子曲棍球队综合科技攻关研究与应用"获得集体二等奖，田中副研究员主持的奥运科技攻关课题"国家皮划艇队重点运动员综合科技攻关研究与应用"获集体三等奖，闫琪副研究员和高志青副研究员同时被评为个人贡献三等奖。

【北京市体科所6人八篇论文入选第十一届全运会科学大会】10月9日--12日，第十一届全运会科学大会在济南召开。大会在1123篇申报论文中，精选出336

篇论文作为专题报告和墙报交流，北京市体科所6位青年科研骨干的8篇论文入选，在省、市级科研院所中处于领先地位。其中安江红副研究员《Hi-Hi-Lo对备战“十一运会”预赛优秀古典跤运动员监控重期部分生理指标的应用》、闫琪副研究员《关于曲棍球专项体能训练方法的研究》两篇论文为专题报告。

【召开第十一届全运会周期论文报告会】 12月17日，体科所召开了第十一届全运会周期论文报告会，市体科所和西城体育局科研所共27位科研、技术人员在会上做了报告。

本次报告会论文涉及的领域包括运动医学（生理、生化、营养共10篇）、运动生物力学（体能训练等共12篇）、运动心理学（3篇）、群众体育（2篇）。其中科研人员22篇、技术人员1篇、实习研究生2篇、西城体科所2篇。绝大部分论文来源于第十一届全运会周期科研所为运动队进行科研攻关与服务实践。

北京体育职业学院

院　长：徐建中
书　记：徐建中
副书记：王　桦（女，正处级）
常务副院长：王　桦（女，正处级）
副院长：孟繁林（2009年7月任，正处级）　线光华（女）　徐谦翮
　　　　马　磊（女）　段利民（2009年12月任）

北京体育职业学院原北京市职工体育运动技术学院，位于丰台区光彩北路。1984年11月成立。具有国家承认的大专学历教育资格，是一所为北京市优秀运动员和各类体育从业人员进行职业教育的体育

专科院校。自2001年起，承担了北京市体育局与首都体育学院联合举办的竞技体育系本科层次的教学管理工作。学校培养了许多优秀教练员、优秀运动员，如马元安、闵鹿蕾、杨凌、牛志远、陈颖、晁娜、韩雪、汤学忠、刘爱玲、高峰等，在国际、国内重大赛事中取得了一系列成绩。曾多次被评为首都精神文明先进单位，多次获得北京市总工会授予的模范职工之家称号。

【北京体育职业学院在国家教育部正式备案】4月，根据《教育部关于同意新设立的高等职业学校备案的通知》（教发函[2009]84号），北京体育职业学院在教育部正式备案。备案后的北京体育职业学院具备普通高等学历教育招生资格，将以培养优秀职业运动员为主要宗旨，兼顾社会体育和体育产业人才的培养，是北京地区唯一一所高等体育职业院校。

【北京体育职业学院举行揭牌仪式】9月3日，北京体育职业学院揭牌仪式正式举行。市体育局党组书记、局长孙康林，市教委委员孙善学，首都体育学院院长李颖川等领导以及北京体育职业学院师生代表共200多人出席了揭牌仪式。

【学院2009年办学经费投入继续增长】2009年，学院加强对教学基础设施建设经费的投入，不断改善办学条件。用于投入教学的经费包括："四项教学经费（教学业务费、教学差旅费、体育维持费和教学仪器设备维修费）、教师继续教育、图书资料购置费、多媒体教室和计算机房的改造"等，比去年同期增长25%，保障了教学经费的逐年增长。

【开展2008年预算执行情况自查工作】根据北京市部门预算执行情况自查工作布置会精神和《北京市审计局关于154个市级部门对2008年预算执行情况开展自查的通知》要求，学院于2月20日至3月13日组织开展了2008年预算执行情况自查。学院领导高度重视此次自查工作，召开了专门会议研究、部署贯彻落实全市会议精神和"通知"要求，成立了自查领导小组，制定了自查工作方案，召开了自查工作部署会，为保证自查工作

质量，采取了分项检查、核实的办法，使自查工作顺利完成。

【加强国有资产管理】12 月，学院由财务部与总务处协同，以部门为单位对国有资产进行逐一清点、核查。经一个月的认真清查及资料整理，做到了账账相符，账物相符，同时加强了资产动态管理，制订了资产配备标准。

【制定技术类课程教师聘用标准】7 月 8 日，根据国家及本市教育主管机构有关规定，为了保证在高等职业教育实施中拥有一支具有良好教师职业道德和业务素质的教师队伍，学院制定了技术类课程教师聘用标准。

【颁布专业建设项目运行管理办法】29 月 16 日，学院制定了《专业建设项目运行管理办法》。该办法涉及专业建设项目负责人岗位、专项负责人的产生、职责与权利、工作任务和相关待遇以及考核与管理等。

【制定校旗规定样式】经北学院院委会研究审定，正式对外公布院旗样式，这也标志着由院旗、院徽、院名组成的学院形象识别系统建设已经完成。公布的校旗为矩形，旗面的尺寸为 90cm×120cm，绿色旗面，院徽位于旗面左上方，院名在旗面的正中处为行楷白色字体。 院旗从 6 月开始设计，经历了半年时间的讨论与反复修改。学院要求院属各部门和各学生社团在校内、外重大活动进行对外宣传时要规范使用校旗。

【开展继续教育】2009 年度，学院继续教育工作围绕明确职业教育理念、探索职业教育教学模式、推进职业教育教学改革展开。在继续教育工作中注意区分不同对象，开展分层次培训。继续教育涵盖了骨干教师参加的职业指导和高校辅导员心理咨询师等职业资格证书的培训；管理人员参加的职业教育课程开发暨国家级精品课程案例剖析培训、高尔夫师资培训、新兴力量训练方法应用专家论坛；专、兼任教师参加的“友善用脑”教法学习培训、职业教育课程开发的理论与方法培训、中等职业学校课程改革新教材培训等。

【开展教科研八项课题获批准立项】经学院教科研工作领导小组审批，共有“《现代健身房——帮你成为合格的私人教练》校本教材研发”、“《体育保健与康复手段》校本教材研发”、“《活动项目策划与管理》校本教材研发”、“体育职业人才普适素质及能力水平标准的研究”4项院级课题，“北京体育职业学院社会体育专业实习模式研究”、“北京体育职业学院体育保健专业实习模式研究”、“北京体育职业学院体育服务与管理专业实习模式研究”、“高职基础英语教学内容设置研究”4项专项课题获批准立项。

【制定高职教学计划】为配合2009级高职首招新生入学,从2008年底学院就组织有丰富教学经验的骨干教师和部分教学管理人员为制定教学实施计划开展市场调研。以市场需求调查、职业岗位能力分析等一系列调研活动为基础,在明确了高职各专业指导思想、培养目标、职业岗位定位以及能力目标要求后,在课程设计上构建了由通识教育课程、行业基础课程、专业教育课程(核心课程、选修课程、证书课程、实践课程)组成的课程体系,并最终确定了竞技体育、运动训练、社会体育、体育保健、体育服务与管理五个专业的教学计划。

【加强专业建设】2009年，学院指定院级领导抓专业建设，各专业配备了副高职称以上的业务骨干牵头，从课程设置、教材选用、大纲编写到实训课程设计和师资的聘用，开展了一系列研究和实践工作。从学科型课堂教学到技能型实训教学的转变是学院推进教学改革、开展专业建设的重中之重，以此为抓手获得了显著成果，有力地促进了教学改革和专业建设。

【沈丽娟老师被评为2009年度北京市优秀教师】学院教师沈丽娟2009年获得北京市教工委、北京市教委授予的“北京市优秀教师”称号。

【竞技体育专业2009年自主招生工作结束】学院竞技体育专业2009年自主招生文化理论考试于3月28日—29日举行，共进行了语文、数学、英语、体育基础理论四门课目的考试；专项技术、专项素质的测试已于此前先期完成。此次招生面向各运动队一线在役队员，参加考试的学生共计35人，录取31人。

【运动训练专业（三、二分段式）招生录取工作完成】北学院运动训练专业（三、二分段式）2009年首次招生录取工作于11月圆满完成。该专业招生面向符合专业队运动员选拔条件和试训条件的初中毕业生。考生除了参加北京市统一考试外，还需要达到二级班运动员招生测试标准。共计录取本市户籍考生82人，外埠户籍考生34人。

【2009年高职社招专业录取工

作圆满完成】学院2009年高职社招专业录取工作于9月16日圆满完成。此次招生工作是学院进入高等职业教育系列后首次面向社会通过高考统招的形式招收理工类高中毕业生。共录取了来自本市各区县的考生98人，其中社会体育专业34人、体育服务与管理专业33人、体育保健专业31人。

体育博览杂志社

社 长：田常波
书 记：田常波
总编辑：王春雨（正处级）
副社长：王品熙
副总编：翟 越

体育博览杂志社位于朝阳区三里屯。杂志社设各刊编辑部、新型媒体部、事业发展部、合作外联部以及综合办公室。杂志社拥有《体育博览》、《模型世界》、《全运动》、《娱乐体育》4种杂志的编辑出版发行权。现任社长田常波。①体育博览》。综合性体育杂志。创刊于1978年，由北京市体育局主管。大16开，全彩色印刷，月刊，每月1日出刊。杂志曾发表过《青运会是否必要》、《论量功加官》、《教练员文化素质亟待提高》、《“大体委”比“小体委”好》等引起体育界思考的文章。杂志设有6个版块，其中竞技大视野版块下设栏目有博览论坛、特别策划、本刊专稿、明星故事、记者席、思想者、广角镜、博览月报、真情真言；绿茵场版块下设栏目有甲A看台、我与球星、国安专页、欧洲风云、南美足坛、球迷自述、绿茵心语、足坛万花筒；世界体坛版块下设栏目有聚焦看天下、星光灿烂、昔日重现、明日辉煌、不吐不快；NBA天地版块下设栏目有一家之言、NBA心语、史海钩沉、往事追溯、指点英雄、五光十色、赛场风云、场外风采；娱乐、休闲、健身版块下设栏目有流行风、健身须知、马博士信箱、趣闻荟萃；生活、知识、服务版块下设栏目有精文妙选、走近明星、知识窗。②《模型世界》。1999年创刊。

系统介绍航海、航天、航空、汽车、摩托车等无线电遥控竞技模型和各类静态仿真比例模型，以及青少年喜爱的动漫、影视、游戏周边娱乐模型，是一本启迪和开发智力的科普期刊。③《全运动》。以报道职业得联赛及得附属产品信息为主，面向中国青少年群体。④《娱乐体育》。前身是《精彩足球》，2007年底更名为《娱乐体育》。

北京市国际体育交流中心

主 任：张耀荣（女）
副主任：王效义 范 峥

北京市国际体育交流中心位于朝阳区三里屯。1984年成立前身是北京市体育有限公司。主要任务是组织国际间双边或多边的各种体育活动，如各种形式的体育观光、体育探险、体育娱乐、体育健身、体育休闲、体育康复等活动。还负责组织各运动项目的出国考察、比赛及表演，组织体育科研、运动医学考察交流等。曾举办北京国际元老网球邀请赛、北京青少年国际棒球赛等比赛。

【北京国际网球培训学校更名】 1月26日，北京市体育局正式批复，由北京市国际体育交流中心组建的北京国际网球培训学校正式更名为北京东方国际网球发展中心。

【北京东方国际网球发展中心揭牌】 4月11日，北京东方国际网球发展中心揭牌仪式在北京市网球运动管理中心举行，并正式组建机构开始日常办公。

【启动“BOT网球快车进校园活动”】 5月31日，北京东方国际网球发展中心举办的“BOT网球快车进校园活动”第一站，驶入朝阳区石佛营小学。

【首批BOT网球校本课体育教师培训开课】 6月28日，首批BOT网球校本课体育教师培训在北京师范大学朝阳附属小学开课，30位小学体育教师和多集装箱校长参加。

【举办首届校长杯网球邀请赛】 10月8日，中国网球公开赛“首届校长杯网球邀请赛”在中网的时间、场地举行，并与网球明星开展互动，受到众多网球迷的关注。

【BOT网球大会开幕】 12月18日，BOT网球大会在北京隆重开幕，北京市体育局孙康林局长到会并讲话，北京市老领导、国家体育总局网球管理中心领导，以及有关委办局的领导400余人出席，在京的数十家新闻广播、电视网络、报刊杂志等媒体纷纷报道。

北京武术院（北京市武术运动管理中心）

院　长：程春和
书　记：彭　红（女）
副院长：张有峰
副书记：程春和（兼）
中心主任：李贵武（兼）
中心副主任：程春和（兼，正处级）　刘燕彬（兼）

北京武术院位于宣武区先农坛路。1991年成立。主要负责北京市武术运动的指导、管理、推广、普及和对外交流，负责武术后备精英人才的培养，组织国内外大型武术比赛。曾承办过天安门广场万人太极拳表演活动，是纪念中日建交30周年、中韩建交10周年的中、日、韩太极拳表演活动；组织过6届北京国际武术邀请赛。多次应邀派出教练员到菲律宾、以色列、新加坡、马来西亚、日本、美国、澳大利亚、中国香港等国家和地区指导武术训练，先后应邀组团赴日本、美国、匈牙利、中国香港、中国澳门等国家和地区进行武术交流表演，每年都接待多批来自各大洲的武术社团到京访问、学习和交流。先后为北京武术队输送运动员15名，其中贺敬德、陈晨、李强等人多次获得全国武术比赛冠军，8人获得全国少年武术冠军；由北京武术院首创的北京跆拳道队的首批运动员刘华盛、刘闯等获得了第九届全国运动会跆拳道冠军。武术院主办有《武魂》杂志。

【主办“鲲鹏杯”传统武术比赛】由北京武术院主办的“鲲鹏杯”传统武术比赛，于3月21日在石景山区体育馆举行，共有46支代表队的545名运动员参赛。比赛设男子儿童组、男子少年组、男子青年组、男子成年组、女子儿童组、女子少年组、女子青年组、女子成年组8个组别。报名项目合计为868项，541人次获得1—8名。

【主办“英雄榜”综合搏击赛】由北京武术院主办、北京超峰文化传统有限责任公司承办的“英雄榜”11“豪气峥嵘”综合搏击对抗赛，于3月28日在北京朝阳体育馆举行。此次对抗赛邀请了12对选手24名运动员参赛，其中中国选手15名，外国选手9名（分别来自英国、加拿大、瑞典、芬兰、韩国以及泰国）。

【举办“天宏杯”武术散打比赛】由北京武术院主办的北京市“天宏杯”武术散打比赛，于4月11日在北京少林武术学校举行。河北天宏建筑工程有限责任公司赞助了本次比赛。共有少林武校、奥宇武馆、六一中学、人文大学、怀柔王群影视学校、怀柔职高、通州区武协、首都体育学院竞技体校等16支代表队的169名运动员报名参赛。比赛设女子组，男子成年组、少年组共28个级别。经过两天的激烈争斗，获冠军26人、亚军14人、三至八名64人，共有104人分别获得10月份冠军赛的资格。

【举办“李瑞东杯”武术太极拳比赛】由北京武术院主办的北京市“李瑞东杯”武术太极拳比赛，于4月18日在北京市石景山体育馆举行。各区县武协、各拳种研究会、

培训中心等单位50支代表队的805人报名参赛。本次比赛是历年来规模最大、人数最多的一次太极拳比赛，共设16个单项，男女老、中、青各三个组别。其中男子青年组129人，共160项；男子中年组102人，共164项；男子老年组110人，共213项。女子青年组37人，共64项；女子中年组69人，共136项；女子老年组263人，共492项。个人单项共计1229项。集体项目有16支代表队参赛。男子推手共设8个级别，57人参赛。

【主办北京市青少年业余武术比赛】由北京武术院主办的2009年北京市青少年业余武术比赛，于10月17日在北京市石景山体育馆举行。各区县武协、各拳种研究会、培训中心等单位10支代表队的356人参加了比赛。比赛设男女甲、乙、丙各三个级别，其中男子甲组46人，共参加70项比赛；男

子乙组125人，共参加180项比赛；男子丙组134人，共参加227项比赛。女子甲组12人，共参加19项比赛；女子乙组23人，共参加25项比赛；女子丙组26人，共参加42项比赛。个人单项比赛共计563项，319人次获得各单项前八名。

【主办北京市武术散打冠军赛】由北京武术院主办的2009年北京市武术散打冠军赛，于10月24日在北京少林武术学校举行。各区县武协、各拳种研究会、培训中心等单位11支代表队的156人报名参赛。比赛设女子组、男子少年组和男子成年组，其中女子组10人、男子少年组91人、男子成年组55人，分为28个级别进行激烈对抗。经过一天的精彩搏斗，决出冠军25人、亚军16人、季军44人，共有85人分别获得男女各级别的前八名。

【组织万人太极拳表演破吉尼斯世界纪录】为纪念北京奥运会、残奥会成功举办一周年，庆祝首个全国“全民健身日”启动，北京武术院承担了万人太极拳表演破吉尼斯世界纪录活动的队伍组织工作。共组织了40个中央和市属的局委办机关、事业单位和10所高校、30家企业、60家俱乐部、200多个街道社区社团参加此次活动。年龄最大的72岁，最小的仅7岁。最终以33996人成功打破了2004年4月在河南洛阳创造的由30648人组成的大型武术表演活动的吉尼斯世界纪录。

北京市体育竞赛管理中心

副主任：海振文（2009年12月任，主持工作）
张朝晖（2009年12月免）　牟　奔（兼，2009年12月退休）
汪玉玲（女，2009年12月免）　张红卫　周尚海（2009年12月任）
副书记：牟　奔（2009年12月退休）

北京市体育竞赛管理中心位于宣武区先农坛路，1995年成立。主要职责是负责北京地区有关体育赛事的管理、审批、策划，承办在北京行政区域内的国际重大赛事、全国最高级别竞技体育比赛北京赛区的工作、北京市运动竞技系列比赛和北京市各类商业赛事，同时负责北京市各运动项目裁判员的管理。北京赛区连续十余年被国家体育总局评为全国最佳赛区、全国优秀赛区，九次获得首都精神文明单位称号。

北京市体育专业人员管理中心

主　任：张　军（2009年3月任）
副主任：贠冬梅（2009年12月任）

北京市体育专业人员管理中心位于宣武区太平街。1994年3月成立。原名北京市体育人才服务中心，2007年4月更为现名。主要负责北京市优秀运动队退役运动员的安置与管理，体育教练员系列专业技术资格评审和体育行业特有工种职业技能鉴定工作。1994~2007年，共妥善安置优秀运动队退役运动员1600余人。2001年开始负责北京市体育教练员系列专业技术资格评审工作，多次举办教练员相关业务培训班，并出版了优秀论文汇编等书籍。2005年12月，经北京市体育局批准，北京市体育行业特有工种职业技能鉴定站在该中心挂牌成立，组织进行了游泳、健美操、健身、场地工4个项目近2300人次的鉴定工作，完成了由原持有各项目协会颁发的上岗证、教员证向国家职业资格证书统一管理的制度转变。2006年中心被国家体育总局评为全国职业技能鉴定质量评比先进单位。

【张军同志任专业人员管理中心主任】3月25日，市体育局副局长孙学才率人事处负责同志宣布了中心干部变动的决定，任命张军同志为北京市体育专业人员管理中心主任。

【做好退役运动员安置工作】2009年北京市安置退役优秀运动员共45人，选择自主择业的退役运动员平均领取85000元的经济补偿费，最高为152265元，最低为55195元。

【退役运动员参加职业转换过渡期培训】《北京市体育局关于我市优秀运动队运动员职业转换过渡期间的有关问题的通知》于2009年5月正式实施后,本市共派出12名运动员参加国家体育总局体育行业职业鉴定指导中心组织的退役运动员职业转换过渡期的培训班,其中健身教练7人,芭蕾舞教师5人。

【申报退役运动员特困补助】按照国家体育总局《运动员保障专项资金实施细则》（体人字[2008]430号）文件精神，北京市体育专

业人员管理中心向国家体育总局申报了第二批退役运动员特殊困难补助金，共36人，总额18.46万元。

【首次开展北京市健美操国家职业资格鉴定】1月8日，在首都体育学院进行了社会体育指导员健美操项目中级国家职业资格的鉴定，共有53名首都体育学院学生参加，其中合格23人。这是北京市首次针对健美操项目新参加培训人员进行的国家职业资格鉴定。

【首次开展北京市跆拳道国家职业资格鉴定】3月10日，在搏力宁宇道馆进行了社会体育指导员跆拳道项目中级国家职业资格的鉴定，共有37人参加，其中23人合格。这是北京市首次进行跆拳道项目国家职业资格鉴定。

【首次开展北京市游泳救生员国家职业资格鉴定】为强化北京市游泳场所救生员素质，进一步提高救生员队伍的整体水平，4月28日至29日对本市79名游泳救生员报考人员进行了考核。这是游泳救生员国家职业资格认证制度建立后北京市进行的首批职业技能鉴定。通过考核，有43名学员合格，取得了国家职业资格证书。

【被评为全国体育行业职业技能鉴定站优秀单位】按照人力资源和社会保障部的要求，依据《体育行业特有工种职业技能鉴定实施办法》规定，职业技能鉴定站评估工作每三年进行一次。12月18日至2010年1月开展了2009年全国体育行业职业技能鉴定站评估工作。2009年北京职鉴站共组织了游泳救生员，社会体育指导员游泳、健美操、健身教练、跆拳道、滑雪6个项目26批次的鉴定考核，鉴定总人数1491人，合格889人。通过自查、互查及国家体育总局人事司和职鉴指导中心评估，最终北京职鉴站被评为“全国体育行业职业技能鉴定站优秀单位”。

北京市体育局离退休人员服务中心

主　任：李仕荣（兼）

副主任：申远达（2009年4月退休）　康吉英

北京市体育局离退休人员服务中心位于宣武区先农坛街。2000年成立。其前身是1986年成立的北京市体育局老干部活动站。主要职责是负责本系统各直属单位离退休人员管理工作的指导、协调、检查和监督，负责局机关离退休人员的服务管理工作。2004年、2005年被评为首都文明单位。

【召开迎新春团拜会】 1月8日，市体育局机关离退休人员迎新春团拜会在先农坛体育场老干部会议室举行，市政府副秘书长、市体育局党组书记、局长、老干部工作领导小组组长孙康林，市体育局党组副书记、副局长孙学才出席了团拜会。

【召开迎新春联谊会】 1月14日，市体育局在木樨园体育运动技术学校举行全系统离退休人员迎新春联谊会，市体育局党组成员、副局长、老干部工作领导小组副组长苑振洲，市直机关工委老干部处处长徐瑞霞等领导出席联谊会，与近300名离退休老同志共迎新春佳节。

【召开历届老主任迎春茶话会】 1月20日，召开历届体委老主任迎春茶话会，局党组副书记、副局长孙学才，副局长李晋康，老干部工作领导小组副组长、副局长苑振洲等领导与16位老主任欢聚一堂，喜迎新春佳节。

【走访慰问离退休老干部】 元旦、春节期间，共走访慰问离退休老干部580余人次，其中离休干部83人，家庭有特殊困难的老干部19人，身患重病不能自理、因病住院的老干部23人，去世离休干部的遗孀27人，向老同志送去慰问金、慰问品约28.45万元。局领导孙康林、孙学才、李晋康、苑振洲、邓少辉等及直属单位主要领导参加了慰问活动。

【老干部合唱团参加首都庆“三八”活动】 2月26日，在“三八”国际劳动妇女节99周年即将到来之际，局老干部合唱团代表北京市老干部方阵在北京人民大会堂

小礼堂参加了全国妇联纪念“三八”国际劳动妇女节99周年暨表彰大会；2月27日，参加了北京市妇联在北京京剧院组织的“我的祖国——首都各界妇女庆三八迎国庆文化活动”。

【组织老干部春游】4月28日，机关离退休老干部一行70余人到颐和园踏青春游，并参观了建于光绪十二年（1886年）清廷意图培养满族海军人才的贵族军事学校——“水操学堂”。

【老干部坐客北京电视台科教频道】4月下旬，作为改革开放三十年的见证者、受益者之一的我局离休干部李春龙，应邀在北京电视台科教频道《晚晴》节目做客，连续两期讲述北京什刹海30年来的新变化，畅谈首都改革开放和现代化建设取得的新成就；局老干部合唱团《二十年后再相会》一曲也被北京电视台科教频道《晚晴》节目播出。

【召开老干部庆“七一”座谈会】7月1日，市体育局在先农坛体育场八看台老干部活动室召开离退休干部庆“七一”迎“国庆”座谈会。离退中心部分工作人员与机关和直属单位近30名离退休党员代表欢聚一堂，畅谈建党88周年、建国60周年以来，伟大祖国取得的辉煌成绩。

【组队参加市老干局歌咏比赛】在庆祝中华人民共和国成立60周年之际，局离退休干部和部分老干部工作人员组队参加了市老干部局9月3日组织的庆祝建国60周年“祖国在我心中”歌咏比赛，受到市老干部局的表彰。

【慰问离休老干部】在中华人民共和国成立60周年之际，离退中心对局83名离休干部进行了走访慰问，代表局党组向老同志送去了节日的问候，为每名离休老干部送去3000元的慰问金。

【召开党员大会】市体育局机关离退休人员党总支于11月23日召开党员大会，采取无记名投票方式和差额选举方法，选举李春龙等七位同志为新一届总支委员。

【举办离退休干部党支部书记学习班】11月25日至26日，来自机关、直属单位近30名离退休党支部的书记和局职离退休干部，参加了由局离退休干部处、离退中心组织的离退休干部党支部书记暨局级离退休老同志学习贯彻十七届四中全会精神学习班。

【举办老干部工作人员业务培训班】12月14日至15日，局离退休干部处、离退中心举办全系统老干部工作人员业务培训班，来自机关、直属单位近的30名老干部工作人员参加了培训。局党组成员、副局长、老干部工作领导小组副组长苑振洲同志到会并讲了话。

北京市足球运动管理中心

主　任：杨俊生（2009年3月任）
书　记：李惟淼
副主任：刘　军　海振文（2009年6月任，2009年12月免）
　　　　汪玉玲（女，2009年12月任）

北京市足球运动管理中心位于宣武区先农坛路。主要任务是根据授权对北京市行政区域内足球运动进行审批、览括和检查，制订足球竞赛计划和规定，对足球裁判员及教练员实施技术培训以及后备人才培养、群众性足球竞赛管理。负责中超、中甲北京赛区的竞赛组织等。

【举办北京市“优胜者杯”青少年女子足球比赛】北京市“优胜者杯”青少年女足比赛于4月12日开始，至5月3日结束，参赛组别为小学组和初中组，比赛采取单循环赛制，其中小学组4支队参加，为7人制比赛；初中组6支队参加，为11人制比赛。月坛体育场和崇文体育场分别为本届“优胜者杯”的承办赛区，比赛共计21场次，参赛队员192人。

【举办2008-2009年度阿迪达斯绿茵成长计划青少年足球比赛】2008-2009年度阿迪达斯绿茵成长计划青少年足球比赛（北京赛区），利用每周五放学时间进行，分为初中男子组和小学男子组，其中初中组为7人制，小学组为5人制，每个组别各16支队参赛，采取主客场双循环赛制。比赛历经14轮91

场次的角逐，最终宣武区回民学校获初中组冠军，朝阳区望京南湖东园小学获小学组冠军。

【举办小学生趣味足球活动】 为调动孩子们对足球运动的兴趣，加深他们对足球的喜爱，贯彻“2009年北京市足球工作会议”的相关工作精神，5月24日在北京丰台体育中心举办了“2009年北京市小学生趣味足球”活动，共有来自全市的40支小学生足球队参加。项目包括：传球接力、运球接力、计时颠球累计、踢准和绕障碍运球射门。

【举办北京市首届“萌芽杯”足球比赛】 北京市首届“萌芽杯”足球比赛于5月23日至6月28日进行，为小学生7人制足球比赛，共有来自全市的41支小学生足球队报名。比赛利用每周六、日进行。赛事分为4个赛区（8个组）进行，分别是地坛小学、海淀实验小学、北师大附小和十九中赛区。经过9轮106场次的比赛，获得前三名的球队分别为：冠军115中小学部，亚军八十中小学部，季军海淀第四实验小学。

【全国青少年校园足球活动启动仪式在京举行】 由教育部、国家体育总局联合推出的全国青少年校园足球活动启动仪式，于6月10日在北京回民中学举行。教育部、国家体育总局及31个省、自治区、直辖市教育和体育部门的相关负责人参加了启动仪式。

【北京市青少年足球活动启动仪式在工人体育场举行】 为推动全市大中小学广泛开展校园足球活动，普及足球知识和技能，形成以学校为依托、体教结合的青少年足球人才培养体系，全面提高青少年身体健康，丰富青少年体育文化生活，2009年北京市青少年足球活动启动仪式于4月25日在工人体育场举行。

【负责参加第十一届全运会男子足球组队工作】 以北京国安二队为主，代表北京市参加了第十一届全运会男子足球甲组的比赛，他们发挥了技战术水平，勇于拼搏，取得了第五名的成绩，较好地完成了全运会任务。

【举办北京市青少年足球锦标赛】2009年北京市青少年足球锦标赛，为2010年北京市运动会足球比赛的运动员资格赛，参赛队以区县为单位报名参加，参赛组别为：男子甲组、乙组和丙组；女子甲、乙组。13个区的40支运动队参加了此次赛事，共进行了99场比赛。

【承办全国青少年校园足球联赛（北京赛区）】共有30所初中学校的30支队伍和63所小学的68支队伍参加了本次赛事。初中一个组别，小学分为两个组别，第一阶段为主客场双循环，第二阶段为淘汰赛制。共进行了908场比赛，从今年12月开始进行直到2010年6月结束。

【举办2009-2010年度阿迪达斯绿茵成长计划青少年足球比赛】2009-2010年度阿迪达斯绿茵成长计划青少年足球比赛（北京赛区），利用每周五放学时间进行。分为初中男子组和小学男子组，在去年每个组别各16支队参赛的基础上，今年又增加了8支高中队。比赛均采取主客场双循环赛制。

【北京国安足球队获第一个职业联赛冠军】北京国安俱乐部经过全年中超联赛30轮的积极拼搏，

最终以13胜12平5负积51分的成绩获得16年来第一个职业联赛冠军。此外，北京国安俱乐部还参加了3场亚冠联赛小组赛的比赛。

【参加中甲联赛有喜有忧】中甲联赛中，北京理工以7胜7平10负积28分获第八名，北京宏登以5胜7平12负极22分获第十二名成功保级。

【第一次参加乙级联赛取得可喜成绩】第一次参加乙级联赛的北京八喜俱乐部获得了可喜成绩：以6胜3平3负积21分获得了北区比赛的第一名。

【组队参加全国室内五人制甲级联赛（北京站）】本项比赛是由中国足球协会主办的国内最高水平的室内五人制足球职业赛事，以分站式赛会制的方式进行。今年联赛共分8站进行，参加比赛的有北京工业大学、武汉地龙、上海徐房和成都电子科大、湖北三峡大学、大连安鑫、广州体院、河南建业8支队伍，经过全年的8站比赛，北京工业大学获得总成绩第五名。

【举办国际足球邀请赛】北京市足协、合力万盛共同主办了“2009中国英超亚洲杯”赛和“意大利超级杯”赛。北京市足协协办了在北京工业大学举行的东亚室内五人制足球锦标赛。

【举办业余成年足球比赛】今年，北京市各区、县大力开展业余成年比赛，房山、平谷、门头沟、大兴、石景山等区、县都开展了结合自己区、县特点的业余足球比赛。北京足协也主办了北京网络足球大赛、悦达起亚五人制赛、“茵宝”五人制足球赛等传统赛事。

北京市体育彩票管理中心

主　任：李　辰（2009年3月任）
副主任：李　毅　希　杰

北京市体育彩票管理中心位于宣武区先农坛路。1995年成立。主要负责中国体育彩票在北京地区销售系统的技术保障、运营维护、销售网点建设、市场开发及营销管理；统筹规划北京市体育彩票（见体育彩票）的销售网络布局；负责北京市体育彩票的销售系统和销售队伍的管理，销售款的结缴，体育彩票市场营销及舆论导向；承办体育彩票管理中心。中心多次获得全国体育彩票先进工作单位称号、全国体育彩票工作特别贡献奖，2000~2007年连续获得首都文明单位光荣称号。

2009年北京市体育彩票共销售约17.1亿元，约占北京地区彩票总销量的35%，销量排名全国第10位，比2008年增加了约1.7亿元，增幅达11%。全年电脑型彩票销售约10.96亿元，占体彩总销量的64.1%；即开型彩票销售约6.14亿元，占总销量的35.9%。全年共产生百万元以上大奖31注，其中五百万元大奖7注，共筹集公益金约4.45亿元，代缴代扣个人偶然所得税约5247万元。

【电脑型彩票乐透型玩法销售有降】电脑型彩票乐透型玩法销售约6.25亿元，占总销量的36.59%，比2008年减少约4800万元。超级大乐透增幅较大，全年销售约1.96亿元，比2008年增加约1000万元；排列3降幅最大，销售约2.56亿元，比2008年减少约4596万元。

【电脑型彩票竞猜型玩法销售有增】电脑型彩票竞猜型玩法销售约4.7亿元，占总销量的27.51%，比2008年增加约5000万元：全国联网足球彩票销量约为3.28亿元，比2008年增加约3700万元；足球单场竞猜销量约为1.42亿元，比2008年增加约1500万元。

【即开型体育彩票销售增幅大】即开型体育彩票全年共销售约6.14亿元，比2008年增加约1.69亿元。

【北京地区体育彩票实现全热线销售】北京电脑体育彩票于1月1日起实现全热线销售，销售时间与全国统一，可对销售网点进行实时监控，数据传输安全性大大提高，并对排列3游戏实施了风险控制。

【"七星彩"玩法规则调整】根据财政部《关于调整部分电脑体育彩票游戏规则等有关事项的通知》(财办综[2009] 30号) 文件精神，"七星彩"玩法进行游戏规则调整，同时开展派奖活动。

【北京体育彩票官方网站正式上线】为方便彩民获取资讯，开拓信息发布渠道，加强与彩民的交流互动，北京体彩中心官方网站于6月份正式上线运营。

【召开北京市体育彩票工作会议】为贯彻落实全国体育彩票工作会议精神及北京市体育局《关于加强区县体育彩票工作的意见》（京体办字〔2009〕129号）的要求，进一步加强郊区县体育彩票销售工作，北京市体育彩票工作会议于7月2日召开，会上明确提出了积极开拓郊区县体育彩票市场的工作方向。

【"超级大乐透"玩法规则调整】根据财政部《关于调整全国联网电脑体育彩票超级大乐透游戏规则等有关事项的通知》(财办综[2009] 68号) 文件精神，"超级大乐透"玩法进行游戏规则调整，同时开展派奖活动。

【北京体彩客服中心成立】为

满足业务发展需求，为彩民提供高质量服务，北京体彩中心成立了客户服务中心，并向社会公布了北京体彩咨询热线。

【北京地方玩法“33选7”游戏上市】为进一步优化产品结构，研发具有差异性和适合北京市场的创新产品，减少同质竞争，北京体彩中心于10月18日推出了地方玩法“33选7”游戏，代替“36选7”游戏在北京地区的销售。

【北京市体彩获中心荣誉称号】北京市体育彩票管理中心分别荣获“全国体育系统先进集体”、“2009年度全国体育彩票销售贡献奖”、“首都精神文明单位”等荣誉称号。

北京市体育服务事业管理中心

主　任：贾宝瑞
副主任：崔　彭　赵　俭

北京市体育服务事业管理中心位于丰台区光彩北路。1997年12月成立。主要职责是负责局系统职工住宅的产权、产籍管理工作；负责局属住宅日常管理服务和中、小型日常维修工作；管理局属住宅小区的道路绿化、附属设施等规划建设工作；协助局有关部门做好局属住宅的房改销售房工作；负责局属系统内部的交通安全教育，班车管理和特种设备（锅炉、电梯）的安全检查、技术鉴定工作；负责局属系统内部的水、电、暖机器设备的管理工作，保障局供暖供热、站、点的安全运营；负责局系统的计划生育、献血、绿化等工作。

【自筹经费完善升级监控系统】体服中心今年增设“计算机信息管理部”，把所有信息资源、监控设备等归口统一管理，并自筹经费50万元，完善升级了2006年建成的监控系统，设液晶拼接电视墙，利用多媒体技术直观掌握居民小区重点部位、水泵间、配电室及电梯等的即时情况，不但有效防止了各项重要设备故障的发生，提高了居民小区的安全系数，而且大大提高了工作效率。

【木樨园供热厂被评为“北京市节能改造示范锅炉房”】经北京市市政管委、市节能中心、市供热协会等专业部门连续数月的现场数据勘测及实地考核，中心的木樨园供热厂在全市千余家供热单位中脱颖而出，被评选为“北京市节能改造示范锅炉房”，成为全市唯一一家由机关事业单位管理的节能示范供暖单位。

【木樨园居民小区增装电梯群控】中心于2009年在局属木樨园小区增装了电梯群控装置，避免同时呼叫电梯时造成空驶的现象，仅此年节能达30%以上。

【落实“平安国庆”责任到岗】2009年是建国六十周年，为确保“平安国庆目标”的实现，中心根据管理的特种设备、重点部位多的特点，完善安保方案和应急预案，以最严密的工作措施、最有效的人、财、物投入，逐级逐层实行责任制；同时采取有效手段，加大安全检查力度；并联系专业部门对各个消防点、管道、井盖进行全面排查，同时实施干部双岗值班和零报告制度，实现了保安全、无事故的目标，受到有关部门表扬。

【副科以上干部进行相关知识培训】根据北京市人力资源和社会保障局的要求，为深入学习和掌握奥运后首都建设的相关知识，中心组织全体副科以上干部进行“人文北京、科技北京、绿色北京”知识讲座学习。系列讲座共10讲40学时。

【荣获荣誉称号】北京市体育服务事业管理中心被首都精神文明建设委员会评选为“2009年度首都精神文明单位”。

北京市游泳运动学校（陶然亭游泳场）

校长（场长）：刘京书
书　记：刘光林
副校长（副场长）：孙万里　桑　涛　张志强
副书记：刘京书（兼）　李忠恕（2009年2月免）

北京市游泳运动学校（陶然亭游泳场）与陶然亭游泳场为场校合一单位。1956年成立。主要任务是培养青少年游泳后备人才，为广大游泳爱好者提供场地、器材及安全服务。每年接待游泳爱好者约10万人。学校有员工近百人。50年来接待游泳群众上亿人次，多次承担国际游泳、跳水比赛任务，曾与美国、日本、印度尼西亚等国进行友好交流。学校曾培养了韩雪、晁娜、陈祚、张琳、张健等运动员。

【组织安全大检查】1月上旬，根据“平安国庆”的要求，学校安排专项经费对我校（包括33家租凭单位）所有消防器材和电器线路进行专业检测，对存在的隐患立即采取有效措施，其中更换电管电灯等部件近百件，更换灭火器30件，并对监控设备进行检修，增加了室外场监控探头。

【召开新春团拜会】1月22日至23日，学校在稻香湖酒店举行新春团拜会。会上，校领导进行个人述职，总结2008年工作，对李富善等5名先进个人、韩正中等16名优秀职工进行了通报表彰。

【组织知识答卷活动】3月底，我校为提高全体职工的应急和安全意识，组织了知识答卷活动，共收到答卷81份。

【室外游泳场对外开放】6月13日至8月23日，学校室外游泳场对外开放，累计接待游客101000人。

【正式启动陶然亭建设工程】8月，根据市体育局要求，学校正式启动陶然亭建设工程，陆续展示固定资产核查、租凭单位清退工作。8月24日根据建设需要，职工在家待命，学校研究建设期间职工安置办法。

北京市社会体育管理中心

主　任：李炳熙

书　记：李炳熙

调研员：曹金亮（2009年7月任）

副主任：张秀云（女）　曹金亮（兼）

北京市社会体育管理中心位于宣武区先农坛街，2000年6月成立。主要职责是编制北京市社会体育年度活动计划，组织、协调、指导社会体育工作；负责北京市社会体育活动的日常管理，协同北京市体育局职能部门制定有关社会体育的管理办法；负责策划、组织全民健身体育节和健身周活动，以及其他北京市公益性的全民健身活动；承办国内及国际性社会体育活动；负责参加全国体育大会的各项工作；组织协调以北京市名义参加的全国单项社会体育活动；负责组织社会体育的培训工作，普及科学锻炼知识；负责北京市社会体育指导员的行业管理工作，培训、考核、评审一级社会体育指导员、体质测试员、游泳减溺教练员、救护员等社会体育骨干；负责组织推广科学健身的新项目、新器材、新方法，开展全民健身的咨询、服务；负责健身气功管理工作；负责组织开展国内外社会体育交流活动等。

【举办北京市第三届“和谐杯”乒乓球比赛】3月1日，北京市第三届“和谐杯”乒乓球比赛动员大会暨启动仪式在北京大学乒乓球馆举行。市人大常委会主任杜德印，市委常委梁伟，市体育局局长孙康林，市委社会工委书记、市社会建设办主任宋贵伦，市体育局副局长李丽莉等出席。航天英雄杨利伟向全体市民发出了全民健身倡议。领导嘉宾、乒乓球界名人、军警、行业系统、区县友谊赛同时进行，标志着北京市第三届“和谐杯”乒乓球比赛正式启动。本届比赛由北京市体育局和市社会建设办公室主办，市社会体育管理中心、市乒乓球运动协会承办。比赛分预、复、决三个阶段进行，全市314个街道、乡镇，6000多个社区和行政村参加，直接报名参赛人数达80万人，参与活动人数达175万人。6月20日，“和谐杯”千台万人乒乓球展示活动在北京奥林匹克公园景观大道隆重举行，为历时3个月的北京市第三届“和谐杯”乒乓球比赛画上了圆满的句号。

【北京市第七届全民健身体育节开幕式暨“和谐杯”千台万人乒乓球展示活动隆重举行】6月20日，北京市第七届全民健身体育节开幕式暨“和谐杯”千台万人乒乓球展示活动在北京奥林匹克公园景观大道隆重举行。市人大常委会副主任吴世雄，国家体育总局党组成员、局长助理晓敏，副市长刘敬民，市体育局局长孙康林以及市各

有关部委办局、各区县及主办单位领导出席开幕式暨展示活动。北京市民代表、乒乓球奥运会冠军、共青团北京市委副书记邓亚萍向全体市民发出全民健身倡议。各系统及各区县的1万名社会各界群众参加了展示活动，其中有奥运冠军、国际友人、职工、科技工作者、大中小学生、解放军、公安干警、农民、老年人、残疾人及健身爱好者。活动结束后，体育节组委会将1000张乒乓球球台及辅助器材分发给参与第三届“和谐杯”乒乓球比赛活动的各区县和委办局等相关单位。

【举办北京市第七届全民健身体育节】 由北京市体育局、市体育总会、市委宣传部、首都精神文明办、市教委、市社会建设办、市总工会、团市委、市妇联、市公园管理中心等十家单位共同主办的北京市第七届全民健身体育节，从6月20日开始，至8月8日首个全国全民健身日达到高潮，历时50天。活动分为开幕式、市级品牌活动，区、县级活动，协会、俱乐部活动，研发推广项目，非奥体育项目，公共体育设施开放7个部分。此外，全市共举办首届端午文化节暨北京市首届龙舟大赛、全民健身路径交流大会、健身腰鼓大赛、社区网球万人大行动、千人羽毛球挑战赛、三对三篮球赛、民族健身操舞大赛、中老年优秀健身项目表演赛、市民划船大赛、首届体育大会等22项市级活动。体育节期间，全市300多个公共体育场馆、716所中小学校、125个青少年体育俱乐部等公共体育设施向广大市民开放。据统计，全市十八个区县及燕山地区、北京经济技术开发区开展了228项区县级活动，全市各街道、社区、企事业单位、行业系统组织了9551项基层活动，全市参与活动总人数达到360万，成为体育节历史上一届声势浩大、影响深远、覆盖面广、内容丰富的群众体育盛会。

【举办全国“全民健身日”启动仪式北京主会场活动及北京市万人太极拳表演破吉尼斯世界纪录活动】 8月8日是北京奥运会、残奥会成功举办一周年之际，全国“全

民健身日”启动仪式在国家游泳中心隆重举行（经国务院批准，自2009年起每年8月8日为“全民健身日”）。在启动仪式上，中共中央政治局委员、国务委员刘延东宣布全国“全民健身日”启动；奥运会首枚金牌获得者、市民代表许海峰发出健身倡议。

作为庆祝首个全国“全民健身日”启动仪式北京主会场活动，北京市万人太极拳破吉尼斯世界纪录活动同日举行。来自全市各区、县和社会各界的33996名太极拳爱好者，汇聚在鸟巢、水立方，共同表演简化24式太极拳，音乐时长5分57秒，表演动作连贯，创造了新的吉尼斯世界纪录。市体育局局长孙康林主持仪式，国家体育总局副局长冯建中、北京市副市长刘敬民出席活动。

【举办“走进平谷——北京市全民健身优秀项目交流展示活动”】 为巩固“全民健身与奥运同行”活动成果，为京郊百姓搭建公共体育服务和展示优秀全民健身项目交流的平台，“走进平谷——北京市全民健身优秀项目交流展示活动”于4月18日晚在平谷区世纪广场举行。市体育局党组副书记、副局长孙学才，市直机关工委副书记杜顺成，平谷区委常委、副区长王晓光等领导出席活动，近3万人到现场观看演出。北京体育大学、东城等18个单位选拔了舞龙舞狮、花伞秧歌、二魁摔跤、民族健身操舞、武术、太极柔力球、腰鼓、花棍、少儿健美操、花样跳绳等近30个精彩的大众健身项目进行了展演。

【举办首届北京端午文化节暨北京市首届龙舟大赛】 由市体育局、延庆县人民政府主办，市社会体育管理中心、延庆县体育局、延庆县文委承办的首届北京端午文化节暨北京市首届龙舟大赛，于5月28日在延庆妫水公园举行。市体育局局长孙康林、副局长李丽莉、延庆副县长赵志萍等领导出席活动启动仪式并观看了比赛。共有来自西城、海淀、丰台、房山、昌平、延庆等六个区县的20支队伍参与了500米直道竞速的比赛。最后，

昌平区龙舟代表队、丰台区铁骑福龙代表队、海淀区北京大学代表队分获比赛冠、亚、季军。

【举办北京市迎国庆健身腰鼓大赛】由北京市社会体育管理中心主办，东城区社会体育管理中心和北京彤康健身快乐操舞培训中心共同承办的北京市迎国庆健身腰鼓大赛，于8月22日在东城区地坛体育馆举行。此项比赛是北京市第七

届全民健身体育节市级活动之一，分规定套路和自编套路两部分进行。比赛吸引了来自全市15个区县和亦庄、燕山地区的70多支代表队的1200多人参赛。最终中国运载火箭技术研究院、圆梦艺术团、金台腰鼓队等10支队伍分获各组别一等奖。

【举办首届京城百姓健身才艺大比拼活动】首届京城百姓健身才艺大比拼活动启动仪式于3月25日在北京热带雨林酒店举行。本次活动由北京市社会体育管理中心、体育博览杂志社和市体育记者协会共同主办，从3月延续到10月，面向全市城八区及附近远郊区县的晨晚练点、体育俱乐部和各种形式的群众健身组织，京城所有百姓均可报名免费参与。在启动仪式上，市民族文化交流中心、中国运载火箭研究院、北京体育大学、少林武校等单位，宣武、平谷、怀柔、延庆等区县组织了舞狮、花伞秧歌、二魁摔跤、藏族健身舞蹈、拉丁舞、武术组合等13个精彩的大众健身项目。

【组织60周年国庆游园群众体育活动】按照市委、市政府和市游园指挥部的要求，市体育局于10月2日分别在劳动人民文化宫、天坛公园、北海公园、地坛公园、大观园、朝阳公园、奥林匹克森林公园、海淀公园、莲花池公园、国际雕塑公园举行了盛大的国庆游园群众体育活动。东城区、西城区、崇文区、宣武区、朝阳区、海淀区、丰台区、石景山区体育局承担了本次活动的具体工作，共选派了街道社区、晨晚练点、单项协会、体育俱乐部、体育科研所等基层体育先进单位的3678人进行了太极拳、健身操舞、啦啦操、健美操、篮球宝贝、街舞、健身气功、踢毽、跳

绳、抖空竹、打花棍、棋类等项目的表演互动，并对现场参加展示的人员和游客进行了体质测试，吸引了52000多名游园群众前来观看和参与。

【举办北京三对三街头篮球争霸赛】由北京市社会体育管理中心主办，北京睿智翔云广告有限公司承办的北京市第七届全民健身体育节市级活动之一——2009“姚记扑克”杯北京三对三街头篮球争霸赛，于7月11日至12日在工人体育馆北广场举行。本次比赛共有124支队伍报名参加，比赛场次达370余场，参赛达千余人次，在规模和影响上都较前四届有了较大提高。

【举办2009京城羽毛球千人挑战赛】7月11日至12日，由市社会体育管理中心主办，市羽毛球运动协会、北京恒健国际体育文化传播有限公司承办的2009京城羽毛球千人挑战赛在地坛体育馆举行。本届挑战赛分为青年组、中年组、老年组、混合团体组四个组别，各赛队伍达48支，参赛人数达2028人次，参赛者最高年龄71岁。经过两天的激烈争夺，个人比赛共有81人挑战成功；中国惠普羽毛球队、首都航天机械公司二队、四季青羽毛球一队获得本次比赛混合团体比赛前三名。

【组织79名社体指导员参加国家级培训班】为贯彻实施《全民健身条例》，加快国家级社会体育指导员队伍建设，国家体育总局分别于10月21日至29日、12月14日至22日举办了两期国家级社会体育指导员培训班。经18个区县、有关单位推荐，市社体中心认真组织符合晋升条件的79人名社会体育指导员参加了培训。参加培训社体指导员既有太极拳、健身操舞等专项技能骨干，又有机关、企事业单位的群众健身组织者。经过考核，79名学员全部获得国家级社会体育指导员合格证书。

【举办首届市残联系统三级社会体育指导员培训班】4月13日至22日，由市社体中心与市残联宣文部共同举办了为期9天的北京市首届残联系统社会体育指导员培训班。针对特殊人群开展健身指导的专题社会体育指导员培训在全市尚属首次。培训班课程除社体指导员的公共理论课程外，重点讲授了残疾人体育健身的医务监督、体育活动的组织编排以及轮椅太极拳、回春保健操等适合在残疾人中开展的体育健身项目。来自全市各区、县的近40名学员经过培训，全部获得三级社会体育指导员合格证书。

【举办第二期体育生活化社区一级社会体育指导员培训班】 北京市社会体育管理中心于5月12日至15日，在京体健身中心举办了北京市第二期体育生活化社区一级社会体育指导员培训班。本期培训班聘请了首都体育学院、市体科所和具有丰富群体工作经验的老专家进行授课，课程内容贴近工作实际，具有指导性、实用性和可操作性的特点。重点讲授了学员关注的体育生活化社区评选、达标、创优；群众体育活动组织、竞赛编排；不同人群健身方法；运动损伤防护救助等内容。来自全市14个区县、燕山体育中心的街道、社区62名学员参加了培训，经考核全部获得社会体育指导员合格证书。

【举办一级社会体育指导员国民体质测定培训班】 为贯彻落实《全民健身条例》，加强公益社会体育指导培训工作，北京市社会体育管理中心于11月6至8日，举办了一级社会体育指导员国民体质测定培训班。来自18个区县及燕山体育中心的68名学员参加了培训，通过考核全部获得一级社会体育指导员合格证书。

【举办一级社会体育指导员健身腰鼓培训班】 为推广新的大众健身项目，北京市社会体育管理中心于10月23日至25日在东城区地坛体育馆举办了一级社会体育指导员健身腰鼓培训班。来自全市18个区县和单位的89名二级社会体育指导员参加了为期三天的培训。

【举办市总工会系统社会体育指导员培训班】 为加强职工体育健身指导，市社体中心与市总共工会联合举办了太极拳、空竹社会体育指导员培训班，培训社会体育指导员一级15名，二级95名。并深入基层进行了广播操和太极拳等健身项目骨干的培训辅导。

【承办全民健身大讲堂】 由市体育局主办，市社会体育管理中心承办的全民健身科学大讲堂活动，自4月10日启动以来至年底在全

市18个区县和亦庄、燕山地区共授课69节，其中朝阳区、丰台区、密云县大讲堂活动拓展到各街道、乡镇。全民健身科学大讲堂的授课涵盖了“科学健身与健康生活方式”、“运动与营养”、“适量运动与防止慢性病”、“运动损伤与安全”、“因地制宜健身”等内容。在满足各类人群健身需要的同时，也因地制宜适时推出新的教学内容，如：5月期间，大讲堂活动-延庆分会场，以端午文化节及龙舟赛为题材，讲授科学健身知识的同时植入民族传统文化，授课达到体育与文化结合的效果；6月中旬，受市政协委托，邀请“大讲堂”专家结合该单位体质测试结果授课并提出具体健身方案。

【完成健身气功行政许可审批工作】2009年共办理“设立健身气功站点”行政许可审批项目38件，其中海淀12件，密云26件。共新建站点38个。

【举办全国千村健身气功展示活动】7月，在通州区潞河中学举办“全国千村健身气功展示——北京会场”活动，由国家体育总局健身气功管理中心、市体育局、通州区人民政府主办，通州区体育局承办。市体育局副局长孙学才、通州区区委书记王云峰等领导出席了本次活动。

【举办全国百城健身气功展示活动】8月，由国家体育总局健身气功管理中心、市体育局、海淀区委、海淀区政府主办，市社会体育管理中心、海淀区精神文明办、区体育局、紫竹院街道办事处、紫竹院公园管理处承办的“全国百城健身气功展示——北京会场”活动在海淀区举行。总局健身气功管理中心活动培训部主任张征，市社会体育管理中心主任李炳熙，市健身气功管理办公室主任李泽清，海淀区委常委、宣传部部长李彦来，副区长孙宝启、人大常委会副主任王鲁豫、区委610办公室主任米群岛、体育局局长马士起等领导出席了本次活动。

【组队参加第三届全国健身气功交流展示】 6月26至28日，组队参加了在湖北省武汉市举办的第三届全国健身气功交流展示大会，获两个二等奖。

【组队参加首届全国老年人体育大会健身气功比赛】 9月，组队参加在北戴河举办的首届全国老年人体育大会健身气功比赛，获团体优秀组织奖和6项金奖。

【6单位3人获全国表彰】 12月19日，在全国健身气功工作会

上，北京市健身气功管理办公室、崇文区体育局、海淀区体育局、密云县体育局被授予“全国推广健身气功先进单位”；海淀区体育局获“全国百城千村健身气功交流展示活动最佳展示奖”、通州区体育局获“全国百城千村健身气功交流展示活动优秀组织奖”；李泽清、曹文军、庄永昌三位同志被授予“全国推广健身气功先进个人”。

【举办健身气功项目社会体育指导员培训班】 11月26日至29日，在北京京体健身中心举办健身气功项目一级社会体育指导员培训班，共有来自全市13个区县的69名学员参加了培训。通过考核有65名学员获得了证书。

【加强游泳救生员培训工作管理】 2009年是推行国家游泳救生员职业鉴定标准考核工作的第一年，为适应新形势下的救生员培训工作现状，由市体育局牵头召开了各区、县游泳安全工作会，统一部署了救生员年审换证和培训工作。全年共举办初级救生员培训班5期,受理报名612人，经培训合格404人。另举办一期初级教员取证培训班，97人参加，为进一步推动救生工作的规范化管理奠定了基础。

【举办北京市社区居民游泳比赛】 8月8日，在北京奥运会成功举办一周年之际，由北京市体育局主办，北京市社会体育管理中心、北京时博国际体育赛事有限公司承

办，市水上救生协会协办的庆祝全国“全民健身日”北京主会场启动仪式之一“北京市社区居民游泳比赛”在水立方隆重举行。这是暨北京奥运会后首次为社区居民举办的公益性游泳活动，比赛不收取报名费，并可领取组委会为大家准备的纪念品。比赛设优秀运动员组、6岁幼儿组、家庭组（15岁以下儿童与家长共同参与）、残疾人组和成人组。奥运会银牌得主晁娜、世界锦标赛冠军韩雪、世界冠军扈晓雯、全国冠军付艳玲、娄亚萍、刘军、李忠、李毅、谷雨，游泳界元老穆祥雄、穆祥杰以及获得2008年残奥会女子100米S11级自由泳金牌的北京籍游泳残疾人选手谢青、获得2008年残奥会女子100米S10级蝶泳铜牌的王帅等分别入水进行个人专项技术表演。社区居民、机关干部、企事职工、健身俱乐部会员等中外游泳爱好者近800人下水畅游，另有千余人观看了比赛。市体育局长孙康林、副局长李丽莉及市社体中心主任李炳熙等出席了活动。

【组队参加全国救生锦标赛】 11月，由北京工业大学、北京体育大学及北京石油大学16名在校生组队参加了第十一届全国救生锦标赛暨第四届全国体育大会救生预选赛，在全部21个项目的比赛中获一铜和总成绩182分及团体总分第五名的好成绩，并取得参加2010年第四届全国体育大会救生比赛的资格。12月，选派地坛游泳队参加全国成人游泳比赛，获8金4银1铜，并有一人创全国记录。

北京市网球运动管理中心：

主　任：王宝山

副主任：喻蔚虹（女）　杨红真（女，兼）

北京市网球运动管理中心位于丰台区光彩路。2002年成立。协会的主要任务是负责北京市网球运动项目训练及后备人才培养的协调与管理，网球运动的推广和普及，开展与网球运动相关的竞赛、咨询、交流；承担北京市、中国及国际的多项网球赛事，为网球爱好者提供健身服务等。中心有室内网球场地12片，中心赛场1片。中心已承接一系列国际国内网球比赛，最著名的赛事是中国网球公开赛。

【举办国际青少年网球排位赛】 4月5日至10月5日，中心举办“2009年李宁王子杯·国际青少年网球排位赛”，共有36个国家和地区的选手报名参赛，竞赛时间累计达552小时，共进行了5298场比赛，参赛人数达6980人次。本次比赛还在赛事配套活动上做了精心设计，如“网球嘉年华”、“摄影、征文比赛”、“球员冷餐会”等环节在赛场外掀起一个又一个高潮。

【举办首届“波力精品网球赛”】 5月23日，中心举办的首届“波力精品网球赛”拉开战幕。本次赛事以全民健身为宗旨，全年共设八站比赛，参赛选手中年龄最大的60岁，最小的仅13岁。全年赛事由中央电视台、北京电视台及《精品购物指南》、《网球杂志》等30余家媒体进行了全程报道。

【承办“2009中国移动杯北京市局级领导网球积分赛”】 6月6日至6月20日，中心承办了“2009中国移动杯北京市局级领导网球积分赛”，共有来自北京各直属单位的近80位局级领导干部报名参赛，进行了近200场的激烈角逐。

【举办首届“部委精英网球邀请赛”】 9月12日，中心举办了首届“部委精英网球邀请赛”。本次比赛的参赛选手均为局级以上领导。

北京市体育局培训中心

主　任：许广树（美）

北京市体育局培训中心成立于1995年，位于怀柔县城府前西街甲3号。主要任务是承担体育局干部、职工和各类专业技术人员的培训和各种会议的接待。中心有床位近300张，可容纳近200人的会议室一个，中小会议室近10个。

北京市体育局信息中心

主　任：史江平（2009年12月任）
副主任：沈纪军

北京市体育局信息中心位于丰台区光彩北路。2003年成立。中心为机关履行行政职能提供服务保障，职责是承担本机关电子政务的建设、管理和技术保障工作，承担北京体育网站的运营维护工作，承担体育相关信息的收集、分类、加工、整理和综合利用工作。2004年信息中心制定了《北京市体育局2005~2010年信息化发展规划方案》。北京市电子政务信息化水平考核获2006年度北京市信息化工作信息资源共享奖及2007年度北京市信息化工作电子政务管理和保障奖。

【完成“国庆六十周年”信息系统安全保障工作】根据北京市通信保障和信息安全应急指挥部办公室《关于切实做好新中国成立60周年庆祝活动网络与信息安全工作的通知》（京信安应急办〔2009〕8号）的有关要求，为了切实保障市体育局重要信息系统及网站安全万无一失，在国庆期间就信息系统安全保障方面做了如下工作：（一）做好运维自清、自查。4月份，根据北京市信息化工作办公室《关于做好2009年电子政务运维工作的通知》（京信息办发[2009] 9号），信息中心成立了电子政务运维自查小组，主要围绕运维工作的组织与人员、现有运维资产、运维流程、运维支撑系统等多方面展开自查清理和整改，理清运维工作现状、找出存在问题、研究制定行之有效的解决办法。运维自查的工作成果为国庆六十周年期间的网络系统运维工作奠定了坚实的基础。（二）明确责任，制定预案，开展应急演练。8月，制定了《北京市体育局国庆60周年期间加强网络与信息安全保障工作的实施方案》（以下简称方案），对在国庆期间的运维工作重点、责任分工、工作部署、保障措施、实施步骤等都做了详细要求。按照“谁主管，谁负责；谁运营，谁负责”的原则，明确了各单位（处室）信息安全保障工作的责任。市体育局网络、信息安全保障领导小组与各单位（处室）签订了“网络（网站）与信息安全责任书”，严格落实信息安全责任制。同时对部分单位的信息安全情况进行抽查，重点对信息安全责任制、国庆期间信息安全保障方案、局域网安全措施、计算机和移动介质安全保密管理等工作落实情况进行检查，对存在的问题督促整改。另外，结合2008年奥运安全保障工作的经验和成果，对北京市体育局应急预案及16个专项预案进行了修改、补充和完善，请专业技术人员有针对性地对局的网络结构进行了认真全面分析研究，对可能出现的紧急情况制定了相应的应对措施和实施方法，使应急预案更加具有可操作性。9月，组织各相关业务人员对应急预案进行了学习，并分别针对应用系统受损，无法正常访问、网页内容篡改等情况进行了两次应急模拟演练。在应急演练过程中，由于领导重视，部门配合紧密，应急演练工作进展基本顺利，达到了对应急预案可行性和有效性检验的目的。（三）安全漏洞扫描和安全加固。为了进一步确保全局网络、系统的平稳运行，在“十一”前期，对所有的业务系统、网络设备和存储设备等，进行了一次全面的“体检”：一是对关键的业务系统进行了多次渗透测试，查找出一系列低危漏洞和若干深度漏洞，并进行了及时的补漏。二是对所有设备进行了全面检测，查找出有潜在情况和可能发生的故障点。针对巡检报告，采取了积极的应对措施，协调运维人员、系统管理员以及各系统运维商对出现的漏洞和风险情况进行了全面的安全加固。(四）系统冻结、全力保障、严看死守。为了确保“十一”期间系统的稳定运行，“十一”前期对已运行信息系统及其运行环境实行冻结，不再进行升级、改造、调整、测试等可能造成系统故障的操作和工作。根据上级文件精神，从9月份开始，信息中心制定了详细的专业人员值守计划，安排专业运维人员现场24小时值守，并实行每日零报告制度，确保“十一”期间无重大安全事件发生。（五）配合局应急指挥中心做好应急安全职守工作。根据北京市突发公共事件应急委员会办公室的相关要求，在国庆六十周年庆祝活动期间，局IP应急视频指挥系统一直24小时持续运行，并按照值班计划表，安排当日带班领导及值守人员在IP应急视频指挥会议室以有人值守方式，与市政府、市应急指挥中心随时保持音、视频信号的连接质量和效果，确保应急指挥畅通。

【做好网站运行维护工作】 全年市体育局网站共编发信息2400余条，制作完成了“第十一届全国运动会”、“中俄青少年运动会”、“北京市业余羽毛球公开赛”等专题专栏，受理网上群众来信约600件。继续完善网站内容建设，新建体育产业、体育社团、职业鉴定3个栏目，并策划制作了5集全民健身系列教学片《登山运动》。网站可用性及整体性能较去年均有所改善，1–11月份总页面浏览量为20,447,967次，同比增长14.5%，为体育工作的开展、宣传和推广提供了有力的支持服务。体育局网站全年运行基本稳定，未发生重大安全事件。

【发挥政务网站实效为公众服务】 市体育局网站认真落实政府信息公开工作的要求，推进政务信息网上公开工作，主动公开政务信息1400条，重点公开与群众密切相关的体育市场监管、体育赛事活动、职业培训鉴定等信息和各项政策措施，从公开内容的深度和广度上着手,完善相关栏目内容，为待就业人员和体育爱好者提供指导和帮助。以喜迎建国60周年为契机，配合市体育局组织开展的北京市第七届全民健身体育节、全民健身科学大讲堂等丰富多彩的群众性体育活动，在网上开设了相应的专题栏目，大力宣传全民健身，普及科学健身方法，进一步营造出“全民健身 喜迎国庆”的群众健身氛围。

【完成应急指挥系统（二期）建设】 10月，信息中心对原应急指挥系统进行了升级改造，在局应急指挥会议室中扩展北京市体育局图像信息管理系统控制管理节点，引入第四会议室体育局视频会议室的视频和音频至应急会议室，并对局应急指挥会议室原有投影系统进行改造及设备更换。新改造的视频中心控制系统，实现了将升降显示系统、应急办视频会议系统，局视频会议系统、体育局图像信息管理系统视频输入/输出接口并联，达到对多路视频的统一控制，集中管理和智能切换的功能。同时，收集存储了电子地图信息库，在召开应急会议时能实时显示下属单位的平面地图信息，实时调用、显示出图像信息系统各摄像点位置，及所照射区域。

【开展网络系统技术服务建设项目】 网络系统技术服务项目是根

据北京市经济与信息委员会关于加强 IT 运维及网络安全服务的相关要求，通过对局网络与运行现状分析，采用先进的 IT 资源管理技术，对现有的设备与系统运行环境进行信息采集、管理和监控，在此基础上构建并实现统一资产、集中监控、集中安全管理、统一运维服务流程、统一综合管理、外包服务管理等功能为一体的软件平台与安全运维服务管理体系。8 月，信息中心采用公开招投标方式，最终确定了网络系统技术服务项目承建商。通过对局现有网络、系统状况分析调研，本期项目主要建设实现了对网站系统、邮件系统及其相关的网络、系统、安全等设备的整体监控、事件预警、手机短信报警、展现运维管理平台建设的功能，并将人员、流程和技术有机地结合起来，将管理、监控和考核有机地结合起来，使网络、系统的安全运行得到了科学保障。

【完成木樨园东配楼光纤链路建设项目】6 月，信息中心受市体育局委托，根据《木樨园 08 训练馆附属用房东配楼使用及管理协调会会议纪要》的工作安排，负责对木樨园东配楼弱电系统的接入建设工作。在对东配楼现有弱电系统调研的基础上，进行了合理的优化设计，在一周时间内接入 4 条光缆，圆满完成并实现了东配楼为办公电话、网络、电视等的接入和正常使用，保障了相关单位按时进驻办公。

【直属单位网络接入项目】结合首信网络结构安全调整的需要，信息中心对局纵向网系统进行了升级改造，将陶然亭游泳运动学校、体育博览杂志社、什刹海体校、昌平航校、大兴芦城体校、怀柔射击学校和先农坛体校 7 个直属单位纵向网的节点分别接入互联网平台，实现了 25 家直属单位在核心节点的安全隔离和网上办公的需要，为公文传输等的推广奠定了基础。

【开发建设网上审批系统升级改造项目】下半年，信息中心与局行政服务办公室合作开发建设局网上审批系统三期工程。实现新增 5 个网上审批项目：临时占用体育场馆从事非体育活动审批、一级裁判员审批、一级运动员审批、从事射击竞技体育学校审批、体育类民办非企业单位审批。推广应用后，局全部的行政许可类项目都能够与北京市级服务平台实现对接，全部项目均实现了网上审批。其中，体育类民办非企业单位审批项目为体育局前置审查项目，审批主体为北京市民政局。通过北京市体育局同北京市发改委经济信息中心及北京市民政局信息中心的共同努力，该审批事项实现了两局同一事项的联合审批，即体育局对审批事项审查后由系统转发给民政局，民政局对该事项进行事项的关联，在批准后将结果抄送回体育局。此联合审批事项的应用将成为北京市其他跨局审批系统建设的示范。

【加强项目管理工作】信息中心以“科学发展观”为指导，今年制定了《北京市体育局信息中心项目采购管理办法》，强化了信息化项目管理工作的规范性及流程性，全年项目的开展均严格按照国家、北京市、体育局及中心制定的相关规定执行。针对工作中的实际情况，中心还在今年修订了《北京市体育局应急预案》，增强了预案的可操作性。

【做好信息化项目预算编制及申报工作】信息中心按照北京市财政局、北京市经济和信息化委员会的要求，以近年全局信息化发展规划为指导，从工作实际出发，认真做好2010年信息化项目预算的申报工作。按照文件规定，对2010年计划开展项目进行前期调研，编写项目前期调研方案，项目审报经过北京市经济、信息化委员会和市财政局的多次评审，具有科学性和可行性。

【编制信息化发展规划】上半年，信息中心对公众关注度较高的群众体育、体育设施、体育市场管理和裁判员工作等核心业务开展了业务系统调研。调研以数据采集和资源共享利用为重点，对市体育局主要业务状况和信息系统现状进行了解、分析，为下一步开发公众急需的全民健身信息服务奠定基础。依据调研结果，编制了《北京市体育局2009年—2013年信息化发展规划》（草案），为明年编制北京市体育局信息化发展“十二五”规划打下了良好的基础。

【加强信息化专业队伍管理与建设】信息中心每周定期召开工作例会，汇报、总结上一周的工作和项目进展情况，发现问题及时解决；对于下周工作进行周密而详尽地安排、部署，确保信息化工作有条不紊地开展。同时，局信息化专业人员同业务骨干加强沟通合作，在2009年针对局多项主要业务进行详细调研。今年，局信息化工作人员共有5人次参加了相关的技术培训，培训内容主要涉及信息化建设及项目管理、网络运维工程师的培训、网络管理员培训、数字证书培训、政府机关信息主管培训。同时还对系统内部工作人员进行了业务系统应用培训，培训内容主要有视频会议系统、CA 数字证书、子网站维护等。

【完成体育信息的集录和编印工做】 全年共编印《网络信息参阅》14 期、《网garbage信息摘报》6 期，集录信息 80 条，4.8 万字，孙康林局长对其中 7 条信息做了专门批示。

【继续做好计算机网络系统、服务器和终端计算机设备的维护、维修工作】 一是信息中心有专人负责对网络及其硬件设备的运行状态进行严格监控，对异常情况实时分析、实时解决。根据对 25 家直属单位网络系统的维护记录，截止 11 月下旬，局网络累计发生 8 例故障，其中有 1 例线路故障，5 例设备故障，2 例病毒故障。二是信息中心有专人负责对各应用系统的软件及硬件进行监控及日常巡检，对发现的问题及时根据各系统的应急响应预案进行响应。对于网站等重要应用系统定期进行漏洞扫描和渗透性测试，及时修补发现的系统和应用漏洞。实时对各系统杀毒软件进行升级、监控，对操作系统漏洞进行补丁安装，确保各系统的稳定性及安全性。三是信息中心对局计算机终端系统和打印机等办公系统进行日常的维护和维修，全年共维修计算机、打印机等相关设备约 150 余次，虽然因木马病毒造成的系统瘫痪情况时有发生，但由于对各终端机的杀毒软件、系统补丁和安全防护软件及时进行更新，与去年相比，由病毒所引起的系统故障数量明显减少。所发现及解决的问题多为使用和操作上的不当及个别硬件故障。通过及时响应，保障了局机关局域网内用户的正常工作。

北京市体育设施管理中心：

主　任：吴金星（2009 年 3 月任）
副主任：张焕芝（女）　张　力

北京市体育设施管理中心成立于 2008 年，位于东四块玉南街 31 号。主要任务是受市体育局委托承担局属体育设施的管理工作，承担局属体育设施合理利用和资源整合的相关工作。

【开展局体育设施普查】 市体育局局属体育设施（建筑物）普查于7月至9月由北京市体育设施管理中心负责组织实施。普查范围涉及局属单位使用的体育场馆、教学、科研、办公及配套用房等建筑物的建筑时间、建筑机构、数量、面积、功能、产权和目前使用单位、用途、时间等内容。通过普查，基本掌握了局属体育设施（建筑物）的现状和使用情况，为加强局属体育设施管理，充分发挥局属体育设施的功能和作用，奠定了基础。

北京市体育局新闻中心：

主　任：孟维明（2009年12月任）
副主任：崇惠友
书记：孟维明（兼）

北京市体育局新闻中心成立于2009年，位于丰台区光彩北路10号，其主要职责是承办本局系统的新闻宣传工作，联系有关新闻媒体，组织策划体育新闻宣传报道工作，承担有关体育宣传资料的组织、策划和编写等工作。中心下设办公室、新闻宣传部及法律工作部。

北京市体育总会：

秘书长：张朝晖（2009年12月任）
副秘书长：郭英泽（女）

党团建设

【综述】在市委、市直机关工委和局党组的正确领导下，全局各级党组织认真贯彻落实党的十七届四中全会精神和北京市机关党建工作会议精神，紧密围绕体育工作大局和中心任务，坚持“抓党建、迎国庆、促全运”，为推动首都体育事业科学发展奠定了坚实的思想基础和组织基础。

首先，用中国特色社会主义理论武装全局党员干部，不断强化科学发展理念。认真抓好学习实践活动整改落实“回头看”，围绕“深入学习实践科学发展观，开创北京体育事业新局面”这条主线和“坚持科学发展观和建设人文北京、科技北京、绿色北京”这个主题，组织开展学习实践活动“回头看”，确保了整改落实工作的实效。认真抓好理论学习，围绕党的路线方针政策、科学发展观、构建和谐社会、贯彻四中全会精神等内容，充分运用宣讲家网站资源，采取集中读书“定”时间学、统筹兼顾“抓”时间学、主动自觉“挤”时间学等方法，取得了较好成效。

其次，以“抓党建、迎国庆、促全运”为载体，不断加强基层党组织建设。采取以会代训、办班培训、经验交流等方式，对党务干部进行集中培训。结合纪念建党88周年，组织召开了“抓党建、促全运”座谈会。结合学习贯彻十七届四中全会精神和北京机关党的工作会议精神，组织全局系统的党委(总支、支部)书记进行了学习培训。以深入学习实践科学发展观为根本要求，以弘扬北京奥运精神为主题，以加强党性修养为重点，在全局系统各级领导干部中深入开展了作风建设年活动。

第三，抓好经常性教育，不断强化党员的先锋模范作用发挥。采取上党课、座谈讨论、读书答题、知识竞赛等形式，进行党的基本知识、优良传统、备战全运形势等教育。结合开展“最佳党日”活动，组织新老党员参观革命圣地、教育基地等，举行向党旗宣誓仪式和党员表决心活动。以“立足岗位做奉献、全运赛场永争先”为主题，开展“迎国庆、战全运、做贡献、见行动、当先锋”活动。深入开展“三进两促”活动，紧密联系首都体育发展实际，以建设全民健身服务体系为目标，积极扩大群众体育发展成果。

第四，做好运动队思想政治工作，不断为运动员健康成长注入新动力。把培育敢打必胜作风、提高职业道德素养、激发备战全运动力、加强综合素质培养贯穿于运动队的训练、竞赛和日常生活的全过程,提高了思想政治工作的针对性、实效性。建立了以老运动员为主体的思想政治工作网络,采取“教育与管理结合”、“走出去请进来”、“读书征文”等方式开展思想工作,促进了运动员的健康成长。

第五,开展精神文明建设,不断推动体育行业文明风尚健康发展。着力完善精神文明创建工作机制,推动了创建工作的深入发展。开展“迎国庆、讲文明、树新风”活动,参与组织“全民健身与全运同行”群体活动,举办和谐社区乒乓球赛、太极功夫扇、秧歌操、万人乒乓球赛等活动,起到了传播“文明、健康、祥和、热烈”的体育文化的功效。

第六,发挥群团组织作用,不断推动工青妇等工作深入开展。围绕备战全运和服务体育事业大局,着力提高群团组织整体工作效能,在调动职工积极性、帮助团员健康成长、开展“巾帼建功”等方面强化服务意识,延伸服务职能。各级工会组织在服务全运、保证全运方面做出了积极贡献。共青团有针对性的开展主题教育活动,激发了广大团员青年参与、奉献的工作热情。妇女工作围绕全运开展了“首都巾帼为全运奉献”主题活动,积极为全运会做贡献。

第七,开展“国庆平安行动”,安全生产秩序环境不断得到巩固加强。以平安单位建设为内容,以国庆平安行动为重点,深入开展安全隐患整治、出租房屋排查、可燃物清理、矛盾纠纷化解、重大体育赛事和群体活动绝对安全等工作,做到重要部位有人看、重点人员有人控、突出问题有人管、应急事件有人抓。制定维稳工作责任制,层层明确维稳任务,个个落实岗位责任,构建群防群治、齐抓共管的工作格局。全面落实国庆安保等级防控命令,建立战时指挥运行机制,科学部署防控力量,优化防控资源,加强督促检查,强化应急值守,实现全方位、无缝隙的联动防控。

【召开深入学习实践科学发展观活动领导班子分析检查报告评议会】按照中央部署和市委要求,市体育局领导班子在认真学习讨论、深入调研总结、广泛征求意见建议的基础上,对照科学发展观的要求,深刻查找影响和制约北京体育事业科学发展的突出问题,客观分析产生问题的原因,研究提出了推

动北京体育事业创新发展的基本思路和措施，形成了局领导班子深入学习实践科学发展观活动分析检查报告。在此基础上，1 月 6 日，市体育局召开了深入学习实践科学发展观活动领导班子分析检查报告评议会。部分专家、学者、人大代表、政协委员，各区县体育局主要领导，各直属单位主要领导，部分党员和群众代表，局机关各处室负责人，共计 90 余人参加了评议会。与会人员对局领导班子分析检查报告进行了综合评议，满意率达 100%。大家一致认为，局领导班子的分析检查报告客观、全面、具体、深入，对科学发展观的认识深、查找问题准、原因分析透、发展思路清、工作措施切实可行，对促进北京体育事业的健康发展具有很强的指导性和操作性。

【召开学习实践活动第二阶段工作总结暨第三阶段工作部署会】 1 月 13 日，市体育局召开深入学习实践科学发展观活动第二阶段工作总结暨第三阶段工作部署会。局学习实践活动领导小组及领导小组办公室成员、局各指导检查组成员、各直属单位学习实践活动主要负责人、机关各处室党支部书记参加了会议。会议由局党组副书记、副局长、局学习实践活动领导小组副组长孙学才主持。会上，对全局系统学习实践科学发展观活动第二阶段工作进行了总结，并部署了第三阶段的工作。

【开展走访慰问送温暖活动】 按照中央和市委关于做好元旦春节期间走访慰问工作的指示精神，市体育局系统各级党组织和工会组织广泛开展了走访慰问离退休老干部、家属遗孀、生病职工、特困职工、劳模、先进代表、教练员运动员、生活困难党员和老党员活动，共走访慰问 430 多人，为他们送去节日慰问品和慰问金共计 25 万多元。局党组书记、局长孙康林亲自走访慰问，送去帮扶资金和慰问品；局党组副书记、副局长孙学才等局领导也都参加了走访慰问活动，充分体现了组织的关心和温暖。各单位坚持领导带头，分级负责，在元旦春节期间采取多种形式做好走访慰问工作。

【召开学习实践科学发展观活动总结大会】3月2日，市体育局召开深入学习实践科学发展观活动总结大会。局领导班子成员、局学习实践活动领导小组及办公室成员、局各指导检查组成员、各直属单位领导班子成员和学习实践活动领导小组及办公室成员、局机关副处以上干部参加会议。市委学习实践活动第十一指导检查组成员时代新、任刃出席会议。会议由局机关党委专职副书记、局学习实践活动办公室副主任田华上主持。会上，先农坛体校、什刹海体校、西城体校介绍了学习实践活动的经验做法。局党组副书记、副局长、局学习实践活动领导小组副组长孙学才从基本情况和特点、主要做法和收获、主要经验和体会、主要努力方向和措施等方面，对全局系统的学习实践活动进行了全面的总结，对巩固扩大学习实践活动的成果提出了明确要求。与会人员围绕对全局系统解决影响和制约科学发展突出问题和对全局系统开展学习实践活动实际效果“两个满意度”进行了测评。局党组书记、局长、局学习实践活动领导小组组长孙康林做了讲话。

【召开领导干部“作风建设年”活动动员大会】3月31日，市体育局召开全局系统领导干部“作风建设年”活动动员大会。局领导、各直属单位领导班子成员、局机关全体人员参加了会议。局党组副书记、副局长孙学才传达了市委领导在全市开展领导干部作风建设年活动动员大会上的讲话精神，并对市体育局系统开展弘扬北京奥运精神、加强领导干部作风建设年活动进行了部署。局党组书记、局长孙康林做了动员讲话。

【举办领导干部“作风建设年”活动专题报告会】4月21日，市体育局举办全局系统领导干部“作风建设年”活动专题报告会。局领导、各直属单位领导班子成员、局机关全体同志参加会议。报告会由局党组书记、局长孙康林主持。会上，市纪委二室主任许建国同志就《党员和领导干部在清正廉洁从政中应注意的几个问题》作了专题辅

导报告。孙康林在讲话中指出：全局上下对深入开展领导干部“作风建设年”活动高度重视，认真筹划，周密组织，迅速启动，开局良好。活动中各级要注重把握好以下几个方面：一是要抓好学习教育。二是要做好问题梳理和课题调研。三是要培养和宣扬先进典型。四是要搞好结合。五是要把活动抓实抓出成效。

【开展领导干部“作风建设年”活动】市体育系统领导干部“作风建设年”活动开展以来，全局各直属单位、机关各处室高度重视，特别是在备战第十一届全运会任务繁重的情况下，坚持用上级的指示要求统一思想和行动，科学摆位，合理安排，把领导干部“作风建设年”活动开展和完成各项年度工作任务有机结合起来，做到了两手抓、两不误、两促进。局召开动员部署会后，各直属单位迅速成立活动领导小组，主要领导亲自抓、分管领导直接抓。各级领导班子认真研究制定活动实施方案和工作流程，明确活动要解决的主要问题、活动采取的方法步骤和主要活动载体，并先后召开动员部署会，及时把党员领导干部的思想和行动统一到市委的决策指示上来，统一到局党组的部署要求上来。围绕提高认识，各单位组织广大党员干部认真学习胡锦涛总书记关于加强作风建设的指示要求、市委领导和局领导关于开展作风建设年活动的讲话精神，采取分组讨论等形式，强化学习效果；围绕查找问题，各单位采取多种形式征求意见建议，深刻查找领导班子和个人在思想作风、学风、工作作风、领导作风等方面存在的突出问题，认真梳理，剖析根

源；围绕研究解决问题，各单位明确领导干部联系点，确定重点调研课题，结合工作实践深入一线、深入群众，展开深入调研。全局系统呈现出以活动开展促进工作任务完成，用工作实效展现活动成效的良好态势和生动局面。

【组织召开“庆七一、迎国庆、促全运”党建座谈会】7月1日，市体育局系统组织召开“庆七一、迎国庆、促全运”党建座谈会。局领导、机关各处室党支部书记、副书记，各

直属单位领导、党办主任、所属支部书记，训练单位的领队、党员教练员和党员运动员代表参加座谈会。局党组副书记、副局长孙学才参加座谈会并讲话。座谈会由局机关党委专职副书记田华山同志主持。会议传达了北京市机关党的建设工作会议精神。先农坛体校党委书记肖云同志、木樨园体校游泳队党支部书记李苑同志、什刹海体校羽毛球队教练员田俊宁同志、芦城体校棒球队运动员李韦良同志，从不同的侧面交流了备战全运会中党建工作的做法、经验和体会。

【开展庆祝建党88周年活动】 为庆祝中国共产党成立88周年，喜迎新中国成立60周年，市体育局系统利用各种形式开展纪念活动，深刻缅怀党的光辉历程，讴歌党的丰功伟绩，弘扬党的优良传统，极大激发了广大党员立足岗位、建功立业热情，切实增强了各级党组织的凝聚力、创造力和战斗力。木樨园体校组织广大党员观看了《加强领导干部作风建设，弘扬八个方面良好风气》专题片。什刹海体校召开了主题生活会，组织党员认真学习《论共产党员修养》，重温入党誓词；举办了党的生日励志会、座谈会和联欢会，围绕备战全运会在各党支部中深入开展“为全运奉献、为党旗增辉”活动。体育职业学院开展了“最佳党日”创意活动，各党支部对党日活动进行创意设计，学院党总支进行评比。行政党支部组织观看影片《孔繁森》，开展畅谈观后感活动；教务党支部以“强化高职院建设从人人做起、从点滴做起、从小事做起强化服务大局”为主题的实践活动；离休党支部召开《我和我的祖国》主题座谈会。学院党总支举行了新党员入党宣誓、老党员重温入党誓词活动。体育科研所组织开展了“庆七一党员为市民义务体质测试与健身咨询”活动。北京棋院组织党员、团员和入党积极分子参观了平津战役纪念馆、观看了爱国主义教育影片《南京南京》。北京武术院组织全院党员、入党积极分子认真学习中央和市委对当前经济形势、维护社会和谐稳定等方面的决

策部署和政策措施，认真分析和解决工作实践中遇到的问题；举办了趣味运动会，营造团结、向上、和谐的工作和生活氛围。竞赛管理中心组织党员干部及职工到白洋淀参观学习，进行爱国主义教育活动。参观了雁翎队纪念馆和嘎子村，在革命先烈雕塑前，组织新老党员和入党积极分子在党旗下庄严宣誓。社体中心组织全体人员到凤山开展纪念活动，召开党员大会研究讨论了预备党员的转正申请，组织观看了反腐倡廉教育片《警钟长鸣》。网球中心开展了以“落实全民健身计划让网球比赛进社区”党日活动，推动全民健身活动成果的普及。离退中心组织召开了离退休干部庆“七一”、迎国庆座谈会，围绕推动北京体育建设畅谈感想和体会。

【深入开展走访慰问活动和“共产党员献爱心”捐献活动】根据北京市委市直机关工委关于做好“七一”有关工作和组织开展2009年“共产党员献爱心”捐献活动的通知要求，市体育局系统广泛开展了慰问老党员、生活困难党员、优秀党员活动和“共产党员献爱心”捐献活动。各单位领导对建国前入党的老党员及不同时期为社会主义革命建设和北京体育事业做出突出贡献的老党员、生活困难党员进行了走访慰问，了解他们的生活状况，帮助他们解决实际问题；以各种形式看望了各个工作岗位上的优秀共产党员，进一步激发了牢记宗旨、立足岗位、建功立业的积极性和主动性。各直属单位党委（总支、支部）、机关各处室党支部对“共产党员献爱心”捐献活动高度

重视，以各种形式召开动员部署会，广大党员、入党积极分子和群众积极响应，踊跃参与捐献活动，全局系统共有1277人，累计捐款86665.50元。

【举办党工团综合管理信息系统培训班】根据市直机关工委关于党工团综合管理信息系统完善使用的部署要求，结合工作实际，市体育局机关党委于11月13日举办了党工团综合管理信息系统培训班，全局各直属单位具体负责党、工、

团工作的近70名同志参加培训。培训班邀请了北大软件工程发展有限公司的于涛源老师对党工团综合管理信息系统内的党内信息管理系统、工会信息管理系统、团内信息管理系统、综合查询信息系统的各个版块的功能、操作、使用等进行了详细讲解，并针对参加培训人员提出的具体问题进行了现场解答。

【举办学习贯彻党的十七届四中全会精神培训班】 12月25日至26日，市体育局系统举办学习贯彻党的十七届四中全会精神培训班，各直属单位党委（总支、支部）书记、副书记和机关各处室党支部书记参加培训。培训班传达学习了十七届四中全会公报、《中共中央关于加强和改进新形势下党的建设若干重大问题的决定》和胡锦涛总书记重要讲话；传达学习了市委关于学习贯彻党的十七届四中全会精神的有关会议精神和文件。中国社科院当代马克思主义研究二部副主任辛向阳同志就《十七届四中全会精神解读》这个主题，从“加强和改进新形势下党的建设的极端重要性、执政60年党的建设的基本经验、加强和改进新形势下党的建设的总体要求、建设马克思主义学习型政党、加强和改进新形势下党的建设的新举措”五个方面进行了专题辅导。局党组副书记、副局长孙学才就培训的目的、意义和任务作了动员，提出了具体要求。

【举办理论中心组学习贯彻党的十七届四中全会精神专题报告会】 12月15日，市体育局系统举办了中心组学习贯彻党的十七届四中全会精神专题报告会。局领导、各直属单位领导班子成员、局机关全体人员参加了会议。局党组副书记、副局长孙学才主持会议。中国社科院研究员辛向阳围绕解读十七届四中全会精神作了专题辅导报告。

【“最佳党日”活动取得丰硕成果】 按照年初市直机关工委下发的关于开展“最佳党日”评比活动的通知要求，全局系统各级党组织高度重视、认真组织、注重结合，把开展“最佳党日”活动纳入组织生活的重要内容，紧密结合本单位本部门实际，精心设计，严密组织，积极调动党员广泛参与，做到了有安排、有部署、有方案、有总结，切实起到了强化党员意识、提高组织生活质量、增强党建工作生机与活力的实效。经过市直机关工委的认真评选，市体育局上报的“最佳党日”活动中，先农坛体校党委的“喜迎全运”党日活动、社体中心党支部的“走进平谷”党日活动和国际体育交流中心党支部的“海淀区四季青乡镇调研”党日活动获得了“最佳党日”活动评比二等奖，木樨园体校党委的“用科学发展观武装头脑、指导实践、推动工作”党日活动、竞赛管理中心党支部的“加强爱国主义教育，促进党员作风建设”党日活动、体育职业学院党总支的“学习孔繁森，投身学院高职建设”党日活动和射击学校党总支的“保平安，促稳定”党日活动获得了“最佳党日”活动评比三等奖，局机关党委获得了“最佳党日”活动组织奖，均受到了表彰和奖励。

【深入开展“国庆平安行动”】从6月10日至10月10日，全局各单位、各处室以坚强的组织领导，有力的工作措施，积极开展战前整治和战时严控两个阶段的安全隐患整治、维护单位稳定、出租房屋和流动人员排查、确保重大体育赛事和群体活动绝对安全、督导检查、重点人员管控、重点部位防控、应急处置准备等各项行动，不断推动“平安国庆”的深入发展。先农坛体校被北京市评为国庆安保工作先进集体，什刹海体校副校长石风华、芦城体校保卫科长宋力安、射击学校保卫科长魏永刚、航校党总支书记王彦席被北京市评为国庆安保工作先进个人。

【开展“安全生产月”活动】从6月1日至6月30日，全局各单位、各处室以“弘扬安全文化、服务科学发展，喜迎新中国成立六十周年”为主题，以学习安全生产法律法规、强化安全生产意识、提高安全生产技能为重点，集中开展了安全生产宣传教育、安全生产应急演练、安全生产献计献策等三项活动，营造了人人讲安全、事事讲安全、处处讲安全、时时讲安全的工作氛围，进一步

夯实了安全生产基础。

【做好保密安全工作】从6月上旬至7月中旬，局机关围绕强化责任、严格管理，加强防范、确保安全的目标，分学习部署、自检自查、总结上报三个阶段开展了保密工作自查，共清查台式电脑88台，笔记本电脑12台，移动存储介质22个，并对局内部局域网、电子政务专网、电子政务内网、组工网的管理使用情况和涉密纸质文件进行了检查归档。

【制定维护稳定工作责任制(试行)】为强化维稳工作的政治责任，全力维护单位内部稳定，于9月制定印发了市体育局维护稳定工作责任制。责任制分为总则、责任、督查、考核、责任查究、表彰奖励、附则等七章二十六条，明确了党政领导、分管领导、领导班子其他成员、维稳专兼职干部和党员干部的维稳责任，构建群防群治、齐抓共管，共同参与、大家来做的工作格局。

【做好防范和处理邪教工作】全局各单位、各处室以落实维稳责任制为抓手，坚持关口前移、防范在先，着力加大反邪教警示教育力度，进一步拓宽反邪教工作渠道，抓严抓实“4．25”和“7．25”等敏感时期同邪教组织的斗争，特别是发挥体育特色，推广易筋经、五禽戏、六字诀、八段锦等四种健身气功，有效挤压邪教组织的生存空间。社体中心被评为十年来市直机关防范和处理邪教工作先进集体。

【深入一线开展督导检查】为深入开展“安全生产年”活动，局党组副书记、副局长孙学才先后三次带队，深入先农坛体校、木樨园体校、射击学校等各直属单位，实地查看训练场馆、运动员公寓、食堂、卫生间、配电室、财务室、锅炉房、枪弹库、飞机库和油库的安全管理、制度落实及消防安保情况，督促整改安全工作失管漏洞。

【完成大型体育赛事安保工作】圆满完成了2009年亚洲足球冠军联赛、中国足球超级联赛、北京国际长跑节、北京第七届全民健身体育节开幕式暨千台万人乒乓球展示活动、鸟巢万人太极拳表演、中俄青少年运动会、北京国际自盟场地自行车世界杯赛等大型体育赛事、活动的安全保卫工作。

【开展“两节”送温暖活动】 元旦、春节期间，市体育局工会组织开展了“慰问一线职工、帮扶困难职工、关爱劳动模范、情暖退休职工”走访慰问活动，把局党组以及工会组织的温暖送到困难职工家中。在慰问活动中，局党组副书记、副局长孙学才带队的工会慰问团走访慰问了先农坛体校、木樨园体校、芦城体校、什刹海体校、航校、游泳学校、竞赛中心、体服中心等单位的近20户困难职工和离退休职工，向他们致以节日的问候和良好的祝愿，为他们带去了节日慰问品。

【举行庆“三八”妇女节联谊会】 3月7日——8日，市体育局在平谷教工休养院举行庆“三八”妇女节联谊会，局机关和直属单位的女领导、女干部、女职工、女教练员、女运动员代表近70人参加联谊活动。与会人员还进行了游泳、登山、参观京东大溶洞等活动。

【举办工会主席培训班】 为贯彻落实中国工会十五大、北京市工会十二大精神和北京市委关于加强和改进工会工作的意见，推动全局各级工会工作，局工会于4月1日~3日，举办了局系统工会主席培训班。局党组副书记、副局长、工会主席孙学才出席开班仪式，局属各单位和局机关工会主席参加了培训。培训班上，北京市工会干部学院教授张宝刚作了“站在新的历史起点上——工会工作面临的新形势、新任务”、“机关、事业单位工会工作”专题报告，中国职工保险互助会北京办事处主任马淑芹介绍了意外伤害等五项职工互助保障计划。参加培训的工会主席普遍认为此次培训内容多，信息量大，针对性、可操作性强，对今后各单位工会工作的开展具有重要的指导意义。

【召开直属单位工会负责人会议】 7月2日，局工会召开直属单位工会负责人会议，传达市总工会十二届二次委员（扩大）会议精神，总结上半年工作，部署下半年重点工作。

【召开共青团总结表彰大会】 5月4日,市体育局共青团“五四”总结表彰大会召开。局党组副书记、副局长孙学才等有关同志出席活动，并为25个先进团组织，130名优秀团员和团干部颁奖。

在深入学习实践科学发展观活动总结大会上的讲话

孙康林

（2009 年 3 月 2 日）

同志们：

今天我们召开总结大会，对我局深入学习实践科学发展观活动进行总结。按照中央和市委的统一部署，我局从去年 10 月 17 日起开展了深入学习实践科学发展观活动，五个月来，各级党组织高度重视，按照党员干部受教育、科学发展上水平、人民群众得实惠的总要求，紧紧围绕建设“人文北京、科技北京、绿色北京”三大理念，突出科学发展北京体育事业主题，扎实推进学习实践活动，取得了突出成效。

我局的学习实践活动得到了市委学习实践活动第十一指导检查组的有力指导和及时督导，确保了学习实践活动的顺利推进，在此，我代表局党组、局学习实践活动领导小组对市委第十一指导检查组的全体同志表示衷心的感谢。

下面，就我局进一步贯彻落实科学发展观工作再讲几点意见：

一、坚持用科学发展观武装头脑，不断增强贯彻落实科学发展观的自觉性和坚定性。

开展学习实践活动，党员干部受教育是基础。通过学习实践活动，使科学发展观在广大党员、干部头脑中扎下根，真正成为推动经济社会发展的牢固理念，才是管长远、管根本的。在学习实践活动中，我局广大党员干部进一步加深了对科学发展观的科学内涵、精神实质、根本要求的理解，增强了贯彻落实科学发展观的自觉性，但一些党员干部对科学发展观的理解还不够深，一些领导干部的思想作风和和能力素质与科学发展观要求还不适应，因此我们要继续加强学习教育，使全局广大党员干部真正搞清楚、弄明白科学发展观的含义是什么，真正搞清楚、弄明白科学发展观要求的是什么，真正搞清楚、弄明白为什么要实现科学发展，真正搞清楚、弄明白科学发展能为我们带来什么，真正搞清楚、弄明白北京体育事业怎样才能科学发展。只有认识清晰了，思想明确了，心里亮堂了，我们才能切实增强贯彻落实科学发展观、走科学发展道路的自觉性和坚定性。全局党员干部要进一步开阔眼界、开阔思路、开扩胸襟，着力转变不适应不符合科学发展观的思想观念，在要不要科学发展、怎样实现北京体育科学发展等重大问题上形成共识。

二、坚持用科学发展观指导实践，推动北京体育事业又好又快地发展。

学习贯彻科学发展观重在实践、贵在落实。要坚持用科学发展观指导工作，努力把科学发展观的要求转化为谋划发展的正确思路，转化为促进发展的政策措施，转化为领导发展的实际能力，确保实现科学发展。推动北京体育事业科学发展，要提高运用科学发展观分析问题、指导实践的本领，准确认识国际国内的发展环境，准确认识北京体育发展的阶段性特征，准确认识北京体育发展面临的主要问题，准确认识北京体育又好又快发展的基本要求，在指导思想上形成共识，在实际工作中形成合力。要坚持用科学发展观统领各项工作，把科学发展观的要求切实体现在体育事业改革发展稳定的各个环节，坚持以长远眼光谋划发展，以全局意识统筹发展，以科学态度抓好发展。

按照科学发展观第一要义是发展的要求，要在新的更高的起点上进一步拓宽北京体育发展思路，树立发展信心，改进发展方式，提高发展质量，增强发展后劲。改革开放30年来，特别是北京奥运会、残奥会筹办和举办的七年来，北京体育事业得到了全面、快速、健康、持续发展。群众体育广泛深入蓬勃开展，全民健身体系日臻完善；竞技体育整体实力不断增强，连续创造历史最好成绩；体育产业不断发展壮大，体育市场管理日益规范；体育赛事持续不断，组织水平和国际影响日渐提高；体育领域其他各项工作也都不断取得新发展、新成效。可以说，北京体育事业已经迈上了一个新的发展平台，站在了新的历史高度和起点上。我们要清醒地认识到，要与首都经济社会的发展进步相适应，北京体育就必须处在一个不断发展的过程中。在全面建设“人文北京、科技北京、绿色北京”的进程中，相对于人民群众不断增长的体育需求，我们的体育供给还十分有限，体育基础还比较薄弱，体育文化还有待丰富；我们的发展理念还有待进一步更新，发展结构和模式还有待进一步创新，发展机制还应当更加科学，发展质量和效率还有待于进一步提高。我们要清醒地审视国际国内形势对北京体育的新机遇、新挑战，永不满足，永不止步，不断研究北京体育的新特点、新定位，实现北京体育的新发展，完成北京体育的新使命，作出北京体育的新贡献。

按照核心是以人为本的要求，要在体育工作中更加关注人民群众、体育运动参与者的需求和利益。不断提高全民的健康素质、满足人民群众不断增长的体育需求，始终是体育工作的基本出发点和归宿。体育是以人为本的事业，随着经济社会的发展进步，人们的体育需求更加旺盛。体育成为人们锻炼体魄、陶冶情操、磨练意志、砥砺作风、丰富情感的有效手段。体育不仅仅是一种身体运动，还是一种生活方式，一种教育手段，一种精神载体，一种财富基石。体育日益成为人们生活中不可分割的部分，成为健康生活的基本要素，社会文明的重要标杆。我们要按照胡锦涛总书记“体育是人民的事业，要坚持以人为本”的要求，着眼于满足人民群众的体育需求，为人民提供更好的体育公共服务，让人民分享体育发展成果，享受体育带来的健康和快乐，形成健康文明的生活方式。我们的一切工作，都要以人民群众的愿望、需求、意见为动力、为标准，维护并实现人民群众的体育权利，把体育办成亲民、健民、乐民、利民的事业。

按照全面协调可持续的要求，要立足全面，避免片面地发展，要立足协调，避免畸形和失衡，要立足可持续发展，避免只顾眼前，牺牲长远和未来。要正确认识和处理好体育发展中的重大关系和布局问题，着力解决好群众体育和竞技体育、体育事业和体育产业以及体育工作的各个方面协调发展、相互促进的问题，处理好奥运项目与非奥运项目的关系，处理好体育发展和改革的关系，处理好运动成绩和精神文明的关系，使北京体育发展更加均衡，布局更加合理，基础更加扎实，后劲更加充足。

按照根本方法是统筹兼顾的要求，要增强全局意识，树立战略思维，妥善处理当前利益与长远利益、局部利益与整体利益、个人利益与集体利益的关系，处理好城乡和区域体育发展等问题。我们要认真思考和处理体育发展和经济社会发展的关系，发挥体育对于经济社会发展的价值和作用，切实承担起体育发展的社会责任；要认真处理好继承与创新的关系，发扬中国体育、北京体育的优良传统，解放思想，更新观念，不断增强北京体育的自主创新能力；要认真处理好事业与产业、政府与市场的关系，一方面履行好政府的公共服务职能，为群众提供基本的公共体育服务，一方面发展好体育产业，满足群众的多元需求；要认真处理好运动成绩与精神文明的关系，即抓好训练管理，又注重思想作风建设；要认真处理好经济发展、社会转型、体育发展过程中的各种利益关系，发挥多种优势，协调各方利益，实现发展目标。只有坚持统筹兼顾的方法，才能实现北京体育又好又快地发展。

三、解放思想，更新观念，在新的起点上促进北京体育事业的新发展、新跨越

解放思想是人类文明的推动力，是社会变革的先导和重要前提，是各项事业不断发展跨越的基础条件，是学习实践科学发展观的必然要求。改革开放 30 年我市体育事业的发展进步是不断解放思想、开拓创新的结果。今天，在新的历史起点上，面对国内外形势的新变化、人民群众的新需求，我们必须不断地在解放思想的过程中开拓北京体育事业发展的新境界，适应新局面。

实现北京体育事业的新发展、新跨越，要认真研究新的历史条件下体育在人民生活和社会生活中的新特点、新定位，提高全民族健康素质，完善全民健身体系作为全面建设小康社会的基本目标之一，是我们在全面建设小康社会进程中认识体育定位的重要依据，要不断创造适应群众体育需求的新方法，丰富服务模式，更新服务内容，提高服务质量，切实提高全民健身的组织化、科学化、制度化水平；要面向国内国际竞技体育发展的新情况、新特点，认真探索竞技体育发展规律，认真研究我市竞技体育发展的问题和制约因素，冷静分析竞技体育成绩、结构、效率等方面的问题，正视自身的不足，不断提高水平，调整结构，提高效益，实现竞技体

育的更大价值，增强北京体育的综合竞争力。当前摆在我们面前最紧迫的任务是：全力以赴打好第十一届全运会这一仗。二月份有些项目的预赛已经开始，我们面临的形势和任务十分艰巨，逆水行舟，不进则退。我们要以更加严谨的工作作风，更加务实的工作方法，更加昂扬的精神风貌，争取运动成绩和精神文明双丰收，为首都增光，为北京添彩；要大力发展体育产业，解放思想，完善体育产业发展政策，实现体育事业与体育产业相互促进、共同发展；要高度重视、充分实现新时期体育的社会价值，体育部门要站在历史的高度和社会的全局，承担起重要的政治使命和社会责任，让体育成为促进小康社会建设与和谐社会构建的推动力，成为社会关系、人与自然关系的缓冲剂、减压阀；要解放思想，更新观念，不断加强对体育发展的理论研究和战略研究，不断深化对体育发展规律的认识，不断以改革创新的精神采取新的措施。

实现北京体育事业的新发展、新跨越，群众体育要以建设全民健身服务体系为目标，努力扩大社会体育发展成果，为构建和谐社会首善之区发挥新作用；竞技体育要以争创佳绩、位居前列为目标，努力提升整体实力和运动水平，为祖国和首都不断争得新荣誉；体育产业要以建立首都特色产业体系为目标，充分利用奥运成果，为首都经济又好又快发展做出新贡献；体育赛事要以建设国际赛事中心为目标，努力申办、培育国际级品牌赛事，为提升北京的国际地位和影响力增添新亮点；体育改革要以实现政事分开、管办分离为目标，积极推进、稳步实施，为体育事业科学发展提供新动力；体育管理服务工作要以促进体育事业健康发展为目标，努力做到统筹兼顾、全面协调，为体育事业科学发展提供新保障；体育基层党组织建设要以增强战斗力、凝聚力为目标，加强和改善党的领导，为体育事业科学发展注入新活力。

同志们！体育是不懈追求，永无止境的事业，在建设“人文北京、科技北京、绿色北京”、更加繁荣、更加文明、更加和谐、更加宜居的首善之区和国际化体育中心城市的历史进程中，体育将肩负重大历史使命。面对新机遇、新挑战、新任务，我们要以学习实践科学发展观活动为动力，统一思想，增强信心，发扬优良传统，不断开拓创新，实现新时期北京体育事业的新发展、新跨越！

关于深入学习实践科学发展观活动的总结

孙学才

（2009年3月2日）

同志们：

根据中央和市委的统一部署和安排，我局深入学习实践科学发展观活动紧紧围绕解放思想、推动科学发展，本着高标准启动、严要求推进、高质量落实的原则，科学筹划，周密安排，精心组织，基本实现了党员干部受教育、科学发展上水平、人民群众得实惠的目标要求。

一、基本情况

我局学习实践科学发展观活动，以各级领导班子、机关和直属单位党员领导干部为重点，广大党员和职工全部参加。从2008年10月份开始，整个学习实践活动分为学习调研、分析检查、整改落实3个阶段11个环节，历时5个月。

活动期间，全局共举办集中学习班、研讨班26个，举办专题辅导或报告会26场。康林同志结合动员作了《深入学习，大胆实践，以科学发展观为指导，加快国际化体育中心城市建设步伐》的专题辅导报告。邀请北京市委党校教授王树林和华南师范大学教授卢元镇分别作了《树立和落实科学发展观的几个问题》和《科学发展观指导下的中国体育改革与发展》的辅导报告。认真组织开展深入调研活动，各级领导班子成员均撰写了调研报告并作了专题调研成果交流。精心组织“深入解放思想，推动科学发展”大讨论、“我为北京体育事业科学发展建言献策”、“解放思想查找问题”座谈会、领导班子专题民主生活会等活动，形成了《领导班子学习实践科学发展观活动分析检查报告》和《学习实践科学发展观活动整改落实方案》等成果。

领导班子分析检查报告形成后，采取召开各种类型座谈会和书面测评等形式，认真组织进行评议。部分专家、学者、人大代表、政协委员，各区县体育局主要领导，各直属单位主要领导，部分党员和群众代表，局机关各处室负责人等参加了局领导班子分析检查报告评议会，满意率达100%。

针对查找出的主要问题、征询到的意见建议和需要完善的制度措施，按照“四明确一承诺”的要求，以领导班子分析检查报告为依据，认真制定了整改落实方案。活动中，紧紧抓住影响和制约首都体育工作科学发展的突出问题、群众反映强烈的突出问题和党性党风党纪方面存在的突出问题，选准突破口和切入点，采取切实有效的工作措施，认真加以解决。

活动中，为全局系统党员干部配发5本学习教材，编发学习实践活动工作简报17期，学习实践活动被北京电视台、北京人民广播电台、中国体育报、北京晚报、劳动午报、法制晚报、北京日报等多家媒体和报刊报道和刊登。

从总体上看，通过学习实践活动达到了深刻查找影响和制约北京体育事业科学发展的突出问题，集中力量研究和解决突出问题，更加广泛地形成在新的更高的起点上进一步拓宽发展思路，改进发展方式，提高发展质量，增强发展后劲，不断推动首都体育事业的创新发展，加快国际化体育中心城市建设步伐，为建设更加繁荣、更加文明、更加和谐、更加宜居的首善之区做贡献的共识。

活动中，全局系统的广大党员干部以饱满的政治热情和高度认真负责的精神，积极参加学习实践活动；局学习实践活动指导检查组每个阶段每个环节都深入到所联系的单位给予及时指导。

整个活动期间，得到了市委学习实践活动第十一指导检查组的有力指导和及时督导，确保了学习实践活动的顺利推进。

二、主要特点

（一）领导高度重视。各级领导都能从讲政治的高度来认识和对待这次学习实践活动。市委学习实践活动动员大会结束后，我局领导班子迅速召开会议，传达贯彻会议精神，并成立了学习实践活动领导小组和工作机构。对学习实践活动的重要环节和阶段转换都及时召开会议，专题研究，认真部署。各直属单位、机关各处室主要领导和负责人，都主管主抓学习实践活动，切实履行第一责任人的职责。各级领导班子成员积极主动地参与学习实践活动的每个环节，对上报的计划、方案及各项报告材料都反复修改完善，对组织的活动都精心安排，充分体现了贯彻落实科学发展观的自觉性和对整个活动高度负责的精神。

（二）主题鲜明突出。整个学习实践活动始终坚持以邓小平理论和“三个代表”重要思想为指导，全面贯彻落实党的十七大精神和十七届三中全会精神，依据“坚持科学发展观，建设人文北京、科技北京、绿色北京”这个主题，紧紧围绕“学习实践科学发展观，开创北京体育事业新局面”这条主线来展开，通过学习实践活动的深入开展，着力改变不适应不符合科学发展观的思想观念，着力解决影响和制约科学发展的突出问题，着力构建有利于科学发展的体制机制，着力提高推进改革创新、领导科学发展的能力，着力开创奥运会后北京体育事业发展的新局面。

（三）组织严密扎实。整个活动，我局严格按照活动实施方案的要求组织实施。活动每个阶段开展之前，都仔细研究活动实施方案的要求，吃透精神，明确工作重点、提出具体举措和要求，切实掌握每个阶段的工作进程，落实活动的每个环节。活动期间，我们坚持正确处理工学矛盾，做到在整个过程中不少一个环节，在各个重要环节上不漏一个人，在查摆问题中不错过一个征求意见的机会，真正做到了认真、细致、扎实，确保了学习实践活动取得实效。

（四）紧密联系实际。紧密结合全局系统的工作实际开展学习实践活动，查找存在的突出问题，制定整改落实方案。在开展解放思想大讨论和调研活动中，紧紧围绕“查摆当前北京体育工作中存在的突出矛盾和问题”，开展讨论和调研工作；在撰写领导班子分析检查报告时，紧密联系当前北京体育工作不适应、不符合科学发展观的实际问题来分析原因，研究对策，理清思路和提出解决问题的措施；在制定整改落实方案的过程中，紧扣查摆出来的突出问题和今后北京体育工作的努力方向来研究制定，确保了学习实践活动的成效。

三、主要做法和收获

（一）学习实践活动的各项安排注重突出“早”。一是研究部署早。2008年10月6日至9日，北京市召开了深入学习实践科学发展观活动动员大会暨区县局级主要领导干部专题研讨班，对全市学习实践活动进行统一部署。10月8日，我局就召集有关人员对学习实践活动的准备工作进行了研究部署。10月14日，局党组书记、局长孙康林同志主持召开了学习实践活动专题会议，研究讨论了体育局系统学习实践活动的实施方案和组织领导机构，迅速启动我局的学习实践活动。二是实施方案确定早。2008年10月15日，局党组会专题讨论通过了全局系统学习实践活动的实施方案和组织领导机构等问题。在及时请示市委学习实践活动指导检查组的意见后，形成了局学习实践活动实施方案。10月16日，召开了局学习实践活动领导小组和指导检查组工作会议，对如何抓好局学习实践活动实施方案在全局系统的有效落实进行了部署，为活动开展奠定了基础。三是动员大会召开早。10月17日，局召开学习实践活动动员部署会后，各单位迅速召开动员大会，让各级领导干部和党员及早明确学习实践活动的重大意义，清楚活动的方法步骤和时间安排，让广大干部职工及时了解活动的总体情况。各直属单位、机关各处室迅速成立活动的工作班子或明确专门负责人，制定了便于操作的活动实施方案，学习实践活动全面展开。四是一些重要活动安排早。在制定活动方案的同时，我局就着手启动解放思想大讨论、深入调研和建言献策等活动，把解放思想作为活动的先导，把实践调研作为活动的重点，把建言献策贯穿活动的始终。各环节工作扎实启动，有序推进，确保了活动的顺利进行。

（二）学习实践活动的具体举措注重突出“实”。一是认真组织学习抓得实。采取举办专题报告、辅导讲座、集中讨论、学习交流等多种形式来增强和提高学习效果，做到了学习时间、内容、人员、效果“四落实”。广大党员特别是处以上干部认真通读了《毛泽东邓小平江泽民论科学发展》、《科学发展观重要论述摘编》、党的十七大报告等书目，不少同志主动摘写读书笔记和心得体会，人均集中学习时间普遍超过40学时，从而进一步加深了对科学发展观的理解和把握。二是广泛征求意见建议做得实。向国家体育总局、市人大、市政协、市属相关委办局、各区县体育局等38个单位发出了《关于征求意见和建议的函》，在局系统内召开了领导干部、运动员、教练员、普通党员和职工群众等各种不同类型座谈会4个，还通过问卷调查和网络调查等形式收集了意见和建议，梳理和归纳了六个方面37条意见和建议。各直属单位深入开展建言献策活动，全局系统共召开座谈会94个，征集意见建议200多条，形成了倾听各方意见、共谋发展大计的良好氛围。三是深入查找问题和分析原因开展实。康林同志亲自主持召开了“学习实践科学发展观，巩固奥运成果，推动体育产业发展”调研座谈会，市政协委员等9名专家学者畅谈了意见和建议。局领导班子成员结合自己分管的工作，深入各区县体育局、各直属单位进行调查研究，深入查找问题，找准了全民健身、竞技体育、体育产业、城乡体育、人才队伍、体育法制建设等工作当前存在的矛盾和问题，提出了切实可行的思路对策。各级领导班子在召开专题民主生活会时，认真查找班子和个人在工作中不符合科学发展观要求的问题，深入剖析原因，认真开展批评与自我批评，提出今后的发展目标、发展思路和工作措施，受到广大党员和干部职工的一致好评。四是整改措施制定实。各级领导班子坚持从实际出发，从能够做的事情抓起，确定了整改落实目标、整改落实的重点项目、整改落实的措施和时限，并把整改工作列入工作日程，严格落实主要领导为第一责任人，分管领导为直接责任人的规定要求。把需要整改的问题列出清单，逐问题“挂号”整改，逐条目落实“销号”。各直属单位、机关各处室围绕整改落实工作普遍建立了信息反馈制度、公示监督制度、检查督导制度，为推动整改工作全面落实奠定了坚实的组织基础和制度基础。

（三）学习实践活动的进程注重突出“结合”。一是坚持解放思想和解决突出问题相结合。活动中，注意引导广大党员和干部职工联系当前体育工作实际、联系个人思想实际，围绕解决突出问题和解决问题的办法开展解放思想大讨论，将先进的思想理论转化为强大的工作力量，指导实践、推动工作，切实解决基层和群众反映的热点难点问题，增强活动的针对性和实效性。学习实践活动中，全局系统按照“边学边改、能改快改”的原则，解决实际问题47个，办惠民实事35件。二是坚持推动发展和创新体制机制相结合。活动期间，围绕“深化竞技体育制度改革，加快北京体育职业学院建设，整合竞技体育资源”、“提高运动员生活补贴标准和退役安置”、“奥运场馆和公共体育设施向社会开放”、“公共体育设施向老年人开放”、“加强中心组理论学习”、“建立健全惩治和预防腐败体系”、“加强经济责任审计工作”等方面，有针对性地研究制定了多项政策措施，初步形成了推动科学发展的创新体制和长效机制。三是坚持开展学习实践活动和抓好当前工作相结合。学习实践活动开展期间，正值各项工作年底收尾和新年度工作筹划展开交织之际，为做到学习工作两不误，我们始终坚持围绕中心工作抓好学习实践活动，用学习实践活动成效推动和促进工作，正确处理学习实践活动与做好各项工作的关系，妥善安排时间，合理分配精力，统筹调整人员，确保了中心工作和学习实践活动两手抓、两不误、两促进。四是坚持立足当前与着眼长远相结合。活动中，既注意解决当前影响和制约科学发展的一些突出问题，办一些群众普遍期待的实事，又注重谋划体育工作的长远发展，探索体育事业科学发展的新思路，积极推进国际化体育中心城市建设。

通过学习实践活动，全局系统广大党员和干部职工思想更加统一，行动更加自觉，服务和保障科学发展的体制机制进一步完善。主要收获有以下几点：一是解放思想有新进展。始终将解放思想作为学习实践活动的先导工作和贯穿始终的一项重要任务来抓。解放思想大讨论紧扣“北京奥运会后，体育事业为谁发展、怎样发展、实现什么样的发展”这一根本问题，围绕全民健身服务体系如何进一步完善、竞技体育如何实现持续发展、体育产业如何做大做强、城乡体育如何统筹推进、体育人才优势如何进一步培育等题目，深入思考北京体育事业发展的经验和存在问题，广泛探讨北京体育事业发展的目标、思路和方法，在推动首都体育事业科学发展的认识上有了新的提高。二是提升能力有新进步。活动中，始终按照“眼界宽、思路宽、胸襟宽”的要求，教育和引导党员干部特别是处以上领导干部牢固树立科学发展观和正确政绩观，为体育事业全面发展提供有力支持。在“我为北京体育科学发展建言献策”活动中，其中有许多具有建设性和可操作性的真知灼见。通过学习调研、分析检查、整改落实的双向互动，全局系统干部队伍科学决策、统筹发展的能力，化解矛盾、破解难题的能力，善于学习、开拓创新的能力，依法行政、促进和谐的能力普遍得到了提高。三是解决问题有新成果。解决突出问题是学习实践活动突出实践特色的集中体现，是真正取得实效的重要环节，也是赢得群众满意的必然要求。在学习实践活动期间，着眼全局、着眼长远、着眼根本，本着“边学边改、能改快改”的原则，努力解决影响和制约北京体育事业科学发展的突出问题，解决党员干部党性党风党纪方面群众反映强烈的突出问题，明确本单位本部门促进科学发展的工作思路，建立健全有利于推动北京体育事业科学发展的长效机制，加强各级领导班子思想政治建设，推动广大党员特别是党员领导干部讲党性、重品行、作表率。全局系统的学习实践活动以解决问题的实际成效赢得了群众的满意和信任。

这次学习实践活动取得了比较明显的成效，但也应该看到，活动只是在有限的时间内实现了有限的目标，还存在一些薄弱环节。从活动开展的情况看，不少具体工作在时间安排上有些紧张，质量还有所欠缺；从活动参加人员的情况看，对处以上领导干部抓得比较紧，但落实到全体党员，工作还不够平衡；从解放思想的情况看，由于活动时间有限，解放思想大讨论的深入开展受到一定限制，有些同志思想观念的转变还需要进一步引导；从解决问题的情况看，确实还有不少群众盼望的难点问题没有解决或没有完全解决好，还有一些深层次问题，解决的条件还不太成熟；从体制机制创新来看，活动中提出了不少具体举措，但由于体育事业长期举国体制和实行计划经济模式管理的特点，新的体制机制的建立完善和发挥作用还需要长期的努力。这些问题都需要今后不断研究并采取措施加以解决。

四、经验体会

（一）强化组织领导，搞好分类指导，是抓好学习实践活动的重要保证。我们感到，搞好这次学习实践活动关键在领导。在活动开展中，全局系统各级领导干部始终以良好的精神状态和饱满的政治热情，带头学、带头查、带头改，以自身的模范带头作用，推动学习实践活动深入开展。这次学习实践活动是局党组、局机关和各直属单位同步进行，各级党委、总支、支部书记和各单位主要领导既是活动的直接参与者，也是活动的具体组织者。局里成立了学习实践活动领导小组及办公室，负责指导全局系统的学习实践活动，成立了四个检查指导组，负责指导和督促各直属单位学习实践活动的开展。正是因为始终注重加强领导，落实责任、坚持原则，搞好指导，才使学习实践活动开展得有声有色、保质保量。

（二）坚持正面引导，强化自我教育，是抓好学习实践活动的内在动力。在学习实践活动中，我们始终注重正面引导，大力提倡自觉学习、自觉实践、自觉反思、自觉提高。着重围绕深入贯彻落实科学发展观，进一步推动北京体育事业科学发展这个大课题，继续解放思想，推进改革创新。重点从深化对北京体育事业发展面临形势的认识等五个方面进一步解放思想，坚决消除阻碍科学发展、加快发展的思想意识、思维定式和体制机制，真正使学习实践活动的过程成为各级领导班子和党员干部解放思想、转变理念、凝聚共识、提升素质的过程，真正使科学发展观的要求转化为推动科学发展的坚强意志、谋划科学发展的正确思路、领导科学发展的实际能力、促进科学发展的政策措施、增强党性修养和提高思想觉悟的自觉行动。

（三）突出实践特色，推动科学发展，是抓好学习实践活动的必然要求。学习实践活动中，我们注重突出实践特色，坚持把学习实践科学发展观活动与落实党的十七大提出的各项任务结合起来，与贯彻十七届三中全会精神结合起来，与执行党中央对国际国内经济形势正确判断而作出的重大决策部署结合起来，与推进北京体育创新发展结合起来，与促进各项工作任务圆满完成结合起来，与解决党性党风党纪方面的突出问题结合起来，在具体深入的工作学习实践中推动了科学发展观的全面有效落实。

（四）发动群众参与，接受群众监督，是抓好学习实践活动的必要条件。科学发展观是造福人民群众的理论，开展学习实践活动，就是要让群众参与，请群众评判，让群众满意。在学习实践活动中，我们始终坚持走群众路线，积极探索领导与群众互动的有效途径，每个阶段都请群众参与、让群众评价、受群众监督，努力做到听取民意找问题，顺应民意抓改进，依据民意看效果。各单位各部门所有活动都确保党员全体参与、全程参加，主要活动都吸收党外群众代表参加，使基层党员群众能更好地参与和监督，从而更好地推进学习实践活动的健康开展。

五、巩固扩大学习实践活动成果的努力方向和主要措施

一要进一步深化理论学习。虽然学习实践活动结束了，但理论学习是一项长期的任务，是没有止境的，特别是科学发展观的内涵博大精深，要全面深刻地掌握并很好地指导北京体育事业的发展，就必须不断地加强学习。各级党组织要紧密联系当前国际国内经济形势发展变化，紧密联系北京体育工作实际，进一步组织广大党员干部深入学习中国特色社会主义理论体系，深刻领会科学发展观的科学内涵、精神实质和根本要求，进一步增强贯彻落实科学发展观的自觉性和坚定性，切实把科学发展观转化为思想方法和工作方法，转化为指导发展的思路和举措，转化为推动发展的实际行动，转化为检验工作成效的实践标准和价值尺度，真正体现到北京体育事业科学发展的方方面面。

二要进一步抓好整改方案的落实。在学习实践活动中，各级领导班子和广大党员干部围绕推进北京体育事业科学发展这个课题，深入查找出影响和制约北京体育事业发展的突出矛盾和问题，并认真制定了整改落实方案。有些问题已经在学习实践活动中得到了解决，有些问题还需要在今后的工作实践中认真加以解决。学习实践科学发展观活动结束了，并不代表影响和制约北京体育事业科学发展的突出矛盾和问题就消除了，也不代表解决问题的工作就结束了，相反更应该加大研究解决的力度，进一步破解制约北京体育事业科学发展的难题。各级领导班子要把抓好整改方案的落实纳入重要议事日程，主要领导全面抓，主管领导直接抓，要坚持尽力而为、量力而行的原则，既要积极主动、奋发有为，又要立足实际、务求实效，避免搞形式主义、短期行为和“政绩工程”。

三要进一步完善体制机制。体制机制建设关系到学习实践活动成果的巩固和发展，关系到科学发展观的深入贯彻落实。对在学习实践活动中已经形成的制度，要确保贯彻落实。同时要按照科学发展观的要求，对政策和制度进一步进行清理完善，抓紧制定推进符合实际的新政策和新体制，加快形成一整套支撑北京体育事业科学发展的制度体系。要把完善体制机制与走群众路线结合起来，与解决突出问题结合起来，多方听取意见，根

据整改进展情况对制度建设进行反复研究论证，尽可能兼顾各方面的利益诉求，切实增强制度建设的科学性、针对性和创造性。

四要进一步推进科学发展的实践创新。深入创新实践与加强理论武装是高度统一、完全一致的。推动北京体育事业的科学发展、创新实践，是我们这次学习实践科学发展观活动的落脚点。各级领导班子成员和全局广大党员干部要始终保持振奋的精神和良好的作风，始终坚持党的宗旨，积极应对国际国内严峻经济形势的挑战、扎实推进北京体育事业科学发展、努力促进“人文北京、科技北京、绿色北京”建设和社会的和谐稳定。要始终做到立党为公、执政为民，在思想感情上尊重群众、热爱群众、贴近群众，站在群众的立场上想问题、作决策、办事情。要不断提高党性修养和党性锻炼的自觉性和主动性，坚持不懈地通过加强党性修养来树立和弘扬良好作风。要努力解决影响和制约北京体育事业科学发展的突出矛盾以及党员干部党风党纪方面群众反映的突出问题，把全面贯彻落实科学发展观变成全局上下的自觉实践，形成共谋科学发展、共创北京体育新伟业的浓厚氛围。

在“作风建设年”活动动员大会上的讲话

孙康林

（2009年3月31日）

同志们：

今天，我们召开直属单位领导班子成员和局机关全体同志大会，对全局系统开展领导干部“作风建设年”活动进行动员部署。中央和市委对加强领导干部作风建设非常重视，胡锦涛总书记在十七届中央纪委三次全会上，专门就领导干部作风建设提出了明确要求。市委专门下发文件，决定在全市开展弘扬北京奥运精神、加强领导干部作风建设年活动，并于2009年2月21日召开会议进行专题动员和部署。局党组对开展“作风建设年”

活动十分重视，制订下发了《市体育局关于开展领导干部“作风建设年”活动的实施意见》。刚才，学才同志传达了市委领导的讲话精神，对全局系统领导干部“作风建设年”活动进行了部署。全局各单位各部门要认真学习领会，抓好贯彻落实。下面，就我局系统开展领导干部“作风建设年”活动，讲三点意见。

一、统一思想，提高认识，增强开展“作风建设年”活动的自觉性。

深入开展“作风建设年”活动，切实加强干部队伍的作风建设，对于全面落实科学发展观、构建社会主义和谐社会，对于加强党的执政能力建设和先进性建设具有十分重要的意义。对于我们体育系统来说，通过“作风建设年”活动，切实推动作风建设，特别是领导干部的作风建设，从而推动北京体育事业又好又快发展，不断开创工作新局面，也具有重大的现实意义。

（一）开展“作风建设年”活动，是贯彻落实胡锦涛总书记重要讲话精神的具体体现。我们平时所讲的作风，既指党的作风，也包括党员干部的作风。前者指整体，后者指个体。领导干部的作风，实际上就是在工作、学习和生活实践中表现出来的相对稳定的思想方法、行为风格、道德状况和精神状态。这是在长期实践过程中形成的渐进的结果。作风是无形的，但又可以真切地感受到；作风是表相的，但影响力又是无穷的。俗话讲，“春风化雨，润物无声”就是这个道理。领导干部作风的好坏，直接反映党风的现状。良好的作风是抵御消极腐败现象和保持清正廉洁的重要保障。所以，我们党历来都十分重视加强和改进党的作风建设，历来都十分重视加强领导干部的作风建设。胡锦涛总书记在十七届中央纪委三次全会上的讲话中一个重要内容就是全面、深刻阐述了加强领导干部作风建设的极端重要性和紧迫性，对领导干部提出要“勤奋好学、学以致用，心系群众、服务人民，真抓实干、务求实效，艰苦奋斗、勤俭节约，顾全大局、令行禁止，发扬民主、团结共事，秉公用权、廉洁从政，生活正派、情趣健康”八个方面的具体要求。市委决定开展“作风建设年”活动，正是落实胡锦涛总书记重要讲话精神的实际举措。我们一定要充分认识开展这一活动的重大意义，通过“作风建设年”活动，继承和发扬党的优良传统和作风，与时俱进地培育新的良好风气，切实解决在思想作风、学风、工作作风、领导作风、生活作风方面存在的突出问题，努力取得抓党风、促政风、带民风的积极成效。

（二）开展“作风建设年”活动，是全面贯彻落实科学发展观和适应当前形势需要的必然要求。科学发展观是马克思主义世界观、方法论的集中体现，是推动我国经济与社会发展、加快现代化建设必须长期坚持的重要指导思想，必须靠科学求实的态度和真抓实干的作风来贯彻落实。良好的作风能够产生无穷的创造力，形成巨大的凝聚力，造就顽强的战斗力。没有良好的作风，再好的目标也实现不了，再实的措施也落实不下去。今年是改革开放以来经济社会发展面临困难最大、挑战最严峻的一年。面对建设“人文北京、科技北京、绿色北京”的形势，面对国际金融危机带来的新挑战，面对迎接新中国成立 60 周年的新任务，面对“保增长、保民生、保稳定”的任务要求，首都的工作比以往任何时候都更加艰巨、更加繁重。在这样的特殊时期完成保持首都经济平稳较快增长的任务，尤其需要各级领导干部以高效能的服务和良好的作风，优化发展环境，抓好工作的落实。只有切实转变作风，才能更加坚定、更加自觉地贯彻落实科学发展观，激发科学发展、改革创新的强大动力；才能适应当前形势需要，自觉纠正背离科学发展的观念和做法，有效解决制约科学发展的矛盾和问题，推动首都经济社会又好又快发展。

（三）开展“作风建设年”活动，是推动北京体育事业科学发展的客观要求。随着北京奥运会、残奥会的成功举办，北京体育事业发展进入了一个新的历史阶段。如何加快国际化体育中心城市建设步伐，推动北京体育事业加快发展、科学发展，是摆在我们面前的现实课题。这就要求必须加强全市体育工作者尤其是我们市体育局系统领导干部和机关同志的作风建设，以此作为事业发展的重要保证。科学发展观要求创新发展，而体育正是需要创新来造福百姓、健康人生、追求卓越、超越极限，反对因循守旧、不思进取；科学发展观讲求按规律办事，而以规则至上为重的体育就要在竞赛和活动组织中更好地遵循体育规律，反对违背规律、盲目蛮干；科学发展观强调可持续发展，而北京体育事业的发展就是要着眼于可持续发展的要求，反对只顾眼前、不顾长远、急功近利；科学发展观注重协调发展，而体育的整体利益就要求群众体育、竞技体育和体育产业协调发展，反对各自为阵、顾此失彼；科学发展观重在发展实效，而体育发展目标的实现正是要靠持之以恒的真抓实干才能不断取得成效。今年我们北京体育工作的任务依然很繁重，严峻形势和艰巨任务对我们的工作作风、工作效率、工作质量提出了更高的标准和要求。我们一定要围绕北京体育工作的中心任务，认真开展好“作风建设年”活动。要始终保持奋发有为的精神状态和认真负责的工作态度，不断改进工作作风，恪尽职守，加强协作，扎扎实实地做好各项工作，努力开创北京体育事业的新局面。

（四）开展“作风建设年”活动，是提升干部素质、提高管理水平的现实需要。新时期的体育工作面临着经济迅速发展和社会深刻变革的宏观背景，面对广大群众日益增长的体育需求与社会所能提供的体育资源不足的矛盾成为体育发展过程中主要矛盾的客观现实。从事体育管理工作需要的政策、科技、文化、法律等知识含量越来越高，尤其是竞技体育综合实力就是科技、管理、知识、人才的较量，这对我们的思维方式、文化素养、知识结构、专业能力都提出了更高的要求和严峻的挑战。各级领导干部和机关同志要进一步提高贯彻落实科学发展观的知识水平和工作能力，全面理解、切实贯彻执行中央和市委关于经济社会和体育事业发展的指导方针和一系列战略决策，“作风建设年”活动就是一个极好的契机。各级领导干部和机关同志要通过这一活动，进一步学习科技知识和体育业务，提高自主创新的组织领导能力；学习社会管理知识，提高管理体育事务的综合协调能力；学习法律知识，提高依法行政、依法治体的专业能力；学习现代经济知识，提高驾驭市场经济和发展体育产业的业务能力，不断增加知识储备，不断完善知识结构，提高业务素质，努力成为体育工作的行家里手。

二、突出重点，把握关键，扎实推进“作风建设年”活动开展。

开展“作风建设年”活动，要注重突出重点用功，抓住关键环节用力。结合市体育局作风建设的现状，开展“作风建设年”活动，要着重抓住以下三个环节：

第一个环节是作风建设从哪里开始？要从端正工作态度开始。如果一个人、一个单位、一个部门对工作没有认真负责的态度，就不可能有良好的工作作风。从总体来讲，全局系统的工作作风是好的，绝大部分党员干部能够认真履行岗位职责，有较强的事业心和责任心，能够克己奉公，默默奉献，有一种局荣我荣、局兴我兴的集体主义荣誉感。特别是以为国争光的爱国精神、艰苦奋斗的奉献精神、精益求精的敬业精神、勇攀高峰的创新精神、团结协作的团队精神为主要内容的北京奥运精神，也集中体现和生动反映了全局系统党员干部的良好作风。正因为有全局系统绝大部分党员干部认真负责的工作态度和良好的敬业精神，才使北京体育事业的发展改革工作逐年推进，较好地完成了党和人民交给的各项任务，在上级领导和部门及社会各界的评议中获得好评。但是，我们也要清醒地看到，目前仍有少数党员干部在对待工作的态度上还存在一些与群众的期望、与党员先进性要求、与推进北京体育事业发展的要求不相适应的地方。一是学习意识还有待进一步增强。有的学习兴趣不浓，学习的积极性、自觉性、系统性、针对性、刻苦性还有待增强，政治理论和业务水平有待进一步提高；有的不注重研究体育理论和业务，对与本职工作相关的政策、条规、要求等了解不多。二是工作作风还有待进一步改进。有的忙于具体事务多，深入实际、调查研究、指导基层工作少；有的习惯以会议落实会议，以文件落实文件；有的下基层检查指导，不深入、不具体、不扎实。三是服务质量还有待进一步提升。有的重对上负责，轻对下负责，只图领导满意，不管群众心意，只要领导喜欢，不怕群众埋怨；有的办事拖拉、推诿扯皮。四是职责观念还有待进一步强化。有的重形式、轻内容，重空谈、轻实干，重声势、轻实效，习惯于摆花架子、做虚功、做表面文章；有的重眼前、轻长远，不重视、不愿意做打基础、见长效的工作。这些问题的存在，都说明我们有些同志对工作的态度不够端正。我希望每一名同志从现在开始对工作态度进行一次认真的反思，找出问题和差距，借“作风建设年”活动开展的东风，切实从端正工作态度开始，树立起良好的工作新风尚。

第二个环节是作风建设从哪里做起？作风建设就是要从“我”做起。要确保“作风建设年”活动取得实效，我们全局党员干部特别是各级领导干部首先要树立起“自我为主，从我做起，争先创优”的意识与观念。党员干部特别是各级领导班子成员，要充分发挥领导干部的示范表率作用，在“作风建设年”活动中要争做“五个楷模”：一要切实改进思想作风，争做开拓创新、锐意进取的楷模；二要切实改进学风，争做勤奋学习、学以致用的楷模；三要切实改进工作作风，争做真抓实干、一心为民的楷模；四要切实改进领导作风，争做团结共事、发扬民主的楷模；五要切实改进生活作风，争做情趣高尚、清正廉洁的楷模。在新的起点上，加快国际化体育中心城市建设步伐，推动北京体育事业又好又快发展，我们要研究和破解的课题很多很多。可以说，责任重大，任务艰巨而光荣，这就需要我们全局党员干部开拓进取、真抓实干，察实情、出实招、办实事、求实效，一步一个脚印抓好各项工作，特别对看准了的事、决策确定的事、长远起作用的事，要加强研究谋划，善出金点子，敢于负责，敢于挑担，千方百计推动工作落到实处。要进一步关注民生，关注群众反映的热点难点问题，加强工作调研，要经常深入基层、深入群众，共同分析研讨问题，帮助提出解决问题的方法和措施，要沉得下去，要学会解剖“麻雀”，注重倾听基层和群众的呼声和意见建议，做到问计于基层，问计于群众，使我们出台的各项政策措施更能符合群众的意愿和利益，使北京体育事业发展改革更充分体现求真务实精神。

第三个环节是作风建设从哪里着手？要从抓各项规章制度和工作职责的落实着手。一个单位、一个部门的工作作风是否扎实，工作局面是否打开，工作效率和服务质量是否良好，首先要看这个单位、这个部门的各项规章制度和工作职责是否健全落实。肯定地讲，我们全局系统的内部管理机制比较健全，各项规章制度和岗位职责建立比较完善，基本形成了有章可循、有据可依，以制度规范行为，以制度管人管事的管理机制，并且按照分级管理，一级抓一级狠抓制度和职责落实方面做的比较好。全局绝大多数党员干部都能遵章守纪，依规行事，表现出良好的职业素养。但是从高标准、严要求来看，我们在落实和履行各项制度和岗位职责的自觉性与严肃性方面还有待加强。因此，要使我局“作风建设年”活动取得实质性成效，必须严格落实岗位职责，严肃各项规章制度。这就要求我们要认真学习工作职能、掌握各项规章制度。只有明确了工作职能和岗位职责，明确了各项制度和规定，才能有针对性地开展对照检查，找出问题所在，制定整改措施，明确努力方向。

三、精心组织，狠抓落实，确保“作风建设年”活动取得实效。

“作风建设年”活动能否取得实效，关键在领导，重点在落实。我们要切实加强领导，精心组织实施，狠抓措施落实，力求取得实效，努力把全局系统的作风建设提高到一个新水平。

（一）加强领导，落实责任。作风建设是动真碰硬的工作，必须加强组织领导，落实责任。局领导班子成员在活动中要以身作则，严于律己，率先垂范。各单位各部门要把转变作风、加强作风建设贯穿于全年工作的始终，列入议事日程，摆到突出位置，抓好组织实施。各直属单位党政一把手、机关各处室负责同志是本单位本部门的第一责任人，要亲自抓，负总责，既要带头学习讨论、查找问题、整改提高，又要切实负起责任，认真抓好具体落实工作。各单位要根据今天会议的要求，制定具体实施方案，对开展“作风建设年”活动作出全面部署，要相应成立领导小组，形成党组织统一领导、党政齐抓共管、领导小组指导协调、各部门各司其责、基层干部全员参与、广大群众支持参与的领导体制和工作机制，保证活动的高标准、高质量，强力推进“作风建设年”活动。

（二）认真组织，不走过场。坚持以好的作风开展活动，坚决反对搞形式主义走过场，搞花架子。要把基础打在提高素质上，重点放在观念更新上，关键放在项目推进上，力度用在创新破难上，成效体现在发展成果上。各单位各部门要根据制订的方案，认真组织实施，对每个阶段、每个环节都要做实做细做足工作，不能走过场。要坚持做到“四个”结合：一是坚持作风建设与推进业务工作相结合，切实解决社会和群众关注的热点难点问题。二是坚持作风建设与提高队伍素质相结合，切实增强全局系统党员干部整体素质和服务意识。三是坚持作风建设与完善制度相结合，优化政务环境。四是坚持作风建设与加强廉政建设相结合，树立高效廉洁的形象。落实好“三不”承诺，即“不让工作差错在我这里发生，不让不良风气在我这里出现，不让群众办事在我这里耽误，不让全局工作因我落后，不让整体形象因我受损。”

（三）统筹兼顾，合理安排。今年全市体育工作的任务很重，“作风建设年”活动的要求很高。我们要妥善处理好开展“作风建设年”活动与做好各项工作的关系，既不脱离业务工作孤立地搞“作风建设年”活动，也不能因为工作忙而使活动流于形式、“走过场”。要科学合理安排时间和精力，坚持“好”字当头，不能片面抢时间、赶进度，影响实效。要切实把开展“作风建设年”活动的成效体现到促进全局系统各项工作上来。当前,第十一届全运会的号角已经吹响、序幕已经拉开、战斗已经开始,我们全局党员干部特别是各级领导干部要积极为北京如何取得更多好成绩想实招、做实事。我们要通过具体工作的不断推进和实际成效,来衡量和检验作风建设的成效,使两者相互促进、相得益彰,真正做到两不误、两促进。

（四）联系实际，促进工作。作风建设是一个实践的过程，是符合北京体育实际的内在要求。要紧紧围绕落实科学发展观，全面加强思想作风、学风、领导作风、工作作风和生活作风建设，着力以转变工作作风，深入调查研究为切入点，对照目标抓落实，突出重点抓落实，突破难点抓落实。要坚持边学边改、边整边改，尤其对那些群众反映强烈的热点、难点问题，易改易行的要立改立行。通过具体的、富有针对性的可操作的措施，使全局的精神风貌、业务水平、工作能力有新的转变和提高，使广大群众切实感受到这次“作风建设年”活动的实效。

（五）常抓不懈，注重长效。作风是行动、形象和导向，直观地体现我们全局系统每名党员干部在实践中的素质、精神和品质。作风建设最终体现的是人员素质不断提高、规章制度不断完善、日常管理不断规范、行政成本不断降低、服务基层效果显著。作风建设不可能一劳永逸，也不可能一蹴而就，需要结合工作、结合实际，持之以恒、持续用力。现在总体方案已经确定，接下来就是要抓好分步推进。各单位各部门要充分借鉴学习实践科学发展观活动的好经验好做法，及时进行总结和研究，通过“作风建设年”的学习、实践，牢固树立“六关”，即牢固树立与时俱进的事业观、悉心为民的群众观、公道正派的处事观、秉公处事的权利观、积极健康的生活观、言行一致的廉洁观。

同志们，加强作风建设是一个永恒的主题，一项常抓常新的工作，责任重大、任务艰巨。我们一定要深入贯彻胡锦涛总书记的重要讲话精神和全市作风建设年活动部署，全面加强党员干部特别是领导干部作风建设，弘扬新风正气，抵制歪风邪气，抓党风促政风带行风，努力为推动北京体育事业科学发展、为加快“人文北京、科技北京、绿色北京”建设作出新的更大贡献！

关于“作风建设年”活动的具体部署

孙学才

(2009 年 3 月 31 日)

同志们：

为贯彻落实胡锦涛总书记在十七届中央纪委三次全会上的重要讲话精神，全面加强新形势下领导干部的作风建设，根据《中共北京市委关于深入学习实践科学发展观，开展弘扬北京奥运精神、加强领导干部作风建设年活动的通知》的总体要求，我局决定在全局系统各级领导干部中深入开展“作风建设年”活动。下面，我就开展“作风建设年”活动作一部署。

一、开展“作风建设年”活动的指导思想和基本原则。

这次开展“作风建设年”活动，总的指导思想是：坚持以邓小平理论和“三个代表”重要思想为指导，全面落实科学发展观，认真贯彻落实党的十七大、十七届三中全会、十七届中央纪委三次全会和市委十届五次全会精神，紧紧围绕建设“人文北京、科技北京、绿色北京”，以深入学习实践科学发展观为根本要求，以弘扬北京奥运精神为主题，以加强党性修养为重点，全面加强领导干部思想作风、学风、工作作风、领导作风、生活作风建设，弘扬新风正气，坚持理想信念，坚定发展信心，以更加昂扬的精神状态投入到推动北京体育事业科学发展中去，为建设更加繁荣、更加文明、更加和谐、更加宜居的首善之区提供坚强的思想、政治和组织保障。

在活动中要认真贯彻以下基本原则：一是要坚持把学习教育贯穿始终。以强化党员干部特别是领导干部党性修养为重点，结合深入学习实践科学发展观活动，认真学习贯彻胡锦涛总书记在第十七届中央纪委三次全会上的重要讲话精神，切实加强中国特色社会主义理论体系教育和党性党风党纪教育，用先进理论武装头脑，为加强干部作风建设奠定坚实的思想基础。二是要坚持把边查边改贯穿始终。要把查找和解决问题作为确保活动取得实效的关键，通过多种形式查实找准影响北京体育事业发展存在的问题，既要制定方案、集中整改，又要边学边改、边查边改，使群众切实感受到活动的效果。三是要坚持把问计于民贯穿始终。在活动的各个阶段都要注意深入基层、深入群众，紧紧依靠群众，集思广益，汇集民智，切实做到查找问题听取群众意见，改进措施征求群众意见，确保把“作风建设年”活动搞成群众满意工程。四是要坚持把建章立制贯穿始终。根据活动过程中发现的问题，认真分析原因，查找漏洞，及时完善日常工作制度、干部行为准则，建立健全干部作风建设的长效机制。

二、开展“作风建设年”活动的目标任务。

（一）全面推进党员干部思想作风、学风、工作作风、领导作风和生活作风建设。结合实际，重点解决五个方面的问题：一是政治意识、大局意识不够的问题。少数党员干部政治敏感性不强，考虑单位和部门利益、个人利益多一些，考虑全局利益、整体利益少一些；少数党员干部立党为公、执政为民的理念不强。二是思想不够解放、改革创新意识不强的问题。面对工作中出现的新情况、新问题，少数党员干部缺乏新思路、新方法、新举措，特别是用科学发展观指导实践、解决问题能力不够强。三是责任心、事业心不强的问题。少数党员干部责任心不强、敬业精神不够，重权力、轻责任，热衷于做表面文章。四是争先创优意识不强的问题。少数党员干部工作粗放，只求过得去，不求过得硬，工作标准不高，争先进意识不强。五是组织纪律观念不够强的问题。少数党员干部缺乏党性修养，纪律观念不强。通过开展“作风建设年”活动，努力建设善于领导科学发展、奋发有为、堪当重任的领导班子，建设政治坚定、作风优良、纪律严明、勤政为民、恪尽职守、清正廉洁的干部队伍。

（二）把优化政务环境作为加强干部队伍作风建设的着力点。重点实施“六个一工程”：一是取消和规范一批评比达标表彰和办班培训活动。进一步清理规范过多的评比达标表彰和办班培训等活动，对各类办班培训，实行严格的申报审批制度。二是精简和压缩一批文件和会议。严把发文和会议审批关，控制发文数量、会议规格、规模，切实解决“文山会海”的问题。三是完善一批优化发展环境的制度规定。各级各部门结合实际，进一步修订完善促进作风转变、优化发展环境、推动科学发展的制度体系，以改进作风、提高工作效能为突破口，强化建章立制，切实用制度管人理事。四是建设优质服务处（科）室。建立优质高效服务或办事处（科）室，规范要求，提高服务标准，简化服务程序，方便群众办事，增强服务质量。五是兴办一批利民实事。以建设全民健身服务体系为目标，努力扩大群众体育发展成果，以解决群众最现实、最关心、最直接的问题为重点，以“三进两促”活动为载体，结合实际谋划一批社会关注程度高、与群众利益密切相关、惠及民生的实事好事。六是选树一批先进典型。加大正面典型选树力度，强化正面典型的示范引导和教育作用。在全局系统选树一批党性强、作风好、真抓实干、勤政廉政的好党员、好干部，激先策后，弘扬正气。

（三）认真解决干部队伍作风建设方面存在的主要问题。努力实现六个方面目标，也就是实现“六新”：一是贯彻落实科学发展观的自觉性坚定性有新提高。学习实践科学发展观，树立和坚持正确的世界观、人生观、价值观和事业观、政绩观、利益观，切实破除“官本位”思想，强化民本意识，摒弃经验主义和惯性思维，不断解放思想、与时俱进，进一步提高贯彻落实科学发展观的能力和水平。二是应对风险挑战、推动北京体育工作发展的实践有新业绩。积极应对挑战，奋发有为地做好各项工作，推进北京体育事业科学发展、加快发展、创新发展。具体为：以建设全民健身服务体系为目标，努力扩大群众体育发展成果；以争创佳绩、位居前列为目标，努力提升竞技体育整体实力和运动水平；以建立首都特色产业体系为目标，加强首都体育产业建设；以建设国际赛事中心为目标，努力申办、培育国际级品牌体育赛事；以实现政事分开、管办分离为目标，积极推进体育体制改革；以促进体育事业健康发展为目标，加强体育管理服务工作；以增强战斗力、凝聚力为目标，加强体育基层党组织建设。三是推进改革创新、破解发展难题的能力有新增强。围绕“坚持科学发展观，加快国际化体育中心城市建设步伐”，着力研究制约体育事业发展深层次的体制和机制问题，重点解决体教结合、训科医一体、投入产出不合理等问题；着力研究体育事业与体育产业协调发展的问题，重点解决体育产业规模偏小、没有拳头企业和超级品牌的问题；着力研究城乡体育统筹协调发展问题，重点解决郊区体育意识不够强、组织不健全、设施缺乏、活动较少的问题；着力研究首都体育资源整合和利用问题，重点解决条块分割、各自为政、狭隘封闭的问题；着力研究国际体育赛事的运作模式，重点解决市场化程度不高的问题。四是服务创新创业、促进北京体育发展的环境有新优化。以优化政务环境为重点，理顺职责分工，减少和规范行政审批，进一步下放权力、简化程序。推进行政权力公开透明运行，提高工作效率和服务水平。加强政策引导，营造廉洁高效的政务环境、公正透明的法治环境、公平竞技的体育环境、干事创业的人才环境。五是雷厉风行、狠抓落实的作风有新加强。认真贯彻落实中央和市委各项工作部署，以强烈的事业心和责任感干事创业，始终保持蓬勃向上、开拓进取的朝气和艰苦奋斗、敢做善成的勇气，创造性地完成各项工作任务，切实提高变思路为行动、变行动为效果的执行力，真正做到想干事、能干事、干成事、不出事，确保中央市委决策部署的贯彻落实。六是强化制度约束、注重作风养成的机制建设有新成效。着眼改进作风、提高工作效能，制定完善岗位工作标准和行为准则；根据有关法律法规，制定完善促进作风转变、优化发展环境的明确规定。建立健全一整套较为完善的推动北京体育事业科学发展的制度体系。

三、开展“作风建设年”活动的方法步骤。

按照“大局着眼，小处着手，抓住重点，结合实际，讲求实效”的思路，结合我局实际，开展“作风建设年”活动主要分三个阶段进行。

第一阶段是宣传发动、提高认识阶段，时间是从3月到4月中旬。

本阶段活动要求是：要谋划到位、安排紧凑、迅速启动。

主要内容：一是召开动员大会。制定活动方案，广泛动员，把各级领导干部思想和行动统一到市委决策部署上来，让广大群众了解活动的重大意义和任务目标，调动群众参与的积极性。二是搞好学习教育。组织广大党员干部认真学习胡锦涛总书记在第十七届中央纪委三次全会上的重要讲话，刘淇同志、郭金龙同志、王安顺同志在北京市开展领导干部作风建设年活动动员会上的讲话，市委十届五次全会精神，以及中央和市委有关作风建设的一系列文件精神。采取中心组学习、分组讨论、领导干部上党课、作形势报告等方式，强化学习效果，切实增强改进作风、推动科学发展的自觉性和坚定性。三是分析梳理问题。结合学习实践科学发展观活动中深入调研征求的意见建议，进一步查找和反思领导班子和个人在思想作风、学风、工作作风、领导作风和生活作风方面存在的突出问题，认真梳理，剖析根源，明确改进方向，提出改进措施，形成问题梳理报告。四是明确领导干部联系点。局、处级领导干部要确定联系点，通过召开联系点党员群众代表座谈会、深入实际调研等方式，广泛征求意见建议，每个领导班子成员要完成1至2篇调研报告。

第二阶段是全面展开、整体推进阶段，时间是从4月下旬到10月底。

本阶段活动要求是：要着力在转变干部作风、提高服务水平、健全工作机制上下功夫；坚持协调联动、密切配合，集中力量破解制约北京体育发展的难点问题、广大群众关心的热点问题以及党建工作中的重点问题。

主要内容：一是开展党员干部警示教育。围绕改进作风、增强党性修养，塑造为民、务实、清廉形象，在全局党员干部中组织开展警示教育活动，深刻查找党性党风党纪方面存在的突出问题，明确努力方向。特别是对群众反映的突出问题，要公开进行通报，引导各单位各部门从干部思想上查原因、找不足、定措施。二是开展民主恳谈活动。各级领导班子、各直属单位职能部门、局机关各处室采取走下去、请上来等方式，组织召开恳谈会，对所要研究解决的突出问题、制定实施的政策措施，广泛征求意见，提高决策的科学化、民主化水平。对于能够立即解决的，抓紧落实；

对暂时解决不了的，制定落实方案，明确责任人和完成时限；对条件不具备的，做好解释工作。建立恳谈台账，定期回访，跟踪消账，确保落实。三是实施“服务窗口亮起来”工程。结合工作职能，建立规范、便捷的服务或办事窗口，提高服务质量和工作效率，真正让服务窗口亮起来。四是开展集中破解难题活动。结合落实学习实践科学发展观活动整改方案，抓住难题进行集中攻坚。实行破解难题领导干部分工负责制。五是举办先进事迹报告会。在全局范围内评选作风建设先进单位和先进个人，通过举办先进事迹报告会、巡回演讲、媒体宣传、事迹展览等形式，充分发挥示范带动作用。六是召开作风建设专题民主生活会。各级领导班子召开作风建设专题民主生活会，查找问题，推动作风建设。七是对领导班子、领导干部作风情况进行评议。由人事部门和纪检监察部门负责，组织党员干部、群众职工对本级领导班子和领导干部开展一次干部作风评议。

第三阶段是总结评议、深化拓展阶段，时间是从 11 月初到 12 月底。

本阶段活动要求是：立足当前、着眼长远，建立完善加强作风建设的长效机制；从严考核、群众评议，认真总结活动开展情况，对推进和深化作风建设进行安排部署。

主要内容：一是建立健全作风建设工作制度。把加强制度建设贯穿活动始终，认真谋划，精心设计，边建设、边运行、边完善。第四季度，要对制度的制定和运行情况进行回头看，将活动中行之有效的做法、举措用制度形式固定下来、坚持下去，形成务实、管用、长效的作风建设工作机制。二是制定岗位工作标准和行为准则。结合本职工作，制定班子、处（科）室和个人岗位职责、工作标准、行为准则，作为群众监督的依据。三是进行群众满意度测评。对各级班子开展“干部作风建设年”活动情况进行群众满意度测评。按照干部管理权限，对各级领导干部和机关工作人员作风状况进行民主评议、综合打分。测评结果作为考核评价领导班子和领导干部的重要内容，并在一定范围内公布。四是认真搞好总结。各单位各部门要认真总结加强作风建设的成功经验、取得的成效、存在的问题以及改进措施，形成阶段性总结。局党组适时召开全局系统“作风建设年”活动总结会议，全面总结一年来全局开展活动情况，对成绩突出的单位和个人进行表彰。同时，就巩固“作风建设年”活动成果、进一步推进和深化作风建设进行安排部署。

四、开展“作风建设年”活动的组织机构。

“作风建设年”活动在局党组的统一领导下进行。局成立活动领导小组，负责全局活动的谋划、组织、实施和指导。局活动领导小组的组长由局党组书记、局长孙康林同志担任，由我担任副组长，成员由机关党委专职副书记田华山、局办公室主任许广树、人事处处长邵立英、法规宣传处处长夏印发、监察处处长闫永宽组成。

局活动领导小组办公室设在机关党委，主任由机关党委专职副书记田华山同志担任。

局所属单位都要成立相应的组织机构，负责本单位“作风建设年”活动的组织领导。

五、开展“作风建设年”活动的有关要求。

一是要领导带头，落实责任。各级党组织要把“作风建设年”活动纳入到本单位本部门的重要议事日程。各单位、各部门主要负责同志是本单位、本部门开展领导干部作风建设年活动的第一责任人，切实加强组织领导，认真研究，周密部署，统筹安排，确保不走过场，取得扎实成效。各级领导干部要带头解放思想、带头深入学习、带头查改问题、带头蹲点调研、带头攻坚克难、带头服务群众、带头促进发展，一级抓一级、一级带一级，把活动不断引向深入，以优良的党风带政风促民风。

二是要统筹兼顾，力求实效。“作风建设年”活动时间长、涉及面广、任务繁重，各单位各部门要坚持以好的作风开展“作风建设年”活动，坚决反对走过场，反对搞花架子。要坚持与各项具体工作相结合，在落实各项措施中改进作风，以各项工作的成效来检验作风。

三是要结合实际，突出重点。各单位各部门要结合自身实际，选准切入点，做到有什么问题就解决什么问题，什么问题突出就重点解决什么问题。要坚持群众路线，把群众的呼声作为解决作风问题的第一信号，重点解决群众反映强烈的突出问题，使作风建设的成果让群众受益、使群众满意。

四是要常抓不懈，持之以恒。作风建设必须始终坚持、一以贯之。活动有阶段，建设无止境。开展活动既要着眼当前，突出重点，又要考虑长远，坚持不懈，不搞一阵风。要通过一年的活动，在全局上下努力形成胡锦涛总书记倡导的八个方面的良好风气。

五是要加强宣传，搞好引导。要充分利用广播、电视、报刊、杂志、网络等媒体，深入宣传开展“作风建设年”活动的重大意义、总体部署和工作要求，及时反映活动进展情况和工作成效，大力宣扬各级各单位涌现出的先进典型，全面展示活动中形成的新思路、新举措、新经验、新成效，切实发挥舆论宣传的导向作用和监督作用，形成加强作风建设的浓厚氛围。

同志们，加强作风建设是一项意义重大、任务艰巨的工程。我们一定要从落实科学发展观、构建和谐社会的高度，认清历史使命，牢记党的宗旨，以崭新的姿态、全新的作风、创新的精神，全面推进“作风建设年”活动，努力开创北京体育事业发展的新局面！

年度获奖一览

1. 获市直机关党建调查研究工作组织奖：

市体育局机关党委

2. 获市直机关党建优秀调研成果三等奖：

市体育局机关党委《党员队伍建设的调查与思考》

3. 获市直机关“最佳党日”活动组织奖：

市体育局机关党委

4. 获市直机关“最佳党日”活动评比二等奖：

先农坛体校党委的“喜迎全运”党日活动

社体中心党支部的“走进平谷”党日活动

5. 获市直机关“最佳党日”活动评比三等奖：

木樨园体校党委的“用科学发展观指导实践、推动工作”党日活动竞赛中心党支部的“加强爱国主义教育、促进党员作风建设”党日活动。

体育职业学院党总支的“学习孔繁森，投身学院高职建设”党日活动。

射击运动技术学校党总支的“保平安，促稳定”党日活动。

6. 获首都文明单位标兵：

木樨园运动技术学校

什刹海运动技术学校

7. 获首都文明单位：

先农坛运动技术学校

芦城运动技术学校

射击运动技术学校

社会体育管理中心

体育科学研究所

体育事业服务管理中心

体育彩票管理中心

航空运动学校

体育竞赛管理中心

网球运动技术管理中心

体育职业学院

国际体育交流中心

足球运动管理中心

武术院

8. 获首都劳动奖状：

木樨园运动技术学校

9. 获北京市“工人先锋号”：

北京乒乓球队

10. 获全国五一劳动奖状：

先农坛运动技术学校

纪检监察

【综述】2009年，是新中国60华诞之年，也是第十一届全运会决战之年，局党组认真贯彻落实中纪委十七届三次全会和市纪委十届五次全会精神，深入贯彻落实科学发展观，以全力备战第十一届全运会和筹办国庆60周年庆典活动为中心，以落实党风廉政建设责任制、推进惩防体系为重点，深入推进全局党风廉政建设和反腐败工作。

（一）深入学习科学发展观，开展作风建设年活动

为了确保各项工作任务顺利完成，确保在第十一届全运会实现北京竞技体育运动成绩和精神文明双丰收，全局广大干部职工以对党和事业高度负责的精神，以科学发展观为引领，以强化干部作风建设为根本，团结一致、努力进取，圆满完成了各项工作任务。

1.贯彻落实科学发展观，为北京体育事业又好又快发展奠定基础。各级党组织突出科学发展北京体育事业的主题，扎实推进学习实践活动，取得较好成效。广大干部职工认真查找影响和制约体育事业发展的突出问题，深入分析存在问题的原因，提出切合实际的措施；坚持解放思想与解决突出问题相结合，坚持推动发展和创新体制机制相结合，坚持开展学习实践活动与抓好当前工作相结合，拓宽了在新的起点上发展北京体育事业的思路，坚定了建设北京国际体育中心城市的信心。

2.开展作风建设年活动，进一步提高广大干部的政治素质。按照市委部署，市体育局积极开展作风建设年活动，通过举办专题讲座、组织参观、召开座谈会等多种形式，进一步强化广大党员干部增强改进作风、强化党性修养的思想意识，增强推动北京体育事业科学发展的自觉性和自信心。同时，注重培养和宣传先进典型。充分发挥典型示范作用和辐射作用。注重开展好“服务窗口亮起来”活动。局机关各处室和具有行政管理职能的单位，建立健全规范、便捷的服务体系，努力提高工作效率和服务质量。

（二）认真落实市委市政府部署，推动体育事业协调发展

1.完善全民健身服务体系，为百姓健身创造更好条件。加大体育健身设施建设力度，投入900万元引导资金，陆续为300个行政村建设标准篮球场以及乒乓球长廊和笼

式多功能球场。重点围绕国庆60周年开展群众健身活动，积极组织第七届北京市全民健身体育节、千台万人乒乓球展示、千人羽毛球挑战赛、街头篮球争霸赛、健身路径赛等健身活动。

2.全力备战参战全运会，较好完成全运会任务。第十一届全运会于2009年10月16日至28日在山东举行。市体育局进行了训练严格、管理科学、对策详尽、措施有力的备战。北京代表团共有606名运动员参加其中27个大项、245个小项的比赛，共获得金牌30枚、银牌20枚、铜牌29枚，奖牌共计79枚，总分1754分有1人1队打破两项游泳亚洲纪录并全国纪录，在金牌榜、奖牌榜和总分榜上均列第六位。荣获体育道德风尚奖。

3.充分利用奥运成果，大力发展体育产业。市体育局深入谋划体育产业发展，一是明确体育产业发展的方向；二是把握体育产业发展的重点；三是积极推进体育产业功能区的规划建设；四是充分发挥体育产业专项资金和产业扶持政策的引导作用；五是积极申办和举办国际性大型体育赛事；六是推动体育产业发展，促进体育体制改革。

（三）服从服务国庆庆典大局，圆满完成各项工作任务

在全局紧张备战全运会的特殊情况下，市体育局承担了群众游行体育发展方阵的组织训练、国庆放鸽、烟火晚会、群众游园等项国庆60周年庆典活动任务。由于时间紧、任务重、难度大、要求高，党组书记、局长孙康林亲自挂帅，积极组织调动各方力量，全体参加人员攻坚克难，团结协作，均按照有关规定要求，全力服从、服务于国庆庆典大局，没有发生任何违规违纪问题，圆满出色地完成了各项工作任务，受到市委、市政府领导的充分肯定，受到国庆庆典活动筹委会的表彰。

（四）不断健全惩防工作体系，有效推进廉政责任制度

根据《北京市建立健全惩治和预防腐败体系2008—2012年实施办法》，市体育局研究制定了《关于贯彻落实〈北京市建立健全惩治和预防腐败体系2008—2012年实施办法〉的责任分解方案》和《中共北京市体育局党组2009年党风廉政建设和反腐败工作主要任务责任分解方案》，对市体育局今后五

年党风廉政建设和反腐败工作作出安排和责任分工，对2009年10个方面16项具体工作任务进行了细化。明确了各单位贯彻落实责任制的具体内容和工作要求，开展反腐倡廉教育工作的内容及方式，加强领导干部廉洁从政五个方面的具体内容，做好重大工程建设各环节的监督检查，加强处级领导干部任期经济责任审计工作，加强体育行政管理行为监督工作，加强运动员选拔、登记审批、资格认定工作的监督检查等内容。

（五）推进廉政风险防范工作，努力规范干部廉政行为

1.加强组织领导，周密部署安排。根据市委、市政府要求，北京市体育局党组研究制定了《关于贯彻落实<中共北京市委、北京市人民政府关于在全市推进廉政风险防范管理工作的意见>实施方案》（以下简称《实施方案》）和《关于贯彻落实市委、市政府推进廉政风险防范管理工作的意见》。成立了由局党组书记、局长孙康林为组长，机关各处室为成员单位的工作领导小组，组织协调实施有关工作。尔后召开了廉政风险防范管理工作培训部署会议，对局机关各处室进行了《围绕中心、抓住重点，有效开展廉政风险防范管理工作》的专项培训。

2.认真查找风险点，全员制定防控措施。局机关各处室按照查找要求和工作职责，认真查找部门和个人岗位风险点，提出具体的防控措施，填写《北京市体育局廉政风险识别、自我防控一览表（部门）》和《北京市体育局廉政风险识别、自我防控一览表（个人）》。局机关各处室66名党员干部全部查找了风险点（其中，局领导8人，处级干部25人，科级干部31人）；共查找风险点516个（其中，思想道德风险237个；岗位职责风险59个；业务流程风险110个；制度机制风险65个；外部环境风险45个）；提出防控措施462条；完善业务流程7项，编制业务流程图或风险防控图6份。

3.全面落实计划，推进防范管理。按照《实施方案》和市体育局党组《关于贯彻落实市委、市政府推进廉政风险防范管理工作的意见》要求，在总结局机关开展廉政风险防范管理工作的基础上，有针对性地制定和完善相关制度，完善重点岗位的工作流程。12月9日向局属各单位进行全面推进廉政风

险防范管理的工作部署，廉政风险防范管理工作已在全局广泛推开。

（六）积极拓宽廉政教育方式，筑牢反腐倡廉思想意识

根据市体育局2009年工作任务的特点，通过多种方式积极组织开展党风廉政宣传教育工作。一是邀请市纪委有关部门负责人进行廉政教育专题讲座；二是编辑《党风廉政建设要文摘编》，汇集中央及市委、市政府和市纪委有关领导讲话、制度规定、廉政要文等，为各级干部及时了解上级有关精神提供依据和资料；三是组织全局系统党员干部收看《警钟长鸣》等案件专题片，增强广大党员干部廉洁自律意识；四是举办纪检监察干部培训班，不断提高干部的综合素质和业务能力。

（七）积极开展专项治理工作，不断加强体育行风建设

为贯彻落实全国“小金库”治理电视电话会议和全市治理“小金库”工作会议精神，市体育局成立专项治理工作领导小组，制定了《北京市体育局开展“小金库”治理工作方案》，明确了“小金库”专项治理的范围和内容、基本原则、基本要求。5月19日召开全系统“小金库”专项治理工作会议，传达有关会议精神，要求全局系统将开展“小金库”专项治理工作同纠正体育行业不正之风相结合，认真开展自查自纠。

（八）狠抓全运会赛风赛纪，运动成绩精神文明双丰收

市体育局党组高度重视全运会赛风赛纪和反兴奋剂工作，组织学习贯彻全国纠风工作会议、国家体育总局赛风赛纪工作会议精神，从讲政治、讲大局的高度，从自觉维护首都荣誉、树立北京体育形象的高度，将做好全运会赛风赛纪和反兴奋剂工作作为落实党风廉政建设责任制的重中之重，强化北京体育行风建设。

一是加强组织领导。成立第十一届全运会北京代表团赛风赛纪和反兴奋剂工作领导小组，下设赛风赛纪办公室和反兴奋剂办公室，加强对各参赛单位赛风赛纪和反兴奋剂工作的组织、协调、管理和监督。明确责任，强化制度，建立机制，确保全运会不出违纪违规问题。

二是建立健全制度。市体育局陆续印发了《关于加强第十一届全运会反兴奋剂工作的通知》、《关

于加强第十一届全运会赛风赛纪工作的通知》等，并将有关政策文件编印成册，发至所有参赛人员，进一步增强参赛人员的法律意识和责任意识。按照“荣誉共享、责任共担、分级管理”的原则，市体育局分别与13个参赛单位签订了《第十一届全运会赛风赛纪和反兴奋剂工作管理责任书》，各单位也层层签订了责任书。

（九）积极推进政务公开工作，不断提高行政管理水平

为了进一步推进市体育局政务公开工作，针对存在问题，制定了《北京市体育局关于进一步加强政务公开工作的通知》，进一步明确了政务公开工作的意义、工作内容和方式，提出具体要求。局政务公开工作领导小组召开专门会议，强调要加强领导，明确责任，在强化管理上下功夫；加强培训，广泛宣传，在提高认识上下功夫；加强指导和监督，在狠抓落实上下功夫；拓展公开内容，在贴近群众上下功夫。全局政务公开、校务公开工作普遍有所进步。

（十）积极广泛听取各方意见，开好领导班子民主生活会

根据市纪委、市委组织部关于开好局级领导班子民主会的要求，局党组采取调查问卷和召开座谈会方式广泛征求意见。调查问卷主要对局领导班子贯彻落实科学发展观、贯彻落实厉行节约有关规定、贯彻落实民主集中制、领导作风和工作作风、勤政廉政等六个方面内容进行调查。座谈会邀请局机关各处室负责人和各直属单位主要负责人，就局领导班子贯彻落实民主集中制情况、领导作风和工作作风情况、勤政廉政等方面征求了意见。12月16日，市体育局党组召开领导班子民主生活会，听取了群众反映的意见和建议。孙康林等局党组成员均认真进行了发言。各直属单位按照要求，认真召开了领导班子民主生活会。

（十一）积极开展厉行节约工作，提高干部职工节俭意识

根据中央及市委关于开展厉行节约和严格因公出国（境）管理工作的要求，市体育局成立专门机构，制定工作方案，提出了厉行节约各项工作的具体节约指标和具体要求。各单位积极落实，基本达到要求的指标。截止到2009年11月31日，全局2009年出国（境）团组95批，团组人数483人次，相比2008年（97批）、2007年（184批）分别减少2批和89批，团组人数与近三年平均数相比压缩25%。2009年出访经费93.3万元，相比近三年平均数压缩了20%。

（十二）分析调查信访突出问题，及时纠正进行警示告诫

2009年，收到群众举报信件24封（重复信件不计），其中3封查无此人。21封信件反映的问题，涉及处级领导干部12封，占来信总数的57%；涉及科级干部5封；涉及一般干部3封；涉及体育单项协会高层管理人员1封。21封信件中，反映经济问题的11封，占来信总数的52.2%；反映乱收费和分配不公问题3封；反映用人不公的2封；反映利用职权谋取私利的1封；反映教练员殴打队员的1封；反映滥用权力的1封；反映办理退休手续违反规定1封；反映生活作风的1封。经过调查分析，反映领导干部的主要是经济问题、滥用职权问题、工作作风问题、搞特殊化问题和乱收费问题等方面。在调查认定的问题中，处级干部存在的主要问题是滥用职权和工作作风问题，如，不依法管理、违反程序、缺乏民主等；一般干部存在的主要问题是经济问题和乱收费问题，如，利用职权吃、拿、卡、要等。对若干违纪违规问题的处级干部，分别进行了警示、诫勉谈话，个别干部进行了岗位调整。

【强调抓好“十一运会”赛风赛纪和反兴奋剂工作】2月16日，市体育局召开会议，对进一步做好“十一运会”备战和参赛工作，特别是抓好“十一运会”赛风、赛纪和反兴奋剂工作，进行再动员、再部署。会议围绕实现参赛目标，讲清形势和任务，统一思想和认识，强化措施和纪律，为圆满完成“十一运会”任务做好充分的思想和组织准备。会上，举行了“十一运会”北京市各参加单位向体育局递交《十一运会赛风赛纪和反兴奋剂工作责任书》仪式，共13个参赛单位签订了责任书。会上还宣布了成立全运会备战指挥部和成立北京代表团赛风赛纪和反兴奋剂工作领导小组的决定；下发了北京市体育局《关于加强第十一届全运会反兴奋剂工作的通知》等相关文件。

【召开局系统党风廉政建设工

作会议】为贯彻落实中央纪委十七届三次全会和全市党风廉政建设工作会议精神，总结和部署市体育局党风廉政建设和反腐败工作，3月18日，市体育局召开2009年局系统党风廉政建设工作会议。局党组成员、纪检组长胡蓉代表局党组做工作报告，总结2008年工作，部署2009年工作。

【召开廉政风险防范管理工作部署会议】4月10日，市体育局召开廉政风险防范管理工作部署会议，局党组成员、纪检组长胡蓉参加会议并对廉政风险防范管理工作做出部署。局机关各处室负责人参加了会议。

【北京市纠风办来市体育局检查第十一届全国运动会赛风赛纪工作】4月24日，市纠正行业不正之风办公室主任何群一行到市体育局检查第十一届全国运动会赛风赛纪工作，局党组成员、纪检组长胡蓉陪同检查。胡蓉同志汇报了自筹备第十一届全国运动会以来，加强赛风赛纪总体工作的情况。何群主任充分肯定了市体育局狠抓赛风赛纪和反兴奋剂的工作。他强调指出，要按照今年全国纠风工作会议精神，加强第十一届全国运动会赛风赛纪工作的要求，纪检监察部门和参赛单位要加强对“十一运会”赛风赛纪和反兴奋剂工作的督促检查，加强信息沟通，以确保工作落实。

【市纪委有关部门领导考察了解备战全运会赛风赛纪工作】5月6日至7日，市纪委纠风室有关领导赴深圳全运会自行车预赛现场，考察了解备战全运会赛风赛纪工作。此次考察中，市纪委有关部门领导到现场观看了运动员比赛，与教练员、运动员进行了交流，对市体育局开展赛风、赛纪工作给予了高度评价，认为责任到位、教育到位、措施到位。

【召开“小金库”治理工作会议】5月19日，市体育局系统召开“小金库”治理工作会议，各直属单位主要负责同志、纪检干部和财务人员及机关各处室主要负责同志参加了会议。局党组成员、纪检组长胡蓉出席会议并讲话。

【召开加强政务公开政府信息公开工作会议】 2月15日市体育局召开加强政务公开和政府信息公开工作会议，局有关直属单位和局机关各处室负责同志参加了会议。局长助理、局办公室主任许广树出席会议，并对进一步加强政务公开和政府信息公开工作提出具体要求。局监察处处长闫永宽传达了市政务公开领导小组办公室有关文件精神，并对局系统进一步做好政务公开工作进行了部署。

【举办纪检干部培训班】 12月9日至12月10日，市体育局举办局系统各直属单位主管纪检工作的领导和纪检干部参加的培训班。局党组成员、纪检组长胡蓉出席了培训班。培训班邀请国家体育总局科教司综合处处长袁虹作了题为《反兴奋剂斗争历程简介》的辅导讲座。

北京市体育局关于加强第十一届全国运动会赛风赛纪工作的通知

京体办字〔2009〕48号

各有关参赛单位：

2009年是建国60周年，又恰逢全运会创立50周年，在这一特殊年份召开的第十一届全国运动会（以下简称“十一届全运会”）更具有特殊作用和重要意义。各参赛单位和参赛人员要以饱满的热情和对体育事业高度负责的精神，积极投入到训练和竞赛之中，严格执行国家体育总局和市体育局的有关规定，认真抓好赛风赛纪工作，严肃赛场纪律，坚决杜绝违纪违规行为，力争北京代表团在十一届全运会上实现精神文明和运动成绩双丰收。对此，提出如下要求：

一、各参赛单位要从维护国家形象、首都形象和北京体育人形象的高度，充分认清做好赛风赛纪和反兴奋剂工作的极端重要性，切实将做好赛风赛纪和反兴奋剂工作作为一项重要任务落实到工作的每个环节和每个人。

二、严格遵守十一届全运会各项竞赛规程和规则以及相关规定，在竞赛中尊重裁判，服从裁判，正确对待错判、漏判、误判。对在赛场中需要申诉的问题要严格按照规定程序进行，不准以任何理由和形式停赛、罢赛或拒绝领奖等行为发生，自觉维护赛场秩序。

三、各参赛单位要加强对工作人员和运动队的管理，尊重对手、尊重裁判、尊重观众，严禁出现有悖竞赛原则和体育道德的行为。

四、各参赛单位要加强参赛人员的教育，自觉遵守十一届全运会各项纪律规定，严禁赌博，严禁参与高消费娱乐等活动，对违纪违规行为一经发现，要按照有关规定严肃处理。

五、各参赛单位领导要切实履行职责，强化组织领导，对参赛人员加强管理和监督，严明组织纪律。凡因管理不力，导致本单位参赛人员严重违纪或造成恶劣影响的，要按照有关规定，追究单位主要负责人的领导责任。

二〇〇九年三月九日

北京市体育局关于进一步加强赛风赛纪和反兴奋剂工作的意见

京体办字〔2009〕177号

各参赛单位：

第十一届全国运动会是继北京奥运会后第一个高水平的全国综合性运动会。为进一步加强第十一届全国运动会赛风赛纪和反兴奋剂工作，2009年7月21日至22日，国家体育总局召开各省、自治区、直辖市参加第十一届全国运动会代表团团长会议。刘鹏局长、肖天副局长等领导再次就加强赛风赛纪工作发表重要讲话。为贯彻落实会议精神，进一步加强第十一届全国运动会北京市体育代表团赛风赛纪和反兴奋剂工作，在前期工作的上，特提出如下意见：

一、强化政治责任，将全运会赛风赛纪和反兴奋剂工作作为重中之重。

第十一届全国运动会是在举国上下喜庆建国60周年之际召开的全国综合性体育盛会，是向全世界展示我国60年来社会进步和文明成果的重要舞台；是检验学习实践科学发展观成果的重要方式；是体现体育根本宗旨和体育精神的具体实践；是充分展示首都形象、北京体育人形象的重要平台。因此，做好这届全运会赛风赛纪和反兴奋剂工作具有重要意义和作用。各参赛单位一定要以高度的政治责任感，高度重视这届全运会的赛风赛纪和反兴奋剂工作。

（一）加强领导。各参赛单位要切实加强赛风赛纪和反兴奋剂工作的领导，在建立和建立的组织机构的基础上，根据预赛情况，定期召开赛风赛纪和反兴奋剂工作分析会议，特别是对有可能出现赛风赛纪问题的参赛项目和参赛人员，提出具体应对措施，消除问题隐患。

（二）强化宣传。各参赛单位要将有关赛风赛纪和反兴奋剂的法规、政策、制度、规定、规程、规则以及有关领导讲话及时传达每位参赛人员，切实做好足赛前防范工作，提高参赛人员的责任意识、法制意识、大局意识、荣誉意识，使每位参赛人员将维护北京体育人形象作为自觉行动。

（三）明确责任。各参赛单位要层级落实赛风赛纪和反兴奋剂工作，做到从主要领导到主管领导、领队、教练、运动员，一级抓一级，把好每个关口和每个环节，将各项责任逐级落实，不留死角。

二、规范各类参赛人员行为，杜绝违法违纪行为。

（一）对参赛工作人员要求：

1.认真学习宣传贯彻执行有关法规、规章、制度，充分展示首都体育工作者的文明形象。

2.自觉遵守国家法律法规和国家体育总局以及北京市体育局各项有关

规章制度，廉洁奉公、恪尽职责。

3.对比赛中出现的紧急和突发事件，要在第一时间报告，严禁出现瞒报、虚报、谎报行为。

4.凡超出规则以外的问题必须报告，不得擅自作出决定。

5.严禁在媒体中发表与出现问题相关单位不友好的言论。

（二）对教练员要求：

1.争做文明参赛的表率，加强运动员的管理和教育，对易出现问题的运动员要重点监控。

2.严禁出现通过不正当手段，使裁判员不能公正执行竞赛规定和规则的行为。

3.在比赛中对裁判有失公允的决定，严格按照规定程序申诉，严禁出现任何过激言行。

4.严禁在媒体中发表任何不友好或过激性言论。

（三）对参赛运动员要求：

1.自觉遵守有关体育法规、规章、规定以及竞赛规则和规程。

2.严禁出现以任何形式和理由的弃权，甚至罢赛行为。

3.严禁服用兴奋剂等各种违禁药品。

4.无条件服从裁判的判决。

5.严禁辱骂裁判员或在比赛中出现谩骂、侮辱对方，甚至打架斗殴行为。

6.严禁出现其它有悖竞赛原则和体育道德的行为。

三、严肃纪律，努力实现运动成绩和精神文明双丰收。

为确保第十一届全国运动会北京市体育代表团文明参赛，充分展示北京体育人的良好形象，对违反规定的人员按照有关规定严肃处理，绝不姑息。

（一）全运会期间，凡使用兴奋剂者，除接受国家体育总局和相关项目协会的处罚外，市体育局将参照国家体育总局《第十一届全国运动会兴奋剂违规处罚办法》另行惩处。

（二）全运会期间，对违反规定情节较轻，并主动讲清情况，认真检查错误的工作人员、教练员和运动员，可从轻或免于追究党纪、政纪以及其他有关规定中规定的责任。

（三）全运会期间，对违反有关规定且情节较重或造成恶劣影响的人员，由代表团视问题的性质和影响程度，给予警告、严重警告，必要时进行通报批评，并建议原单位按照干部管理权限给予党纪、政纪处分。

二〇〇九年八月三日

中共北京市体育局党组印发《关于贯彻落实〈北京市建立健全惩治和预防腐败体系2008—2012年实施办法〉的责任分解方案》的通知

京体字〔2009〕9号

局各直属单位、机关各处室：

现将《关于贯彻落实〈北京市建立健全惩治和预防腐败体系2008—2012年实施办法〉的责任分解方案》印发给你们，请结合实际，认真贯彻落实。

二〇〇九年二月三日

关于贯彻落实《北京市建立健全惩治和预防腐败体系 2008—2012 年实施办法》的责任分解方案

根据中共北京市委办公厅、北京市人民政府办公厅贯彻落实《北京市建立健全惩治和预防腐败体系 2008—2012 年实施办法》的分工方案，结合市体育局实际，将各项工作任务分解如下：

一、开展反腐倡廉教育。

（一）加强局系统各级领导干部党风廉政教育。局系统各级领导干部要在学习实践科学发展观活动中，深刻领会科学发展观的科学内涵、精神实质和根本要求，牢固树立马克思主义世界观、人生观、价值观，树立正确的权力观、地位观、利益观和政绩观。（机关党委牵头，监察处、人事处配合）

（二）加强局系统各级领导班子理论中心组的学习。局系统各级领导班子要不断完善理论中心组学习制度，切实将党风廉政作为学习的一项重要内容，按照规定定期安排反腐倡廉理论学习。（机关党委牵头，监察处、人事处配合）

（三）加强对领导干部和公务员的反腐倡廉教育。将反腐倡廉教育作为干部教育培训的重要内容，制定教育计划，将廉洁从政教育作为新任职的领导干部和公务员培训的重要内容，把反腐倡廉教育落实到领导干部的培养、选拔、管理、使用等各个环节。（监察处牵头，人事处、机关党委配合）

（四）加强党员干部反腐倡廉宣传教育。落实《关于加强党员经常性教育的意见》，结合实际，通过宣传栏、专题报告会、发放书籍和党纪政纪知识测试等多种形式在全局系统党员干部中开展反腐倡廉宣传教育。提

高广大党员干部自觉遵守党纪条规和抵制体育行业不正之风的能力。（机关党委牵头，监察处、法宣处配合）

（五）完善反腐倡廉教育的工作格局。各直属单位党委（总支、支部）要将反腐倡廉教育作为思想政治教育的重要内容，建立健全反腐倡廉教育工作机制，做到措施落实、时间落实、责任落实、人员落实。建立领导干部带头讲党课制度，采取组织廉政报告、举办专题讲座、观看警示教育片等方式，实现廉政教育的经常性、多样性和有效性，使广大党员在思想上筑牢拒腐防变的思想道德防线。（机关党委牵头，监察处配合）

二、进一步加强反腐倡廉制度建设。

（一）完善民主决策制度。局党组和各直属单位党委（总支、支部）要不断完善民主决策制度，建立健全民主决策的工作机制和工作制度，积极推行党委（总支、支部）讨论决定重大问题和任用重要干部票决制，认真完善并落实"三重一大"制度规定；进一步细化职责范围、议事规则和决策程序；重大问题必须提交领导班子集体讨论，进一步促进集体领导民主决策的制度化、规范化；不断完善党内重要情况通报、情况反映、重大决策征求意见制度；积极发挥职代会作用，提高职代会参与决策的广度和深度。（监察处牵头，局办公室、机关党委和人事处配合）

（二）完善权力公开运行监督制度。认真落实《中华人民共和国政府信息公开条例》，根据要求和实际工作需要，进一步完善政府信息保密审查、信息发布、监察投诉等方面的制度，细化不予公开答复预案和举报投诉、违规申请预案等。不断推进市体育局政府信息公开工作的开展。（局办公室牵头，法宣处、监察处、机关党委和信息中心配合）

（三）加强政务公开、办事公开等制度建设。进一步完善市体育局开展政务公开工作的工作机制，建立健全相关制度。深入推进局系统各直属单位办事公开的工作力度，将群众关心和涉及群众利益的问题作为公开的重要内容。（局办公室牵头，监察处、财务处、人事处及各直属单位配合）

（四）进一步完善信访举报工作制度。进一步完善信访举报工作职责，明确责任分工，保证信访举报工作渠道畅通。（局办公室牵头，监察处配合）

（五）不断完善反腐倡廉工作机制。坚持和完善党风廉政建设责任制，不断完善监督检查和责任追究制度，完善党风廉政建设领导小组的组织协调机制，发挥党风廉政建设责任制在推进反腐倡廉工作中的基础作用。各直属单位党委（总支、支部）要结合实际，认真研究制定本单位贯彻党风廉政建设责任制工作细则，明确一把手为第一责任人，坚持党政齐抓共管，一级抓一级，层层抓落实。驻市体育局纪检组加强对各单位贯彻落实党风廉政建设责任工作的监督检查。（监察处牵头，相关部门配合）

（六）加强反腐倡廉制度建设。严格执行国家及北京市防治腐败法规制度，及时制定相关的实施办法和配套措施。（监察处牵头，法宣处、局办公室及其他相关部门配合）

三、加强权力制约和监督工作。

（一）加强对贯彻落实科学发展观情况的监督。全局系统各级领导班子要以“深化认识，转变观念，巩固奥运成果，努力推动北京体育事业科学发展”为主题，紧密联系本单位、本部门的实际，深入开展调查研究。认真解决影响和制约本单位、本部门科学发展的突出问题，防止和纠正违背科学发展观要求的行为。局有关部门将适时对各直属单位整改措施的执行情况进行监督检查。（机关党委牵头，监察处等相关处室配合）

（二）加强对各级领导班子和领导干部的监督。加强对领导班子和主要领导干部在重大决策、重要干部任免、重大项目的投资和大额度资金使用方面的监督；加强对执行民主集中制情况的监督，健全科学民主决策机制，严格执行议事规则和决策程序，反对和防止个人或少数人说了算；加强对领导干部廉洁自律情况的监督，督促领导干部廉洁从政；加强领导干部个人重大事项报告、述职述廉、民主评议、谈话诫勉等制度执行情况的检查。（监察处牵头，人事处配合）

（三）加强对干部人事任免权的监督。认真落实《党政领导干部选拔任用工作条例》和《党政领导干部选拔任用工作监督检查办法（试行）》，对拟任人选推荐、考察、酝酿、讨论决定、表决和公示等重要环节，按规定程序进行。加强对干部选拔任用的过程监督，坚决整治用人上的不正之

风。（监察处牵头，人事处、机关党委配合）

（四）进一步完善局系统党政领导干部任期经济责任审计工作。承担经济责任的处级以上领导干部任职期间或任期届满后，包括调任、转任、轮岗、免职、辞职、退休等，均应当接受任期经济责任审计。未经责任审计不得解除领导干部任职期间的经济责任，并以此作为对领导干部评价的重要依据。（监察处牵头，财务处、人事处配合）

（五）加强对财政性资金、彩票公益金、接受社会赞助资金的使用和管理的监督。（监察处牵头，财务处、市场处和群体处配合）

（六）加强对局属重大工程建设项目和大额物资采购招投标、资金使用、物资采购、工程质量项目预决算等关键环节的监督。（监察处牵头，规建处、财务处及其相关单位配合）

（七）积极推进廉政风险防范工作。根据市委、市政府《关于在全市推进廉政风险防范管理工作的意见》，按照“突出重点、分步实施、扎实推进、务求实效”的总体要求，市体育局系统各单位、各部门采取自上而下和自下而上相结合的方式，认真查找在思想道德、岗位职责、业务流程、制度机制等方面可能发生腐败行为的风险点，制定防控措施，加强监督管理。（监察处牵头，局机关各处室配合）

四、进一步深化各项工作制度改革。

（一）进一步深化干部人事制度改革。不断完善民主推荐、民主测评、任前公示、公开选拔、竞争上岗和任职试用期等制度，严肃查处违反组织人事纪律的行为，提高选人用人公信度。不断完善领导干部任期制、回避制和交流制。（人事处牵头，监察处、机关党委配合）

（二）进一步深化和规范全程办事代理制工作。认真贯彻实施《中华人民共和国行政许可法》，对保留项目，完善内部监督制约的措施，加强配套制度建设，严格操作程序，完善审批方式，规范审批行为，保证行政审批的合法、公正、透明和高效。（法规宣传处牵头，行政服务办公室、竞体处、群体处、市场处、规建处、监察处及其相关单位配合）

（三）进一步完善财务管理机制建设。进一步加强各直属单位的预算管理。建立和完善预算支出绩效评价体系。严格按照收支两条线的要求，规范会计核算、加强会计监督，进一步完善直属单位会计集中核算管理制度。严格财经纪律，严禁私设“小金库”，规范和完善直属单位创收资金和赞助物资的管理。（财务处牵头，监察处配合）

五、纠正体育工作中的不正之风。

（一）坚决纠正体育赛事中的不正之风。加强国内赛事和北京市运动会赛风赛纪工作的检查力度。加强对运动员的教育,杜绝出现冒名顶替、罢赛、斗殴、打假球等违纪违法行为;加强裁判员队伍的管理,杜绝出现黑哨、收受贿赂等违纪违法行为。(监察处牵头,竞体处及其相关单位配合)

（二）加大反兴奋剂工作的力度。坚决执行《反兴奋剂条例》，把反兴奋剂作为纠正体育行业不正之风的主要内容，坚持“三严”方针，一经发现严厉查处。（科教处牵头，竞体处、监察处及其相关单位配合）

（三）继续规范教育收费行为。严格执行学校收费公示制度，严肃查处巧立名目收取赞助费、提高收费标准或扩大收费范围的行为。（科教处牵头，竞体处、监察处及其相关单位配合）

（四）加强运动队招生工作的监督管理。加强对运动队招生工作的监督管理，严肃查处弄虚作假、营私舞弊、索要钱财以及违反规定收用不合格或有不良行为人员等行为。（竞体处牵头，监察处及其相关单位配合）

（五）健全防治不正之风的长效机制。认真落实行风建设责任制，坚持“管行业必须管行风”的原则，进一步完善各种信息畅通渠道，加强政风行风制度建设，及时解决群众的合理诉求。（监察处牵头，局办公室、法宣处、群体处、竞体处、市场处、科教处、人事处配合）

六、加大惩治腐败的力度。

（一）坚决查办违纪违法案件。重点查办领导干部中以权谋私、贪污受贿、失职渎职的案件。严肃处理领导干部违反规定收钱送钱、“跑官要官”、参与赌博以及利用职权和职务影响为配偶、子女和身边工作人员谋

取非法利益等不正之风和腐败现象（监察处牵头，人事处配合）

（二）继续深入开展治理商业贿赂工作。结合市体育局的实际，对全民健身的体育彩票公益金管理和使用中不正当交易行为；对教练员、运动员、裁判员管理和使用中不正当交易行为；对工程建设和大宗采购领域中不正当交易行为；对体育资产开发及经营领域中不正当交易行为；对行政许可、行政审批和行政服务事项办理的部门和单位，不按法定条件和程序审批发证，或利用职权干预企业事业单位经营活动，索贿受贿，谋取非法利益行为；对局机关和直属单位工作人员因监管不力、失职渎职和其他不履行监管职责，放任、纵容甚至包庇商业贿赂行为等方面，充分运用纪律处分、行政处罚、司法处理等手段打击商业贿赂行为，同时，不断完善相关的制度规定，推动防治商业贿赂长效机制的建立。（监察处牵头，竞体处、市场处及相关单位配合）

（三）拓宽信访渠道，提高执法执纪水平。不断拓宽信访渠道，健全信访举报工作责任制、举报人和证人保护制度，保障涉案人员合法利益。改进办案方式和手段，不断提高办案能力和水平。（局办公室牵头，监察处配合）

（四）认真调查分析，提出整改建议。根据来信来访反映的问题，认真调查分析，反映问题的主要原因和存在的深层次问题，提出整改建议并监督落实。（监察处牵头，各相关部门配合）

中共北京市体育局党组印发
关于贯彻落实市委、市政府推进
廉政风险防范管理工作意见的通知

京体字〔2009〕21号

市体育局各直属单位、机关各处室：

按照《中共北京市委、北京市人民政府关于在全市推进廉政风险防范管理工作的意见》（京发〔2008〕26号）要求，结合我局实际，研究制定了《关于贯彻落实市委、市政府推进廉政风险防范管理工作的意见》（以下简称《意见》)，已经局党组会议讨论通过。现将《意见》印发给你们，请各单位、各部门结合实际认真贯彻落实。

二〇〇九年三月十七日

中共北京市体育局党组关于
贯彻落实市委、市政府推进
廉政风险防范管理工作的意见

按照《中共北京市委、北京市人民政府关于在全市推进廉政风险防范管理工作的意见》要求，结合市体育局实际，对我局贯彻落实推进廉政风险防范管理工作提出如下意见。

一、充分认识推进廉政风险防范管理的重要性和必要性。

（一）推进廉政风险防范管理是进一步加强市体育局系统党风廉政建设工作的一项重要内容。根据中央提出的坚持“标本兼治、综合治理、惩防并举、注重预防”的方针，按照市委、市政府推进廉政风险防范管理的部署和要求，各直属单位和机关各处室要将此项工作作为加强我局系统党风廉政建设工作的一项重要内容。各直属单位和机关各处室要结合自身工作实际，突出重点，落实责任，全员参与，认真查找每个工作岗位的风险点，努力推进局系统廉政风险防范管理，为体育事业健康、有序的发展和各级党员干部的健康成长提供保证。

（二）推进廉政风险防范管理是进一步加强局系统党员领导干部廉洁自律工作的重要组成部分。近年来，局系统开展领导干部廉洁自律工作在抓宣传教育、制度建设和规范管理方面虽然取得了一定的成效。但根据面临的新形势、新要求，还需要进一步加强和深化领导干部廉洁自律工作，推进廉政风险防范管理为促进党员干部特别是党员领导干部廉洁从政提供了重要契机，也成为深入推进全局系统党风廉政建设的重要内容。因此，全局系统各级组织要高度重视，切实将推进廉政风险防范管理作为进一步推进党风廉政、行风建设和规范权力运行的重要手段。

（三）推进廉政风险防范管理是对权力运行实施有效监控的重要手段。廉政风险防范管理主要是针对权力运行中的风险和监督管理中的薄弱环节，采取主动预防，事前预防的方式，推动监督关口前移。推进廉政风险防范管理是促进民主管理、程序公开、运行规范的重要手段，可以大大提高党员干部自觉接受监督、主动参与监督和积极化解廉政风险的意识。各直属单位和机关各处室要结合实际，使预防腐败的责任落实到每一个岗位和每一个人，不留死角，层层推进我局廉政风险防范管理工作。

二、推进廉政风险防范管理的指导思想和目标要求。

（一）指导思想。坚持以邓小平理论和“三个代表”重要思想为指导，深入贯彻落实科学发展观，以推进廉政风险防范管理工作为切入点，进一步加强规范管理、进一步加强宣传教育、进一步加强制度建设，推进局系统党风廉政建设工作的深入开展。

（二）目标要求。按照市委、市政府的部署和要求，结合我局实际，采取先局机关后直属单位的工作方式，稳步推进廉政风险防范工作。到2009年底，完成局机关廉政风险防范工作，总结和积累廉政风险防范管理工作的经验；到2010年底，完成局各直属单位廉政风险防范管理工作，在此基础上，建立制度保障、程序运行、考核评价等配套体系；到2012年底，建立较完善的廉政风险防范管理长效机制。

三、推进廉政风险防范管理的主要内容和方法步骤。

（一）主要内容。各直属单位和机关各处室要结合本单位、本部门的实际，突出重要岗位，认真查找在思想道德、岗位职责、业务流程、制度机制等方面可能发生腐败行为的风险点，制定防控措施，加强监督管理。并采取前期预防、中期监控、后期处置等防控措施，通过制订方案、贯彻落实、监督检查、考核评价和总结调整等环节，推进我局廉政风险防范管理工作。

（二）方法步骤。各直属单位和机关各处室要结合本单位、本部门的实际，重点围绕查准找全风险点、制定完善措施、实施有效监督、严格考核评价，认真做好以下工作。

1.排查廉政风险。采取自上而下和自下而上相结合的方式，从行政管理事项、业务工作流程等方面逐一排查廉政风险点，按发生几率、危害程度确定风险等级，经局党组会和各直属单位党委（总支、支部）会严格审核把关后，将风险点登记汇总，在各直属单位和局机关一定范围公布。

（1）查找岗位风险。按照全员参与的要求，局属各级党员干部要认真分析并查找出个人在思想道德、岗位职责和外部环境等方面存在的或潜在的风险内容及其表现形式，报所在党组织机关各处室审核。

（2）查找处室（科室）风险。针对人、财、物管理和行政许可、行政服务类事项办理等重要岗位，组织处室（科室）对照职责定位，分别查找在业务流程和外部环境等方面存在或可能存在的廉政风险，并将风险内容和表现形式，报所在单位纪检组（纪委）审核。

(3) 查找各直属单位风险。结合实际，各直属单位要重点查找在“三重一大”（重大事项决策、重要人事任免、重大项目安排和大额度资金使用）等方面容易产生腐败行为的风险内容和表现形式，报局党组、纪检组备案。

2.制定防控措施。围绕排查确定的风险点和风险等级，有针对性地提出防控措施，进一步建立健全各项规章制度、明确岗位职责、工作流程等。

(1) 针对岗位风险，由本人对照与业务工作相关的规章制度，提出防范控制风险的工作流程和办法，报局纪检组和各直属单位党委（总支、支部）备案。

(2) 针对各直属单位风险，由各直属单位领导班子围绕决策、执行过程和监督检查、考核等关键环节，研究制定具体防控措施和相关工作程序，统一以流程图形式在一定范围内予以公开。

(3) 针对行业风险，局有关部门要认真分析、研究本系统存在的共性问题，结合实际，进一步健全完善防控风险的相关规章制度，形成有效的防范机制。

3.加强监督管理。按照权力运行的风险内容和等级，各直属单位和机关各处室要实行分级管理、分级负责。对廉政风险等级较高的权力，由局主管领导和各单位主要领导直接管理和负责；对廉政风险等级一般的权力，由各直属单位分管领导和机关各处室负责人直接管理和负责。

4.检查考核效果。各直属单位和机关各处室要通过定期自查、问卷调查、民主测评、社会评议等方式，对廉政风险防范各项措施的落实情况进行考核评估。局党组将适时对局系统各单位廉政风险防范各项制度的落实情况进行检查。考核结果将与党员干部年度考核、工作目标考核以及党风廉政建设责任制挂钩。

5.完善工作流程。以年度为周期，根据考核评价结果，纠正存在问题，不断完善工作程序，及时调整风险内容和防控制度等。

四、加强对廉政风险防范管理工作的组织领导。

（一）加强领导。各直属单位党委（总支、支部）和机关各处室要高度重视此项工作，加强组织领导，周密部署安排，研究制定工作方案，认真组织实施。各直属单位和机关各处室主要领导要带头查找廉政风险，带头抓好本单位、本部门的廉政风险防范管理，确保将此项工作落到实处。

（二）落实责任。局纪检组具体负责廉政风险防范管理工作的组织、协调和推进工作。各直属单位要明确相应的工作机构，各直属单位党政主要领导负总责，亲自抓，主管领导具体抓。人事、财务、党务、宣传等部门要共同参与，形成一把手负总责、党政齐抓共管、纪委组织协调的工作机制。

（三）突出重点。各直属单位和机关各处室要按照贯彻落实科学发展观的要求，确定重点岗位、重点部门、重要领域和重要环节，着力解决群众关心的热点、难点和重点问题，努力推进廉政风险防范管理工作在全局系统的开展。

关于印发《中共北京市体育局党组2009年党风廉政建设和反腐败工作主要任务责任分解方案》的通知

京体字〔2009〕26号

局各直属单位、机关各处室：

《中共北京市体育局党组2009年党风廉政建设和反腐败工作主要任务责任分解方案》（以下简称《责任分解方案》）已经局党组会议讨论通过，现印发给你们，请结合工作实际对照《责任分解方案》认真抓好落实。

二〇〇九年三月三十一日

中共北京市体育局党组2009年党风廉政建设和反腐败工作主要任务责任分解方案

为贯彻全市党风廉政建设工作会议精神，按照市纪委要求，结合市体育局实际，现将局党组2009年党风廉政建设和反腐败工作主要任务分解如下：

一、进一步加强党员干部教育工作。

主要任务和要求：

（一）局各级党组织要高度重视政治纪律，深入开展政治纪律教育和宣传，促使广大党员干部增强政治意识、政权意识、责任意识、忧患意识，始终同党中央保持高度一致，认真落实和严格执行市委、市政府的各项决策部署。

（二）局属各级党组织要继续坚持深入学习科学发展观活动好的经验做法，结合加强领导干部作风建设年活动的开展，通过多种形式，在党员干部中开展党性党风党纪教育，加强领导干部党性修养和党性锻炼，促进领导干部进一步转变作风。

完成时间：2009年全年

责任处室：机关党委、监察处

主管领导：孙康林、孙学才、胡蓉

二、认真抓好党风廉政建设责任制工作。

主要任务和要求：

（一）按照“一岗双责”的要求，各直属单位党委（总支、支部）要结合实际，制定本单位、本部门党风廉政建设和反腐败工作责任目标，明确主管领导和分管领导的责任，将反腐倡廉的任务与业务工作同部署、同检查、同落实。

（二）局党组采取民主测评、听取汇报、座谈会等形式，将各直属单位领导班子贯彻落实党风廉政建设责任制情况作为年度考核中的一项重要内容。

完成时间：2009 年全年

责任处室：人事处、机关党委、监察处

主管领导：孙康林、孙学才、胡蓉

三、积极开展廉政风险防范管理工作。

主要任务和要求：

按照市委部署和市纪委要求，机关各处室要结合本部门的实际和工作职责，认真查找在思想道德、岗位职责、业务流程、制度机制等方面可能发生腐败行为的风险点；制定防控措施，加强监督管理。并采取前期预防、中期监控、后期处置等防控措施，重点围绕制订方案、贯彻落实、监督检查、考核评价和总结调整等环节开展工作。

完成时间：2009 年全年

责任处室：办公室、法规宣传处、群众体育处、竞技体育处、市场管理处、规划建设处、财务处、科教处、人事处、机关党委、监察处

主管领导：孙康林、孙学才、牛德成、李晋康、李丽莉、苑振洲、胡　蓉、邓少辉

四、领导干部廉洁自律工作。

主要任务和要求：

严格遵守领导干部廉洁自律的各项规定，按照中央纪委的部署，严格禁止领导干部利用职务上的便利谋取不正当利益。一是严禁领导干部违反规定收送现金、有价证券、支付凭证和收受干股等行为。二是落实领导干

部配偶和子女从业、投资入股、到国（境）外定居等规定和有关事项报告等级制度，严禁发生与公共利益冲突的行为。三是纠正领导干部违反规定发放住房补贴、多占住房、以明显低于市场价格购置住房或以劣换优、以借为名占用住房等问题。四是严禁领导干部利用和操纵招商引资项目、资产重组项目，为本人或特定关系人谋取私利。五是严禁领导干部相互请托，违反规定为对方的特定关系人再就业、投资入股、经商办企业等方面提供便利，谋取不正当利益。

完成时间：2009年全年

责任处室：监察处、人事处

主管领导：孙康林、孙学才、胡蓉

五、继续开展制止党政干部公款出国(境)旅游专项工作。

主要任务和要求：

（一）按照北京市体育局《关于开展贯彻落实制止党政干部公款出国（境）旅游专项工作的通知》要求和时间安排，各直属单位要完成自查和统计工作，经局专项治理领导小组汇总后上报有关部门。

（二）自查工作结束后，局专项工作治理工作领导小组将有针对性地开展调查研究工作，制定和完善相关制度，从源头上预防因公出国（境）旅游行为的发生。

完成时间：2009年全年

责任处室：办公室、财务处、监察处

主管领导：孙康林、胡　蓉、邓少辉

六、进一步规范政务公开和全程办事代理制工作。

主要任务和要求：

（一）按照市政府的要求，不断完善我局政务公开工作机制，通过多种形式，将机构职责情况、工作目标及完成情况、行政审批情况、执法执纪情况、人事管理、群众体育情况、体育市场管理等事项向社会公开。

（二）加强对各直属单位开展办事公开工作的指导，进一步规范公开内容、公开形式和公开范围，定期对各单位开展政务工作的情况进行督促和检查。

（三）进一步规范我局全程办事代理制工作，加强对行政许可和服务类事项办理程序、办理时限等重要环节的监督检查。

完成时间：2009 年全年

责任处室：办公室（行政服务办公室）、法规宣传处、群众体育处、竞技体育处、市场管理处、规划建设处、财务处、科教处、人事处、监察处，信息中心、社体中心、竞赛中心

主管领导：孙康林、孙学才、牛德成、李晋康、李丽莉、苑振洲、胡　蓉、邓少辉

七、继续做好领导干部任期经济责任审计工作。

主要任务和要求：

按照《北京市体育局党政领导干部任期经济责任审计工作程序》和《北京市体育局关于进一步加强经济责任审计工作的意见》要求，继续做好有关直属单位领导干部任期经济责任审计工作，将领导干部任期经济责任审计结果，作为领导干部班里调任、转任、轮岗、免职、辞职、退休等事项前和干部考核的依据。

完成时间：2009 年全年

责任处室：财务处、人事处、监察处

主管领导：孙康林、胡　蓉

八、加强第十一届全国运动会赛风赛纪工作。

主要任务和要求：

各有关参赛单位要严格遵守国家体育总局《第十一届全国运动会工作人员纪律规定》及北京市体育局《关于加强第十一届全国运动会赛风赛纪工作的通知》中的各项规定，加强对教练员、运动员和工作人员的教育，

认真抓好赛风赛纪工作，严肃赛场纪律，坚决杜绝违纪违规行为的发生。

完成时间：2009 年全年

责任处室：竞技体育处、科教处、监察处

主管领导：孙康林、牛德成、胡 蓉

九、坚决纠正体育行业不正之风。

主要任务和要求：

（一）坚决查处在各种赛事中弄虚作假、收钱送钱和黑哨等行为。

（二）在招收运动员工作中，严格工作程序和规定，坚决杜绝违反规定收用不合格或有不良行为人员问题的发生。

完成时间：2009 年全年

责任处室：竞技体育处、科教处、监察处

主管领导：孙康林、牛德成、李晋康、胡 蓉

十、加强对局属重大投资项目的监督检查

主要任务和要求：

（一）严格执行招投标程序和认真履行相关申报制度，做到程序规范、手续完备。

（二）加强日常监督检查，进一步强化相关部门和单位的责任。

完成时间：2009 年全年

责任处室：监察处、规划建设处

主管领导：胡 蓉、邓少辉

中共北京市体育局党组关于在直属单位开展廉政风险防范管理工作的通知

京体字〔2009〕50号

市体育局各直属单位党委（总支、支部）：

为了贯彻落实《中共北京市委、北京市人民政府关于在全市推进廉政风险防范管理工作的意见》，我局根据面临全运会的实际情况，于2009年4月开始本着“先局机关，后直属单位”的原则，在局机关先期开展了廉政风险防范管理工作。推进廉政风险防范工作，是市委、市政府在全市深入开展党风廉政建设和反腐败工作的重要举措，是在新的形势下有效预防腐败的新途径新方法。根据工作总体部署，决定于2009年12月初至2010年6月底，在局直属单位开展廉政风险防范管理工作。为使工作有效开展，特提出如下工作意见。

一、各直属单位党委（总支、支部）要充分认识推进廉政风险防范管理的重要性和必要性。

（一）推进廉政风险防范管理是进一步加强市体育局系统党风廉政建设工作的重要内容。推进廉政风险防范管理工作是贯彻落实中央提出的坚持“标本兼治、综合治理、惩防并举、注重预防”的方针的有效方式。按照市委、市政府推进廉政风险防范管理的部署和要求，各直属单位党委（总支、支部）要充分认识开展此项工作对于进一步推进体育系统党风廉政建设和反腐败工作深入开展的重要性，切实将其作为本单位党风廉政建设工作的重要内容。各直属单位要结合自身工作实际，突出重点，落实责任，全员参与，认真查找每个工作岗位的风险点，努力推进局系统廉政风险防范管理，为体育事业健康、有序的发展和广大党员干部的健康成长提供保证。

（二）推进廉政风险防范管理是进一步加强党员领导干部廉洁自律工作的重要组成部分。近年来，局系统深入开展领导干部廉洁自律工作，在抓宣传教育、制度建设和规范管理方面取得了一定成效。但根据面临的新形势、新要求，还需要进一步加强和深化领导干部廉洁自律工作，推进廉政风险防范管理，为促进党员干部特别是党员领导干部廉洁从政提供了重要契机。因此，各直属单位党委（总支、支部）要高度重视，切实将推进廉政风险防范管理作为进一步推进党风廉政建设的重要组成部分。

（三）推进廉政风险防范管理是对权力运行实施有效监控的重要手段。廉政风险防范管理主要是针对权力运行中的风险和监督管理中的薄弱环节，采取主动预防、事前预防的方式，推动监督关口前移。推进廉政风险防范管理是促进民主管理、程序公开、运行规范的重要手段，可以大大提高党员干部自觉接受监督、主动参与监督和积极化解廉政风险的意识。各直属单位党委（总支、支部）要结合实际，使预防腐败的责任落实到每一个岗位和每一个人，不留死角，层层推进我局廉政风险防范管理工作。

二、推进廉政风险防范管理的指导思想和目标要求。

（一）指导思想。坚持以邓小平理论和“三个代表”重要思想为指导，深入贯彻落实科学发展观，以推进廉政风险防范管理工作为切入点，进一步加强规范管理、进一步加强宣传教育、进一步加强制度建设，推进局系统党风廉政建设工作的深入开展。

（二）目标要求。各直属单位要按照市委、市政府的部署和要求，结合实际，积极稳妥地推进廉政风险防范工作。2010 年 6 月底前，各直属单位党委（总支、支部）完成廉政风险防范管理工作中风险点的查找、重点工作（人、财、物）工作规范程序或流程的制定，对于防范风险点的相关制度建设等工作内容，建立较完善的廉政风险防范管理长效机制。

三、推进廉政风险防范管理的主要内容和方法步骤。

（一）主要内容。各直属单位党委（总支、支部）要结合本单位实际，突出重要岗位，认真查找在思想道德、岗位职责、业务流程、制度机制等方面可能发生腐败行为的风险点，制定防控措施，加强监督管理。采取前期预防、中期监控、后期处置等防控措施，通过制订方案、贯彻落实、监督检查、考核评价和总结调整等环节，推进廉政风险防范管理工作。

（二）方法步骤。各直属单位党委（总支、支部）要结合实际，重点围绕查准找全风险点、制定完善措施、实施有效监督、严格考核评价，认真做好以下工作：

1.排查廉政风险。采取自上而下和自下而上相结合的方式，从行政管理事项、业务工作流程等方面逐一排查廉政风险点，按发生几率、危害程度确定风险等级，经各直属单位党委（总支、支部）会严格审核把关后，将风险点登记汇总后，在一定范围公布。

(1) 查找岗位风险。按照全员参与的要求，局属各级党员干部要认真分析并查找出个人在思想道德、岗位职责和外部环境等方面存在的或潜在的风险内容及其表现形式，报所在党组织审核。

(2) 查找科室风险。针对人、财、物管理等重要岗位，组织科室对照职责定位，分别查找在业务流程和外部环境等方面存在或可能存在的廉政风险，并将风险内容和表现形式，报所在单位纪检组（纪委）审核。

(3) 查找各直属单位风险。各直属单位党委（总支、支部）要结合实际，重点查找在“三重一大”（重大事项决策、重要人事任免、重大项目安排和大额度资金使用）等方面容易产生腐败行为的风险内容和表现形式，报局纪检组备案。

2.制定防控措施。围绕排查确定的风险点和风险等级，有针对性地提出防控措施，进一步建立健全各项规章制度、明确岗位职责、工作流程等。

(1) 针对岗位风险，由本人对照与业务工作相关的规章制度，提出防范控制风险的工作流程和办法，报各直属单位党委（总支、支部）备案。

(2) 针对各直属单位风险，由各直属单位领导班子围绕决策、执行过程和监督检查、考核等关键环节，研究制定具体防控措施和相关工作程序，统一以流程图形式在一定范围内予以公开，并报局纪检组备案。

3.加强监督管理。按照权力运行的风险内容和等级，各直属单位党委（总支、支部）要实行分级管理、分级负责。对廉政风险等级较高的权力，由各单位主要领导直接管理和负责；对廉政风险等级一般的权力，由各直属单位分管领导和科室负责人直接管理和负责。

4.检查考核效果。各直属单位党委（总支、支部）要通过定期自查、问卷调查、民主测评、社会评议等方式，对廉政风险防范各项措施的落实情况进行考核评估。局纪检组将适时对局系统各单位廉政风险防范各项制度的落实情况进行检查。考核结果将与党员干部年度考核、工作目标考核以及党风廉政建设责任制挂钩。

5.完善工作流程。以年度为周期，根据考核评价结果，纠正存在问题，不断完善工作程序，及时调整风险内容和防控制度等。

四、加强对廉政风险防范管理工作的组织领导。

（一）加强领导。各直属单位党委（总支、支部）要高度重视此项工作，加强组织领导，周密部署安排，研究制定工作方案，认真组织实施。各直属单位主要领导要带头查找廉政风险，带头抓好本单位的廉政风险防范管理，确保落到实处。

（二）落实责任。局纪检组具体负责廉政风险防范管理工作的组织、协调和推进工作。各直属单位要明确相应的工作机构，各直属单位党政主要领导负总责，亲自抓，主管领导具体抓。人事、财务、党务、宣传等部门要共同参与，形成一把手负总责、党政齐抓共管、纪委组织协调的工作机制。

（三）突出重点。各直属单位党委（总支、支部）要按照贯彻落实科学发展观的要求，确定重点岗位、重点部门、重要领域和重要环节，着力解决群众关心的热点、难点和重点问题，努力推进廉政风险防范管理工作在全局系统的开展。

附件：1.北京市体育局直属单位查找廉政风险点统计表（科室）

2.北京市体育局直属单位廉政风险点识别、自我防控一览表（个人）

二〇〇九年十一月十八日

中共北京市体育局党组关于印发《北京市体育局直属单位领导班子党风廉政建设和反腐败工作考核办法（试行）》的通知

京体字〔2009〕54号

局各直属单位：

为进一步建立健全市体育局系统党风廉政建设和反腐败工作机制，不断完善各项工作制度，经局党组会议研究，现将《北京市体育局直属单位领导班子党风廉政建设和反腐败工作考核办法（试行）》印发给你们，请遵照执行。

二〇〇九年十二月三日

北京市体育局直属单位领导班子党风廉政建设和反腐败工作考核办法（试行）

根据《中共北京市委关于贯彻落实<健全教育、制度、监督并重的惩治和预防腐败体系实施纲要>的意见》要求和中共北京市委关于开展廉政风险防范管理工作的需要，结合我局工作实际，特制定本办法。

一、考核工作的指导思想和基本原则。

坚持以邓小平理论、“三个代表”重要思想和科学发展观为指导，深入贯彻落实党的十七大精神，按照《健全教育、制度、监督并重的惩治和预防腐败体系实施纲要》要求，结合廉政风险防范管理工作的深入开展，通过建立党风廉政建设和反腐败工作考核评价体系，进一步健全和完善党风廉政建设和反腐败工作机制，促进领导班子和领导干部提高抓好党风廉政建设和反腐败工作的自觉性，确保市体育局系统党风廉政建设和反腐败各项工作任务完成，为北京体育事业实现又好又快发展提供有力保障。

党风廉政建设考核工作坚持实事求是，注重实效，客观公正，群众认可的原则。

二、考核的主要内容。

市体育局党组根据党风廉政建设和反腐败工作的年度部署，对被考核单位实施考核。考核分三个方面：一是领导班子年度完成党风廉政建设和反腐败工作情况；二是廉政风险防范管理工作的实施情况；三是各直属单位完成党风廉政建设和反腐败工作任务情况。

三、考核方法和程序。

（一）考核方法

1.年初，市体育局党组对各直属单位下达党风廉政建设和反腐败工作考核内容，各单位根据考核内容结合本单位实际进行细化、分解。

2.各直属单位党委（总支、支部）将党风廉政建设和反腐败工作纳入领导班子民主生活会的重要内容，每半年根据党风廉政建设和反腐败工作的任务分解实施情况进行自查。

3.年终，各直属单位领导班子对年度贯彻落实责任制情况进行全面自查，并形成专题报告上报市体育局党组、纪检组。

4.各直属单位领导班子党风廉政建设考核与职责绩效考核相一致，每年开展一次。考核具体内容按照《市体育局直属单位领导班子党风廉政建设考核评价表》中的评价要素做出定量评价。

5.考核工作由局党风廉政建设领导小组组成检查考核小组进行，采取听取汇报、查阅文件资料、召开座谈会、征求干部职工意见等方式进行综合定量评价。

6.考核结束后，由考核小组填写领导班子党风廉政建设考核评价表，进行量化评分。

（二）考核程序

1.局检查考核小组确定考核单位后，被考核单位要认真自检自查，形成领导班子自查报告，做好接受检查的准备工作。

2.局党风廉政建设领导小组检查结束后，形成综合考评意见报局党组，并将综合评价情况反馈被考核单位。

3.对被考核单位的综合评价情况在局系统内通报，并纳入局年度领导班子职责绩效考核体系。

四、工作要求

（一）各直属单位要高度重视领导班子党风廉政建设考核工作，根据考核内容认真准备相关资料，积极配合检查考核小组工作，确保考核工作顺利进行。

（二）被考核单位要正确对待考核工作，真实、客观地提供相关材料和介绍年度党风廉政建设总体情况，坚决防止弄虚作假或以不正当手段影响考核评价工作的行为。

（三）被考核单位领导班子成员中当年发生违纪违法行为或单位中党员发生重大刑事案件的，党风廉政建设考核实行一票否决。

（四）当年未被列入党风廉政建设考核的单位，要按照年度考核内容进行自查，将自查报告于每年 11 月 15 日前上报局纪检组。

（五）参与考核的部门和人员要认真履行职责，严格执行规定的程序和要求，客观、公正地反映被考核单位的真实情况。

附件：北京市体育局直属单位领导班子党风廉政建设工作和反腐败工作考核评价表

北京市体育局直属单位领导班子党风廉政建设和反腐败工作考核评价表

项目	应得分	实得分	考核具体内容及评分标准	备注
领导班子党风廉政建设工作	15分		1. 年度党风廉政建设工作任务有部署、有计划、有要求、有检查。(3分) 2. 有较完善的党风廉政建设责任制考核办法。(2分) 3. 自觉加强领导班子自身建设,认真贯彻执行民主集中制原则,定期召开民主生活会。(6分) 4. 坚持理论中心组学习中安排党风廉政建设学习内容。(2分) 5. 领导班子定期研究本单位党风廉政建设工作。(2分)	
落实党风廉政建设工作任务	15分		1. 认真完成局党组部署的党风廉政建设各项工作任务,推进惩防体系建设情况。(3分) 2. 建立健全本单位党风廉政建设工作制度,加强对干部监督检查情况。(3分) 3. 在党员中开展党风廉政建设宣传教育情况。(3分) 4. 本单位主要领导对党员讲党课情况。(3分) 5. 推进廉政风险防范工作相关制度、工作程序制定情况特别是加强对权力部门和人员的监督制约情况。(3分)	
领导干部廉洁自律	15分		1. 领导班子及其成员自觉遵守党的政治纪律和廉洁从政的各项规定情况。(5分) 2. 坚持领导干部述职述廉,坚持对新任干部廉政谈话制度,对有轻微错误的干部及时诫勉谈话。(4分) 3. 严格执行领导干部重大事项报告制度,如实报告重大事项。(3分) 4. 严格执行领导干部收入申报制度,如实申报个人收入情况。(3分)	
重要事项决策情况	10分		1. 重大问题、重要人事任免、重要项目安排和大额资金使用履行决策程序情况。(5分) 2. 重要事项发挥党员大会、职工代表大会作用情况。(5分)	
厉行节约制止奢侈浪费工作	15分		1. 严格压缩会议、控制会议规模情况。(4分) 2. 严格控制各种庆典活动和开支,不赠送礼品和纪念品情况。(4分) 3. 严格控制公款出国(境)情况。(3分) 4. 严格控制利用公款大吃大喝,建立严格的接待制度情况。(4分)	
纠正行业不正之风	15分		1. 在国内外重大比赛中无使用违禁药物。(4分) 2. 在招生和招投标工作中,无以权谋私、吃拿卡要、违反规定程序行为。(6分) 3. 在接受捐资、赞助等经济活动中,无行贿受贿等问题。(5分)	
群众来信来访接待	15分		1. 领导重视信访工作,及时处理和解决群众信访中反映的问题,无久拖不办行为。(5分) 2. 无越级集体上访事件。(5分) 3. 严格执纪,有案必查,并按照党纪条规及时处理。(5分)	

北京市体育局关于印发《北京市体育局系统接受社会捐赠（赞助）工作管理暂行办法》的通知

京体办字〔2009〕84号

市体育局各直属单位、机关各处室：

现将《北京市体育局系统接受社会捐赠（赞助）工作管理暂行办法》印发给你们，请结合实际，认真贯彻执行。

二〇〇九年四月二十二日

北京市体育局系统接受社会捐赠（赞助）工作管理暂行办法

第一条 为了加强对市体育局系统接受社会捐赠（赞助）工作的管理，保护社会捐赠（赞助）单位（个人）和受赠单位（个人）的合法权益，依据《中华人民共和国公益事业捐赠法》、《中华人民共和国体育法》以及《北京市全民健身条例》等有关法律、法规的规定，结合市体育局实际，制定本办法。

第二条 本办法所称社会捐赠（赞助）是指企业事业单位、社会团体以及其他组织和个人（以下统称"捐赠方"）以货币、实物等方式，支持北京体育事业的行为。

第三条 本办法所规范的接受社会捐赠（赞助）范围系指市体育局系统所属单位和个人（以下统称"受赠方"）。

第四条 鼓励捐赠方通过不同方式支持群众性体育活动、体育赛事和优秀运动队建设，并按照国家有关规定享受优惠政策。

第五条 接受社会捐赠（赞助）的原则：

(一) 符合国家的法律、法规和有关规定的原则；

(二) 自愿的原则；

(三) 捐赠方意愿与受赠方利益相统一的原则；

(四) 专款专用的原则；

(五) 公开、透明的原则。

第六条 捐赠方与受赠方所签订的合同（协议）由市体育局统一编制。受赠方须具有法人资格方可与捐赠方签署合同（协议）；以个人名义接受社会捐赠（赞助），应当及时向所在校（院）报告，并执行所在单位有关规定，接受所在单位的管理和监督。

第七条 捐赠方和受赠方应当在坚守诚信的前提下，严格按照约定享有相应的权利和履行相应的义务，认真执行双方签订的合同（协议）。

第八条 受赠方应当妥善使用、管理捐赠（赞助）资产，不得擅自改变捐赠方意愿，因特殊情况确需改变资产性质和用途的，应当及时向捐赠方说明情况，并征得捐赠方的同意后，签订补充履约协议。

第九条 受赠方应当对捐赠资金分类登记帐册，及时登记捐赠资金的取得、验收、处置等情况，做到账目清楚、手续齐全、记录完整。

第十条 受赠方对捐赠方捐赠（赞助）的实物资产，应当建立健全验收、登记、保管、领用等管理制度；对接受的实物资产，应当办理入库手续，登记相关账目，领用时应当履行审批程序，办理出库手续。

第十一条 受赠方应当建立健全财务会计制度和受赠资产使用等专项制度，定期对受赠资产的使用情况进行自查，确保受赠资产安全、有效。

第十二条 以优秀运动队名义接受的社会捐赠（赞助）的款物由所在校（院）统一管理，设立专门账户，合理使用，严禁私分、截留、挪用、克扣、挤占等行为。

第十三条 受赠方应当建立受赠资产档案制度，对受赠项目的方案、合同（协议）、执行、完成等情况进行档案管理。

第十四条 市体育局市场管理处负责全局系统接受社会捐赠（赞助）

工作的统筹指导和管理工作，加强与体育市场开发、体育产业发展的统筹策划，扩展社会捐赠（赞助）体育事业的领域，加强对接受社会捐赠（赞助）单位的业务指导和协调工作。

第十五条 市体育基金会按照《基金会管理条例》（国务院第400号令）等有关法规规定，发挥基金会的作用，开展社会募集、接受捐赠等支持体育事业发展的活动；接受财政、税务、审计等部门的检查、监督。

第十六条 受赠方应当接受审计部门的审计，并将接受社会捐赠（赞助）情况、资产管理和使用等情况，通过一定方式公布，自觉接受群众监督。

第十七条 受赠方应当在每年的一月份将上年度所接受社会捐赠（赞助）情况上报市体育局财务和监察部门备案，接受财务和监察部门的监督。

第十八条 本办法由市体育局市场管理处、监察处负责解释。本办法自2009年5月1日起施行。

北京市体育局关于印发《市体育局开展“小金库”治理工作方案》的通知

京体办字〔2009〕105号

局各直属单位、机关各处室：

根据《中央办公厅、国务院办公厅关于深入开展“小金库”治理工作的意见》和全国“小金库”治理工作电视电话会议精神，特制定《北京市体育局关于开展“小金库”治理工作方案》。现印发给你们，请遵照执行。

二〇〇九年五月十八日

北京市体育局开展“小金库”治理工作方案

根据《中共中央办公厅、国务院办公厅〈关于深入开展“小金库”治理工作的意见〉的通知》（中办发〔2009〕18号，以下简称《意见》），为认真贯彻落实《意见》，结合我局实际，特制定如下工作方案：

一、开展“小金库”专项治理工作的范围和内容。

（一）专项治理工作的范围：局机关各处室和各直属单位。直属单位以财政全额拨款单位为重点。

（二）专项治理工作的内容：违反法律法规以及其他有关规定，应列入而未列入符合规定的单位账簿的各项资金（含有价证券）及其形成的资产。重点是2007年以来各项“小金库”资金的收支数额，以及2006年底“小金库”资金滚存余额和形成的资产。对设立“小金库”数额较大或情节严重的，应追溯到以前年度。

“小金库”主要包括：

1.违规收费、罚款及摊派设立“小金库”；

2.用资产处置、出租收入设立“小金库”；

3.以会议费、劳务费、培训费和咨询费等名义套取现金设立“小金库”；

4.经营收入未纳入规定账簿核算设立“小金库”；

5.虚列支出转出资金设立“小金库”

6.以假发票等非法票据骗取资金设立“小金库”；

7.上下级单位之间相互转移资金设立“小金库”；

8.所接受的社会捐赠（赞助）未纳入财务管理设立“小金库”。

二、开展“小金库”专项治理工作的基本原则。

（一）分级负责的原则。局机关各处室、各直属单位在工作开展中要做到一级抓一级、层层落实。

（二）统筹兼顾的原则。开展“小金库”专项治理工作，要努力实现规范和监管相结合，形成“小金库”专项治理工作的合力。

（三）宽严相济的原则。在开展“小金库”专项治理工作中，要本着“惩前毖后、治病救人”的方针，对自查出的“小金库”责任单位和责任人从宽处理，对被查出的“小金库”责任单位和责任人从严处理。

（四）注重实效的原则。各单位在开展工作中，切实提高认识，避免走过场，要通过此次专项治理工作，达到统一思想、规范行为的目的。

（五）标本兼治的原则。各直属单位在开展工作的同时，要从注重预防、注重制度建设入手，逐步建立和完善治理“小金库”的长效机制，铲除“小金库”滋生的土壤。

三、开展“小金库”专项治理工作的步骤安排。

开展 “小金库”专项治理工作分四个阶段：

（一）第一阶段：动员部署阶段（5 月中旬至 6 月底）

局机关各处室、各直属单位要认真做好开展“小金库”专项工作的宣传发动工作，从思想上认清开展“小金库”治理工作的重要意义。各直属单位要将专项治理工作摆在重要议事日程，结合本单位实际，研究制定本单位具体工作方案，切实将此项工作落到实处。各直属单位要将工作方案于 6 月底前上报局财务处和监察处。

（二）第二阶段：自查自纠阶段（6 月底至 8 月中旬）

局机关各处室、各直属单位要按照要求，认真开展自查工作，全面摸清底数，切实做到不走过场，对自查中发现的问题及时进行纠正。各单位要设置并公布专项治理工作举报电话。各直属单位于 8 月中旬前将自查情况书面报送局财务处和监察处。所查资金上缴方式另行规定。

(三) 第三阶段：重点检查阶段 (8 月下旬至 10 月底)

局专项治理工作领导小组将适时对各单位开展工作情况进行重点检查，确保专项治理工作取得实效。

(四) 第四阶段：整改落实阶段 (11 月初至 12 月初)

局机关各处室、各直属单位对检查出的问题，要认真分析存在问题的原因，有针对性地制定整改和防控措施，进一步加强财务收支管理和监督，严格执行财务会计管理制度，杜绝“小金库”现象。

四、开展“小金库”专项治理工作的组织机构。

为加强“小金库”专项治理工作的组织领导，局成立领导小组：

组　长：孙惠林；副组长：胡　蓉

成员单位：财务处、监察处。办公室设在监察处。

五、开展“小金库”专项治理工作的基本要求。

(一) 把“小金库”专项治理工作与贯彻落实《建立健全惩治和预防腐败体系 2008—2012 年工作规划》结合起来。各直属单位党委（总支、支部）要做好教育引导工作，要探索建立预防监督制约的长效机制，避免“小金库”现象死灰复燃。

(二) 把“小金库”专项治理工作与预防职务犯罪工作结合起来。“小金库”是滋生腐败的土壤。对此，局机关各处室、各直属单位领导干部要对专项治理工作给予高度重视，精心组织、科学安排、务求实效。各直属单位要自觉接受局财务处有关规范财务制度的指导和监督，进一步严格财政性资金的使用和管理，杜绝各种违法违规行为的发生。

(三) 把“小金库”专项治理工作与加强财经纪律结合起来。要进一步健全财务制度，提高各级领导依法管理、按规办事的意识，强化源头治理和制约机制建设，注重日常监管。

北京市体育局转发市纪委等部门关于在北京市党政机关和事业单位开展“小金库”专项治理工作有关文件的通知

京体办字〔2009〕116号

局各直属单位、机关处室：

为贯彻全国“小金库”治理工作会议精神，市纪委、市监察局、市财政局、市审计局下发了《关于印发〈关于在北京市党政机关和事业单位开展“小金库”专项治理工作的实施办法〉的通知》（以下简称《通知》），并专门召开会议进行部署。现将《通知》转发给你们，请各部门、各单位根据《通知》中的规定和要求，并结合我局开展“小金库”治理工作方案，认真组织本部门、本单位“小金库”治理工作。为使“小金库”治理工作切实取得实效，特提出如下要求：

一、局各直属单位、机关各处室要高度重视此次“小金库”治理工作，认真做好宣传发动工作，为“小金库”治理工作的有效开展奠定基础。

二、局各直属单位、机关各处室要全面理解和掌握“小金库”治理工作中的有关政策规定，严格按照《通知》规定的阶段和时间开展工作，特别是认真做好自查自纠阶段工作，填写有关统计表格，务必于6月19日前上报局财务处。

三、在“小金库”治理工作中，通过自查发现的问题从轻从宽处理，对被查发现的“小金库”，除依法进行财务、税务等相关处理外，还要对责任单位和责任人依法给予行政处罚，并依纪依法追究责任。

二〇〇九年六月四日

北京市体育局关于印发《北京市体育局开展厉行节约各项工作的方案》的通知

京体办字〔2009〕117 号

局各直属单位、机关各处室：

根据《中共中央办公厅、国务院办公厅关于党政机关厉行节约若干问题的通知》及《中共北京市纪委、北京市监察局关于认真开展厉行节约各项工作的通知》精神，特制定《北京市体育局开展厉行节约各项工作的方案》，现印发给你们，请遵照执行。

二〇〇九年六月八日

北京市体育局开展厉行节约各项工作的方案

根据《中共中央办公厅、国务院办公厅<关于党政机关厉行节约若干问题的通知>》（中办发 [2009] 11 号）及《中共北京市纪委、北京市监察局<关于认真开展厉行节约各项工作的通知>》（京纪发 [2009] 11 号）精神，为确保厉行节约各项工作的贯彻落实，结合我局实际，特制定如下工作方案：

一、开展厉行节约涉及的主要内容。

（一）因公出国（境）费用；

（二）车辆购置及运行费用；

（三）公务接待费用；

（四）各类会议费用；

（五）水、电、油费用。

二、开展厉行节约的工作目标。

（一）严格因公出国（境）管理。局各直属单位、机关各处室要本着务实高效、精简节约的原则，严格控制出访计划和费用支出，局系统因公出国（境）经费支出要在近3年平均数的基础上压缩20%。

（二）严格车辆购置及运行费用管理。局各直属单位和机关车辆购置及运行费用支出要在近3年平均数的基础上降低10%。

（三）严格控制公务接待费用支出。局各直属单位和机关要严格公务接待预算支出管理，使公务接待费用每年有所降低。

(四)严格控制各类会议费用支出。局各直属单位、机关各处室要严格控制各类会议数量和规模,做到可开可不开的会议不开,能合并的会议一律合并。

（五）严格控制用水、用电、用油费用支出。局各直属单位和机关要严格控制节水、节电、节油指标，力争每年有所降低。

三、开展厉行节约工作的组织机构。

为推动厉行节约工作的深入开展，切实取得实效，局成立领导小组：

组长：孙康林；副组长：胡蓉、邓少辉

成员单位：办公室、财务处、监察处。办公室设在监察处。

四、开展厉行节约的工作要求。

（一）以身作则、严格自律。各级领导干部要结合作风建设年的开展，大力发扬艰苦奋斗和勤俭节约的优良传统，带头抵制铺张浪费的不良风气，带头严格控制各类公款出国（境）活动，带头严格控制车辆运行费用，带头减少各类公务活动，带头控制各类会议费用。

(二)加强引导,务求实效。各直属单位要加强对干部、职工进行艰苦奋斗的教育,不断培养厉行节约的思想意识。要通过教育,使广大干部、职工在厉行节约中,切实形成从细微处入手、从点滴处做起的良好风气。

（三）严格把关，强化监督。凡涉及厉行节约相关工作内容的主管部门要认真履行职责，按照有关规定严格审批和管理。局有关部门将适时对各直属单位开展厉行节约情况进行检查。

北京市体育局关于进一步加强政务公开工作的通知

京体办字〔2009〕119号

局有关直属单位、机关各处室：

为贯彻落实市政务公开领导小组办公室关于加强政务公开工作的文件精神，进一步做好我局政务公开工作，现就有关事项通知如下：

一、充分认识推进政务公开工作的重要意义。

深入推进政务公开是贯彻落实科学发展观的客观需要；是坚持立党为公、执政为民的具体体现；是深入推进依法行政，建设法治政府的重要举措；是建立健全惩治和预防腐败体系，形成行为规范、运转协调、公正透明、廉洁高效的行政管理体制的重要内容。

推进政务公开，也是体育行政部门全面推进依法行政、依法治体的重要手段。推进政务公开，就是要增加体育行政部门工作的透明度，把体育行政管理行为置于社会的有效监督之下，促进决策的科学化、民主化。同时，确保体育行政部门及其工作人员严格按照法定权限和程序行使职权，切实做到情为民所系、权为民所用、利为民所谋。

局各有关具有公共管理职能的事业单位、机关各处室，要高度重视政务公开工作，充分认识政务公开工作的重要意义，确实将政务公开工作作为推动和促进工作的重要手段，不断提高依法行政、依法治体水平。

二、政务公开的内容和方式。

（一）政务公开的内容。凡是所运用行政权力与人民群众利益密切相关的事项，除国家和本市有保密规定的以外，均应在一定范围向社会公开。必须公开的内容：

1.体育法律、行政法规、规章和规范性文件；

2.体育发展规划和与社会发展及人民群众切身利益相关的统计信息；

3.行政职能、办事程序、办事人员、办事结果；

4.政府投资项目、办实事项目和折子工程以及实施情况；

5.政府集中采购项目的目录、标准和实施情况；

6.行政许可事项、依据、条件、数量、程序、时限以及申请行政许可需要提交的全部材料目录以及办理情况；

7.局属重大建设项目的批准、招投标以及实施情况；

8.体育行政事业性收费的项目、依据、标准；

9.行政法规、规章规定需要公开的事项。

（二）政务公开的方式。通过局域网、新闻发布会、新闻媒体、报刊以及办公地点设置专栏、通告公示等方式，向社会及时、准确发布。

三、政务公开工作的要求。

（一）局各有关直属单位、机关各处室在政务公开工作中，要遵循“公开是原则，不公开是例外”的工作准则。从广大群众关心和涉及群众切身利益的问题入手，按照方便群众办事、便于群众知情、有利于广大群众行使监督权的要求，不断拓展政务公开的内容和方式。

（二）局各有关直属单位、机关各处室要通过政务公开工作的深入开展，不断规范行政管理行为，提高行政管理水平。

（三）局各有关直属单位、机关各处室在政务公开工作中，要切实加强领导，强化责任，使政务公开工作的内容做到真实、准确、全面、及时、快捷。凡需要公开的内容，从具体内容确定之日起二十个工作日内，通过局域网等方式向社会发布。局政务公开工作领导小组将适时对局有关直属单位和机关各处室政务公开工作的实施情况进行检查。

二〇〇九年六月十二日

北京市体育局关于印发《市体育局实施行政监察现代化工程工作方案》的通知

京体办字〔2009〕264号

市体育局各有关直属单位、处室：

根据北京市监察局《关于开展北京市行政监察现代化工程的实施意见》（京监发[2009] 4号）的要求，市体育局制定了《北京市体育局实施行政监察现代化工程工作方案》（以下简称《工作方案》），现将《工作方案》印发，请遵照执行。

二〇〇九年十二月二十九日

北京市体育局实施行政监察现代化工程工作方案

根据北京市监察局《关于开展北京市行政监察现代化工程的实施意见》（京监发[2009] 4号）的要求，结合市体育局工作实际，制定市体育局实施行政监察现代化工作方案。

一、指导思想和工作目标。

（一）指导思想

坚持以科学发展观为指导，通过行政监察现代化工程的实施，促进市体育局依法行政，依法治体的能力和水平，提高市体育局行政效能，强化行政权力的监督，不断规范体育行政权力的运行，为体育事业实现又好又快发展提供有力保证。

（二）工作目标

1.充分运用信息技术和网络手段，进一步完善市体育局行政监察现代化系统工程建设，实现与市监察局行政监察现代化工程的互连互通、信息共享与数据交换。

2.将具有体育行业特点，对社会具有一定影响的健身气功活动及设立站点许可、一级运动员审批的体育行政行为，先纳入行政监察现代化工程系统。

3.通过对健身气功活动及设立站点许可、一级运动员审批的体育行政行为纳入行政监察现代化工程系统，实现对体育行政权力重点工作的实时监察，提高监察效能，逐步建立行政监察长效机制，延伸行政监察手段。

二、工作步骤。

按照市监察局的统一部署，统一顶层设计，分步实施，认真做好与市监察局监察数据和监察业务的对接准备工作，2010年底前完成对接。

（一）确定工作程序和责任处室

完成时间：2010年6月30日前。

责任处室和单位：竞技体育处、群众体育处、监察处、社会体育管理中心、信息中心。

（二）完成模块软件开发建设

完成时间：2010年9月30日前。

责任单位：信息中心负责软件开发的组织协调，承办软件开发的具体招投标、技术谈判和管理工作；竞技体育处负责提出一级运动员审批的规范要求和程序；社会体育管理中心负责提出健身气功活动及设立站点许可的规范要求和程序。

（三）实现市体育局行政监察网络与市监察局行政监察现代化工程对接

完成时间：2010年12月31日前。

责任处室和单位：竞技体育处和社会体育管理中心负责分管许可、审批事项的审定工作；信息中心负责技术组织保障和具体技术工作；监察处负责对接工作中的组织协调。

三、工作要求。

（一）加强组织领导，明确工作职责

为使行政监察现代化工程建设工作顺利进行，市体育局成立专项工作领导小组：

组长：胡　蓉

副组长：邓少辉

成员单位：竞技体育处、群众体育处、监察处、社会体育管理中心、信息中心。

领导小组办公室设在监察处。

领导小组负责行政监察现代化工程建设的组织、指导、协调工作，负责监察现代化工程建设的方案审查，负责模块框架结构设计审查，负责软件开发的组织领导工作，负责与市监察局对接的协调工作。

（二）完善业务流程，确定监察重点

巩固和扩大开展廉政风险防范管理工作的成果，对行政许可事项、行政执法、大额资金使用等重要业务工作流程和环节进一步梳理，进一步规范风险点和监察点的工作流程。

（三）推进网络办公，提高办事效率

以行政监察现代化建设为契机，积极推进市体育局办公信息系统的应用，进一步提高行政办事效率和行政管理行为的规范化。

庆祝国庆60周年

首都国庆 60 周年群众游行体育发展方阵总队训练调整方案

根据首都国庆 60 周年群众游行总体方案和《首都国庆 60 周年群众游行“体育发展”方阵总队训练任务书》，及国庆 60 周年群众游行第四分指挥部组织训练工作实施方案，制定本训练方案。

一、工作目标

按照“隆重、喜庆、节俭、祥和”的方针和“高质量、有创新”的原则，通过科学、系统的组织工作和高效、严格的训练工作，建设一支体能强、动作准、位置对、纪律严、风貌好的群众游行队伍，确保安全、准时、有序地完成国庆当天群众游行工作任务。

二、组织管理

按照“师生为基础、院校抓落实、总队抓统合、党委负主责、”的工作思路，“体育发展”方阵总队（1897 人，机动 57 人，共计 1954 人）下设四个大队，第一大队（627 人）由首都体育学院组成，第二大队（251 人）由首都体育学院 171 人、燕山向阳小学 60 人、北京第二体育运动学校 20 人组成，第三大队（513 人）由首都体育学院组成，第四大队（506 人）由吉利大学组成。首都体育学院合计 1311 人，机动 39 人，共计 1350 人；吉利大学机动 15 人，共计 521 人；燕山向阳小学机动 2 人，共计 62 人；北京第二体育运动学校机动 1 人，共计 21 人。

（一）训练处

处 长：曹金亮。

副处长：周尚海、郭尚林、李瑞林、庄小健。

(二) 专家顾问组

王少浦、徐卡文、袁 振、唐可明。

(三) 教练组

总教练：郭吉林。

教练组由各级教练员组成，负责完成总队的日常训练，游行时负责方阵的集结、会合、行进和疏散。

三、总队构成

总队逐级下设大队、中队、小队、班。

(一) 大队：每大队设大队长、副大队长、教导员各一名。

(二) 中队：每大队下设中队，每中队设中队长、副中队长各一名。

(三) 小队：每中队下设小队，每小队设小队长一名。

(四) 班：小队下设班，每班10人左右，设班长一名。

四、训练任务总体说明

(一) 队形规格：46排、57路，长45米、宽45米。

(二) 方阵间距：左右间距0.8米,前后间距1米。

(三) 步速步幅:116步/分钟,0.6米/步。

(四) 背景音乐:《红旗飘飘》。

(五) 彩车规格：长15米、宽6米、高10米。

(六) 方阵道具：足球、篮球、排球、乒乓球拍、羽毛球拍、网球拍、风筝、轮滑、运动自行车。

(七) 行进状态：运动员步伐。

(八) 时间参数：方阵首尾通过一点时间：0分39秒。

(九) 方阵间隔：方阵与后一方阵间隔25米。

五、训练安排

（一）组建阶段（6月18日至30日）

完成机构设置、体系组建、人员选拔和工作机制建立工作。

1. 6月18日前：完成总队教练的选拔、确认和推报工作。

2. 6月18日-19日：参加首都国庆游行策划动训工作专题会暨骨干培训班。

3. 6月22日：召开总队工作会，部署总队工作；落实总队职责任务、组织机构设置，主要岗位工作人员到位；建立工作制度和工作机制。

4.6月24日前：制定组织指挥实施方案和细化训练实施方案，制定训练课程表，制作方阵示意图和人员安排计划表，并报分指挥部和总指挥部策划动训部备审。

5.6月30日前：进行小教员培训；组建游行队伍，完成参加人员的选拔、政审工作；建立中队、小队（任务落实到人），任命各中队长、小队长；完成总队人员信息名册。

6. 6月30日前：建立总队工作对接机制，明确四个对接：即对接分指挥部，对接中队、小队，对接工作人员，对接工作保障。

7.6月30日前：了解彩车设计、制作方案，保证训练顺利进行。

（二）训练阶段（7月1日至25日）

按照总指挥部的统一安排，完成方阵训练任务，做好训练、合练等相关工作。

1. 7月1日前：按照游行指挥部总体要求，做好参与人员服装型号的统计工作。

2. 7月1日：召开动员大会。

3. 7月1日至15日：各小队进行基础动作训练。包括整齐、报数、立正、稍息、向左右看齐、向左右转、向后转、踏步走、齐步走、正步走、便步走、立定等10项。通过训练，掌握基础动作，小队横排面整齐，初步掌握步幅、步速。

4. 7月16日至22日：队员休整期。

5. 7月23日至25日：大队合练阶段，进行横排面训练，按照规定时间完成规定动作、走完规定距离的总体训练目标。做到横排面基本整齐，熟悉乐曲，熟练步幅、步速，集合迅速，站位准确，结合自然，搞好协同，队形整齐，呼喊口号整齐有力，联系畅通，指挥有力。针对集结、汇合、行进、疏散方案，组织开展针对性训练。

（三）合练阶段（7月26日至9月27日）

1.合练内容

（1）横排面训练；

（2）纵路训练；

（3）大队合成训练；

（4）方阵合成训练；

（5）通过"四区五线"的训练；

（6）模拟集结、会合、行进、疏散训练（在集结的地点实现快速集结；队伍在准确的地点与彩车、标语会合并形成整齐队形；熟知旗语动作、口令、按照音乐提示完成规定动作；过疏散线后实现队伍、彩车迅速疏散；指挥系统畅通）；

（7）按照应急预案，模拟处理突发事件训练。

发现问题，及时采取改进措施，达到横排面整齐、"块移动"符合规范、方阵准点通过、首尾衔接顺畅、精神风貌良好的标准。

2.时间安排：

7月26日：组织首都体育学院即第一、第二、第三大队在密云训练基地进行部分块移动训练；

7月30日：总队在密云训练基地进行全员第一次块移动训练；

8月3日：总队在密云训练基地进行全员第二次块移动训练；

8月7日：参加第四分指挥部在良乡机场进行的第一次分指合练；

8月11日：参加第四分指挥部在良乡机场进行的第二次分指合练；

8月16日：参加总指挥部在张家湾机场进行的第一次与群众游行队伍合唱团、民乐团和军乐团的整体合练；

8月22日：参加总指挥部在天安门进行的第二次与合唱团、军乐团、民乐团模拟彩车、背景组字队伍的边框整体合练；

8月29日：参加总指挥部在天安进行的第三次与合唱团、军乐团、民乐团、彩车、背景组字队伍、阅兵队伍的整体彩排。

9月16日：总队在密云训练基地进行全员第三次预演前的合练；

9月27日：总队在密云训练基地进行表演前的全员巩固性合练。

（四）预演阶段（9月22日）

在天安门广场参加群众游行队伍与合唱团、军乐团、民乐团、彩车、背景组字队伍、阅兵队伍的预演。

首都庆祝60周年群众游行
体育发展方阵总队秘书处
二〇〇九年七月十日

首都国庆60周年群众游行
体育发展方阵总队宣传工作方案

根据首都国庆60周年群众游行指挥部和第四分指挥部有关体育发展方阵训练表演的具体要求和《首都国庆60周年群众游行体育发展方阵总队训练调整方案》，为切实加强总队宣传工作，提升全体参与人员的工作热情，充分展示参训人员的精神风貌，激励和推动方阵总队的训练工作，特制定本宣传方案。

一、宣传工作原则

（一）方阵总队与参训学校相结合，以参训学校为主。充分发挥各学校宣传部门的作用，使体育发展方阵总队的宣传工作更贴近参训师生。

（二）方阵训练与全面保障相结合，以方阵训练为主。以宣传训练工作为核心，一切为训练工作服务。

（三）总队全员与参训师生相结合，以参训师生为主。突出宣传参训师生艰苦奋斗、勇于奉献、吃苦耐劳的良好精神风貌，彰显当代大学生的爱国激情。

二、宣传工作要求

（一）加强组织领导，精心部署安排。依据宣传工作原则，各有关单位要切实加强组织领导；根据本单位的实际情况，按照训练阶段尤其是结合多次合练的工作，制定详细的宣传教育工作方案和计划；确定宣传工作部门和人员，负责简报、信息等的报送工作，加大对优秀参训师生的激励与宣传，确保宣传活动生动活泼、丰富多彩。

（二）围绕训练中心，坚持正确导向。各单位要认真学习、深刻理解和准确把握总指挥部和第四分指挥部以及本方阵总队关于体育发展方阵的各项工作精神，以参训单位、参训人员全方位的训练工作为中心，牢牢把握正确导向，大力弘扬时代主旋律。

（三）宣传手段多样，激励形式出新。在宣传手段与方法上，可采取多种形式，起到宣传、激励参训人员的效果。未经批准，不得在报刊、网络等公共媒体上刊载。

参考宣传形式如下：

1.在训练场地张贴部分标语口号等。

2.在训练场地设置倒计时牌、宣传栏等；张贴每天训练计划和任务，宣传训练中的感人事迹等。

3.利用各种校刊、板报等，定期出版图文并茂的专刊。

4.方阵总队训练快报等。

三、适时、适度开展评比表彰活动

（一）各参训单位可根据本单位的实际情况，适时、适度地开展争先进、树标兵活动，激励所有参训人员，重点以精神鼓励为主。

（二）做好总指挥部首都国庆 60 周年群众游行后的体育发展方阵总队评比表彰活动的准备工作。

四、方阵总队的总结宣传工作

注意收集各类资料、信息，做好首都国庆 60 周年群众游行后的总结宣传工作。

首都国庆 60 周年群众游行
体育发展方阵总队秘书处
二〇〇九年七月

首都国庆 60 周年群众游行
体育发展方阵总队工作总结

2009 年 10 月 1 日，新中国第一个甲子华诞盛典在天安门广场隆重举行。42 个群众游行方阵、10 万中华儿女，在“我与祖国共奋进”的主题指引下，接受了祖国和人民的检阅。我们体育发展方阵簇拥着体育成就彩车，以极具体育特色的阵容、矫健的步伐、嘹亮的口号、动感的表演、最佳的风采，在天安门城楼金水桥前，赢得了党和国家领导人、观礼台嘉宾和电视机前亿万观众的热烈掌声和广泛赞誉，实践了誓师大会上的庄严承诺,交出了一份合格创新的出色答卷，向新中国 60 华诞献上了一份最诚挚的生日祝福。

为了这辉煌的瞬间，在市委、市政府及群众游行总指挥部的领导下，在第四分指挥部的指导下，在各参演院校、各处室和相关单位的共同努力下，体育发展方阵总队精心组织，积极协调；1901 名师生和 118 名工作人员，克服困难，刻苦训练，精益求精，不辱使命，圆满、出色地完成了国庆游行任务。

一、突出体育特点，体现动感特色。

首都群众游行筹委会6月15日召开动员大会之后，市体育局立即开始组建体育发展方阵的指挥队伍和表演队伍。首体院、吉利大学、芦城体校和燕山向阳小学领导高度重视，选拔优秀学生、教师、干部，市体育局抽调精兵强将，迅速组建了近2100人的总队。7月1日，总队在首体院召开动员大会，拉开了体育发展方阵游行训练工作的大幕。体育发展方阵具有鲜明的特点：

（一）参与单位众多。

方阵表演人员由首体院、吉利大学、芦城体校和燕山向阳小学的1901名师生和57名替补人员组成。设立四个训练大队，每个大队设6个中队，每个中队设12个小队。方阵工作人员来自市体育局8个处室、11个事业单位和市公安局内保局，4所学校领导及教师、辅导员参加，形成了层级管理清晰、学校分类表演项目的训练组织体系。

（二）人员代表广泛。

总队参加人员采取自愿报名和组织选拔相结合，充分体现竞技体育、社会体育、体育教育、体育科研、体育管理等多方面代表性。总队中，首体院1353人，吉利大学524人，芦城体校31人，燕山向阳小学64人；市体育局39人。其中，共产党员204人，共青团员1673人，少先队员60人；运动员798人，体育教师、教练员44人，社会体育指导员523人，体育科研人员35人，体育工作者43人；年龄最大73岁，最小仅8岁。总队中有世界冠军、雅典奥运会场地自行车女子500米个人计时赛亚军江永华等专业运动员，有社会体育指导员、体育教师，有热爱体育运动的大学生和小学生，是游行队伍中最具特色的方阵。

（三）体育特色鲜明。

体育发展方阵中体育元素亮丽鲜明，涵盖竞技体育的足球、篮球、排球和乒乓球、羽毛球、网球、自行车等奥运项目，以及群众喜闻乐见的武术、小轮滑、风筝项目。丰富多彩的10个表演项目，数量创群众游行方阵之最，充分展示了我国体育健儿顽强拼搏、勇攀高峰的精神和广大群众全民健身、强健体魄的风貌。

（四）彩车群星荟萃。

体育成就彩车长15米、宽6米、高8米，弦梯盘旋而上，电子大屏幕上有体育健儿为国争光的经典画面。彩车上群星闪耀，有世界冠军的代表北京运动员张琳，以及刘翔、许海峰、李宁、钟少珍、郑凤荣、陈招娣、熊倪等，有教练员代表和全民健身先进代表，展示了中华体育健儿的风采，成为游行队伍中的璀璨明星。

二、坚持以人为本，开展科学训练。

根据总指部署，总队于7月3日陆续开始了“以训练为中心”的各项工作。训练工作分为培训启动、总队训练、分指合练、整体演练四个阶段，开始了由易到难、由分到合的艰苦训练。

（一）阵容精心设计，方案画龙点睛。

为了充分展现新中国体育事业发展成就，体现新中国体育人朝气蓬勃的精神风貌，总队长孙康林亲自主持设计创新方案，提出了“突出体育元素、提升展示风采”的总体思路，表演阵容突出“丰富、活跃、特色”的风格；确定了足球、篮球、排球、乒乓球、羽毛球、网球、自行车、轮滑、武术、风筝等10个特色鲜明的竞技体育和全民健身体育项目与道具。专家们设计了丰富多彩的动作和行进路线：持足篮排球动作坚定有力、昂扬向上；持乒羽网拍动作协调一致、动情挥舞；武术表演动作刚柔并济，展示风范；风筝色彩斑斓，错落有致；自行车自如潇洒，流动前行；小轮滑龙飞凤舞，滑行如画。创新的设计，增加了训练的复杂和表演的难度，体现了画龙点睛的寓意；精心的谋划，增加了鲜明的特色，体现了体育人对祖国的真诚和人民的回报。

（二）制定训练方案，全力推进训练。

根据总指的部署，总队陆续制定

了总体训练方案、训练任务书、阵容方案、队伍人员点阵图、教练员培训方案、训练课程表、总队管理方案、方阵内部指挥系统、训练场地安排、百日竞赛活动方案及合练、演练方案和复训整改方案等数十个方案，组成了推动训练工作的管理体系，为方阵表演成功奠定了坚实的基础。

总队严格按照训练工作进度日程推进工作：培训启动阶段，通过建立大队、中队和小队三级培训机制，达到统一思想、部署任务、培训骨干的目的；总队训练阶段，加强体能训练，完成横排面、标兵、表演动作、“块移动”和呼号训练等科目；分指合练阶段，做到“块移动”符合规范、方阵准点通过、首尾衔接顺畅、精神面貌良好；整体合练阶段，进行实战模拟，不断修正问题，高标准、高质量完成训练任务。全体参训人员刻苦训练，勇于奉献，战风雨、斗酷暑，高标准、严要求，认真完成了各个阶段的训练任务；共参加总队4次合练、分指2次合练、整体4次演练，获得分指和总指的多次表扬以及其他总队的肯定。几乎每次演练后，都有体育发展方阵的精彩镜头出现在电视荧屏上或报刊版面上。

吉利大学最早开始训练，他们组织纪律严明，大局意识突出，集体荣誉鲜明，阵容动作整齐，在方阵中发挥了承前启后的重要作用。平均年龄最小的燕山向阳小学轮滑队员，不怕苦，不叫累，每天滑行训练距离达一万米以上。每次合练，他们都是最早出发、最晚回家，是方阵中最辛苦、最感人、最活跃、最可爱的小队伍。

（三）创新训练方法，认真复训整改。

为完成特色鲜明、难度复杂的表演任务，训练处总是身先士卒，劳苦在前，他们会同参训单位集思广益，借助总指提供的游行训练辅助系统，激发大家的参与热情，创新训练手段，探寻训练方法；他们起早贪黑，踏勘场地，设计方案，检查指导，推进训练工作的科学化、高效化。各参训单位坚持以实战为标准的训练观念，把“六个清楚”（清楚四区六线、清楚步幅步速、清楚音乐节奏、清楚“块移动”范围、清楚各大队配合方式、清楚表演动作、节拍）作为训练工作的切入点，将国庆当天集结、汇合、行进、疏散的工作标准落实到训练中，实现训练工作与实战标准的有机结合。首体院参训人员最多，横排面难度最大，通过开展中队竞赛，激发学生训练热情，强化和发挥行进标兵的作用，解决了横排面和间距不整齐的问题；尤其是足篮排球队员雄风整齐的神采亮相，为方阵增加了体育人的雄姿亮色；武术、风筝队员也为方阵增光添彩。芦城体校克服违反常规训练规律的困难，采用做记号、45 度同时起步的方法，创造出由快骑到慢骑的训练模式；他们技术高超的流动骑行，为方阵赢得了更多的喝彩。训练处坚持深入训练一线，在密云训练基地、首体院、吉利大学等训练场地画线 13600 多米，使用自喷漆 875 瓶、硝基漆 40 公斤，为各校规范训练提供了准确标准。

回顾 10 次难忘的合练、预演，每次都需披星戴月，每次都要长途跋涉，每次都是浩浩荡荡，每次都有显著提高。每次合练、演练和预演后，各处、各校都积极查找问题和不足，总队都抓紧总结，有针对性地连夜制定整改复训方案并全力推进落实。

三、坚持同心协力，确保全面安全。

（一）充分做好预案，完善通讯体系。

按照国庆活动专项指挥部合练、核心区演练工作方案和有关交通保障工作要求，安保处制订了 20 多个交通安保、政审、证件管理、集结疏散方案和突发事件应急预案等，印发了总队保密规定、远端集结安检工作应急处置预案。各项预案为总队规范、安全、顺利地完成游行任务提供了有力的保证。

通信系统是训练、表演活动的重要指挥手段，涉面广、范围大。为满足方阵工作需要，按照总指规定频点，总队认真修正 100 部 400M 对讲机参数，积极协调解决 30 部 800M 集群通信终端的审验贴标等工作，保证了方阵内外指挥系统的通联和顺畅指挥。

（二）落实安全责任，严格人员政审。

按照总指“六有”、“四查”要求，在市公安局内保局的指导下，总队建立了党政领导带队，保卫负责人、先进标兵、安全标兵、督导标兵、标语标兵组成的安全保卫工作网络，与各成员单位签订了安全保卫工作责任书和保密协议，并建立报告联络制度。根据表演需要，方阵人员几经变动，政审工作始终程序严谨，全面覆盖，共完成 2217 人的政审等相关工作，奠定了参训人员的安全基础。总队制作了合练工作证件，核准发放了天安门核心区集体入场证、领队证和临时出入证 750 余张。

（三）有序集结疏散，高效交通指挥。

安全高效地完成集结、疏散是群众游行活动成功与否的关键。总队领导高度重视，亲自带队，于 8 月 26 日、9 月 4 日夜，组织南北两路集结疏散区工作人员现场踏勘，熟悉环境，准确定位。总队将集结、报到、密集、汇合、疏散五个环节形成一个有效的工作链，组建集结疏散领导工作小组，设立南北两线集结疏散指挥长。集结区配备 10 多名工作人员，协助指挥长处理现场特殊情况；疏散区配备 10 多名工作人员，协助、督促、引导队伍安全、有序疏散、乘车。多次演练经验，保证了体育发展方阵国庆当天在规定时限完成集结；彩车准确定位、顺利包夹、行进安全；疏散

及时，没有出现任何问题，实现了“快速集结、迅速疏散、确保安全、万无一失”的目标。

针对疏散地点、运送车辆出现的问题，总队及时协调，解决了燕山向阳小学疏散车辆就近停放、首体院和吉利大学车辆调换等问题。为确保每次合练、演练 50 辆左右运送车辆的安全准确，交通安保组都实地查看车队行驶路线，提供最佳方案；车队行进严格遵守规定时间、行进路线和时速进行。市公安局内保局的同志积极为车队排忧解难、精心保障路途安全。总队车队未发生延误安检、集结问题，未发生任何重大交通责任事故。

（四）组织保障彩车，展示体育成就。

体育成就彩车是体育发展方阵中的亮点之一。总队组建的彩车团队，参与了彩车设计、组装和吊装，协调解决方阵彩车的各项后勤保障工作；开展了彩车训练、分练、合练和模拟车训练，以前 4 米、后 3 米、左右 2 米的标准与方阵行进速度协调配合；与国家体育总局联系确定了彩车展演人员和展示项目。24 名彩车推车人员是体育方阵中默默无闻的幕后英雄，历次参加天安门合练，他们集结最早，撤出最晚，忍受闷热酷暑，严格训练，为彩车展示坚守岗位，辛劳付出。国庆当天，体育成就彩车与方阵配合协调准确，平稳安全地驶过天安门，体育明星激情地展示了冠军风采。

四、严格规范管理，服务保障有力。

国庆游行无小事，工作细节见成效。服务保障工作是一个庞杂的系统工程，每个细小环节都要审慎考虑，不得半点疏忽。

（一）严格物资采购，合理安排交通。

体育发展方阵由于表演项目多、服装道具杂等特点，由于时间任务紧、工作标准高的要求，总队按照高效节俭的原则，严格执行物资采购的相关政策和工作程序。后勤处对采购各类服装道具等需求进行详尽分析，精打细算，选择最优方案，确保采购公开、公正、公平。先后定制了T恤、短裤、长裤、鞋帽、雨披、腕带、护网、腰包等训练、表演服装及用品，配备了足球、篮球、排球、乒乓球拍、羽毛球拍、网球拍、自行车、轮滑、风筝等道具，购置了音箱、扩音器等指挥用品，保障大家整齐装备参加训练、合练。后勤处及时了解使用情况，随时调整，减少浪费，确保需求。潍坊市国际风筝协会无私支持，赠送总队 600 个大中型色彩斑斓的风筝，为方阵增添了绚丽的风景线。

交通运输工作是后勤保障的重点工作之一。总队根据各校承担任务情况，积极制定合练用车方案，并结合地点变化妥善调整。银建国旅、首汽集团、新月等公司提供了舒适安全的车辆保障，完成了总队到密云、良乡、沙河等地 7 次合练的用车任务，共计出车 300 余车次,接送安全有序，没有发生重大事故。

（二）注重食品安全，加强保障力度。

食品安全关系重大。总队严把食品采购关，确保食品安全，努力调整花色品种，食品留样 48 小时，保证参训人员合练用餐。训练期间未出现任何食物质量和安全问题。

各参训学校加大后勤保障力度，想方设法提高伙食标准。吉利大学为训练学生安排了最高标准的住宿房间，空调、热水器等生活设施一应俱全，充分保障学生们舒适的休息生活环境；芦城体校加大防暑措施，为训练人员增加了充足的餐饮食品；燕山办事处拨出专款，全力为向阳小学孩子们的辛苦训练提供后勤保障。首体院是每次演练、预演的集结地，参加人员众多，承担了大量后勤服务保障工作，协调配合任务十分繁重；首体院及时调整学生作息时间，每次合练归来，无论何时，都为学生们准备夜宵，开放浴室；多次为工作人员以及芦城体校、燕山向阳小学队员提供热饭热菜、临时住房；保证了总队多次办公会议的服务工作。

密云训练基地是总队合练的重要保障。孙康林总队长亲自协调指挥，

各有关单位大力配合，北京市航空运动学校顾全大局，全力以赴，夜以继日地拓宽和平整800米长、52米宽的训练场地，搭建主席台、遮阳棚、临时停车场，洗手池、厕所等设施，保障了国庆群众游行合练。据不完全统计，工程累计动用土方达两万多立方米，承接了累计30多个方阵、10万余人次的训练任务。

（三）重视医疗卫生，防控甲型流感。

训练以来，甲型H1N1流感防控形势始终严峻。为确保训练任务顺利完成，总队制定了《甲型流感预案和方案》、《突发性公共卫生应急预案》、《医疗保障方案》等预案，发放宣传册，下发中成药2910人次；配备体温计、电子体温枪，每日检测，以中队为单位，逐级上报。国庆节前夕，1366位参训人员注射了预防流感疫苗。训练期间，各校医务人员坚守岗位，及时治疗病患。

（四）综合协调联络，运行及时高效。

秘书处位处中枢，日常工作事无巨细，加强综合协调，对外联络。截至9月30日，共组织总队办公会16次及多次专题会，制发总队文件109个，编印会议纪要18期、工作简报19期、每日信息66期，收办处理总指、分指公文100多个。秘书处许多同志经常是白天奔波到各校了解训练情况，传达分指、总队部署，组织安排会议，协调解决问题；晚上挑灯夜战，撰写印发文件、信息、简报，随时听从指挥调度。他们身兼数职，牺牲假日，他们任劳任怨、默默无闻的奉献，高效地保证了总队超常规的工作运转。

五、国庆盛典辉煌，光荣感受永恒。

在国庆群众游行体育发展方阵的组织、训练和表演过程中，我们有几点体会：

（一）坚强有力的组织领导是完成光荣使命的根本保证。

体育发展方阵在10月1日国庆盛典中表演精彩，获得圆满成功，关键在于各级领导的高度重视和坚强领导。按照总指挥部要求，总队6月20日完成《首都国庆60周年群众游行体育发展方阵总队组织工作实施方案》，随即召开总队工作会，成立了以主责单位市体育局孙康林局长为总队长的领导机构，全力贯彻落实市委、市政府及国庆活动筹委会的各项部署。总队设立了秘书处、训练处、安保处、彩车处、后勤处等工作机构，明确工作职责，完善表演方案，制定训练计划，启动各项工作。成员单位首体院、吉利大学、芦城体校、燕山向阳小学的领导高度重视，相继成立领导小组，全力支持和保障训练工作。总队领导率先垂范，科学部署，果断决策，指挥有力，是总队顺利完成任务的根本保证。

国庆群众游行第四分指挥部指挥宋贵伦、执行指挥王力军，市社会办副主任赵小二等领导参加了总队的动员大会、慰问和密云合练等活动，给予了总队大力的支持和帮助。

（二）发挥专业人才优势是提高训练水平的关键。

体育发展方阵的成员单位多，人才济济。总队首先聘请多次参与大型活动设计、经验丰富的老同志组成专家组，参与设计方阵队形、动作；选聘体育战线专业人员组成教练组，他们有参加奥运会等大型活动的经历和丰富的组织经验，为组织有序、规范训练付出了心血和汗水。

首体院、吉利大学、燕山向阳小学许多师生参加过奥运会等大型活动，发挥了积极的骨干作用。为了国庆任务，许多同学放弃考研辅导、暑

期充电，放弃假期旅游、社会实践；许多老师、干部放弃休假，舍小家、顾大家，投入到紧张、艰苦的训练中，体现了当代首都师生的良好思想政治素质和坚定意志品质。

（三）训育并举是增强参训人员凝聚力的重要措施。

总队坚持思想教育和队列训练两手抓，将思想政治教育工作贯穿于训练工作的始终，运用各种方式，有针对性地开展集体主义、民族主义、爱国主义的教育，进行分门别类的训练，增强参训人员的凝聚力，使其保持旺盛的战斗力。

首体院各大队长以身作则，带领同学们开展竞争训练，不断提高训练质量。吉利大学采取目标管理、任务分解、团队拓展等办法，不断强化学生的团队协作意识。芦城体校领队经常和队员谈心，增强队员爱祖国、爱集体的责任感和荣誉感。燕山向阳小学老师坚持和孩子们同吃苦、同训练，用实际行动作出表率。

（四）以人为本是保障训练有效开展的重要基础。

总队领导始终坚持以人为本，关心和爱护参训人员，深入细致地做好服务保障，确保参训人员完成训练、合练、表演等任务的需求；在制定合练方案、时间安排、场地选择等方面，尽可能为学生们考虑，减少不必要的劳累。

首体院举办电影展播，激励队员的训练意志；吉利大学将老鹰抓小鸡传统游戏融入体能训练，创新体能训练方式，在寓教于乐中潜移默化地增加学生运动量；芦城体校开展象棋、围棋、乒乓球、台球等活动，丰富队员业余文化生活，缓解训练压力；燕山向阳小学暑期安排教师指导学生文化课，解决了家长的后顾之忧。

（五）团结协调是圆满完成国庆任务的重要保障。

按照“基础重于应急，细节决定成败，沟通就是管理”的要求，总队建立了严格的规章制度，出台一系列工作方案，每次合练后都结合总指提供的各项测评数据和四分指要求，研究存在问题，提出改进措施，完善整改方案，指导训练工作，推动训练和表演水平不断提高。

面对时间紧、变化多、难度大、要求高的任务，面对头绪碎、渠道多、涉及广、问题杂的情况，各校和各处都克服困难、周密组织，统筹协调、相互配合，不怕疲劳、连续奋战，不推诿扯皮，不拖拉延误，一切从总队工作目标出发。所有参加训练的同学们，自觉服从、服务于国庆游行大局，战烈日酷暑，斗风吹雨淋，经历了考验洗礼，磨练了坚强意志；广大工作人员发扬顽强拼搏的体育精神，团结协作、不计得失的奉献精神，用实际行动体现出良好的政治意识、大局意识和责任意识，为完成国庆任务做出了突出贡献。

（六）安全工作是保证国庆任务万无一失的重要前提。

国庆任务政治责任重大。总队坚持按照“安全第一，以人为本”的原则，加强安全保卫、食品卫生、道具安全、预防甲流等工作，严格规范管理。所有参加国庆任务人员增强安全意识、责任意识，严格遵守纪律、听从指挥，确保总队安全顺利完成国庆任务。

国庆庆典活动给我们留下了一笔宝贵的精神财富。我们将倍加珍惜，大力发扬，再接再厉，奋发进取，以实际行动为祖国的和谐进步、繁荣昌盛，做出新的贡献！

首都国庆60周年群众游行体育发展方阵总队（代章）

二〇〇九年十月十三日

首都国庆 60 周年群众游行体育发展方阵总队关于表彰先进集体和先进个人的决定

总队各处、各参演单位：

中华人民共和国成立 60 周年盛大庆典活动圆满结束。在总指和四分指的指导下，在各参演院校、各处室、各相关单位的共同努力下，体育发展方阵总队精心筹划、精心组织，恪尽职守、不辞辛苦，表现出强烈的使命感和责任感；体育发展方阵刻苦训练，不辱使命，在天安门广场光荣地接受了祖国和人民的检阅,展示出了新时代体育人的最佳风采，受到各级领导及社会各界的高度赞誉，为党和人民交上一份满意的答卷。总队全体成员大力弘扬“我与祖国共奋进”的进取精神，始终保持昂扬向上的精神面貌、真抓实干的训练作风和无私奉献的工作态度，顽强拼搏、全力以赴；相关单位团结协作、相互配合，表现出了祖国荣誉高于一切的责任感。

为表彰参加体育发展方阵表演人员和工作人员，体育发展方阵总队决定，授予首都体育学院、北京吉利大学、北京市芦城体育运动技术学校、燕山向阳小学“优秀组织单位”称号；授予北京市公安局内保局等 23 个单位“支持单位”称号；授予张国庆等 21 名同志“突出贡献奖”称号；授予董志强等 119 名同志“优秀共产党员”称号；授予王国良等 81 名同志“先进工作者”称号；授予彭玉粱等 634 名同学“优秀共青团员”称号；授予肖俊烨等 56 名同学“优秀少先队员”称号；授予杨溪悦等 556 名同学“训练表演标兵”称号；授予宋鸿江等 540 名同志“先进个人”称号。

希望受到表彰的单位和个人，发扬成绩，继续奋进，锐意进取，再接再厉，为构建社会主义和谐社会首善之区做出新的贡献。

首都国庆 60 周年群众游行体育发展方阵总队（代章）

二〇〇九年十月十二日

首都国庆60周年群众游行体育发展方阵总队表彰名单

优秀组织单位(4个)

首都体育学院

北京吉利大学

北京市芦城体育运动技术学校

燕山向阳小学

支持单位(23个)

北京市公安局内保局

山东潍坊市国际风筝协会

北京市航空运动学校

北京市社会体育管理中心

北京市体育竞赛管理中心

北京市体育局离退休中心

北京市体育局信息中心

北京市体育总会

北京市木樨园体育运动技术学校

北京市什刹海体育运动技术学校

北京市游泳运动学校

中央电视台

中央人民广播电台

中国体育报

北京电视台

北京晚报

北京青年报

北京市体育局新闻中心

北京松影舞美文化公司

北京正通网络通信有限公司

银建国际旅行社有限公司

北京首汽(集团)股份有限公司

北京新月联合汽车有限公司

突出贡献奖(21人)

张国庆　曹金亮　靳　飞　杨　琬　朱　宏　周尚海　祁　波

张泽宇　鲁雪峰　孟维明　张　琛　郭尚林　李瑞林　冯　伟

张　征　王学[illegible]　宁　霄　俞建松　王淑青　田玉贞　宋振成

优秀共产党员(19人)

董志强　赵　[illegible]　马　磊　李　笠　田华山　谭　坛　李燕豫

金志伟　王克[illegible]　于立超　刘　建　汪江涛　许广树　张　扬

苏晓琴　崇惠友　孟小放　孙海峰　徐振芳　杨少锋　林　峰
杨淑霞　董建锋　于传琪　赵化雨　程　硕　李春硕　靳　卓
张有为　张长念　石宏杰　胡志文　孙永生　周世杰　赵　楠
何　玲　张爱萍　杨　林　高苗苗　郭　琪　罗宗贵　刘　星
王　晶　宋振东　柯翠英　李海灵　张英平　孙庆泽　张　娜
王美男　齐　辉　陈　松　李　敏　樊　梦　郭东华　李晓东
刘英培　刘明言　张广友　刘　欢　魏　兴　徐　剑　梁　博
杨　超　李文东　任茗成　窦　震　马　健　王　泽　李　彭
周　媛　王　君　黄　远　陈　涛　张文博　刘　妍　杨　见
谷　俊　颜　良　闫　彪　侯绪雷　姚志莹　王　迎　梁　斌
张　岩　陈小庆　蒋　蕊　卫昔月　陈海燕　张　博　雷振兴
庄小健　林　华　郑甜子　张成旺　王　尧　李　圣　徐　婧
吴长娟　张　倩　田　莹　付冰梓　陈　相　巴兆伟　李　鑫
李　冬　陈　飞　王　莉　杨　帅　申　晴　乔俊洁　张露予
柳惠君　郭英洲　王永庆　韩树祥　江永华　肖　勇　董永仿

先进工作者(81 人)

王国良　于海艳　郭　嘉　王少浦　徐培文　袁　振　唐可明
张志强　任慧君　侯鹏程　王　冰　林　英　郑小静　夏印发
刘　影　张　瑾　白　雪　屠德荣　白金明　朱建亮　刘萍萍
龚　佳　鹿志海　周林清　杨树东　徐大鹏　姬　铖　吕　斌
刘剑欣　史　衍　马丽华　明　铭　马　莹　夏　岩　李　萌
王兆鼎　纪　峰　李　健　刘仁达　王　东　刘佩忠　霍京大
王宏梅　马　岩　陈士林　崔　巍　吴继建　杨　萍　艾众培
苗　壮　徐延袒　张志如　聂树俊　陈晓航　杨威威　郝　征
鞠成军　黄淑琳　肖　晨　贾　震　王　跃　王　磊　刘正君
李绥化　武丽娟　冯英洁　赵佳慧　李松松　王守斌　沈　冉
张桂玉　王　慧　杨　璞　张　涛　张跃琦　李金涛　田学奇
冯立洁　徐亚双　石丽君　崔　英

优秀共青团员(63[illegible]人)

彭玉梁 陈红梅 单江娜 洪赛楠 周倩倩 廖　陈 薛超华
历　晔 王　鹏 李晨辉 李宏江 李佳琦 张阔宇 刘　程
张金博 张　伟 番昊晨 杨龙浩 赵艳超 马　建 齐少龙
陈徐之 曹　阳 潘文龙 张　龙 陈　硕 崔容久 王松波
李　帅 张洲源 陈晓炜 苏　彪 张　轩 姜天麟 李海东
刘　璐 孙翌森 张子杨 岳小溪 张希阳 张宝磊 王　凡
孙　上 舒华彬 陶子安 栾京宇 王文辰 于明江 褚雅楼
程梓峻 云　梦 王亚飞 任铁军 张艺扬 孙　磊 张伟进
朱　斌 徐　飞 刘彦伟 孙业成 彭永强 李世逸 张　行
付文一 于　蒙 崔　凯 孔　洋 张占宇 黄一楠 哈　伦
杨　硕 杨一恒 张德涛 初振宇 武博强 刘晓平 高登月
殷　龙 吴　坷 郑元龙 陈　雷 张　翔 徐明驰 戴美金
王黎明 赵智远 杜　娟 何爱国 马　良 兰　天 李天骁
刘润资 吴　超 高　扬 曹　悦 崔　健 李　洋 刘　为
赵国玲 王午辰 王义珲 徐砚农 徐　骏 李　卓 崔　珺
谢墨竹 张　[illegible] 程　瑶 尹　磊 杨　晔 谷秋雨 李　卫
裴　增 康　[illegible] 陈　星 常　琪 杜　鑫 祁彦飞 黄开伟
齐雨辰 陈　夏 蔡　炎 仝　恩 迟　莹 刘文亮 陶　李
康　毅 丁广秀 甄月云 张智超 邱　睿 孟　翔 杨博军
闫旭爽 祁嘉杰 任天旻 张　聪 高　磊 赵瑞姝 张　健
曾文旸 史天琦 赵海鹏 孙　懿 武建东 李鹏达 许　颖
和婧辉 秦　振 张　迎 吴　丹 宋　奇 周晓丽 张　振
赵　航 许鹏超 李　桐 李　佳 刘　营 孙化敏 练俊彤
邓一舟 黄统信 秦　龙 宋修波 曲　强 田　旭 薛　涛
金　勇 丁婷婷 刘博微 张　越 甄黎娇 闫婷婷 李　响
赵　起 胡　[illegible] 张　晨 李　赫 李海龙 戴斌德 胡明威
刘　洁 王淑[illegible] 曹　宸 尹　晗 林　琳 张丽娟 薄　钰
郝姗姗 甄筱[illegible] 李　龙 李梦婷 刘　烨 孔　悦 古全山
王菲菲 王　[illegible] 刘　杨 章　祎 张　思 邢　璐 高　楠

孙辉　陈川　孙芸　毛茜　张萌　刘凡　王佳玢
陈为飞　毕萍　李晓菲　高雪　赵婷婷　吕玲　马玄
黄金　刘依漪　赵丹　赵娜　宋珊珊　李霈韵　耿晓蒙
赵艳华　刘才华　杨帆　李珊　王靓　赵雪芳　吴思蕊
卢岳　武亚茹　袁晓娇　曹莹　李婧　佟国丽　荣祺
周易　刘晓南　李维　刘洁　于果　刘晖　杨曼
曹宇晨　卞红蕊　张美玲　徐艳芳　刘胜男　刘西雯　牡丹
朱宇　刘颖　李垚　黄梦雄　孙晨超　李雪松　绳寅
冀峥　孙宁　李超　张然　孙唯　潘健　刘晟安
史鹏　刘一腾　孔磊　耿海峰　孟佳楠　赵晓光　刘思秋
于洋　牛智　周江　吴连鹏　郑斌　陈腾　邓正旺
刘向征　陈文新　侯少峥　杨辰　杨莹辉　刘韬　贾清春
刘小猛　官怀　赵海龙　胡振男　贾世伟　吴健楠　刘永硕
杨靖仁　王华麟　张超　郝瑜　于松　付桐　李海龙
刘跃　张鸿晞　祁海柱　王欣　秦建波　胡子昂　李滨
张鹤伟　张一凡　古天　李蒋　崔京怀　刘爽　刘策
雷文朋　张皓　刘海洋　苏醒　皮唱　张奇　韩仲伯
罗港　于洋　刘伟　闫文杰　李鹏超　王佳　史旭
韩宝健　齐林　刘成栋　刘亚龙　谷皓月　王俊岭　高路
张莹　王义　王彤彤　陈晨　张双华　方楠　韩冰
王波　刘志伟　高定一　王军　王佳　赵雪园　王怀问
欧洋　王项　梁继　马骏　曹磊　张慧　解立忠
丁宇　王云龙　杜昊原　李根　张淋　李想　苏珅
宋龙文　米凯　翟维钊　丁剑　苏东魁　赵鹏飞　张健波
彭飞　段海征　关学武　邓文赛　乔波　魏俊超　吴海龙
张文龙　徐鹏　王洪军　王子深　张强　夏鹏鹏　张海超
王麒顺　许强龙　赵青海　吴逸豪　邓洋洋　王奇峰　常琦
张帆　王鲁熹　刘国龙　杨欢　陈野　孙帅帅　曹步诗
陈澄宇　李世跃　周小尉　赵亮　李云阳　马跃　史利纺
李国茹　刘曦　施亚楠　王子龙　李南烽　东斌　崔华文

马文宇　徐婉莹　杨　旭　刘　源　马金利　柳　娜　李　梦
黄　钊　韩日晨　张　彬　祝明明　刘海滨　李观来　吴展展
曹　超　常晓阳　郭盟盟　邢亚静　柳俊超　王炳艳　张　萌
赵　菲　白　璐　李红梅　江　楠　白　婧　张　璐　赵春雪
闫　旭　朱　朗　韩　旭　张　菊　蔺　娜　徐　雯　彭　婕
刘　佳　吴　瑶　穆倩倩　王海珠　王文慧　张　莹　殷　雪
康　慷　田　蕾　张惠蒙　徐　艳　杜金奚　陈　莉　冯　飞
李　琪　王海珠　傅孝梅　张晨旭　王雪净　杨　艺　张　旖
栾佳奇　杨　涵　张　维　王　薇　吴宏宇　许　澳　闫宝森
吴升义　韩　铠　裴永春　张　超　王亚洲　徐　特　孟建委
马　斌　魏正春　于　凯　徐　昊　李宗波　王庆辉　张成龙
韩培培　邢少章　王　平　张乘溶　赵学冻　陈永凯　张　博
范思远　何林兵　史海潮　王　帅　王　挺　高　明　刘方达
邹佩容　王子阳　张晓磊　徐玉欣　王龙祺　赵聪伟　李　龙
李博杰　亓　扩　李伟龙　曹国军　尚星辉　赵运林　胡志红
莫春雷　刘　臣　魏海源　提长龙　杨　征　焦广峰　陈　超
安泽昕　王　欢　周立民　张　杰　尚显超　杨　磊　郭振华
马甲冲　曹清青　陈伟伟　何云峰　常二磊　耿　松　王　强
孙　琪　孟祥磊　戴天鹰　张　健　张　宁　彭润厚　姜立宇
桂洪川　巩亚仁　吴俊达　罗烨鸿　曾全亮　李　超　罗　昂
马甲营　白全智　张国龙　刘俊伟　马　园　尹向向　徐　鹏
郭建照　刘金超　王　茹　吴　超　王俊文　霍中强　杨永昌
何知澄　王　伟　王铭浩　杨建辉　巩　星　张　岩　王萌萌
董　福　冷　雪　刘晓强　陈泽伟　周　瑞　林　木　张靖宇
宁　乐　李军连　任如臣　范伟伟　胡新永　李欣欣　韩佳松
张夏夏　张　争　牛俊霞　李银丽　徐　静　余明莉　于梦楠
陈　琦　刘晓华　李　菲　尚碧辉　康　萌　郭　丹　孟　皖
李　爽　徐新红　张　晴　张　丹　徐　杰　杜　延　贺　晶
徐　慧　谢柳雅　李　欢　赵　飞　王杰思　钱　坤　曹　晨
张兴瑶　王晓红　李　燕　肖新雅　鲍玉露　杨惠芳　潘雪菲

曾　铃　刘　凤　李　娜　陈　晶　史　怡　刘金莹　周少华
周小丽　黄　玲　李洋洋　冉　庆

优秀少先队员(56 人)

肖俊烨　赵紫钧　田梦璐　王　焱　郭嘉琪　于梦恺　李一然
李莹莹　李一楷　张瀚天　孙　静　任中昊　杨明禹　杜昊文
秦李昂　王浩雨　王思佳　王鸣骁　张　田　田瑞康　李旌函
赵国威　杜云鹏　张潞滢　李宇戡　杨海威　张　晶　滕美怡
杜　霖　曹　喆　朱岳峰　阮雨琪　阮雨瑶　王　玮　赵城熠
张悦源　马梓骜　贾清杨　李佳林　任思雨　向　冬　刘　畅
常树渤　乔　琪　李　想　李嘉弘　张铭梁　陈燕京　李　旭
孙天宇　姚幸暄　耿文瀚　韩紫晨　杨翼腾　付　豪　程　琳

训练表演标兵(556 人)

杨溪悦　白颖泽　刘沙沙　左　骁　孙棁鸿　胡　波　吕洪浩
慕旭龙　史万涛　孙海吕　郭　辰　赵楠骅　刘长喜　郑　楠
王心宇　洪　宇　梁　辰　许　磊　王时雨　刘旭东　李圳禹
刘佳利　吕明阳　冯文珑　刘　航　张天一　屈公亮　卢博宇
刘　东　于亚楠　王佳祺　王梦龙　么辰宇　梁斯晗　田艳峰
王　腾　宁　凯　陈　龙　唐　忠　田　轲　张　博　廉　颇
程晓龙　房丽帅　陈文军　曲　江　杜　灏　崔　为　谷　蕾
郭　璇　魏泽铱　张金涛　刘显龙　刘晓宁　游万星　王春坡
刘根磊　陆　健　薄　寅　白　宇　张　俊　衣起立　郜　溯
李宗尧　王　储　袁乘新　邢家奇　喜润琪　吴　丹　白　皓
李玉婕　李　成　罗　亮　穆　伟　齐　迪　程　艳　倪　昊
霍永权　于雷磊　刘　凯　高　岩　王　莉　李宇哲　庞　勃
陈　峥　周　昊　李　钊　孔祥宏　程　洁　张鹏飞　关　鑫
刘辰飞　张硕超　郑　甜　李　嘉　吴　烈　徐进东　马洪亮
武小龙　李　曼　崔　悦　陈丁睿　申　杰　綦　鑫　崔麓平
王诗硕　高新忠　高　峰　李春影　朱　楠　李　春　吴海远

门晓坤	董建平	陈佳佳	李云天	宋晓林	杨青青	赵　俊
李　超	刘　州	史云龙	康　乐	傅潇雯	彭　云	赵　宇
段会勇	王安琪	王丹丹	聂建思	刘　畅	苏龙伟	郭　健
李梦裙	王　行	焦　龙	卞　婧	李子芳	常　静	杨　硕
郭一凡	张英瑶	钱弘雨	李　莎	祁晓婷	赵　韧	张亚楠
鞠佩芮	李　三	赵　鑫	王　璐	张　欣	赵兰青	康　旭
毛　旭	郭　琦	高　赞	仁　红	田　婧	朱艳云	杨　艳
王　羽	林　灵	王　楠	吕立银	张香军	牛筱頔	卜　婧
李　萌	胡东吉	耿　聪	冯刚瑶	余梦媛	卫芸辉	张雯雯
沈微微	李耀韦	吴　帅	王　乐	杨　琼	吴　桐	杨金栋
黄春悦	何京飞	付鹏飞	郭雪元	庄春露	姜　宇	于　跃
李骐宇	齐景宇	张　凯	贾　涛	赵宇亮	白新明	王　宇
龚金石	李金龙	杜昊平	王永峰	欧雪涛	韩　玮	赵　响
苏立波	李　菲	贾孟翰	龚腾飞	王胤钊	栗　晗	王　宣
高　尚	李梦磊	龚立志	杨春宇	戴一男	赵鹤鸣	杨　鹏
吴伟新	郭　佳	王　冰	张博超	张　博	武艳国	隗功成
吴　辰	于　兴	陈　宇	郭景松	耿晓旭	李　贺	杜　伟
吴洪霆	王　青	吴瑨涛	田兴跃	杨　晨	毕　超	魏　亮
朱小龙	陈丽丰	史　旭	李亚洲	孙　冲	田　振	陈浩洋
于晓義	李天玉	赵　晨	乔艳洁	陈海滨	李　森	金天宇
肖秀伟	张　吉	张　昆	吕剑龙	刘晓龙	杨　帆	王鲁林
信雅轩	黄文兰	张　达	李嘉峰	吴佳玮	侯实成	王　星
王　超	史久晨	张　超	尤　航	柴　蒙	王　寅	闫少建
谭海港	黄少飞	罗保利	刘　凯	陈换想	宋　波	袁　昊
郝炜伟	刘　猛	冯嘉兴	韩　阳	王福永	潘　瑜	王　振
王崇伟	贾　韦	赵　楠	张　斌	孙佳林	宋　琪	黎英明
王　乐	张燕凤	陆　玉	贾晓航	万　鹏	贾伟岩	林井涛
杨　磊	王一晨	王　海	徐　楠	明旭东	董立龙	张　宇
孙　源	赵　鑫	王　月	张京京	焦艳明	郭　辉	许　博
贾　磊	谢晓鑫	王　莉	徐秋迪	常珊珊	高彦南	曹文华

梁　蕊　王军节　钟京伟　宋晨雅　连　伟　叶　芸　张　静
刘　静　张泰铭　王文振　陈语迟　李　杰　朱　欢　晁　稳
董　微　赵　帅　郑英美　曹珍珍　白　伶　吴　雄　赵赛男
王肖一　高明丽　李春佳　李　丹　王海粟　傅晓雯　药婧瑶
郑　茜　王姗姗　陈泽鑫　蔡　蕊　张　攀　马　琳　杨　枭
李　鑫　李　格　徐艳丽　宋海杰　王精晶　王　琦　宋志悦
王　欢　李　洁　许慎维　张秋月　谭　啸　刘　桐　马　智
雒雪梅　赵　雪　李玉玲　樊小丽　井维臣　刘家思　徐　颖
王艳云　穆秀东　舒　美　霍艳杰　于庶洋　封霁竹　裴圣辰
黄　涛　李　峰　孙　威　陈香龙　沈　涛　刘慧亮　张　丁
李　明　曹艳昌　何　爽　赵　维　张振兴　苑　成　杨斯程
于诗霖　杨玉树　王昌彪　李树森　毕维龙　陈　厉　马二洋
于　博　胡　啸　李东凯　孙勤辉　郭　坤　张泰来　吴超轩
杜建凯　陈　聪　姜晓龙　赵岳鹏　王　涛　赵国平　李贵明
赵　越　席　伟　王　龙　柯晓阳　魏　彬　陈　亚　刘　振
陈　刚　王秋翔　郭剑东　雷经国　赵　鹏　孙　博　林　晨
邢　刚　张铁元　刘　超　田自伟　祁　彪　徐江应　廖司南
杜新磊　李圣毅　宋　煜　杜辉方　陈　宇　王　伟　朱志龙
苏俊杰　姚嘉斌　李　泓　张德奎　毛路明　白　丁　李志刚
姚乃琪　管　冰　党晓威　吴　刚　牛　真　刘志俊　李　魁
吉卫卫　张　鹏　李佳伦　彭自强　赵伟丰　马利权　张　强
陈　诚　邢成强　王　凯　牛　昊　李　朋　于泓昌　许晶晶
冯东灵　高珊珊　王　雯　白　巾　陈　靖　李素云　马晓萌
蔡　鹤　宋丽丽　魏佳宁　周彩平　李自佳　李　宁　林　青
刘　超　张文君　王　莹　汪　凡　翟羽佳　吴艳丽　王雅丽
李文超　叶　丹　史孟颖　王　迪　王　鹏　冯　姿　房丹霞
王　红　范雅娟　蔡　明　张建建　曹文星　方　月　徐松竹
林　雪　刘晓远　李赛赛　李润萍　毛健梅　杨玉燕　张　维
张　嫚　陈　晖　卫肖肖　任媛媛　伍俊晶　魏　佳　宋明泽
樊新荣　王博雅　安　然　方　菲　史美林　袁　理　周　桐

高文婷　刘许静　周莉莉　王月娇　费鹭翔　刘　静　高　阔
王　娜　李　雪　刘珊珊　宗　敏　陈虹飞　苏彩琴　李春悦
于　佳　何　葵　江　波　伍宇飞　李桐柱　程文斌　齐　奇
周　庆　常濮玺　和　焱

先进个人(540 人)

宋鸿江　左立峰　徐鹏飞　刘　洋　吕金强　常振海　袁　野
宋学玉　胡家亮　袁　婧　马　鑫　张佩佩　赵炜周　蒋　晓
孙启超　邬　强　由成龙　杨　瀚　常雪刚　马　啸　陈　彪
孔令佳　陈虹杰　杨　茜　赵　栋　刘柏涛　刘　浩　董正雅
刘　辉　马　龙　王伟钊　梁　瑛　史　斌　翟鹏飞　于　龙
姜　迅　单志刚　王柄翔　顾云龙　吴亚昊　严明浩　郭　腾
李　丹　谢阳乐　李兆龙　温健坤　李　婕　候少敏　毕墨玉
刘　潇　张丽娟　方小芳　李轩羽　常江涛　张　靖　隋　意
隆　辉　田龙山　黄世凯　林　栋　范愉惠　高日东　王　磊
郑　宇　胡　玺　孙小亮　肖　婷　王成亮　吴　烈　徐进东
仉　强　裴尔迅　冯禄木　郑　甜　高　维　刘辰飞　殷　响
张硕超　张　帅　李高岭　李　嘉　董　良　刘世哲　任俊杰
万　宇　翟东生　谢立林　姚　尧　何子野　王　靓　张　冉
何成磊　李　乔　曹汝垠　孙　然　马双双　刘婷婷　李　勇
司微微　满　义　马会会　李泓霖　王　慧　田　垒　杨　扬
陈　思　孙珊珊　何亚宅　赵　宁　马佳旺　高敬严　唐　炜
景　妍　刘　畅　黄　莹　郁　东　王丽丽　李　东　吴俏涛
卢子栋　郑建龙　杞　露　邓美双　齐若雅　祁玉竹　冯　爽
白　莹　张　晶　居春妹　孙丽鑫　张宗友　付　琳　覃思佳
韩　希　冯　雪　毛振川　于　冉　刘　萍　王　洋　武有霞
张静静　刘晓彤　吕伊雯　赵　月　郝　佳　金　姗　郝梦瑶
宗海涛　郭子迪　刘慧星　张兆春　郑馨叶　任芳竹　李红霞
王　梓　靳珊珊　刘晓焕　王丽伟　闫　妍　贾静宜　田曼莉
谭茜潆　穆　娜　张爱心　陈　莹　高　杨　李静妍　李　盼

杨文君　李　澂　唐娟娟　李　辰　范武龙　王　旭　秦　爽
魏琨焜　单春峰　赵迎峰　彭　博　彭明远　韩　宁　刘博峰
王立欣　田　鹏　李　蒙　许浩成　张红琳　陈　宇　张　超
崔龙颜　李　旭　赵永超　曹　继　时九龙　王　强　郑彦超
林显涛　邵　彤　高　杉　丁　毅　曹　振　王　岳　穆彧飞
赵渤洋　王尧峰　韩　洋　朱立阳　姬　伦　徐胤峰　万建超
张　湖　鲁志勇　田　伟　张　凯　张　彤　王修文　马小林
张祥瑞　李　剑　陈光裕　王　恒　康艳彬　刘成龙　苏博学
翟国征　王文珲　徐　超　张永新　靳洪军　刘　远　杨溢渝
滕　飞　郭志远　王　川　杨云涛　刘　雨　李占龙　周　健
童子岚　赵德龙　董　旭　田凯华　王　浩　栾一然　袁继伟
王　昉　孟樊玉　刘　爽　成仲明　吴云屹　王岱稳　高　俣
徐　强　魏　江　张春雨　李　鹏　王雪涛　张　康　崔小鑫
梁　甜　梁名昊　赵伟楠　于　洋　梁笑伦　任少刚　刘静洁
朱晓宇　杜本琪　王瀚轩　杨　飞　董　超　李云龙　王新亮
王文涛　郑　旭　柳　萌　彭毓月　孙　乙　胥　腾　张晨浩
孙　凯　王　凯　关　巧　龚　晨　董晓毅　洪　雪　薛　军
王小丽　常　凯　李德良　苏天赏　梁　霄　王凌琳　段　雨
张海涛　陆双双　张　昪　宋梓玉　胥　岩　胡子钰　刘浩毅
谷　俊　李秉泽　杨　璇　苏　岩　屈　侠　张　甜　杨张杰
曹满意　刘　旭　宋志鹏　程　飘　曹　冉　唐　帅　刘　蕊
李　楠　刘京洋　赵东冉　张　超　夏树花　赵云婷　孙丽芝
张　博　张天娇　付海宁　王斌超　龚　超　徐　鹏　李进波
杨佳萌　王瑞欣　李　贺　焦海军　刘　君　郝伟为　林洪超
刑晶晶　史　田　吴雨萱　郑元荣　付亚青　杨文军　张亚男
李云飞　赵　蕊　韩慧娇　徐小燕　奚艳艳　张静洁　蒋洪娟
迟　菲　刘　粟　魏　佳　陈　渝　王亚杰　单梦璇　汤龙梅
刘迎超　李　杨　陈媛媛　田祎阳　王立娜　刘文静　曲代会
牛　森　牛　佳　李思南　宋　虹　李　敏　雷　红　赵春凤
劳明明　王丛笑　王晓明　蔡连旺　刘　力　叶　超　崔　杰

丁　宁　吴宝源　员明博　王　磊　许名昊　苗嘉齐　索波宁
张华银　刘　凯　薛　松　高　杰　何　鑫　张卓韬　宋　洋
郑　伟　张　恳　石文财　高　亮　李　辉　杨秀峰　蒋禹之
沙洪滨　韩胜军　宋　坤　郝　淳　李　腾　王　开　毛云飞
王天竹　吉小刚　贾　瑞　王　平　杜绣斌　唐云豪　李　硕
胡方成　朱合[illegible]　褚红斌　王伟栋　李永利　辛晓锋　吕　冉
金　丰　张　[illegible]　杨文俊　李树华　孟　君　杨正亚　周　廷
尤　迪　方　禾　宋海宁　徐子龙　吕　特　陈芳园　卢海英
张　聪　刘　钦　林臣露　远晶晶　王　劼　张艳红　杨淞媛
董静文　周　茜　张玉珠　吕　倩　张　渝　刘晓庆　刘凤雅
刘　璐　王　佳　李　斯　沈雁宁　李国清　邱　硕　陈小芳
刘　冰　丁晓[illegible]　徐　曼　孟　丹　王　珏　庂春虹　李　姣
尚雪晴　魏鲲[illegible]　高韩雪　任彦萍　刘亚茹　刘　坤　李　宁
黄　坤　陈志[illegible]　安　龙　阚迪生　马崇轩　孙文菲　何　苗
张英华　杨　昊　南鹏飞　熊　冰　曾钰茹　张　璐　陈妍睿
车春梅　魏颖超　李　扬　张　慧　赵迎亚　陈丽思　牛莹莹
杨　欣　张　晶　陈伟伟　杨雅文　郑亚娟　李晓娟　周淑荣
华之煜　徐　媛　袁　方　姜秀美　刘宗珏　丁晓颖　郭凯月
刘　晴　赵凤如　张　丽　胡仙仙　钱金松　彭秋梅　赵艺琳
米　沙　常春蓓　宋　畅　李　敏　李晓伟　刘　佳　宁丽丽
金　晴　许夏煜　温　君　李树文　周秀娟　王艺霖　袁　新
赵永红　张　莉　盛妙芝　刘　佳　李艳华　宫小雪　顾雪洁
刘　艳　孙国园　吴　彤　高　虎　常仕荣　王　剑　祁　跃
邹　波

庆祝建国 60 周年游园活动群众体育活动总结

一、基本情况

(一) 成立了市、区两级组织机构

1.市体育局成立了庆祝建国 60 周年游园活动等相关工作领导小组，明确了副局长李丽莉负责此项工作，市社体中心负责具体组织落实工作。

2.区体育局成立了相应的组织机构，明确了主管群体工作的副局长负责，并建立了联络员工作网络。

(二) 制定工作方案。

1.根据游园指挥部的总体要求，由市体育局制定了国庆 60 周年游园活动十大公园体育活动总体方案。明确了以公园为主，属地管理的原则。

2.八城区体育局根据市体育局体育游园活动总体方案，制定了本区体育游园活动方案并组织实施。

3.八城区体育局按照市体育局的工作要求，根据公园现有的体育设施、健身路径器材、球类场地情况制定了活动项目、活动内容，归纳起来分三类：一是全民健身展示，重点突出群众喜爱的健身项目，如：太极拳、柔力球、健身操、跆拳道、秧歌、腰鼓等。二是全民健身互动，便于群众参与的项目，如：围棋、象棋、国际象棋、踢毽、跳绳、夹包、抖空竹、沙包掷准等。三是市民体质测试，包括：身高、体重、肺活量、坐位体前屈、反应时等 10 余个项目，为群众解答健身知识。

(三) 落实活动场地。

市体育局会同八城区体育局对十大公园体育活动的场地逐一进行了现场勘察，根据公园的要求，结合场地的特点，明确了活动区域、活动项目和表演形式。

(四) 落实相关工作。

1.根据游园指挥部 8 月 17 日夏占义同志主持召开的第六次会议精神，

市体育局及时召开八城区体育局体育游园活动工作会议，传达了游园活动时间由两天变为一天的精神及会议的有关要求。八城区体育局很快调整了游园活动实施方案、表演队伍，确保了表演任务顺利完成；

2.市体育局按照市游园指挥部的要求，召开了八城区体育局主管局长和联络员工作会议，传达了市游园指挥部关于做好国庆游园活动风险评估及人员政审工作的精神，对八城区体育局工作提出了明确的要求。

3.市体育局及时召开全体人员工作会议，传达了市游园指挥部 9 月 28 日会议精神，进一步强调了安全的重要性。市体育局根据市游园指挥部的要求，对 10 月 2 日游园工作进行了全面部署，进一步明确了游园体育活动组织指挥系统、岗位和责任，规定了信息报送、上岗、离岗报告制度等工作内容；对区县体育局游园工作从安全保卫、人员保险、环境布置等方面进行了检查和指导，并提出了明确要求。

4.明确了专人负责安保工作，按时上报风险评估和人员政审材料；按时每月上报档案上报信息共 13 份，分别刊登在市游园指挥部工作动态和市体育局网上（其中昨日事情、北京信息各刊登一份）。

二、八城区游园活动丰富多彩

10 月 2 日，八城区体育局承担了十大公园国庆 60 周年游园活动群众体育展示任务。为了让广大群众过一个祥和、安全的节日，各区体育局准备了丰富多彩的体育表演、群众互动项目和民俗体育活动，吸引广大市民参与，让他们在游园的喜庆氛围中，感受祖国的欣欣向荣和繁荣富强，共享新中国 60 华诞的欢乐。据统计，十大公园参与体育游园活动人数达 52674 人。

（一）游园活动得到了各级领导的重视。

活动当天上午，市委副书记王安顺在西城区区长张建东的陪同下来到北海公园，视察了北海公园的游园活动，检查了体育活动区的情况；市体育局副书记、副局长孙学才，副局长李丽莉到北海、天坛、大观园和劳动人民文化宫检查工作；东城、西城、崇文、宣武、朝阳、海淀、丰台、石景山区四套班子领导及市总工会领导都到现场检查了整个游园活动。

（二）八城区游园活动特点。

东城区体育局承担了市劳动人民文化宫、地坛公园的游园任务，他们的组织工作特点是：1、两个公园分别安排了机关科室干部担任工作人员，并安排了局内转业干部担任两个公园的安保工作；2、充分发挥街道办事处的作用，各街道办事处主管主任亲自挂帅，10 个街道办事处都参与了国庆游园活动。他们的活动内容有三类：1、传统体育（太极拳、健身气功、太极功夫扇等）；2、民俗体育（跳房子、踢花毽 、夹沙包、跳绳）；3、趣味体育（趣味保龄球、磁性飞镖、沙包掷准）。这些活动现场吸引了很多小孩、老人、外国友人、解放军战士、人民警察前来参与和观看，共接待 7000 多人。活动特点突出了参与性、娱乐性、趣味性和互动性。

西城区体育局承担了北海公园游园活动任务，他们的组织工作方式是通过西城区金融街道、月坛街道、西长安街道、区武术协会、跆拳道协会及体校、什刹海健身操舞表演队承担了任务。现场进行了太极柔力球、抖空竹、健身操、跆拳道、太极拳、木兰扇等群众健身项目的展示和市民体质测试，活动特点是参与人数多，吸引了外国友人观看，现场为游客表演了抖空竹，接待游客达 2500 多人。

崇文区体育局承担了天坛公园游园活动任务，为筹备好国庆游园活动，前期进行了 3 次整体彩排，还代表其他九个公园接受了刘淇、郭金龙等市领导的检查，受到了上级领导的好评。活动当天，共分成健身项目展示、趣味游戏互动、棋类互动、传统项目展示、体质测试 5 个板块进行。活动特点是充分利用公园内的健身器材开展游园活动；群众自编、自演、自娱、自乐地参与国庆游园活动；邀请 8 位专业棋手与群众互动，为群众提供交流的机会。接待游客 4000 余人。

宣武区体育局承担了大观园游园活动任务，主要以市民体质测试为主，测试指标包括：身体形态、机能、素质三个方面 11 个项目。向广大人民群众宣传全民健身科普知识，现场进行科学健身咨询，自制了宣传

展板和宣传标语，聘请了专家为群众服务。接待游客进 4000 余人。

朝阳区体育局承担了朝阳公园和森林公园游园任务，现场成立了以区体育局为主的体育活动分指挥部。活动特点是：1、表演与展示结合。安排了跆拳道、柔道、武术、散打表演和绸扇舞、旗操、腰鼓等优秀健身项目展示；2、健身与互动结合。安排了花式篮球、篮球宝贝、吉祥物表演、街舞风雷、篮球投篮等一些健身项目。3、时尚与传统项目结合。安排了搏击操、啦啦操、竞技健美操以及健身操舞等传统体育项目，深受广大青年人的喜欢。共接待游客 3500 余人。

海淀区体育局承担了海淀公园游园任务，在公园的大草坪上搭建了体育表演舞台，现场进行了气势磅礴的太极拳、健美操、腰鼓、红绸舞、街舞、舞狮等表演；在海淀展览馆南侧安排了群众体育互动区，设置了投篮、空竹、飞镖、乒乓球、迷你高尔夫、围棋、象棋、套圈等，吸引观众 18000 多人。活动特点是参与性强，没有对抗性和高强度的项目；趣味性强，群众可以任意参加活动，在参与中享受趣味和快乐；安全性强，可最大程度地避免群众参与的危险性和运动伤害。

丰台区体育局承担了莲花池公园游园任务，在公园西门内广场安排了太极拳、健身气功、武术、绸扇舞等全民健身项目展示和群众便于参与的门球射门、沙包掷准、飞镖、毽球、跳绳、踢毽等体育互动项目，当天接待游客 1500 余人，还安排了展板宣传《体育法》、和《全民健身条例》。

石景山区体育局承担了国际雕塑公园游园任务，专门成立了组织机构，局长亲自挂帅。活动特点主要是围绕着全民健身路径设计内容。活动当天，在健身路径北侧为游客表演了啦啦操、秧歌、健身操、太极扇、空竹等健身项目。鲁谷街道、八宝山街道、老山街道、八角街道居民代表参加了全民健身路径展示活动，在健身路径南侧，为游客安排了乒乓球互动活动，向游客宣传了科普知识，使游客体验了国庆游园的喜悦气氛。接待游客 7600 余人。

国庆 60 周年庆典和平鸽放飞工作总结

2009 年 5 月，北京市体育局正式接受国庆庆典放飞 6 万羽和平鸽的任务。市体育局对此极为重视，成立了由李丽莉副局长为总队长的信鸽放飞总队。为完成此项任务，全市 18 个区县共动员协会会员 2 万多名；从全市比赛信鸽资源中征集、挑选 8 万羽信鸽；调集集装箱式专用放飞车 18 辆；整修、加固、油漆放鸽笼 300 个；选拔、培训放飞人员 80 名。分别在 2009 年 8 月 29 日国庆庆典预演上试放飞 1 万羽信鸽，在国庆庆典上放飞 6 万羽信鸽（每次放飞足羽数放飞，并有 5000 羽伴飞），创造了我国国庆典放飞和平鸽的新纪录。

一、　全面细致做好放飞各项准备工作。

（一）成立建国 60 周年庆典放飞信鸽总队。在群众游行指挥部的统一指挥下，成立了信鸽放飞总队，总队领导由市体育局、市信鸽协会主要负责人组成，北京市体育局党组成员、副局长李丽莉担任背景部副总指挥、信鸽总队总队长，市信鸽协会副主席兼秘书长闵鹿蓓、市信鸽协会副主席林鸿明任副总队长。市各相关区县体育局、区县信鸽协会主要负责人担任区县分队领导，层层把关，层层负责。

（二）信鸽征集组织工作。全面部署征集信鸽工作，召开信鸽总队放飞工作会议，明确工作任务、职责、分工，布置阶段性工作。1、全面做好放飞动员宣传工作。在全市信鸽协会会员中广泛进行宣传动员工作，宣传本次放飞的政治意义，动员会员积极配合，涌跃交鸽。

2、动员全市 18 个区县的信鸽协会会员严格做好信鸽免疫、消毒、驯放、喂食、饮水、挑选工作，保证上交健康力的信鸽。3、市信鸽协会制作 10 万枚建国 60 周年信鸽放飞纪念足环，做为征集信鸽的鼓励和保障措施，确保征集 6 万羽信鸽。4、信鸽征集以东、西、崇、宣、朝、海、丰、石、通、大兴 10 个区为信鸽征集单位点，重点组织征集工作，其余区县按邻近距离交鸽。5、严格遵守公安机关对信鸽征集所采取的安检措施，积极配合公安部门工作。

（三）放飞车、放飞笼的组织工作。1、在市信鸽协会和全市 18 个区县信鸽协会的巨有赛事资源中严格挑选车况好、鸽笼牢、放飞闸门可靠灵活的 18 辆放飞车（力争做到车型一致或相近），对车辆外观进行了统一喷漆整新。2、每辆放飞车征集装运的信鸽不超过 4000 羽，既要保证放飞羽数和整体效果，又要保证信鸽有足够的活动空间和放飞车空气的流通。3、放飞车的位置：国家博物馆西门广场 8 辆，装载 25000 羽信鸽；人民大会堂东门广场 8 辆，装载 25000 羽信鸽。4、调配大型放飞车 2 辆，运送 300 个放飞笼。5、放飞笼位置：天安门广场国旗杆东侧 150 笼，装鸽 5000 羽；天安门广场国旗杆西侧 150 笼，装鸽 5000 羽。6、本着勤俭节约办庆典的原则，改变了制作新放飞笼的计划，在全市信鸽协会、俱乐部、公棚和信鸽养殖户中搜集征集租用了 300 个旧放飞笼，并组织施工力量对旧笼进行了整修、加固、翻新。本着活动空间充足、空气流通的原则，每笼信鸽不超过 30 羽。放飞笼的信鸽征集充分考虑了了国庆庆典天安门前的整体放飞效果，以征集北、东、西、方位的信鸽为主。7、对放飞车辆和放飞笼的使用制定了专门的安保规定，严禁装载易燃易爆物品，对司机进行了专门的车辆保障和安全教育培训，积极配合公安人员进行车辆防爆安检。

（四）现场放飞员（司放员）的组织工作。1、根据本次放飞任务需要，组织了现场放飞工作人员 80 人；设总指挥 1 人，放飞点指挥 4 人，现场联络员 5 人，放飞车司机、司放员 70 人。各自有明确的职责分工。2、由各区县体育局、信鸽协会推荐，市体育局、市信鸽协会审查、筛选政治可靠，责任心强，业务熟练，身体素质好的司放人员担任放飞任务。并按放飞实际操作程序对司放人员进行模拟培训，司放人员做到了坚守岗位，听从指挥，步调一致，令行禁止，纪律严明。3、市、区、县体育局和信鸽协会严格按公安机关的要求，对放飞工作人员进行严格的政审，并对参加放飞工作的所有人员进行安全培训和教育，确保了放飞任务万无一失。

二、精心策划，精心组织，精心实施。

（一）参加三次演练。信鸽总队参加了国庆庆典的三次演练，由于信鸽是夜盲动物，所以只是在“8.29”白天演练试放飞了 1 万羽信鸽。“8.29”演练严格按照庆典放飞模拟进行，从信鸽集鸽开始—信鸽逐羽安检—检疫—装运—鸽车集合—安保交接—总队整体安检—进入广场—在“三区四地”（国家博物馆西门广场、人民大会堂东门广场、天安门国旗杆—东、西两侧）放飞点安置鸽车鸽笼—待命—直至接到背景部指挥下达放飞口令，都是严格按背景部工作流程进行。信鸽总队对背景部工作流程经过了认真研究领会并进行了反复实际推演，还设计了应急预案，以确保演练的成功。“8.29”演练对庆典信鸽放飞提供了大量的极有价值的参考数据和实践经验，为正式庆典放飞打下了坚实的基础。信鸽总队还派放飞指挥和各分队指挥参加了“9.6”、“9.18”两次演练，到岗到位，模拟演练。积累了大量的实地放飞的第一手资料。

（二）为国庆庆典营造精彩和平鸽遨翔华章，精心策划、实施放飞方案。为完成好国庆庆典信鸽放飞任务，信鸽总队专门部署海淀区信鸽协会负责 6 只白鸽和放飞员的选派以及彩车放飞小学生的培训，同时组织信鸽放飞专家和曾参加过国庆 50 周年庆典放飞的同志研究策划，在各区县鸽群的起飞时间、飞行方向、折返角度、折返后的鸽群走向、鸽群盘旋时间，以及庆典当日气候、风力、风向等数据和因素进行了精心的计算和推演。同时对放飞口令的发出提出了 6 项应急预案，以确保放飞命令的及时准确下达。按照背景部制定的最后“拥场方案”，星星火炬彩车首先放飞 6 羽白色和平鸽后，天安门广场“三区四地”的 6 万羽信鸽同时放飞，鸽群腾空飞向天安门城楼。

（三）合理应对“禁飞”“放飞”，为国庆庆典安全尽职尽责。对国庆庆典大阅兵的空中梯队的飞行安全，国庆指挥部和群众游行指挥部、背景部都曾召开过专门会议，特别提出在空中梯队经过天安门广场时，鸽子绝不能跑笼，要严把鸽笼关。信鸽总队高度重视，指定专门部门专人负责鸽笼门，对笼门进行了技术改造、双保险处理，对放飞车、放飞笼全面进行了细致检查，对有隐患的笼门、笼体进行了加固焊接，并制定了岗位责任制，进入广场后人不离鸽笼，空中梯队飞临广场时手不离笼。国庆庆典上无一羽信鸽“跑笼”、“逃笼”。

为了保证空中梯队的飞行安全，市政府颁布通告，自 9 月 15 日起北京市行政区域内禁止放飞鸽子，这是对信鸽总队又一大考验。为完成庆典放飞，信鸽需要训放，连续半个月禁飞，对鸽子的飞行有很大影响。信鸽总队既要贯彻政府通告又要动员广大会员庆典飞好，工作难度可想而知。在广大会员的支持配合下，会员们采取加强信鸽营养等方法共同度过了难关。

建国 60 周年庆祝活动期间体育运动项目经营单位安全生产工作总结

2009 年北京市体育运动项目经营单位安全生产工作以创建“平安北京”为目标，以确保建国 60 周年庆祝活动期间体育运动项目经营单位安全运营为重点，切实履行体育行政部门的监管职责，狠抓体育经营单位安全生产隐患的治理，在全市体育运动项目经营单位中开展“迎国庆、保安全体育运动项目经营单位执法检查专项行动”，保证了全市体育经营单位一年来的安全运营，为建国 60 周年庆祝活动的顺利举行提供了有力保障。

一、基本情况

按照市政府的统一部署，为确保全市体育运动项目经营单位安全生产，市体育局先后开展了安全生产“三项行动”、消防安全“合围攻坚行动”、安全生产“护航行动”等一系列执法检查工作，确保了全市体育经营单位的安全生产。为确保建国 60 周年庆祝活动期间体育经营单位安全营运，市体育局从 7 月份起开展了为期 100 天的“迎国庆、保安全”执法检查专项行动，紧紧围绕“落实体育行政部门行业监管责任，指导和监督体育经营单位进一步落实主体责任制，确保建国 60 周年庆祝活动期间体育经营单位的安全运营”这个目标，重点从经营单位安全生产责任制的落实、应急救援预案的制定、消防安全等十一个方面进行专项检查。执法专项行动分四个阶段进行，第一阶段为动员部署阶段。吃透文件精神，明确工作重点，市和区县体育局成立相应的组织机构，制定详细的工作方案，经营单位开展自查活动，为专项行动的实施开好头。第二阶段为全面检查阶段。区县体育局对辖区内体育经营单位进行全面安全检查，监督指导体育经营单位完善各项安全措施和预案，开展隐患排查，提高应急能力，对存在安全隐患的单位限期整改。市体育局督查组对区县体育局开展专项行动情况进行督查，并对部分经营单位进行抽查。第三阶段为重点整治阶段。区县体育局加大对经营单位的执法检查力度，对经营单位实施“回头看”，对重点区域周边 200 米范围内经营单位的执法检查全覆盖，对存在安全隐患的经营单位协调相关部门实施停业整顿。第四阶段为全面保障阶段。市和区县两级体育行政部门重点加强对庆祝活动有关公园、游行沿线等重要区域周边 200 米内的经营单位的管控，将重点区域内的经营单位登记造册，确定区县体育局的联系人，对重点管控单位进行全天候、不间断的执法检查。启动安全生产“零报告”制度，及时了解重点单位的安全生产情况。

一年来，市和区县体育局通过开展联合执法、专项执法等形式，共组织执法人员执法检查 3260 余人次，出动执法车辆 730 余台次，督促指导体育经营单位查找堵塞各项安全隐患 462 项，完善各项安全制度 205 项，组织体育经营单位开展应急演练 178 次，对 360 余家经营单位下发了整改通知书，对 60 余起涉及到相关部门的安全隐患进行了移交，对 6 家经营单位进行了行政处罚，罚款金额 7 万元，通过以上各项工作的实施，市和区县体育局较好地完成了各阶段的执法检查工作任务，保证了经营单位的安全生产，为建国 60 周年庆祝活动期间全市体育经营单位的安全运营，实现“平安北京”的工作目标做出了贡献。

二、主要做法

（一）制定方案，召开会议，周密部署专项行动。

为保证建国60周年庆祝活动期间全市体育经营单位的安全生产，每项执法行动开展前，市体育局都认真研究制定工作方案，明确安全生产各项行动的指导思想、工作目标、组织领导、重点任务和工作要求等内容。为开展执法检查专项行动，市专门召开了由区县体育局主管领导参加的动员部署会，两级体育行政部门都成立了专项行动领导小组，提出了“三加大、三突出、三促进”的工作原则，即：加大安全生产执法力度，突出抓好打击各类非法违法生产经营行为，规范安全生产法治秩序，促进安全生产主体责任的落实到位；加大安全生产治理力度，突出抓好安全生产整治工作和规范管理，促进安全生产治理常态化、管理精细化；加大安全生产宣传力度，突出抓好经营单位主体责任的落实，充分发挥宣传教育和舆论导向作用，促进经营单位的安全意识和从业人员安全素质的整体提高。

为确保体育运动项目经营单位在国庆活动期间的安全运营，各区县体育局根据辖区内国庆活动的安排，划分辖区内的重点区域，确定重点单位，并登记造册，区县体育局确定专人负责。对重点区域内的体育经营单位的执法检查提出了“四个百分之百”的工作目标，即：检查整治的覆盖面达到100%；各类人员安全生产教育达到100%；应急预案的建立和开展检验性应急演练达到100%；执法检查覆盖率达到100%；对排查出的隐患整改及复查验收达到100%。

东城区体育局按照“护航”行动总体要求，成立了专项工作领导小组；制定了《东城区体育局新中国成立60周年安全生产执法“护航”行动工作方案》，在原有2名执法人员的基础上，又抽调了7名具有执法资格的同志参与国庆“护航”行动，坚持实行节假日领导带班、值班检查制度，全面落实体育行政部门安全生产监管职责，对全区体育经营单位实行安全监控和执法检查。朝阳区体育局召开了“迎国庆、保安全”体育运动项目经营单位安全执法检查专题工作会，确定成立以局长为组长的领导小组，以体育市场管科人员及朝阳区水上救生协会理事以上的八名同志为执法检查人员，在执法用车、执法经费、人员配备、执法设备等方面获得了充分的保障，使体育行政执法工作得以顺利、高效、有力地推进。平谷区体育局高度重视，专门召开局长办公会，研究部署安全生产工作。成立了以局长为组长、主管局长为执行组长的行动领导小组，明确职责，重点加强体育运动经营项目的安全生产工作，加大执法检查力度。房山区体育局制定并下发了《房山区“迎国庆 保安全”体育行业百日安全大检查工作方案》，要求各经营单位立即行动起来，做好安全生产隐患排查自查整改，强化安全生产主体责任意识。

（二）迅速行动，协调配合，认真开展“专项行动” 各项工作。

执法检查专项行动工作开展之后，各级体育行政部门和体育经营单位围绕既定的各阶段工作目标，将“专项行动”同专项整治有机结合起来，迅速开展了安全执法检查、隐患排查治理、宣传培训教育等一系列活动，有力地促进了全市体育经营单位安全生产形势的持续稳定。

1.以打击“三非”、“三违”行为为主要内容，取得了安全生产执法检查新成效。

为了严厉打击非法生产、经营、建设和违章指挥、违规作业、违反安全生产规定等行为，各区县体育局深入开展了以“严格执行法律法规、认真落实主体责任”为主题的安全生产执法检查工作，有力地规范了体育经营单位的安全生产行为，推动了安全生产和安全监管两个主体责任的落实到位。

西城区体育局深入开展专项执法检查，对重点区域 200 米范围内体育经营单位实施重点盯守，对重点部位实行双岗巡查制度，并对体育经营单位的安全生产状况，登记造册，确定区体育局和经营单位负责人联系方式，保证联络畅通，严禁经营单位“带病”经营，从多方面多角度做好国庆保安全工作。崇文区体育局要求各场馆把经营效益与安全生产紧密结合，积极开展自查行动，并对体育经营单位开展拉网式检查，每周保证有 2 次下去执法检查各经营单位，对问题严重的单位作为重点多次检查，不漏掉一个安全隐患，通过加大执法力度，营造文明有序的安全环境。昌平区体育局强化“两个主体责任”意识，进一步明确了体育行政部门的监管职责和经营单位的主体责任，并将责任分解到每个工作人员和员工，使安全工作事事有人抓。

2.以“遵守法规、安全发展”为主题，掀起了安全生产宣传教育新高潮。

为配合执法检查专项行动的开展，引深安全生产宣传教育行动，市和各区县体育局在执法检查的同时积极开展宣传安全法规、企业安全发展的宣传教育活动，设置专栏，张贴宣传挂图，并利用报刊、电台、电视等新闻媒体大力宣传安全法规。据统计，全市悬挂各类标语130余幅，张贴安全标语400余条；部分区县电视台、电台设立了“遵守法规、安全发展”活动专栏，累计宣传报道26次。同时，各县区、各部门、各生产经营单位还根据具体情况，积极开展了一系列形式多样、丰富多彩、声势浩大的具体安全宣传活动。

海淀区体育局全面开展以“深入开展安全生产月活动，全力做好各体育运动项目经营单位的安全生产，喜迎新中国成立六十周年”为主题的安全生产月活动，并结合安全生产宣传教育“四进”活动，结合“安全生产管理示范单位推广”活动，结合“安全生产专家面对面”活动，组织召开了两次安全生产规定、安全生产知识培训工作会。丰台区体育局充分利用安全生产宣传月活动、安全专项会议、印刷安全宣传品等形式向体育运动项目经营单位和健身人群宣传《全民健身条例》、《北京市体育运动项目经营单位安全生产规定》等法律法规和《全民健身科普知识手册》、体育运动小常识、小纪念品。普及了安全生产知识，形成人人讲安全，人人要安全的局面，增强了安全的防范意识。石景山区体育局召开石景山区体育运动项目经营单位安全生产工作会两次，下发《条例》手册50余本，注重对体育经营单位负责人的安全培训及教育，要求各体育运动项目经营单位负责人能够处理好经济效益与社会效益的关系，将安全放在首位，在确保安全的前提下，为人民群众参与健身运动提供良好的氛围，共同实现2009年体育经营单位平安运营的既定目标。门头沟区体育局在执法过程中，积极开展体育法制宣传工作，向群众发放了《北京市全民健身条例》《北京市体育运动项目安全生产规定》各200余份，相关体育法律、法规材料100多份。

3.以“治隐患、防事故”为目标，抓准抓实安全生产专项整治重点难点

在开展专项行动第一、二阶段和治理行动过程中，各生产经营单位都由主要负责人挂帅，坚持领导跟班带班作业制度，组织现场检查，对重点

场所、要害部位、关键岗位等进行了细致的自查自整工作。据统计，各体育经营单位累计排查各类隐患问题 823 条，整改率达到了 100%。在此基础上，各县区体育局积极协调相关部门，开展联合执法检查和专项执法检查等形式，紧密配合，组织执法人员成立检查组，认真开展督促检查工作，对存在安全隐患的经营单位，对其主要负责人启动了安全约谈机制，督促落实专项整治跟踪检查排查制度，提高整改治理效果。

宣武区体育局召开领导班子专题会议，针对“迎国庆保安全”体育运动项目经营单位执法检查专项行动的特点，把安全生产大检查的重点放在高危险性体育运动项目经营单位、地下人员密集体育活动场所，并对重点监控单位建立了专人负责制、定期报告制、定时巡查制，把“迎国庆保安全”体育运动项目经营单位执法检查专项行动落到实处、抓到要处。延庆、密云、通州等区县体育局在执法检查过程中，对存在安全隐患的体育经营单位主要负责人进行了警示性安全教育，积极引导帮助体育经营单位消除安全引患，对存在安全隐患的体育经营单位实施“回头看”行动，进一步规范经营单位健全安全生产责任制，强化安全生产管理，提升了经营单位负责人和从业人员的安全意识，及时消除了各项安全隐患。

（三）突出重点、三级联动，积极开展隐患治理行动。

在企业自查自整和行业主管部门督查的同时，市、区县体育局和街道乡镇组成三级联动督查组也同步开展了全面、细致的督查抽查。累计发现问题 123 条，下达整改文书 73 份，有效地促进了体育经营单位安全生产工作的开展。通过执法检查专项行动的开展，在全市体育运动项目经营单位中进一步营造了“关注安全、理解安全、支持安全、参与安全”的良好氛围，消除了一大批影响安全生产的不稳定因素，打击了非法违法生产经营行为，安全生产形势继续保持了平稳发展态势。

顺义、怀柔、大兴等区县体育局对体育经营单位从业人员掌握的安全知识、具有的安全意识和处理突发事件的应急能力进行了询问检查，对检查出的问题及时向体育经营单位指出，并限期整改，强化了体育经营单位对安全责任的认识、强化安全措施的落实。3 个区县体育局还建立了多部门联合执法检查机制，加大执法检查力度，全面消除安全事故隐患，依法从严执法，对重点单位的检查做到全覆盖，对存在安全隐患的经营单位实施停业整顿，严禁经营单位“带病”经营，并加强对危险化学品的安全监管。

三、存在的主要问题及下一步工作打算。

2009 年通过各级体育行政部门的共同努力，确保了体育运动项目经营单位的安全运营，取得了安全生产的显著成效，但仍存在许多问题和不足，主要表现在以下三个方面：

一是工作开展不平衡。个别县区和企业对执法检查专项行动的开展重视程度不够，仅仅停留在一般性工作的安排部署上，还没有上升到应有的位置和高度；有的行动迟缓，方案照抄；有的敷衍了事，被动应付；有的心存侥幸，得过且过。

二是安全监管人员配备不足。虽然近年来体育行政部门安全监管力量有所增强，但面对今年繁重的安全生产工作任务，安全监管人员配备不足、不强的问题较为突出，致使许多工作任务无法落实到位，达到“无一遗漏”排查的工作目标还存在较大难度，已经成为制约安全生产工作纵深发展的重要因素。

三是安全执法检查不严格。在督查检查过程中，面对经营单位非法违法生产、经营等行为，有的执法人员执法力度不强，存在随意执法、人情执法和“严格不起来，落实不下去”的情况，特别是在正确应用执法程序、使用执法文书、行使自由裁量权等方面存在不少问题。

针对以上问题，我们将采取以下措施：一是继续加强对经营单位的监督检查。对安全生产整治工作不认真、不重视、打折扣的单位，加大检查力度，确保安全生产各项制度落实到位。二要加大对执法人员的培训，安全监管实现常态化、规范化管理。通过加强执法检查信息管理平台的建设，实时掌握和了解区县体育局执法检查情况，定期开展业务培训，提高执法人员的素质。三是要以高危项目为重点，全面开展治理行动和整治工作。要把对高危体育项目行政许可和安全生产治理行动紧密结合起来，采取“全面检查、突出重点，实事求是、分类整治，规范管理、依法查处”的方式，加强对体育经营单位的安全监管，确保全市体育经营单位的安全运营。

运动成绩

2009 年北京市运动员破世界纪录一览表

项目	子 项	姓 名	破纪录成绩	比赛名称	时 间	地点
游泳	男子 800 米自由泳	张 琳	7′32″12	世界游泳锦标赛	7 月 22 日	罗马
游泳	女子 4X200 米自由泳	刘 京	7′42″08	世界游泳锦标赛	7 月 22 日	罗马

2009 年北京市运动员参加世界三大赛前三名统计表

项 目	金 牌	银 牌	铜 牌
国际象棋	1		
花样游泳		1	2
击 剑			1
乒乓球	3	2	2
射 箭	1	2	
体 操	1		
跳 水	1		
围 棋	1	1	
武 术	1		
游 泳	2		1
总 计	11	6	6

2009 年北京市运动员参加亚洲三大赛前三名统计表

项 目	金 牌	银 牌	铜 牌
国际象棋			1
击 剑	2		
篮 球	1	1	
排 球		1	
乒乓球	7	1	
曲棍球	1		
拳 击	1		
赛 艇	3		
射 箭		1	1
田 径	2	1	1
跳 伞	4		
象 棋	1		
游 泳	7	3	1
羽毛球			1
自行车			1
总计	29	8	6

2009年北京市运动员参加全国比赛前三名统计表

项　　目	金　　牌	银　　牌	铜　　牌
棒　　球	1		1
国际象棋		3	2
花样游泳	2		
击　　剑		1	1
举　　重	1	2	3
女　　足		1	1
皮划艇	1		2
乒乓球	3	1	3
曲棍球	1	1	
拳　　击	4	1	2
柔　　道	3	1	4
赛　　艇	6	4	
散　　打			1
射　　击	5	2	5
射　　箭	3		1
手　　球	1		
摔　　跤	7	5	5
跆拳道	5	3	4
体　　操	3	1	2
田　　径	2	9	8
跳　　伞	1		3
跳　　水	2	1	1
网　　球		2	2
围　　棋		1	1
武　　术	1	2	
象　　棋	1	1	
游　　泳	13	8	9
羽毛球	1	1	1
自行车		3	1
总　　计	67	54	63

2009年北京市运动员参加世界三大赛名次一览表

项目	比赛名称	比赛时间	比赛地点	子项	姓名	名次
国际象棋	世界锦标赛暨第二届女子世界团体赛	09月1—12日	宁波	女子团体	赵雪	1
花样游泳	世界锦标赛	07月22—23日	罗马	自由自选组合	张晓欢、常思	2
花样游泳	世界锦标赛	07月22—23日	罗马	集体技术自选	张晓欢、常思	3
花样游泳	世界锦标赛	07月22—23日	罗马	集体自由自选	张晓欢、常思	3
击剑	世界击剑锦标赛	09月30—10月9日	土耳其	女子佩剑团体	倪红	3
乒乓球	男子乒乓球世界杯赛	10月16—18日	俄罗斯	男子单打	马龙	3
乒乓球	乒乓球世界杯团体赛	10月22—25日	奥地利林茨	男子团体	马龙	1
乒乓球	乒乓球世界杯团体赛	10月22—25日	奥地利林茨	女子团体	丁宁	1
乒乓球	世界乒乓球锦标赛	04月28—5月5日	日本横滨	女子单打	张怡宁	1
乒乓球	世界乒乓球锦标赛	04月28—5月5日	日本横滨	男子双打	马龙	2
乒乓球	世界乒乓球锦标赛	04月28—5月5日	日本横滨	女子双打	丁宁/郭焱	2
乒乓球	世界乒乓球锦标赛	04月28—5月5日	日本横滨	男子单打	马龙	3
拳击	世界拳击锦标赛	10月1—12日	意大利	男子75kg	张建艇	5
射击	世界锦标赛	08月7—16日	斯洛文尼亚	男子飞碟多向	李洋	5
射箭	第45届世锦赛	09月1—9日	韩国蔚山	混合团体淘汰赛	赵玲	2
射箭	第46届世锦赛	09月1—9日	韩国蔚山	男子团体淘汰赛	邢宇	4
射箭	世界杯总决赛	09月26—27日	丹麦	混合团体	邢宇、赵玲	1
射箭	世界杯总决赛	09月26—27日	丹麦	女子个人	赵玲	2
体操	第41届世界体操锦标赛	10月13—18日	英国伦敦	女子高低杠	何可欣	1
跳水	世界锦标赛	07月22—23日	罗马	男子双人十米台	林跃	1
围棋	第十三届三星杯世界职业围棋锦标赛	01月21—23日	韩国	个人	孔杰	2
围棋	第十四届三星杯世界职业围棋锦标赛	12月17—20日	韩国	个人	孔杰	1
武术	第十届世界武术锦标赛	10月23—30日	加拿大	男子枪术	吴迪	1
游泳	世界游泳锦标赛	07月22—23日	罗马	男子800米自由泳	张琳	1
游泳	世界游泳锦标赛	07月22—23日	罗马	女子4×200米	刘京	1

续表

项　目	比赛名称	比赛时间	比赛地点	子　项	姓　名	名次
游　泳	世界游泳锦标赛	07 月 22—23 日	罗　马	男子 400 米自由泳	张　琳	3
游　泳	世界游泳锦标赛	07 月 22—23 日	罗　马	男子 1500 米自由泳	张　琳	5
自行车	世界场地锦标赛	03 月 25—29 日	波　兰	记分赛	王翠	4
自行车	世界场地锦标赛	03 月 25—29 日	波　兰	3 公里团体追逐	王 翠、陈 跃、孙飞燕	6

2009年北京市运动员参加亚洲三大赛名次一览表

项　目	比赛名称	比赛时间	比赛地点	子　项	姓　名	名次
国际象棋	亚洲个人锦标赛	5 月	菲律宾	男子个人	余泱漪	3
击　剑	亚洲击剑锦标赛	12 月	卡塔尔	女子佩剑个人	倪　红	1
击　剑	亚洲击剑锦标赛	12 月	卡塔尔	女子佩剑团体	倪　红	1
篮　球	亚洲男子锦标赛	08 月	天　津	男子	孙　悦	2
篮　球	亚洲女子锦标赛	09 月	印　度	女子	张　帆	1
排　球	第十五届亚洲锦标赛	09 月 5—13 日	越南	女子	薛　明	2
乒乓球	第 19 届亚洲锦标赛	11 月 16—22 日	印　度	混合双打	马　龙	1
乒乓球	第 19 届亚洲锦标赛	11 月 16—22 日	印　度	混合双打	丁　宁	2
乒乓球	第 19 届亚洲锦标赛	11 月 16—22 日	印　度	男子单打	马　龙	1
乒乓球	第 19 届亚洲锦标赛	11 月 16—22 日	印　度	男子双打	马　龙	1
乒乓球	第 19 届亚洲锦标赛	11 月 16—22 日	印　度	男子团体	马　龙	1
乒乓球	第 19 届亚洲锦标赛	11 月 16—22 日	印　度	女子单打	丁　宁	1
乒乓球	第 19 届亚洲锦标赛	11 月 16—22 日	印　度	女子双打	丁　宁	1
乒乓球	第 19 届亚洲锦标赛	11 月 16—22 日	印　度	女子团体	丁　宁	1
曲棍球	第七届女子亚洲杯赛	10 月 31—11 月 8 日	泰国曼谷	女子	付宝荣	1
拳　击	亚洲拳击锦标赛	06 月	珠　海	男子 75kg	张建艇	1
赛　艇	亚洲锦标赛	11 月 7—8 日	台湾台北	女子 2000 米双单	李彤、李萌	1
赛　艇	亚洲锦标赛	11 月 7—8 日	台湾台北	女子 2000 米四单	李彤、李萌、禹飞、叶秀梅	1
赛　艇	亚洲锦标赛	11 月 7—8 日	台湾台北	女子 2000 米四双	禹飞、叶秀梅	1
射　击	亚洲飞碟锦标赛		哈萨克斯坦	女子飞碟双多向	李清念	4

续表

项　目	比赛名称	比赛时间	比赛地点	子　项	姓　名	名次
射　箭	第十六届亚洲锦标赛	11月16—22日	印　尼	男子个人排名赛	邢　宇	3
射　箭	第十六届亚洲锦标赛	11月16—22日	印　尼	男子个人淘汰赛	邢　宇	2
田　径	第18届亚洲锦标赛	11月10—14日	广　州	男子100米	张培萌	1
田　径	第18届亚洲锦标赛	11月10—14日	广　州	男子4×100米	张培萌	2
田　径	第18届亚洲锦标赛	11月10—14日	广　州	男子十项全能	祝衡军	3
田　径	第18届亚洲锦标赛	11月10—14日	广　州	男子跳远	李金哲	1
跳　伞	亚洲锦标赛	10月30—11月6日	阿联酋	男子个人定点	王建明	1
跳　伞	亚洲锦标赛	10月30—11月6日	阿联酋	男子集体定点	王建明	1
跳　伞	亚洲锦标赛	10月30—11月6日	阿联酋	女子个人定点	张韵霏	1
跳　伞	亚洲锦标赛	10月30—11月6日	阿联酋	女子集体定点	张韵霏	1
象　棋	亚洲个人锦标赛			女子个人	刘　欢	1
游　泳	亚洲锦标赛	11月25—28日	广东佛山	男100米蛙泳	王　帅	1
游　泳	亚洲锦标赛	11月25—28日	广东佛山	男100米自由泳	陈　祚	4
游　泳	亚洲锦标赛	11月25—28日	广东佛山	男200米混合泳	孙　晗	3
游　泳	亚洲锦标赛	11月25—28日	广东佛山	男200米蛙泳	王　帅	5
游　泳	亚洲锦标赛	11月25—28日	广东佛山	男200米仰泳	张　宇	2
游　泳	亚洲锦标赛	11月25—28日	广东佛山	男4×100米自由泳	辛桐、史腾飞	1
游　泳	亚洲锦标赛	11月25—28日	广东佛山	男4×200米自由泳	史腾飞	1
游　泳	亚洲锦标赛	11月25—28日	广东佛山	男50米仰泳	张　宇	4
游　泳	亚洲锦标赛	11月25—28日	广东佛山	男子200米自由泳	张　琳	1
游　泳	亚洲锦标赛	11月25—28日	广东佛山	男子200米自由泳	史腾飞	2
游　泳	亚洲锦标赛	11月25—28日	广东佛山	男子400米混合泳	孙　晗	4
游　泳	亚洲锦标赛	11月25—28日	广东佛山	女200米混合泳	刘　京	2
游　泳	亚洲锦标赛	11月25—28日	广东佛山	女200米自由泳	刘　京	1
游　泳	亚洲锦标赛	11月25—28日	广东佛山	女4×100米自由泳	张佳琦	1
游　泳	亚洲锦标赛	11月25—28日	广东佛山	女子400米混合泳	刘　京	1
羽毛球	亚洲羽毛球锦标赛	04月	韩　国	男子单打	杜鹏宇	3
自行车	亚洲场地锦标赛	08月14—19日	印　尼	凯琳赛	张　强	6
自行车	亚洲场地锦标赛	08月14—19日	印　尼	团体竞速赛	张　强	3

2009年北京市运动员获全国冠军一览表

项　目	比赛名称	比赛时间	比赛地点	子　项	姓　名
棒　球	全国锦标赛	04月6—15日	江苏无锡	男子	周静、陈哲、李韦良、杨洋、毛磊、李宏瑞、翟源凯、李晨浩、李斌、崔晓、于磊、马克、王楠、杨硕、孙岭峰、孟庆远、安旭、李磊、孙炜、徐铮、吴猛、张伟、贾昱冰、王伟
花样游泳	第十一届全运会	10月17—20日	青　岛	自由组合	张晓欢、顾贝贝、范佳晨、马爽、李昂、常思、钟靦、于乐乐、田婷婷(替补:张瑶)
花样游泳	全国冠军赛	04月16—19日	北　京	自由组合	张晓欢、顾贝贝、范佳晨、马爽、李昂、常思、钟靦、于乐乐、田婷婷(替补:张瑶、谢泊晚)
举　重	全国举重冠军赛	11月27—12月1日	江西新余	男子94kg总成绩	唐　熊
皮划艇	全国锦标赛	06月23—27日	辽宁旅顺	男子1000米四人皮艇	吕宏为、姚希超、王磊、陶岩
乒乓球	2009年乒乓球超级联赛	08月4—23日	主客场	女子团体	张怡宁、丁宁、彭雪、曹丽思
乒乓球	第十一届全运会	09月24—10月2日	山东青岛	女子单打	张怡宁
乒乓球	第十一届全运会	09月24—10月2日	山东青岛	女子团体	张怡宁、郭焱、丁宁、朱虹、芦璐
曲棍球	全国锦标赛	04月19—30日	辽宁航校	女子	韩玉艳、綦娥净、牟艳丽、邓宁宁、刘艳丽、孟雪扬、刘扬、于麓璐、王璠、李爽、金悦、李雪、刘颖、付宝荣、刘天天、胡建华、许晓旭、关明静

续表

项目	比赛名称	比赛时间	比赛地点	子项	姓名
拳击	第十一届全运会	10月19—26日	济南	57KG	李洋
拳击	第十一届全运会	10月19—26日	济南	75KG	张建艇
拳击	全国锦标赛	04月22—29日	重庆	57KG	李洋
拳击	全国锦标赛	04月22—29日	重庆	75KG	张建艇
柔道	第十一届全运会	10月20—23日	滨州	男子60公斤级	刘仁旺
柔道	第十一届全运会	10月20—23日	滨州	男子66公斤级	马端斌
柔道	全国男子柔道锦标赛	04月11—14日	云南	60公斤级	李辉
赛艇	第十一届全运会	10月15—20日	山东日照	女子2000米双单	李彤、李萌
赛艇	全国春季赛艇锦标赛	04月8—11日	浙江	女子2000米和8000米单项全能双单	李彤、李萌
赛艇	全国春季赛艇锦标赛	04月8—11日	浙江	女子2000米双单	李彤、李萌
赛艇	全国春季赛艇锦标赛	04月8—11日	浙江	女子8000米双单	李彤、李萌
赛艇	全国锦标赛	05月27—31日	陕西杨凌	女子2000米双单	李彤、李萌
赛艇	全国赛艇秋季锦标赛	11月25—28日	浙江	女子8000米双单	李彤、李萌
射击	第十一届全运会	10月17—22日	山东	女子手枪	陈颖
射击	全国冠军赛	05月7—21日	上海	女子飞碟双多向	李蕊
射击	全国射击总决赛	12月10—15日	贵州	男子飞碟双向	陈东
射击	全国射击总决赛	12月10—15日	贵州	女子飞碟双多向	李欣
射击	全国团体锦标赛	06月17—21日	北京	女子飞碟双多向	李蕊
射箭	全国室外团体锦标赛	06月12—16日	青海西宁	70米单轮排名赛	果磊
射箭	全国室外团体锦标赛	06月12—16日	青海西宁	单轮全能排名赛	果磊
射箭	全国室外团体锦标赛	06月12—16日	青海西宁	男子个人决赛	邢宇

续表

项目	比赛名称	比赛时间	比赛地点	子项	姓名
手球	全国男子手球冠军杯赛	03月26日—4月5日	秦皇岛	男子	李斌、刘伟、甄恕、关淼、朱昕晨、潘天、张骥、刘振、林松、隆晓磊、耿炳仁、孟辉、蒋维一、宋涛、吴健、郑永利
摔跤	第十一届全运会古典跤	10月17—18日	济南	男子60公斤级	谢振
摔跤	第十一届全运会自由跤	10月19—20日	济南	男子60公斤级	高峰
摔跤	全国男子自由跤冠军赛	11月26—28日	火车头体协	66公斤级	孙葛
摔跤	全国男子自由跤冠军赛	11月26—28日	火车头体协	84公斤级	战召权
摔跤	全国男子自由跤锦标赛	03月11—14日	南京	60公斤级	高峰
摔跤	全国男子自由跤锦标赛	03月11—14日	南京	66公斤级	张崇瑶
摔跤	全国女子自由跤冠军赛	12月2—4日	北京	67公斤级	焦媛媛
跆拳道	第十一届全运会	09月9—12日	滕州	男子68KG	唐华
跆拳道	第十一届全运会	09月9—12日	滕州	女子+67KG	罗微
跆拳道	全国锦标赛	03月20—22日	苏州	男子+87KG	刘哮波
跆拳道	全国锦标赛	03月20—22日	苏州	男子68KG	唐华
跆拳道	全国锦标赛	03月20—22日	苏州	女子73KG	罗微
体操	第十一届全运会	09月14—21日	山东济南	男子个人全能	滕海滨
体操	第十一届全运会	09月14—21日	山东济南	女子高低杠	何可欣
体操	全国冠军赛	07月21—27日	湖北仙桃	女子高低杠	何可欣
田径	全国男子锦标赛	05月15—17日	广西玉林	跳远	李金哲
田径	全国室内田径锦标赛	02月18—19日	上海	男子跳高	赵宽松
跳伞	全国冠军赛	10月24—27日	山东莱芜	男子个人定点	王建明
跳水	第十一届全运会	10月3—12日	济南	男子双人10米台	林跃、曹缘
跳水	全国冠军赛	05月16—21日	西安	男子双人十米台	林跃、曹缘

续表

项 目	比赛名称	比赛时间	比赛地点	子 项	姓 名
武 术	第十一届全运会	10 月 12—14 日	山东滨州	男子长拳全能	赵庆建
象 棋	第一届全国智力运动会	11 月	成 都	专业女子个人	唐 丹
游 泳	第十一届全运会	10 月 17—24 日	济 南	男 400 米自由泳	张 琳
游 泳	第十一届全运会	10 月 17—24 日	济 南	男 4×100 米自由泳	史腾飞、王超、张琳、陈祚
游 泳	第十一届全运会	10 月 17—24 日	济 南	男 200 米自由泳	张 琳
游 泳	第十一届全运会	10 月 17—24 日	济 南	男 100 米仰泳	张 宇
游 泳	全国游泳冠军赛	04 月 5—12 日	浙江绍兴	男子 400 米自由泳	张 琳
游 泳	全国游泳冠军赛	04 月 5—12 日	浙江绍兴	男子 200 米自由泳	张 琳
游 泳	全国游泳冠军	赛 04 月 5—12 日	浙江绍兴	男子 4×100 米自由泳	史腾飞、王超、陈祚、张琳
游 泳	全国游泳冠军赛	04 月 5—12 日	浙江绍兴	男子 100 米自由泳	陈 祚
游 泳	全国游泳冠军赛	04 月 5—12 日	浙江绍兴	男子 4×200 米自由泳	史腾飞、王超、辛桐、张琳
游 泳	全国游泳冠军赛	04 月 5—12 日	浙江绍兴	男子 1500 米自由泳	张 琳
游 泳	全国游泳锦标赛	08 月 27—31 日	北 京	男子 50 米仰泳	王 超
游 泳	全国游泳锦标赛	08 月 27—31 日	北 京	男子 4×100 自由泳接力	史滕飞、李雷、王岩、王超
游 泳	全国游泳锦标赛	08 月 27—31 日	北 京	男子 4×100 混合泳接力	王超、杨凯、张胤卿、史滕飞
羽毛球	全国冠军赛	04 月 16—25 日	浙江宁波	混合双打	张楠、谢婧

2009年北京市运动员参加各项目比赛成绩一览表

项目：足球

比赛名称	比赛时间	比赛地点	子项	姓名	名次
足协杯决赛	08 月 4—10 日	上海	女子	张越、郭琳、李洁、张雯、徐艳芬、马自翔、汪玲玲、施萌雨、张彤、古雅沙、刘卅、王立明、陈艳红、毛爱红、王丹丹、高颖、都斐斐、潘菲、郑琦、吴瑶、邢玮、付坤蕊、郭田怡、屈珊珊、张靖、任玲、王晨、吴彤、庞博、吴霖子、李玉、刘冰云、高立琨、范英明	3
全国中学生运动会女足比赛	08 月 11—22 日	湖南长沙	女子	王丹阳、夏婷婷、苏昕、李玲一、芦嘉、秦晴飞、徐继宏、于子超、韩滢、黄晴、赵洋、彩虹、尹铭、丁楠、丁新、迟梦洁、吴映璠、赵容、岳博乐、皇甫秉飞、姜怡君	2
全国女足超级联赛	11 月 18—26 日	四川成都	女子	张越、郭琳、李洁、张雯、徐艳芬、马自翔、汪玲玲、施萌雨、张彤、古雅沙、刘卅、王立明、陈艳红、毛爱红、王丹丹、高颖、都斐斐、秦晴飞、黄晴、吴瑶、邢玮、赵容、王丹阳、屈珊珊、张靖、朱沛沛、王晨、皇甫秉飞、庞博、丁新、李玉、刘冰云、高立琨、芦嘉、范英明、吴霖子、潘菲、郑琦、任玲、付坤蕊	2
全国女足 U—18 联赛决赛	11 月 5—13 日	湖北宜昌	女子	王丹阳、丁楠、于子超、岳博乐、黄晴、苏昕、迟梦洁、姜怡君、李玲一、吴映璠、赵容、皇甫秉飞、韩滢、夏婷婷、秦晴飞、赵洋、彩虹、卢嘉徐、继宏、丁新、马艺鸣、崔茜茜、尹铭、朱沛沛	4

项目:篮球

比赛名称	比赛时间	比赛地点	子项	姓名	名次
亚洲男子锦标赛	08月6—16日	天津	男子	孙悦	2
亚洲女子锦标赛	09月1—9日	印度	女子	张帆	1
亚洲男子青年锦标赛	11月19—22日		男子	翟晓川	1
第十一届全运会	10月20—28日	山东	男子	张云松、白迪、陈磊、陈世冬、方硕、韩崇凯、解立彬、买尔丹吐尔逊、柳鹏、门维、王骁辉、张睿	9
第十一届全运会	10月10—18日	山东	女子	冯帆、李明阳、李天姝、刘倩、齐思特、孙晓雨、许岚、张帆、张琳、张智、赵晖、郑翔琳	7

项目:排球

比赛名称	比赛时间	比赛地点	子项	姓名	名次
全国男子联赛	08月10—9月3日	主客场	男子	王景星、郭松、何京钊、孙权、胡松、任国毅、赵锋、康慷、扬帆、綦其、韩啸、张振海、李明、刘一、王琛、单庆涛、周涛、赵艺	9
全国女排联赛	08月10—9月3日	主客场	女子	张清丽、周斐、王淼、冯坤、郝雯、李芳菲、曾春雷、韩旭、薛明、陆冬冬、张硕、刘晓彤、张倩、曹梦迪、尹旭东、郭雅丽、翟玥、乔婷	8
全国男子排球锦标赛	08月22—28日	漯河	男子	王景星、郭松、何京钊、孙权、胡松、任国毅、赵锋、康慷、扬帆、綦其、韩啸、张振海、李明、刘一、王琛、单庆涛、周涛、赵艺	9
第十五届亚洲锦标赛	09月5—13日	越南	女子	薛明	2
第十一届全运会决赛	10月18—27日	青岛	男子	郭松、何京钊、孙权、胡松、赵锋、康慷、扬帆、綦其、王琛、单庆涛、周涛、赵艺	7
第十一届全运会决赛	10月3—12日	潍坊	女子	王淼、冯坤、郝雯、李芳菲、曾春雷、韩旭、薛明、陆冬冬、张硕、刘晓彤、张倩、曹梦迪	12

项目：手球

比赛名称	比赛时间	比赛地点	子项	姓名	名次
全国女子冠军杯赛	[illegible]月22—28日	广西南宁	女子	吕梦雪、李雪、栾征、杨姗姗、李海鸥、刘亚男、姚玉美、闫美珠、李佼、刑雪琦、郭磊、谈淼、赵小颖、马晓晔、李文静、韦冉	8
全国男子手球冠军杯赛	03月26日—4月5日	秦皇岛	男子	李斌、刘伟、甄恕、关淼、朱昕晨、潘天、张骥、刘振、林松、隆晓磊、耿炳仁、孟辉、蒋维一、宋涛、吴健、郑永利	1
全国女子手球青年锦标赛	04月13—19日	江西	女子	侯一搏、李元元、李海鸥、刘莎、刘鹤、田春然、王宝蕊、王鹭、赵小颖、郝佳楠、于秋思、单晓芳、王海叶、王叶、王宝慧、吕梦雪	1
全国男子青年手球锦标赛	05月22—29日	山西	男子	刘珂、刘洋、姜冰峰、白冰、、杨昆、王震、李闯、朱晓龙、杜龙飞、解建飞、孟祥会、李珺锋、王鹏、王超、成亚、金佳鑫	3
全国女子手球全运会预赛	05月6—14日	江苏	女子	李雪、栾征、石伟、鲍旭、李海鸥、刘亚男、姚玉美、李佼、刑雪琦、郭磊、谈淼、马晓晔、李文静、韦冉、张美玉、刘莎	5
全国男子手球全运会预赛	06月3—11日	北京	男子	李斌、刘伟、甄恕、关淼、朱昕晨、潘天、张骥、刘振、林松、隆晓磊、耿炳仁、孟辉、蒋维一、宋涛、吴健、郑永利、白洁、常浩、冯宁、王泷	2
第十一届全运会决赛	09月11—20日	威海	女子	李雪、栾征、石伟、鲍旭、李海鸥、刘亚男、姚玉美、李佼、刑雪琦、郭磊、谈淼、马晓晔、李文静、韦冉、张美玉、刘莎	9
第十一届全运会决赛	10月18—27日	威海	男子	李斌、刘伟、甄恕、关淼、朱昕晨、潘天、张骥、刘振、林松、隆晓磊、耿炳仁、孟辉、蒋维一、宋涛、吴健、郑永利、白洁、常浩、冯宁、王泷	4

项目：田径

比赛名称	比赛时间	比赛地点	子　项	姓　名	名次	成　绩
第三届亚洲室内运动会	11月3—3日	越南河内	男子跳高	赵宽松	3	2.20m
全国马拉松锦标赛	01月3—3日	福建厦门	女子马拉松	金玲玲	6	2:39′15
全国室内田径锦标赛	02月14—15日	江苏南京	男子60米	邢衍安	2	6″71
全国室内田径锦标赛	02月14—15日	江苏南京	女子三级跳远	孙　妍	3	13.38m
全国室内田径锦标赛	02月18—19日	上　海	男子60米	张培萌	3	6″67
全国室内田径锦标赛	02月18—19日	上　海	男子跳高	赵宽松	1	2.20m
全国室内田径锦标赛	02月18—19日	上　海	男子跳高	胡　桐	2	2.16m
全国室内田径锦标赛	02月18—19日	上　海	女子跳高	何燕红	7	1.75m
全国室内田径锦标赛	03月14—15日	北　京	男子200米	王晓旭	6	22″04
全国室内田径锦标赛	03月14—15日	北　京	男子400米	王晓旭	4	49″46
全国室内田径锦标赛	03月14—15日	北　京	男子400米	李金龙	5	49″60
全国室内田径锦标赛	03月14—15日	北　京	男子60米	黄敏华	2	6″79
全国室内田径锦标赛	03月14—15日	北　京	男子800米	李光辉	6	1′56″53
全国室内田径锦标赛	03月14—15日	北　京	男子三级跳远	李　聪	8	15.70m
全国室内田径锦标赛	03月14—15日	北　京	男子跳高	赵宽松	5	2.16m
全国室内田径锦标赛	03月14—15日	北　京	男子跳远	李金哲	3	7.74m
全国室内田径锦标赛	03月14—15日	北　京	男子跳远	刘忠和	8	7.59m
全国室内田径锦标赛	03月14—15日	北　京	女子1500米	厉素云	5	4′22″86
全国室内田径锦标赛	03月14—15日	北　京	女子撑竿跳高	武禹彤	5	3.80m
全国室内田径锦标赛	03月14—15日	北　京	女子跳高	张　萌	5	1.75m
全国室内田径锦标赛	03月14—15日	北　京	女子跳远	包　莎	2	6.30m
全国田径大奖赛系列赛	04月10—12日	广东肇庆	男子100米	金　轲	8	11″08
全国田径大奖赛系列赛	04月10—12日	广东肇庆	男子4×100米接力	黄敏华 金　轲 邢衍安 张培萌	6	40″15
全国田径大奖赛系列赛	04月10—12日	广东肇庆	男子标枪	侯兴良	1	76.50m
全国田径大奖赛系列赛	04月10—12日	广东肇庆	男子十项全能	祝衡军	2	7140分
全国田径大奖赛系列赛	04月10—12日	广东肇庆	男子跳高	赵宽松	3	2.15m
全国田径大奖赛系列赛	04月10—12日	广东肇庆	男子跳远	李金哲	7	7.65m
全国田径大奖赛系列赛	04月10—12日	广东肇庆	女子10000米	金玲玲	5	34′09″68
全国田径大奖赛系列赛	04月10—12日	广东肇庆	女子5000米	金玲玲	5	16′14″85
全国田径大奖赛系列赛	04月10—12日	广东肇庆	女子三级跳远	李　倩	4	13.53m

续表

比赛名称	比赛时间	比赛地点	子　项	姓　名	名次	成　绩
全国男子锦标赛	05 月 15—17 日	广西玉林	100 米	邢衍安	3	10″38
全国男子锦标赛	05 月 15—17 日	广西玉林	100 米	张培萌	6	10″49
全国男子锦标赛	05 月 15—17 日	广西玉林	4×400 米接力	王晓旭 李金龙 姚岸达 张洪宾	4	3′09″38
全国男子锦标赛	05 月 15—17 日	广西玉林	400 米	王晓旭	3	47″26
全国男子锦标赛	05 月 15—17 日	广西玉林	标枪	侯兴良	4	75.58m
全国男子锦标赛	05 月 15—17 日	广西玉林	标枪	魏　征	7	71.51m
全国男子锦标赛	05 月 15—17 日	广西玉林	十项全能	祝衡军	2	7406 分
全国男子锦标赛	05 月 15—17 日	广西玉林	跳高	赵宽松	2	2.20m
全国男子锦标赛	05 月 15—17 日	广西玉林	跳高	胡　桐	7	2.15m
全国男子锦标赛	05 月 15—17 日	广西玉林	跳远	李金哲	1	8.08m
全国女子锦标赛	05 月 21—23 日	江苏苏州	三级跳远	李　倩	4	13.57m
全国女子锦标赛	05 月 21—23 日	江苏苏州	三级跳远	孙　妍	5	13.40m
全国女子锦标赛	05 月 21—23 日	江苏苏州	跳远	包　莎	2	6.39m
全国田径大奖赛系列赛	06 月 12—14 日	浙江嘉兴	男子 200 米	张培萌	5	21″79
全国田径大奖赛系列赛	06 月 12—14 日	浙江嘉兴	男子 4×100 米接力	吕祥龙 王　琦 金　轲 张培萌	7	41″96
全国田径大奖赛系列赛	06 月 12—14 日	浙江嘉兴	男子 800 米	李光辉	8	1′55″64
全国田径大奖赛系列赛	06 月 12—14 日	浙江嘉兴	男子标枪	侯兴良	3	74.67m
全国田径大奖赛系列赛	06 月 12—14 日	浙江嘉兴	男子标枪	魏　征	7	72.38m
全国田径大奖赛系列赛	06 月 12—14 日	浙江嘉兴	男子铅球	范　维	5	16.75m
全国田径大奖赛系列赛	06 月 12—14 日	浙江嘉兴	男子三级跳远	李　聪	6	15.33m
全国田径大奖赛系列赛	06 月 12—14 日	浙江嘉兴	男子十项全能	祝衡军	2	7253 分
全国田径大奖赛系列赛	06 月 12—14 日	浙江嘉兴	男子跳高	胡　桐	4	2.15m
全国田径大奖赛系列赛	06 月 12—14 日	浙江嘉兴	男子跳远	李金哲	2	7.91m
全国田径大奖赛系列赛	06 月 12—14 日	浙江嘉兴	女子七项全能	宋丽娟	6	4737 分
全国田径大奖赛系列赛	06 月 12—14 日	浙江嘉兴	女子跳高	张　萌	5	1.75m
全国青少年锦标赛 16—19 岁	06 月 26—29 日	江西宜春	男子 100 米	薛亚男	5	11″02

续表

比赛名称	比赛时间	比赛地点	子项	姓名	名次	成绩
全国青少年锦标赛 16—19 岁	06 月 26—29 日	江西宜春	男子 4×100 米接力	刘　飞 林　鹏 宋浩然 陈定都	3	42″43
全国青少年锦标赛 16—19 岁	06 月 26—29 日	江西宜春	男子 4×100 米接力	董　亮 薛亚男 孙朝阳 李　鸣	3	42″94
全国青少年锦标赛 16—19 岁	06 月 26—29 日	江西宜春	男子 4×400 米接力	陈定都 赵梓栋 林　鹏 宋浩然	5	3′23″26
全国青少年锦标赛 16—19 岁	06 月 26—29 日	江西宜春	男子 4×400 米接力	崔　凯 武腾宇 郑金朋 董　亮	6	3′28″49
全国青少年锦标赛 16—19 岁	06 月 26—29 日	江西宜春	男子铅球	解　鹏	3	17.75m
全国青少年锦标赛 16—19 岁	06 月 26—29 日	江西宜春	男子铅球	张　超	7	16.55m
全国青少年锦标赛 16—19 岁	06 月 26—29 日	江西宜春	男子铅球	庄　智	4	17.92m
全国青少年锦标赛 16—19 岁	06 月 26—29 日	江西宜春	男子跳远	刘　飞	6	7.18m
全国青少年锦标赛 16—19 岁	06 月 26—29 日	江西宜春	男子铁饼	解　鹏	8	44.44m
全国青少年锦标赛 16—19 岁	06 月 26—29 日	江西宜春	男子铁饼	孔祥杰	8	47.96m
全国青少年锦标赛 16—19 岁	06 月 26—29 日	江西宜春	女子 200 米	徐　华	8	25″86
全国青少年锦标赛 16—19 岁	06 月 26—29 日	江西宜春	女子 4×100 米接力	武禹彤 刘宇航 陈　皎 孙　妍	5	48″44

续表

比赛名称	比赛时间	比赛地点	子　项	姓　名	名次	成　绩
全国青少年锦标赛 16—19 岁	06 月 26—29 日	江西宜春	女子 4×100 米接力	李　娜 徐　华 侯笑妍 刘　红	6	50″98
全国青少年锦标赛 16—19 岁	06 月 26—29 日	江西宜春	女子撑竿跳高	武禹彤	1	3.80m
全国青少年锦标赛 16—19 岁	06 月 26—29 日	江西宜春	女子铅球	陈　曦	1	14.63m
全国青少年锦标赛 16—19 岁	06 月 26—29 日	江西宜春	女子铅球	何晓嫣	3	13.45m
全国青少年锦标赛 16—19 岁	06 月 26—29 日	江西宜春	女子铅球	刘添悦	7	12.20m
全国青少年锦标赛 16—19 岁	06 月 26—29 日	江西宜春	女子三级跳远	孙　妍	3	13.05m
全国青少年锦标赛 16—19 岁	06 月 26—29 日	江西宜春	女子跳远	陈　皎	4	5.92m
全国青少年锦标赛 16—19 岁	06 月 26—29 日	江西宜春	女子铁饼	金媛媛	8	45.11m
全国青少年锦标赛 16—19 岁	06 月 26—29 日	江西宜春	女子铁饼	刘添悦	2	41.76m
全国田径大奖赛系列赛	07 月 3—5 日	山东济南	男子 100 米	黄敏华	3	10″48
全国田径大奖赛系列赛	07 月 3—5 日	山东济南	男子 110 米栏	郭玉华	6	14″36
全国田径大奖赛系列赛	07 月 3—5 日	山东济南	男子 110 米栏	马文军	7	14″37
全国田径大奖赛系列赛	07 月 3—5 日	山东济南	男子 110 米栏	王　琦	8	14″38
全国田径大奖赛系列赛	07 月 3—5 日	山东济南	男子 200 米	金　轲	7	22″37
全国田径大奖赛系列赛	07 月 3—5 日	山东济南	男子 4×100 米接力	黄敏华 邢衍安 金　轲 王晓旭	5	40″70
全国田径大奖赛系列赛	07 月 3—5 日	山东济南	男子 4×400 米接力	姚岸达 李金龙 李光辉 张洪宾	5	3′12″73
全国田径大奖赛系列赛	07 月 3—5 日	山东济南	男子标枪	侯兴良	4	74.78m
全国田径大奖赛系列赛	07 月 3—5 日	山东济南	男子跳高	赵宽松	2	2.15m

续表

比赛名称	比赛时间	比赛地点	子　项	姓　名	名次	成　绩
全国田径大奖赛系列赛	07月3—5日	山东济南	男子跳远	李金哲	1	7.99m
全国田径大奖赛系列赛	07月3—5日	山东济南	女子10000米	金玲玲	5	35′54″16
全国田径大奖赛系列赛	07月3—5日	山东济南	女子1500米	厉素云	5	4′24″34
全国田径大奖赛系列赛	07月3—5日	山东济南	女子5000米	金玲玲	6	17′40″31
全国田径大奖赛系列赛	07月3—5日	山东济南	女子撑竿跳高	武禹彤	6	4.00m
全国田径大奖赛系列赛	07月3—5日	山东济南	女子七项全能	宋丽娟	7	4611分
全国田径大奖赛系列赛	07月3—5日	山东济南	女子三级跳远	李　倩	4	13.26m
全国田径大奖赛系列赛	07月3—5日	山东济南	女子三级跳远	孙　妍	8	12.91m
全国田径大奖赛系列赛	07月3—5日	山东济南	女子跳高	何燕红	8	1.75m
全国田径大奖赛系列赛	07月3—5日	山东济南	女子跳高	张　萌	8	1.75m
全国冠军赛暨大奖赛总决赛	09月5—7日	河南郑州	男子4×100接力	黄敏华 王晓旭 邢衍安 张培萌	4	39″91
全国冠军赛暨大奖赛总决赛	09月5—7日	河南郑州	男子100米	邢衍安	4	10″38
全国冠军赛暨大奖赛总决赛	09月5—7日	河南郑州	男子100米	黄敏华	5	10″38
全国冠军赛暨大奖赛总决赛	09月5—7日	河南郑州	男子100米	张培萌	6	10″39
全国冠军赛暨大奖赛总决赛	09月5—7日	河南郑州	男子110米栏	马文军	4	14″07
全国冠军赛暨大奖赛总决赛	09月5—7日	河南郑州	男子110米栏	焦　越	7	14″55
全国冠军赛暨大奖赛总决赛	09月5—7日	河南郑州	男子标枪	侯兴良	5	70.02m
全国冠军赛暨大奖赛总决赛	09月5—7日	河南郑州	男子标枪	张　辉	7	66.38m
全国冠军赛暨大奖赛总决赛	09月5—7日	河南郑州	男子三级跳远	李　聪	8	15.48m
全国冠军赛暨大奖赛总决赛	09月5—7日	河南郑州	男子跳高	赵宽松	3	2.20m

续表

比赛名称	比赛时间	比赛地点	子　项	姓　名	名次	成　绩
全国冠军赛暨大奖赛总决赛	09 月 5－7 日	河南郑州	男子跳高	胡　桐	8	2.00m
全国冠军赛暨大奖赛总决赛	09 月 5－7 日	河南郑州	女子跳远	包　莎	8	5.98m
全国冠军赛暨大奖赛总决赛	09 月 5－7 日	河南郑州	女子铁饼	西尚雪	8	55.23m
第十一届全运会	10 月 21－26 日	山东济南	男子 100 米	张培萌	2	10″31
第十一届全运会	10 月 21－26 日	山东济南	男子 4×100 米接力	张培萌 黄敏华 王晓旭 邢衍安	3	39″42
第十一届全运会	10 月 21－26 日	山东济南	男子 4×400 米接力	李金龙 姚岸达 张洪宾 王晓旭	5	3′09″05
第十一届全运会	10 月 21－26 日	山东济南	男子 400 米	王晓旭	7	47″67
第十一届全运会	10 月 21－26 日	山东济南	男子标枪	侯兴良	5	77.03m
第十一届全运会	10 月 21－26 日	山东济南	男子十项全能	祝衡军	3	7708 分
第十一届全运会	10 月 21－26 日	山东济南	男子跳高	赵宽松	8	2.15m
第十一届全运会	10 月 21－26 日	山东济南	男子跳远	李金哲	2	8.18m
第十一届全运会	10 月 21－26 日	山东济南	女子铁饼	西尚雪	8	57.52m
第 18 届亚洲田径锦标赛	11 月 10－14 日	广　州	男子 100 米	张培萌	1	10″28
第 18 届亚洲田径锦标赛	11 月 10－14 日	广　州	男子 4×100 米接力	张培萌	2	39″07
第 18 届亚洲田径锦标赛	11 月 10－14 日	广　州	男子十项全能	祝衡军	3	7200 分
第 18 届亚洲田径锦标赛	11 月 10－14 日	广　州	男子跳远	李金哲	1	8.16m
第五届东亚运动会	12 月 5－13 日	香　港	男子跳高	赵宽松	2	2.18m
第五届东亚运动会	12 月 5－13 日	香　港	男子跳远	李金哲	1	7.85m

项目:游泳

比赛名称	比赛时间	比赛地点	子　项	姓　名	名次	成　绩
全国游泳冠军赛	04 月 5—12 日	浙江绍兴	男子 400 米自由泳	张　琳	1	3′42″63
全国游泳冠军赛	04 月 5—12 日	浙江绍兴	男子 200 米自由泳	张　琳	1	1′45″83
全国游泳冠军赛	04 月 5—12 日	浙江绍兴	男子 4×100 米自由泳	史腾飞、王超、陈祚、张琳	1	3′17″20
全国游泳冠军赛	04 月 5—12 日	浙江绍兴	男子 100 米自由泳	陈　祚	1	48″73
全国游泳冠军赛	04 月 5—12 日	浙江绍兴	男子 4×200 米自由泳	史腾飞、王超、辛桐、张琳	1	7′18″45
全国游泳冠军赛	04 月 5—12 日	浙江绍兴	男子 1500 米自由泳	张　琳	1	14′47″51
全国游泳冠军赛	04 月 5—12 日	浙江绍兴	女子 200 米混合泳	刘　京	2	2′12″28
全国游泳冠军赛	04 月 5—12 日	浙江绍兴	男子 50 米蛙泳	薛佳佳	2	27″94
全国游泳冠军赛	04 月 5—12 日	浙江绍兴	男子 100 米蛙泳	王　帅	3	1′01″98
全国游泳冠军赛	04 月 5—12 日	浙江绍兴	女子 200 米自由泳	刘　京	3	1′57″69
全国游泳冠军赛	04 月 5—12 日	浙江绍兴	女子 4×200 米自由泳	宓梦娇、张佳琪、王忻羽、刘京	3	8′09″77
全国游泳冠军赛	04 月 5—12 日	浙江绍兴	男子 50 米仰泳	王　超	3	26″14
全国游泳冠军赛	04 月 5—12 日	浙江绍兴	男子 4×100 米混合泳	张宇、王帅、李雷、王超	4	3′42″20
全国游泳冠军赛	04 月 5—12 日	浙江绍兴	男子 50 米仰泳	张　宇	4	26″37
全国游泳冠军赛	04 月 5—12 日	浙江绍兴	男子 200 米蝶泳	魏宇明	5	2′1″76
全国游泳冠军赛	04 月 5—12 日	浙江绍兴	男子 50 米蛙泳	王　帅	5	28″58
全国游泳冠军赛	04 月 5—12 日	浙江绍兴	男子 100 米自由泳	张　琳	5	49″47
全国游泳冠军赛	04 月 5—12 日	浙江绍兴	男子 100 米自由泳	史滕飞	5	49″47
全国游泳冠军赛	04 月 5—12 日	浙江绍兴	男子 400 米混合泳	孙　晗	5	4′25″50
全国游泳冠军赛	04 月 5—12 日	浙江绍兴	男子 200 米仰泳	张　宇	6	2′3″38
全国游泳冠军赛	04 月 5—12 日	浙江绍兴	男子 100 米仰泳	张　宇	6	56″51
全国游泳冠军赛	04 月 5—12 日	浙江绍兴	男子 200 米自由泳	辛　桐	6	1′49″91
全国游泳冠军赛	04 月 5—12 日	浙江绍兴	男子 200 米蛙泳	王　帅	7	2′16″41
全国游泳冠军赛	04 月 5—12 日	浙江绍兴	女子 4×100 米自由泳	张佳琪、方艺、王忻羽、宓梦娇	6	3′49″24
全国游泳冠军赛	04 月 5—12 日	浙江绍兴	男子 200 米混合泳	孙　晗	8	2′03″49
世界游泳锦标赛	07 月 22—23 日	罗　马	男子 800 米自由泳	张　琳	1	7′32″12
世界游泳锦标赛	07 月 22—23 日	罗　马	女子 4X200 米	刘　京	1	7′42″08
世界游泳锦标赛	07 月 22—23 日	罗　马	男子 400 米自由泳	张　琳	3	3′41″35

续表

比赛名称	比赛时间	比赛地点	子　项	姓　名	名次	成　绩
世界游泳锦标赛	07 月 22—23 日	罗　马	男子 1500 米自由泳	张　琳	5	14′54″
全国游泳锦标赛	08 月 27—31 日	北　京	男子 50 米仰泳	王　超	1	26″04
全国游泳锦标赛	08 月 27—31 日	北　京	男子 4×100 米自接力	史滕飞、李雷、王岩、王超	1	3′20″08
全国游泳锦标赛	08 月 27—31 日	北　京	男子 4×100 米混接力	王超、杨凯、张胤卿、史滕飞	1	3′43″42
全国游泳锦标赛	08 月 27—31 日	北　京	女子 4×200 米自接力	张佳琦、刘斯文、孙祎、王忻羽	3	8′08″35
全国游泳锦标赛	08 月 27—31 日	北　京	女子 4×100 米混接力	朱希希、刘斯文、王忻羽、张佳琦	3	4′11″07
全国游泳锦标赛	08 月 27—31 日	北　京	女子 4×100 米自接力	韩婷茹、孙祎、张佳琦、王忻羽	3	3′44″88
全国游泳锦标赛	08 月 27—31 日	北　京	男子 4×200 米自接力	史滕飞、王超、王岩、李雷	4	7′26″98
全国游泳锦标赛	08 月 27—31 日	北　京	男子 50 米蝶泳	史滕飞	2	24″04
全国游泳锦标赛	08 月 27—31 日	北　京	男子 100 米自由泳	王　超	4	50″40
全国游泳锦标赛	08 月 27—31 日	北　京	男子 200 米混合泳	孙　晗	4	2′03″59
全国游泳锦标赛	08 月 27—31 日	北　京	男子 50 米自由泳	史滕飞	5	22″68
全国游泳锦标赛	08 月 27—31 日	北　京	女子 200 米自由泳	王忻羽	5	2′00″75
全国游泳锦标赛	08 月 27—31 日	北　京	男子 100 米蛙泳	杨　凯	6	1′03″94
全国游泳锦标赛	08 月 27—31 日	北　京	男子 50 米蝶泳	李　雷	6	25″12
全国游泳锦标赛	08 月 27—31 日	北　京	男子 200 米自由泳	李　雷	7	1′52″40
全国游泳锦标赛	08 月 27—31 日	北　京	女子 100 米仰泳	朱希希	7	1′03″65
全国游泳锦标赛	08 月 27—31 日	北　京	女子 100 米蝶泳	赵雨婷	7	1′02″20
全国游泳锦标赛	08 月 27—31 日	北　京	男子 400 米混合泳	孙　晗	7	4′27″07
全国游泳锦标赛	08 月 27—31 日	北　京	男子 100 米仰泳	张　晨	8	59″27
第十一届全运会	10 月 17—24 日	济　南	男子 400 米自由泳	张　琳	1	3′44″29
第十一届全运会	10 月 17—24 日	济　南	男 4×100 米自由泳	史腾飞、王超、张琳、陈祚	1	3′15″50
第十一届全运会	10 月 17—24 日	济　南	男 200 米自由泳	张　琳	1	1′46″12
第十一届全运会	10 月 17—24 日	济　南	男 100 米仰泳	张　宇	1	55″14
第十一届全运会	10 月 17—24 日	济　南	女 400 米自由泳	刘　京	2	4′04″12

续表

比赛名称	比赛时间	比赛地点	子项	姓名	名次	成绩
第十一届全运会	10月17—24日	济南	男4×200米自由泳	史腾飞、王超、陈祚、张琳	2	7′15″38
第十一届全运会	10月17—24日	济南	女200米混合泳	刘京	2	2′10″67
第十一届全运会	10月17—24日	济南	男100米自由泳	陈祚	2	48″97
第十一届全运会	10月17—24日	济南	男4×100米自由泳	张宇、王帅、史腾飞、陈祚	2	3′37″03
第十一届全运会	10月17—24日	济南	女400米混合泳	刘京	3	3′39″94
第十一届全运会	10月17—24日	济南	男1500米自由泳	张琳	3	15′03″12
第十一届全运会	10月17—24日	济南	女4×200米	刘京、刘斯文、方艺、王忻羽	4	7′56″77
第十一届全运会	10月17—24日	济南	男100米蛙泳	王帅	5	1′01″39
第十一届全运会	10月17—24日	济南	女4×100米自由泳	张佳琦、宓梦娇、方艺、王忻羽	6	3′42″46
第十一届全运会	10月17—24日	济南	男200米仰泳	张宇	6	2′02″67
第十一届全运会	10月17—24日	济南	男子50米自由泳	史腾飞	8	22″73
亚洲锦标赛	11月25—28日	广东佛山	女子400米混合泳	刘京	1	4′41
亚洲锦标赛	11月25—28日	广东佛山	女200米自由泳	刘京	1	1′58″76
亚洲锦标赛	11月25—28日	广东佛山	男子200米自由泳	张琳	1	1′48″88
亚洲锦标赛	11月25—28日	广东佛山	男子400米混合泳	孙晗	4	4′28
亚洲锦标赛	11月25—28日	广东佛山	男子200米自由泳	史腾飞	2	1′49″15
亚洲锦标赛	11月25—28日	广东佛山	男4×200米自接力	史腾飞	1	7′21″94
亚洲锦标赛	11月25—28日	广东佛山	男100米蛙泳	王帅	1	1′01″26
亚洲锦标赛	11月25—28日	广东佛山	男200米仰泳	张宇	2	2′01″92
亚洲锦标赛	11月25—28日	广东佛山	男100米自由泳	陈祚	4	50″29
亚洲锦标赛	11月25—28日	广东佛山	男50米仰泳	张宇	4	26″66
亚洲锦标赛	11月25—28日	广东佛山	男200米蛙泳	王帅	5	2′18″02
亚洲锦标赛	11月25—28日	广东佛山	女4×100米自由泳	张佳琦	1	3′43″40
亚洲锦标赛	11月25—28日	广东佛山	女200米混合泳	刘京	2	2′13″23
亚洲锦标赛	11月25—28日	广东佛山	男200米混合泳	孙晗	3	2′4″04
亚洲锦标赛	11月25—28日	广东佛山	男4×100米自由泳接力	辛桐、史腾飞	1	
第五届东亚运动会	12月6—10日	香港	男4×200米自由泳接力	史腾飞、张琳	2	
第五届东亚运动会	12月6—10日	香港	男100米蛙泳	王帅	3	

项目：花样游泳

比赛名称	比赛时间	比赛地点	子　项	姓　名	名次
全国冠军赛	04 月 16—19	北　京	自由组合	张晓欢、顾贝贝、范佳晨、马爽、李昂、常思、钟靦、于乐乐、田婷婷（替补：张瑶、谢泊晚）	1
全国冠军赛	04 月 16—19	北　京	双人自由自选	常思、钟靦（于乐乐替补）	4
世界锦标赛	07 月 22—23 日	罗　马	集体技术自选	张晓欢（常思替补）	3
世界锦标赛	07 月 22—23 日	罗　马	集体自由自选	张晓欢（常思替补）	3
世界锦标赛	07 月 22—23 日	罗　马	自由自选组合	张晓欢（常思替补）	2
第十一届全运会	10 月 17—20 日	青　岛	自由组合	张晓欢、顾贝贝、范佳晨、马爽、李昂、常思、钟靦、于乐乐、田婷婷（替补张瑶）	1
第十一届全运会	10 月 17—20 日	青　岛	双人组合	常思、钟靦	4

项目：乒乓球

比赛名称	比赛时间	比赛地点	子　项	姓　名	名次
斯洛文尼亚公开赛	01 月 13—17 日	斯洛文尼亚	女子单打	郭　焱	5
丹麦公开赛	01 月 21—26 日	丹　麦	男子单打	马　龙	1
科威特公开赛	02 月 12—15 日	科威特	男子单打	马　龙	1
科威特公开赛	02 月 12—15 日	科威特	男子双打	马　龙	2
科威特公开赛	02 月 12—15 日	科威特	女子单打	丁　宁	1
科威特公开赛	02 月 12—15 日	科威特	女子单打	郭　焱	3
科威特公开赛	02 月 12—15 日	科威特	女子单打	张怡宁	5
科威特公开赛	02 月 12—15 日	科威特	女子双打	张怡宁	1
科威特公开赛	02 月 12—15 日	科威特	女子双打	丁　宁	3
科威特公开赛	02 月 12—15 日	科威特	女子双打	郭　焱	5
卡塔尔公开赛	02 月 19—21 日	卡塔尔多哈	男子双打	马　龙	1
卡塔尔公开赛	02 月 19—21 日	卡塔尔多哈	女子单打	张怡宁	1
卡塔尔公开赛	02 月 19—21 日	卡塔尔多哈	女子单打	丁　宁	5
卡塔尔公开赛	02 月 19—21 日	卡塔尔多哈	女子双打	张怡宁	1
卡塔尔公开赛	02 月 19—21 日	卡塔尔多哈	女子双打	丁　宁	2
卡塔尔公开赛	02 月 19—21 日	卡塔尔多哈	女子双打	郭　焱	5

续表

比赛名称	比赛时间	比赛地点	子 项	姓 名	名次
世界乒乓球锦标赛	04 月 28－5 月 5 日	日本横滨	男子单打	马 龙	3
世界乒乓球锦标赛	04 月 28－5 月 5 日	日本横滨	男子双打	马 龙	2
世界乒乓球锦标赛	04 月 28－5 月 5 日	日本横滨	女子单打	张怡宁	1
世界乒乓球锦标赛	04 月 28－5 月 5 日	日本横滨	女子双打	丁 宁/郭焱	2
亚洲杯乒乓球赛	05 月 19－21 日	浙江杭州	男子单打	马 龙	1
亚洲杯乒乓球赛	05 月 19－21 日	浙江杭州	女子单打	丁 宁	3
中国公开赛	06 月 3－7 日	江苏苏州	男子单打	马 龙	1
中国公开赛	06 月 3－7 日	江苏苏州	男子双打	马 龙	3
中国公开赛	06 月 3－7 日	江苏苏州	女子单打	丁 宁	5
中国公开赛	06 月 3－7 日	江苏苏州	女子双打	丁宁/郭焱	3
亚洲青少年锦标赛	07 月 22－26 日	印 度	男子单打	闫 安	2
亚洲青少年锦标赛	07 月 22－26 日	印 度	男子双打	闫 安	1
亚洲青少年锦标赛	07 月 22－26 日	印 度	男子团体	闫 安	1
中国公开赛	08 月 12－16 日	中国天津	女子双打	丁 宁	1
2009 年乒乓球超级联赛	05 月 23－8 月 23 日	主客场	女子团体	张怡宁、丁宁、彭雪、曹丽思	1
第十一届全运会	09 月 24－10 月 2 日	山东青岛	混合双打	闫安/丁宁	3
第十一届全运会	09 月 24－10 月 2 日	山东青岛	混合双打	马龙/郭焱	5
第十一届全运会	09 月 24－10 月 2 日	山东青岛	男子单打	马 龙	2
第十一届全运会	09 月 24－10 月 2 日	山东青岛	男子双打	马龙/张括	6
第十一届全运会	09 月 24－10 月 2 日	山东青岛	男子团体	马龙、侯英超、闫安、杨策、张括	3
第十一届全运会	09 月 24－10 月 2 日	山东青岛	女子单打	张怡宁	1
第十一届全运会	09 月 24－10 月 2 日	山东青岛	女子单打	郭 焱	3
第十一届全运会	09 月 24－10 月 2 日	山东青岛	女子单打	丁 宁	6
第十一届全运会	09 月 24－10 月 2 日	山东青岛	女子双打	郭焱/丁宁	6
第十一届全运会	09 月 24－10 月 2 日	山东青岛	女子团体	张怡宁、郭焱、丁宁、朱虹、芦璐	1
男子乒乓球世界杯赛	10 月 16－18 日	俄罗斯莫斯科	男子单打	马 龙	3
乒乓球世界杯团体赛	10 月 22－25 日	奥地利林茨	男子团体	马 龙	1
乒乓球世界杯团体赛	10 月 22－25 日	奥地利林茨	女子团体	丁 宁	1
英国公开赛	10 月 28－11 月 1 日	英 国	男子单打	马 龙	1
英国公开赛	10 月 28－11 月 1 日	英 国	男子双打	马 龙	1

续表

比赛名称	比赛时间	比赛地点	子　项	姓　名	名次
英国公开赛	10月28—11月1日	英　国	女子单打	郭　焱	1
英国公开赛	10月28—11月1日	英　国	女子双打	郭　焱	2
第19届亚洲乒乓球锦标赛	11月16—22日	印度勒克瑙	混合双打	马　龙	1
第19届亚洲乒乓球锦标赛	11月16—22日	印度勒克瑙	混合双打	丁　宁	2
第19届亚洲乒乓球锦标赛	11月16—22日	印度勒克瑙	男子单打	马　龙	1
第19届亚洲乒乓球锦标赛	11月16—22日	印度勒克瑙	男子双打	马　龙	1
第19届亚洲乒乓球锦标赛	11月16—22日	印度勒克瑙	男子团体	马　龙	1
第19届亚洲乒乓球锦标赛	11月16—22日	印度勒克瑙	女子单打	丁　宁	1
第19届亚洲乒乓球锦标赛	11月16—22日	印度勒克瑙	女子双打	丁　宁	1
第19届亚洲乒乓球锦标赛	11月16—22日	印度勒克瑙	女子团体	丁　宁	1
世界青少年锦标赛	12月9—16日	哥伦比亚	男子单打	闫　安	2
世界青少年锦标赛	12月9—16日	哥伦比亚	男子双打	闫　安	2
世界青少年锦标赛	12月9—16日	哥伦比亚	男子团体	闫　安	1
世界青少年锦标赛	12月9—16日	哥伦比亚	女子单打	曹丽思	3
世界青少年锦标赛	12月9—16日	哥伦比亚	女子双打	曹丽思	3
世界青少年锦标赛	12月9—16日	哥伦比亚	女子团体	曹丽思	1

项目：网球

比赛名称	比赛时间	比赛地点	子　项	姓　名	名次
第十一届全运会团体决赛	07月18—26日	山东济南	男子团体	于欣源、高鹏、高万、王楚涵	6
第十一届全运会单项决赛	10月19—27日	山东济南	混合双打	于欣源/刘婉婷	2
第十一届全运会单项决赛	10月19—27日	山东济南	男子单打	于欣源	4
第十一届全运会单项决赛	10月19—27日	山东济南	男子双打	于欣源/高万	3
第十一届全运会单项决赛	10月19—27日	山东济南	男子双打	程实/高鹏	7
第十一届全运会单项决赛	10月19—27日	山东济南	女子双打	刘婉婷/赵依静	3

续表

比赛名称	比赛时间	比赛地点	子 项	姓 名	名次
全国青少年团体锦标赛	11 月 15—21 日	湖北武汉	男子团体	王壹伦、吕阳、李大伟、宋天义	2
全国青少年团体锦标赛	11 月 15—21 日	湖北武汉	女子团体	文欣、杨钊煊、王雅繁、孟冉	1
全国网球单项赛总决赛	11 月 2—15 日	江苏南京	男子双打	高鹏 /高万	2
全国青少年巡回赛总决赛	11 月 2—7 日	江苏南京	男子单打	李大伟	3
全国青少年巡回赛总决赛	11 月 2—7 日	江苏南京	男子单打	吕 阳	5
全国青少年巡回赛总决赛	11 月 2—7 日	江苏南京	女子双打	王雅繁	3

项目:羽毛球

比赛名称	比赛时间	比赛地点	子 项	姓 名	名次
全国青年锦标赛	03 月 12—22 日	成 都	男子甲组双打	张楠、包子龙	1
全国青年锦标赛	03 月 12—22 日	成 都	混合双打	张楠、谢婧	1
全国青年锦标赛	03 月 12—22 日	成 都	男子甲组团体	张楠、包子龙、黄国星、乔斌	3
全国青年锦标赛	03 月 12—22 日	成 都	男子甲组单打	乔 斌	5
全国青年锦标赛	03 月 12—22 日	成 都	混合双打	包子龙、王萌妍	5
全国青年锦标赛	03 月 12—22 日	成 都	女子团体	谢婧、王萌妍、马溪溪	5
亚洲锦标赛	04 月 7—12 日	韩 国	男子单打	杜鹏宇	3
全国冠军赛	04 月 16—25 日	浙江宁波	混合双打	张楠、谢婧	1
全国冠军赛	04 月 16—25 日	浙江宁波	混合团体	陈天宇、黄国星、乔斌、张跃翔、邓晓、张楠、包子龙、黄昊达、谢婧、洪静宇、汪嫕婷、王萌妍、索敌、荣博、张蕊、马溪溪	2
全国冠军赛	04 月 16—25 日	浙江宁波	男子单打	陈天宇	3
第十一届全运会	10 月 8—18 日	青 岛	男子双打	陈智贲 /张楠	5
第十一届全运会	10 月 8—18 日	青 岛	混合双打	陈智贲 /张晋康	5

项目:射击

比赛名称	比赛时间	比赛地点	子　项	姓　名	名次	成　绩
第十一届全运会	10 月 17－22 日	山　东	男女混合移动靶	牛志远	7	579 中
第十一届全运会	10 月 17－22 日	山　东	男子飞碟多向	盛永鹏	3	130 中
第十一届全运会	10 月 17－22 日	山　东	男子飞碟多向	丁　峰	4	130 中
第十一届全运会	10 月 17－22 日	山　东	男子飞碟多向	李　洋	5	130 中
第十一届全运会	10 月 17－22 日	山　东	男子飞碟双向	陈　东	2	142 中
第十一届全运会	10 月 17－22 日	山　东	男子飞碟双向	王墨然	8	114 中
第十一届全运会	10 月 17－22 日	山　东	女子飞碟多向	赵　丹	3	87 中
第十一届全运会	10 月 17－22 日	山　东	女子飞碟双向	李　洋	8	67 中
第十一届全运会	10 月 17－22 日	山　东	女子手枪	陈　颖	1	790.6 环
全国个人锦标赛	08 月 23－28 日	山　东	男女移动靶标准速	牛志远	5	679 环
全国个人锦标赛	08 月 23－28 日	山　东	男子 3×40	张　磊	5	1269 环
全国个人锦标赛	08 月 23－28 日	山　东	男子飞碟多向	李　洋	4	140 中
全国个人锦标赛	08 月 23－28 日	山　东	男子飞碟双向	陈　东	4	142 中
全国个人锦标赛	08 月 23－28 日	山　东	男子飞碟双向	王墨然	6	138 中
全国个人锦标赛	08 月 23－28 日	山　东	男子手枪速射	蒋万超	6	773.3 环
全国冠军赛	05 月 7－21 日	上　海	男子 10 米移动靶标准速	杨新峰	6	576 环
全国冠军赛	05 月 7－21 日	上　海	男子 10 米移动靶混合速	杨新峰	4	387 环
全国冠军赛	05 月 7－21 日	河　南	男子 50 米步枪卧射	张爱武	5	694.1 环
全国冠军赛	05 月 7－21 日	河　南	男子 50 米步枪卧射	沈奕杰	7	692.3 环
全国冠军赛	05 月 7－21 日	上　海	男子飞碟双多向	常　磊	4	181 中
全国冠军赛	05 月 7－21 日	上　海	男子飞碟双向	王墨然	6	138 中
全国冠军赛	05 月 7－21 日	上　海	女子飞碟双多向	李　蕊	1	107 中
全国冠军赛	05 月 7－21 日	上　海	女子飞碟双多向	李　欣	4	101 中
全国冠军赛	05 月 7－21 日	上　海	女子飞碟双向	李　洋	4	90 中
全国冠军赛	05 月 7－21 日	上　海	女子移动靶混合速	张　怡	7	383 环
全国青少年锦标赛	08 月 13－17 日	无　锡	男子 50 米手枪	张鸿喆	4	630.2 环
全国青少年锦标赛	08 月 13－17 日	无　锡	男子步枪卧射	牛　磊	2	694.2 环
全国青少年锦标赛	08 月 13－17 日	无　锡	男子步枪卧射	张　越	4	690.5 环
全国青少年锦标赛	08 月 13－17 日	无　锡	男子步枪卧射	马新洋	8	687.5 环
全国青少年锦标赛	08 月 13－17 日	无　锡	男子气步枪	马新洋	4	688.7 环
全国青少年锦标赛	08 月 13－17 日	无　锡	男子气手枪	于明浩	3	669.5 环
全国青少年锦标赛	08 月 13－17 日	无　锡	男子气手枪	韩　屹	8	661.6 环
全国青少年锦标赛	08 月 13－17 日	无　锡	男子手枪速射	刘　旭	5	745.8 环
全国青少年锦标赛	08 月 13－17 日	山　东	男子移动靶标准速	刘宇昂	1	566 环
全国青少年锦标赛	08 月 13－17 日	山　东	男子移动靶混合速	刘　康	5	368 环

续表

比赛名称	比赛时间	比赛地点	子　项	姓　名	名次	成　绩
全国青少年锦标赛	08 月 13—17 日	无　锡	女子 3×20	郭东冉	1	676.2 环
全国青少年锦标赛	08 月 13—17 日	无　锡	女子 3×20	薛孟嵋	3	673.3 环
全国青少年锦标赛	08 月 13—17 日	无　锡	女子 3×20	谭　鹤	8	659.1 环
全国青少年锦标赛	08 月 13—17 日	无　锡	女子步枪卧射	薛孟嵋	1	593 环
全国青少年锦标赛	08 月 13—17 日	无　锡	女子步枪卧射	郭东冉	2	589 环
全国青少年锦标赛	08 月 13—17 日	无　锡	女子气步枪	谭　鹤	4	495.1 环
全国青少年锦标赛	08 月 13—17 日	无　锡	女子气步枪	郭东冉	5	494.1 环
全国青少年锦标赛	08 月 13—17 日	无　锡	女子气手枪	隋　然	3	472.1 环
全国青少年锦标赛	08 月 13—17 日	无　锡	女子气手枪	魏晓雯	6	470.3 环
全国青少年锦标赛	08 月 13—17 日	无　锡	女子气手枪	葛景珊	7	469.8 环
全国射击总决赛	12 月 10—15 日	贵　州	男子飞碟多向	丁　峰	3	128 中
全国射击总决赛	12 月 10—15 日	贵　州	男子飞碟多向	李　洋	5	125 中
全国射击总决赛	12 月 10—15 日	贵　州	男子飞碟多向	盛永鹏	8	99 中
全国射击总决赛	12 月 10—15 日	贵　州	男子飞碟双向	陈　东	1	139 中
全国射击总决赛	12 月 10—15 日	贵　州	女子飞碟多向	赵　丹	5	81 中
全国射击总决赛	12 月 10—15 日	贵　州	女子飞碟双多向	李　欣	1	94 中
全国射击总决赛	12 月 10—15 日	贵　州	女子飞碟双多向	李　蕊	2	91 中
全国团体锦标赛	06 月 17—21 日	江　苏	男子 3×40	刘志伟、张磊、张挺	6	3462 环
全国团体锦标赛	06 月 17—21 日	北　京	男子飞碟多向	丁峰、盛永鹏、李洋	3	334 中
全国团体锦标赛	06 月 17—21 日	北　京	男子飞碟双多向	常磊、樊昊、孙振家	8	379 中
全国团体锦标赛	06 月 17—21 日	北　京	男子飞碟双向	高喜光、杨海剑、王墨然	5	338 中
全国团体锦标赛	06 月 17—21 日	北　京	女子飞碟双多向	李　蕊	1	105 中
全国团体锦标赛	06 月 17—21 日	北　京	女子飞碟双向	刘莹、李斯楠、李洋	6	197 中
全国团体锦标赛	06 月 17—21 日	河　南	女子移动靶混合速	张怡、贾烨、齐静	3	1138 环
世界杯分站赛	05 月 24—28 日	米　兰	男子 3×40	张　磊	4	1265 环
世界杯分站赛	04 月 11—15 日	韩　国	男子 3×40	张　磊	5	1259 环
世界杯分站赛	04 月 18—24 日	中　国	男子 3×40	张　磊	8	1268 环
世界杯总决赛	10 月 24—29 日	中　国	女子手枪	陈　颖	2	787、8 环
世界锦标赛	08 月 7—16 日	斯洛文尼亚	男子飞碟多向	李　洋	5	142 中
亚洲飞碟锦标赛	09 月 21—30 日	哈萨克斯坦	女子飞碟双多向	李清念	4	96 中

项目:射箭

比赛名称	比赛时间	比赛地点	子 项	姓 名	名次
全国室内射箭锦标赛	03 月 20—27 日	广西武鸣	男团决赛	刘欣楠、李乐游、杨浩、钱鑫	4
全国室内射箭锦标赛	03 月 20—27 日	广西武鸣	男子个人 18 米双轮	李乐游	6
全国室内射箭锦标赛	03 月 20—27 日	广西武鸣	男子个人决赛	李乐游	7
全国室内射箭锦标赛	03 月 20—27 日	广西武鸣	女团决赛	赵红倩、郭晶、孙冰雪、牛蜜蜜	6
全国射箭冠军赛	04 月 14—21 日	广西武鸣	个人排名赛	邢 宇	7
全国射箭冠军赛	04 月 14—21 日	广西武鸣	女团淘汰赛	钟华、赵玲、李晓牧	4
世界杯第三站	05 月 28—6 月 2 日	土耳其	团体排名赛	赵 玲	3
世界杯第三站	05 月 28—6 月 2 日	土耳其	团体排名赛	邢 宇	4
世界杯第二站	05 月 4—9 日	克罗地亚	混合团体	赵 玲	3
世界杯第二站	05 月 4—9 日	克罗地亚	男子团体	邢 宇	4
世界杯第二站	05 月 4—9 日	克罗地亚	淘汰赛	赵 玲	1
世界杯第二站	05 月 4—9 日	克罗地亚	团体淘汰赛	赵 玲	1
全国室外射箭团体锦标赛	06 月 12—16 日	青海西宁	70 米单轮排名赛	果 磊	1
全国室外射箭团体锦标赛	06 月 12—16 日	青海西宁	单轮全能排名赛	果 磊	1
全国室外射箭团体锦标赛	06 月 12—16 日	青海西宁	男团淘汰赛	李乐游、果磊、王震、邢宇	7
全国室外射箭团体锦标赛	06 月 12—16 日	青海西宁	男子个人单轮全能	邢 宇	7
全国室外射箭团体锦标赛	06 月 12—16 日	青海西宁	男子个人决赛	邢 宇	1
全国室外射箭团体锦标赛	06 月 12—16 日	青海西宁	男子个人决赛	果 磊	7
全国室外射箭团体锦标赛	06 月 12—16 日	青海西宁	男子团体单轮 70 米	李乐游、果磊、王震、邢宇	8
全国室外射箭团体锦标赛	06 月 12—16 日	青海西宁	男子团体单轮全能	李乐游、果磊、王震、邢宇	3
全国室外射箭团体锦标赛	06 月 12—16 日	青海西宁	女团单轮 70 米	钟华、赵红倩、孙冰雪、李晓牧	7
全国室外射箭团体锦标赛	06 月 12—16 日	青海西宁	女团淘汰赛	钟华、赵红倩、孙冰雪、李晓牧	6

续表

比赛名称	比赛时间	比赛地点	子　项	姓　名	名次
世界青年射箭锦标赛	07 月 13—19 日	美　国	个人淘汰赛	邢　宇	3
世界杯第四站	08 月 4—9 日	中国上海	混合团体	赵　玲	2
世界杯第四站	08 月 4—9 日	中国上海	男子团体	邢　宇	8
世界杯第四站	08 月 4—9 日	中国上海	女子个人	赵　玲	4
世界杯第四站	08 月 4—9 日	中国上海	女子团体	赵　玲	4
第 45 届世锦赛	09 月 1—9 日	韩国蔚山	混合团体淘汰赛	赵　玲	2
第 46 届世锦赛	09 月 1—9 日	韩国蔚山	男子团体淘汰赛	邢　宇	4
世界杯总决赛	09 月 26—27 日	丹　麦	混合团体	邢宇、赵玲	1
世界杯总决赛	09 月 26—27 日	丹　麦	女子个人	赵　玲	2
第十六届亚洲锦标赛	11 月 16—22 日	印　尼	男子个人排名赛	邢　宇	3
第十六届亚洲锦标赛	11 月 16—22 日	印　尼	男子个人淘汰赛	邢　宇	2
第十六届亚洲锦标赛	11 月 16—22 日	印　尼	团体淘汰赛	邢　宇	4
第三届亚洲室内运动会	11 月 3—6 日	越　南	个人淘汰赛	李小牧	6
第三届亚洲室内运动会	11 月 3—6 日	越　南	团体淘汰赛	李小牧	2

项目:体操

比赛名称	比赛时间	比赛地点	子　项	姓　名	名次	成　绩
全国锦标赛	05 月 13—19 日	山东济南	男子鞍马	滕海滨	2	
全国锦标赛	05 月 13—19 日	山东济南	男子单杠	滕海滨	4	
全国锦标赛	05 月 13—19 日	山东济南	女子团体	周卓如、何可欣、张婧、许吉多、王欣、马菁	8	
第 25 届世界大学生运动会	07 月 1—12 日	塞尔维亚	女子团体	周卓如	1	169.150
全国青年锦标赛	07 月 14—20 日	广东中山	男子鞍马	李　帅	4	12.95
全国青年锦标赛	07 月 14—20 日	广东中山	男子跳马	马世飞	7	12.100
全国青年锦标赛	07 月 14—20 日	广东中山	男子团体	李帅、肖若腾、陈聪、马世飞	7	217.150
全国青年锦标赛	07 月 14—20 日	广东中山	女子跳马	李依婷	2	13.100
全国青年锦标赛	07 月 14—20 日	广东中山	女子团体	许文星、李依婷、顾静雯、宋宇旋	7	134.650
日本杯国际体操邀请赛	07 月 18—19 日	日　本	女子团体	何可欣、张婧	1	171.20
全国冠军赛	07 月 21—27 日	湖北仙桃	男子跳马	曹　楠	5	15.112

续表

比赛名称	比赛时间	比赛地点	子 项	姓 名	名次	成 绩
全国冠军赛	07 月 21－27 日	湖北仙桃	女子高低杠	何可欣	1	15.775
第十一届全运会	09 月 14－21 日	山东济南	男子个人全能	滕海滨	1	89.350
第十一届全运会	09 月 14－21 日	山东济南	男子鞍马	滕海滨	6	14.300
第十一届全运会	09 月 14－21 日	山东济南	男子双杠	滕海滨	3	15.225
第十一届全运会	09 月 14－21 日	山东济南	女子个人全能	何可欣	4	57.100
第十一届全运会	09 月 14－21 日	山东济南	女子高低杠	何可欣	1	15.950
第十一届全运会	09 月 14－21 日	山东济南	女子跳马	王 欣	4	13.900
第十一届全运会	09 月 14－21 日	山东济南	女子团体	何可欣、张楠、周卓如、张婧、王欣、许吉多	3	165.250
第 41 届世界体操锦标赛	10 月 13－18 日	英国伦敦	女子高低杠	何可欣	1	16.000
全国个人赛	11 月 24－29 日	上 海	男子吊环	马 超	8	13.250
全国个人赛	11 月 24－29 日	上 海	男子跳马	马 超	7	14.288

项目：跳水

比赛名称	比赛时间	比赛地点	子 项	姓 名	名次
全国冠军赛	05 月 16－21 日	西 安	男子单人十米台	林 跃	5
全国冠军赛	05 月 16－21 日	西 安	男子双人十米台	林跃、曹缘	1
全国冠军赛	05 月 16－21 日	西 安	男子团体	林跃、曹缘	6
全国冠军赛	05 月 16－21 日	西 安	女子单人十米台	周 雨	2
全国冠军赛	05 月 16－21 日	西 安	女子团体		7
世界锦标赛	07 月 22－23 日	罗 马	男子双人十米台	林 跃	1
第十一届全运会	10 月 3－12 日	济 南	男子 3 米板	曾 理	6
第十一届全运会	10 月 3－12 日	济 南	男子单人 10 米台	曹 缘	3
第十一届全运会	10 月 3－12 日	济 南	男子双人 10 米台	林跃、曹缘	1
第十一届全运会	10 月 3－12 日	济 南	男子团体	霍思中、钟宇明、曾理、李頔、王安琦、李亚楠、张斌、林跃、曹缘	7
第十一届全运会	10 月 3－12 日	济 南	女子双人 10 米台	徐雅芳、周雨	4
第十一届全运会	10 月 3－12 日	济 南	女子团体	陈凤婷、李思仪、孟祥冉、李佳颐、徐雅芳、周雨、许佩妍、刘孟茜、潘媛媛	8

项目：跳伞

比赛名称	比赛时间	比赛地点	子项	姓名	名次
全国冠军赛	10月24—27日	山东莱芜	集体定点	王建明、刘新雷、葛斌、张韵霏、潘蕊	3
全国冠军赛	10月24—27日	山东莱芜	男子个人定点	王建明	1
全国冠军赛	10月24—27日	山东莱芜	男子个人定点	葛斌	4
全国冠军赛	10月24—27日	山东莱芜	女子个人定点	张韵霏	7
全国冠军赛	10月24—27日	山东莱芜	青年男子个人定点	葛斌	1
全国冠军赛	10月24—27日	山东莱芜	青年男子个人定点	刘新雷	3
亚洲锦标赛	10月30—11月6日	阿联酋	男子个人定点	王建明	1
亚洲锦标赛	10月30—11月6日	阿联酋	男子集体定点	王建明	1
亚洲锦标赛	10月30—11月6日	阿联酋	女子个人定点	张韵霏	1
亚洲锦标赛	10月30—11月6日	阿联酋	女子集体定点	张韵霏	1
全国锦标赛	11月15—23日	湖北沙市	男子个人全能	王建明	4
全国锦标赛	11月15—23日	湖北沙市	男子个人特技	王建明	3
全国锦标赛	11月15—23日	湖北沙市	男子集体定点	王建明、刘新雷、葛斌、苏秋实、南极	5
全国锦标赛	11月15—23日	湖北沙市	女子集体定点	张韵霏、潘蕊、韩秋立、王赛、肖倩	3
全国锦标赛	11月15—23日	湖北沙市	青年男子个人定点	葛斌	1
全国锦标赛	11月15—23日	湖北沙市	青年男子个人定点	刘新雷	7
全国锦标赛	11月15—23日	湖北沙市	青年男子个人定点	南极	7
全国锦标赛	11月15—23日	湖北沙市	青年男子个人全能	葛斌	1
全国锦标赛	11月15—23日	湖北沙市	青年男子个人特技	葛斌	1
全国锦标赛	11月15—23日	湖北沙市	青年男子个人特技	刘新雷	6
全国锦标赛	11月15—23日	湖北沙市	青年男子个人特技	苏秋实	8

项目:棒球

比赛名称	比赛时间	比赛地点	子 项	姓 名	名次
全国锦标赛	[illegible] 月 6—15 日	江苏无锡	男子	周静、陈哲、李韦良、杨洋、毛磊、李宏瑞、翟源凯、李晨浩、李斌、崔晓、于磊、马克、王楠、杨硕、孙岭峰、孟庆远、安旭、李磊、孙炜、徐铮、吴猛、张伟、贾昱冰、王伟	1
中国棒球联赛	05 月 15—6 月 13 日	主客场	男子	周静、李斌、张伟、李晨浩、贾昱冰、李宏瑞、陈哲、崔晓、王楠、孙岭峰、于磊、国涛、程赞、徐铮、吴猛、孟庆远、马克、李晨、孙炜、毛磊、杨洋、安旭、李韦良、李磊、王伟、翟源凯、杨硕、刘宇	5
全国青年棒球联赛	06 月 26—7 月 1 日	郑州河南	男子	李龙达、翟源凯、孟庆远、袁友根、毛磊、张赛、任旭、朱天琪、宋佳、刘宇、李晨、朱君、贾金超、李夕俊、魏文魁、王萌、程赞、徐超	5
第十一届全运会	10 月 17—27 日	山东济南	男子	周静、陈哲、李韦良、杨洋、毛磊、李宏瑞、翟源凯、李晨浩、李斌、崔晓、于磊、马克、王楠、杨硕、孙岭峰、孟庆远、安旭、李磊、孙炜、徐铮、国涛、张伟、贾昱冰、王伟	3

项目:垒球

比赛名称	比赛时间	比赛地点	子 项	姓 名	名次
全国青年锦标赛	03 月 17—24 日	攀枝花	女子	贾银铃、谢琛、常宏伟、周萌、于晓彤、赵萌、殷实、于莹、朱玥晗、王璐、马楠、李琪、刘梦梦、何潇、刘一宁、郭瑞、李梦娇、王琳	3
全国垒球锦标赛	03 月 17—24 日	攀枝花	女子	陈洋、雷东辉、张山、窦元雪、周萌、张颖、王小青、吕伟、周银、王苗苗、殷婕、马楠、李娜、王璐、杨媛、齐媛、谢晓雨、线维	5
全国垒球冠军杯赛	05 月 20—28 日	云南昆明	女子	陈洋、雷东辉、张山、窦元雪、周萌、张颖、王小青、吕伟、周银、王苗苗、殷婕、马楠、李娜、王璐、杨媛、齐媛、谢晓雨、线维	6
第十一届全运会	09 月 17—25 日	济 南	女子	陈洋、雷东辉、张山、窦元雪、周萌、张颖、王小青、吕伟、周银、王苗苗、殷婕、马楠、李娜、王璐、杨媛、齐媛、谢晓雨、线维	4

项目:曲棍球

比赛名称	比赛时间	比赛地点	子　项	姓　名	名次
全国锦标赛	03 月 11—19 日	广东黄村	男子	高立鑫、曹进龙、韩晓川、吴振、侯建然、郑德正、王岩、禹航、王涛、褚平飞、郭伟、王海锋、杨齐、徐问、李燕菲	6
全国曲棍球冠军杯赛	03 月 26—31 日	上海闵行	女子	韩玉艳、暴娥净、牟艳丽、邓宁宁、刘艳丽、孟雪扬、刘扬、于麓璐、王璠、李爽、金悦、李雪、刘颖、付宝荣、刘天天、胡建华、许晓旭、关明静	2
全国锦标赛	04 月 19—30 日	辽宁航校	女子	韩玉艳、暴娥净、牟艳丽、邓宁宁、刘艳丽、孟雪扬、刘扬、于麓璐、王璠、李爽、金悦、李雪、刘颖、付宝荣、刘天天、胡建华、许晓旭、关明静	1
全国女子青年锦标赛	05 月 3—10 日	辽宁大连	女子	李静、丁浩、罗美静、侯微、钟声、宋洋、王聪、吴桐、张佳、巴丽莎、燕慧、武力、福孟纯、負爱丽、李晴、周悦、王晶、马善琳	5
全国男子冠军杯赛	06 月 24—29 日	内蒙古	男子	高立鑫、曹进龙、韩晓川、吴振、侯建然、郑德正、王岩、禹航、王涛、褚平飞、郭伟、王海锋、杨齐、徐问、李燕菲	7
全国男子青年锦标赛	07 月 1—10 日	内蒙古	男子	高立鑫、魏红宇、褚平飞、王岩、吴振、禹航、王笑冉、韩晓川、韩福利、郑德正、侯建然、王涛	5
第十一届全运会	10 月 10—18 日	山东济南	女子	韩玉艳、暴娥净、牟艳丽、邓宁宁、刘艳丽、孟雪扬、刘扬、于麓璐、王璠、李爽、金悦、李雪、刘颖、付宝荣、刘天天、胡建华、许晓旭、关明静	4
第十一届全运会	10 月 20—28 日	山东济南	男子	高立鑫、曹进龙、韩晓川、吴振、侯建然、郑德正、王岩、禹航、王涛、褚平飞、郭伟、王海锋、杨齐、徐问、李燕菲	5
第七届女子亚洲杯赛	10 月 31—11 月 8 日	泰国曼谷	女子	付宝荣	1
2009 年东亚运动会	12 月 3—16 日	香　港	女子	许晓旭	2

项目：自行车

比赛名称	比赛时间	比赛地点	子项	姓名	名次
场地世界杯分站赛	01月18—19日	北京	3公里个人追逐	王 翠	7
场地世界杯分站赛	01月18—19日	北京	3公里团体追逐	王翠、孙飞燕	2
场地世界杯分站赛	01月18—19日	北京	女子场地计分赛	王 翠	2
全国山地冠军赛第一站	02月15—16日	贵阳清镇	男子团体		7
全国山地冠军赛第二站	02月19—22日	贵州福泉	男子团体		8
全国山地冠军赛第五站	03月19—20日	安徽黄山	男子团体	王乐、王明朗、王贺旺	5
小轮车冠军赛第一站	03月25—26日	浙江安吉	男子个人赛	张 坤	2
世界场地自行车锦标赛	03月25—29日	波兰	3公里团体追逐	王翠、陈跃、孙飞燕	6
世界场地自行车锦标赛	03月25—29日	波兰	记分赛	王 翠	4
小轮车冠军赛第二站	03月26—27日	浙江安吉	男子个人赛	张 坤	4
全国公路冠军赛第一站	04月25—28日	广东深圳	女子个人赛	姜秀杰	1
全国公路冠军赛第一站	04月25—28日	广东深圳	女子个人计时赛	王 翠	5
全国公路冠军赛第一站	04月25—28日	广东深圳	女子团体计时赛	王翠、陈跃、黄翔、姜秀杰	1
全国场地冠军赛第二站	05月13—16日	广东深圳	男子团体竞速赛	张强、唐道然、杨飞龙	6
全国场地冠军赛第二站	05月13—16日	广东深圳	男子争先赛	张 强	2
全国场地冠军赛第二站	05月13—16日	广东深圳	女子3公里个人追逐赛	王 翠	3
全国场地冠军赛第二站	05月13—16日	广东深圳	女子3公里团体追逐赛	王翠、姜秀杰、孙飞燕	1
全国场地冠军赛第二站	05月13—16日	广东深圳	女子500米计时赛	田 芳	6
全国场地冠军赛第二站	05月13—16日	广东深圳	女子凯琳赛	邢晓庆	2
全国场地冠军赛第二站	05月13—16日	广东深圳	女子凯琳赛	沈丽伟	3
全国场地冠军赛第二站	05月13—16日	广东深圳	女子团体竞速赛	邢晓庆、沈丽伟	3
全国场地冠军赛第二站	05月13—16日	广东深圳	女子争先赛	沈丽伟	5
全国场地冠军赛第二站	05月13—16日	广东深圳	女子争先赛	田 芳	8
全国公路冠军赛第二站	05月25—28日	浙江舟山	女子绕圈赛	孙飞燕	5
全国公路冠军赛第三站	05月25—28日	山东烟台	个人赛	王 飞	7
全国公路冠军赛第三站	05月25—28日	山东烟台	团体赛	王翠、陈跃、于孟英、姜秀杰	8

续表

比赛名称	比赛时间	比赛地点	子项	姓名	名次
全国场地冠军赛第一站	05月5—8日	广东深圳	3公里团体追逐	王翠、姜秀杰、孙飞燕	1
全国场地冠军赛第一站	05月5—8日	广东深圳	500米计时赛	田芳	6
全国场地冠军赛第一站	05月5—8日	广东深圳	凯琳赛	邢晓庆	2
全国场地冠军赛第一站	05月5—8日	广东深圳	凯琳赛	沈丽伟	7
全国场地冠军赛第一站	05月5—8日	广东深圳	麦迪逊	尹龙、叶振超	8
全国场地冠军赛第一站	05月5—8日	广东深圳	男子团体竞速赛	张强、唐道然、杨飞龙	3
全国场地冠军赛第一站	05月5—8日	广东深圳	女子20KM记分赛	孙飞燕	1
全国场地冠军赛第一站	05月5—8日	广东深圳	女子3公里个人追逐赛	王翠	3
全国场地冠军赛第一站	05月5—8日	广东深圳	女子团体竞速赛	邢晓庆、沈丽伟	4
全国场地冠军赛第一站	05月5—8日	广东深圳	女子争先赛	田芳	4
全国场地冠军赛第一站	05月5—8日	广东深圳	女子争先赛	邢晓庆	5
全国场地锦标赛	06月14—18日	北京老山	男子凯琳赛	梁传亮	8
全国场地锦标赛	06月14—18日	北京老山	男子团体竞速赛	张强、唐道然、杨飞龙	5
全国场地锦标赛	06月14—18日	北京老山	男子争先赛	张强	5
全国场地锦标赛	06月14—18日	北京老山	女子成年团体追逐赛	陈跃、黄翔、于孟英	4
全国场地锦标赛	06月14—18日	北京老山	女子凯琳赛	邢晓庆	2
全国场地锦标赛	06月14—18日	北京老山	女子凯琳赛	沈丽伟	4
全国场地锦标赛	06月14—18日	北京老山	女子团体竞速赛	王檀、沈丽伟	3
全国场地锦标赛	06月14—18日	北京老山	女子争先赛	田芳	2
全国场地锦标赛	06月14—18日	北京老山	女子争先赛	邢晓庆	6
全国山地锦标赛	06月5—6日	安徽紫蓬山	女子成年越野赛	王飞	8

续表

比赛名称	比赛时间	比赛地点	子　项	姓　名	名次
全国场地冠军赛第三站	06 月 5—8 日	北京老山	3KM 团体追逐	于孟英、陈丽莉、伍宇飞	2
全国场地冠军赛第三站	06 月 5—8 日	北京老山	500 米计时赛	田　芳	6
全国场地冠军赛第三站	06 月 5—8 日	北京老山	竞速赛	田芳、邢晓庆	3
全国场地冠军赛第三站	06 月 5—8 日	北京老山	男子 1KM 计时赛	唐道然	7
全国场地冠军赛第三站	06 月 5—8 日	北京老山	男子凯琳赛	梁传亮	4
全国场地冠军赛第三站	06 月 5—8 日	北京老山	男子麦迪逊	尹龙、叶振超	7
全国场地冠军赛第三站	06 月 5—8 日	北京老山	男子团体竞速赛	张强、唐道然、赵华旭	8
全国场地冠军赛第三站	06 月 5—8 日	北京老山	女子记分赛	姜秀杰	3
全国场地冠军赛第三站	06 月 5—8 日	北京老山	女子凯琳赛	邢晓庆	2
全国场地冠军赛第三站	06 月 5—8 日	北京老山	女子凯琳赛	沈丽伟	3
全国场地冠军赛第三站	06 月 5—8 日	北京老山	争先赛	邢晓庆	4
全国场地冠军赛第三站	06 月 5—8 日	北京老山	争先赛	唐道然	6
全国场地冠军赛第三站	06 月 5—8 日	北京老山	争先赛	田　芳	8
全国场地冠军赛第三站	06 月 5—8 日	北京老山	争先赛	张　强	8
全国公路自行车锦标赛	07 月 8—12 日	吉林长春	个人计时赛	王　翠	7
全国公路自行车锦标赛	07 月 8—12 日	吉林长春	个人赛	王　飞	8
全国公路自行车锦标赛	07 月 8—12 日	吉林长春	青年男子个人赛	邹　波	6
亚洲场地自行车锦标赛	08 月 14—19 日	印尼	凯琳赛	张　强	6
亚洲场地自行车锦标赛	08 月 14—19 日	印尼	团体竞速赛	张　强	3
第十一届全运会	10 月 15—28 日	山东济南	3 公里个人追逐赛	孙飞燕	2
第十一届全运会	10 月 15—28 日	山东济南	3 公里个人追逐赛	王　翠	5
第十一届全运会	10 月 15—28 日	山东济南	场地争先赛	张　强	5
第十一届全运会	10 月 15—28 日	山东济南	公路个人计时赛	王　翠	4
第十一届全运会	10 月 15—28 日	山东济南	公路团体计时赛	王翠、陈跃、孙飞燕、姜秀杰	5
第十一届全运会	10 月 15—28 日	山东济南	男子团体竞速赛	张强、唐道然、杨飞龙	8
第十一届全运会	10 月 15—28 日	山东济南	女子场地争先赛	邢晓庆	7

项目:举重

比赛名称	比赛时间	比赛地点	子　项	姓　名	名次	成绩
全国青年男子锦标赛	03 月 10－13 日	海南海口	85kg 总成绩	纪书强	6	280kg
全国青年男子锦标赛	03 月 10－13 日	海南海口	94kg 总成绩	杨　桦	4	295kg
全国青年男子锦标赛	03 月 10－13 日	海南海口	94kg 总成绩	李文欢	7	260kg
全国青年女子锦标赛	03 月 3－6 日	江西新余	75＋kg 总成绩	倪美玲	2	254kg
全国男子举重锦标赛	04 月 16－20 日	海南海口	85kg 总成绩	庞　东	3	355kg
全国男子举重锦标赛	04 月 16－20 日	海南海口	85kg 总成绩	孔　旭	6	340kg
全国青少年男子锦标赛	05 月 30－6 月 4 日	湖南永州	62kg 总成绩	田　皓	5	224kg
全国青少年男子锦标赛	05 月 30－6 月 4 日	湖南永州	85kg 总成绩	纪书强	3	281kg
全国青少年男子锦标赛	05 月 30－6 月 4 日	湖南永州	94kg 总成绩	杨　桦	3	295kg
全国少年分龄赛 13－16 岁	08 月 13－18 日	河南开封	男子 62kg 总成绩	崔　帆	4	219kg
全国少年分龄赛 13－16 岁	08 月 13－18 日	河南开封	男子 62kg 总成绩	李　鹏	6	198kg
全国少年分龄赛 13－16 岁	08 月 13－18 日	河南开封	男子 77kg 总成绩	温升雷	2	221kg
全国少年分龄赛 13－16 岁	08 月 13－18 日	河南开封	男子 85kg 总成绩	孔　迪	1	200kg
全国少年分龄赛 13－16 岁	08 月 13－18 日	河南开封	男子 94kg 总成绩	方　禹	4	240kg
第十一届全运会	10 月 23－26 日	山东济南	男子 105＋kg 总成绩	艾雨南	6	396kg
第十一届全运会	10 月 23－26 日	山东济南	男子 85kg 总成绩	孔　旭	3	356kg
第十一届全运会	10 月 23－26 日	山东济南	男子 85kg 总成绩	庞　东	4	355kg
全国举重冠军赛	11 月 27－12 月 1 日	江西新余	男子 105＋kg 总成绩	艾雨南	3	377kg
全国举重冠军赛	11 月 27－12 月 1 日	江西新余	男子 62kg 总成绩	龙　志	4	262kg
全国举重冠军赛	11 月 27－12 月 1 日	江西新余	男子 85kg 总成绩	庞　东	3	341kg
全国举重冠军赛	11 月 27－12 月 1 日	江西新余	男子 94kg 总成绩	唐　熊	1	335kg
全国举重冠军赛	11 月 27－12 月 1 日	江西新余	男子 94kg 总成绩	贾　博	2	330kg
全国举重冠军赛	11 月 27－12 月 1 日	江西新余	男子 94kg 总成绩	王　川	6	310kg
全国举重冠军赛	11 月 27－12 月 1 日	江西新余	女子 75＋kg 总成绩	倪美玲	2	245kg
全国举重冠军赛	11 月 27－12 月 1 日	江西新余	女子 75kg 总成绩	任海华	4	220kg

项目:皮划艇

比赛名称	比赛时间	比赛地点	子　项	姓　名	名次
全国春季冠军赛	04月9—12日	上　海	200米单人皮艇	王　磊	3
全国春季冠军赛	04月9—12日	上　海	500米单人皮艇	龚　豪	8
第十一届全运会皮划艇预赛暨全国锦标赛	06月23—27日	辽宁旅顺	男子1000米单人划艇	马校杰	7
第十一届全运会皮划艇预赛暨全国锦标赛	06月23—27日	辽宁旅顺	男子1000米双人划艇	杨森、张鹏	4
第十一届全运会皮划艇预赛暨全国锦标赛	06月23—27日	辽宁旅顺	男子1000米四人皮艇	吕宏为、姚希超、王磊、陶岩	1
第十一届全运会皮划艇预赛暨全国锦标赛	06月23—27日	辽宁旅顺	男子500米单人划艇	马校杰	3
第十一届全运会皮划艇预赛暨全国锦标赛	06月23—27日	辽宁旅顺	男子500米双人皮艇	刘博、龚豪	7
第十一届全运会决赛	10月24—27日	山东日照	男子1000米单人划艇	马校杰	7
第十一届全运会决赛	10月24—27日	山东日照	男子1000米双人划艇	杨森、张鹏	8
第十一届全运会决赛	10月24—27日	山东日照	男子1000米双人皮艇	刘博、龚豪	4
第十一届全运会决赛	10月24—27日	山东日照	男子500米单人划艇	马校杰	4
第十一届全运会决赛	10月24—27日	山东日照	男子500米双人皮艇	刘博、龚豪	5
全国青年锦标赛	11月16—24日	江西宜春	男子1000米单人皮艇	魏　峥	5
全国青年锦标赛	11月16—24日	江西宜春	男子1000米双人划艇	谢兴龙、艾哈迈德	5
全国青年锦标赛	11月16—24日	江西宜春	男子1000米双人皮艇	魏峥、王欣一	8
全国青年锦标赛	11月16—24日	江西宜春	男子500米单人皮艇	魏　峥	7
全国青年锦标赛	11月16—24日	江西宜春	男子500米双人划艇	谢兴龙、艾哈迈德	4

项目:赛艇

比赛名称	比赛时间	比赛地点	子　项	姓　名	名次
全国春季赛艇锦标赛	04 月 8—11 日	浙江千岛湖	女子 2000 米和 8000 米单项全能双人单桨	李彤、李萌	1
全国春季赛艇锦标赛	04 月 8—11 日	浙江千岛湖	女子 2000 米双人单桨	李彤、李萌	1
全国春季赛艇锦标赛	04 月 8—11 日	浙江千岛湖	女子 8000 米双人单桨	李彤、李萌	1
全国春季赛艇锦标赛	04 月 8—12 日	浙江千岛湖	女子 2000 米和 8000 米单项全能双人单桨	禹飞、叶秀梅	2
全国春季赛艇锦标赛	04 月 8—12 日	浙江千岛湖	女子 2000 米和 8000 米单项全能双人单桨	王秋、罗颖	7
全国春季赛艇锦标赛	04 月 8—12 日	浙江千岛湖	女子 2000 米双人单桨	禹飞、叶秀梅	4
全国春季赛艇锦标赛	04 月 8—12 日	浙江千岛湖	女子 8000 米双人单桨	禹飞、叶秀梅	2
全国春季赛艇锦标赛	04 月 8—12 日	浙江千岛湖	女子轻量级 2000 米单人双桨	傅凤珺	6
全国春季赛艇锦标赛	04 月 8—12 日	浙江千岛湖	女子轻量级 2000 米和 8000 米单项全能单人双桨	傅凤珺	8
第十一届全运会赛艇预赛暨全国锦标赛	05 月 27—31 日	陕西杨凌	女子 2000 米双人单桨	李彤、李萌	1
第十一届全运会赛艇预赛暨全国锦标赛	05 月 27—31 日	陕西杨凌	女子 2000 米四人单桨	李彤、李萌、禹飞、叶秀梅	2
第十一届全运会赛艇预赛暨全国锦标赛	05 月 27—31 日	陕西杨凌	女子 2000 米四人双桨	禹飞、叶秀梅、王秋、罗颖	7
第十一届全运会赛艇预赛暨全国锦标赛	05 月 27—31 日	陕西杨凌	女子轻量级 2000 米双人双桨	傅凤珺、余华	4
第十一届全运会赛艇预赛暨全国锦标赛	05 月 27—31 日	陕西杨凌	女子轻量级 2000 米四人双桨	傅凤珺、余华、贾艳争、乔迎春	6
世界杯第二站	06 月 19—21 日	德国慕尼黑	女子 2000 米双人单桨	李彤、李萌	2
世界杯第二站	06 月 19—21 日	德国慕尼黑	女子 2000 米四人双桨	李彤、李萌、禹飞、罗颖	4

续表

比赛名称	比赛时间	比赛地点	子　项	姓　名	名次
第十一届全运会决赛	10 月 15—20 日	山东日照	男子 2000 米四人双桨	常勇平、马连成、周佳宁、王超	8
第十一届全运会	10 月 15—20 日	山东日照	女子 2000 米双人单桨	李彤、李萌	1
第十一届全运会	10 月 15—20 日	山东日照	女子 2000 米四人单桨无舵手	李彤、李萌、禹飞、叶秀梅	2
第十一届全运会	10 月 15—20 日	山东日照	女子 2000 米四人双桨	禹飞、叶秀梅、王秋、罗颖	4
第十一届全运会	10 月 15—20 日	山东日照	女子轻量级 2000 米双人双桨	傅凤珺、余华	4
第十一届全运会	10 月 15—20 日	山东日照	女子轻量级 2000 米四人双桨	傅凤珺、余华、贾艳争、乔迎春	7
全国赛艇秋季锦标赛	11 月 25—28 日	浙江千岛湖	6000 米测功仪	常勇平	5
全国赛艇秋季锦标赛	11 月 25—28 日	浙江千岛湖	8000 米女子双人单桨	李彤、李萌	1
亚洲锦标赛	11 月 7—8 日	台湾台北	女子 2000 米双人单桨	李彤、李萌	1
亚洲锦标赛	11 月 7—8 日	台湾台北	女子 2000 米四人单桨	李彤、李萌、禹飞、叶秀梅	1
亚洲锦标赛	11 月 7—8 日	台湾台北	女子 2000 米四人双桨	禹飞、叶秀梅	1

项目:武术

比赛名称	比赛时间	比赛地点	子　项	姓　名	名次
第十一届全运会女子预赛	04 月 15—18 日	宁　夏	长拳全能	刘晓蕾	3
第十一届全运会女子预赛	04 月 15—18 日	宁　夏	刀棍全能	刘晓蕾	1
第十一届全运会男子预赛	04 月 22—25 日	上　海	长拳全能	赵庆建	1
第十一届全运会男子预赛	04 月 22—25 日	上　海	刀棍全能	赵庆建	4
第十届世界武术锦标赛	10 月 23—30 日	加拿大	男子枪术	吴　迪	1
第十一届全运会	10 月 12—14 日	山东滨州	男子长拳全能	赵庆建	1
第十一届全运会	10 月 12—14 日	山东滨州	男子长拳全能	王　曦	8
第十一届全运会	10 月 12—14 日	山东滨州	男子刀、棍全能	赵庆建	4
第十一届全运会	10 月 12—14 日	山东滨州	男子剑、枪全能	吴　迪	4
第十一届全运会	10 月 12—14 日	山东滨州	女子长拳全能	刘晓蕾	2
第十一届全运会	10 月 12—14 日	山东滨州	女子刀、棍全能	刘晓蕾	2
第十一届全运会	10 月 12—14 日	山东滨州	女子南拳、南刀全能	徐　燕	8
第十一届全运会	10 月 12—14 日	山东滨州	女子太极拳、剑全能	李昕豫	7

项目:击剑

比赛名称	比赛时间	比赛地点	子项	姓名	名次
全国锦标赛	07月22—27日	安徽合肥	男子花剑团体	王震、吴小龙、魏志华、叶俊伟	7
全国锦标赛	07月22—27日	安徽合肥	男子佩剑团体	刘可可、刘国成、罗佳、陆正强	5
全国锦标赛	07月22—27日	安徽合肥	男子重剑个人	董超	2
全国锦标赛	07月22—27日	安徽合肥	女子佩剑个人	倪红	8
全国锦标赛	07月22—27日	安徽合肥	女子佩剑团体	倪红、刘珊、杨希、成婉金	6
第十一届全运会	09月16—23日	山东青岛	男子花剑团体	王震、吴小龙、魏志华、叶俊伟	8
第十一届全运会	09月16—23日	山东青岛	男子佩剑团体	刘可可、刘国成、罗佳、陆正强	6
第十一届全运会	09月16—23日	山东青岛	女子佩剑个人	倪红	3
第十一届全运会	09月16—23日	山东青岛	女子佩剑团体	倪红、刘珊、杨希、成婉金	6
世界击剑锦标赛	09月30日—10月9日	土耳其	女子佩剑团体	倪红	3
2009年世界大学生运动会	7月2—14日	贝尔格兰德	女子佩剑个人	倪红	3
亚洲击剑锦标赛	11月14—20日	卡塔尔	女子佩剑个人	倪红	1
亚洲击剑锦标赛	11月14—20日	卡塔尔	女子佩剑团体	倪红	1

项目:散打

比赛名称	比赛时间	比赛地点	子项	姓名	名次
第十一届全运会男子预赛	05月16—21日	洛阳	男子+87.5KG	李龙	9
第十一届全运会男子预赛	05月16—21日	洛阳	男子50KG	常志强	9
第十一届全运会男子预赛	05月16—21日	洛阳	男子58KG	马超	5
第十一届全运会男子预赛	05月16—21日	洛阳	男子58KG	王方坤	5
第十一届全运会男子预赛	05月16—21日	洛阳	男子67.5KG	肖吉健	5
第十一届全运会男子预赛	05月16—21日	洛阳	男子77.5KG	白近斌	9
第十一届全运会男子预赛	05月16—21日	洛阳	男子77.5KG	张永发	9
第十一届全运会男子预赛	05月16—21日	洛阳	男子77.5KG	马壮	9
第十一届全运会男子预赛	05月16—21日	洛阳	男子87.5KG	黄磊	4
第十一届全运会男子预赛	05月16—21日	洛阳	男子87.5KG	丛天天	5
第十一届全运会男子预赛	05月16—21日	洛阳	男子87.5KG	薛凤强	9
第十一届全运会	10月14—17日	菏泽	男子67.5KG	肖吉健	7
第十一届全运会	10月14—17日	菏泽	男子87.5KG	黄磊	3

项目：拳击

比赛名称	比赛时间	比赛地点	子项	姓名	名次
全国锦标赛	04 月 22—29 日	重庆	51KG	李金豹	5
全国锦标赛	04 月 22—29 日	重庆	54KG	唐斌	3
全国锦标赛	04 月 22—29 日	重庆	57KG	李洋	1
全国锦标赛	04 月 22—29 日	重庆	57KG	谭隽	5
全国锦标赛	04 月 22—29 日	重庆	60KG	王一最	2
全国锦标赛	04 月 22—29 日	重庆	60KG	李思生	5
全国锦标赛	04 月 22—29 日	重庆	60KG	霍自强	5
全国锦标赛	04 月 22—29 日	重庆	69KG	阿地力	5
全国锦标赛	04 月 22—29 日	重庆	75KG	张建艇	1
全国锦标赛	04 月 22—29 日	重庆	75KG	朝格吉乐图	3
全国锦标赛	04 月 22—29 日	重庆	81KG	李金龙	5
亚洲拳击锦标赛	06 月	珠海	男子 75kg	张建艇	1
全国青年锦标赛	08 月 3—7 日	贵州	51KG	王玉龙	3
全国青年锦标赛	08 月 3—7 日	贵州	51KG	张祚凡	5
全国青年锦标赛	08 月 3—7 日	贵州	54KG	王强	5
全国青年锦标赛	08 月 3—7 日	贵州	60KG	梁长宇	3
全国青年锦标赛	08 月 3—7 日	贵州	64KG	张东东	3
世界拳击锦标赛	10 月	意大利	男子 75kg	张建艇	5
第十一届全运会	10 月 19—26 日	济南	57KG	李洋	1
第十一届全运会	10 月 19—26 日	济南	69KG	阿地力	5
第十一届全运会	10 月 19—26 日	济南	75KG	张建艇	1

项目：跆拳道

比赛名称	比赛时间	比赛地点	子项	姓名	名次
全国锦标赛	03 月 20—22 日	苏州	男子＋87KG	刘哮波	1
全国锦标赛	03 月 20—22 日	苏州	男子＋87KG	杨富超	5
全国锦标赛	03 月 20—22 日	苏州	男子 63KG	胡鹏翔	2
全国锦标赛	03 月 20—22 日	苏州	男子 68KG	唐华	1
全国锦标赛	03 月 20—22 日	苏州	女子＋73KG	朱荣荣	3
全国锦标赛	03 月 20—22 日	苏州	女子 46KG	赵梦迪	2
全国锦标赛	03 月 20—22 日	苏州	女子 57KG	张娇	3
全国锦标赛	03 月 20—22 日	苏州	女子 67KG	刘玥华	5
全国锦标赛	03 月 20—22 日	苏州	女子 73KG	罗微	1
第十一届全运会	09 月 9—12 日	滕州	男子＋80KG	刘哮波	2

续表

比赛名称	比赛时间	比赛地点	子　项	姓　名	名次
第十一届全运会	09 月 9—12 日	滕　州	男子＋80KG	杨富超	5
第十一届全运会	09 月 9—12 日	滕　州	男子 58KG	朴成哲	5
第十一届全运会	09 月 9—12 日	滕　州	男子 68KG	唐　华	1
第十一届全运会	09 月 9—12 日	滕　州	男子 68KG	倪铭泽	5
第十一届全运会	09 月 9—12 日	滕　州	男子 80KG	朱　国	5
第十一届全运会	09 月 9—12 日	滕　州	女子＋67KG	罗　微	1
第十一届全运会	09 月 9—12 日	滕　州	女子 57KG	许　弘	3
第十一届全运会	09 月 9—12 日	滕　州	女子 67KG	朱荣荣	5
全国精英赛	11 月 24—25 日	西　昌	男子＋87KG	乔　森	2
全国精英赛	11 月 24—25 日	西　昌	男子 63KG	胡鹏翔	5
全国精英赛	11 月 24—25 日	西　昌	男子 74KG	才　壮	3
全国精英赛	11 月 24—25 日	西　昌	女子 46KG	赵梦迪	1
全国精英赛	11 月 24—25 日	西　昌	女子 53KG	许宁宁	5
全国精英赛	11 月 24—25 日	西　昌	女子 62KG	刘　晓	5
全国精英赛	11 月 24—25 日	西　昌	女子 67KG	刘明华	5
全国冠军赛	12 月 30—31 日	北　京	男子团体	胡鹏翔、才壮、唐华、乔森	3
全国冠军赛	12 月 30—31 日	北　京	女子团体	赵梦迪、王卉、刘明华、袁潇逸、李颖晨	5

项目：摔跤

比赛名称	比赛时间	比赛地点	子　项	姓　名	名次
全国女子自由跤锦标赛	02 月 25—26 日	安　徽	67 公斤级	赵轩一	5
全国女子自由跤锦标赛	02 月 25—26 日	安　徽	67 公斤级	陶荣蓉	7
全国男子自由跤锦标赛	03 月 11—14 日	南　京	60 公斤级	高　峰	1
全国男子自由跤锦标赛	03 月 11—14 日	南　京	66 公斤级	张崇瑶	1
全国男子自由跤锦标赛	03 月 11—14 日	南　京	66 公斤级	周胜银	3
全国男子自由跤锦标赛	03 月 11—14 日	南　京	74 公斤级	战召权	7
全国青年男子自由跤锦标赛	06 月 11—14 日	河南许昌	60 公斤级	方　正	3

续表

比赛名称	比赛时间	比赛地点	子 项	姓 名	名次
全国青年男子自由跤锦标赛	06 月 11—14 日	河南许昌	66 公斤级	牛 凯	2
全国青年男子自由跤锦标赛	06 月 11—14 日	河南许昌	74 公斤级	庞凯利	7
全国青年男子自由跤锦标赛	06 月 11—14 日	河南许昌	84 公斤级	王 晨	7
全国青年男子自由跤锦标赛	06 月 11—14 日	河南许昌	96 公斤级	王 博	7
全国青年女子自由跤锦标赛	06 月 17—20 日	山 东	48 公斤级	曹海燕	5
全国青年女子自由跤锦标赛	06 月 17—20 日	山 东	55 公斤级	任天祺	3
全国青年女子自由跤锦标赛	06 月 17—20 日	山 东	55 公斤级	乔安娜	7
全国青年女子自由跤锦标赛	06 月 17—20 日	山 东	67 公斤级	樊悦彤	3
全国青年女子自由跤锦标赛	06 月 17—20 日	山 东	67 公斤级	陶荣蓉	7
全国古典跤青年锦标赛	06 月 3—6 日	井冈山	120 公斤级	张 硕	5
全国古典跤青年锦标赛	06 月 3—6 日	井冈山	60 公斤级	钟希明	5
全国古典跤青年锦标赛	06 月 3—6 日	井冈山	66 公斤级	田思佳	3
第十一届全运会古典跤	10 月 17—18 日	济 南	55 公斤级	马 亮	5
第十一届全运会古典跤	10 月 17—18 日	济 南	60 公斤级	谢 振	1
第十一届全运会古典跤	10 月 17—18 日	济 南	60 公斤级	王 鹏	7
第十一届全运会古典跤	10 月 17—18 日	济 南	74 公斤级	于 泊	5
第十一届全运会男子自由跤	10 月 19—20 日	济 南	60 公斤级	高 峰	1
第十一届全运会男子自由跤	10 月 19—20 日	济 南	66 公斤级	周胜银	3
全国古典跤冠军赛	11 月 20—23 日	河 北	60 公斤级	钟希明	5
全国古典跤冠军赛	11 月 20—23 日	河 北	66 公斤级	翟殿龙	7
全国男子自由跤冠军赛	11 月 26—28 日	火车头体协	120 公斤级	张国强	3
全国男子自由跤冠军赛	11 月 26—28 日	火车头体协	120 公斤级	张大庆	5

续表

比赛名称	比赛时间	比赛地点	子　项	姓　名	名次
全国男子自由跤冠军赛	11月26—28日	火车头体协	66公斤级	孙　葛	1
全国男子自由跤冠军赛	11月26—28日	火车头体协	66公斤级	高　峰	2
全国男子自由跤冠军赛	11月26—28日	火车头体协	66公斤级	黄健龙	5
全国男子自由跤冠军赛	11月26—28日	火车头体协	66公斤级	牛　凯	7
全国男子自由跤冠军赛	11月26—28日	火车头体协	74公斤级	张崇瑶	3
全国男子自由跤冠军赛	11月26—28日	火车头体协	74公斤级	王跃杰	5
全国男子自由跤冠军赛	11月26—28日	火车头体协	84公斤级	战召权	1
全国男子自由跤冠军赛	11月26—28日	火车头体协	84公斤级	王　晨	7
全国男子自由跤冠军赛	11月26—28日	火车头体协	96公斤级	王　博	2
全国女子自由跤冠军赛	12月2—4日	北　京	48公斤级	曹海燕	5
全国女子自由跤冠军赛	12月2—4日	北　京	51公斤级	李晓飞	2
全国女子自由跤冠军赛	12月2—4日	北　京	51公斤级	梁　艳	5
全国女子自由跤冠军赛	12月2—4日	北　京	55公斤级	杨　晨	7
全国女子自由跤冠军赛	12月2—4日	北　京	59公斤级	陈雪娇	3
全国女子自由跤冠军赛	12月2—4日	北　京	59公斤级	刘　斌	7
全国女子自由跤冠军赛	12月2—4日	北　京	63公斤级	崔海丽	2
全国女子自由跤冠军赛	12月2—4日	北　京	67公斤级	焦媛媛	1
全国女子自由跤冠军赛	12月2—4日	北　京	67公斤级	樊悦彤	7
全国女子自由跤冠军赛	12月2—4日	北　京	72公斤级	闫海鸽	2

项目:柔道

比赛名称	比赛时间	比赛地点	子　项	姓　名	名次
全国男子柔道锦标赛	04月11—14日	云　南	−100公斤级	梁　勇	7
全国男子柔道锦标赛	04月11—14日	云　南	60公斤级	李　辉	1
全国男子柔道锦标赛	04月11—14日	云　南	60公斤级	何云龙	7
全国男子柔道锦标赛	04月11—14日	云　南	66公斤级	马端斌	3
全国男子柔道锦标赛	04月11—14日	云　南	无差别级	赵　健	7
全国女子柔道锦标赛	04月25—28日	沈　阳	48公斤级	杨　爽	7
全国女子柔道锦标赛	04月25—28日	沈　阳	57公斤级	刘玉香	5

续表

比赛名称	比赛时间	比赛地点	子　项	姓　名	名次
全国女子柔道锦标赛	04 月 25－28 日	沈　阳	63 公斤级	王淑艳	3
全国女子柔道锦标赛	04 月 25－28 日	沈　阳	78 公斤级	樊　鑫	7
全国女子柔道锦标赛	04 月 25－28 日	沈　阳	无差别级	张　桐	3
全国男子柔道青年锦标赛	06 月 11－14 日	海　口	＋100 公斤级	王运涛	1
全国男子柔道青年锦标赛	06 月 11－14 日	海　口	66 公斤级	孙乐乐	1
全国男子柔道青年锦标赛	06 月 11－14 日	海　口	66 公斤级	刘永生	2
全国男子柔道青年锦标赛	06 月 11－14 日	海　口	无差级	王运涛	2
第十一届全运会女子柔道	10 月 20－23 日	山东滨州	48 公斤级	杨　爽	4
第十一届全运会女子柔道	10 月 20－23 日	山东滨州	63 公斤级	王淑艳	3
第十一届全运会女子柔道	10 月 20－23 日	山东滨州	63 公斤级	骆文娟	7
第十一届全运会女子柔道	10 月 20－23 日	山东滨州	无差别级	张　桐	8
第十一届全运会男子柔道	10 月 20－23 日	山东滨州	60 公斤级	刘仁旺	1
第十一届全运会男子柔道	10 月 20－23 日	山东滨州	60 公斤级	李　辉	2
第十一届全运会男子柔道	10 月 20－23 日	山东滨州	60 公斤级	何云龙	4
第十一届全运会男子柔道	10 月 20－23 日	山东滨州	66 公斤级	马端斌	1
第十一届全运会男子柔道	10 月 20－23 日	山东滨州	73 公斤级	陆防华	4
第十一届全运会男子柔道	10 月 20－23 日	山东滨州	73 公斤级	陈　哲	8
第十一届全运会男子柔道	10 月 20－23 日	山东滨州	81 公斤级	郝建慧	8
世界杯男子柔道比赛（大洋洲站）	11 月 11－18 日	萨摩亚	60 公斤级	何云龙	1
世界杯男子柔道比赛（大洋洲站）	11 月 11－18 日	萨摩亚	66 公斤级	李　扬	2

项目：象棋

比赛名称	比赛时间	比赛地点	姓　名	名次
第一届全国智力运动会专业男子个人	11 月 13－23 日	成　都	蒋　川	6
第一届全国智力运动会专业男子团体	11 月 13－23 日	成　都	张强、蒋川、金波、靳玉砚	5
第一届全国智力运动会专业女子个人	11 月 13－23 日	成　都	唐　丹	1
第一届全国智力运动会专业女子个人快棋	11 月 13－23 日	成　都	刘　欢	5
第一届全国智力运动会专业女子团体	11 月 13－23 日	成　都	唐丹、刘欢、常婉华	7

续表

比赛名称	比赛时间	比赛地点	姓　名	名次
全国象棋个人锦标赛男子	11 月 26—12 月 6 日	昆　明	蒋　川	5
全国象棋个人锦标赛女子	11 月 26—12 月 6 日	昆　明	唐　丹	2
全国象棋个人锦标赛女子	11 月 26—12 月 6 日	昆　明	刘　欢	6
全国象棋个人锦标赛女子	11 月 26—12 月 6 日	昆　明	常婉华	8
全国象棋甲级联赛	6 月 19 日—12 月 13 日	主客场	张强、蒋川、金波、靳玉砚、唐丹、杨德琪、董子仲	6
全国象棋团体赛	4 月 7 日—13 日	山　东	唐丹、刘欢	4
亚洲象棋个人锦标赛(女子)	9 月 22—29 日	马来西亚	刘　欢	1

项目:围棋

比赛名称	比赛时间	比赛地点	姓　名	名次
第十三届三星杯世界职业锦标赛	1 月 21—23 日	韩　国	孔　杰	2
第十四届三星杯世界职业围棋锦标赛	12 月 17—20 日	韩　国	孔　杰	1
第一届全国智力运动会男子快棋	11 月 13—23 日	成　都	孙腾宇	2
第一届全国智力运动会男子快棋	11 月 13—23 日	成　都	罗洗河	3
第一届全国智力运动会混双赛	11 月 13—23 日	成　都	聂卫平、徐莹	4

项目:国际象棋

比赛名称	比赛时间	比赛地点	姓　名	名次
第一届全国智力运动会男子快棋个人	11 月 12—23 日	成　都	李　超	4
第一届全国智力运动会男子快棋团体	11 月 12—23 日	成　都	李超、余泱漪、安燕龙	3
第一届全国智力运动会女子快棋个人	11 月 12—23 日	成　都	王　瑜	6
第一届全国智力运动会女子快棋团体	11 月 12—23 日	成　都	王瑜、谢军	2
全国个人赛男子	5 月 26—6 月 6 日	江苏兴化	李　超	5

续表

比赛名称	比赛时间	比赛地点	姓　名	名次
全国个人赛女子	5月26—6月6日	江苏兴化	赵　雪	2
全国个人赛女子	5月26—6月6日	江苏兴化	王　瑜	5
全国甲级联赛	5月4日—12月14日	主客场	谢军、王瑜、赵雪、李超、余泱漪	3
全国甲级联赛男子团体	5月4日—12月14日	主客场	李超、余泱漪、叶江川	4
全国甲级联赛女子团体	5月4日—12月14日	主客场	谢军、王瑜、赵雪	2
世界锦标赛暨第二届女子世界团体赛	9月1—12日	宁　波	赵　雪	1
世界青年赛	10月21—11月4日	阿根廷	余泱漪	7
亚洲男子个人锦标赛	5月13—23日	菲律宾	余泱漪	3
亚洲室内运动会女子快棋个人	10月30—11月8日	越　南	赵　雪	3
亚洲室内运动会女子快棋团体	10月30—11月8日	越　南	赵　雪	1

最高纪录

2009年北京市体育运动最高纪录

田　　径

男子成年组:20岁以上组(含20岁)

项目	成绩	创造者	运动会名称	日期	地点
60米(室内)	6″4	张　宏	北京地区冬季邀请赛	1989.3	北　京
100米	10″2	李　丰	北京地区优秀运动员田径比赛	1986.4	北　京
	10″23(电)	张培萌	好运北京中国田径公开赛	2007.5	北　京
200米	21″0	李　丰	北京地区第四次田径比赛	1986.4	北　京
	20″74(电)	张培萌	全国田径冠军赛	2007.9	乌鲁木齐
400米	47″0	李　丰	北京地区田径比赛	1986.5	北　京
	46″44(电)	王晓旭	第十届全运会	2005.10	南　京
800米	1′48″60	林　军	田径邀请赛	1992.10	北　京
	1′49″12(电)	林　军	国际田径邀请赛	1992.6	莫斯科
800米(室内)	1′52″80	林　军	北京地区田径比赛	1993.2	北　京
1500米	3′44″20	高慕隆	广州田径邀请赛	1986.3	广　州
	3′43″73(电)	陈立新	第八届全运会	1997.10	上　海
1000米(室内)	2′25″60(电)	林　军	北京地区冬季室内田径邀请赛	1991.3	北　京
3000米	8′14″90	董会荣	北京地区第十三次田径比赛	1980.8	北　京
5000米	14′0″14	崔　皓	全国锦标赛	2000.10	漯　河
10000米	28′58″44	安　虎	第八届全运会	1997.10	上　海
110米栏	13″50	崔　麟	中越田径友谊赛	1965.11	武　汉
	13″25(电)	李　彤	国际田径邀请赛	1994.7	林　兹
400米栏	50″89	张洪宾	北京市第十二届运动会	2006.8	北　京
	50″93(电)	郭顺起	全国田径冠军赛	1986.10	河　南
3000米障碍	8′45″44	郑思贤	第六届全运会	1978.11	广　州
10公里竞走(场地)	41′36″0	王春和	北京市第九届运动会	1995.5	北　京
20公里竞走(场地)	1:24′54″	奚绍辉	北京市第九届运动会	1995.5	北　京
20公里竞走(公路)	1:22′31″	王立波	全国竞走锦标赛	2001.9	丹　东
50公里竞走(场地)	3:54′44″	奚绍辉	全国竞走锦标赛	1995.2	珠　海

续表

项目	成绩	创造者	运动会名称	日期	地点
50 公里竞走(公路)	4:02′38″	陈新童	全国春季竞走锦标赛	1990.3	合　肥
马拉松	2:14′6″	战东林	北京国际马拉松赛	2000.10	北　京
跳高	2.33 米	周忠革	第十一届亚运会预选赛	1990.6	北　京
跳远	8.18 米	李金哲	第十一届全运会田径决赛	2009.10	济　南
撑杆跳高	5.45 米	张　成	第五届全运会	1983.9	上　海
三级跳远	16.47 米	闫雪莹	全国田径大奖赛	1998.5	济　南
铅球(7.26 公斤)	19.72 米	刘　昊	第七届全运会	1993.9	北　京
铁饼(2 公斤)	60.40 米	李伟男	北京地区第七次田径比赛	1984.1	北　京
标枪(800 克新改型)	77.03 米	侯兴良	第十一届全运会田径决赛	2009.10	济　南
十项全能	7704 分	祝衡军	第十一届全运会田径决赛	2009.10	济　南
4×100 米接力	41″27	北京队	全国田径锦标赛	1986.6	南　京
	39″42(电)	北京队	第十一届全运会田径决赛	2009.10	济　南
4×400 米接力	3′07″71	北京队	全国田径锦标赛	2003.9	上　海

男子青年组:(18—19 岁)

项目	成绩	创造者	出生年	运动会名称	日期	地点
100 米	10″40	戚　震	1976	北京中学生田径锦标赛	1994.10	北　京
	10″60(电)	张培萌	1987	北京市第十二届运动会	2006.8	北　京
200 米	21″20	曹　岩	1973	全国青年田径锦标赛	1992.8	北　京
	21″21(电)	张培萌	1987	北京市第十二届运动会	2006.8	北　京
400 米	47″69	周　民	1979	四城会预选赛	1999.6	沈　阳
800 米	1′53″25	于光远	1987	北京市第十二届运动会	2006.8	北　京
1500 米	3′47″19	闻东亮	1986	第十届全国运动会	2005.10	南　京
5000 米	14′59″14	张　博	1988	北京市第十二届运动会	2006.8	北　京
10000 米	31′27″7	谢宝江	1955	全国田径运动会	1973.10	长　沙
110 米栏	14″21(电)	马　超	1989	全国青年田径锦标赛	2008.11	淮　安
400 米栏	50″89	张洪宾	1987	北京市第十二届运动会	2006.8	北　京
	52″88(电)	李学桐	1973	北京地区优秀运动员比赛	1992.9	北　京
10 公里竞走	42′44″20	徐文全	1969	全国春季竞走比赛	1988.3	徐　州
20 公里竞走	1:26′17″	王立波	1979	全国竞走锦标赛	1998.4	重　庆

续表

项目	成绩	创造者	出生年	运动会名称	日期	地点
跳远	7.85 米	李金哲	1989	全国第六届城运会预选赛	2007.5	漯　河
三级跳远	16.59 米	马　乐	1988	北京市第十二届运动会	2006.8	北　京
跳高	2.27 米	胡　桐	1986	全国锦标赛暨奥运选拔赛	2004.5	石家庄
撑杆跳高	5 米	袁克俭	1955	全国田径汇报表演赛	1976.10	北　京
铅球(7.26 公斤)	18.05 米	刘　宇	1978	全国青年田径锦标赛	1997.6	抚　顺
铅球(6 公斤)	20.15 米	王　松	1983	全国青年田径锦标赛	2002.10	德　阳
铁饼(2 公斤)	53.50 米	张化冰	1983	北京青少年春季邀请赛	2001.3	北　京
铁饼(1.75 公斤)	54.59 米	张化冰	1983	全国青年田径锦标赛	2002.5	德　阳
标枪(800 克)	74.58 米	史德武	1975	第七届全运会预选赛	1993.5	北　京
4×100 米接力	41″20	北京队		第十届全国运动会	2005.10	南　京
4×400 米接力	3′15″87	李　昂 莆　楠 姚岸达 王舒达		北京市第十二届运动会	2006.8	北　京

男子少年组:(15—17 岁)

项目	成绩	创造者	出生年	运动会名称	日期	地点
100 米	10″60	曹雪征	1981	北京市第十届运动会	1998.8	北　京
200 米	21″50	曹雪征	1981	北京市第十届运动会	1998.8	北　京
400 米	49″10	王　铮	1981	北京市第十届运动会	1998.8	北　京
800 米	1′54″0	蒋广才	1964	北京地区第九次田径测验	1981.8	北　京
1500 米	3′54″0	汪军鸣	1970	广州春季健力宝田径邀请赛	1987.3	广　州
3000 米	8′28″75	赵　冉	1989	北京市第十二届运动会	2006.8	北　京
5000 米	15′04″90	冯学峰	1973	北京市第八届运动会	1990.4	北　京
110 米栏(91.4cm)	14″20	陈　刚	1962	北京市少年田径选拔赛	1979.6	北　京
110 米栏(100cm)	14″29	马　超	1989	北京市第十二届运动会	2006.8	北　京
5000 米竞走	22′05″69	刘海波	1989	北京市第十二届运动会	2006.8	北　京
10000 米竞走	45′11″30	沈　焰	1972	全国春季竞走比赛	1998.3	徐　州
跳高	2.18 米	胡　桐	1986	第五届城运会	2003.10	长　沙
跳远	7.36 米	左　林	1978	北京市第二届青少年运动会	1995.5	北　京

续表

项目	成绩	创造者	出生年	运动会名称	日期	地点
撑杆跳高	[illegible].80 米	袁克俭	1958	北京地区田径测验	1975.7	北　京
三级跳远	15.50 米	王文宇	1989	北京市第十二届运动会	2006.8	北　京
铅球(6 公斤)	18.33 米	柳　宇	1978	北京市第二届青少年运动会	1995.5	北　京
铁饼(1.5 公斤)	60.25 米	郭文鑫	1989	北京市第十二届运动会	2006.8	北　京
标枪(700 克)	74.80 米	史德武	1975	全国少年田径赛	1992.5	杭　州
(600 克)	72.24 米	史德武	1975	北京市青少年田径分区赛	1991.8	北　京
三项全能	1956 分	陶　红	1955	全国田径分区赛	1972.6	呼　市
五项全能	3211 分	李伟男	1957	全国少年田径运动会	1973.9	保　定
4×100 米接力	41″72	张天臣　马　超 任　琼　齐克亮		北京市第十二届运动会	2006.8	北　京
4×200 米接力	1′35″80	北京队		全国少年田径分区赛	1972.8	兰　州
4×400 米接力	3′17″60	魏志超　满　林 王海龙　蒋征文		全国体育运动学校田径比赛	1997.5	鞍　山

女子成年组:20 岁以上组(含 20 岁)

项目	成绩	创造者	运动会名称	日期	地点
100 米	11″20	叶世燕	高校田径锦标赛	1997.8	北　京
	11″46(电)	高春霞	第八届全运会预赛	1997.5	肇　庆
200 米	22″79	韩　青	全国田径锦标赛	1992.5	南　京
	23″03(电)	韩　青	全国田径冠军赛	1990.8	天　津
400 米	52″49(电)	韩　青	全国田径冠军赛	1992.10	武　汉
800 米	2′02″0	郑丽娟	石家庄田径精英赛	1990.4	石家庄
	1′58″98(电)	张　健	第八届全运会	1997.10	上　海
1500 米	4′11″40	郑丽娟	北京地区田径比赛	1990.8	北　京
	4′08″03(电)	张　玲	全国田径锦标赛	1992.5	南　京
1500 米(室内)	4′32″80(电)	段长燕	北京地区冬季室内田径邀请赛	1991.3	北　京
3000 米	8′55″0	郑丽娟	全国田径锦标赛	1990.5	北　京
	8′57″87(电)	郑丽娟	全国田径锦标赛	1991.6	北　京
3000 米(室内)	9′16″85	郑丽娟	大坂室内国际田径比赛	1991.2	日　本
5000 米	15′25″36(电)	西秋红	第十届全国运动会	2005.10	南　京
10000 米	31′31″64	西秋红	第十届全国运动会	2005.10	南　京
100 米栏	13″40	袁海英	北京地区田径比赛	1990.6	北　京
	13″29(电)	周红艳	第八届全运会	1997.10	上　海

续表

项目	成绩	创造者	运动会名称	日期	地点
400 米栏	53″94(电)	韩　青	第七届全运会	1993.9	北　京
5 公里竞走	22′13″10	李淑媛	第六届全运会	1987.10	郑　州
10 公里竞走	46′56″60	李玉新	全国竞走冠军赛	1998.9	曲　阜
10 公里竞走(公路)	44′40″0	李玉新	第八届全运会预赛	1997.2	珠　海
20 公里竞走(公路)	1:35′47″	李玉新	第八届全运会预赛	1997.2	珠　海
马拉松	2:28′0″	吕静波	全国马拉松锦标赛	2000.4	济　南
跳高	1.94 米	景雪竹	全国田径冠军赛暨奥运选拔赛	2004.5	石家庄
跳远	6.50 米	包　莎	全国田径大奖赛	2008.9	漯　河
撑杆跳高	4.25 米	张　娜	八一、室内	2004.2	北　京
三级跳远	13.85 米	李明丽	大奖赛(广东肇庆)	2005.4	肇　庆
铅球(4 公斤)	18.96 米	王　辉	北京地区田径比赛	1996.4	北　京
铁饼(1 公斤)	59.56 米	刘秀峰	北京地区春季田径邀请赛	1987.5	北　京
标枪(新枪)	63.69 米	李　蕾	全国田径冠军赛	2000.6	锦　州
七项全能	5448 分	宋丽娟	第十届全国运动会预赛	2005.6	长　沙
五项全能	3411 分	袁　杰	第四届全运会少年田径比赛	1979.9	保　定
4×100 米接力	47″0	北京队	全国冠军赛	1994.8	唐　山
	44″50(电)	北京队	第八届全运会	1997.10	上　海
4×400 米接力	3′29″59	张　予　张燕萍 李亚军　王雪梅	第三届城运会	1995.10	南　京

女子青年组:(18—19 岁)

项目	成绩	创造者	出生年	运动会名称	日期	地点
100 米	11″71	高春霞	1976	全国田径锦标赛	1994.6	北　京
200 米	24″20	马　艳	1975	全国田径锦标赛	1994.6	北　京
400 米	53″18	王雪梅	1977	全国田径锦标赛	1995.5	太　原
800 米	2′06″60	刘　霞	1975	北京地区田径比赛	1992.7	北　京
1500 米	4′21″80	郑丽娟	1967	北京市第七届运动会	1986.5	北　京
	4′11″19(电)	王美丽	1988	北京市第十二届运动会	2006.8	北　京
3000 米	9′19″0	郑丽娟	1967	北京市第七届运动会	1986.5	北　京
	9′06″42(电)	郑丽娟	1967	南京国际田径邀请赛	1986.9	南　京

续表

项目	成绩	创造者	出生年	运动会名称	日期	地点
5000 米	15′55″89	朱莹莹	1988	北京市第十二届运动会	2006.8	北　京
100 米栏	13″60	袁海英	1970	北京地区田径比赛	1989.10	北　京
400 米栏	56″50	袁海英	1970	北京地区田径比赛	1989.8	北　京
跳高	1.80 米	马　洁	1970	全国第二届青少年运动会	1989.9	沈　阳
跳远	6.50 米	包　莎	1989	全国田径大奖赛	2008.9	漯　河
撑杆跳高	4.15 米	武禹彤	1990	全国青少年田径锦标赛	2008.11	淮　安
标枪(600 克)	56.36 米	李　蕾	1974	北京地区优秀运动员比赛	1992.8	北　京
链球	54.09 米	田　鸽	1983	第九届全运会预选赛	2001.6	成　都
铁饼	56.95 米	西尚雪	1989	全国青少年田径锦标赛	2008.10	淮　安
4×400 米接力	3′34″79	王雪梅 张　健 李亚军 张　予		全国田径锦标赛 暨亚运会选拔赛	1994.6	北　京

女子少年组:(15—17 岁)

项目	成绩	创造者	出生年	运动会名称	日期	地点
100 米	11″80	李亚军	1977	北京市第二届青少年运动会	1995.5	北　京
200 米	23″74	李亚军	1977	全国中专田径运动会	1994.8	太　原
400 米	52″62	王雪梅	1977	世界青年田径锦标赛	1994.7	里斯本
800 米	2′03″48	周海燕	1990	北京市第十二届运动会	2006.8	北　京
1500 米	4′08″20	周海燕	1990	北京市第十二届运动会	2006.8	北　京
	4′29″58(电)	董玉梅	1966	全国田径锦标赛	1982.9	南　京
3000 米	9′06″93	孙腊梅	1990	北京市第十二届运动会	2006.8	北　京
100 米栏(84cm)	13″68	田　青	1972	第二届全国青少年运动会	1989.9	沈　阳
200 米栏(76.2cm)	24″40	田　青	1972	北京地区夏季邀请赛	1989.8	北　京
400 米栏	56″46	李亚军	1977	第三届城运会	1995.10	南　京
3000 米竞走	13′37″16	孙欢欢	1990	北京市第十二届运动会	2006.8	北　京
5000 米竞走	24′49″10	刘　燕	1975	北京市青少年田径锦标赛	1992.8	北　京
跳高	1.83 米	赵　宁	1981	北京市第十届运动会	1988.8	北　京
跳远	6.44 米	赵　凡	1978	全国田径锦标赛	1995.5	太　原
铅球([illegible]公斤)	15.08 米	李　月	1989	北京市第十二届运动会	2006.8	北　京

续表

项目	成绩	创造者	出生年	运动会名称	日期	地点
铁饼(1公斤)	51.04米	金媛媛	1990	北京市第十二届运动会	2006.8	北京
标枪(600克)	53.58米	陈玉华	1970	北京地区田径比赛	1986.5	北京
三项全能	2246分	景雪静	1969	北京市少年田径选拔赛	1985.4	北京
五项全能	3638分	陈　皎	1991	全国青少年田径锦标赛	2008.11	淮安
4×100米接力	47″23	张佳媛　刘宇航 徐　华　陈　皎		全国青少年田径锦标赛	2008.11	淮安
4×200米接力	1′46″80	北京队		全国田径分区赛	1972.6	呼市
4×400米接力	3′54″5	北京队		全国田径分区赛	1990.8	湘潭

游　泳

男子成年组:(18岁以上)

项目	成绩	创造者	运动会名称	日期	地点
50米自由泳	22″63	史腾飞	第十一届全国运动会	2009.10	济南
100米自由泳	48″73	陈　祚	全国冠军赛	2009.4	绍兴
200米自由泳	1′45″83	张　琳	全国冠军赛	2009.4	绍兴
400米自由泳	3′41″35	张　琳	世界游泳锦标赛	2009.7	罗马
800米自由泳	7′32″12	张　琳	世界游泳锦标赛	2009.7	罗马
1500米自由泳	14′45″84	张　琳	第29届奥运会	2008.8	北京
100米仰泳	55″14	张　宇	第十一届全国运动会	2009.10	济南
200米仰泳	2′01″05	张　宇	世界游泳锦标赛	2009.7	罗马
100米蛙泳	1′01″18	王　帅	全国中学生运动会	2009.8	长沙
200米蛙泳	2′18″82	王　帅	第六届城运会	2007.10	武汉
100米蝶泳	52″76	史滕飞	十一届全运会接力选拔	2009.9	北京
200米蝶泳	2′03″01	李　雷	全国冠军赛	2004	晋城
200米混合泳	2′03″06	孙　晗	全国冠军赛	2009.4	绍兴
400米混合泳	4′26″56	孙　晗	全国锦标赛	2008.9	常熟
4×100米自由泳接力	3′15″50	张　琳　王　超 史腾飞　陈　祚	第十一届全国运动会	2009.10	济南
4×200米自由泳接力	7′15″38	王　超　张　琳 史滕飞　陈　祚	第十一届全国运动会	2009.10	济南
4×100米混合泳接力	3′37″03	王　超　王　帅 李　雷　张　宇	第十一届全国运动会	2009.10	济南

男子少年组：(15—17 岁)

项目	成绩	创造者	出生年	运动会名称	日期	地点
50 米自由泳	24″92	吴晓磊	1986	第八届中学生运动会	2002.8	南　京
100 米自由泳	53″18	吴晓磊	1986	第八届中学生运动会	2002.8	南　京
200 米自由泳	1′50″14	张　琳	1987	第五届城市运动会	2003.10	长　沙
400 米自由泳	3′53″04	张　琳	1987	全国锦标赛	2003.9	张家港
800 米自由泳	8′04″10	张　琳	1987	第十届世界锦标赛	2003.7	巴塞罗那
1500 米自由泳	15′31″34	张　琳	1987	全国冠军赛	2002.4	鞍　山
100 米仰泳	57″55	舒　心	1981	第十三届亚运会	1998.10	曼　谷
200 米仰泳	2′03″05	舒　心	1981	全国锦标赛	1998.8	上　海
100 米蛙泳	1′02″94	王　帅	1991	第八届泛太平洋中学生运动会	2008.12	堪培拉
200 米蛙泳	2′15″04	王　帅	1991	全国锦标赛	2008.9	常　熟
100 米蝶泳	55″18	李　雷	1983	全国锦标赛	2000.5	济　南
200 米蝶泳	2′00″95	魏宇明	1991	全国青年锦标赛	2009.6	大　连
200 米混合泳	2′09″68	李国伟	1983	全国锦标赛	2000.5	济　南
400 米混合泳	4′34″10	成　阳	1983	全国锦标赛	2000.10	江　门
4×100 米自由泳接力	3′41″85	张　琳　杜　卓　辛　桐　孙是丁		北京市第十一届运动会	2002.8	北　京
4×200 米自由泳接力	8′03″08	赵鑫亮　姚　宇　候　煜　陈　晶		第三届城运会	1995.10	南　京
4×100 米混合泳接力	4′06″10	北京队		七单位表演赛	1986.12	成　都

女子成年组：(18 岁以上)

项目	成绩	创造者	运动会名称	日期	地点
50 米自由泳	25″41	晁　娜	第三届城运会	1995.10	南　京
100 米自由泳	55″35	晁　娜	第三届城运会	1995.10	南　京
200 米自由泳	1′57″69	刘　京	全国冠军赛	2009.4	绍　兴
400 米自由泳	4′04″12	刘　京	第十一届全国运动会	2009.10	济　南
800 米自由泳	8′42″27	王忻羽	第十一届全国运动会	2009.10	济　南
1500 米自由泳	17′04″47	宓梦娇	全国锦标赛	2004.12	唐　山
100 米仰泳	1′03″15	刘　京	全国冠军赛	2006.5	洛　阳
200 米仰泳	2′14″11	刘　京	全国夏季游泳锦标赛	2004.9	杭　州
100 米蛙泳	1′09″83	韩　雪	第八届全运会	1997.10	上　海

续表

项目	成绩	创造者	运动会名称	日期	地点
200米蛙泳	2′33″90	周　欣	全国冠军赛	1992.4	北　京
100米蝶泳	1′00″34	庞　然	全国冠军赛	1999.4	大　庆
200米蝶泳	2′11″25	王忻羽	第十一届全国运动会	2009.10	济　南
200米混合泳	2′10″67	刘　京	第十一届全国运动会	2009.10	济　南
400米混合泳	4′39″94	刘　京	第十一届全国运动会	2009.10	济　南
4×100米自由泳接力	3′42″46	方　艺　宓梦娇 张佳琪　王忻羽	第十一届全国运动会	2009.10	济　南
4×200米自由泳接力	7′56″77	刘　京　刘斯文 王忻羽　方　艺	第十一届全国运动会	2009.10	济　南
4×100米混合泳接力	4′11″07	朱希希　刘斯文 张佳琪　王忻羽	全国锦标赛	2009.8	北　京

女子少年组:(15—17岁)

项目	成绩	创造者	出生年	运动会名称	日期	地点
50米自由泳	25″41	晁　娜	1980	第三届城运会	1995.10	南　京
100米自由泳	55″35	晁　娜	1980	第三届城运会	1995.10	南　京
200米自由泳	2′01″57	宓梦娇	1990	全国锦标赛	2007.9	重　庆
400米自由泳	4′17″80	王金瑞	1985	全国冠军赛	2000.5	济　南
800米自由泳	8′47″10	戴安娜	1990	全国青年游泳锦标赛	2005.7	大　连
1500米自由泳	17′04″47	宓梦娇	1990	全国锦标赛	2004.12	唐　山
100米仰泳	1′03″15	刘　京	1990	全国冠军赛	2006.5	洛　阳
200米仰泳	2′14″11	刘　京	1990	全国夏季游泳锦标赛	2004.9	杭　州
100米蛙泳	1′09″83	韩　雪	1981	第八届全运会	1997.10	上　海
200米蛙泳	2′34″44	韩　雪	1981	全国冠军赛	1992.4	北　京
100米蝶泳	1′01″82	王丹娜	1982	全国冠军赛	1999.4	大　庆
200米蝶泳	2′15″36	刘　京	1990	全国冠军赛	2003.4	天　津
200米混合泳	2′15″59	刘　京	1990	全国冬季游泳锦标赛	2006.12	上　海
400米混合泳	4′43″84	刘　京	1990	全国冬季游泳锦标赛	2006.12	上　海
4×100米自由泳接力	3′50″77	晁　娜　韩　雪 李　毅　孙　英		第三届城市运动会	1998.10	南　京
4×200米自由泳接力	8′10″51	方　艺　王忻羽 宓梦娇　刘　京		第六届城运会	2007.10	武　汉
4×100米混合泳接力	4′16″58	北京队		第八届全运会	1997.10	上　海

举　重

男子成年组：(20 岁以上)

项目	成绩(公斤)	创造者	运动会名称	日期	地点
56 公斤级抓举	122.5	谢常宝	全国青年锦标赛	1998.6	江　西
挺举	150	谢常宝	全国锦标赛	1998.4	重　庆
总成绩	270	谢常宝	全国锦标赛	1998.4	重　庆
62 公斤级抓举	135	刘阳光	全运会预赛	2005.4	海　南
挺举	160	刘阳光	全国锦标赛	2004.4	永　州
总成绩	295	刘阳光	全运会预赛	2005.4	海　南
69 公斤级抓举	142.5	李　明	全国锦标赛	1998.4	重　庆
挺举	177.5	程会国	全国冠军赛	2002.10	开　化
总成绩	317.5	程会国	全国冠军赛	2002.10	开　化
77 公斤级抓举	157.5	严　征	全国冠军赛	2004.11	扬　州
挺举	187.5	严　征	全国锦标赛	2004.4	济　南
总成绩	342.5	严　征	全国冠军赛	2004.11	扬　州
85 公斤级抓举	157	孔　旭	第十一届全运会决赛	2009.10	济　南
挺举	199	孔　旭	第十一届全运会决赛	2009.10	济　南
总成绩	356	孔　旭	第十一届全运会决赛	2009.10	济　南
94 公斤级抓举	165	赵　雷	全国冠军赛	1998.10	长　沙
挺举	202.5	赵　雷	全国冠军赛	1998.10	长　沙
总成绩	365	赵　雷	全国冠军赛	1998.10	长　沙
105 公斤级抓举	170	赵　雷	全国冠军赛	2004.11	扬　州
挺举	205	赵　雷	全国锦标赛	2004.4	济　南
总成绩	375	赵　雷	全国冠军赛	2004.11	扬　州
105＋公斤级抓举	180	艾雨南	第十一届全运会决赛	2009.10	济　南
挺举	216	艾雨南	第十一届全运会决赛	2009.10	济　南
总成绩	396	艾雨南	第十一届全运会决赛	2009.10	济　南

男子青年组：(18—20 岁)

项目	成绩(公斤)	创造者	出生年	运动会名称	日期	地点
52 公斤级抓举	97.5	余　森	1984	全国青年锦标赛	2000.6	宜　春
挺举	122.5	余　森	1984	全国青年锦标赛	2000.6	宜　春
总成绩	220	余　森	1984	全国青年锦标赛	2000.6	宜　春
56 公斤级抓举	122.5	谢常宝	1978	第八届全运会预赛	1997.4	沈　阳
挺举	150	谢常宝	1978	第八届全运会预赛	1997.10	上　海
总成绩	272.5	谢常宝	1978	第八届全运会预赛	1997.10	上　海
62 公斤级抓举	130	刘阳光	1985	第五届城运会预赛	2003.9	南　宁

续表

项目	成绩(公斤)	创造者	出生年	运动会名称	日期	地点
挺举	160	刘阳光	1985	全国锦标赛	2004.4	永 州
总成绩	290	刘阳光	1985	全国锦标赛	2004.4	永 州
69 公斤级抓举	132.5	刘阳光	1985	全国青年锦标赛	2004.7	荆 门
挺举	167.5	刘阳光	1985	全国青年锦标赛	2004.7	荆 门
总成绩	300	刘阳光	1985	全国青年锦标赛	2004.7	荆 门
77 公斤级抓举	140	王 健	1980	全国青年锦标赛	2000.7	宜 春
挺举	180	王 健	1980	全国青年锦标赛	2000.7	宜 春
总成绩	325	严 征	1984	第五届城运会	2003.10	长 沙
85 公斤级抓举	145	白景龙	1989	全国青年锦标赛	2004.7	荆 门
挺举	190	白景龙	1989	全国青年锦标赛	2004.7	荆 门
总成绩	335	白景龙	1989	全国青年锦标赛	2004.7	荆 门
94 公斤级抓举	162.5	赵 雷	1980	全国冠军赛	1998.10	长 沙
挺举	202.5	赵 雷	1980	全国冠军赛	1998.10	长 沙
总成绩	365	赵 雷	1980	全国冠军赛	1998.10	长 沙
105 公斤级抓举	155	孔 涛	1985	全国青年锦标赛	2004.7	荆 门
挺举	192.5	孔 涛	1985	全国青年锦标赛	2004.7	荆 门
总成绩	347.5	孔 涛	1985	全国青年锦标赛	2004.7	荆 门
105+公斤级抓举	180	艾雨南	1991	第十一届全运会决赛	2009.10	济 南
挺举	216	艾雨南	1991	第十一届全运会决赛	2009.10	济 南
总成绩	396	艾雨南	1991	第十一届全运会决赛	2009.10	济 南

男子少年甲组:(16—17 岁)

项目	成绩(公斤)	创造者	出生年	运动会名称	日期	地点
52 公斤级抓举	97.5	余 森	1984	全国男子青年锦标赛	2000.6	宜 春
挺举	122.5	余 森	1984	全国男子青年锦标赛	2000.6	宜 春
总成绩	220	余 森	1984	全国男子青年锦标赛	2000.6	宜 春
56 公斤级抓举	100	雷小龙	1990	北京市第十二届运动会	2006.7	北 京
挺举	120	刘国龙	1989	北京市第十二届运动会	2006.7	北 京
总成绩	220	雷小龙	1990	北京市第十二届运动会	2006.7	北 京
62 公斤级抓举	120	雷海涛	1989	北京市第十二届运动会	2006.7	北 京
挺举	157	雷海涛	1989	北京市第十二届运动会	2006.7	北 京
总成绩	277	雷海涛	1989	北京市第十二届运动会	2006.7	北 京
69 公斤级抓举	125	尹 亮	1982	全国少年锦标赛	1999.7	宜 春
挺举	155	增加军	1990	北京市第十二届运动会	2006.7	北 京
总成绩	275	增加军	1990	北京市第十二届运动会	2006.7	北 京
77 公斤级抓举	124	李金水	1989	北京市第十二届运动会	2006.7	北 京

续表

项目	成绩(公斤)	创造者	出生年	运动会名称	日期	地点
挺举	160	雷晓明	1989	北京市第十二届运动会	2006.7	北　京
总成绩	283	雷晓明	1989	北京市第十二届运动会	2006.7	北　京
85 公斤级抓举	125.5	郑　超	1986	北京市青少年锦标赛	2003.8	北　京
挺举	165	申　涛	1986	北京市第十一届运动会	2002.8	北　京
总成绩	290	申　涛	1986	北京市第十一届运动会	2002.8	北　京
94 公斤级抓举	145	雷士军	1989	北京市第十二届运动会	2006.7	北　京
挺举	180	雷士军	1989	北京市第十二届运动会	2006.7	北　京
总成绩	325	雷士军	1989	北京市第十二届运动会	2006.7	北　京
94+公斤级抓举	143	宋鹏鹤	1989	北京市第十二届运动会	2006.7	北　京
挺举	171	宋鹏鹤	1989	北京市第十二届运动会	2006.7	北　京
总成绩	314	宋鹏鹤	1989	北京市第十二届运动会	2006.7	北　京

男子少年乙组:(15 岁以下)

项目	成绩(公斤)	创造者	出生年	运动会名称	日期	地点
48 公斤级抓举	75	张　伟	1991	2005 全国男子少年举重分龄赛	2002.8	江　西
挺举	92.5	刘　顺	1987	北京市第十一届运动会	2002.8	北　京
总成绩	165	张　伟	1991	全国男子少年举重分龄赛	2005.7	江　西
52 公斤级抓举	91	郝　爽	1991	北京市第十二届运动会	2006.7	北　京
挺举	104	郝　爽	1991	北京市第十二届运动会	2006.7	北　京
总成绩	195	郝　爽	1991	北京市第十二届运动会	2006.7	北　京
56 公斤级抓举	97.5	郭宝春	1987	北京市第十一届运动会	2002.8	北　京
挺举	117	黄　军	1991	北京市第十二届运动会	2006.7	北　京
总成绩	213	黄　军	1991	北京市第十二届运动会	2006.7	北　京
62 公斤级抓举	100	李　铮	1987	北京市第十一届运动会	2002.8	北　京
挺举	125	于振刚	1987	北京市第十一届运动会	2002.8	北　京
总成绩	216	杨威振	1991	北京市第十二届运动会	2006.7	北　京
69 公斤级抓举	107.5	张　聪	1988	北京市第十一届运动会	2002.8	北　京
挺举	130	田海龙	1987	北京市第十一届运动会	2002.8	北　京
总成绩	235	田海龙	1987	北京市第十一届运动会	2002.8	北　京
77 公斤级抓举	120.5	刘　杨	1987	北京市第十一届运动会	2002.8	北　京
挺举	150.5	刘　杨	1987	北京市第十一届运动会	2002.8	北　京
总成绩	271	刘　杨	1987	北京市第十一届运动会	2002.8	北　京
85 公斤级抓举	120	陈峥晖	1987	北京市第十一届运动会	2002.8	北　京
挺举	145	贾　博	1988	北京市第十一届运动会	2002.8	北　京
总成绩	265	贾　博	1988	北京市第十一届运动会	2002.8	北　京

续表

项目	成绩(公斤)	创造者	出生年	运动会名称	日期	地点
94 公斤级抓举	125	马 泰	1991	北京市第十二届运动会	2006.7	北 京
挺举	152	马 泰	1991	北京市第十二届运动会	2006.7	北 京
总成绩	277	马 泰	1991	北京市第十二届运动会	2006.7	北 京
94+公斤级抓举	116	刘 旭	1992	北京市第十二届运动会	2006.7	北 京
挺举	155	刘陆阳	1983	北京市第十届运动会	1998.8	北 京
总成绩	270	刘陆阳	1983	北京市第十届运动会	1998.8	北 京

女子成年组：

项目	成绩(公斤)	创造者	运动会名称	日期	地点
48 公斤级抓举	77.5	孙会玲	全国锦标赛	2004.4	永 州
挺举	100	孙会玲	第五届城运会	2003.10	长 沙
总成绩	177.5	孙会玲	全国锦标赛	2004.4	永 州
53 公斤级抓举	85	史三燕	全国冠军赛	2000.10	青 岛
挺举	110	王丽娟	全国锦标赛	2004.4	永 州
总成绩	195	王丽娟	全国锦标赛	2004.4	永 州
58 公斤级抓举	92.5	任赛军	全国冠军赛	1998.4	青 岛
挺举	120	任赛军	全国锦标赛	1998.5	开 封
总成绩	207.5	任赛军	全国冠军赛	1998.4	青 岛
63 公斤级抓举	100	刘书华	全国锦标赛	2002.4	宁 波
挺举	122.5	刘书华	全国锦标赛	2002.4	宁 波
总成绩	222.5	刘书华	全国锦标赛	2002.4	宁 波
69 公斤级抓举	102.5	魏 征	全国锦标赛	2003.4	平顶山
挺举	130	魏 征	全国青年锦标赛	2002.7	南 昌
总成绩	227.5	魏 征	全国青年锦标赛	2002.7	南 昌
75 公斤级抓举	110	曹春艳	全国锦标赛	2000.4	长 沙
挺举	140	曹春艳	全国冠军赛	1999.10	长 沙
总成绩	245	曹春艳	全国锦标赛	2000.4	长 沙
75+公斤级抓举	115	赵 岩	全国冠军赛	2000.10	青 岛
挺举	145	赵 岩	全国冠军赛	2000.10	青 岛
总成绩	260	赵 岩	全国冠军赛	2000.10	青 岛

女子少年组（17岁以下）

项目	成绩(公斤)	创造者	出生年	运动会名称	日期	地点
40公斤级抓举	53	郃雪楠	1992	北京市第十二届运动会	2006.7	北 京
挺举	67.5	孙会玲	1983	北京市第十届运动会	1998.8	北 京
总成绩	117.5	孙会玲	1983	北京市第十届运动会	1998.8	北 京
44公斤级抓举	67.5	刘 蝶	1987	全国少年女子举重锦标赛	2004.7	北 京
挺举	78	何亚运	1992	北京市第十二届运动会	2006.7	北 京
总成绩	141	何亚运	1992	北京市第十二届运动会	2006.7	北 京
48公斤级抓举	85	王丽娟	1987	第五届城运会	2003.10	长 沙
挺举	100	史 莉	1987	第五届城运会	2003.10	长 沙
总成绩	185	史 莉	1987	全国锦标赛	2003.4	平顶山
53公斤级抓举	85	王丽娟	1987	全国锦标赛	2004.4	永 州
挺举	110	王丽娟	1987	全国锦标赛	2004.4	永 州
总成绩	195	王丽娟	1987	全国锦标赛	2004.4	永 州
58公斤级抓举	92.5	徐 琳	1988	全国锦标赛	2004.4	永 州
挺举	120	徐 琳	1988	全国锦标赛	2004.4	永 州
总成绩	212.5	徐 琳	1988	全国锦标赛	2004.4	永 州
63公斤级抓举	85	魏 征	1983	北京市第十届运动会	1998.8	北 京
挺举	110.5	刘书华	1985	北京市第十一届运动会	2002.8	北 京
总成绩	195	魏 征	1983	北京市第十届运动会	1998.8	北 京
69公斤级抓举	90	魏 征	1983	北京市青少年锦标赛	2000.8	北 京
挺举	113	魏 征	1983	北京市青少年锦标赛	2000.8	北 京
总成绩	202.5	魏 征	1983	北京市青少年锦标赛	2000.8	北 京
69+公斤级抓举	87.5	张 茜	1988	北京市第十一届运动会	2002.8	北 京
挺举	112.5	张 茜	1988	北京市第十一届运动会	2002.8	北 京
总成绩	282.5	张 茜	1988	北京市第十一届运动会	2002.8	北 京

射　击

男子成年组

项目	成绩	创造者	运动会名称	日期	地点
小口径自选步枪 3×40 个人	1177 环	刘志伟	全国系列赛(第三站)	2002.9	兰州军区
决赛	1276.5 环	刘志伟	全国系列赛(第三站)	2002.9	兰州军区
团体	3500 环	沈奕杰　刘志伟　张　磊	全国系列赛(第二站)	2005.5	石家庄
小口径自选步枪 40 发卧射个人	399 环	王　艺	全国射击锦标赛	1990.10	福　州
团体	1179 环	徐小广　王　艺　王继文	全国射击达标赛	1992.9	北　京
小口径自选步枪 40 发立射个人	389 环	张　磊	全国系列赛(第二站)	2006.6	四　川
团体	1151 环	刘志伟　张　磊　沈奕杰	全国系列赛(第二站)	2005.5	石家庄
小口径自选步枪 40 发跪射个人	393 环	刘志伟	全国系列赛(第二站)	2003.7	上　海
团体	1168 环	李明杰　张　磊　张　挺	全国系列赛(第二站)	2007.7	青　海
小口径自选步枪 60 发卧射个人	598 环	王　艺	全国射击达标赛	1992.9	北　京
决赛	702.1 环	沈奕杰	全国个人锦标赛	2003.8	昆　明
团体	1785 环	刘志伟　沈奕杰　张爱武	全国系列赛(第二站)	2003.7	上　海
气步枪 60 发个人	599 环	张　磊	全国系列赛(第四站)	2004.10	河　北
决赛	700.9 环	张　磊	全国系列赛(第四站)	2004.10	河　北
团体	1783 环	张　磊　刘志伟　李明杰	全国系列赛(第二站)	2006.6	四　川
小口径自选手枪慢射 60 发个人	571 环	曹　阳	全国射击分项赛	1986.10	西　安
决赛	660.6 环	王　彪	全国系列赛(第二站)	2003.7	安　徽
团体	1683 环	刘京生　林荣海　曹　阳	全国射击分项赛	1986.10	西　安
小口径自选手枪速射 60 发个人	587 环	程　刚	全国射击达标赛	1992.9	北　京
决赛	686.6 环	蒋万超	全国系列赛(第四站)	2004.10	石家庄
团体	1751 环	申剑峰　刘金巍　程　刚	华北区赛	2000.4	石家庄
小口径标准手枪速射 60 发个人	585 环	张国栋	华北区赛	2005.4	八一
决赛 20 发	781.0 环	张国栋	华北区赛	2005.4	八一
团体	1737 环	张国栋　于　峰　蒋万超	华北区赛	2005.4	八一
中心发火手枪 60 发个人	588 环	程　刚	全国射击达标赛	1990.6	石家庄

续表

项目	成绩	创造者	运动会名称	日期	地点
团体	1712 环	冷树彬 张俊义 李列伟	华北区赛	1985.4	天　津
气手枪 60 发个人	588 环	王　彪	全国系列赛(第三站)	2003.8	沈　阳
决赛	689.1 环	王　彪	全国系列赛(第三站)	2003.8	沈　阳
团体	1727 环	王　彪　华　毅 艾跃武	华北区赛	2004.4	石家庄
10 米移动靶标准速 30＋30 个人	588 环	杨　凌	第 48 届射击锦标赛	2002.7	芬　兰
决赛	687.9 环	杨　凌	世界杯赛	1990.6	意大利
团体	1727 环	杨　凌　牛志远 杨新峰	华北区赛	2005.4	北　京
10 米移动靶混合速 40 发个人	391 环	杨　凌	全国系列赛(第二站)	2003.7	北　京
团体	1149 环	牛志远　杨　凌 杜洪楹	全国系列赛(第二站)	2003.7	北　京
飞碟双向 125 靶个人	124 中	高喜光	全国系列赛(第一站)	1999.4	上　海
决赛	146 中	陈　东	世界锦标赛	1995.6	塞浦路斯
团体	355 中	杨海剑　高喜光 王墨然	华北区赛	2006.4	北　京
飞碟多向 125 靶个人	120 中	刘世瑜	亚运会选拔赛	1994.5	成　都
决赛	145 中	刘世瑜	亚运会选拔赛	1994.5	成　都
团体	344 中	盛永鹏　丁　峰 李　洋	全国系列赛(第二站)	2007.6	贵　州
飞碟双多向 150 靶个人	134 中	刘世瑜	全国锦标赛	1994.11	成　都
决赛	175 中	刘世瑜	全国锦标赛	1994.11	成　都
团体	372 中	张振家　常　磊 樊　昊	全国系列赛(第二、三站)	2008.10	烟　台
50 米移动靶标准速 30＋30 个人	588 环	杨　凌	全国射击锦标赛	1992.10	北　京
团体	1744 环	刘云生　张志光 杨　凌	全国射击锦标赛	1992.10	北　京
50 米移动靶混合速 40 发个人	390 环	杨　凌	全国射击锦标赛	1994.4	北　京
团体	1151 环	刘云生 张志光 郑长军	全国射击达标赛	1990.6	石家庄
标准手枪 60 发个人	580 环	冷树彬	第四届全运会	1979.9	北　京
团体	1707 环	刘金巍　申剑峰 孟　龙	华北区赛	1999.4	北京军区

女子成年组

项目	成绩	创造者	运动会名称	日期	地点
小口径标准步枪 3×20 个人	591 环	徐姗姗	世界杯赛	2003.6	韩　国
决赛	683.4 环	李晓云	全国系列赛(第三站)	2000.9	北　京
团体	1744 环	袁　芳　王　蕾 徐姗姗	华北区赛	2004.4	北　京
小口径标准步枪 60 发卧射个人	596 环	王　蕾	全国系列赛(第二站)	2007.6	青　海
团体	1782 环	袁　芳　徐姗姗 王　蕾	全国系列赛(第二站)	2004.5	安　徽
气步枪 60 发个人	399 环	袁　芳	全国团体锦标赛	1998.9	石家庄
决赛	501.0 环	徐姗姗	华北区赛	2006.4	石家庄
团体	1186 环	唐　静　徐姗姗 范欣蕾	华北区赛	2006.4	石家庄
女子运动手枪 30＋30 个人	593 环	陈　颖	世界杯暨奥运热身赛	2004.4	雅　典
决赛	694.9 环	陈　颖	世界杯暨奥运热身赛	2004.4	雅　典
决赛(速射)	694.9 环	陈　颖	世界杯暨奥运热身赛	2004.4	雅　典
决赛 20 发	792.9 环	陈　颖	世界杯赛	2006.5	德　国
团体	1768 环	陈　颖　李怡晗 王文丽	华北区赛	2001.4	八一
气手枪 60 发个人	389 环	陈颖	第九届全运会	2001.11	广　东
决赛	490.9 环	陈　颖	第九届全运会	2001.11	广　东
团体	1136 环	陈　颖　田　野 姜冬梅	全国系列赛(第二站)	2004.5	常　州
飞碟多向 75 靶个人	69 中	李清念	世界杯赛	2006.3	广　东
决赛	89 中	李清念	全国系列赛(第二站)	2005.5	北　京
团体	205 中	赵　丹　陆　洋 李　静	华北区赛	2008.6	八　一
飞碟双向 75 靶个人	72 中	刘　莹	全国系列赛(第二站)	2001.5	西　安
决赛	96 中	刘　莹	全国系列赛(第一站)	2004.4	北　京
团体	207 中	刘　莹　邵伟萍 张　丽	全国系列赛(第二站)	2001.5	西　安
飞碟双多向 120 靶个人	113 中	李清念	全国系列赛(第二站)	2001.5	西　安
决赛	150 中	李清念	全国系列赛(第二站)	2001.5	西　安
团体	310 中	李清念　李　蕊 李　欣	全国系列赛(第二站)	2005.5	北　京
10 米移动靶标准速 20＋20 个人	391 环	张　怡	全国冠军赛	1999.11	上　海
决赛	492.9 环	张　怡	华北区赛	2005.4	北　京
团体	1142 环	贾　烨　张　怡 齐　静	全国系列赛(第二站)	2005.5	山　东

男子青、少年组

项目	成绩	创造者	出生年	运动会名称	日期	地点
小口径自选步枪3×20个人	580环	马新洋	1988	北京市第十二届运动会	2006.8	北　京
团体	1701环	高钰翔 张　挺 孙　勐	87—88	北京市第十二届运动会	2006.8	北　京
小口径自选步枪60发卧射个人	596环	刘志伟	1981	全国第五届城运会	2003.10	长　沙
决赛	697.9环	刘志伟	1981	全国第五届城运会	2003.10	长　沙
团体	1757环	沈奕杰 荣学卫 金士坤	73—74	华北区赛	1992.6	北　京
气步枪60发个人	594环	刘志伟	1981	全国第五届城运会	2003.10	长　沙
决赛	696.0环	刘志伟	1981	全国第五届城运会	2003.10	长　沙
团体	1777环	刘志伟 李明杰　张　磊	73—74	全国第五届城运会	2003.10	长　沙
小口径自选手枪慢射60发个人	563环	王　彪	1979	北京市第十届运动会	1998.8	北　京
决赛	652.1环	倪忱忱	1985	全国第六届城运会决赛	2007.10	武　汉
团体	1638环	王　彪　丁利军 金　劲	79—81	北京市第十届运动会	1998.8	北　京
小口径自选手枪速射60发个人	585环	于　峰	1980	全国第五届城运会	2003.10	长　沙
团体	1720环	李云飞　王　佳 张汉卿	1984	北京市第十一届运动会	2002.5	北　京
小口径标准手枪速射60发个人	567环	李亚东	1990	华北区赛	2008.5	山　西
团体	1656环	刘　旭　孙　雷 王　峥		北京市第十二届运动会	2006.8	北　京
气手枪60发个人	582环	倪忱忱	1985	全国第六届城运会决赛	2007.10	武　汉
决赛	681.6环	倪忱忱	1985	全国第六届城运会决赛	2007.10	武　汉
团体	1714环	倪忱忱　张　新 张　笛	85—87	全国第六届城运会预赛	2007.5	江　苏
10米移动靶标准速30+30个人	576环	杨新峰	1981	全国第五届城运会	2003.10	长　沙
决赛	675.2环	杨新峰	1981	全国青少年比赛	2001.8	成　都
团体	1705环	郑承富　李　晨 杨新峰	81—86	全国第五届城运会	2003.10	长　沙
50米移动靶标准速30+30个人	574环	朱海涛	1974	北京市青少年射击锦标赛	1991.8	北　京
团体	1630环	牛志远　田　亮 李　鹏	73—74	北京市第八届运动会	1990.4	北　京

续表

项目	成绩	创造者	出生年	运动会名称	日期	地点
10 米移动靶混合速 40 发个人	375 环	李　晨	1986	北京市业余体校比赛	2004.5	北　京
团体	1088 环	王　旭　郑承富 常　磊	83－85	北京市第十一届 运动会	2002.8	北　京
男子飞碟多向 125 靶个人	117 中	李　洋	1986	全国第六届城运会预赛	2007.5	江　苏
决赛	137 中	李　洋	1986	全国第六届城运会预赛	2007.5	江　苏
男子飞碟双多向 150 靶个人	121 中	常　磊	1985	全国飞碟青少年赛	2004.9	沈　阳
决赛	161 中	常　磊	1985	全国青少年决赛	2004.9	沈　阳

创纪录：

项目	成绩	创造者	出生年	运动会名称	日期	地点
男子飞碟双向 125 靶个人	110 中	曹桓维	1986	全国第六届城运会预赛	2007.5	江　苏
决赛	126 中	曹桓维	1986	全国青少年决赛	2007.8	河　南

女子青、少年组

项目	成绩	创造者	出生年	运动会名称	日期	地点
小口径标准步枪 3×20 个人	581 环	徐姗姗	1983	第五届城运会预赛	2003.8	陕　西
决赛	676.2 环	郭东冉	1990	全国青少年个人赛	2009.8	无　锡
团体	1687 环	范　雪　顾钰晗 马文婷	87－88	市第十二届运动会	2006.8	北　京
小口径标准步枪 60 发卧射个人	593 环	郑文君	1968	全国射击锦标赛	1989.10	南　昌
团体	1747 环	陈亚坤　袁　芳 杨晓楠	76－78	市二青会	1995.5	北　京
气步枪 40 发个人	396 环	杨笑蕾	1987	市第十二届运动会	2006.8	北　京
决赛	495.8 环	徐姗姗	1983	全国青少年比赛	2001.8	成　都
团体	1170 环	王　蕾 范欣蕾 谭　鹤	85－88	第六届城运会预赛	2007.5	江　苏
小口径手枪慢加速 30＋30 个人	578 环	王　雪	1988	全国青少年比赛	2004.8	山　东
决赛	677.0 环	王　雪	1988	全国青少年比赛	2004.8	山　东
决赛 20 发	767.3 环	王　雪	1988	全国青少年决赛	2005.8	河　南
团体	1708 环	米　彦　杜亚萍 贾梅霞	71－73	全国达标赛	1990.6	石家庄
气手枪 40 发个人	384 环	陈　颖	1977	市二青会	1995.5	北　京
决赛	472.1 环	隋　然	1990	全国青少年个人赛	2009.8	无　锡

续表

项目	成绩	创造者	出生年	运动会名称	日期	地点
团体	1121 环	田 野 姜冬梅 李怡晗	82—84	第五届城运会	2003.10	长 沙
10 米移动靶标准速 20—20 个人	386 环	张 怡	1980	第五届城运会预赛	2003.8	昆 明
决赛	486.1 环	张 怡	1980	第五届城运会预赛	2003.8	昆 明
团体	1082 环	贾 烨 程 佳 张 谧	85—86	市第十一届运动会	2002.5	北 京
10 米移动靶混合速 [illegible] 个人	379 环	李博文	1991	市第十二届运动会	2006.8	北 京
团体	1068 环	蒋梦依 何 青 王 扬	87—89	市第十二届运动会	2006.8	北 京
女子飞碟多向 75 靶个人	62 中	乔 榕	1989	全国青少年决赛	2007.8	河 南
决赛	78 中	乔 榕	1989	全国青少年决赛	2007.8	河 南
女子飞碟双向 75 靶个人	62 中	李 洋	1985	第六届城运会预赛	2007.5	江 苏

射　箭

（室　内）

项目	成绩	创造者	运动会名称	日期	地点
男子 25 米	579 环	张 峥	全国优秀射箭运动员赛	1997.1	武 鸣
18 米	581 环	邢 宇	全国室内锦标赛	2007.6	漯 河
团体					
女子 25 米	576 环	王 英	全国优秀射箭运动员赛	1997.1	武 鸣
18 米	578 环	王 英	全国优秀射箭运动员赛	1997.1	武 鸣
团体					

男子反曲弓

个人纪录					
比赛项目	成绩	创造者	比赛名称	日期	地点
单轮全能	1320 环	李晓峰	亚运会选拔赛	2002.3	武 鸣
单轮 90 米	318 环	高 宇	中朝比赛	1998.5	北 京
单轮 70 米	336 环	李晓峰	全国射箭大奖赛	2002.5	北 京
单轮 50 米	336 环	高 宇	全国射箭达标赛	1996.4	武 鸣
单轮 30 米	355 环	高 宇	全国射箭达标赛预赛	2001.6	莱 芜

续表

项目	成绩	创造者	运动会名称	日期	地点
排名轮 72 支箭	662 环	邢　宇	第六届城运会决赛	2007.10	武　汉
淘汰赛 18 支箭	172 环	李晓峰	亚运会选拔赛	2002.3	武　鸣
决赛 12 支箭	117 环	李晓峰	亚运会选拔赛	2002.3	武　鸣
决赛总成绩 36 支箭	343 环	邢　宇	第六届城运会决赛	2007.10	武　汉
团体纪录					
比赛项目	成绩	创造者	比赛名称	日期	地点
单轮	3997 环	邢　宇 陈文圆(江苏) 薛海峰(新疆)	第 45 届世界锦标赛	2009.9	韩　国
排名轮	1959 环	邢　宇　王　震 果　磊	第六届城运会决赛	2007.10	武　汉
决赛 3×9 支箭	246 环	高　宇　张　峥 范建松	全国冠军赛	2000.4	武　鸣
决赛总成绩	487 环	张　峥　李晓峰 范建松　刘肇雍	全国冠军赛	2003.4	乐　山

女子反曲弓

个人纪录					
比赛项目	成绩	创造者	比赛名称	日期	地点
单轮全能	1352 环	赵　玲	2006 年亚运会选拔赛	2006.9	北　京
单轮 70 米	331 环	赵　玲	全国冠军赛	2005.4	武　鸣
单轮 60 米	338 环	张晓颖	全国冠军赛	1996.4	武　鸣
单轮 50 米	333 环	叶　飞	奥运会选拔赛	2003.3	成　都
单轮 30 米	356 环	张晓颖	全国冠军赛	1996.4	武　鸣
排名轮 72 支箭	668 环	叶　飞	奥运会选拔赛	2004.3	武　鸣
淘汰赛 18 支箭	172 环	王　英	全国锦标赛	1996.10	广　汉
决赛 12 支箭	111 环	张丽莉	亚运会选拔赛	2002.3	武　鸣
决赛总成绩 36 支箭	329 环	张丽莉	亚运会选拔赛	2002.3	武　鸣
团体纪录					
单轮团体	3977 环	叶　飞　赵　玲 钟　华　李晓牧	全国射箭冠军赛	2007.4	四　川

续表

团体纪录					
比赛项目	成绩	创造者	比赛名称	日期	地点
排名轮团体	1939 环	叶　飞　赵　玲 钟　华	第十届全国 运动会决赛	2005.10	南　京
团体决赛 3×9 支箭	247 环	叶　飞　赵　玲 钟　华　张丽莉	全国锦标赛	2004.11	武　鸣
淘赛决赛 24 支箭	2[illegible]2 环	李晓牧　赵宏倩 张菁萌	全国射箭冠军赛	2007.4	四　川
淘汰赛总成绩 2×24 支箭	410 环	李晓牧　赵宏倩 张菁萌	全国射箭冠军赛	2007.4	四　川

女子反曲弓（创造成绩）

个人成绩					
比赛项目	成绩	创造者	比赛名称	日期	地点
70 米个人淘汰赛	115 环	赵　玲	第 29 届奥运会 选拔赛	2008.4	广　州

赛车场自行车

成年组：

项目	成绩	创造者	运动会名称	日期	地点
男子：					
200 米(行进出发)	10″406	张　强	2009 年场地锦标赛	2009.6	北京老山
1 公里计时赛	1′04″539	唐道然	2009 年场地锦标赛	2009.6	北京老山
(原地出发)	1′06″892	龚玉岩	第八届全运会	1997.10	上　海
4 公里计时个人追逐赛	(电)4′40″606 (手)4′40″270	郑小海	全国场地冠军赛 第二站	2007.7	北　京
4 公里计时团体追逐赛	4′27″917	郑小海　常帅军 朱慧阔　尹　龙	全国场地冠军赛 第二站	2007.7	北　京
奥林匹克团体竞速赛 (750 米)	46″276	张　强　唐道然 杨飞龙	第十一届全国运动会	2009.10	济　南

女子：

项目	成绩	创造者	运动会名称	日期	地点
200 米(行进出发)	11″195	田　芳	2005 场地世界杯 (第一站)	2004.11	莫斯科
500 米计时赛原地出发	34″00	江永华	昆明世界杯	2002.8	昆　明

续表

项目	成绩	创造者	运动会名称	日期	地点
1公里计时赛	1′15″108	邵 平	第七届全运会	1993.9	北 京
3公里计时个人追逐赛	(电)3′39″131 (手)3′41″600	孙飞燕	第十一届全运会决赛	2009.10	济 南
3公里计时团体追逐赛	(电)3′31″906 (手)3′31″430	孙飞燕 王 翠 陈 跃	全国场地冠军赛第二站	2008.10	北 京

青年组：

项目	成绩	创造者	出生年	运动会名称	日期	地点
男子：						
200米(行进出发)	11″32	李佳宏	1970	中苏赛车场自行车赛	1998.8	太 原
1公里计时赛	1′11″12	张长山	1963	第八届世界青年锦标赛	1980.10	墨西哥
(原地出发)	1′8″86	张长山	1963	第八届世界青年锦标赛	1980.10	墨西哥
3公里计时个人追逐赛	3′53″20	张宏坤	1977	全国赛车场青年锦标赛	1995.7	北 京
4公里计时团体追逐赛	5′07″14	张宏坤 刘 泊 刘玉龙 李 航		全国青年锦标赛	1995.7	北 京
女子：						
200米(行进出发)	12″755	江 波	1989	全国赛车场青年锦标赛	2006.8	秦皇岛
1公里计时赛	1′21″30	刘晓芳	1974	全国赛车场青年锦标赛	1994.6	郑 州
3公里计时个人追逐赛	4′16″26	惠鹏飞	1987	全国赛车场青年锦标赛	2004.6	北 京

创造成绩：

项目	成绩	创造者	出生年	运动会名称	日期	地点
女子：						
2公里计时个人追逐赛	(电)2′46″565 (手)2′46″415	黄 翔	1990	全国场地锦标赛	2008.10	洛 阳

飞机跳伞

项目	成绩	创造者	运动会名称	日期	地点
男子1000米个人定点(人工靶)	16次连续0.00米	高 英	京鲁黑三省市对抗赛	1982.7	哈尔滨
男子1000米个人定点(2公分电子靶)	4次踩点第五次0.02米	王建明	第十二届亚洲跳伞锦标赛	2008.10	阿联酋

续表

项目	成绩	创造者	运动会名称	日期	地点
男子2000米个人特技	6.07秒	何继怀	全国跳伞锦标赛	1992.10	郑　州
男子1000米四人集体定点(人工靶五次)	平均0.78米	高英、金军 于春、张荷生	全国跳伞锦标赛	1980.6	济　南
男子1000米四人集体定点(电子靶总成绩)	1次踩点第2次0.07米	何继怀、王建明 于咏、商好学	全国跳伞锦标赛	2001.9	安　阳
女子1000米个人定点(人工靶十次)	平均0.03米	李荣荣	第四届全运会	1979.9	北　京
女子1000米个人定点(2公分电子靶)	3次踩点第四次0.01米	张韵菲	第十二届亚洲跳伞锦标赛	2008.10	阿联酋
女子1000米个人定点(电子靶总成绩)	11次踩点第12次0.01米	盛　军	第22届世界跳伞锦标赛	1994.6	成　都
女子2000米个人特技	6.48秒	曹　彦	第三届全国体育大会	2006.5	安　阳
女子1000米集体定点(电子靶总成绩)	8次0.42米	盛军 巍宁 曹彦 张扬 潘蕊	全国跳伞锦标赛	2000.9	安　阳

区县体育

东 城 区

2009年，东城区体育局在区委、区政府的领导下，在市体育局的指导下，在全区各单位、部门的关心、支持配合下，认真完成了区政府交办的折子工程、国庆60周年庆典服务保障工作。根据全年工作计划和岗位目标责任制中的工作内容，扎实开展群众体育、学校体育、青少年业余训练、体育市场管理、公共体育设施建设和对外开放等方面工作，并较好地实现了工作目标。

一、较好地完成了区政府折子工程

2009年，体育局共承担两项区政府折子工程：

（一）组织和完成第七届全民健身体育节，办好传统品牌群众体育活动（折子工程第89项）。6月23日，东城区“第七届全民健身体育节”开幕式在地坛体育中心举行。体育节期间，体育局组队参加了10余项市级群体活动；组织了东城区第三届“和谐杯”乒乓球赛等10余项区级体育比赛活动；各体协举办了形式多样、特色突出的群体活动；有近18万人次参加了体育节的传统品牌群众体育活动。

（二）创建3个体育生活化社区，深化社区体育生活化工作（折子工程第90项）。2009年，景山街道钟鼓社区、和平里街道小黄庄社区、东华门街道台基厂社区完成了体育生活化社区“创建准备阶段”的各项工作任务，正进入体育生活化社区的“创建阶段”工作。2010年上述三个社区将进入“创建发展阶段”。

二、高质量完成国庆庆典相关工作任务

在国庆60周年庆典活动的筹备与进行中，东城区体育局近90人承担了国庆标兵和地坛公园、中山公园的游园互动及区国庆指挥部交办的其他各项工作任务；东单体育中心、地坛体育中心、地坛体育馆三大体育场馆为国庆活

动彩排、群众和防暴队集结、武警部队“处突备勤”提供了场地后勤保障,圆满完成了任务。

三、扎实有效开展各项业务工作

(一)群众体育工作全面有序开展。为进一步推动体育生活化工作的广泛深入开展,东城区体育局举办了纪念北京市“体育生活化”示范社区推广三周年健身项目展示及论坛等活动。根据北京市健身人群呈现“两头大,中间弱,在职人员健身呈弱势”的现状,上半年在全市率先启动了东城区“在职健康锻炼活动”。推出了一批健身专家、一批健身教练、一套健身方法。

为大力推进“四进社区”工作,全年体育局培训社会体育指导员410人;为115个社区配备了“社区健身项目推广器材”;组队参加了北京市“千台万人”乒乓球展示活动、万人太极拳创吉尼斯纪录表演等活动。为近15000人进行了国民体质测试。全年全区14[illegible]个全民健身工程及308个晨晚练辅导站共接待群众健身近700余万人次。

协助区教委积极开展学校体育工作,按照国务院《关于加强青少年体育增强青少年体质的意见》,全区100%中小学校落实了每天锻炼一小时的制度。

(二)青少年业余训练工作扎实开展。2009年是备战2010年北京市第十三届青少年运动会的关键年,届时全区将有近400名青少年运动员参加15个项目的比赛。与区教委合作,进一步加强体教结合,并依托体育传统校共建高水平运动队,加强了对18个青少年体育俱乐部的管理。

北京代表团在第十一届全运会上共获得30枚金牌，其中区培养输送的运动员获得14枚金牌，占北京代表团获得金牌总数的46.7%。

(三)体育法制工作规范化开展。体育局依法加强对东城区区体育经营市场的安全监管，增强体育行政执法工作的规范化和透明度。在庆祝建国60周年期间，参加了“国庆护航行动”，多次对重点体育经营单位进行安全执法检查，确保了国庆60周年大庆期间全区体育经营市场的安全稳定，未发生游泳场馆溺亡事故。完成了第二次全国经济普查东城区体育行业单位调查统计工作。

(四)体育设施向健身群众提供优质服务。地坛体育馆、地坛体育中心、东单体育中心周密细致维护场馆设施，调整健身服务项目，加强窗口人员培训，向健身群众提供舒心、放心、顺心的健身服务；三大体育场馆年接待健身群众近120万人次。东单体育中心升级改造工程已完成前期论证等工作；国家奥林匹克体育后备人才基地综合训练馆建设工程将于年底竣工。

与区教委配合，进一步做好中、小学校体育设施向社会开放的试点工作，全区已有48所学校的体育设施向社会开放（其中含10所试点校），方便了学校周边社区居民的健身活动。

2009年体育局领导班子

局长、党委副书记：曲　力（女）
党委书记：刘海军（2009年10月任正处职、副局级待遇）
委副书记、局工会主席：于俊峰
党委副书记、纪委书记：徐锁华
副局长：迟进东
副局长：张庆春（2009年3月任）
副调研员：王卫民
副调研员：初福欣
副调研员：史志刚

西 城 区

2009年，深入学习实践科学发展观，以增强人民体质为根本任务，以推动全民健身工作，培养体育后备人才，加强体育市场监管为工作重点，转变观念，创新思路，突出重点，抓好落实，推动全区体育工作健康发展。

社 会 体 育

贯彻、落实《体育法》、《全民健身计划纲要》、《全民健身条例》，举办第二届全民健身体育节。6月21日至8月8日，全区共组织区一级的体育健身活动和竞赛活动9项次，街道社区和基层单位组织活动46项次，近10余万群众参与其中；西城区第三届“和谐杯”乒乓球比赛历时两个月，7个街道、148个社区、20余个系统单位的64000人报名参赛，89000余人参与（市民参与率达12.7%）；75人代表西城区参加北京市首届龙舟大赛；2050名太极拳爱好者参加北京万人太极拳破吉尼斯记录表演；400名乒乓球爱好者参加北京市万人千台乒乓球展示活动；在街道社区的晨晚练站点组织、推广打腰鼓活动；启动街道社区家庭系列项目和胡同系列运动会；配合国庆60周年开展“四进社区”活动成果宣传展示工作，上报文字3000多字、图片资料100余张。全年，体育局投入资金60余万元支持驻区部队和全区基层单位开展健身活动；投入资金20万元制作西城区科学健身推介系列片并在社区影院上映，2000余张系列片光盘及体育文化衫免费对群众发放。

西城区现累计社会体育指导员2802人，其中三级2179人，二级623人，他们在各个健身场所采取各种方式组织和带动群众开展健身活动，普及科学健身知识。年内，西城区加强对社会体育指导员的培训和管理，继续举办二、三级社会体育指导员培训，243人取得资格认证。随着社会人群对健身的渴望，群众体育骨干队伍逐渐壮大，呈可持续发展状态。

学校体育

西城区现有80所中小学，按照《学生体质健康标准》，在学生中间坚持开展每天锻炼一小时体育活动。全年，参加市、区中小学生游泳、排球、篮球、跳绳、踢毽等比赛十余项次，参与学生人数超过万人；西城区举办了中小学生春、秋季田径运动会，全区80所中小学的2000多名运动员参加。等级运动员审批工作按计划进行，148人达到国家二级运动员标准。

全区目前有国家级体育传统项目学校2所，市级体育传统项目学校19所，区级体育传统项目学校15所。开设项目有足球、篮球、排球、田径、游泳、乒乓球、棒球、垒球等。区级体育传统项目学校代表队学生600余人，代表队教练员60余人，拥有体育场地20多个，全年输送体育后备人才24人。区体育局和区教委联合举办的传统校项目比赛，直接参与学生人数达5000余人次，为后备人才的培养打下了良好的基础。全区青少年体育俱乐部共有19个，其中14所依托于学校。19个青少年体育俱乐部场馆总面积超过20万平方米，开设培训、体育活动、文化、科技项目超过28个。俱乐部团体会员140余个，个人会员近万人，共组织培训班260余次，举办各类活动超过100次，冬、夏令营活动20余期。

体育社团

西城区体育总会注册体育单项专业委员会20个，依托社会力量开展各项体育活动。全年体育总会承办市级比赛2次，举办区级比赛2次；门球、乒乓球、棋类、跆拳道、信鸽等体育专业委员会举办竞赛活动25项次。组织网球选手参加北京市全民健身社区网球比赛，获得优秀组织奖。健身操舞专业委员会参加全国万人大众健美操总决赛”、全国万人健美操大赛北京分赛区比赛，分别获得了一等奖、二等奖。按规定实施裁判员管理制度，游泳、羽毛球等专委会分别举办二、三级裁判员培训班3项次，近百人参加。足球、乒乓球等专委会定期举办裁判员学习，全年共注册二级裁判员50人，三级裁判员47人。

体育法制

围绕“平安北京”建设，通过开展“两会”期间的“雷霆行动”，保证在重点时段、重点区域的安全生产。全年开展安全生产宣传教育、安全生产执法、安全生产治理“三项行动”。共检查体育经营单位387家，同比去年增加了62%；填写执法检查记录392份，出动执法人员2650人次，同比去年增加了73%；下达责令整改通知5份，复查意见书5份，整改隐患47条。通过执法检查，履行体育行业监管职责，保证了辖区体育经营单位的安全生产,全年组织生产安全事故防范应急演练2次，火灾防范事故应急演练1次,组织公共安全知识宣传活动10次，发放宣传材料10835份，参与培训人员达到6000人次（应急管理培训3400人次，应对法培训2600人次）；全区体育经营单位均制定了应急预案，并在区体育局备案。推动《楼宇内生产经营单位安全生产规范》的实施，对楼宇内体育经营单位进行调查摸底，建立基础信息台帐系统，并向各单位发放宣传海报、手册、规范文本等宣传材料500余份。国庆期间通过开展“护航行动”，对国庆庆典周边200米范围内的体育项目经营单位进行全天候、不间断的执法检查，对辖区内重点体育经营单位实施“回头看”，重点检查安全生产措施、制度的整改落实情况，并启用启动安全生产“零报告”制度。为规范空中无线电波秩序,保障建国60周年阅兵、群众游行和联欢晚会等庆祝活动的顺利举办，对辖区体育经营单位使用所有非组网无线电对讲机情况进行全面清查和登记，并建立无线电台监管工作网络。做好第二次全国经济普查和国家体育总局开展的体育及相关产业专项调查工作，对全区体育经营单位分阶段进行了体育产业调查统计。

全区共有游泳场馆38家，其中学校12家，独立经营14家，宾馆附属12家。全年实现了溺水死亡0指标。全年组织辖区内游泳场馆进行6次安全生产培训。针对夏季游泳高峰期，区体育局成立专项检查组对辖区内所有的游泳场馆进行了全面检查，从安全生产管理情况、落实安全生产措施情况、安全管理和卫生管理四个方面共27小项进行检查，对发现安全隐患的单位及时整改，并完善辖区游泳场馆名录库。组织辖区内救生员到北京市救生协会置换体育行业特有工种游泳救生员国家职业资格认证，并对各游泳馆内救生员的资质认证情况进行了全面摸底检查。

业余训练

西城区体育运动学校现有教练43名，在训学生721名。2009年西城区体育运动学校再次被国家体育总局评为“国家高水平体育后备人才基地”。业余训练围绕备战市运会，重点抓好落实工作：教务人员、科研人员深入到各项目队进行检查指导；加强对所有项目的看课观摩活动并进行通报；设立击剑、棒球等新的市运会参赛项目。完成2009—2010年度北京市青少年注册工作，总注册人数为1289人，其中新注册人数为406人。统计各区奥亚全城比赛成绩，确立学校输送、大赛排名地位，为参加市运会做好准备。参加北京市各项锦标赛取得59个第一、38个第二、44个第三的成绩。

体育设施

落实《全民健身计划纲要》，向老年人、残疾人、青少年等群体实施优惠政策，为全区开展全民健身体育活动提供服务。年内，月坛体育馆承接了区政府主办的“友城手拉手，浓浓民族情”大型晚会、“第六届系东流空手道世界锦标赛”、“2009欧洲-亚洲全明星乒乓球对抗赛（亚洲站）”、“首都科技界庆祝新中国成立六十周年大型红歌演唱会”等多场有国际、政治性意义的大型文体活动。全年共开放2448场，接待约48000人次。提供公益性免费练习场地275场，参加练习人数2210人次。举办大型比赛、活动10场，中小型活动17场，共计参加人数约21000人次。月坛综合训练馆全年共接待体校训练1964场次，达86500人次；对社会开放12838场次，达94642人次，其中大型活动98场次，24652人次。举办公益性活动481场次，达32867人次。月坛体育场全年足、篮球开放人数达227502人次，业余训练人数达112900人次，参加运动会人数达66000人次。

西城区共有全民健身工程219处、全民健身器材3000余件，199个全民健身晨晚练站点分布在7个街道、148个社区。2009年，体育局投资20余万元在北滨河公园组织乒乓球、健身舞等活动，进行健身工程软地面改造和健身器材更新；按照西城区为群众办实事第25项任务要求，对月坛、什刹海、德胜3个街道区域内和人定湖公园已建成的部分健身工程实施软地面改造，改善居民健身环境。

西城区现有中小学80所，体育场地占地面积60余万平方米，约占西城区体育场地总量的80%。区体育局和区教委配合，推进学校场地对社会开放工作。2009年，西城区16个学校体育俱乐部和9所学校体育场地利用业余时间对社会开放，开展形式各异的群众性体育活动。条件相对差的学校，在条件允许的情况下，对本校学生和街道社区免费开放。

体育科研

开展体校科学训练服务工作，在体校13个项目中全面推进体能测试。组织实施2009年度训练中心运动员体能测试425人；组织教练、科研、教务等开展继续教育，参加了《新兴力量训练方法与应用专家论坛》、《练习瑞士球对少年柔道运动员平衡能力的影响》等培训；开展国民体质测试工作，共完成26个驻区单位1096人的国民体质测试任务。完成2009年北京市行业国民体质监测工作，体质测试评价结果为优秀16.4%，良好26.1%，及格46.2%，不及格11.3%，合格率为88.7%。完成了《特大城市中心城区公务员体质调研与健康促进》、《西城区参加体育锻炼中学生的膳食营养研究》、《西城区科学健身指导站示范服务模式的研究》等课题结题工作；与体育局群体科合作申请《西城区体育生活化社区建设及个性化指导技术应用》课题，继续推进“科学健身个性化指导技术支撑研究”系列项目工作；完成《西城区居民体育健康科普系列手册》即《运动与健康》和《营养与健康》的编辑、印刷工作，在各种社会宣传活动中免费发放2000余册。建立“西城区科学健身指导网络”，西城区7个街道共建立9个“科学健身指导站”。开展“健康科普大讲堂”系列活动，发挥体育科普工作的促进作用。

体育交流

2009年，南非Grey中学乒乓

球访华团到西城区青少年业余体校进行友好交流、集训活动，20名西城区柔力球代表团和30名西城区太极拳选手出访日本进行友好交流活动。为体育局5名同志办理了出访手续。

2009年体育局领导班子

局　　长：骆　京
副 局 长：白　钢
副 局 长：梁一平
纪检组长：王春立
工会主席：孙春华

崇文区

2009年，在区委、区政府的正确领导下，在市体育局的指导下，紧紧围绕“保增长、保民生、保稳定、促发展”的工作中心，认真开展学习实践科学发展观活动，是圆满完成国庆游园各项任务，赢得广泛赞誉的一年；是竞技体育收获丰硕成果，不断制造惊喜的一年；是群众体育深入蓬勃开展，为市、区争得荣誉的一年；是区属体育设施继续改造升级、场馆面貌得到较大改善的一年。

群众体育

一是举办全民健身体育节，进一步激发群众的健身热情。根据市体育局的统一部署，第七届全民健身体育节于6月21日正式启动。体育节期间，开展了以第三届“和谐杯”乒乓球比赛为代表的一系列精品活动，进一步激发了居民科学健身、共创和谐社会的健身热情。全年共举办、协办区级以上体育活动8项次，基层体育活动189次，参加活动人数达22万余人次。全民健身节期间，区体育局获第三届“和谐杯”乒乓球比赛优秀组织奖、市健身腰鼓大赛优秀组织奖、北京市健身路径大赛优秀组织奖。

二是积极推进体育进社区，以硬件带软件推动社区体育发展。根据市体育局有关体育生活化社区创建工作的要求，2009年新推荐4个社区申报创建体育生活化社区，同时对已有的4个体育生活化社区、1个体育健身俱乐部进行了调查摸底，为下一步完善创建工作奠定了良好的基础。积极推广社区健身项目，年内组织区级培训2次，参与群众200余人次；各街道及相关单位组织培训18次，参与群众600余人次，取得了良好的社会效益。

三是加强管理，以点带面完善全民健身公共服务体系。进一步规范对社会体育指导员的考核、注册、登记、审批制度，全年共培训社会体育指导员286名，其中国家级6人、一级5人、二级81人、三级194人，截至2009年底全区共有社会体育指导员2374名。继续做好国民体质监测工作，全年共测试各类人群

4192人，接近全区总人口的1.5%。年内,完成了全区126套居家工程、4套标准工程的登记建档工作,为下一步工作奠定了基础。更新了2003年安装的41套健身工程。完善健身工程定期巡视制度，全区全民健身工程器材完好率达99%。

四是群众竞赛屡创佳绩。8月，区龙潭湖健身气功辅导站代表北京市参加了全国首届老年人体育健身交流大会健身气功项目的比赛，所参加的两个集体项目和四个个人项目均获得金奖，成为唯一一支获得集体和个人全部金奖的参赛队，崇文区荣获了优秀组织奖。该辅导站还代表北京市参加了第三届全国健身气功交流比赛，作为本届比赛唯一一支来自于同一个基层站点、平均年龄最大（54岁）的参赛队伍，获得了“八段锦”团体第三名、“五禽戏”团体第五名,创造了北京市代表队参加全国健身气功比赛的最佳成绩。2009年区体育局被国家体育总局评为“全国推广健身气功先进单位”。

竞技体育

一是全运会金牌、奖牌总数创历史记录，展示了竞技体育实力和水平。崇文区培养、输送的陈颖、曹缘、张宇、王超、刘京、王帅6名运动员在第十一届全国运动会上表现出色，为北京代表团在射击、跳台跳水、游泳项目上获得了4枚金牌、4枚银牌、2枚铜牌，占北京市代表团所获金牌的19%，在全市18个区县中排名第三，为此，崇文区获得输送优秀竞技体育后备人才突出贡献奖，青少年体校被评为国家高水平后备体育人才基地。

二是调整传统校布局，提高体育教师指导业余训练的水平。根据学校自身硬件条件和学生的需求，结合区竞技体育优势项目拟增加体育传统学校数量和项目；推荐现有12所体育传统项目学校的19名教师参加北京市体育传统项目学校体育师资培训班，提高学校体育教师指导业余训练的水平。

三是加强沟通，争取学校对业训工作的支持。定期召开业余训练工作会，加强与学校领导的沟通，争取学校对业余训练的支持。积极申报青少年体育俱乐部，3月，一师附小、体育馆路小学和115中学被国家体育总局命名为国家级青少年体育俱乐部。

四是承办市级赛事，以赛促练锻炼队伍。7月，北京市青少年锦标赛游泳比赛在汇文中学游泳馆举行，承办高规格比赛，起到了“练兵”作用，对于运动员、裁判员阶梯型培养具有深远的意义。

体育执法更加规范

一是日常检查与集中检查相结合，彻底消灭执法死角。在总结多年执法经验的基础上，建立了日常检查与集中检查相结合的执法模式，同时增加了重点时间段抽查、夜查。新的执法模式增大了执法密度，做到执法检查全覆盖，进一步规范了全区体育经营单位安全生产工作。年内，对全区 43 家体育经营性单位开展执法检查 100 余次，做出行政处罚决定 5 起。国庆期间，各体育经营单位安全措施落实到位，秩序良好，未发生安全事故。

二是根据项目特点分类管理，执法检查更具针对性。执法中，根据项目特点确定隐患重点，使执法检查更具针对性，起到事半功倍的作用。

体育市场培育初见成效

一是继续做好区属体育场馆改造工作。完成了崇文体育中心大门及中心内通道、停车位、部分市政绿化等改造工程；完成了综合训练馆改造一期工程。在区教委的大力支持下，体育运动学校硬件得到了根本性改变，新建了计算机多媒体教室，物理、化学、生物实验室，为提高教学水平创造了条件。

二是广开思路，积极探索，市场培育初见成效。继续完善场馆带项目、协会负责等管理模式，实践证明这些机制符合实际，达到了人才资源、场地资源的优化组合，能够调动干部、职工的积极性与创造性。通过近一年的尝试，各场馆运营水平与效益进一步提高，全年各场馆接待锻炼群众 10 万余人次，实现了社会效益与经济效益的双丰收。

着力打造体育产业新亮点

一是继续推进龙潭湖体育产业园的规划建设。围绕天坛文化圈发展战略，立足于经济、社会发展和体育事业可持续发展的需要，结合“十一五”规划中期评估和中长期发展规划编制，对园区整体控规方案进行了动态维护。加大争取国家级、市级园区政策的工作力度，提出了可行性和可操作性的政策需求。进一步加大园区基础设施、生态环境建设力度，提升基地硬件设施条件。

二是“崇文区体育文化中心”项目论证进一步深化。为深入研讨项目建设的具体方案，区体育局聘请8位专家，由区体育局主要领导亲自带队开展调研论证工作，理清了项目定位和发展思路，待区领导审定后组织实施。

三是深入研究电子竞技项目发展模式。在龙潭庙会上举办的“STG贺岁杯电子竞技大赛”，吸引了国内外192位选手参与，近5万名游园群众参观、参与了各项体验活动。

2009年体育局领导班子

党组书记：王贵忠
局　　长：赵建忠
副 局 长：虞　莉
副 局 长：马　力
副 局 长：肇毅凯（2008年10月任）
副调研员：解　军
副调研员：刘　康（2009年3月部队转业）

宣 武 区

群众体育

一是全民健身组织建设不断加强，逐步形成了条块结合、纵横有序的体育组织网络体系。区体育总会下属各单项体育协会和行业体育协会25个，其中的区街道体协又下设社区居委会体育小组、晨晚练辅导站，共同形成了覆盖全区的体育组织网络体系。目前，全区在市体育局正式挂牌的晨晚练点达224个，长年坚持活动的健身团队200余个。

二是积极开展体育生活化社区、体育先进社区、社区体育健身俱乐部创建工作。目前，全区共有12个社区被命名为北京市体育生活化社区；6个街道被评为全国体育城市先进社区；24个社区被评为北京市体育先进社区；1个体育健身俱乐部被评为国家级社区体育健身俱乐部。

三是广泛开展全民健身活动。根据全市体育工作总体要求，继承奥运财富，巩固奥运成果，进一步掀起群众体育活动的高潮，全区共举办40多项具有区域特色、行业特色和民族民俗特色的群众性系列体育健身活动，参与人数达30万人次，覆盖了全区各个层面和各个行业。

学校体育

按计划圆满地完成了区中小学生篮球、乒乓球、足球、游泳、跳绳等项比赛活动，与区教委配合完成了区中小学田径运动会的组织工作；全年参加区级各项竞赛活动的有140余支队伍的近4600多名运动员；区里50余所中小学校根据各自特点开展了各种形式多样的小型竞赛活动，全年各学校组织举办了体育节、校运会、篮球、足球、乒乓球、长跑、拔河、踢毽、跳绳、投篮、趣味性运动会等，参加活动人数近8万人次。全区有13个运动项目的54名运动员达到了等级标准，其中一级3人、二级51人。

竞技体育

围绕备战第十三届北京市运动会这一竞技体育工作中心，打造以“科学组织、整合资源、强化训练、落实政策”为内容的“金牌工程”。一是加强了领导。成立了由体育局局长包川挂帅的第十三届市运会督办领导小组，全面负责市运会筹备的组织领导、项目规划、训练管理等工作。二是明确了目标。提出了“金牌要升名次、总分要保座次、输送要上档次”的预期目标。三是强化了管理。针对上一年在新环境下学生管理工作中出现的各种问题和不足，进一步细化和加强学生管理工作，保证了住宿学生的生活、学习和训练安全。抓好教练员和运动员队伍建设，为专项训练的正常进行奠定基础。四是认清了形势。利用办公会、专题会对2010年市运会规程进行了讨论研究，组织教练员反复学习，加深理解；收集资料，掌握信息，对各区县比赛成绩进行形势分析，对体校参赛队伍进行摸底，为市运会做好训练准备。五是健全了制度。按照相关政策规定，将金牌、输送及日常管理中的各项任务采取量化管理，对高、中、初各级职称分别制定相应的任务指标，将本届的任务完成情况直接与个人的收益挂钩，与个人的岗位挂钩，达到激发教练员工作积极性的目的。由于规章制度健全，设施设备完好，训练管理有序，运动成绩突出，今年2月宣武区少儿体校通过体育总局的检查验收，获得了“国家高水平体育后备人才基地”称号。

体育竞赛

承办361°中国乒乓球俱乐部超级联赛。联赛5月23日至8月23日，为期三个月，男女各10支队伍参赛。北京时博国际俱乐部（北京女队）的主场设在宣武区广安体育馆。宣武赛区以严密的措施、有力的保障、热情的服务较好地完成了这一高水平的赛事承办任务，获得了“最佳赛区”称号。

承办中俄青少年运动会女篮比赛。中俄青少年运动会于7月27日–31日在北京举行，共设9个大项，62个小项。宣武区体育局发扬奥运精神，高度重视、精心谋划、严格落实、热心服务，较好地完成了女篮比赛的承办任务，获得组委会颁发的“贡献奖”。

体育执法

为完成“两会”、“国庆60周年”等重大活动的安全保障工作，根据市、区统一部署，对辖区体育运动经营单位进行了严格的安全执法检查，共出动执法人员323人次，查出整改隐患44处，写出执法检查意见书27份，下达责令整改通知书3份。

6月15日至19日，区体育局、区卫生监督所、公安宣武分局组成联合执法检查组，对全区从事游泳项目活动的体育经营单位进行了开场前的检查验收。此次联合执法检查，全面彻底、周密细致、严格有序，共检查了19个单位，出动执法检查人员115人次，查出6个单位普遍存在的4种问题。

6月29日，区体育局在陶然亭游泳场开展了游泳项目活动场所水上救生应急救援预案的演练，各游泳项目活动场所的负责人及救生员观摩了应急预案的演练。演练活动由溺水事故、突发性疾病、化学药品泄露三个部分组成，全面演练了应急救援工作。

2009体育局领导班子

党委书记：赵洪文

党委副书记、局长：包　川

副局长：李凤进

副局长：张玉魁

副局长：张育林

正处级调研员：张玉良

朝阳区

国庆保障

[承担国庆60周年彩车组装保障任务] 5月7日，国庆游行指挥部考察朝阳体育中心，议定朝阳体育中心为国庆60周年群众游行彩车组装场地。按照国庆指挥部的需求，完成了83201平米场地硬化；新建2997平米临建设施作为安保用房，安装避雷设施、完善安保技防设施、加装1800延米围挡、购置配套设备设施等工作。8月10日，国庆60周年群众游行组装场地彩车村举行开村仪式，彩车组装场地正式运行。彩车组装期间，共有65辆彩车进驻彩车村，同时，为武警、安保驻勤提供用房39间，近3000平米办公区域，400个就餐位，提供浴室可满足100人同时洗浴。同时为伟人画像提供了2000平米制作场地。工作的有序开展、积极的工作热情、优质的服务水平、突出的工作成效，得到了国家、市、区各级领导的一致好评。

[组织国庆游园体育互动活动] 10月2日，本着营造安全、祥和国庆氛围的原则，以“和平盛世、普天同庆、国泰民安、天地和谐”为主题，分别在奥林匹克森林公园、朝阳公园、兴隆公园开展国庆游园活动，现场共接待观众11200余人，体育互动参与观众1600余人次，体质测试参与群众516人，展现了奥林匹克森林公园再现奥运光彩、朝阳公园尽显城市魅力、兴隆公园展现和谐生活三大亮点。

[完成国庆阅兵仪式彩鸽放飞任务] 周密部署，完成了在朝阳区各主要干道、地区进行历时10多天、总里程达5000多公里的巡查信鸽禁飞工作，同时确保了国庆阅兵仪式彩鸽放飞8000羽集鸽任务的顺利完成。

群众体育

[组队参加万人太极拳创吉尼斯世界纪录活动] 8月8日，组织4000人参加了鸟巢“万人太极拳创吉尼斯世界纪录活动”，参加人员由全区体育总会武术运动分会2000余人和来自13个乡的健身爱好者组成。

[活动丰富多彩] 1月13日，举办了朝阳区全民健身启动仪式，以“传承北京奥运精神 展示朝阳健身风采”为主题，通过健步走的形式表达人们对运动的热爱。3月13日，举行朝阳区全民健身总动员启动仪式，进一步加强基层群体体育队伍的建设、基层骨干的培育、奥运文明成果的宣传和教育，不断挖掘基层传统健身项目。5月25日，在蟹岛度假村举办了朝阳区第三届“和谐杯”乒乓球总决赛，两届奥运会射击冠军杨凌、羽毛球世界冠军董炯出席，并为总决赛开球。比赛覆盖了23个街道、157个社区和20个乡镇、200个行政村，参与率达到100%。7月28日，朝阳区第七届全民健身体育节暨全区群众优秀健身项目推广展示大会在朝阳体育馆举行，这是继3月—4月在全区43个街、乡开展优秀健身项目培训推广班之后的一次成果大展示。此次活动共有全区43个街乡的参演人员800人，观众人数1500人参与其中。8月7日，“全民健身日”群众健身主题活动在潘家园松榆里公园文体中心隆重举行，两届奥运会射击冠军杨凌来到居民身边，和大家共同分享健身的乐趣，共同庆祝这个群众自己的“节日”。11月19日，第六届朝阳区第二故乡运动会在东坝乡红太阳美食生态园举行，此次活动参与人数达到500人，已成为区品牌赛事之一。11月26日，2009年朝阳区国际友人保龄球联谊赛在工体钰泰保龄球馆举行，此次联谊赛的参加人员多为各国驻京大使馆人员以及外企驻京人员，参与人数近200人。

[开办全民健身大讲堂] 自3月起至年底，区体育局已在全区推广和举办121期全民健身大讲堂，每期讲堂主题鲜明，形式新颖、内容丰富，不仅有权威专家亲身示范授课，还有体育明星来到百姓身边传授健身技能，深受居民欢迎。

[开展多元化培训，引导科学健身] 贯彻执行《国民体质测定标准》，完成了北京市下达的708人

的国民体质监测任务,同时43个街乡测试站全面开展了国民体质测试和宣传工作。加大优秀健身项目推广，培训和推广了腰鼓、旗操、绸扇舞等三套优秀健身项目，参加群众达6万余人。加强社会体育指导员培训，积极探索，与社会体育组织接轨，开展多元化培训课程，接受各类培训人员共计980人。

[落实四项折子工程] 完善全民健身硬件设施建设，投入资金125万元完成了对2005年已配建器材50套的更新任务，为全力推进农村城市化进程，50套更新器材全部放在农村，以满足广大农民的健身需要。对有实际需求的地区，新建全民健身居家工程12套，超额完成任务；建设篮球场15个，球类健身广场5个、社区体育健身俱乐部2个、体育生活化社区3个。制定《朝阳区学校体育设施向社会开放方案》，引导学校体育设施对社会开放，全区符合开放条件的56所学校体育设施全部向社会开放。完善朝阳公园门球设施，增设一块门球场地，为进一步开展朝阳区老年体育健身活动打下了坚实基础。

体 育 产 业

[协助区政府将奥林匹克公园北区场馆群收归朝阳区所有] 从区域角度出发，与市体育局、国资公司、中网公司多方沟通，代区政府行文，向市政府上报关于保障中网公开赛和奥林匹克公园北区场馆群赛后利用的意见，成功将北区场馆群划归朝阳区所有。同时按照区政府关于北区场馆群赛后利用专题会议精神，3月25日，经过多方联系及精心筹备，体育局正式承接了广东曲棍球队在北区场馆群曲棍球场训练。

[推进区域奥运场馆赛后的利用] 争取到北京市体育产业引导资金约2000余万元，为朝阳公园等赛后场馆改造提供资金支持。3家驻区奥运场馆通过北京市首批体育服务认证，使全区奥运场馆能够在管理水平、专业资质方面提高档次、提升水平。发挥资源优势，在

区域职能部门和体育场馆间搭建桥梁，为匠心之轮国际网球学校、世贸天阶溜冰场、言诺青鸟羽毛球俱乐部等体育企业加强宣传报道、拓宽发展渠道、进行市场开发、促进沟通合作、实现资源整合与利用做出了积极努力。

[加强本体产业管理，实现社会和经济效益双丰收] 朝阳体育馆先后承接了中央电视台2009年元旦晚会，李宁NBA球星奥尼尔、卡尔德隆、戴维斯北京球迷见面会，诺基亚公司年会，“豪气峥嵘”英雄榜2009综合搏击赛等大型活动，实现了经济和社会效益的双赢。朝阳体育中心加大宣传，成立世锦体育发展有限公司，承接了北京烟草运动会、大韩国际学校运动会、德国牧羊犬展、中国足球乙级联赛（北京八喜胜世足球队主场）、国际USTA网球评级赛等大型赛事活动。郡王府体育中心创新经营思路，不断改进服务质量，顾客满意率98.86%。同时改进设备设施，完成油改气工程，加大节能减排力度，能耗费用下降59.49%。加快朝阳区全民健身综合活动中心建设，已完成结构封顶，进行二次装修。

[围绕平安奥运，加强健身市场监管] 年内，共出动执法检查690人次，检查健身场所230处，查获未办理体育设施注册登记单位33家，下达责令限期整改通知书23份，进行行政处罚3起，累计罚款金额2万元。全年行政执法检查和行政处罚是历年来同比力度最大、数量最多的一年。在国庆期间，对重点区域管控单位进行全天候、不间断的执法检查，共出动执法人员96人次，对重点区域进行了26次执法检查，检查率达到100%，有效地保证了体育经营单位在建国60周年活动期间的安全生产。

竞技体育

[承接大型国内外赛事] 4月9日至11日，朝阳区第二少儿业余体校承办2009年华北协作区射击（手枪、移动靶项目）锦标赛，这

是朝阳二体校迁址后首次承办的地区性高水平射击比赛，也是首次由区级业余体校承办的大型赛事。来自河北、解放军、内蒙古、天津市、清华大学、山西、北京等九支代表队的178名运动员参加了男子成年组、女子成年组等6个组别21个小项的争夺。7月29日至30日，正直中俄建交60周年，由国家体育总局和北京市政府主办，北京市体育局承办，朝阳区第二少儿业余体校协办的2009年中俄青少年射击运动会在朝阳区第二少儿业余体校射击靶场拉开帷幕，这也是朝阳二体校迁址以来首次承接的国际性体育赛事。

[击剑队取得新突破] 9月16日，北京击剑队队员倪红在第十一届全国运动会女子佩剑个人赛中，以15比10战胜上海队选手张莹，获得女子佩剑个人季军。11月14日，倪虹在2009年亚洲击剑锦标赛女子佩剑个人决赛中，战胜中国香港选手周梓淇摘得金牌，再一次刷新了北京击剑队成立至今34年来的历史成绩。

[完成输送运动员任务] 年内，共向市体育局输送运动员50名，新注册运动员432人，全力做好备战2010年北京市运动会工作。

2009年体育局领导班子

党委书记：陈大中
局　　长：陈　杰
副 局 长：王宝合
副 局 长：班国良
副 局 长：姜　文
纪委书记：虞南燕

海 淀 区

2009年是新中国成立60周年，是继承、巩固和发展奥运成果的关键之年。全区广泛开展群众体育活动，努力提升竞技体育水平，不断规范体育市场管理，积极推进体育设施建设，较好地完成了全年体育工作，共获得国家级荣誉3项、市级荣誉6项、区级荣誉10项。

社会体育

以喜迎建国60周年、营造和谐社会氛围为重点，以“全民健身与奥运同行”和“迎北京奥运、树海淀形象、展健身风采”为主题，充分利用《北京市全民健身条例》颁布实施纪念日、7.13申奥成功纪念日、6.23国际奥林匹克日和6.23—7.13北京市全民健身体育节及双休日，广泛深入地组织全民健身和风采展示活动。在每年开展的四个万人（登山、棋牌、操舞、长跑）群众健身活动基础上，完成了国庆60周年庆典活动和平鸽放飞、组织建国60周年游园、北京市第三届“和谐杯”乒乓球比赛和第七届全民健身体育节等活动的组织和参与工作。特别是在“8.8”全民健身日，区组织4000名群众参加了北京市万人太极拳表演活动，获得了吉尼斯世界纪录的荣誉。全年有组织的体育活动达200万人次以上，经常参加体育锻炼人口已突破全区总人口的55%。

全年创建国家级社区体育健身俱乐部1个（温泉白家疃村国家级社区体育健身俱乐部），北京市社区体育健身俱乐部3个（西三旗大众社区体育健身俱乐部、双新爱心苑社区体育健身俱乐部、妇女儿童活动中心）。

市、区、街道共投资113.4万元对达到使用年限的53套全民健

身工程进行更新。区、街道（乡镇）共投资30万元为新建社区配建全民健身工程10套（已完成4套）。全区共配建全民健身工程734个，居、村委会覆盖率达到百分之百。其中居家工程706个，标准工程27个，市级工程1个，创建国家级社区体育俱乐部3个（含农村地区2个），市级社区体育俱乐部10个，北京市体育生活化社区6个（含农村地区1个），篮球专项工程2个（均在农村地区），共建工程1个（在农村地区），乒乓球长廊1个（在农村地区），全区人均体育占地面积达1.9平方米。

海淀区共建设区级体质检测中心1个，街、乡级体质检测指导站4个，居委会、村委会体质检测站23个。建立健全三级体质检测网络，进一步完善、整合社会资源，依托医院、卫生院、卫生服务站、社区服务中心、文体中心，建立健全体质检测和监测基础建设，培训合格的体质检测员，将体质检测作为社区体育健身服务的重要内容，纳入社区综合管理。体质检测中心完成了1933人的体质测试任务，其中为行业体质测试1301人、为全区机关处级干部体质测试632人。

截止到2009年，全区已累计培训5040名社会体育指导员，其中国家级45名、一级159名、二级1442名、三级3394名。

体育社团

组织召开了海淀区体育总会第四届会员代表大会，选出了区体育总会新一届领导班子。体育总会现有一级体育协会28个，街乡镇一级体育协会近40个，居、村委会一级体育组织（包括体育协会、健身队、俱乐部等）共计约2000多个。100%的街乡镇、100%的社区都成立了体育组织，全民健身晨晚练辅导站已有700个。

各协会分别组织了海淀区第三届四种健身气功比赛、“三八杯”女子门球比赛和“海淀杯”门球比赛以及棋类、秋季钓鱼等比赛活动，参与人数达10余万人次。其

中，乒乓球协会举办的海淀区第三届“威凯房地产杯”乒乓球比赛已成为全区影响广泛的传统赛事；信鸽协会为30户会员免费测量坐标，组织了“全民健身杯”等7场信鸽比赛和23次训放，特别是圆满完成了国庆60周年5000羽信鸽的天安门放飞工作。

竞技体育

在10月16日山东举办的第十一届全国运动会上，海淀区输送的张琳、林跃、朱宏等运动员，经过顽强拼搏，共获得6枚金牌、3枚银牌、4枚铜牌，为北京市、海淀区争得了荣誉，区体育局被市体育局授予“全运会突出贡献奖”。

在7月29日意大利罗马举行的世界游泳锦标赛男子800米自由泳决赛中，张琳以7分32秒12的成绩夺得金牌并打破该项目世界纪录，成为中国50年来首个夺取世界游泳金牌的男子运动员。

完成审批国家三级运动员50余人，国家二级运动员400余人，国家一级运动员60余人。完成审批国家三级裁判员78人、国家二级裁判员86人。

全年共注册运动员2200余人(适龄运动员1800余人)，排在全市首位；各业余体校完成向市一、二线运动队输送运动员74人，其中运动校21人、业体校22人、游泳校7人、重竞技体校24人。

学校体育

全区现有47所体育传统校，其中国家级4所、市级20所、区级23所。区体育局协助区教委体卫中心招小升初391人，初升高277人。审查高考体育特长生资格410人。年内举办了区中小学生足球、篮球、排球、棒球、垒球、网球、田径、游泳、跆拳道、乒乓球10项比赛，参赛人数达3000多人。

体育执法

根据实际情况制定了海淀区全面开展体育运动项目经营单位安全

生产“三项行动”（执法行动、治理行动、宣传教育行动）工作方案，并召开了全区开展安全生产“三项行动”动员大会，对辖区内各体育运动项目经营单位进行安全检查，重点检查了36家地下空间体育场馆及2008年检查不符合安全生产规定的56家体育场馆，完成了对213家体育场馆的安全检查工作及38家地下体育场馆、冰场、露天游泳场的专项检查工作。与安监局、卫生局、消防支队、工商局等单位对176家体育场馆进行了联合检查，发出限期整改通知书36份。对4家存在严重问题的体育场馆处以共计75000元罚金并限期整改的行政处罚。

6月1日至30日，开展了“深入开展安全生产月活动，全力做好各体育运动项目经营单位的安全生产，喜迎新中国成立六十周年”为主题的安全生产月活动。结合安全生产宣传教育“四进”活动、“安全生产管理示范单位推广”活动和“安全生产专家面对面”活动，组织召开了两次安全生产规定、安全生产知识培训工作会。发放安全生产材料300份，安全员袖标670个。海淀区星海体运动俱乐部、人民大学附属中学游泳馆、海淀区实验中学体育馆被评为全国优秀体育场馆，3人被评为全国体育场馆先进个人。

推动4所中小学体育设施免费向社会开放，使全区体育设施对社会开放中小学总数达到20所。对学校体育设施进行了安全检查，对存在的个别问题提出了整改意见。

为确保“两会”、国庆期间暂停体育航空飞行经营活动工作圆满完成，与有关单位签订了责任书36份。完成了体育产业调查表发放统计填写上报工作（800份）和社区、居住小区体育设施调查统计上报工作（1286份）。全年为21家体育场馆新办《北京市体育设施注册登记证》，复核《北京市体育设施注册登记证》211家。

体育科研

海淀区体育科研所是北京市三个骨龄测试点之一，全年为海淀区各体校、101中学、八一中学女排、棒球、田径等各项目运动员拍摄骨龄共计536人次。全年共测试血红蛋白人数1075人次。购买维亿康儿童泡腾片400盒、比特铁100瓶、三健特双蛋白粉100瓶、力佳胶囊100瓶、谷氨酰胺胶囊

100 瓶、活性[illegible]胶囊 50 瓶、安肌 3000 胶囊 50 瓶，及时下发给各体校，保证了运动员的训练与体能恢复。科研所组织教练员使用新购买测试器材对 414 名运动员进行了体能测试，为运动员及工作人员治疗 431 人次，给体校拍摄技术录像 25 次，组织教练员参加各类培训和心理讲座 5 次。

2009 年体育局领导班子

局　　长：马士起
党组书记：刘和平
副 局 长：刘　贵
副 局 长：李　风
副 局 长：孙　艺

丰台区

2009年是新中国成立60周年，丰台区体育工作坚持以邓小平理论和“三个代表”重要思想为指导，认真贯彻落实党的十七届四中全会精神，以科学发展观统领体育事业发展，出色完成了新中国成立60周年庆祝活动服务保障任务；在体育设施建设、全民健身活动、青少年体育人才培养等方面取得了一定成绩，较好地完成了区委、区政府和市体育局交办的各项工作任务。

国庆保障

国庆群众游行。按照区国庆游行指挥部工作部署，体育局承担了为群众游行、联欢提供合练、彩排队伍集结等服务保障工作，共接待群众游行队伍整体合练2次、分指训练2次、队伍集结6次，群众联欢队伍训练2次，总接待人数逾6万人次。区体育局、体育中心被首都国庆指挥部评为突出贡献单位；被区委、区政府和区国庆指挥部评为最佳服务保障单位。

国庆信鸽放飞。按照《北京市国庆60周年庆典信鸽放飞工作方案》中统一部署，丰台区负责收集信鸽10000羽。在收集过程中，动植物检疫人员全程参与检疫，区体育局对参与人员进行了审查和挑选，确保活动万无一失。

群众体育游园。为营造节日喜庆氛围，鼓励市民积极参加体育锻炼，按照市体育局统一安排，在莲花池公园组织了以全民健身群众体育活动展示为主要内容的群众游园活动。区武术运动协会70人展示了24式太极拳、健身气功及武术套路。卢沟桥街道办事处70人表演了绸扇舞，现场1000多人参与了跳绳和踢毽的互动活动，年龄最大至八旬老人，最小至4岁儿童。

为国庆安保部队提供服务保障。丰台体育中心为武警8643备勤部队1000名官兵提供的后勤服务保障。武警部队于9月15日陆续进驻，10月3日夜间撤离，共计19天。在部队驻扎期间，丰台体育中心全力做好武警备勤部队的接待工作，包括开通网络、保证水电供应，提供训练场所等，为部队顺利完成国庆安保任务提供了优质服务。

社会体育

更新全民健身器材。列入区政府为群众办实事内容，对全区21个街道、乡镇在2004年安装的64套器材进行更新，其中居家工程60套、标准工程4套。

加强体育基础设施建设。为符合条件的社区、村镇及部分单位累计安装室内乒乓球台26张、室外乒乓球台43张、室内健身器械14件、台球桌5张，建设室内羽毛球场地10块，安装室外健身器材2套、篮球架1副，更新篮板4块。按照市体育局要求，在全区建设15个农村篮球场、2个笼式多功能球场、1个乒乓球小屋，满足了人们对体育健身、体育训练、体育竞赛的需求。

组织首届社区运动会。根据区政府“加大社区、村体育场所建设力度，丰富群众业余体育健身需求”的精神，以“喜迎建国60周年，全民健身走进社区”为主题，于3–6月举办了首届社区运动会暨第三届“和谐杯”乒乓球比赛。整个活动以街乡镇为龙头，社区为重点，分层次负责实施，参与人数达11.4万人，街乡覆盖率达100%。南苑乡、东铁营街道等9个单位获第三届“和谐杯”乒乓球比赛一等奖，卢沟桥街道民岳家园等43个社区获优秀组织奖。

举办全民健身体育节。为迎接建国60周年营造浓厚健身气氛，掀起群众体育活动的高潮，举办了区第七届全民健身体育节。本届健身节共设置登山、足球、篮球、羽毛球、网球、社区运动会等13项体育赛事，来自全区各行业、各街道、社区、乡镇、学校和企事业单位的基层群众踊跃报名，90万人次参加了不同项目的比赛。在举办体育节过程中，承办市级活动1次，区级活动9次，基层组织活动405次，印发宣传册8800册。

开办科学健身大讲堂。为了进一步宣传普及科学健身知识，从5月开始每个月为社区居民、村民安排3次科学健身讲座。截止年底已组织讲座17次，3000余人通过大课堂讲座获得了科学健身知识。在北京市第二次群众体育现状调查中，丰台区完成了660名居民问卷调查和21个街道、乡镇以及1个区级单位的群众体育组织机构问卷调查情况，为制定奥运后群众体育发展的方针和政策提供了科学依据。

推进体育生活化社区创建。经市体育局考察批准，马家堡街道星河苑社区、丰台街道丰益花园社区为北京市第四批"体育生活化"社区；王佐佃起村和大红门街道彩虹城为第四批北京市社区体育健身俱乐部。

学校体育

抓好体育传统校工作。全区共有体育传统校28所，其中市级10所、区级18所。组织4所体育传统项目学校的田径、篮球、跆拳道3个项目的32名学生报名参加了北京市体育传统项目学校体育特长生测试，其中30人通过测试分别升入北京市第十二中学、北京十中、丰台二中、首师大附属丽泽中学。与区教委体卫科联和对全区15所中学上报的体育特长生材料进行审核；组队参加了传统项目学校田径比赛，发现和培养体育人才。

推进青少年体育俱乐部建设。为2009年新命名的两所国家级青少年体育俱乐部办理民办非企业登记；为符合条件的北京市赵登禹学校和北京市百兆乒乓球俱乐部向市体育局申报了2010年北京市青少年体育俱乐部。

竞技体育

组队参加2009年北京市青少年锦标赛。199名运动员参加11个项目的比赛，共夺得金牌22枚、银牌13枚、铜牌20枚。组队参加北京市中学生田径运动会、业余体校棒垒球赛、游泳选拨赛等市级比赛，丰台区棒球队获业余体校比赛第一名和2009年"钻石杯"青少年棒球比赛第一名，垒球队获业余体校比赛第一名。

做好运动员管理工作。本年度新注册运动员100人，向二级运动队输送18人，招入新生26人。

体育法制

全面推进依法行政。据统计，体育局具有行政执法主体资格的单位1个，其中法定行政机关1个，业务科室人员全部持证上岗。全年共办理"二、三级运动员技术等级证书"27件；"二、三级裁判员等级证书"183件。办理政协委员提案3件、政风在线网民建议3件、区长信箱1件。

加强体育市场监管。制定《丰台区体育局全面开展体育运动项目经营单位安全生产“三项行动”工作方案》，积极开展火灾隐患排查整治“雷霆行动”。为确保春节、“两会”、国庆节等重要时段的安全稳定，与区公安、安监、消防、卫生等相关部门多次对系统内部和体育项目经营单位进行拉网式检查，排除火灾隐患。

组织安全生产月活动。6月14日，组织30多家体育运动项目经营单位负责人参加区安监局组织的安全生产月咨询日活动，下发宣传材料1000余份。

开展禁烟宣传月工作。制定2009年丰台区控烟禁烟宣传月工作方案并下发各体育运动项目经营单位，为公共场所创造良好的禁烟、控烟氛围。

体育社团

11个单项体育社团工作秩序良好,帐户资金运转正常,全部通过区民政局年度检查。完成了桥牌协会换届和足球协会的成立工作。利用协会优势，组织、承办市级比赛10项次、区级比赛18次,协助有关单位、协会组织体育比赛11次,群众参与活动人数达100万人次。

大型活动

协办北京第23届卢沟桥醒狮越野跑比赛。10月11日在丰台宛平城雕塑园举行，比赛设男女老年、男女少年1.5公里组和8公里组，来自社会各界的3000余名长跑爱好者参加了比赛。今年恰逢新中国成立60周年，在开幕式中加入了北京市武术协会、职工体育协会、自行车运动协会、风筝协会的表演和健身展示。全国人大常委会原副委员长何鲁丽、区委书记李超钢、区长游广斌等主要领导出席了开幕式。

承办北京市社区体育健身项目表彰大会。4月18日，北京市社区体育健身项目表彰大会在体育馆举行。按照市体育局的要求完成了开幕式组织、活动现场布置、贵宾接待等项工作；武术协会组织40人参加了健身气功表演。

参加北京市首届端午文化节龙舟赛。5月28日,北京市首届端午文化节龙舟赛在延庆妫河妫水公园举行。丰台区4支代表队参加比赛,取得了第二、第五、第十名的成绩。

组织承办北京市青少年五项锦标赛。由丰台区承办的举重、田径、摔跤、跆拳道、女子垒球五项锦标赛分别在丰台体育中心、丰台三中举行，来自18个区县的2000多名运动员、教练员参加了比赛。

参加万人太极拳展示活动。为庆祝成功举办奥运会1周年，区体育局组织2000名太极拳爱好者参加了8月8日在鸟巢举办的万人太极拳展示活动，以参与健身的积极行动向“全民健身日”献礼。

推动学校设施对外开放。为了有效缓解全民健身体育场地设施不足的问题，区体育局协调符合开放条件的学校，及时向社会群众开放。区中小学校总数143所，符合开放条件的学校数85所，已开放的学校数13所。

体育产业

做好奥运场馆赛后利用。为贯彻落实市委、市政府关于做好奥运场馆赛后利用的指示精神，区体育局对奥运丰台垒球场赛后利用项目进行了重点研究，拟建一座集大众健身、休闲娱乐、体能测试、餐饮购物等于一身的综合设施—城南康体中心，该项目已列入丰台区2010年推进项目前期计划。

建设科技体育馆。为抢抓奥运后体育产业发展的历史机遇，区体育局拟将体育中心水上乐园改建为科技体育馆，从事“四模两电”体育运动项目。在承办各项赛事的同时举办各种公益性活动，吸引更多人群参与其中，该项目民生工程已列入丰台区2010年政府投资计划。

举办金秋文化节。为庆祝新中国成立60周年，推动文化体育产业发展，于10月10日至15日在丰体中心举办了“2009北京丰台宸艺书香金秋文化节”，吸引了广大市民参与，对丰台区在促进体育产业发展方面积累了宝贵经验。

为群众健身提供场地服务。为进一步拉动市场需求，丰台体育中心除承办北京市中专运动会、丰台区残疾人运动会、中国建设银行丰台分行运动会、中国机械集团运动会、中建一局运动会等大型赛事外，全方位开放各类场馆，全年累计对外开放3200余场，接待参加健身活动人数逾27万人次。

2009年体育局领导班子

局　　长：　李靖生

副 局 长：　张少军

副 局 长：　王铁梁

工会主席：　范国庆

石景山区

2009年是建国60周年，是北京奥运会成功举办后的第一年，也是弘扬奥运精神、继承奥运财富、巩固奥运成果、实现体育事业平稳、全面、持续发展的关键之年。一年来，在区委、区政府的正确领导下，在市体育局的科学指导下，在全区上下的共同努力下，石景山区体育工作创造了新的业绩。

群众体育

全民健身运动广泛、深入开展。举办以“阳春保健社区体育生活周”、“金秋体育盛会”为重点的全民健身活动50项次，吸引全区50万人次参与。“金秋体育盛会”得到全区24家企业150万元的活动赞助，取得了“政府搭台、企业支持、群众参与、社会满意”的效果。以国庆60周年等重要节日为契机，开展“和谐杯”乒乓球比赛、国庆游园活动，取得良好效果。“和谐杯”乒乓球比赛组织1万余场次，参加人数达8万人次。“十一”期间组织20个优秀体育健身项目参与北京国际雕塑公园游园活动，吸引了2万多市民参与。举办以“CRD”为主题的电子竞技、乒乓球、登山、篮球比赛20项次，参加人数达到10万人次，展示了石景山人民“打造北京CRD，构建和谐石景山,建设现代化首都新城区”的良好精神风貌。开展以职工广播操、职工拔河比赛、社区运动会、军民体育运动会为代表的体育娱乐休闲活动30项次，促进了职工之间、邻里之间、军民之间、干群之间关系的和谐。通过创建“体育生活化社区”、开办“健身知识大讲堂”，提高了社区居民健身意识。通过举办职工广播操大赛，并在有条件的单位成立“职工健身中心”，促进了机关、企事业单位在职职工体育活动的开展。

全民健身组织网络体系进一步健全。基本建成以体育协会、晨晚练辅导站为依托，以社会体育指导员为骨干，以国民体质监测站为辅助，以广大群众为服务对象，横向到边、纵向到底的群众体育组织体系。全区已建足球、篮球、网球等

17个单项体育协会，拥有约10万名会员。协会定期组织会员免费参加体育比赛，成为群众最满意的组织。全区已建成132个晨晚练辅导站点，分布在全区9个街道，每天约8万人次参与晨晚练活动。全区纳入规范管理的社会体育指导员总数达到1056人，各类体育小教员达14000余人，基本实现了每40人中配备1名健身指导者的目标。全区已建成1家市级体质测试中心、14家区级体质测试中心，每年举办各类体质测试活动60余次，测试社区居民10000余名、企业职工4000余名、机关企事业单位职工1000余名，基本掌握了各类人群的体质状况。

竞技体育

做好参加北京市第十三届运动会备战工作。参加北京市第十三届运动会运动员注册人数达到了700人，为参加2010年市运会取得好成绩奠定了基础。

认真做好业余训练和后备人才培养工作。从奥运战略和后备人才培养的需要出发，调整项目布局，突出重点项目，打造精品项目，淘汰弱势项目，发现、培养优秀体育后备人才，推动业余训练工作的开展。今年向上级体育部门培养、输送了13名优秀体育后备人才。

参加国际国内比赛取得好成绩。在2009年世界杯射箭赛中，石景山区培养的选手邢宇与队友勇夺反曲弓混合团体赛金牌，为国家争得了荣誉。第11届全运会，石景山区培养的23名运动员代表北京队参加10个项目的比赛，取得历史最好战绩：钟妮、李昂、范佳晨、常思摘得女子花样游泳团体冠军，张楠、王欣、周卓茹勇夺女子体操团体铜牌，孔旭获得男子举重85公斤级铜牌。2009年，石景山体校再次被国家体育总局授予“国家高水平体育后备人才基地”称号。

体育产业

制订出台《石景山区体育产业发展规划》。该规划指明了体育产业发展方向，为全区体育产业的进一步发展提供了科学依据。

加快体育休闲产业发展。形成以西五环沿线的首钢篮球中心、石景山体育中心为代表的体育产业集聚区域，体育类经营单位达到76家，体育产业总产值突破2亿元，体育从业人员达3000余人，体育产业对全区经济贡献在逐步增加。

加快体育产业与科技产业的结合。利用八大处网络体育集聚区被纳入北京市八大体育产业功能区的契机，积极争取市体育产业专项资金 2500 万元，筹建中国电子竞技运动发展中心，并完成了电子竞技运营团队的遴选。

打造高水平体育赛事品牌。今年,区各体育场馆相继承办了“自行车世界杯赛”、“射击世界杯赛”、“中国男子篮球甲级联赛”、“中国男子足球甲级联赛”、“国际武术邀请赛”、“全国东西南北中羽毛球总决赛”等国际、国内高水平体育赛事，形成“政府主导、市场运作、企业赞助、群众踊跃观赛”的体育赛事举办新模式,激活了体育竞技表演市场，丰富了群众业余文化生活，形成了具有石景山特色的体育赛事品牌，扩大了石景山区知名度。

体育设施

建立全国第一家奥运场馆体育产业联盟。将体育、旅游、文化、教育等政府部门、各奥运场馆业主纳入场馆联盟，加强奥运场馆之间的协作，提高政府部门为奥运场馆服务的意识，促进奥运场馆的赛后利用，得到了国家体育总局、市委、市政府的充分肯定。

做好奥运场馆对周边中小学校学生的开放工作。制订科学、合理的奥运场馆开放模式，让中小学校学生就近、无偿或低偿进入奥运场馆开展健身活动，取得良好社会效应。

加大奥运场馆无形资产的开发力度。对北京奥运会篮球训练馆–石景山体育馆进行冠名，在全国第一次对奥运场馆无形资产进行开发和利用。冠名降低了俱乐部运营成本，有利于将节流成本返还给健身群众，使群众平均每次只花 2 元钱就可来馆进行一次健身，实现了“还利于民”。

启动奥运场馆健身一卡通和奥运场馆健身旅游专线。在石景山区各奥运场馆中试点健身一卡通，并启动了奥运场馆健身旅游专线，将奥运场馆之间的线路进行有效连接，方便市民前往奥运场馆健身。

学校体育

学校体育工作进一步深化。倡导青少年阳光体育锻炼，关注学生体质，切实提高学生健康水平。新建 3 个青少年体育俱乐部，新增二级运动员23名。

坚持“校校有特色、生生有特长”。定期组织中小学春季田径运动会、“三对三”篮球比赛，组织参加全市中学生田径运动会，推动学校体育运动开展。

体育执法

加大体育执法力度。体育、卫生、公安、消防等部门密切配合，年内对全区体育经营单位累计检查127次，下达执法文书103件。加强重大节假日期间执法检查，每天安排专人对体育经营单位进行检查，设立台帐，对工作人员、体育健身者进行登记。全年各游泳场馆无溺亡事故发生。

加大体育法规知识培训，提高场馆业主的安全意识。召开体育经营单位安全生产主题会5次，发放《体育执法》手册160本，《规定》、《条例》手册130本，安全生产材料、宣传折页及挂图3000余份，制作安全生产和依法经营展板10块。

做好体育经营场所安全应急工作。建立应对突发事故快速反应机制，向社会公布体育局值班电话，要求体育经营单位在节假日期间定点报告安全生产情况。加强应急预案演练，以杨庄游泳馆为主会场在全区体育经营场所中开展应急预案演习，明确岗位职责，完善应急预案，提高应急反应能力。

2009年体育局领导班子

党总支书记：雪汉宁
局　长：徐春生
副局长：周瑞军
副局长：李劲挺
副调研员：管　娜

门头沟区

2009年，在区委、区政府的正确领导和市体育局的关心指导下，深入贯彻《中共北京市门头沟区委关于在全区党员中开展深入学习实践科学发展观活动的实施意见》，紧密结合门头沟区发展战略目标，坚持体育事业与经济、社会协调发展，普及群众体育活动，营造健身氛围，提高竞技体育水平，加强农村体育和社区体育工作，完善体育基础设施建设，加强体育执法力度，以人为本、科学发展、强化功能、服务群众，体育事业在创新中走向繁荣。

群众体育

4月18日，举办了门头沟区全民健身体育节（包括健身项目表演赛、篮球、羽毛球、乒乓球、武术等多项比赛）、"京燕杯"田径比赛、首届青少年跆拳道、春秋季门球比赛等区级赛事；承办了区公安系统组织的登山比赛、区科技人员组织的登山比赛、区信鸽300、500公里大奖赛。全年培训国家级社会体育指导员1人，一级社会体育指导员4人，新发展技术型社会体育指导员38人。社会和工程体育指导员在镇街配备率达100%，全区163个晨、晚练站点社会体育指导员配备率达100%，也实现了区体育场馆和青少年体育俱乐部社会体育指导员配备率100%的目标。继续完善以区全民健身工作委员会、39个委办局、4个街道办事处和131个居委会形成的城市全民健身组织网络；以18个行业和系统形成的单项体育运动协会、4个青少年体育俱乐部形成的社会团体全民健身组织网络；以区农民体育运动协会、9个各镇体协和189个行政村形成的农村全民健身组织网络；以163个晨晚练点和1100多名社会体育指导员形成的社区全民健身组织网络。

体质检测

全年为北京市成年人体质测试采集66名公务员的体制检测数据，其中30–59岁的男性公务员36人，30–54岁的女性公务员30人。测试内容包括身高、体重、肺活量、反应时、握力、闭眼单脚站立、纵跳、俯卧撑、一分钟仰卧起坐、坐位体前屈、台阶试验以及问卷调查。同时对其进行培训，指导科学健身。

学校体育

抓好体育传统项目学校和青少年体育俱乐部工作。举办各类中小学生运动会，做好体育传统项目学校特长生的选拔和审批，完成青少年体育俱乐部的年审工作。举办了由区教委、区体育局共同主办的区中小学生跆拳道比赛；区体育局、区教委共同主办的门头沟区第二十四届中小学生“凌燕杯”比赛等。

竞技体育

严格落实《门头沟区参加北京市第十三届运动会工作方案》，确立了参加市运会比赛项目，先后完成了资格选拔、队员注册、赛前训练等准备工作。今年春季各项目教练员深入到各个校区挑选人才，经过文化考试、素质测试、专项测试以及体检等选拔合格体育人才25人。业余体育学校各个运动项目招收免费训练学生200余人，现运动学校共有“三集中”学生120余人；完成新生注册运动员131人，现共有注册运动员373人，也为打好市运会奠定了基础。全年为上一级体校输送优秀运动员4名。

特色体育

4月18日，由北京市登山协会、区体育局、区旅游局主办，永定镇政府、潭柘寺镇政府、北京旅游潭柘寺景区分公司、北京多威路能体育管理有限责任公司协办的2009年北京市群众体育大会北京市首届旅游山会潭柘寺杯山地越野挑战赛，在永定镇冯村广场拉开战幕，来自全国各地的近500名山地越野高手参加了此次比赛。5月3日，由门头沟区体育局主办，京西信翔生态垂钓园协办，北京天龙碧波渔具有限公司、北京崇文区体育总会钓鱼专项委员会、中国钓鱼网、北京天古渔具超市、北京华洋兄弟渔具行承办的“京西信翔——碧波杯”钓鱼大奖赛在门头沟区京西信翔生态垂钓园胜利闭幕。来自全国8个省、市、自治区的近300名优秀钓鱼选手参加了该项比赛。7月4日，由北京市体育局、北京市体育总会、区人民政府主办，市登山运动协会、区体育局、区旅游局承办的大型赛事“穿越母亲河—2009年北京首届永定河穿越赛”举行。本届穿越赛全程96公里，分两天完成，来自全国5省市及驻京高校、科研院所、部队、各户外运动俱乐部等58支代表队的290名运动员参加了专业比赛；区属各机关、企业、事业单位干部职工54支代表队的216名运动员参加了群众组比赛，赛程为4公里。本次比赛是北京市首届体育大会的比赛项目，也是北京市首届旅游山会的系列活动之一。

体育法制

围绕建国六十周年庆祝活动，加强安全监督管理工作，加强对体育市场经营管理工作。对辖区内体育项目经营单位进行安全规范专项检查，其重点是对游泳场馆、地下经营场所进行安全检查，对游泳救护员持证上岗、游泳教练资质证件、地下经营场所消防合格证、营业执照、安全工作预案和突发事件应急预案进行了详细检查。区体育行政执法检查和安全监管工作坚持每季度召开安全工作例会一次，传达文件和会议精神、通报典型事故案例、部署自查工作，听取体育经营单位的意见和建议，督导各体育经营单位对照《行业执法检查工作方案》中的检查重点和标准，落实安全生产主体责任；全年安全监督检查96项次，未发生体育安全伤害事故。对全区体育项目经营单位进行了重新登记备案，对体育产业实际状况进行了普查，对居住小区配套体育设施建设进行了调查摸底,作到心中有数;并对体育项目经营单位应急预案进行检查，保证了全区体育项目经营单位安全工作措施到位,总体安全生产状况良好。

体育设施

今年，市体育局和区政府共投资92.5万元,对2004年配建的65套全民健身工程和1套标准工程进行了更新。以更新全民健身工程为契机，投资72万元为农村配建篮球场24块；投资75万元在永定镇侯庄子村新建农村体育俱乐部一个；投资8万元新建乒乓球长廊一个；投资40万元建立了龙泉雾篮球广场；投资40万元在城子街道向阳社区建立了全区第一个体育生活化社区。全区新增体育占地面积12252平米，镇、行政村体育器材配备率达到100%，全民健身工程社会体育指导员配备率达到100%

2009年体育局领导班子

党组书记、局长：范根源
党组成员、副局长：潘长山
党组成员、副局长：杨少培

房 山 区

2009年是后奥运时期的第一年，房山区体育工作在区委、区政府的正确领导下，在市体育局的指导下，认真贯彻区委六届七次全会和市、区体育工作会议精神，紧紧围绕区委提出的坚持科学发展观，努力建设“三化两区”新房山的目标，全力实施《房山区“十一五”时期体育发展规划》，积极推进体育社会化、产业化、法制化进程，各项工作取得显著成绩。

全民健身

体育协会得到进一步发展。新成立了房山区台球运动协会和房山区户外运动协会，使全区体育协会总数达到20个。体育骨干力量更加壮大，培训各项目裁判员126名(总数达到891名)，培训各级别社会体育指导员50名（总数达到1313名)，基本满足了基层体育活动开展和举办赛事活动的需要。晨晚练辅导站点不断增加，新成立晨晚练辅导站点76个（总数达到576个)。投资10多万元，为晨晚练辅导站点添置了广场音响和教具，使站点硬件条件得到进一步改善。体质监测能力进一步增强，在争取市级支持的同时，投入38万元购置了亚健康仪、血压仪以及配套电脑等工作设备，形成了以房山区国民体质监测中心（二级站)，12个乡、镇国民体质测试站点以及2个社区站点构成的国民体质监测网络。全年测试群众达3000人次。

认真抓好赛事活动这一群众健身载体。先后组织举办了2009年元旦越野赛、迎新春滑雪比赛、妇女健身方法展示大赛、第二届“冠娃杯”少儿国际象棋赛、北京市第三届“和谐杯”乒乓球赛房山区预赛、“足协杯”优秀企业足球联赛

等10多项区级赛事，参与群众达20余万人。举办了区第七届全民健身体育节，期间先后组织举办了太极拳健身气功展示大赛、“绿鑫杯”乒乓球比赛、首届“博源杯”台球大奖赛、全民健身机关行等14项区级赛事活动；组织参加了万人太极拳创吉尼斯世界纪录、北京市全民健身路径交流大动等14项市级活动，均取得优异成绩。本届体育节参赛人数70136人，参与人数16.2万人，参与率达到了100%。为服务“三化两区”推动企业发展，举办了“房山·燕化杯”羽毛球公开赛、“乒协杯”乒乓球邀请赛、“卓越建设杯”台球对抗赛，受到驻区企业欢迎。此外，还承办了北京市第十六届“会员杯”门球赛、2009年北京市“跆协杯”跆拳道比赛等市级赛事，取得了良好的社会效益。组织区老年门球队参加全国首届老年人体育健身大会获得门球项目金奖；组队参加北京市农民棋类比赛获得象棋快棋第一名、象棋慢棋第六名和团体第三名；参加北京市体育传统校比赛获得足球比赛季军，为房山区争得了荣誉。

体育设施

积极推动“配建更新农村健身器材”和“体育健身场所建设”作为区政府2009年30件实事工程中的两件，并抓紧实施。争取市、区财政支持，投入676万元，在全区行政村健身器材配建率达到100%的基础上，为50个2000人以上的村每村增加配建了一套全民健身工程；更新2004年配建的全民健身工程122套；帮助6个街道、乡镇建设了体育广场，使全区建有高标准体育广场的乡镇达到17个；为100个村建设了村级篮球场。

坚持把良乡体育中心建设作为全年工作的重中之重，积极寻求市、区领导和有关部门的支持，一期工程综合馆、游泳馆主体工程已完工。

竞技训练

积极争取市级财政支持，先后投资100多万元对房山体育场道路进行了改造，购置了射击用子弹、力量训练器械等各项目训练器材，为竞技训练奠定了坚实的硬件基础。

进行认真选材并进一步加强2010年北京市第十三届运动会运动员注册工作，成功注册市运会适龄运动员760名，超出上届市运会一倍以上。

全年向北京市二级运动队输送优秀运动员17名，超过预定指标11人，创造了输送运动员人数的新纪录。选派374名运动员参加北京市单项体育锦标赛13个项目的比赛，获得奖牌118枚，其中金牌52枚、银牌33枚、铜牌33枚，奖牌总数和金、银、铜各单项奖牌数再创历史纪录，单项团体总分摔跤、举重第一、射击第二、武术第四，连续三年创参加北京市青少年锦标赛成绩历史新高。此外，房山区输送的选手在全运会上夺得一枚金牌，为首都争得了荣誉，区体育局被市体育局授予输送优秀竞技体育后备人才“贡献奖”。

市场监管

坚持把体育市场安全放在市场监管第一位，积极加强与市、区相关部门的对接与合作，开展宣讲活动8次，制作宣传展板14块，发放宣传材料5000份，提高了群众的体育法制意识；通过召开会议、举办培训班、进行安全演练等形式提高经营单位的防范能力；分别与48家体育经营单位签订安全生产责任书，落实了“两个主体”责任；通过节前排查、联合执法等使市场监管的力度不断加大，全区体育市场经营活动安全有序，没有发生一起安全事故。坚持依法行政，办理了两家体育类民办非企业单位前置行政许可事项，审批了1项体育赛事，将监管职责推进到体育赛事领域，为今后继续深入体育赛事监管打下了良好基础。

体育产业

坚持把体育产业发展作为后奥运时期一项战略性工作来抓。制定了《房山区体育产业发展规划》，形成了新的发展框架，经过与国家体育总局相关部门共同研究探讨，提出以山水资源为依托、发展户外运动为主的产业框架，并通过这种新的框架模式，申请市级引导资金。贯彻市足球工作会议精神，经市、区领导协商，积极推进北京西南足球基地建设。区域产业实力增强，新增体育运动项目经营单位4家，总数达到52家。经营的运动项目发展到29项，整体呈现出平稳、快速的良好发展态势。新成立了体育彩票管理中心，开展体育彩票工作。

2009年体育局领导班子

党组书记：苏宝华
局　　长：路建华
党组副书记、纪检组长：刘福成
副局长：侯士正
副局长：蔡丽丽（女）
副局长：郭东云（女）（2009年1月13日任）

通州区

2009年努力提高政府部门的办事效率和服务质量，坚持以邓小平理论、“三个代表”重要思想和党的十七大精神为指导，紧紧围绕全区改革、发展、稳定的工作大局和建设“北京新城区”的战略构想，开展丰富多彩的全民健身活动，认真贯彻以人为本的科学发展观，倾全局之力做好各项工作。

群众体育

从实践“三个代表”的高度把提高人民的身体素质作为全心全意为人民服务的出发点和落脚点，深入实施《全民健身计划纲要》工程。全区群众体育蓬勃开展,广大群众的体育意识普遍增强,参加体育锻炼的人口逐年增加,人民群众的身体素质明显提高,全民健身工作取得了显著成果。

举办的第三届全民运动会是推动全区体育工作，提高百姓身体健康水平，促进精神文明建设的重要措施，也是区政府的折子工程，在全区掀起了全民健身热潮。

4月2-3日举办了中国象棋赛,4月16-17日举办了台球比赛，5月14-15日举办了乒乓球比赛,5月26-27日举办了羽毛球比赛。

6月27日，通州区首届自行车健身游活动正式启动，来自全区各单位的3000余人参加。区领导出席并亲身参与自行车健身游活动。

7月11日，在潞河中学潞友体育馆举办了“全国千村健身气功交流展示暨第三届全运会工间操比赛”，参加此次工间操比赛的53支代表队的1264名队员，分别来自全区各委办局、乡镇、街道、学校和企业，区直机关工委还特别组织了一支处级领导队伍参赛。在工间操比赛的同时，现场还分别进行健身气功易筋经、五禽戏、六字决、八段锦展示和健身操舞等表演。在全区推广工间操作为2009年政府为民办实事工程，得到了各单位的

积极响应，3月份先后举办了两次工间操培训班，为各单位推广普及工间操培训骨干近200人，其中培训社会体育指导员93人（不含再培训人员）。经过几个月的推广，很多单位的干部职工都习惯了每天早上和下午各一次的工间操活动，为建国60周年庆祝活动营造了良好的社会氛围。

加强对全民健身活动的组织领导，各级基层体育组织网络发展迅速，现城区已建立体育协会23个，全区社会体育指导员已发展到767人。

竞技体育

局体校运动员在参加8月份青少年锦标赛中，发扬团结拼搏精神，取得了10金、6银、10铜的好成绩。在努力提高竞技运动水平的同时，把培养输送优秀体育后备人才作为首要工作来抓，2009年向市二级体校输送2名优秀运动员。做好运动员注册工作，全年在市体育局注册运动员416名。

体育设施

公共体育设施建设步伐加快，新建全民健身工程26处，总价值约为78万元；2003年配建的全民健身工程器材更新工作已完成，2004年器材更新资金已到位，正等待招标。农村体育得到广泛重视，以体育场地设施、体育健身指导和体育科普知识为内容的“体育三下乡”工作已有了良好的开端，广大农民在当地积极开展的体育活动中，不断感受着体育带来的快乐和收获。

进一步完善设施体系，加强对青少年体育设施的投入，并成功创建了体育生活化社区、社区体育健身俱乐部和乒乓球长郎各一处，提高了社区体育水平。

加强篮球场地建设。为能使更多青壮年篮球爱好者加入到健身队伍中来，根据市体育局文件精神，结合新农村建设，为各乡镇配建了26副篮球架，总面积达到158000平方米，丰富了青壮年的业余文体生活。

社区体育设施建设取得新突破。梨园镇魏家坟社区被北京市体育局命名为第四批社区体育健身俱乐部；北苑街道复兴南里社区被北京市体育局命名为第四批体育生活化社区；玉桥街道玉桥南里社区被北京市体育局命名为乒乓球长廊。

截止到2009年底，全区共有体育生活化社区2处（中仓街道中仓社区、北苑街道复兴南里社区）；社区体育俱乐部4个（永顺镇运乔家园社区体育健身俱乐部、玉桥街道土桥社区健身俱乐部、郭县镇长陵营社区健身俱乐部和梨园镇魏家坟社区健身俱乐部)；篮球体育场地2片（奥体公园篮球场和区体育局篮球场)；乒乓球长廊一条（玉桥街道玉桥南里社区)。

体育执法

履行职责、监管到位。结合全区体育行业的特点及实际情况,制定了《关于体育运动项目经营单位深入开展安全生产隐患排查治理工作的通知》(通体字[2009]4号),2月初召开了体育安全联合执法小组各成员单位主管领导参加的体育运动项目经营单位安全生产隐患排查治理工作动员部署大会,各乡镇、街道办事处主管体育工作的领导和负责人及体育运动项目经营场所负责人出席参加。总结了2008年体育健身行业安全工作,部署了2009年安全生产隐患排查工作，并与各健身场所签定了《消防安全自查整改责任书》。5月上旬,结合全区体育行业的特点及实际情况,制定了《通州区体育局安全生产"三项行动"实施方案》,对三个阶段的重点工作作出具体安排。6月9日召开了由区安监局、质监局、卫生局、工商局及治安支队、消防支队体育安全领导小组成员单位参加的全区健身场所安全工作会,与各游泳场馆签订了《通州区游泳减溺责任书》,坚决杜绝重特大安全事故的发生。2月23日至7月5日共检查健身场所45家,与区安监局、治安支队、质监局、卫生监督所、消防支队、工商局联合执法检查两次,发现问题二类91项,下发限期整改通知书4份，建议停业单位3家，确保了全区体育健身行业的安全、健康发展。

国庆前夕紧紧围绕建国60周年和“百日安全”专项治理工作，区体育局联合公安、卫生、安监部门组成联合检查组，对全区120余家体育健身场所进行了为期10天的联合检查，发现问题80多处，限期整改7家，强制关闭1家，使安全生产在各种健身场所更加深入人心，为全区人民群众的健身提供了可靠的安全保障。

2009年体育局领导班子

党组书记、局长:车林平

副 局 长：吴小末

副 局 长：王锦新

副 局 长：王　栋

纪检组长：王希顺

工会主席：王大华

顺义区

2009年是祖国六十周年华诞，在区委、区政府的坚强领导下，深入贯彻落实科学发展观，以群众体育为立足点，竞技体育为闪光点，体育产业为增长点，构建体育事业全面、协调、可持续发展的新格局，谱写顺义体育发展的新篇章，为顺义体育新的辉煌奠定了坚实的基础。

群众体育

在共享祖国六十载盛世华章的喜庆时刻，多姿多彩的健身活动遍及城乡，“迎国庆、办花博、健身心、促和谐”的激情涌动绿港。以第六届全民健身体育节为龙头，举办了“南彩曲美杯”象棋比赛、“李桥杯”操舞比赛、“林河杯”羽毛球比赛、“建委杯”乒乓球比赛、“篮协杯”篮球比赛、“赵全营杯”拔河比赛等区级赛事，参与了北京市万人太极拳表演、千台万人乒乓球比赛等市级活动，吸引了25万人次参与其中，掀起了全民健身与国庆花博同行的热潮。“后沙峪杯”春季长跑走进奥运水上场馆，全民健身健步走活动选址和谐广场，重温激动人心的奥运时光，唤起了广大群众爱祖国、爱家乡、共创和谐迎盛会的美好情感。华北地区门球精英赛和北京市业余羽毛球邀请赛，参与面扩展至北京乃至华北地区，增进了地区间的交流与友谊。第三届“和谐杯”乒乓比赛、“龙湾屯杯”登山比赛、“地税杯”桥牌比赛、“天竺杯”干部趣味运动会等赛事和500余项基层活动的举办，进一步掀起了人人争当健身活动参与者、文明环境创造者、良好风气传播者、平安和谐护航者的新风尚。

竞技体育

在全运会赛场上，首次有16人入围决赛、10个项目跻身全国前10名。刘振庆、洪家新等教练员和刘仁旺、李彤、李萌、田亭亭等运动员把为家乡添彩、为事业增辉、为祖国争光的信念转化为超越自我的动力，在柔道、赛艇、花样游泳项目上勇夺4枚金牌、2枚银牌，实现了近50年来全运会金牌零的突破，见证了顺义竞技体育新的腾飞。

在调整项目结构、培养后备人才、推进科教兴体上取得新进展。2009年接轨市运会，增设拳击、散打、羽毛球三个业训新项目，增加了新的夺金点；引进硕士学历教练、医务人员3人，集训练、康复、科研为一体的训练模式日益完善；后备人才培养取得重大突破，中国举重学校当选为国家体育总局备战2010年世界青少年奥运会和2012年伦敦奥运会的集训基地。

场馆建设

在全区“保增长、保民生、保稳定”的实践中，体育场馆建设项目扎实推进。以潮白河水上休闲集聚区大众健身游泳中心破土，积极争取体育产业引导资金的支持，并购了建筑面积达1万平米的长期闲置的裕龙社区健身中心，着力打造集健身服务、便民商业和彩票销售服务于一体的现代社区健身中心；区体育局游泳中心改造工程进入收尾阶段，重点建设项目城南体育中心即将破土动工，以水为特色的体育健身休闲产业发展势头更加强劲。

体育服务

区体育局筹措资金为45个欠发达地区配建了健身工程，连续两年对到期器材进行了免费更新，扶持牛山镇北孙各庄、北小营镇文体中心等5个地区争创市体育健身俱乐部、体育生活化社区，带动体育健身场所的改造升级，切实保障群

众的基本健身权益；在面向农民、居民举办四项健身技能培训的基础上，联合青少年体育俱乐部针对学生举办了篮球、武术、游泳等 49 期培训班，培训人数达到 3200 人次，扩大了健身服务的受益范围。“迎新春送科技、体育下乡”活动和北京市“全民健身科学大讲堂—走进新农村”启动仪式的举办，使 2000 余名群众体验了体质测试，让上万名群众走进了健身讲堂，享体育科学发展之福，受科学健身之益。

体育产业

区体育局正式成立了体育执法大队和彩票服务中心，首次将 28 家彩票销售网点纳入管理服务范围，为新阶段、高水平的体育产业发展提供了强有力的支持和保障。积极培育竞赛表演市场，在乒协的支持下再次取得中国乒超联赛八一工商行主场比赛的举办权，帮助牛栏山酒厂取得在海口举办的全国举重冠军赛的冠名权，为企业提高品牌形象，拓展全国市场搭建了平台；策划了 NBA 明星麦迪、体坛名将郎平顺义行，协助举办了中美划水对抗赛、龙舟比赛、城市沙滩排球赛等有一定影响力的活动。

2009 年体育局领导班子

党组书记、局长：吕志旺
副 局 长：张 宝
副 局 长：杨金萌

昌平区

2009年，昌平区体育工作坚持以科学发展观为指导，继承和发扬奥运精神，突出全民健康行动重点，全面推进群众体育、竞技体育工作落实，积极探索体育休闲产业发展新路子，圆满完成了年度各项工作任务，体育事业呈现出可持续发展的良好态势，为构建和谐社会、打造“商务花园城市”、建设一流的现代化城市发展新区做出了应有的贡献。

一是广泛开展群众体育活动。以昌平区第七届全民健身体育节开幕式及系列活动为龙头，组织举办了春季长跑比赛、第三届“和谐社区杯”乒乓球比赛、第七届“节水杯”篮球赛等23项区级群众体育赛事、活动，各单项体育协会、各群众组织及基层单位结合自身实际开展了丰富多彩、群众喜闻乐见的活动，各单项体协组织活动20余项次，各群众组织及基层体协举办各类活动520余项次，全区直接参与活动总人数达20余万人次，掀起了全民健身新高潮，促进了和谐社会建设；组织4000余人次参加了7项市级群体赛事和表演活动，取得龙舟赛第一、腰鼓赛第一和多项优秀组织奖；争取市、区财政支持，组织对2004年配建的117套全民健身工程器材进行了更新，为26个单位配建了篮球专项场地，进一步完善了全民健身服务设施；组织太极拳、健身腰鼓等社体指导员培训班5期，共计培训500人；组织国民体质测试1万余人次，为城乡居民科学健身提供了良好的服务。

二是夯实竞技体育基础。首先是高质量地完成了体校招生选材任务，健全完善了教练员管理制度和奖惩机制，严格管理，科学训练，竞技训练水平得到新的提高。2009年度昌平体校向市级运动队输送人才15名，在组队参加北京市青少年锦标赛中夺得金牌19枚、银牌15枚、铜牌21枚，人才输送和比赛成绩较往年都有大幅度提升。

三是精心组织承办两项大型体育赛事。采取市场化运作方式，独立完成了The North Face 100

“2009北京昌平户外耐力跑挑战赛”、“2009红牛北京国际铁人三项洲际杯赛暨全国冠军杯系列赛”两项大型国际体育赛事活动的组织承办任务，进一步扩大了昌平的影响，也为今后的大型赛事活动积累了宝贵经验。

四是努力推进十三陵户外休闲运动集聚区建设。注册成立了奥昌体育发展有限公司，为昌平区今后体育休闲产业项目建设、体育场馆设施经营开发和大型赛事组织、市场化运作等搭建了必要的运行平台；组织对十三陵水库周边土地资源进行了深入调查摸底，稳步做好集聚区建设用地统筹工作；积极与有意合作的国内外企业进行项目洽谈，促成了小马王（北京）国际马术俱乐部马术训练基地项目落地；组织参加了2009北京体育产业项目推介会及第四届中国北京文化创意产业博览会暨北京体育产业展，扩大了区体育休闲产业的影响；加强体育场馆的经营管理与开发，不断提高场馆的综合效应，区体育馆、体育活动中心全年承接大型赛事活动21场次，接待健身活动人数累计达13万人次，在满足全民健身需求的同时，取得了一定的经济效益，确保了场馆的良性运行。此外，下半年区率先在北京市远郊区县成立了体育彩票管理中心，全面启动体育彩票代销业务工作。

五是加大执法监督检查力度。结合“全国安全生产年”活动，狠抓体育运动项目经营单位安全生产执法“三项行动”和“国庆安全护航”专项行动落实，组织对全区200余家体育经营单位进行了拉网式检查，消除了安全生产隐患，为建国60周年庆典活动创造了安全祥和的社会环境，确保了人民群众的健身安全。

2009年体育局领导班子

党组书记、局长：王玉禄
副局长：赵继达
党组副书记：杜国良
副局长：臧红专
副局长：常新华
副局长：杜新朝

大 兴 区

2009年，按照市体育局和大兴区委、区政府的部署要求，不断探索和深化体育改革，以满足广大人民群众日益增长的体育健身需求为出发点，以全面落实“全民健身条例”为重中之重，以提高全区人民健康素质为根本目标，坚持群众体育、竞技体育和体育产业协调发展，紧密围绕“北京市创建国际化体育中心城市”的要求，全面推进组织建设、管理建设和后备人才培养工作，为建设宜居、宜业、和谐新大兴做出了贡献。

群 众 体 育

大力推进体育健身工程，加快社区和农村体育设施建设。为全区2004年安装的125套区级居家健身工程和5套市级标准健身工程进行更新；为大兴经济适用房配建居家健身工程14套；为街心公园配建全民健身工程2套。严格依照“全民健身条例”组织群众体育活动。加强区体育总会在组织群众体育活动中的职能作用，先后组织了“区健身项目展示活动”、“第三届‘和谐杯’乒乓球比赛”等区级群众体育赛事。承办了“区直机关工委运动会”、“文委系统首届运动会”和“区工商联非公企业运动会”等群众体育综合运动会。区第三届“和谐杯”乒乓球比赛历时近三个月，共有约10万人参与其中，最终选拔了40支高水平队伍代表大兴区参加了北京市千台万人乒乓球展示活动。着力实施“社会体育项目发展计划”，完善社会体育竞赛制度，全面提升大兴区群众体育发展水平。在充分发挥30个单项体育协会的职能作用、继续办好传统赛事的同时，加强与区外体育组织的合作。在各单项体育协会的共同努力下，逐步形成了参与人数多、群众积极性强的武吵子、太极拳、秧歌

舞、八卦掌、五禽戏等具有大兴区特色的群众体育活动。同时,按照区、机关、企事业单位、镇、街道和各行业及社区、行政村三级全民健身网络开展群众体育活动。抓好社会体育指导员队伍建设,先后组队参加了全国及北京市举办的气功、健身秧歌、健身操、健身球等项目辅导员培训班,区举办了健身秧歌、健身球、健身气功、北京新秧歌、太极拳、太极剑及太极扇等项目的社会体育指导员培训班。现全区共有社会体育指导员1608名深入到23个太极拳辅导站、35个晨晚练点、100多个文体大院为群众健身服务。社会体育指导员培训工作的不断加强,为健身活动贴近百姓、融入百姓生活,指导百姓科学健身、文明健身起到了促进作用。在此基础上,为进一步抓好"全民健身条例"的贯彻落实,以全民健身体育节和社区运动会为龙头,以各镇、街道办事处、各工委、企业为基础,采取集中与分散相结合、城市与乡村相结合的活动模式,组织了一系列群众体育竞赛活动,极大地激发了全区人民的健身意识和参与热情。据统计,全区年参与健身活动的体育人口达到43万余人。

竞技体育

大兴体校承担市12个体育布局项目,其中摔跤、手球、棒球、女足为重点布局项目,"十一五"期间应向市级运动队输送优秀运动员23人。今年输送运动员13人,共已输送56人,提前完成了体育后备人才的输送任务。在抓好竞技体育的实际工作中,一方面采取体教结合的方式积极做好后备人才培养,进一步修订完善《大兴区体育运动学校第四周期(2006—2010年)目标责任制》、《大兴体校考勤管理制度》等相关管理制度。采取"请进来、送出去"的方式,继续抓好大兴一中、大兴一职、庞各庄中学、榆垡中学、礼贤中心校、大兴三小、大兴七小的田径、女足、乒乓球、女垒、摔跤、手球等训练项目。参加今年的市青少年锦标赛上共获得了10枚金牌、11枚银牌、14枚铜牌和4到8名人数达到38人的好成绩,综合成绩位于郊区县前列。另一方面抓好业余训练的基础培养,注重巩固传统优势项目的水平。综合分析全市竞技体育项目的设置和布局,与市重点项目、优势项目和北京奥运会基础项目接轨,把主要精力放在田径、跆拳道、摔跤、举重和手球等重点项目上。在国家体育总局和市体育局的支持下,根据《关于对国家中长跑竞走奥林匹克高水平后备人才基地评估验收工作的通知》,5 月在区体育运动学校成立了北京市竞走后备人才训练基地,训练奥林匹克竞走后备人才。并且充分利用北京市第三体育运动学校、北京市乒乓球训练基地、星牌台球、希玛保龄球及大兴区业余体校等体育资源,挖掘和培养全区优势体育项目,从而做到基础项目与重点项目协调发展,逐步打造区竞技体育优势项目的领先地位。分别承办、协办了“北京市体育传统项目学校田径比赛”、“北京市青少年田径锦标赛”、“全球职业极限运动巡回赛北京站赛事”等市级以上大型赛事活动。通过这些赛事活动的举办,既考验了赛事管理水平,又锻炼了队伍。

体 育 市 场

一是积极抓好安全教育和法制宣传,提高群众对体育工作的重视程度。体育局先后 4 次组织区体育项目经营单位法人、负责人、安全员进行了体育法律法规和安全生产知识培训,参加培训人次达 186 人。二是大力推行政务公开和电子政务,服务基层和为群众办实事。区体育局多次深入基层调查研究,听取基层体育工作者和广大群众的意见建议,改进工作作风,提高体育服务意识和服务能力,多次进入各社区及各行政事业单位进行国民体质检测活动,检测人数 1200 余人,全部开具运动处方并进行健身指导。三是大力开展体育普法活动和法制宣传工作,切实推进依法治体、依法行政。采取多种方式宣传体育相关的法律、法规 186 人,下发宣传册 3000 余份。通过开展“央视火灾通报”和“消防法”学习,先后 4 次联合安监、卫生、消防等部门检查体育经营单位 56 家,局执法人员自查 38 次,检查场馆 175 家,检查隐患 128 次,现场完成整改 96 处。将问题单位以书面形式移交工商管理部门两家、消防部门一家,确保了全区没有一家体育生产经营单位发生问题。

场 馆 建 设

一是推进区属各运动场馆面向公众的开放力度,全面提升体育设施使用率。今年区体育局直属体育场馆接待业余训练 6 万余人次,对社会开放接待群众健身 20 余万人次,全部免费。二是切实加强城镇社区体育设施建设。建设集组织、活动和场地设施于一体的多功能的城市社区体育俱乐部。提高社区体育活动的组织程度，全区人均体育设施面积已达到 1.5 平方米以上。三是积极推动大兴区极限运动中心建设，今一期工程已完工并投入运营。在此基础上，逐步完善体育场地功能建设，改善条件，提高训练、培养、科研的保障程度。同时，各民营体育经营场所建设也得到了较大发展，以星牌台球、希玛保龄球等体育产品制造业为主的体育产业发展势头良好；时代英泽、天马、飞鹰、卡卡等体育健身俱乐部的经营和发展也给健身服务业注入了新的活力；万国体育竞技场、北京时尚体育公园逐步建成并投入使用，促进了体育娱乐竞赛表演业和休闲体育运动的兴起。

2009 年体育局领导班子

党组书记：李　兵
局　　长：年晓波
副 局 长：刘国亮
副 局 长：李　强(7 月调出)
副 局 长：马春秋(7 月调入)
纪检组长：栾焕英(2 月调入)

怀柔区

2009年，怀柔区体育工作在区委、区政府的正确领导和市体育局的支持、指导下,以党的十七届三中、四中全会和区委三届六次、七次会议精神为指导，以喜迎祖国六十华诞,营造和谐氛围,提升区域核心竞争力为目标，开拓创新，扎实推进,全民健身活动蓬勃开展,全民健身设施不断完善，竞技体育基础不断夯实,执法监督检查不断规范,各项工作目标圆满完成。

群众健身活动蓬勃开展

以“全民健身 喜迎华诞”为主题，认真贯彻落实科学发展观，积极组织开展全民健身活动，掀起了全民参与体育健身的热潮。据统计，全区经常参与体育健身活动的人数达19余万人，体育人口达到了64.8%。

一是传统赛事初具规模。春季长跑比赛、篮球比赛、乒乓球比赛、足球比赛等传统赛事不断完善，办赛水平日益提升，社会效益逐步显现。在打造四大赛事的过程中，基本形成了全区联动，上下互动，月月有活动，季季有高潮的局面，达到了增强群众体质、促进社会和谐的目的，培育了“迎国庆、讲文明、树新风”的良好社会风尚，为推进城乡一体化建设和共建和谐怀柔营造了良好的氛围。

二是特色活动有亮点。按照“文化立意，民族特色，经济发展”的思路，不断深挖和弘扬满族体育文化，大力培育满族体育项目，成功举办了怀柔区满族体育运动会，共有5个乡镇的29个满族村参加。开幕式上进行了珍珠球、双飞舞等11个满族传统体育项目展演。通过努力，满族体育运动会已成为发

扬满族体育文化的有效载体，拉动了满族地区特色旅游等富民产业的发展，推动了汤河川满族经济文化圈的进一步繁荣。

三是基层比赛活动精彩纷呈。各系统、各单位在积极参与区级比赛活动的同时，因地制宜，勇于探索，努力创新，积极开展群体活动。桥梓镇不断提升群众体育品牌，结合迎国庆活动，开展了“第二届健身旅游文化节”系列活动；喇叭沟门满族乡积极打造特色品牌项目，二鬼摔跤代表怀柔在北京市首届京城健身才艺大比拼活动和北京市全民健身体育节上展示了满族体育的魅力；琉璃庙镇承办了全国汽车场地越野锦标赛；怀柔镇举办了第四届全民运动会；雁栖镇结合区域旅游资源，举办了风筝节；长哨营满族乡、汤河口镇、北房镇、杨宋镇大力弘扬满族体育文化，推动了满族体育事业的发展；庙城镇、怀北镇、渤海镇、九渡河镇、宝山镇等镇乡也举办了不同形式的运动会；龙山街道、泉河街道结合迎国庆举办了社区健身月、趣味运动会等活动；政法委系统、发改委系统、教育系统、雁栖管委会等也结合实际，举办了登山比赛、足球比赛、学生运动会、职工篮球比赛等。

群众健身服务体系进一步完善

一是全民健身设施建设和管理惠及百姓。以世妇会主题公园为主体，周边小区为辅助，投资450余万元，共建设以篮球场、乒乓球长廊、羽毛球场、健身路径等四大系列的健身器材近700件，器材占地面积2万余平方米，可满足1500余人同时健身，初步缓解了城南地区健身器材不足的问题。投资72万元为24个行政村配建了篮球场。投资110万元，对2004年安装的102套工程进行了更新。同时，加强检查力度，强化日常管理，确保已建工程完好，群众健身安全。

二是积极争创体育生活化社区。龙山街道龙湖新村社区通过北京市体育生活化社区验收，并获得了北京市体育局的资金扶持和奖励。

三是裁判员队伍建设不断加强。分别举办了乒乓球、篮球、足球、满族体育等项目的裁判员培训班，培训达200余人次，使全区裁判员队伍执法水平不断提高，为各项比赛活动的开展奠定了良好的基础。

四是社会体育指导员制度和国民体质测试制度建设不断加强。结合健身项目推广，举办了3期社会体育指导员培训班，新发展三级以上社会体育指导员100名。指导员队伍的不断壮大，为全区群众体育活动的开展提供了支持。各级测试站积极开展国民体质测试工作，为群众科学健身提供了指导。

竞技体育基础不断夯实

以培养尖子运动员为目标，注重项目布局，强化教练员、运动员管理，不断丰富训练手段，运动员竞技水平不断提高，全年参加市级比赛获得金牌26枚、银牌23枚、铜牌16枚。

一是实施重点项目带动战略。对自行车、摔跤、射击3个重点项目在人、财、物等方面加大倾斜力度，以此带动全区竞技体育整体水平的提高。全年金牌数的近90%是这三个项目夺得的。同时，实施跟踪管理，变过去注重输送数量为输送数量与输送质量并举，向北京市二级运动队输送了8名运动员。

二是不断加强教练员队伍建设。进一步完善教练人才的选拔、聘用制度；引入竞争激励机制，以输送和比赛成绩作为主要依据与教练员签订岗位目标责任书，调动教练员训练工作的积极性。通过选派教练员参加培训班、外出观摩全国性比赛、参加科研讲座等形式，加强教练员的业务培训力度，提高教练员的综合素质和训练指导水平，丰富教练员的临战、实战经验。

三是大力推进传统校建设。按照“体教结合”方针，对传统校实行动态管理，采取以奖代补的办法，充分调动全区各学校开展业余训练的积极性，促进了全区竞技水平的整体提高。

体育法制建设进一步加强

一是体育法律、法规宣传提高了群众安全意识。结合“五五普法”活动，积极宣传体育法律、法规，发放《北京市全民健身条例》、《北京市体育运动项目经营单位安全生产规定》等法律、法规3000余份。结合体育项目经营单位安全监管工作，在47家体育运动项目经营单位开展了以《北京市体育运动项目经营单位安全生产规定》为主要内容的宣传活动，并举办了法规培训班，提高了体育项目经营单位的安全意识。

二是执法监督检查，确保无安全事故发生。召开了怀柔区体育项目经营单位安全工作会，明确安全任务，落实安全责任，与经营单位签订了无安全事故责任书。区体育局、安全生产监督管理局、卫生局、公安分局等部门，对全区体育项目经营单位，特别是游泳场馆、滑雪场进行"立网式"检查，认真督导体育项目经营单位的安全工作。体育项目经营单位结合自身实际情况，认真落实安全责任制度，不断完善安全工作运行机制，从根本上杜绝了安全隐患。全年未发生一起安全责任事故，实现了平安国庆的目标。

学校体育工作注重效果

一是认真贯彻落实《学生体质健康标准》，大力推动"全国亿万学生阳光体育运动"，开展体育健身活动，保证在校学生每天活动1小时，有效提升了学生体质水平。

二是组织体育项目传统校体育教师参加北京市传统体育项目培训班，提高教师教学水平，对体育传统校竞技水平的提升发挥了积极作用。

三是加强青少年体育俱乐部建设，新成立青少年体育俱乐部1个，现全区已建立4个青少年体育俱乐部，为促进青少年文体活动的开展搭建了平台。

2009年体育局领导班子

党组书记、局长：周　为
副局长：任占智（2009年3月调出）
副局长：刘宝武
工会主席：崔茂才
办公室主任：房连国

平 谷 区

2009年，结合深入学习贯彻科学发展观活动，创新求实、开拓奋进，桃花节、体育节“双节合璧”、开创体旅结合新纪元，体育工作再上新台阶。

大型活动

双节同庆，开幕式隆重热烈。4月17日，北京平谷第十一届国际桃花节暨平谷区第五届全民健身体育节开幕式，在平谷区体育中心体育场举行。开幕式由平谷区邱水平区长主持。区委书记秦刚在开幕式上致开幕词，区长邱水平宣布开幕。北京市体育局局长孙康林、贵州黔南州、新疆策勒县等领导应邀出席并致辞。区四大门主要领导出席了开幕式，全区各镇乡、街道、各委办、局、企事业、学校、驻区部队等单位的领导和群众8000多人及新闻媒体参加了活动。在雄壮的运动员进行曲中，来自全区50支代表队的2000名运动员迈着矫健的步伐进入运动场。随后，进行了幼儿团体操、中学生第三套广播操表演——舞动青春、北京小勇士、中国鼓、健身项目组合及舞龙舞狮等大型文体表演，中国杂技团和新疆歌舞团特邀为开幕式助兴，场面蔚为精彩壮观。现场，8000余人共同合唱《国家》这首歌，迎接即将到来的祖国60年华诞，将开幕式推向高潮。

健身优秀项目走进平谷。4月18日，“走进平谷”----北京市全民健身优秀项目交流展示活动，在平谷区世纪广场桃花大舞台举行。来自全市16个表演单位的230余人参加了展示活动。舞龙舞狮、少儿健美操、花伞、秧歌、武术、腰鼓、花样跳绳等近30个精品的大众健身项目和民俗项目同台进行了表演，充分展示了北京市近年来全民健身工作取得的丰硕成果。2万余名群众观看了演出。交流展示活动突出了体育节“桃花丛中来健身”的主题，彰显了“文体结合、体旅结合”的新亮点。此次活动由北京市体育局和平谷区人民政府主办，北京市社会体育管理中心和平谷区体育局承办。国内首条国际标准徒步大道落户平谷。

4月25日 平谷桃花节国际徒步大会暨首届全国联动“全民徒步日”大型公益活动——“北京·平谷国际徒步大道”揭牌仪式在平谷区南独乐河镇北寨村隆重开幕。开幕式由平谷区副区长闫维洪主持，平谷区委常委、宣传部长、副区长王晓光致开幕词，国家体育总局登山运动管理中心主任李志新出席开幕式并致贺词。国际市民体育联盟中国总部（CVA）秘书长金乔先生代表国际市民体育联盟（IVV）向平谷区政府颁发了“国际标准徒步线路认证书”。徒步大赛设为10公里、20公里、30公里三个组别，来自日本、泰国、文莱的国际友人；中央组织部、央视市场研究有限公司、中国农业科学院、中海物业、农民工子弟代表队等国内各界徒步运动爱好者和平谷区乡镇、街道、委办局代表队共计1300余人参赛，参赛年龄最大者已达七旬，一对年仅11岁的双胞胎姐妹以顽强的毅力走完20公里全程，成为比赛的亮丽风景。5月2日，北京电视体育频道进行60分钟的录制转播，10余家新闻媒体参与了当天报道工作。位于北京市平谷区南独乐河镇和熊儿寨乡辖区的“北京.平谷国际徒步大道”，起点为中国红杏之乡北寨村，途径四座楼山景区，终点为熊儿寨乡花峪村，全长43公里。京东大峡谷、三羊古火山等名胜风景区坐落大道周边。大道沿途山花烂漫、树木葱葱，绿色植被高达85%以上，空气清新，堪称一条绿色大道、生态大道。“北京·平谷国际徒步大道”作为国内第一条国际标准徒步大道，在推动国内户外运动的规范发展的同时，将为平谷区进一步打造国际水平的“生态健身区”注入新的活力。

国安、平谷“桃花杯”足球友谊赛圆满成功。4月26日，国安、平谷“桃花杯”足球友谊赛在平谷体育中心举行。比赛在北京国安三队和平谷区足球代表队之间展开，300余名足球爱好者观看了比赛。经过激烈的角逐，平谷区足球队以4:3小胜国安三队。此次赛事为“体育节”期间系列体育赛事之一，由平谷区政府、北京国安足球俱乐部主办，平谷区体育局承办。

“体彩杯”篮球联赛覆盖城乡。5月8日，北京“体彩杯”平谷区第五届全民健身体育节篮球联赛在体育中心拉开帷幕。来自全区各乡镇、街道、行政机关、企事业单位的300余名篮球运动员参加了启动仪式。区长邱水平亲自为比赛开球。此次比赛领导重视、发动广泛，全区分区直组和乡镇组两个组别，基层首先进行了200余场预赛，然后进行区级决赛。比赛历时33天，共有100余支代表队的2000余运动员参加，举办比赛300余场，比赛水平、竞争程度、观赏性大大高于往届。渔阳集团、财政局、区公安分局分获得区直组前三名；镇罗营镇、王辛庄镇、平谷镇分获乡镇组比赛前三名。比赛期间全区参与活动的群众达到3万余人，篮球联赛的成功举办，不仅满足了广大群众的全民健身需求，推动区全国“篮球之乡”创建工作和篮球运动的发展，同时也营造了一个欢乐、和谐、祥和的社会氛围。

“和谐杯”全民参与，彰显和谐。第三届“和谐杯”暨“体彩杯”乒乓球比赛进行了两个多月的预赛和复赛，经过各行政村、社区、街道、镇乡的层层选拔，最后进入全区的决赛。经过激烈的角逐，夏各庄镇、兴谷街道二队、平谷镇分别获得乡镇组男子团体前三名；兴谷二队、平谷镇、兴谷一队获得镇乡（街道）组女子团体前三名；教委、渔阳集团、中国移动获得区直组男子团体前三名；渔阳集团、财政局、卫生局分获女子前三名。本届比赛报名参赛人数2.95万人，参与活动群众达到5.83万人，许多外来务工人员，残疾人朋友也参与比赛，参赛人数和社会层面比以往更广泛，活动覆盖率达到100%，充分体现了全民参与、共创和谐的全民健身社会氛围。

基层健身

王晓光副区长亲自带队参加了北京市千台万人乒乓球和台球、象棋比赛。举办了“蓝色经典杯”处级领导干部乒乓球大赛，全区有120名处级以上领导干部参赛，为历届之首。积极落实“八个一”工程，加大了农村体育活动的组织力度，举办镇级运动会24场，村级运动会190场，参与活动的群众达10万人次，掀起了农村全民健身新高潮。在北京市农民象棋比赛中取得了团体总分第七名的好成绩，并荣获体育道德风尚奖。滨河街道、兴谷街道积极开展体育活动，全区25个社区举行了体育比赛。

体育社团

民间社团、体育俱乐部活动丰

富多彩，路兴、工会乒乓球俱乐部参与锻炼的人次不断增加，常年坚持篮球、羽毛球、网球、登山、武术、健步行锻炼的社团不断增加；老年人体协、夕阳红、晚霞红等民间体育团体活动有声有色；精华武校参加了由中国文化部主办的非洲“2009中国文化聚焦”活动，为传播中华武术文化做出了积极贡献；松滔俱乐部小运动员参加2009年“浩沙杯”全国万人大众锻炼标准大赛总决赛，勇夺少儿组、小学生组两项一等奖的喜人成绩。

竞技体育

区体育局、区教委进一步密切合作，加大“联合办竞技”的力度，努力办好业余体校，加强教练员队伍和运动员队伍建设，组织完成了近百人的小、初中运动员招生工作；全面发展运动员的综合素质，努力提高竞技水平，在北京市青少年室内田径比赛等系列市级比赛中，获得3枚金牌、4枚银牌、17枚铜牌。举重队在2009年全国举重分龄赛中，夺得3枚金牌、1枚银牌、3枚铜牌，为参加明年的北京市第十三届运动会积累了经验、锻炼了队伍。

体育执法

体育执法工作的工作机制、各项制度不断完善，组织召开了体育运动项目经营单位执法检查工作动员部署会。全年以春节、五一、国庆黄金周为重点，定期和机动检查相结合，对松涛健身俱乐部、路兴乒乓球俱乐部、渔阳滑雪场等11家体育运动项目经营单位进行了安全检查，并顺利通过国家体育总局对渔阳滑雪场的安全检查。联合安监局、消防支队，对10家体育运动项目经营单位进行火灾隐患排查整治安全检查。对奥康力健身中心的制度和安全责任等方面存在的缺陷，依法令其停业整顿。为服务全国卫生区创建和抓好游泳场馆创建卫生区工作，积极贯彻落实《北京市体育局关于印发全面开展体育运动项目经营单位安全生产“三项行动”工作方案的通知》，制定了《平谷区体育局全面开展体育运动项目经营单位安全生产“三项行动”工作方案》，体育执法日益规范，确保了广大健身群众的人身和财产安全。

学校体育

全区有市级体育传统校3所，区级3所，完成了初中升高中体育特长生测试工作。组织市级传统校平谷中学和四中、五中、六中三所区级传统校的近百名体育特长生，参加了北京市田径传统项目统一测试，测试合格率达到100%。完成了体育传统项目学校体育师资培训工作。以调查问卷方式开展了全区乡镇、街道体育人口调研统计工作，对全区16个乡镇、2个街道进行调查，总人口为437911人，体育人口为231950人，体育人口率为52.8%，基本掌握了群众体育活动开展状况。组织开展了部分公务员体质测试工作，通过体质测试，加大全民健身的科学指导，增强公务员健身的科学意识。

体育宣传

桃花节、体育节开幕式，走进平谷健身展示，徒步大赛三大活动相继在北京电视台滚动播出长达20小时，极大地提升了平谷的吸引力和知名度，为促进地区经济发展做出了贡献。搜狐、新浪、京华网等知名网站，中国体育报、北京日报、京郊日报、京东绿谷报刊等时有平谷体育信息转载刊登；区电视台播出体育专题、新闻20余条，被市体育局、区信息中心、昨日政务、平谷信息等信息网站采用信息60余条；体育局内部出刊《体育工作信息》10期；科学健身短讯服务平台正式开通，一个以网络、电视、报刊、专题、内刊、信息等多种形式并存、全面化、系统化、立体化体育工作宣传格局正在形成。

2009年体育局领导班子

局　长：刘德江
党组书记：张卫良
副局长：胡宝贵（正处级）
副局长：张鸿飞
纪检组长：王桂芬

延庆县

2009年，延庆县体育工作主要是抓好群众体育活动，提高大众健身意识和健康水平；为农村和社区建设健身场地、配备健身设施，为全面开展全民健身提供良好的物质条件；以服务群众为目的，求真务实，开拓创新，并取得了显著成效。

社会体育

以科学发展观为指导，运用科学发展观的理论知识及调研成果，指导全民健身并取得了显著成果：成功组织了北京市民自行车骑行活动、北京市首届端午节龙舟赛、北京市“和谐杯”乒乓球赛、北京市全民健身体育节；组队参加了北京市农民象棋比赛、北京市农民拔河比赛、北京市青少年锦标赛、体育传统项目学校比赛等市级体育活动；组织了延庆县“节水杯”乒乓球赛、全县篮球联赛、第四届农民运动会、全县足球联赛、全民健身技能展示大会、延庆县第二届武术大会、延庆县第三届“体育彩票杯”羽毛球公开赛等20余项县级大型活动，参与人数近10000人次。

把作风年建设落到实处，深入基层，协助农委、妇联、俱乐部、乒乓球协会、象棋协会、及各乡镇基层单位组织运动会和单项赛等20余次。

为全县乡镇行政村建设标准篮球场地共32块，安装篮球架32副，超额完成了年初为农村建设24块篮球场地的任务。对全县全民健身工程进行了系统的检查，并更新了部分损坏的健身工程。

为促进基层全民健身活动的开展，为全县乡镇、社区培训社会体育指导员60人，发放健身手册5000册、健身腰鼓60个、光盘10套，为学校、社区配备乒乓球台30张。

为鼓励社区居民健身，将22台广场机发放给22个晨晚练点，充分发挥晨晚练点的作用，促进全县全民健身活动的纵深发展，并对全县所有晨晚练点进行走访、检查、指导。

加强裁判队伍的培训，上半年对篮球、足球裁判进行了系统培

训，裁判水平大幅度提高，在全县篮球联赛、教职工篮球赛和县足球联赛中受到了参赛队和观众的好评。此外还先后组织了乒乓球、羽毛球裁判培训、空竹技术培训；参加了市局举办的健身操、腰鼓等多项培训活动，使裁判队伍素质迅速提高，在大型活动的组织和基层体育活动指导中发挥了更大作用。

学校体育

学校体育以贯彻落实一个《规程》、两个《条例》和《学生体质健康标准》为主线，以课堂教学管理规范化为主渠道，以加强教师队伍建设为重点，以群体活动为核心，以竞技体育工作为突破口，本着“抓好常规工作，突出重点工作，展示亮点工作”的管理思路开展工作。

组织举办了“庆建国60周年”中小学生田径运动会。此次运动会参与人数近13000人，有5所学校进行了不同形式的团体操表演，7所学校的4000多人参加了看台啦啦队表演，35个方阵进行了入场式表演。参与入场式表演的学校均经过严格的筛选，虽然参与人数众多但从形式上和质量上都给人耳目一新的感觉。通过3天紧张激烈的比赛，15人打破11项县纪录，13人被评为优秀裁判员。

组队参加了北京市中学生田径运动会，初中组以体校为主，高中组是县几所高中通过选拔组成的高中队。最终初中组获得了远郊区县第七名。

进一步落实《国家学生体质健康标准》，将此项工作作为学校体育工作的重点来抓，并将其作为评价学校体育工作的重要依据。连续三年在全县开展了中小学生体质健康监测工作，对12所学校进行了抽测复检，10月份参加了全市的学生体质健康监测活动。

组织体育教师进行基本功培训。坚持以“外树形象、内强素质”为宗旨，采取有效措施加强体育教师队伍建设，一是今年6月组织全员体育教师参加了首都体育学院承办的为期5天的体育教师专业培训，二是下半年体美科、教研室采取全县集中、区域分片、学校自主的培训形式，对中小学体育教师进行了专业技能、技巧的培训，最后通过模拟和技能考核的形式进行了专业技能和知识答辩的考核，中小学体育教师技能平均合格率为97.2%。

办好体育运动学校，发挥其竞技体育的引领作用。延庆体校是县教育系统唯一一所集教学、训练、食宿为一体的体育运动学校，为总结办学经验，体校举办了建校20周年庆典活动。体校在发挥学生体育特长的基础上重视文化课的教学，标准分达到了56，中考成绩比上年有了较大的提高，获得教学管理进步奖。为使延庆青少年竞技体育人才的选拔、培训、竞技、升学形成顺畅有序、健康发展的运行机制，先后制定了《关于深化素质教育办好体育特色学校的实施意见》、《关于落实优秀运动员管理的实施意见》、《关于优秀运动员的选拔、训练工作实施意见》等文件，为体校的发展提供了政策支持。

加强对体育传统项目学校的管理与指导，为学生特长发展搭建平台。现在全县共有体育传统项目学校13个，涉及田径、足球、篮球、乒乓球、武术、围棋、国际象棋7个大项，全年两次对体育传统项目学校进行了工作检查，各个学校积极创造条件坚持训练，康庄小学足球队第一次代表县到市里参加比赛。

体育社团

依照《体育法》监督协会，依照《社团管理条例》管理协会，督促各协会制定本协会工作章程，使各协会工作得以顺利开展。

全县12个单项体育协会、23个社区体协、11个机关工委体协、50余个晨晚练点及20多家体育产业经营单位在开展群众体育活动中发挥了积极作用。近500名社区体育指导员活跃在各协会站点，逐步形成了覆盖全县、组织有序的社会体育活动网络。今年，各体育团体组织各种活动100余次，参加人数达万余人次。

体育执法

依据《体育法》、《北京市体育设施管理条例》、《北京市体育运动项目经营单位安全生产管理规定》、《北京市全民健身条例》等体育法律、法规，坚持依法行政、依法治体。与各体育运动项目经营单位签订了目标管理责任书，会同工商、卫生、安全生产监督等部门，对县内20余家经营单位进行了执法检查，并对经营中存在的问题及时提出整改意见，促进了经营单位的规范化管理。在市、县两级年度执法工作检查中，各体育项目经营单位均已达到安全运营标准。

2009年体育局领导班子

党组书记、局长：马玉泉
党组副书记：张安军
副局长：党　强
副局长：耿建军

密 云 县

2009年是新中国成立六十华诞，是奥运会后体育事业发展的关键一年，密云县体育工作在市体育局的大力支持和指导下，在县委、县政府的正确领导下，认真贯彻落实党的十七届三中、四中全会精神，以科学发展观为统领，紧紧围绕“深入学习落实科学发展观，促进群众体育蓬勃开展，竞技体育再创佳绩，体育设施日趋完善，推动体育事业全面协调发展”的主题开展工作，不断创新思路，突出特色，拓宽渠道，真正使体育事业发展的成果惠及广大人民群众，为创建生态富裕和谐新密云做出了积极贡献。

群 众 体 育

坚持以人为本，以全面、协调、可持续的科学发展观为统领，以构建全民健身服务体系为目标，以提高全民体育意识、健身意识和增强人民体质为目的，以满足不同人群的健身需求为出发点和落脚点，广泛深入开展全民健身系列活动。先后举办了密云县“蓝色经典杯”领导干部乒乓球大赛、第二届“城管杯”职工乒乓球比赛、首届“联通杯”围棋甲级联赛、第二届“信远杯”登山比赛、密云县钓鱼比赛等32项县级体育传统赛事，参赛人数达25000人次。丰富了大众体育活动，激发了基层单位参与健身活动的热情，带动了基层体育活动的开展。10月，密云县被国家体育总局授予“2005—2008年度全国群众体育先进单位”荣誉称号。

3月至6月，举办了密云县第三届“和谐社区（村）杯”乒乓球比赛。以社区、行政村为基础，以居民、村民为主体，自下而上，层层发动。全县参与人数达到5.1万人次，占全县总人口的11.9%。果园街道、十里堡镇、县直机关工委

等13个单位被评为北京市第三届“和谐杯”乒乓球比赛优秀组织奖。

举办了密云县第七届全民健身体育节。本届体育节自5月21日开始至8月8日结束，期间开展了10项健身活动，共计1万多人次参加。体育节坚持以基层为重点，各基层单位积极开展贴近百姓、贴近生活、形式多样、内容丰富的体育健身活动。鼓楼街道、发改委、溪翁庄镇等6个单位被评为北京市第七届体育节先进单位，果园街道被评为突出贡献奖，广电中心被评为优秀报道奖。

举办了“2009年密云县大学生‘村官’社会体育指导员培训班”。在县科委和各乡镇的积极参与下，县人事局、县体育局于4——7月联合举办了“2009年密云县大学生‘村官’社会体育指导员培训班”。大学生村官科学健身培训以“加强农村体育骨干队伍建设，提升农民科学健身水平”为目的，经过集中培训、具体辅导和针对性训练三个阶段，大学生“村官”们对室外健身器材的使用与管理、家庭趣味运动会的组织和比赛等进行了学习，对大众广播体操、活力健身操、健身腰鼓、健身气功、搏击操和“村官”快乐健身操等进行了强化训练，共培训10个健身项目，累计60学时，培训“村官”社会体育指导员300多名。此次培训组织模式新、对象新、内容丰富、过程扎实、阶段性强、注重培训效果，在全国群体培训工作中尚属首次。被《中国体育报》、《北京日报》等媒体刊登在4月16日、5月22日头版头条，题目分别是《大学生‘村官’忙上健身课》、《大学生‘村官’当好社体指导员》等。大学生“村官”培训工作为全国农村体育工作起到了示范作用，江苏省组织部和江苏省体育局在全省进行了推广。

认真开展“科学健身进社区”活动。“科学健身进社区”工作被列为县政府为民办实事工程。5月至6月，县体育局、科协、鼓楼街道办事处和果园街道办事处联合开展了“科学健身进社区”活动。以贴近实际、贴近生活、贴近群众的方式，拓宽活动内容，增加参与人数，扩大范围，提高影响力，采取分散与集中相结合的方法，从点到面，从个体到全体，利用一个月的时间，将健身项目、科学健身大讲堂、《科普健身指导手册》、国民体质测试、趣味健身系列项目等送到广大社区居民身边。共开展活动

29次，组织参与活动人数近6000多人次，全县30个社区积极参与，发放各类健身手册5000多份(套)，体质测试达2000人，开具运动处方1000多个，科学知识讲座听众2500多人，实现了体育惠民的目的，发挥了政府公共服务职能。县体育局被评为首都“四进社区”工作先进单位和2009年密云县科技周活动创新一等奖。

积极开展“健身气功”培训推广工作。县体育局、县综治办、县精神文明办、县610办公室联合开展了易筋经、五禽戏、六字诀、八段锦4种健身气功的培训推广活动。此项活动自8月开始至11月底结束，取得了预期效果。全县17个镇、3个街道(地区)办事处分别组建了30个健身气功站点，参与健身气功习练人员达到1000多名，使广大群众养成了科学健身的良好习惯，形成了科学、文明、健康的生活方式，有效打击了邪教组织，促进了社会和谐稳定和安定团结。县体育局获得“全国健身气功推广先进单位”荣誉称号，并在北京市健身气功工作会上做了经验介绍。

开展棋类比赛和交流，丰富广大群众的业余生活。举办了密云县围棋甲级联赛、密云县第三届围棋“棋王赛”等20项次棋类赛事，近3000人次参加。原中国棋院院长陈祖德、王汝南等分别出席了比赛活动，并进行指导。积极开展“围棋、象棋、国际象棋特色村”创建活动，其中古北口镇的古北口村、北庄镇的朱家湾村棋类活动广场已初具规模，吸引了众多的村民参与到棋类活动中来。

职工体育活动经常化。在职工中提倡“人人锻炼、天天锻炼”。各工委系统运动会每两年一届，初步形成制度。农委举办了第二届系统运动会，县法制办、人事局、科委、环保局、行政服务中心、三环啤酒厂、开发公司等多家单位举办了小型多样的群众性体育活动达50多项次，总计参与人次达8.1万。各职工单位积极参加系统市级比赛活动，县妇联参加第三届“和谐杯”妇女乒乓球比赛，获得远郊组团体冠军，全市第四名。县农委等13个单位获得了北京市第三届“和谐杯”乒乓球比赛活动优秀组织奖。

继续推进社区体育生活化进程。2009年果园街道康居社区被市体育局批准为体育生活化社区，并创建了社区体育俱乐部，带动了街道、社区体育活动的开展。果园街道密西花园体育生活化社区打造了一条长300多米的体育文化墙，彰显了体育生活化社区特色。果园街道还将2009年确定为“全民健身年”，月月举办街道邀请赛、社区挑战赛为主要形式的体育赛事，同时举办了第三届残疾人趣味运动会；鼓楼街道举办了妇女运动会。社区体育工作逐步实现“人人都在组织、组织都在活动、活动都有特色”的社区体育新格局。鼓楼街道等4个单位获得“北京市第七届全民健身体育节先进单位”。

体育总会所属的乒乓球、围棋、象棋、国际象棋、登山、羽毛球、健身操、钓鱼等协会积极开展活动，在全民健身中发挥了积极的作用。

农村体育

以举办乡镇运动会为重点。今年，河南寨、十里堡、新城子和北庄等10个乡镇召开了全民运动会，完成了100%镇每两年举办一届运动会的预期目标。在做好大学生“村官”社会体育指导员、推广健身气功培训工作外，还聘请了北京市健身专家到全县17个镇为农民传授科学健身知识，带动了各镇大力开展适合农民参与的小型多样的全民健身活动，不断提高农民体育健身意识和农民健康水平。巨各庄镇获得全国亿万农民健身先进单位称号，溪翁庄镇等4个乡镇获得“北京市群众体育先进集体”、太师屯镇上庄子村等4个行政村获得“北京市群众体育先进村”荣誉称号。

学校体育

抓好体育传统项目学校和青少年体育俱乐部工作。密云县共有4所传统校、6所青少年俱乐部，以青少年体育俱乐部和传统校为切入点，在注重广泛开展群众性体育活动、不断提高广大学生健康水平的同时，积极开展课余体育训练、提高学生运动技术水平，积极培养体育后备人才。继续推进学校体育设施特别是体育传统项目学校和青少年体育俱乐部体育设施对外开放工作，积极配合县教委开展学生体质健康标准推广工作。在北京市体育局群众体育评比表彰中，密云第五中学的解玉川等13名教师被评为“北京市群众体育先进个人”。

竞技体育

逐步加大业训投入力度，加大

选材、训练的科技含量，抓好训练队伍建设。积极备战北京市第十三届运动会，选手由原来的25人扩招到40人，同时做好训练交流工作，摔跤队、柔道队分别与海淀、朝阳、门头沟、怀柔等兄弟区县进行训练、比赛交流，逐步提高教学训练水平。共向市一、二线输送10名运队员，是本周期输送人数最多的一年。参加了北京市室内田径赛、北京市青少年锦标赛等市级比赛，共获得金牌26枚、银牌28枚、铜牌29枚；在参加全国比赛中，获得金牌5枚、银牌7枚、铜牌7枚。

体育法规

2009年是新中国成立六十周年，为进一步贯彻落实《体育法》、《全民健身条例》和《北京市体育运动项目经营单位安全生产规定》，树立“安全发展”的科学理念，坚持“安全第一、预防为主、综合治理”的方针，做好体育执法工作，取得了新的进展和成效。深入落实北京市体育局关于开展体育运动项目经营单位安全生产“三项行动”和“安全生产月”活动，全年共召开3次体育经营单位安全生产工作会，对全县经营单位进行联合大检查5次，出动检查110余人次，下发检查记录单70余份。

体育设施

密云县体育综合训练馆已通过县政府审批，该馆由原大众健身广场改造成轻钢结构体育综合训练馆，建筑面积5785平方米。馆内既有网球、篮球、羽毛球、乒乓球等大众健身场地，又有举重、器械、力量训练、国民体质测试室等专项训练用房；综合训练馆建成后，既能满足群众体育活动的需要，也能用于体育训练和比赛活动的开展。开工前的各项手续和设计正在进行中。

2009年体育局领导班子

局　长：李振军
党组书记：张连富
副局长：李　伟
副局长：杨永忠
体育总会秘书长：齐春起
农民体协秘书长：高海明
副调研员：刘振金

燕山体育运动中心

2009 年，燕山体育工作全面贯彻落实党的十七大精神，以科学发展观为统领，充分发挥北京奥运会的综合效应，促进体育事业全面协调可持续发展，进一步满足人民群众不断增长的体育需求，为构建和谐新燕山作出了贡献。

社 会 体 育

举办第三届“和谐杯”乒乓球比赛。为满足居民日益增长的体育需求，提高居民身体素质，弘扬奥林匹克精神，举办了燕山地区第三届“和谐杯”乒乓球比赛。从 3 月开始至 6 月结束，共有来自不同单位、行业的 3600 余名社区居民、机关干部、职工、中小学生和外来务工人员参加了预赛、复赛和决赛，参与人数达 7900 人,社区覆盖率达 5%，进一步掀起了燕山地区全民健身、共创和谐社会的热潮。在此次活动的基础上，选出 180 名乒乓球爱好者代表燕山地区参加了 6 月 20 日在国家体育场举行的北京市千台万人乒乓球展示活动。

继续深化体育生活化社区和社区俱乐部创建工作。2008 年东风街道东风北里社区居委会和星城街道星城社区居委会通过了北京市的实地检查和认定，被北京市体育局命名为市级体育生活化社区和社区俱乐部。社区成立了社区体育工作委员会和社区全民健身协调会，组织和协调开展各类体育健身活动和体育比赛。立足现有条件，建立了两个三级体质测试站，完成了测试人员的培训工作，将创建工作成果持续深入到社区和家庭。2009 年迎风街道迎风西里社区申报了“体育生活化”社区，北京市体育局将在年底给与考核审批。

承办北京市全民健身体育设施展示交流大会。7 月，作为北京市

全民健身体育节市级活动之一的北京市全民健身体育设施展示交流大会西南赛区的比赛，在燕山健身广场举行。来自门头沟、大兴、通州、房山、亦庄开发区和燕山的200多名运动员参加了比赛。作为比赛的承办单位，积极筹划，精心组织，为大会提供了良好的比赛环境和秩序，得到了参赛队的好评，市体育局对整个组织过程给与了高度评价。

全民健身工程建设

按照北京市体育局全民健身器材管理规定，今年投资30多万元将2003、2004年配建的宏塔、星城、杏花西里全民健身工程轴承类器材进行了更新。为了把健身器材更新工作做得扎实规范，对工程的安装地址、环境是否发生变化，进行了实地检查，并将数据录入电脑，制定了具体工作方案。将更新工作涉及到的街道社区和器材生产厂家组织起来，按照北京市统一布置、统一标准、统一要求、统一行动的原则，下发更新方案和实施细则，明确各部门工作职责和更新流程，为各单位协调配合开展工作提供了保证。

大型活动

开展第七届全民健身体育节活动。根据北京市的总体安排和部署，6月23日，燕山地区第七届全民健身体育节启动仪式在燕山文化广场举行。

根据北京市对健身节活动的要求，燕山地区制定了燕山地区第七届全民健身节活动实施方案，组织开展了丰富多彩、贴近生活、方便群众参与的体育健身展示、交流、比赛、辅导、培训活动，如职工登山、篮球、拔河、乒乓球、羽毛球比赛，社区柔力球、篮球比赛，创吉尼斯世界纪录太极拳培训等10多项活动。在活动组织上不断创新，丰富活动内容。在篮球比赛开幕式上，燕化领导干部队与办事处领导干部队进行了首场对抗赛，吸引了大批观众，不仅营造了热烈和谐的气氛，而且达到了与燕化公司学习、交流的目的。太极拳项目选派人员参加了市级培训，回来后十几名小教员分布在燕山各个社区，对1500人进行培训，参加了于8月8日在国家体育场举行的太极拳万人创吉尼斯世界纪录活动。

举办第十一届运动会。10月13日，燕山地区第十一届运动会正式开始。本届运动会分为职工组和社区组，党政机关、企事业单位广大干部职工、社区居民踊跃参与。共有1380名运动员参加了111个比赛项目的激烈角逐，其中1100人次分获各种奖项。教委、燕华公司、文卫分局、市政管委、等8个单位摘得职工组团体前八名的桂冠。迎风社区、星城社区、东风社区和向阳社区分获社区组前四名。迎风街道、市政管委、东风街道、文卫分局等10家单位获得精神文明奖。

组织追风轮滑队参与国庆游行活动。7月，燕山追风轮滑队被北京市体育局点名参加建国六十周年群众游行活动。得到通知当天，即召开了紧急会议，成立了领导小组，进行了周密的部署，研究了训练方案、思想动员、选拔队员、联系场地、安排训练、定制服装等一系列工作，顺利完成了轮滑队参与国庆游行活动的任务。

业余训练

燕山青少年业余体校设摔跤、乒乓球、游泳3个项目，现有在训学生约100人。为了保证训练效果，教练们潜心研究，制定训练计划，提高训练水平，争取为市级运动队输送更多后备人才。2009年参加北京市青少年古典式和中国式摔跤比赛，共获得10金9银和中国式摔跤团体第一名的好成绩。

体育执法

为落实市政府关于加强体育场馆安全工作的指示精神，加强游泳场馆卫生安全管理工作，燕山体育运动中心于5月联合文卫分局、公安分局对燕山游泳馆的安全设施及卫生状况进行了全面检查。各单位依据体育健身场馆开放经营安全、治安、消防安全及公共卫生安全的参考标准，对这些场所场地器材的安全与维护、消防设施、安全通道、空气质量、运动器械及水质卫生达标情况进行了检查和检测，重点对卫生许可证及从业人员健康证明持有情况；救生员、教练员上岗资质；游泳场馆救生救护设施设备配备情况；各种安全制度、措施和责任落实情况以及是否符合《游泳场所开放条件与技术要求》中的各项规定进行了严格检查。对场馆存在的安全隐患发出了限期整改通知。为加强救生员队伍建设，依据救生员《国家职业标准》，组织开展了持证人员职业技能置换鉴定工作。

2009年燕山体育运动中心领导班子

主　任：李忠健

副主任：宋宏伟（2009年1月任）

北京经济技术开发区

2009年是全面学习贯彻实践科学发展观，推动体育事业科学发展的关键一年；是建设“人文北京、科技北京、绿色北京”，推动体育事业又好又快发展的关键一年。在开发区工委、管委会的坚强领导下，在市体育局的大力支持和正确指导下，开发区体育工作取得了新的发展。

巩固奥运成果，广泛开展全民健身活动。

“和谐杯”乒乓球赛深受欢迎。开发区第三届“和谐杯”乒乓球比赛自3月启动，在社区、企业、机关深入进行，先后以社区趣味赛、区县交流赛、流动擂台赛等多种形式举办活动，累计参赛人数达2000余人，参与人数超过6300人。在比赛过程中，居住在社区的外籍人士、台资企业的台胞、武警消防官兵、医生、学生、残疾人纷纷挥拍上阵，展现出全民健身、快乐和谐的场面。

全民健身体育节精彩纷呈。第六届全民健身体育节坚持“政府主导，整合资源”的原则，以社会发展局、区总工会、区团工委为主体，重视基层参与，分别从企业和社区两个层面组织活动，体现全民健身理念。区级活动先后在社区进行了晨晚练优秀项目展示、社区健身项目推广培训；在企业中举办了篮球、健美操、乒乓球、羽毛球、健身大讲堂等比赛活动。开发区总工会还组织了职工健身月活动，各企业纷纷组织别具特色的小型运动会或单项竞赛；团工委组织了青年文体节，吸引青年职工参与各项文体活动。同时，各社区居委会依托晨晚练活动站开展培训、交流活动，极大地促进了开发区全民健身活动的开展。

开发区第七届运动会暨北京市第二届外企职工运动会成功举办。10月17日，来自全区69个单位的近3000名运动员参加了运动会各项比赛，比赛中先后有9人10次破9项分组纪录，2人2次破2项最高纪录，均创造了开发区运动会的新纪录。本届运动会从赛制、赛项、开闭幕式安排上都进行了新的尝试，为开发区庆祝新中国成立60周年系列活动增添了绚丽的色彩，也进一步推动了开发区全民健身运动的开展和普及。

参加市级活动取得优异成绩。积极组队参加市体育局举办的群众性比赛活动，先后在全市健身路径比赛、健身操比赛中获得优异成绩。特别是通过参与全市比赛，开拓了眼界，加强了交流，选拔培养了社区的健身骨干，使基层全民健身工作得到进一步加强。

创新体制机制，完善体育健身服务功能。

创新机制，建立社区体育健身俱乐部的公寓服务模式。针对开发区企业职工公寓的居住特点，结合产业工人体育健身的需求，将北京市社区体育健身俱乐部的创建工作与解决青年职工健身工作难点相对应，开创性地提出在企业职工公寓建立社区体育健身俱乐部。俱乐部立足于公寓，采取政府指导、企业管理、市场运作、公益服务的模式，充分利用公寓现有场地资源，通过建立体育健身俱乐部的方式为广大企业员工提供就近就便、价格低廉的体育健身服务，使健身俱乐部成为开发区内重要的群众体育活动基地。

服务基层，深入企业、社区开展全民健身大讲堂系列活动。一年来，社会发展局通过资源整合，结合开发区“亦庄大讲堂”系列活动，邀请知名体育专家、学者、医生，深入企业、社区开办全民健身知识讲座。由于授课内容贴近生活，讲课专家语言生动易懂，大讲堂深受企业员工和社区居民的欢迎，有的课程连续开讲3次。同时，为了方便更多企业职工能够学到简单实用的健身知识，对大讲堂活动进行了录像，将视频公布在区总工会网站上，以方便大家学习。

促进交流，开创“和谐杯”乒乓球赛区县交流赛机制。“和谐杯”乒乓球比赛自创办以来已经连续举办三届，成为北京市民喜爱的群众体育项目。因“和谐杯”赛制是从“社区–街道–区县–市”的线性竞赛机制，在各区县基层得到范围较广的交流，而区县之间的横向交流机制并不完善。针对“和谐杯”旨在加强交流、促进和谐的活动宗旨，开发区与东城区积极沟通联系，开创了区县交流赛的先河，在比赛的基本形式上增加了参观、座谈等互动活动，拓宽了区县层面的交流渠道，促进了区县群众体育工作的深入交流和相互学习。

深化服务，积极参与北京市“台商杯”球类比赛。10月25日，开发区组织驻区合资企业中芯国际公司、富士康公司参加北京市第四届“台商杯”球类比赛。比赛围绕“以球会友，健康生活，京台合作，共创双赢”的主题，在京台商、台胞、台生进行了篮球、乒乓球、羽毛球三个项目的比赛。开发区社会发展局通过协助企业参与赛事，加强与企业的互动，与企业建立良好的关系，深化为企业服务。

强化监管职责，坚持做好场馆安全工作。

加强宣传教育，强化安全责任意识。自3月份开始，社会发展局召集体育单位召开安全工作会议3次，并针对夏季游泳安全召开游泳场馆专题会议，部署安全工作。向各场馆下发安全法规、宣传画、警示牌等物品，使各单位充分认识安全工作的重要性和紧迫性，强化各单位的安全意识。对游泳场馆救生员、教练员进行考核，对游泳馆进行综合评估，确保淹溺“零”事故。

层层签订责任书，明确安全责任主体。按照安全管理规定要求，社会发展局与各体育单位签订安全责任书，明确管理主体责任，并要求各单位与下属各部门、主要管理人员、工作人员签署责任书，责任到岗、责任到人，使安全责任制落到实处。

严格执法检查，杜绝安全隐患。社会发展局克服人员少、工作量大的困难，加强安全监管的职责，全年对22家体育运动项目经营单位进行了宣传教育和安全检查，此外还不定期对各场馆安全生产工作进行监督检查。在监督检查的基础上，要求各单位加强自查和营业期间的巡查，做到没有遗漏。并加大节假日检查力度，采用电话随访、短信提醒等方式对各单位负责人进行即时联系，确保安全无事故。

2009年社会发展局领导班子

开发区管委会副主任：王合生
社会发展局局长：徐子进
社会发展局副局长：郑海涛(女)
社会发展局文教办负责人：袁长友(副处级调研员)
社会发展局体育主管：王　程
开发区体育中心主任：陈朝凯

图书在版编目（CIP）数据

北京体育年鉴. 2009 / 北京市体育局编. -- 北京 ：人民体育出版社，2010.12
ISBN 978-7-5009-3960-3

Ⅰ. ①北… Ⅱ. ①北… Ⅲ. ①体育事业—北京市—2009—年鉴 Ⅳ. ①G812.71-54

中国版本图书馆CIP数据核字(2010)第209369号

---

*

人民体育出版社出版发行
责任编辑 吴永芳
北京今朝印刷有限公司 印刷厂印刷
新 华 书 店 经 销

*

大32开本 22.875印张 600千字
2010年11月第1版 2010年11月第1次印刷
印数：1—1000册

ISBN 978-7-5009-3960-3
定价：58.00元

社址：北京市崇文区体育馆路8号（天坛公园东门）
电话：67151482（发行部） 邮编：100061
传真：67151483 邮购：67143708
（购买本社图书，如遇有缺损页可与发行部联系）